경영정보시각화능력
실기 POWER BI

길벗데이터연구소 지음

2026 시나공
경영정보시각화능력
실기 POWER BI

초판 발행 · 2025년 6월 23일

지은이 · 길벗데이터연구소
발행인 · 이종원
발행처 · (주)도서출판 길벗
출판사 등록일 · 1990년 12월 24일
주소 · 서울시 마포구 월드컵로 10길 56(서교동)
대표전화 02)332-0931 | **팩스** · 02)323-0586
홈페이지 · www.gilbut.co.kr | **이메일** · gilbut@gilbut.co.kr

기획 및 책임편집 · 임은정(eunjeong@gilbut.co.kr)
제작 · 이준호, 손일순, 이진혁 | **영업관리** · 김명자 | **독자지원** · 윤정아 | **유통혁신** · 한준희 | **마케팅** · 조승모, 유영은
표지 및 본문 디자인 · 박찬진 | **교정** · 하윤정 | **전산편집** · 예다움 | **CTP 출력** · **인쇄** · 금강인쇄 | **제본** · 금강제본

· 이 책은 저작권법의 보호를 받는 저작물로 이 책에 실린 모든 내용, 디자인, 이미지, 편집 구성은
 허락 없이 복제하거나 다른 매체에 옮겨 실을 수 없습니다.
· 인공지능(AI) 기술 또는 시스템을 훈련하기 위해 이 책의 전체 내용은 물론 일부 문장도 사용하는 것을 금지합니다.
· 잘못 만든 책은 구입한 서점에서 바꿔 드립니다.

ⓒ 길벗데이터연구소, 2025

ISBN 979-11-407-1460-5(13000)
(길벗 도서번호 030958)

정가 35,000원

독자의 1초까지 아껴주는 길벗출판사
(주)도서출판 길벗 | IT단행본, 성인어학, 교과서, 수험서, 경제경영, 교양, 자녀교육, 취미실용 www.gilbut.co.kr
길벗스쿨 | 국어학습, 수학학습, 주니어어학, 어린이단행본, 학습단행본 www.gilbutschool.co.kr

시나공 홈페이지 | www.sinagong.co.kr
시나공 인스타그램 | study_with_sinagong

머리말

단순한 이론서가 아닌, 실습 중심의 '합격 전략서'

오늘날 기업 환경은 데이터 중심으로 빠르게 변화하고 있으며, 이에 따라 데이터를 이해하고 분석하는 능력의 중요성이 더욱 커지고 있습니다. 방대한 정보 속에서 핵심 내용을 파악하고, 이를 시각적으로 효과적으로 표현하는 역량은 다양한 업무에서 요구되는 필수 기술입니다.

본 도서는 '경영정보시각화능력 실기' 파워 BI 시험의 합격을 목표로 구성했습니다. 파워 BI의 기본 구성과 주요 기능부터 실제 데이터를 활용한 시각화 사례까지 단계적으로 구성하여 초보자도 쉽게 따라할 수 있도록 하였으며, 시험에 출제되는 유형을 반영한 실습 예제와 출제예상문제를 수록해 자격증 취득에 실질적인 도움이 되도록 하였습니다. 꼭 필요한 핵심 기능만을 선별해 따라하면서 자연스럽게 파워 BI의 사용법과 시각화 기법을 익힐 수 있도록 구성한 실전형 따라하기 교재입니다.

주요 특징은 다음과 같습니다.

1. 입문자 친화적 구성

처음 파워BI를 접하는 수험생도 부담 없이 학습할 수 있도록, 인터페이스 설명부터 시각화 구성까지 친절하게 안내합니다. 실습을 중심으로 구성하여, '따라만 해도 합격에 가까워지는' 학습 흐름을 지향합니다.

2. 시험에 최적화된 실전 대응력 강화

출제 유형을 반영하여 실제 시험에서 자주 등장하는 시각화 유형과 분석 방식에 초점을 맞췄습니다. 출제예상문제는 시험 흐름과 유사하게 구성되어 있어 실전 감각을 자연스럽게 익힐 수 있습니다.

3. 학습 방향 제시

각 파트에는 전문가의 팁과 설명이 함께 제공되어, 단순 반복이 아닌 사고 중심의 학습이 가능합니다. '왜 이 기능을 사용하는지', '시험에서는 어떻게 나오는지' 등 학습의 방향을 짚어주어, 학습자 스스로 사고하며 공부할 수 있도록 유도합니다. 막연한 학습이 아닌, 방향성 있는 준비가 가능합니다.

이 책은 단순한 이론서가 아닌, 실습 중심의 '합격 전략서'입니다. 파워BI를 처음 접하더라도 이 책을 따라가다 보면 어느새 합격에 필요한 실력을 갖추게 될 것입니다.

이 책의 구성

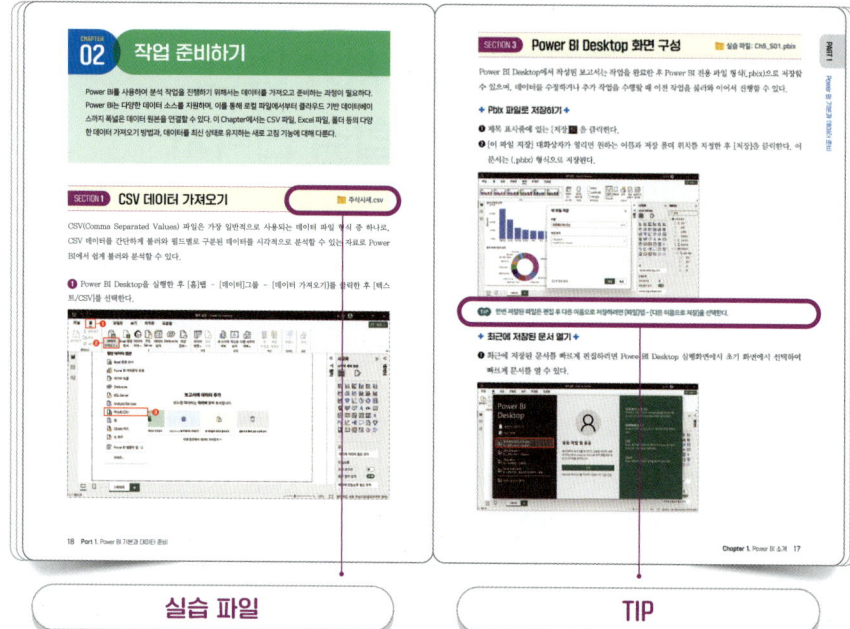

실습 파일
섹션마다 제공되는 실습파일로 파워BI의 기초를 다져가며 실전 연습이 가능합니다.

TIP
〈TIP〉은 필수 개념과 중요 포인트를 짚어주어, 효과적으로 내용을 이해할 수 있도록 도와줍니다.

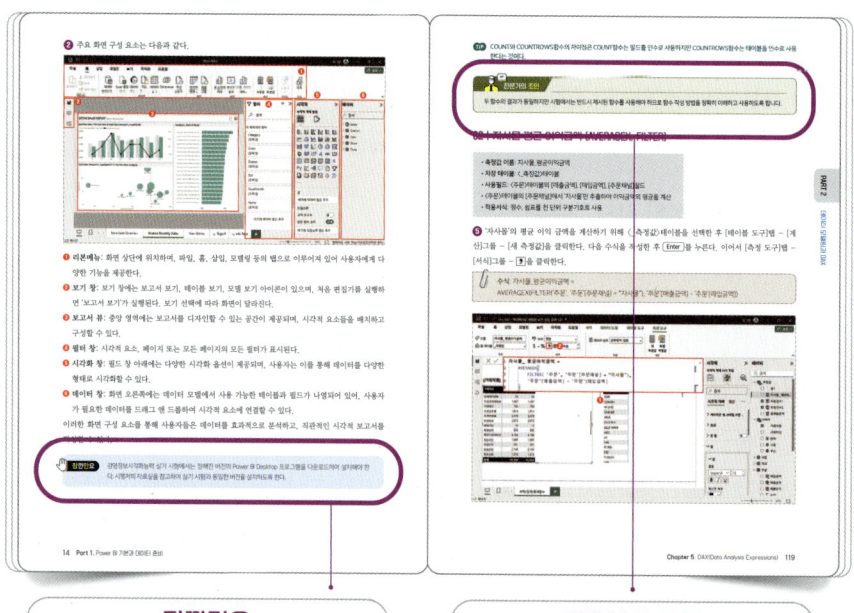

잠깐만요
〈잠깐만요〉는 학습의 깊이를 더해줍니다.

전문가의 조언
〈전문가의 조언〉은 학습 방향과 주의사항을 짚어주어 전략적인 시험준비를 가능하게 합니다.

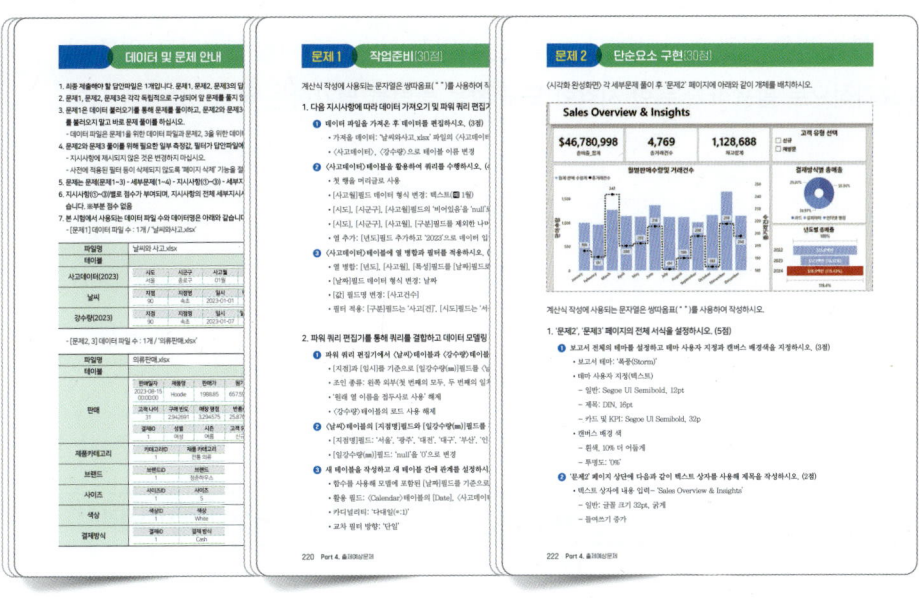

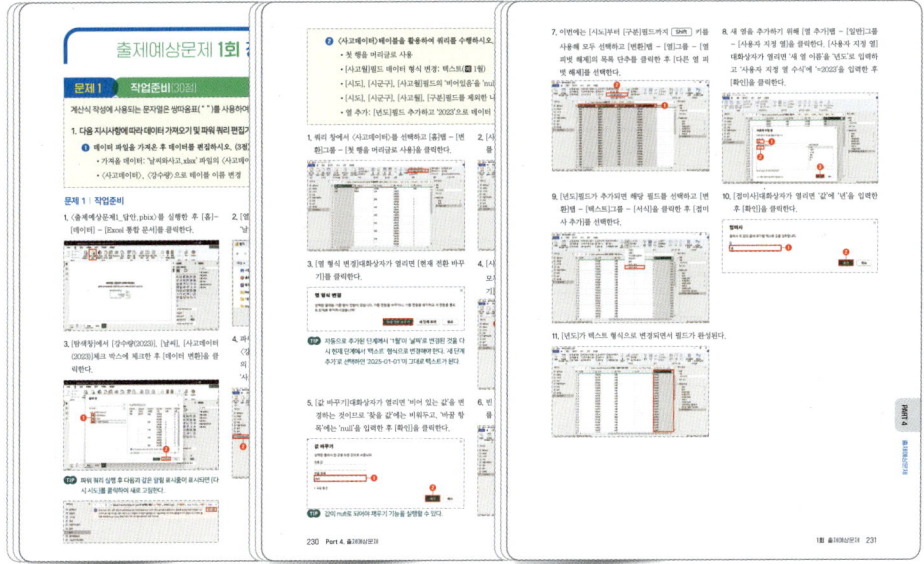

출제 경향을 반영한 출제예상문제 4회분을 수록하고, 난이도에 따라 단계적으로 연습할 수 있도록 구성했습니다. 따라하기 방식의 자세한 해설을 통해 풀이 과정을 익히다 보면, 어느새 정답에 도달하여 합격에 한 걸음씩 가까워집니다.

도서의 실습파일은 시나공 홈페이지(sinagong.co.kr) 도서 [자료실]에서 다운받아 사용하세요.

경영정보시각화능력 (Business Intelligence Specialist) 개요

경영정보시각화능력은 기업 조직 내에서 발생하는 다양한 경영 데이터를 분석하고, 이를 의사결정에 효과적으로 활용하기 위한 시각화 도구 활용 능력을 평가하는 국가기술자격 시험입니다.

1. 시험 개요

자격명: 경영정보시각화능력
주관 기관: 상공회의소
응시 자격: 제한 없음(단, 실기 시험은 필기 합격 후 2년 이내 있는 실기 시험 응시 가능)

2. 시험 주요 내용

등급	구분	시험과목	문항수	시험시간
단일등급	필기시험	경영정보 일반	20	60분
		데이터 해석 및 활용	20	
		경영정보시각화 디자인	20	
	실기시험	경영정보시각화 디자인 실무	3~5	70분

3. 합격 기준

구분	합격 기준	과락기준
필기시험	매과목 100점 만점에 과목당 40점 이상, 평균 60점 이상	40점 미만 과목 하나 이상
실기시험	100점 만점에 70점 이상	과락기준 없음

4. 응시료

구분	응시료
필기	22,000원
실기	45,000원

자주하는 질문 FAQ

Q. 실기시험에서 지시사항과 다른 방법으로 문제풀이를 해도 정답과 동일하면 점수가 인정되나요?

A. 인정되지 않습니다. 경영정보시각화능력 실기시험은 지시사항에 따라 정확하게 풀이했는지 확인하여 채점을 진행합니다. 따라서 정답과 동일해도 지시사항을 따르지 않고 풀이했다면 오답처리가 됩니다.

Q. 실기 시험 문제는 어떻게 제공되나요?

A. 경영정보시각화능력 실기 시험에서 문제는 종이 시험지, 답안은 시험PC 모니터를 통해 작성하고 저장하는 방식으로 진행됩니다.

Q. 경영정보시각화능력도 학점 인정이 되나요?

A. 네 인정됩니다. 경영정보시각화능력 자격증이 학점 인정 대상 자격증으로 추가되어 취득시 전공학점 16학점으로 인정됩니다. 인정학점으로 비교하면 정보처리산업기사, 정보보안산업기사 등 산업기사 등급으로 학점을 인정해주고 있습니다.

Q. 실기 시험의 문항별 배점은 어떻게 구성되어 있나요?

A. 경영정보시각화능력 실기시험의 배점을 실제시험에 적용되는 출제기준으로 살펴보면 아래와 같이 100점으로 구성되어 있습니다.
문제1) 작업문제(30점) → 세부문제(1~3, 각10점) → 지시사항(①~③, 각3~4점)
문제2) 단순요소 구현(30점) → 세부문제(1~4, 각 5~10점) → 지시사항(①~④, 각2~4점)
문제3) 복합요소 구현(40점) → 세부문제(1~4, 각10점) → 지시사항(①~④, 각3~4점)
세부문제별 점수에 따라 지시사항(①, ②, ③, ④)별로 점수가 부여되며, 지시사항별로 최소 4~5개 세부지시사항(▶ 또는 –)이 있으며 이를 모두 올바르게 처리해야 점수가 부여됩니다. 즉, 지시사항(①, ②, ③, ④)의 세부지시사항(▶,–)을 모두 구현해야 정답 처리되며, 지시 사항별 부분점수는 없습니다.

이 책의 목차

Part 1. Power BI 기본과 데이터 준비

Chapter 1. POWER BI 소개
- **Section 1.** POWER BI 시작하기 — 12
- **Section 2.** POWER BI DESKTOP 화면 구성 — 13
- **Section 3.** 파일 관리하기 — 15

Chapter 2. 작업 준비하기
- **Section 1.** CSV 데이터 가져오기 — 18
- **Section 2.** 엑셀 파일에서 여러 시트 가져오기 — 20
- **Section 3.** 폴더를 사용한 파일 취합하기 — 23
- **Section 4.** 데이터 로드와 새로 고침하기 — 29

Chapter 3. 파워 쿼리를 사용한 데이터 전처리
- **Section 1.** 파워 쿼리 편집기 실행 및 화면 구성 — 34
- **Section 2.** 데이터 편집 기본 — 38
- **Section 3.** 파워 쿼리 활용 — 45
- **Section 4.** 열 추가 — 51
- **Section 5.** 쿼리 결합 — 63

Part 2. 데이터 모델링과 DAX

Chapter 4. 데이터 모델링
- **Section 1.** 관계 설정 — 78
- **Section 2.** 테이블과 필드 편집 — 84
- **Section 3.** 데이터 정렬과 그룹 지정 — 92
- **Section 4.** 데이터 범주 설정 — 98

Chapter 5. DAX(Data Analysis Expressions)
- **Section 1.** DAX의 이해 — 102
- **Section 2.** DAX의 종류와 관리 — 105
- **Section 3.** 숫자 / 집계 / 통계 함수 — 116
- **Section 4.** 문자열 / 논리 함수 — 124
- **Section 5.** 날짜 및 시간 함수 — 128
- **Section 6.** 테이블 조작 / 계산 함수 — 133
- **Section 7.** 필터 함수 — 137

Part 3. 보고서 작성과 상호 작용

Chapter 6. 시각적 개체로 보고서 작성하기

Section 1. 페이지 설정	146
Section 2. 텍스트 상자, 셰이프, 이미지	150
Section 3. 묶은 세로 / 가로 막대형 차트, 원형 차트, 도넛형 차트	153
Section 4. 누적 세로 / 가로 막대형 차트, 100% 누적 세로 / 가로 막대형 차트	159
Section 5. 카드, 카드 신규, 여러 행 카드	162
Section 6. 꺾은선형 차트, 꺾은선형 및 묶은 세로 막대형 차트	167
Section 7. 테이블, 행렬, 슬라이서	170
Section 8. 리본 차트, 폭포 차트, 깔때기	178
Section 9. Treemap, 계기	182
Section 10. 분산형 차트	185

Chapter 7. 분석적 보고서 작성과 상호 작용

Section 1. 조건부 서식	188
Section 2. 스파크라인	193
Section 3. 분석 선	195
Section 4. 상호 작용 설정	198
Section 5. 도구 설명 페이지	200
Section 6. 드릴스루	203
Section 7. 필터	206
Section 8. 단추	212

Part 4. 출제예상문제

1회 출제예상문제	218
2회 출제예상문제 `심화`	270
3회 출제예상문제 `심화`	322
4회 출제예상문제	374

PART 1

Power BI 기본과 데이터 준비

파워 BI(Power BI)는 마이크로소프트에서 제공하는 비즈니스 인텔리전스 도구로, 데이터를 수집, 변환, 시각화하여 비즈니스 인사이트를 도출할 수 있도록 돕는 BI 프로그램입니다. 이를 통해 사용자는 데이터 기반의 의사결정을 내릴 수 있으며, 다양한 데이터 소스를 연결하여 통합된 분석을 수행할 수 있습니다.

Power BI의 주요 구성 요소인 Power BI Desktop, Power BI Service, Power BI Mobile은 각각의 작업 환경에 맞춰 효율적인 분석을 지원하며, 다양한 데이터 소스와의 강력한 통합 기능을 제공하는데 이 책에서는 보고서를 작성하는 데 필요한 데이터 편집과 시각화 보고서를 작성할 수 있는 Power BI Desktop을 사용하는 방법에 대해 학습할 것입니다.

이 Part에서는 Power BI의 기본 개념을 학습하고 기본적인 사용법과 인터페이스를 소개합니다. 또한 데이터를 준비하는 방법을 익히며, Power BI의 주요 기능과 이를 통해 얻을 수 있는 이점들을 살펴봅니다.

Power BI는 데이터를 수집, 변환, 시각화하며 비즈니스 인사이트를 도출할 수 있도록 돕는 종합적인 도구입니다. 이 Part는 시각화 보고서 작성에 필요한 데이터를 준비하도록 데이터 소스를 연결하고, 데이터를 변환하며, 시각화 도구를 통해 데이터를 분석하는 방법을 단계별로 설명합니다. 특히, 데이터 전처리에 대한 내용이 중점적으로 다뤄질 것입니다. 데이터 전처리는 분석의 정확성과 신뢰성을 높이는 중요한 단계로, 불필요한 데이터를 제거하고, 결측값을 처리하며, 데이터 형식을 통일하는 과정을 포함합니다. 이러한 전처리 과정을 통해 데이터의 품질을 보장하고, 더 나은 분석 결과를 도출할 수 있습니다.

이 Part에서는 경영정보시각화 자격시험에서 나올 수 있는 전처리 기법과 시각화 방법을 익힐 수 있도록 학습하는 데 중점을 두지만 실무에서도 즉시 적용할 수 있는 다양한 팁과 노하우를 제공하고 있어, 자격증 취득을 넘어서 Power BI를 활용한 분석 능력을 체계적으로 키워나갈 수 있을 것입니다.

CHAPTER 1. Power BI 소개
CHAPTER 2. 작업 준비하기
CHAPTER 3. 파워 쿼리를 사용한 데이터 전처리

CHAPTER 01 Power BI 소개

Power BI는 기업의 데이터 확장에 중요한 역할을 하며, 전문가와 비전문가 모두 쉽게 사용할 수 있는 인터페이스와 다양한 기능을 제공한다. 데이터 분석, 대시보드 생성, 보고서 작성 등 여러 기능을 통해 사용자는 데이터 기반의 의사 결정을 내리는 데 필요한 툴을 활용할 수 있다. 이 Chapter에서는 Power BI에 대한 전반적인 소개와 여러 요소 중에 Power BI 설치 및 사용 방법에 대해 알아본다.

SECTION 1 POWER BI 시작하기

Power BI의 핵심 구성 요소는 Power BI Desktop, Power BI Service, Power BI Mobile로 나누어져 있으며, 이를 통해 어디서나 데이터를 분석하고 공유할 수 있는 유연성을 제공한다.

> **TIP** Power BI에 대한 Microsoft Site의 설명을 참고한다. https://powerbi.microsoft.com/ko-kr/business-intelligence-tools/

01 | Power BI 구성요소

Power BI Desktop은 주로 로컬 환경에서 데이터를 분석하고 보고서를 생성하는 도구로 사용되고, Power BI Service는 클라우드 기반의 협업 및 실시간 데이터 모니터링을 지원한다. Power BI Mobile은 스마트폰과 같은 모바일 디바이스를 통해 이동 중에도 데이터에 접근하고 분석할 수 있는 기능을 제공한다.

02 | Power BI의 작업 흐름

Power BI의 작업 흐름은 크게 세 단계로 요약할 수 있다.

- **데이터 준비 및 보고서 생성**: Power BI Desktop에서 다양한 데이터 소스를 연결하고 시각화 자료와 보고서를 작성한다. 이 단계에서 데이터를 수집, 모델링하고 시각적으로 구성한다.
- **게시 및 공유**: 작성된 보고서를 Power BI Service에 게시하여 실시간 대시보드를 구성하고, 여러 사용자와 공유할 수 있다. 이를 통해 조직 구성원이 쉽게 접근하고 상호작용할 수 있는 환경을 조성한다.
- **모바일 접근 및 실시간 모니터링**: Power BI Mobile을 통해 사용자는 이동 중에도 대시보드와 보고서를 실시간으로 모니터링하며 분석 결과를 확인할 수 있다.

✚ **Power BI의 구성 요소에 따른 작업 흐름** ✚

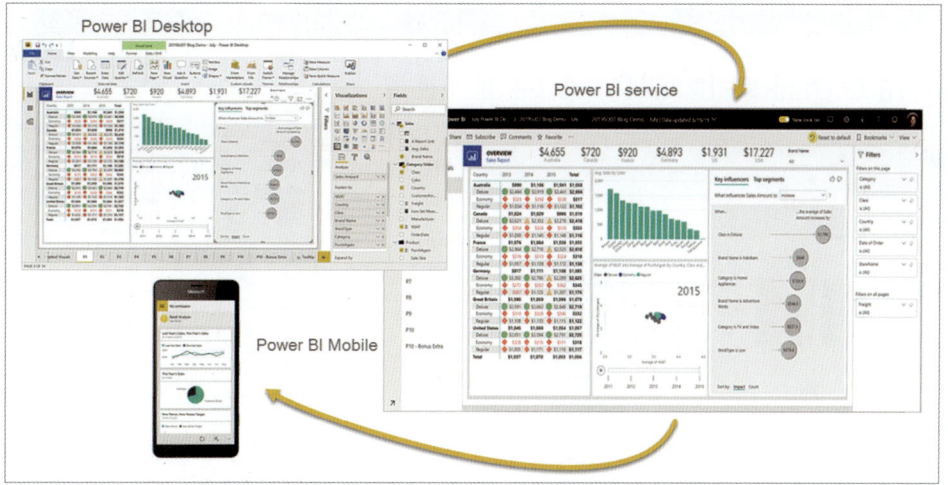

- Power BI Desktop이라는 Windows 데스크톱 애플리케이션
- Power BI Service라고 불리는 온라인 기반의 서비스형 소프트웨어(SaaS) 서비스
- Windows, iOS 및 Android 기기용 Power BI Mobile 앱

참고 사이트: https://learn.microsoft.com/en-us/power-bi/fundamentals/power-bi-overview

SECTION 2   Power BI Desktop 화면 구성

Power BI Desktop은 로컬 컴퓨터에 설치하는 무료 애플리케이션으로, 데이터에 연결하고, 변환하고, 시각화할 수 있도록 필요한 다양한 도구와 기능으로 구성되어 있다.

❶ 설치한 Power BI Desktop을 실행하면 다음과 같은 화면이 표시된다. 초기 화면에서 데이터 가져오기, 최근 원본, 최근 보고서 열기, 다른 보고서 열기 또는 다른 링크 선택이 가능하다. [닫기]를 클릭하여 초기 화면을 닫는다.

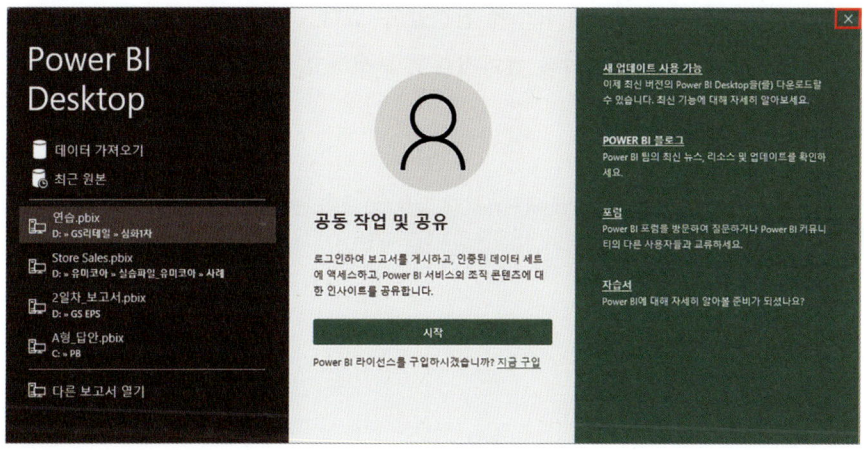

❷ 주요 화면 구성 요소는 다음과 같다.

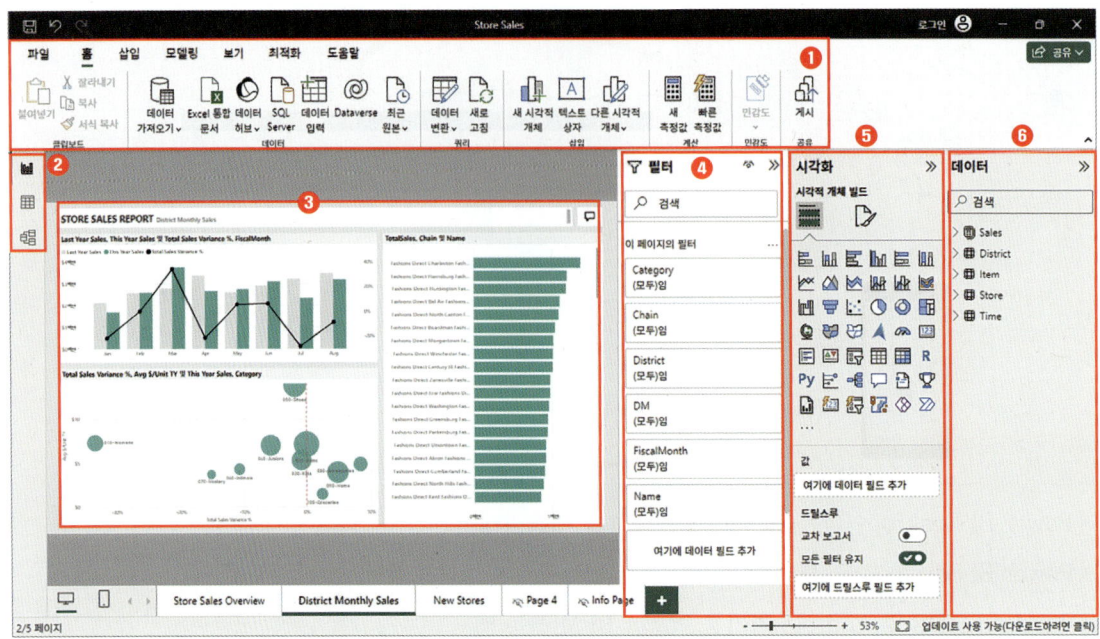

❶ **리본메뉴**: 화면 상단에 위치하며, 파일, 홈, 삽입, 모델링 등의 탭으로 이루어져 있어 사용자에게 다양한 기능을 제공한다.

❷ **보기 창**: 보기 창에는 보고서 보기, 테이블 보기, 모델 보기 아이콘이 있으며, 처음 편집기를 실행하면 '보고서 보기'가 실행된다. 보기 선택에 따라 화면이 달라진다.

❸ **보고서 보기**: 중앙 영역에는 보고서를 디자인할 수 있는 공간이 제공되며, 시각적 요소들을 배치하고 구성할 수 있다.

❹ **필터 창**: 시각적 요소, 페이지 또는 모든 페이지의 모든 필터가 표시된다.

❺ **시각화 창**: 필드 창 아래에는 다양한 시각화 옵션이 제공되며, 사용자는 이를 통해 데이터를 다양한 형태로 시각화할 수 있다.

❻ **데이터 창**: 화면 오른쪽에는 데이터 모델에서 사용 가능한 테이블과 필드가 나열되어 있어, 사용자가 필요한 데이터를 드래그 앤 드롭하여 시각적 요소에 연결할 수 있다.

이러한 화면 구성 요소를 통해 사용자들은 데이터를 효과적으로 분석하고, 직관적인 시각적 보고서를 작성할 수 있다.

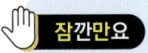 경영정보시각화능력 실기 시험에서는 정해진 버전의 Power BI Desktop 프로그램을 다운로드하여 설치해야 한다. 시행처의 자료실을 참고하여 실기 시험과 동일한 버전을 설치하도록 한다.

SECTION 3 파일 관리하기

Power BI Desktop에서 작성된 보고서는 작업을 완료한 후 Power BI 전용 파일 형식(.pbix)으로 저장할 수 있으며, 데이터를 수정하거나 추가 작업을 수행할 때 이전 작업을 불러와 이어서 진행할 수 있다.

✚ Pbix 파일로 저장하기 ✚

❶ 제목 표시줄에 있는 [저장] 🖫 을 클릭한다.

❷ [이 파일 저장] 대화상자가 열리면 원하는 이름과 저장 폴더 위치를 지정한 후 [저장]을 클릭한다. 이 문서는 (.pbix) 형식으로 저장된다.

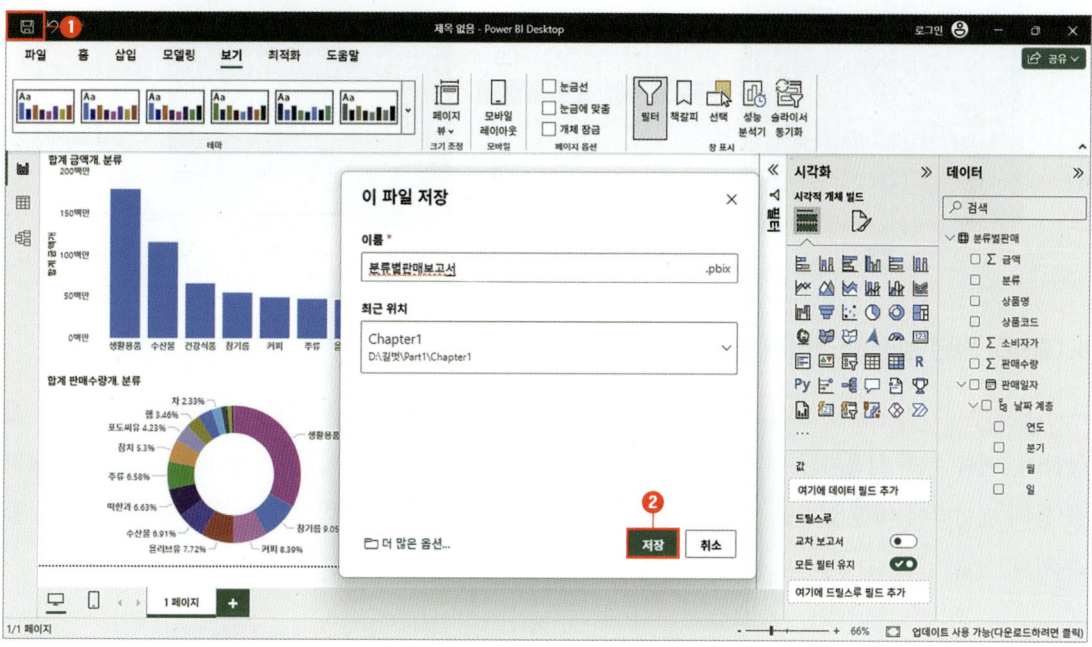

> **TIP** 한번 저장된 파일은 편집 후 다른 이름으로 저장하려면 [파일]탭 – [다른 이름으로 저장]을 선택한다.

Chapter 1. Power BI 소개　15

✛ 최근에 저장된 문서 열기 ✛

❶ 최근에 저장된 문서를 빠르게 편집하려면 Power BI Desktop 초기 화면에서 선택하여 빠르게 문서를 열 수 있다.

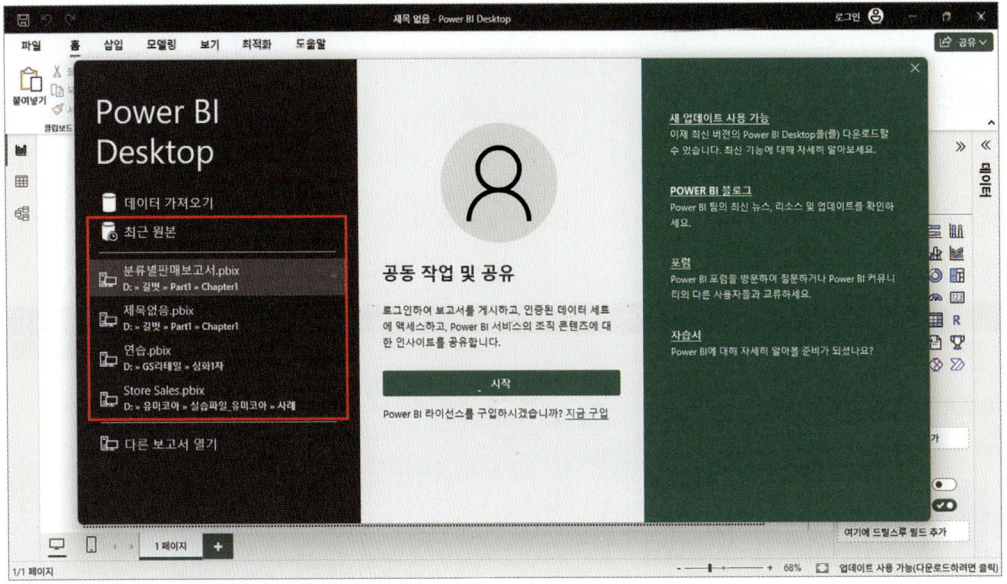

✛ 데이터 원본 설정 변경하기 ✛

Power BI는 CSV, Excel, SQL Server, Azure 등 다양한 데이터 원본을 연결하고 관리하는 기능을 제공하며, 이를 통해 사용자는 여러 데이터 소스를 한곳에서 통합하여 분석할 수 있다. 데이터 원본 설정을 통해 데이터에 대한 연결을 효율적으로 관리하고, 실시간 데이터를 반영하여 동적 보고서를 작성할 수 있다.

❶ 데이터 원본의 위치가 변경되었거나 새로운 데이터를 반영하여 보고서에 반영하려면 [파일]탭 - [옵션 및 설정] - [데이터 원본 설정]을 선택한다.

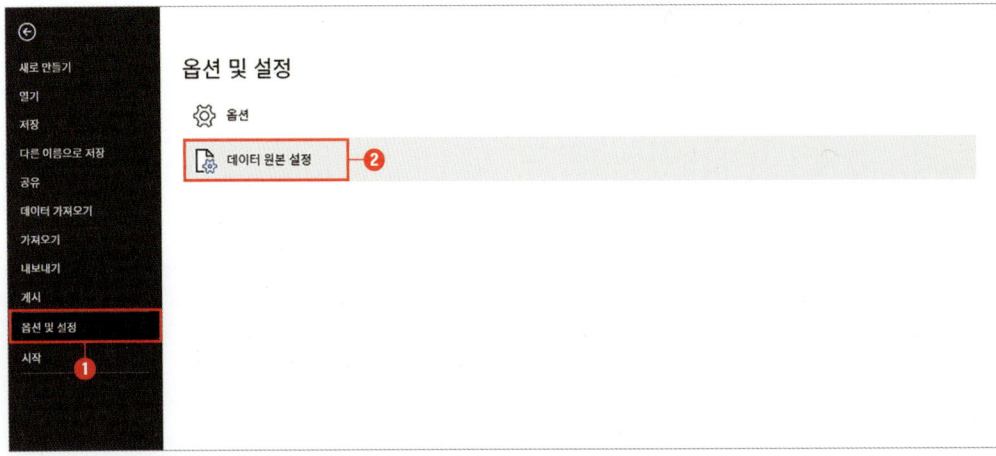

❷ [데이터 원본 설정]대화상자에서 [원본 변경]을 선택한다.

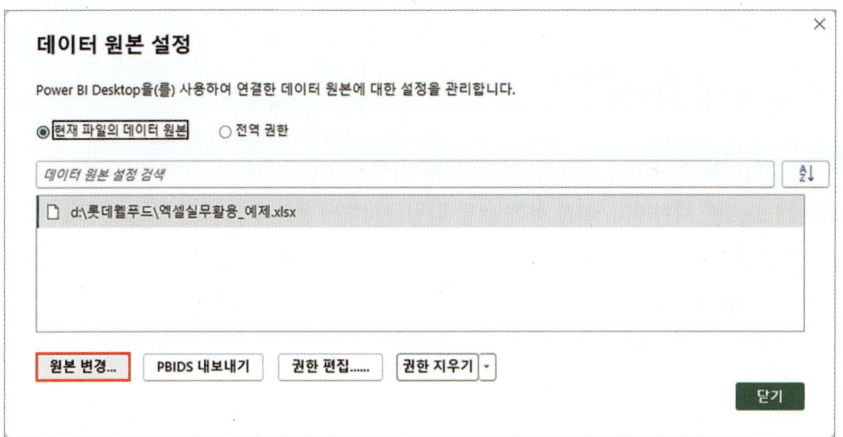

❸ [찾아보기]를 클릭하여 바뀐 원본 파일을 찾아 선택한 후 [확인]을 클릭한다.

❹ [닫기]를 누르고 원본이 변경되면 [변경 내용 적용]을 클릭하여 새 데이터 원본으로 보고서를 새로 고침한다.

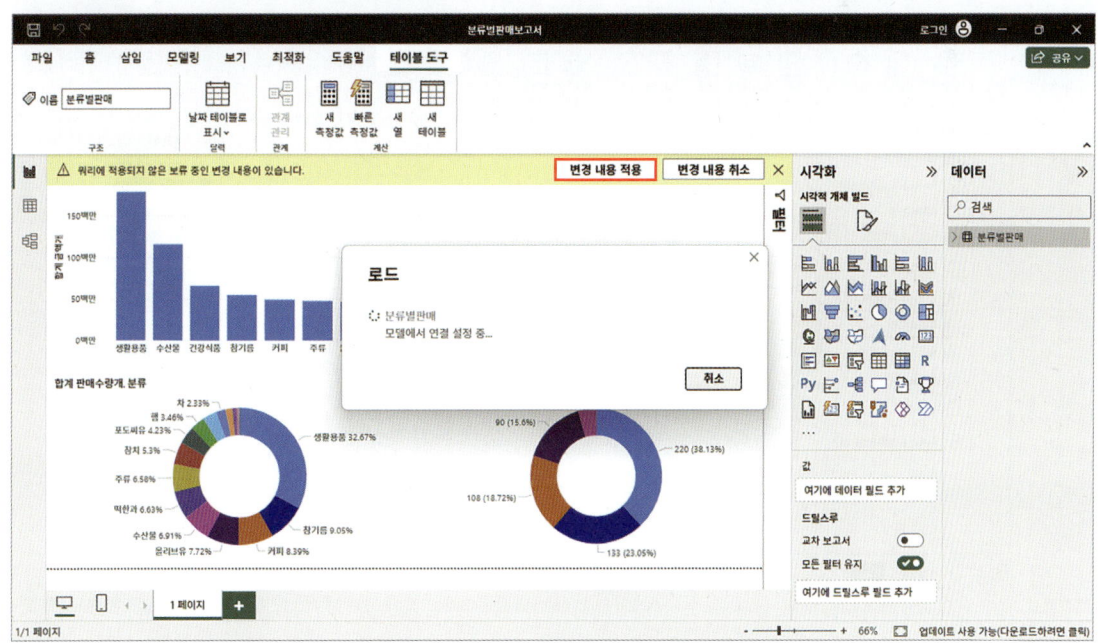

TIP 시행처에서 이 작업 부분은 이미 원본 설정이 되어 있기 때문에 함부로 데이터 셋의 위치를 변경하거나 이름을 변경하는 경우 문제가 될 수 있으므로 유의한다.

CHAPTER 02 작업 준비하기

Power BI를 사용하여 분석 작업을 진행하기 위해서는 데이터를 가져오고 준비하는 과정이 필요하다. Power BI는 다양한 데이터 소스를 지원하며, 이를 통해 로컬 파일에서부터 클라우드 기반 데이터베이스까지 폭넓은 데이터 원본을 연결할 수 있다. 이 Chapter에서는 CSV 파일, Excel 파일, 폴더 등의 다양한 데이터 가져오기 방법과, 데이터를 최신 상태로 유지하는 새로 고침 기능에 대해 다룬다.

SECTION 1 CSV 데이터 가져오기 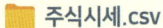 주식시세.csv

CSV(Comma Separated Values) 파일은 가장 일반적으로 사용되는 데이터 파일 형식 중 하나로, CSV 데이터를 간단하게 불러와 필드별로 구분된 데이터를 시각적으로 분석할 수 있는 자료로 Power BI에서 쉽게 불러와 분석할 수 있다.

❶ Power BI Desktop을 실행한 후 [홈]탭 – [데이터]그룹 – [데이터 가져오기]를 클릭한 후 [텍스트/CSV]를 선택한다.

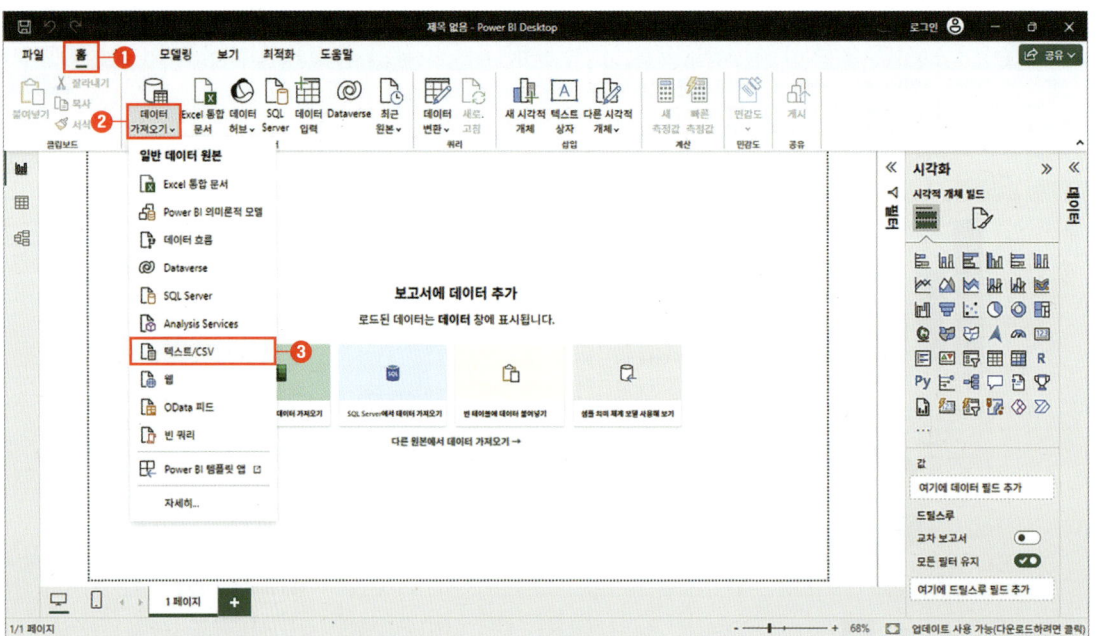

❷ [열기]대화상자에서 파일이 있는 폴더로 이동한 후 '주식시세.csv'를 선택하고 [열기]를 클릭한다.

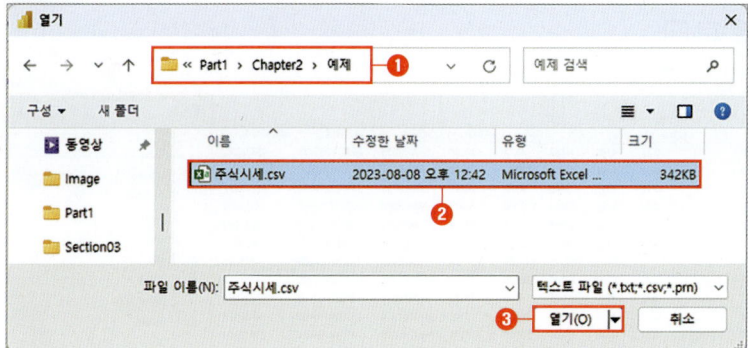

❸ [주식시세.csv] 데이터 보기가 실행되면 데이터를 확인한 후 바로 Power BI로 가져오기 위해 [로드]를 클릭한다.

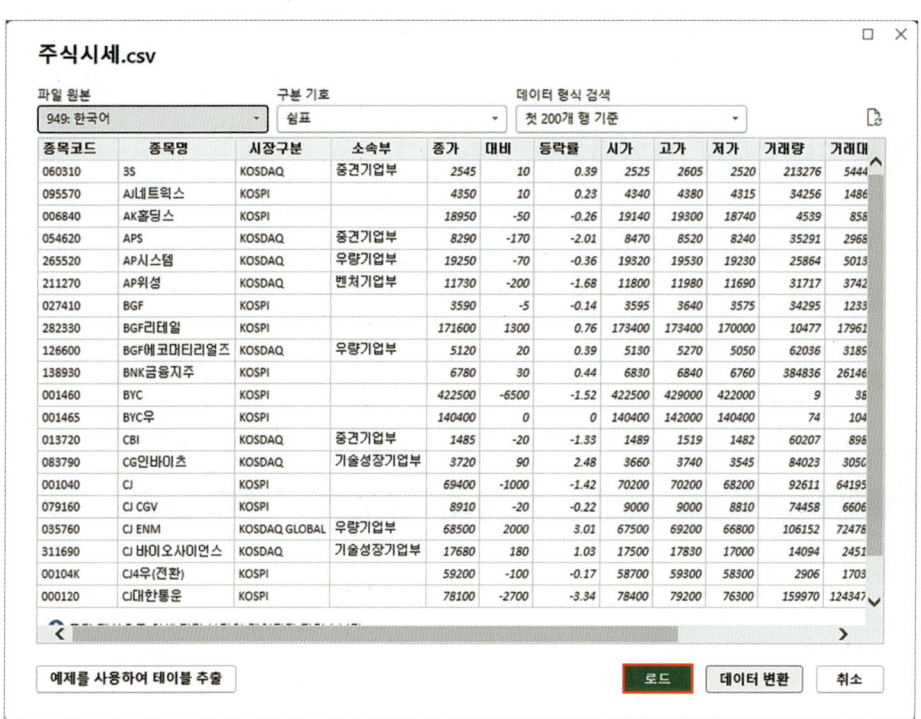

TIP 데이터를 편집하려면 [데이터 변환]을 클릭해 파워쿼리로 데이터 전처리한 후 Power BI로 로드해야 한다.

❹ 화면 왼쪽에 있는 [테이블 보기]를 클릭하면 데이터 전체를 확인할 수 있으며, 화면 오른쪽에는 [데이터]창에서 테이블 이름과 필드를 확인할 수 있다.

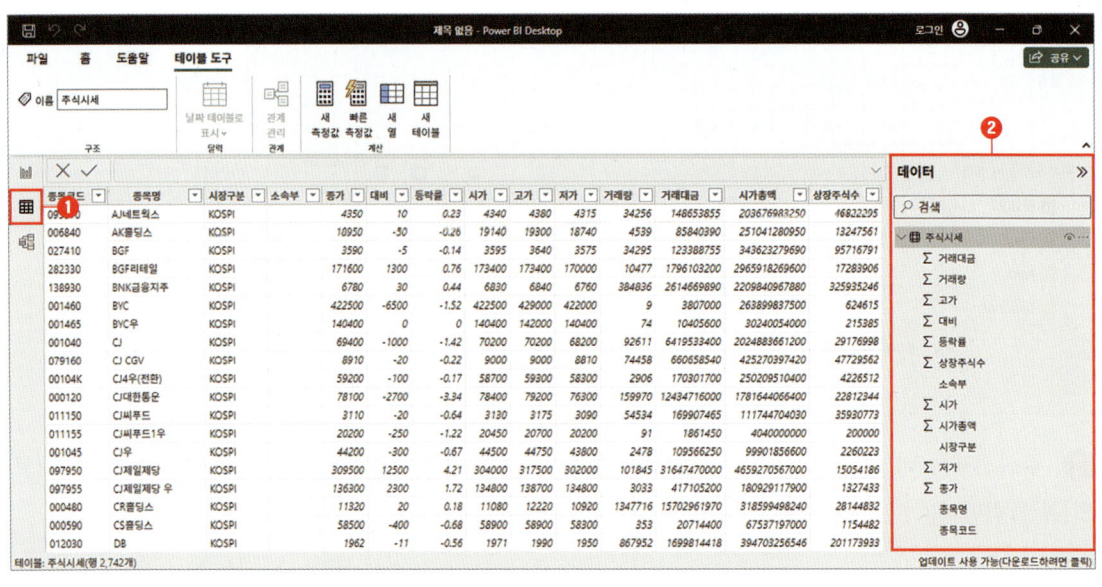

SECTION 2 　엑셀 파일에서 여러 시트 가져오기　📁 엑셀시트가져오기.xlsx

Power BI는 다양한 형식으로 데이터를 가져와 분석할 수 있다. 그중에서도 현업에서 가장 많이 다루는 Excel 파일은 텍스트 파일과 달리 여러 시트를 동시에 불러올 수 있어, 여러 시트에 대해 확장된 데이터를 하나의 통합된 데이터 모델로 구성할 수 있다.

❶ 엑셀 파일을 가져오기 위해 [홈]탭 – [데이터]그룹에서 [Excel 통합문서]를 클릭한다.

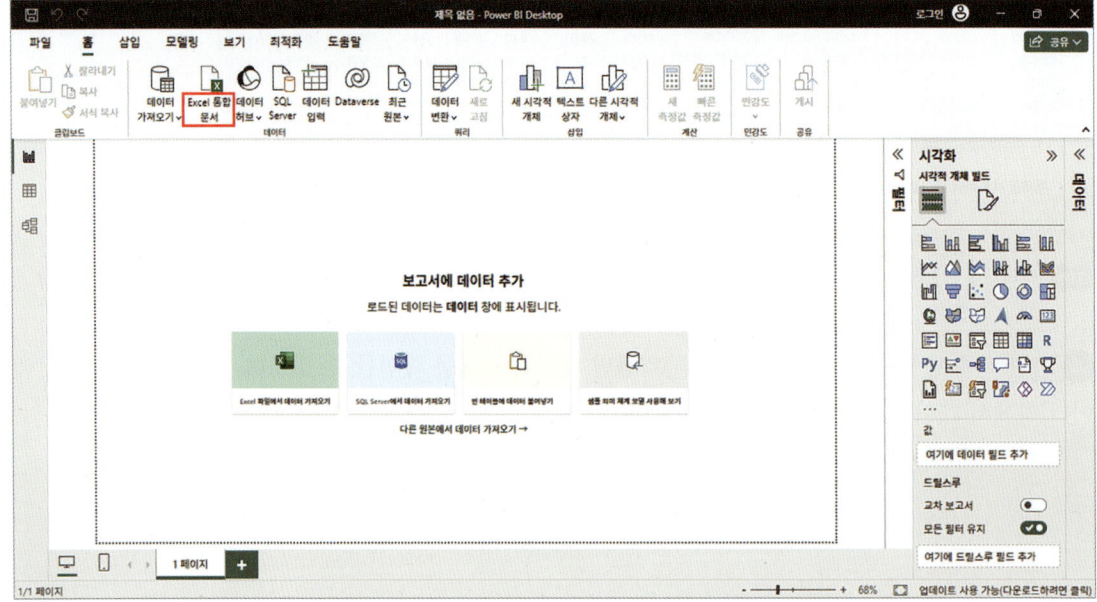

TIP　Excel 통합문서의 경우 Power BI 빈 문서에서 바로 [보고서에 데이터 추가] 항목을 클릭하여 빠르게 선택할 수 있다.

20　**Part 1.** Power BI 기본과 데이터 준비

❷ [열기]대화상자에서 '엑셀시트가져오기.xlsx'를 선택한 후 [열기]를 클릭한다.

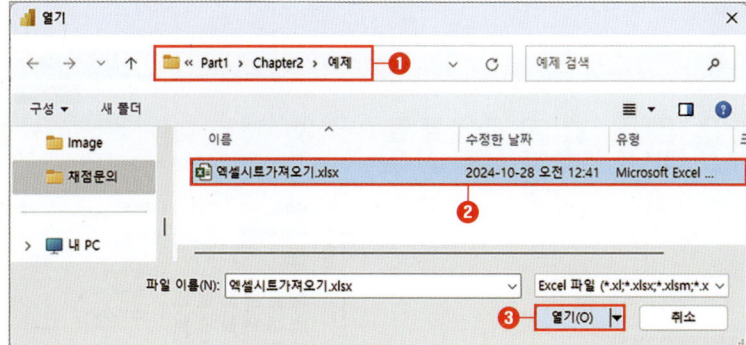

❸ [탐색 창]에서 가져올 시트 이름 앞에 체크 표시를 한다. 여기서는 '고객정보', '제품별단가', '주문내역'을 선택한 후 별도의 편집 작업이 필요 없으면 [로드]를 클릭한다.

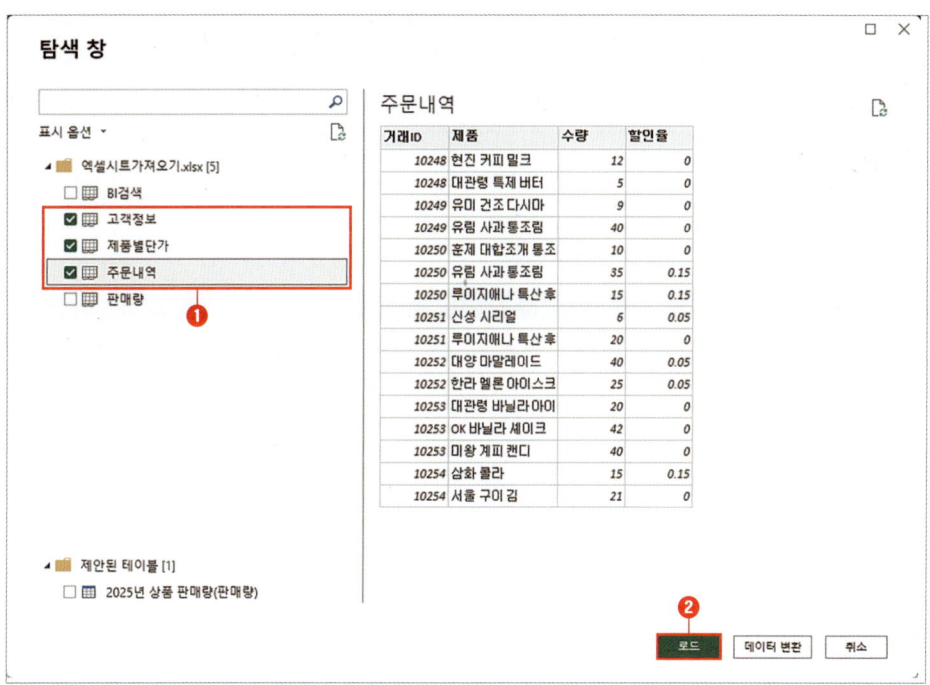

TIP '판매량' 시트의 경우 시트 데이터와 달리 [제안된 테이블]에 테이블 형태로 데이터를 가져올 수 있다. 실무에서는 전처리 작업이 많이 필요한 일반 시트보다 테이블로 제안된 데이터를 가져오는 것이 편리하다.

❹ 데이터가 로드되면 Power BI Desktop의 [보고서 보기]가 열리고 [데이터]창에서 해당 테이블이 추가된 것을 알 수 있다.

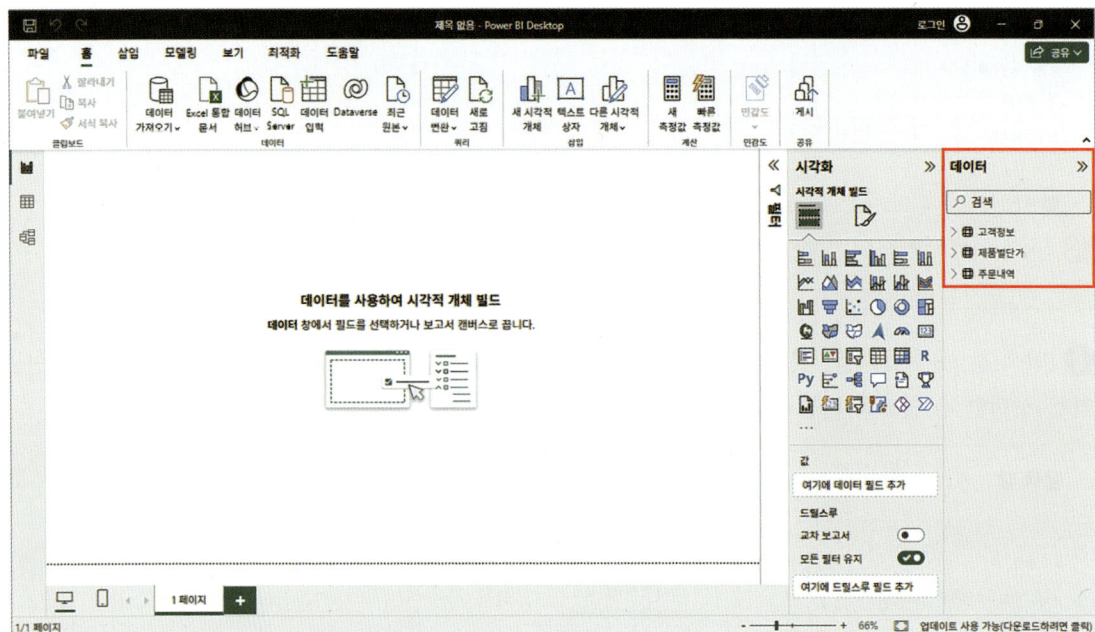

❺ 데이터 창에 추가된 테이블의 상세한 내용은 [테이블 보기]를 클릭하여 확인한다.

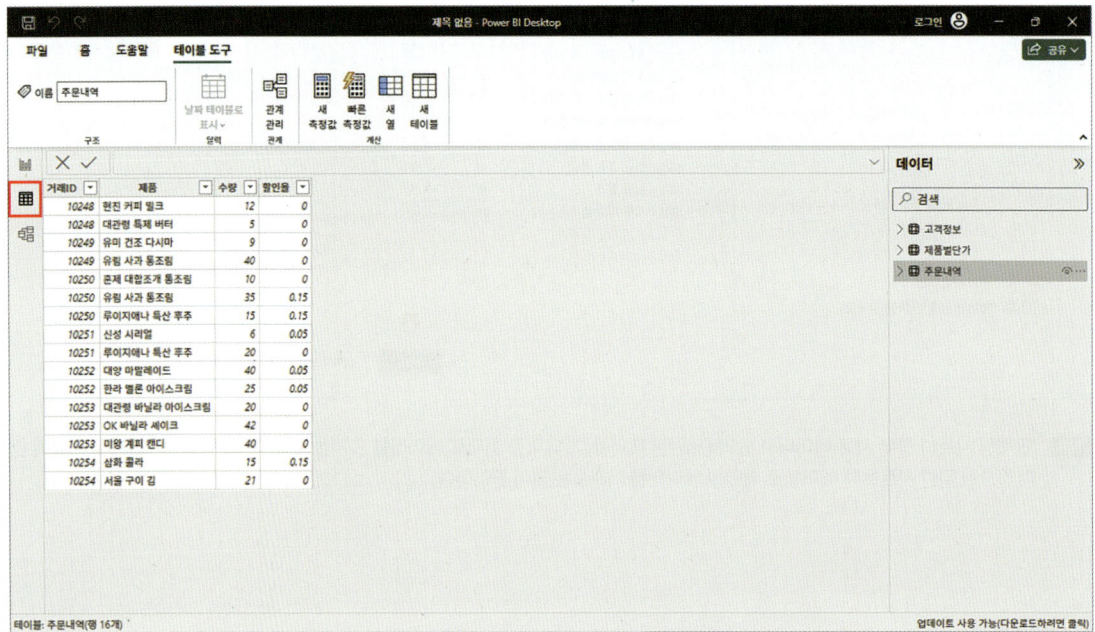

SECTION 3 폴더를 사용한 파일 취합하기   📁 영업소 폴더

Power BI Desktop에서는 폴더에 저장된 다양한 파일을 자동으로 선택하여 하나의 데이터 집합으로 결합할 수 있다. 이 기능을 이용해 새로 업데이트되는 파일을 하나의 폴더에 저장하고, Power BI에서 자동으로 가져오기와 통합 분석을 할 수 있다.

❶ [홈]탭 – [데이터]그룹에서 [데이터 가져오기]를 클릭한다.

❷ [데이터 가져오기]창에서 [파일] – [폴더]를 선택한 후 [연결]을 클릭한다.

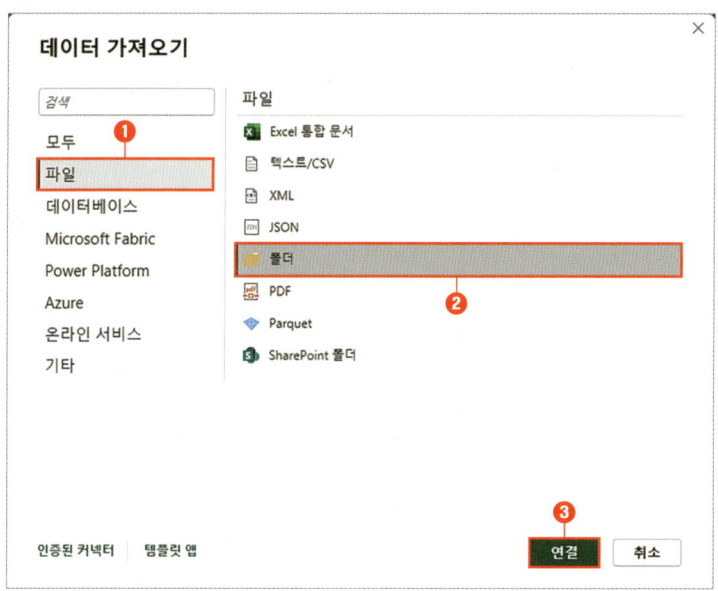

Chapter 2. 작업 준비하기   23

❸ [폴더]창이 열리면 [찾아보기]를 클릭한 후 [영업소]폴더를 찾아 [확인]을 클릭한다.

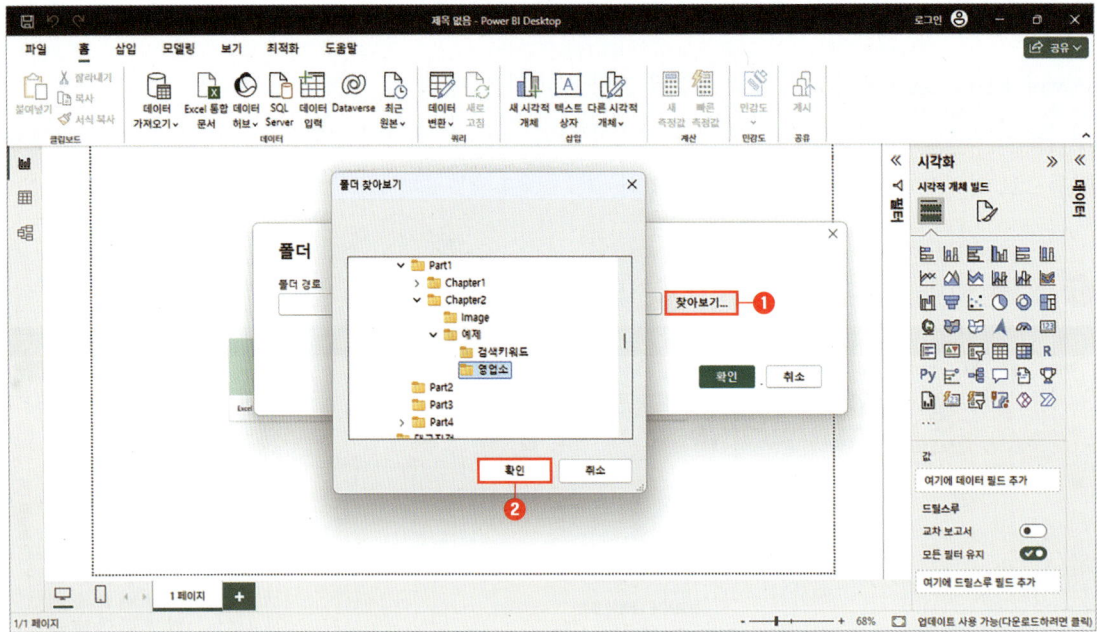

❹ 폴더의 위치가 입력되면 [확인]을 클릭한다.

❺ 폴더 안에 있는 파일들의 종류와 형식을 보여주는 창에서 [데이터 변환]을 클릭한다.

TIP [결합] 또는 [로드]를 클릭하여 데이터 결과를 확인한 후 다시 작성된 테이블에서 [쿼리 편집]을 실행해도 된다.

❻ [Power Query 편집기]창이 열리면 [Content]열에 있는 ⬇(파일 병합)을 클릭한다. 현재 편집기 창에는 [Content]열 외에 폴더에 있는 파일들의 속성을 나타내는 파일명, 확장자, 파일 수정일, 파일 경로 등 정보를 가진 열이 포함되어 있다.

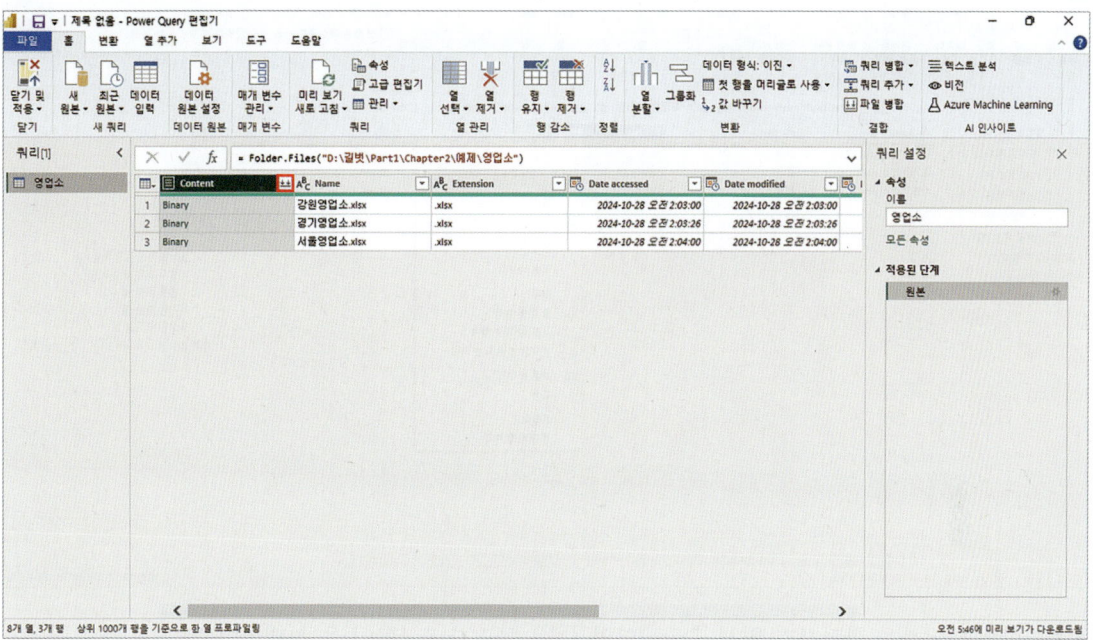

❼ [파일 병합]창에서는 샘플 파일과 표시 옵션을 선택할 수 있다. 샘플 파일에서 기준이 되는 파일(여기서는 모두 같은 구조이므로 첫 번째 파일)을 선택하고, 표시 옵션에서 '매개 변수1[1]' 폴더를 선택한 후 [확인]을 클릭한다.

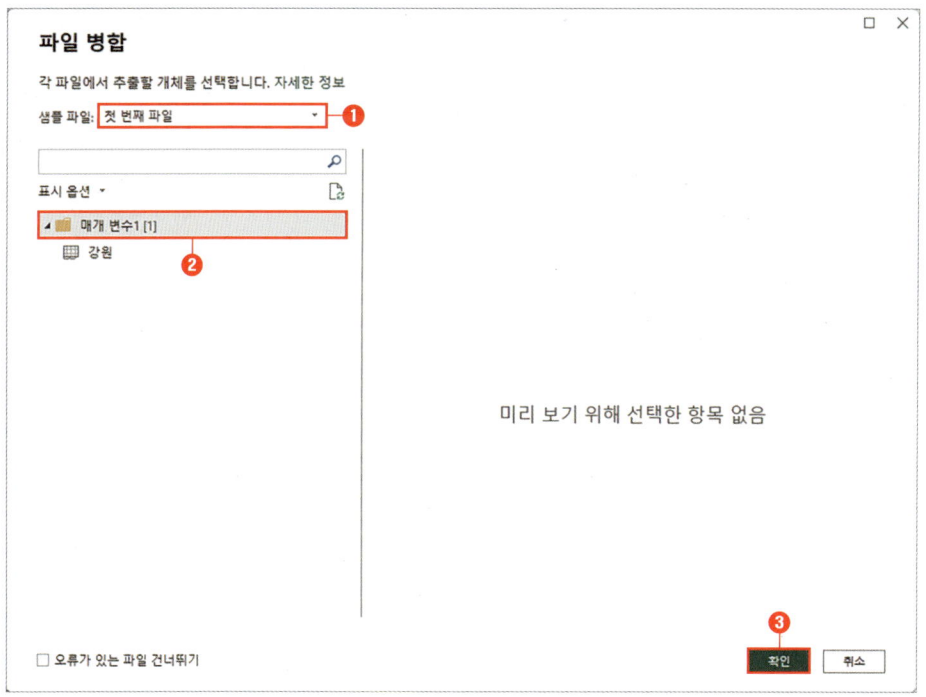

❽ 파일이 병합된 후 '영업소'라는 쿼리가 생성된다. [Data]열 외에 다른 열을 제거하기 위해 [Data]열에 오른쪽 마우스 클릭한 후 [다른 열 제거]를 선택한다.

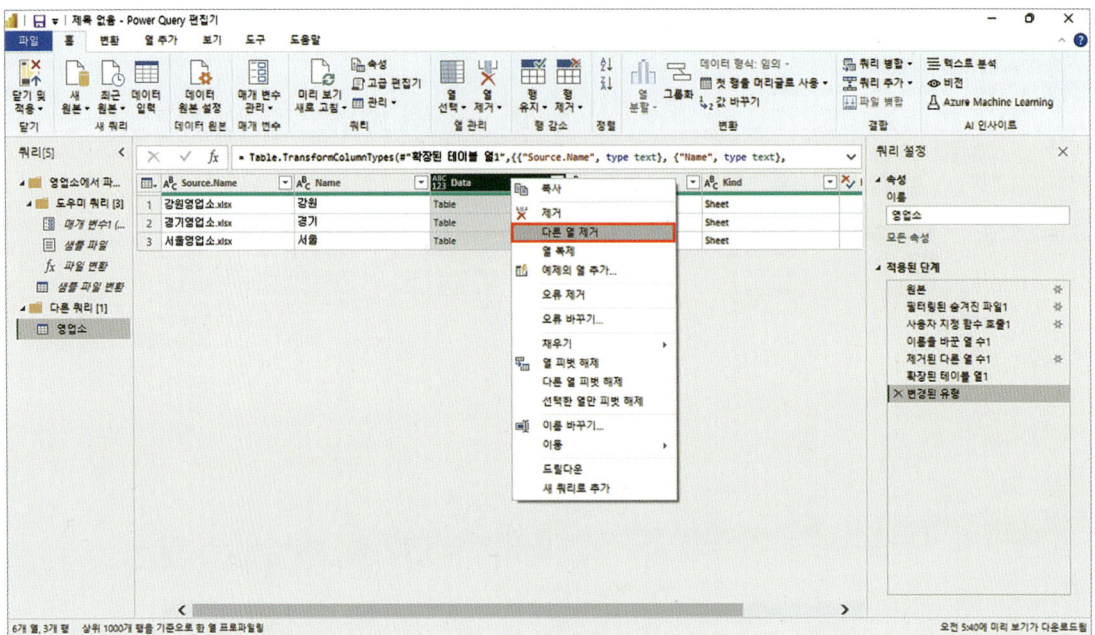

❾ 병합된 테이블을 확장하기 위해 [Data]열의 ⇔을 클릭한 후 [확인]을 선택한다.

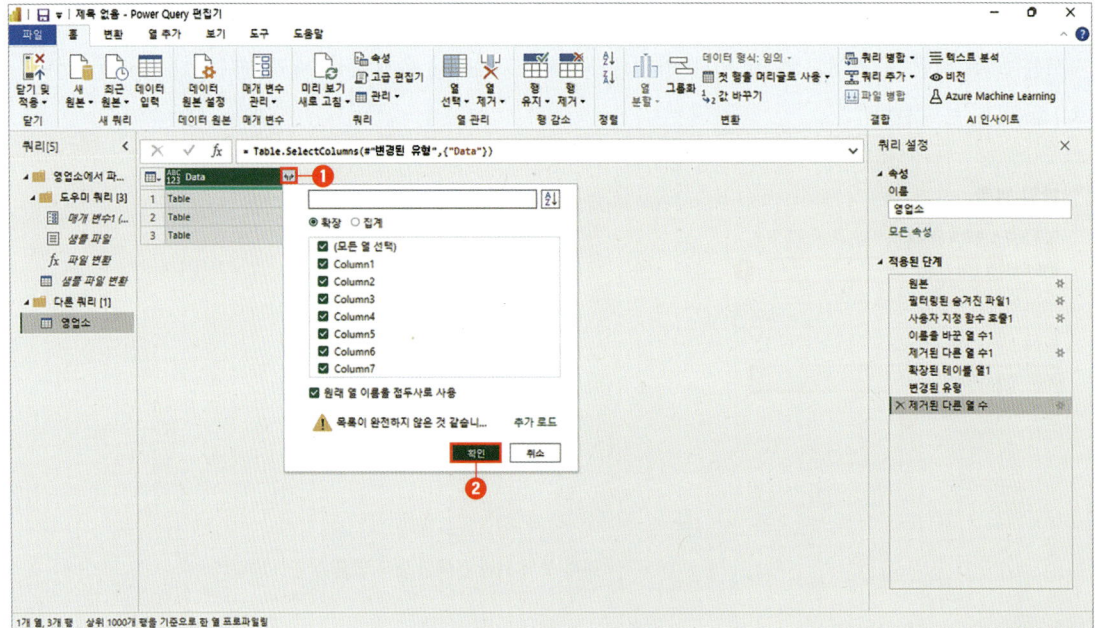

⑩ 각 엑셀 파일의 데이터가 하나로 합쳐진 것을 확인한다. 이번에는 병합된 표의 첫 행을 머리글로 지정하기 위해 임의의 열을 선택한 후 [홈]탭 – [변환]그룹 – [첫 행을 머리글로 사용]을 클릭한다.

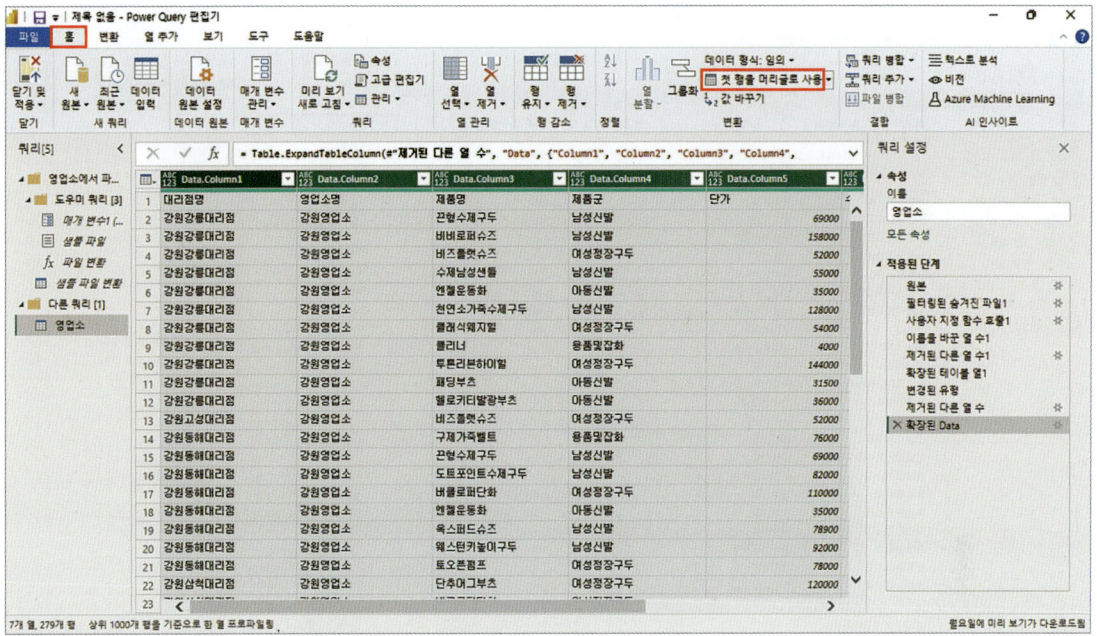

⑪ 각 테이블마다 있는 제목행이 중간에 데이터로 있어 이 행을 삭제해야 한다. [대리점명]열의 필터 단추를 클릭한 후 '대리점명' 값을 선택 해제한 후 [확인]을 클릭한다.

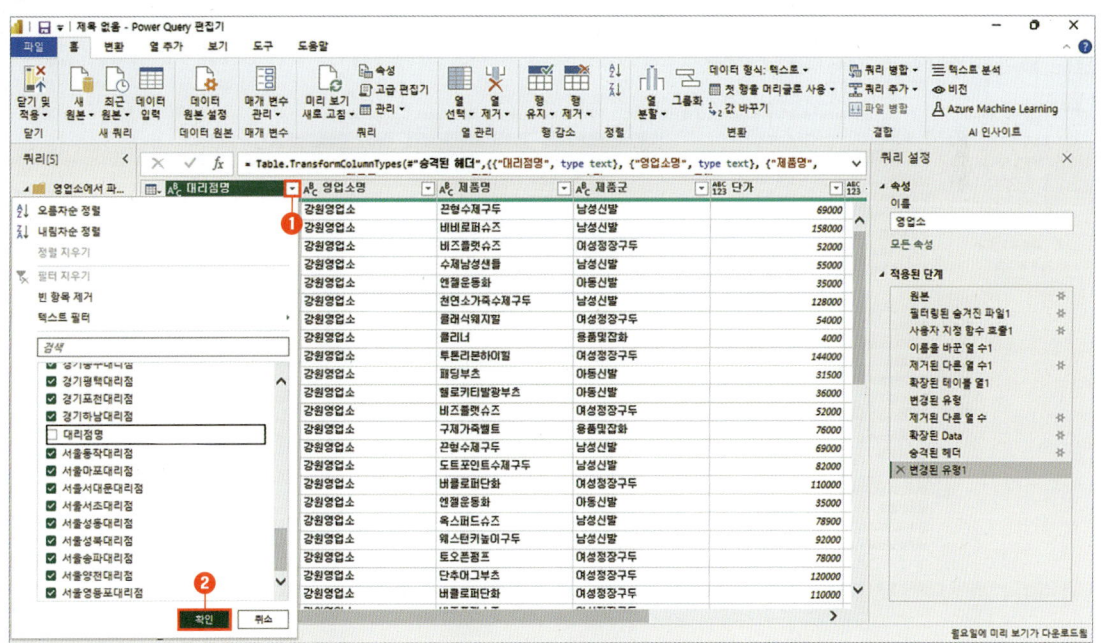

TIP 필터를 사용해 행을 지우는 기능으로 열에 상관없이 할 수 있는 작업이므로 [대리점명]열이 아닌 다른 열에서도 필터링으로 제목 행을 제거할 수 있다.

⑫ 이제 숫자가 있는 열의 데이터 형식을 변경하기 위해 [단가]열을 선택한 후 [금액]열을 Shift + 클릭하여 모두 선택한다. [홈]탭 - [변환]그룹 - [데이터 형식]을 클릭하여 '정수'로 선택한다.

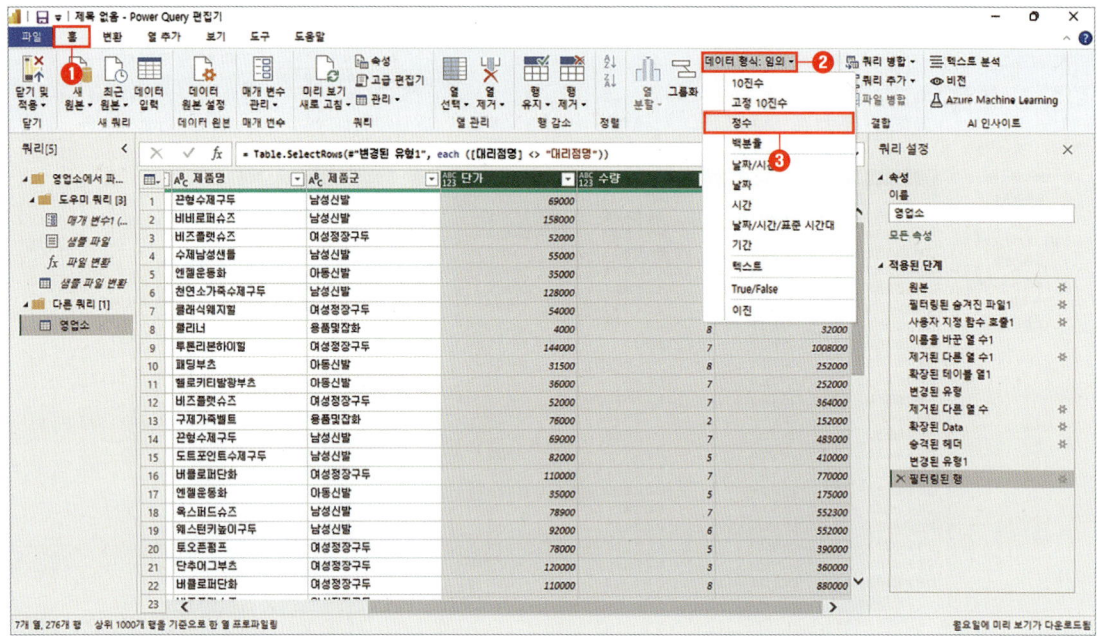

⑬ 모든 변환 작업이 끝나면 [홈]탭 - [닫기]그룹 - [닫기 및 적용]을 클릭한다.

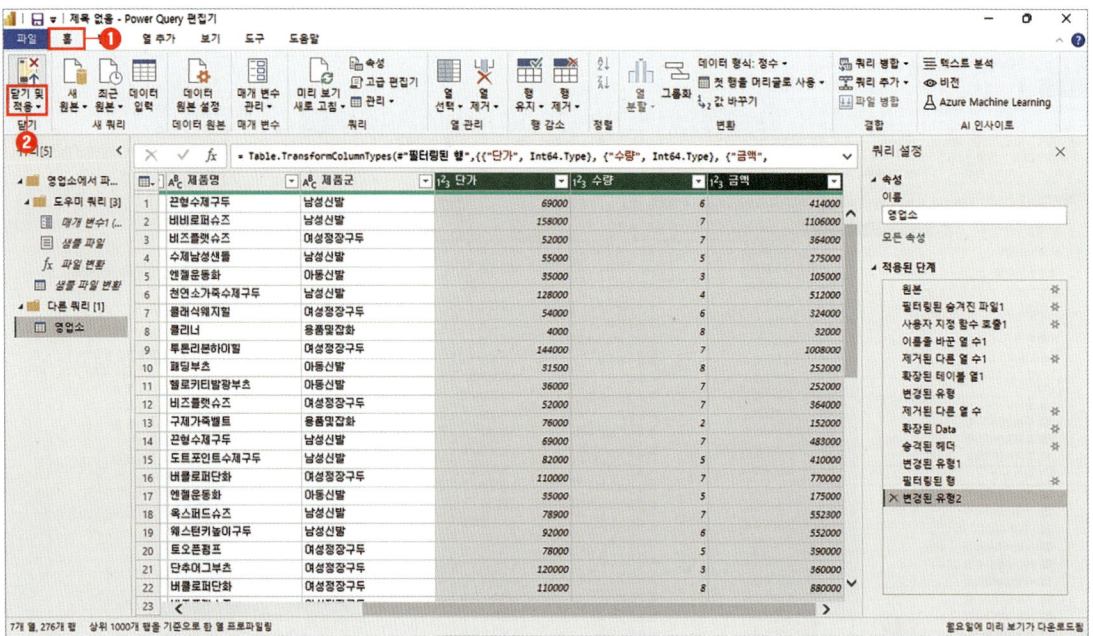

28　Part 1. Power BI 기본과 데이터 준비

⑭ Power BI Desktop으로 돌아와 [테이블 보기]를 클릭한 후 병합된 데이터를 확인한다.

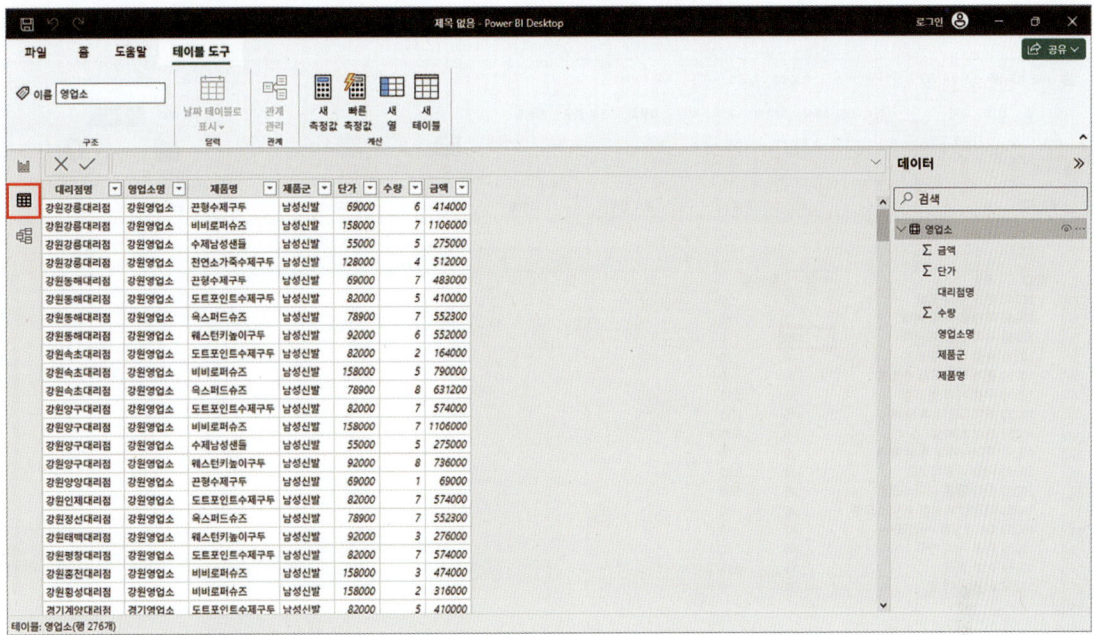

SECTION 4 데이터 로드와 새로 고침하기

📁 판매보고서.pbix,
엑셀시트가져오기.xlsx

Power BI는 데이터를 불러온 이후에도 데이터 원본이 변경되는 경우 새로 고침 기능을 통해 최신 데이터를 가져올 수 있다. 이 기능은 특히 외부 데이터베이스나 클라우드 서비스와 연결된 데이터를 분석하는 데 매우 유용하며, 모델에 추가하지 않는 경우 데이터 로드를 하지 않도록 지정할 수 있다.

✚ 데이터 새로 고침하기 ✚

원본의 내용이 추가되거나 변경된 경우 보고서에 최신 데이터를 반영하기 위해 데이터 새로 고침을 할 수 있다. 대상이 되는 원본의 위치가 변경된 경우가 아닌 데이터의 변경인 경우에 해당되며 위치가 변경된 경우에는 데이터 원본 설정(16쪽 참조)을 변경해야 한다.

❶ [판매보고서]의 원본이 되는 '엑셀시트가져오기.xlsx' 파일을 열어 '유미 건조 다시마' 제품의 [수량]의 값을 '100'으로 변경한 후 [저장]을 클릭한다.

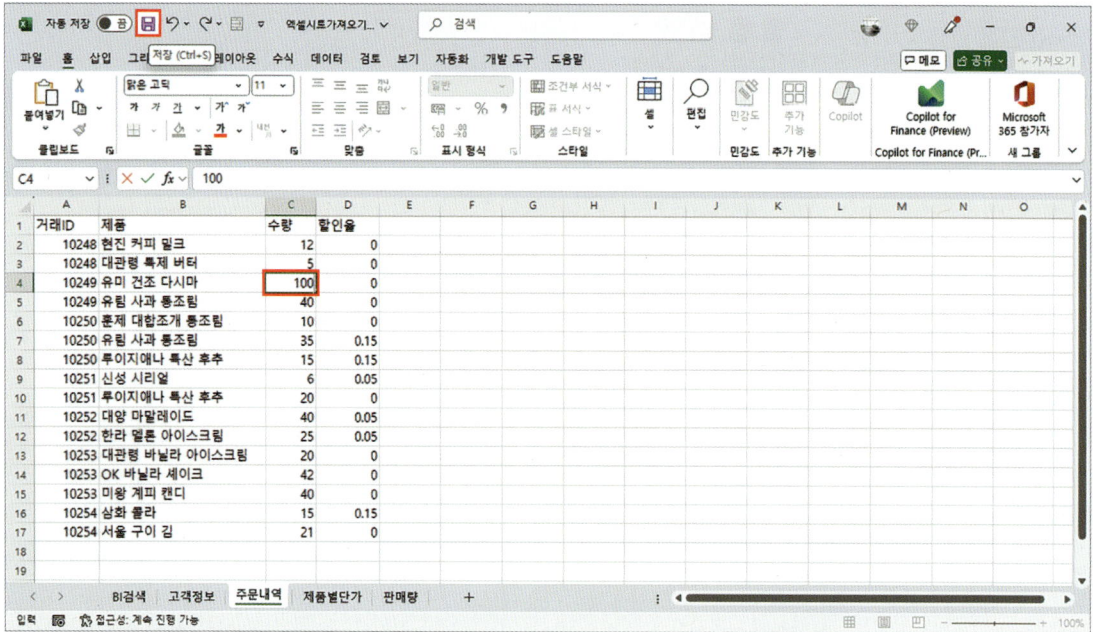

❷ '판매보고서.pbix'을 실행한다. 수정된 원본 데이터를 반영하기 위해 [홈]탭 – [쿼리]그룹 – [새로 고침]을 클릭한다.

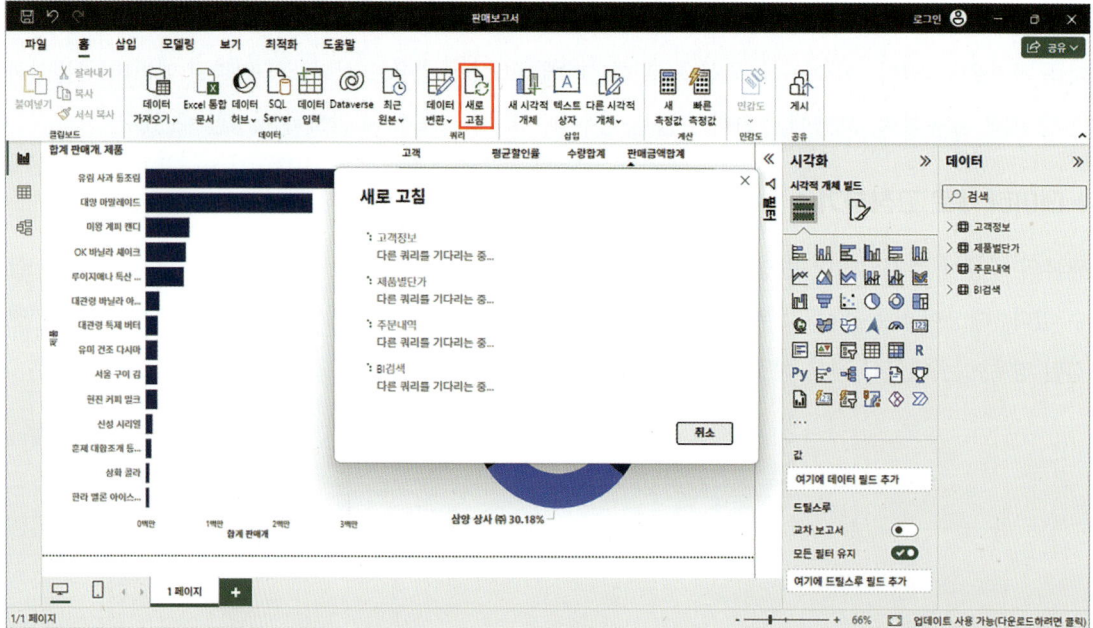

❸ 가로 막대 시각화에서 '유미 건조 다시마'의 값에 의해 시각화가 업데이트된 것을 확인한다.

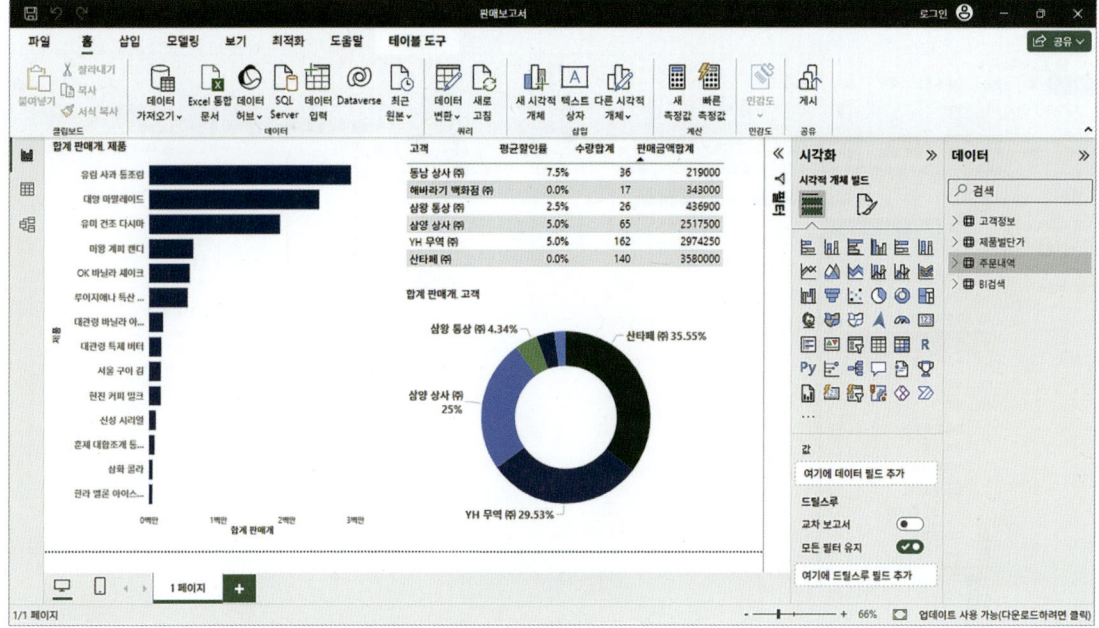

✚ 테이블 로드 하지 않기 ✚

'판매 보고서'에서 사용된 데이터 중에 '제품별단가' 테이블은 '주문내역' 테이블에 이미 [단가]를 반영했기 때문에 현재 시각화에는 사용되지 않는 테이블이다. 이런 경우 Power Query 편집기에서 데이터 로드를 하지 않아도 된다.

❶ [데이터]창에서 변경하고자 하는 '제품별단가' 테이블에 추가옵션(…)을 클릭한 후 [쿼리 편집]을 선택한다.

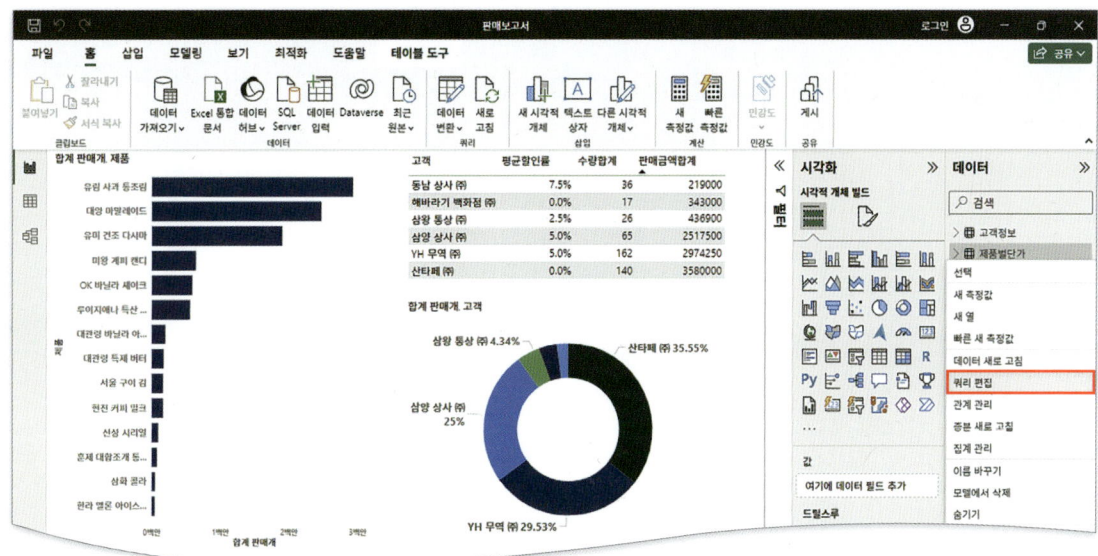

❷ [Power Query 편집기]창이 열리면 왼쪽 쿼리 창에 있는 '제품별단가'에 오른쪽 마우스를 클릭한 후 [로드 사용]의 체크를 해제한다.

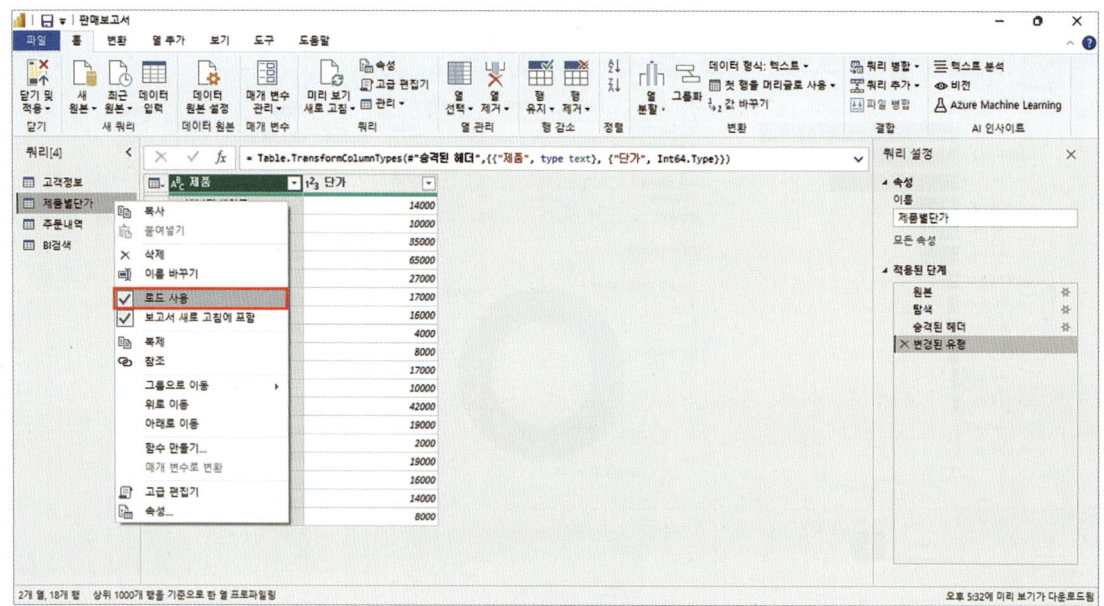

❸ [가능한 데이터 손실 경고]창이 열리면 [계속]을 클릭한다.

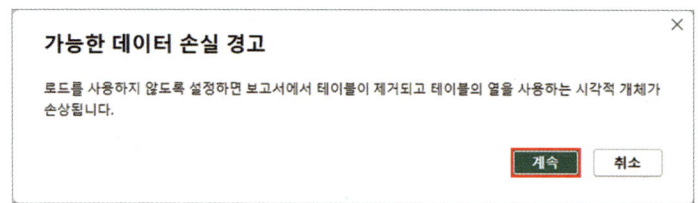

❹ 로드 사용이 해제되면 테이블 이름이 이탤릭체로 변경된다. '제품별단가'가 이탤릭체로 변경된 것을 확인한 후 [홈]탭 - [닫기]그룹에서 [닫기 및 적용]을 클릭한다.

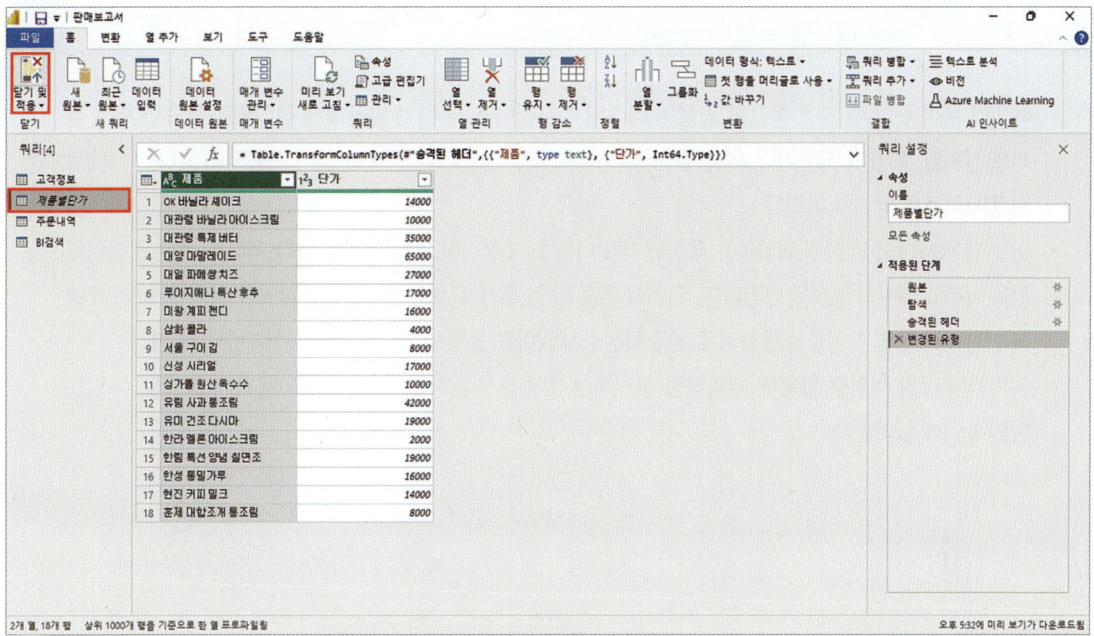

❺ Power BI Desktop으로 돌아오면 [데이터]창에 해당 테이블이 보이지 않는 것을 확인한다.

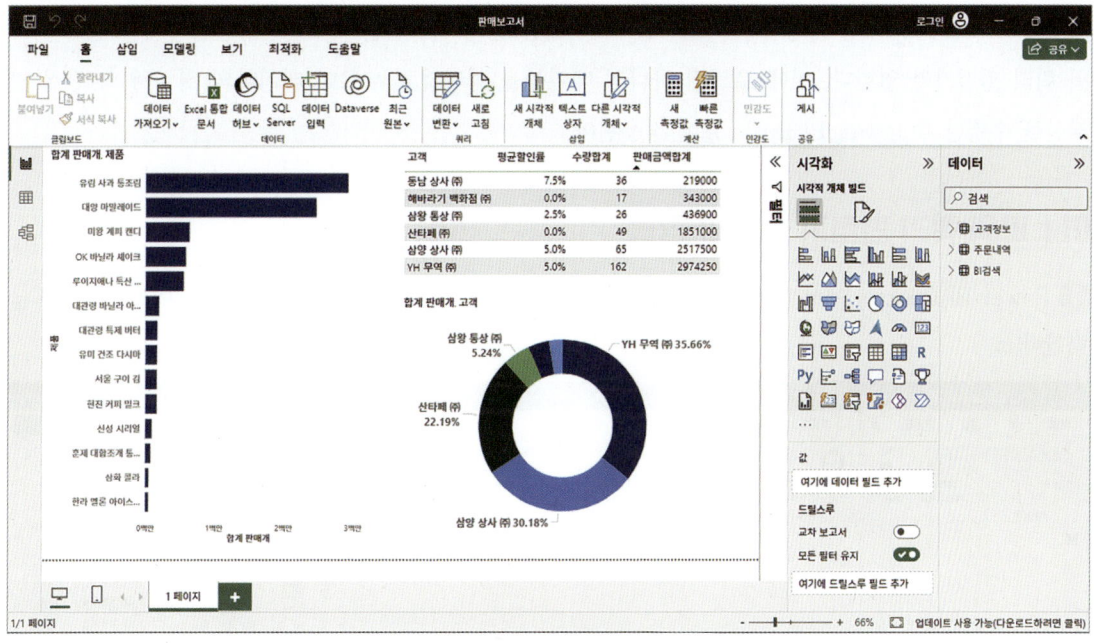

CHAPTER 03 파워 쿼리를 사용한 데이터 전처리

데이터 분석을 할 때 가장 중요한 과정이 데이터 전처리다. 데이터가 깔끔하게 정리되지 않으면 분석 결과도 신뢰할 수 없기 때문이다. 예를 들어, 데이터에 오류가 있거나 중복된 값이 포함되어 있다면 제대로 된 인사이트를 얻기가 어렵다.

이럴 때 Power BI의 파워 쿼리를 사용하면 데이터를 쉽게 정리하고 변환할 수 있다. 데이터 원본을 불러와 값을 바꾸고 데이터 형식을 변경하며, 데이터 추출 및 열 추가, 중복된 값 제거, 불필요한 열 삭제, 데이터 형식 변환 등의 정리 작업을 수행하며 수식을 작성하지 않아도 클릭 몇 번으로 데이터를 변환 가능하다.

여기서는 파워 쿼리를 활용해 데이터를 정리하는 방법을 소개하고, 실무에서 유용하게 활용할 수 있는 방법에 대해 알아본다.

SECTION 1 파워 쿼리 편집기 실행 및 화면 구성

Power BI Desktop에서 데이터 가져오기를 하면 해당 원본 데이터는 파워 쿼리 편집기에 복사되고 파워 쿼리 편집기가 열린다. 이때 로드된 하나의 테이블을 쿼리라고 부르며 테이블의 열 단위의 편집 및 계산을 수행한 후 Power BI Desktop에 적용된다.

01 | 파워 쿼리 편집기 실행과 종료

❶ Power BI Desktop에서 파워 쿼리 편집기를 실행하려면 [홈]탭 – [쿼리]그룹 – [데이터 변환]을 클릭한다.

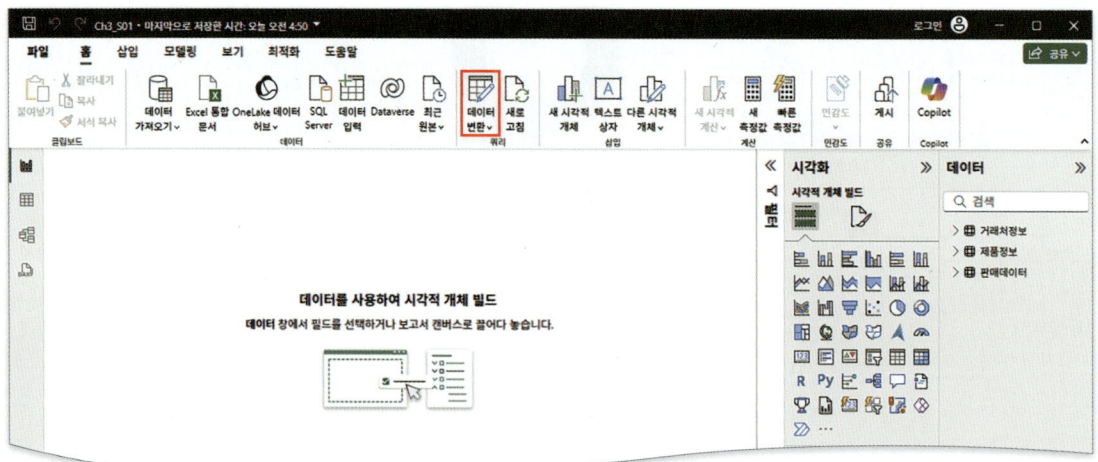

02 | 파워 쿼리 화면 구성

데이터의 전처리 과정을 수행할 Power BI의 파워 쿼리 편집기의 화면 구성에 대해 알아본다.

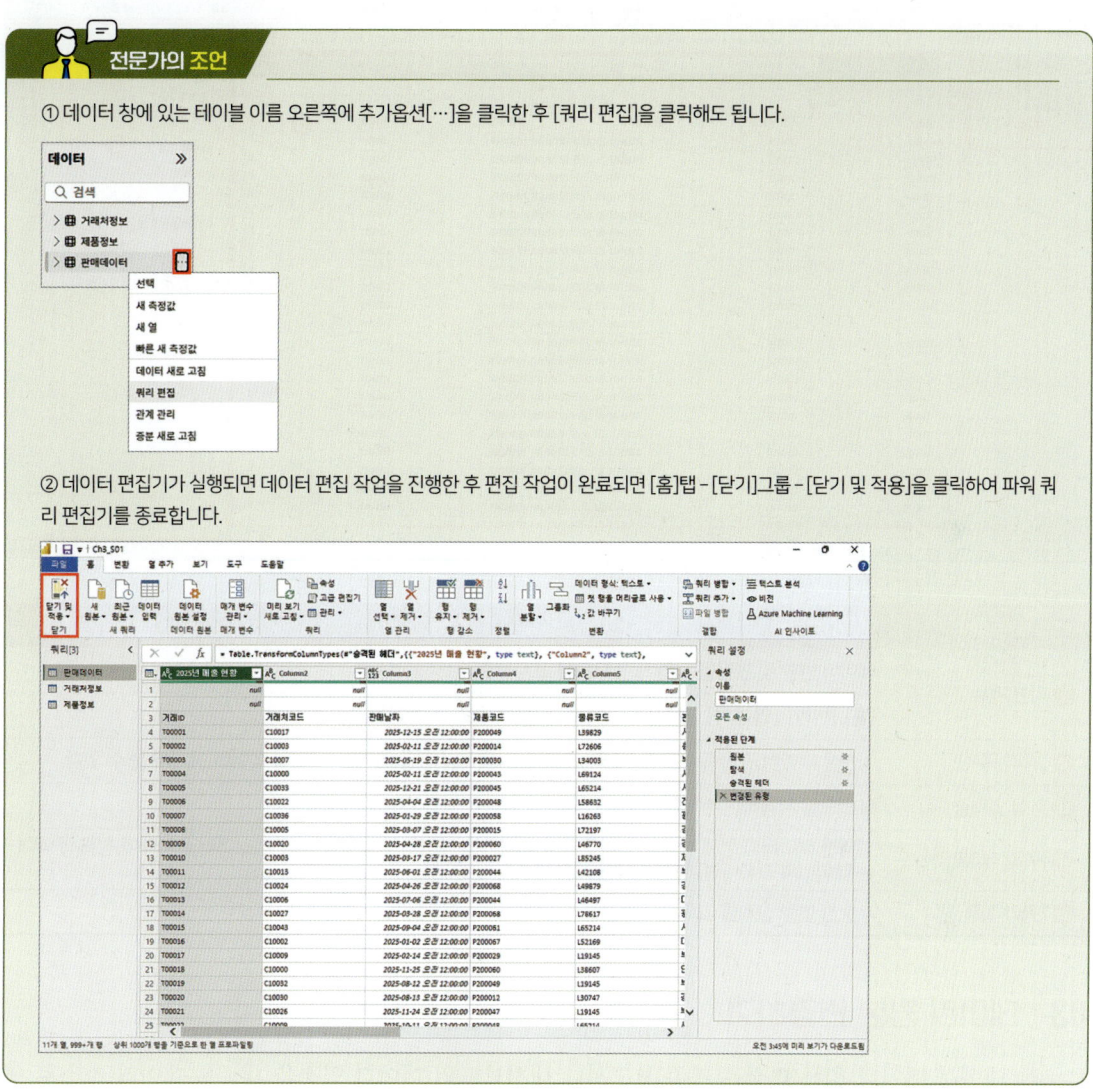

Chapter 3. 파워 쿼리를 사용한 데이터 전처리

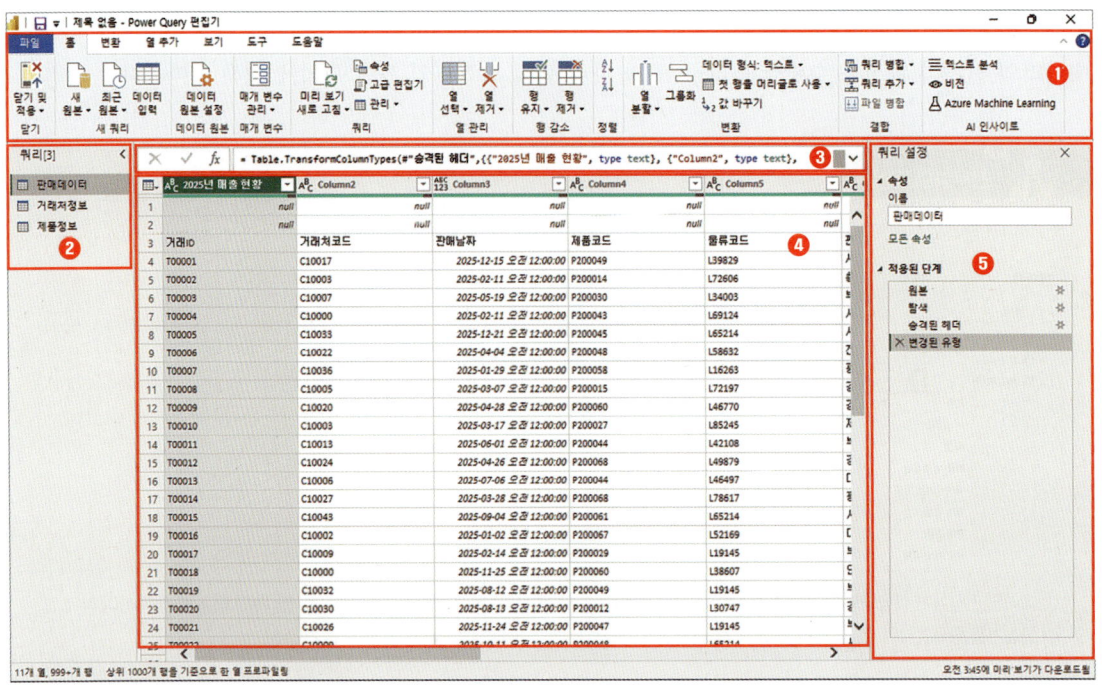

구성 요소	설명
❶ 리본 메뉴	데이터 변환 및 편집을 위한 도구 모음을 표시해준다.
	[홈], [변환], [열 추가], [보기], [도구], [도움말]탭으로 구성된다.
❷ [쿼리 목록]창	가져온 데이터 쿼리 목록을 표시하며, 쿼리를 선택하면 해당 데이터를 [쿼리 데이터]창에서 볼 수 있다.
❸ 수식 입력줄	M 코드를 사용하여 수식을 입력하고 데이터 변환을 직접 수정 가능하다.
❹ [쿼리 데이터]창	선택한 데이터의 현재 상태를 보여주며, 머리글에는 데이터의 형식을 보여주며, 머리글 아래에 청록색 막대는 데이터의 오류나 빈 행이 있음을 표시해 준다.
❺ [쿼리 설정]창	수행한 변환 단계를 기록하고 편집할 수 있다.

03 | 데이터 원본 변경하기

Power BI에서 데이터 원본 변경은 기존 보고서나 대시보드의 데이터 연결을 새로운 데이터 소스로 업데이트하거나 원본의 위치가 변경되었을 때 필수적인 작업이다.

❶ 파워 쿼리 편집기를 실행했을 때 아래와 같은 오류 표시가 나타난다면 원본 데이터의 위치가 변경된 것이다. [홈]탭 – [데이터 원본]그룹 – [데이터 원본 설정]을 클릭한다.

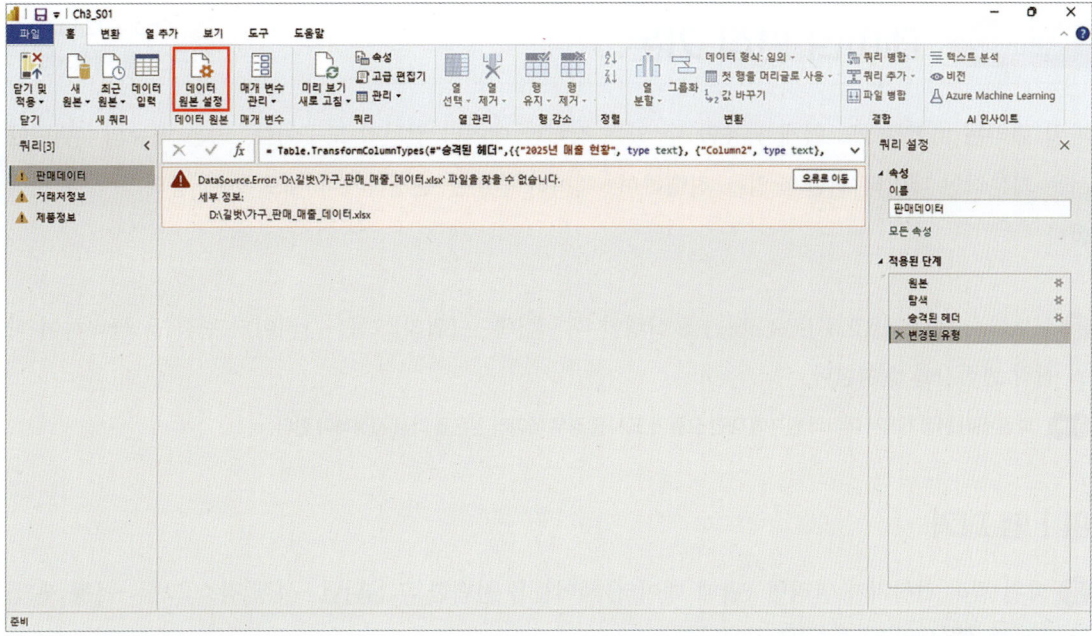

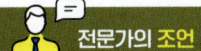

시험에서는 데이터 원본의 위치를 변경하는 문제는 제시되지 않습니다. 임의로 파일의 위치를 변경하지 않도록 주의해야 합니다.

❷ [데이터 원본 설정]창에서 [원본 변경..]을 클릭한 후 변경할 데이터 원본 파일을 선택한다.

Chapter 3. 파워 쿼리를 사용한 데이터 전처리   37

SECTION 2 데이터 편집 기본

📁 Ch3_S02.pbix,
가구_판매_매출.xlsx

파워 쿼리는 비전문가도 쉽게 사용할 수 있는 강력한 데이터 전처리 도구이다. 리본 메뉴의 [홈]탭에서는 기본적인 데이터 변환 작업을 진행하며, 데이터 원본을 변경하거나 새로 고침 등의 작업을 진행한다.

❶ [Chapter3\예제\Ch3_S02.pbix]를 실행한 후 [홈]탭 – [쿼리]그룹 – [데이터 변환]을 클릭하여 파워 쿼리 편집기를 실행한다.

> **TIP** 파워 쿼리 편집기에서 데이터 원본에 대한 오류가 표시될 경우 데이터 원본을 다시 지정해야 한다.

01 | 행 제거

❷ 파워 쿼리 편집기가 열리면 〈판매 데이터〉테이블을 선택한 후 [홈]탭 – [행 감소]그룹 – [행 제거]를 클릭한 후 [상위 행 제거]를 선택한다.

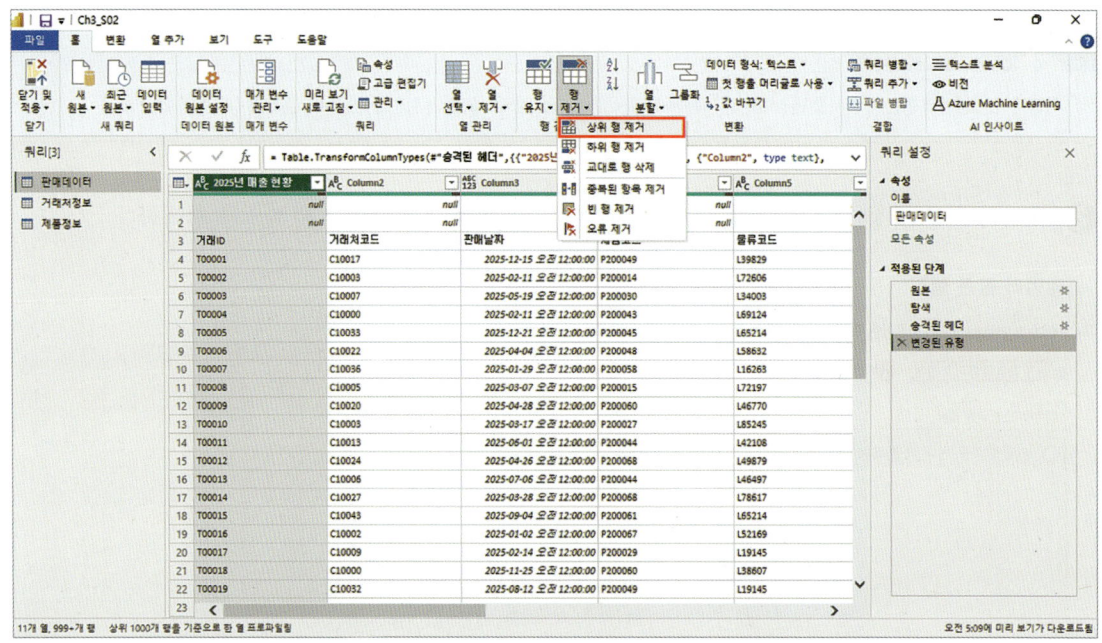

> **TIP** 기본적으로 첫 테이블(쿼리)의 첫 필드가 선택되어 있다.

❸ [상위 행 제거]대화상자에서 제거할 행 수 '2'를 입력한 후 [확인]을 클릭한다.

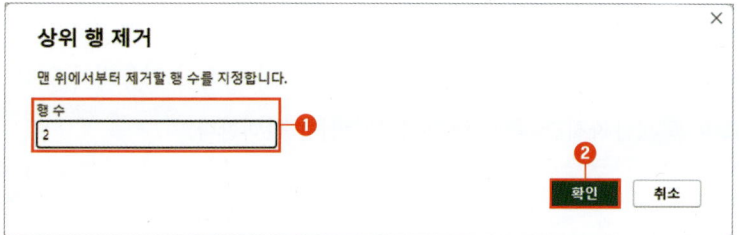

> **잠깐만요** **Power BI의 행 제거 옵션**
> - **상단 행 제거/하단 행 제거**: 데이터셋의 상단 및 하단에서 지정한 개수만큼 행을 제거
> - **대체 간격으로 행 제거**: 제거할 첫 행부터 특정 패턴으로 행을 유지하고 제거
> - **중복된 행 제거**: 선택한 열 또는 전체 행에서 중복된 데이터를 제거
> - **빈 행 제거**: null로 표시된 행 제거
> - **오류 있는 행 제거**: 오류가 포함된 행을 자동으로 제거

02 | 첫 행을 머리글로 사용

❹ 데이터의 1행을 머리글로 사용하기 위해 [홈]탭 – [변환]그룹 – [첫 행을 머리글로 사용]을 클릭한다.

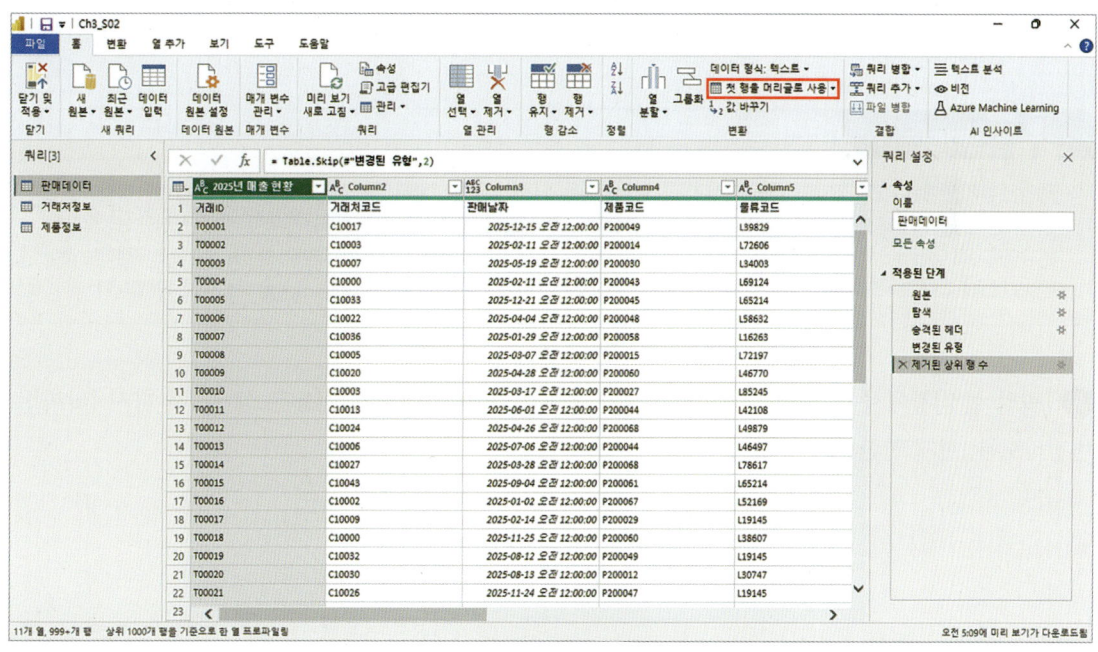

TIP [첫 행을 머리글로 사용] 기능의 반대 기능으로 [머리글을 첫 행으로 사용]도 있다.

Chapter 3. 파워 쿼리를 사용한 데이터 전처리   39

03 | 데이터 형식 변경

❺ 첫 행이 머리글로 사용되면 [쿼리 설정]창에 '변경된 유형' 단계가 적용되어 모든 필드에 데이터 형식이 자동으로 지정된다. 이때 판매 날짜의 경우 현재 날짜와 시간으로 데이터 형식이 적용되어 있다. 이를 변경하기 위해 [판매날짜]필드의 〈날짜시간〉을 클릭한 후 [날짜]를 선택한다.

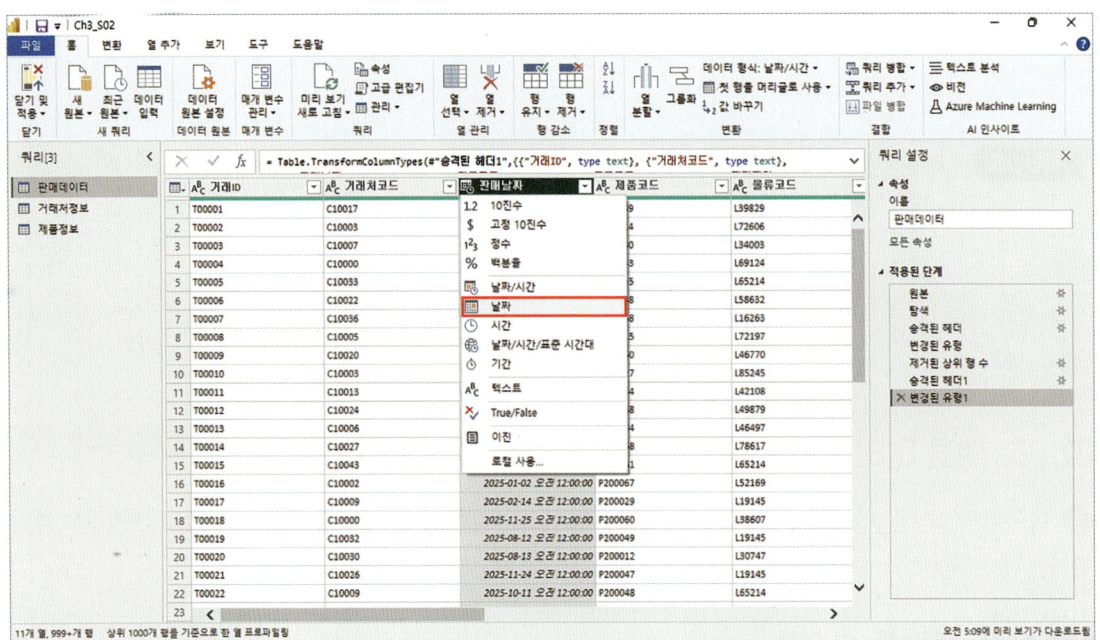

전문가의 조언

[변경된 유형] 단계는 작업이 진행되는 단계에서 자동으로 삽입되는 경우도 있지만 그렇지 않은 경우도 있으므로 데이터 변환 작업을 진행한 후에는 반드시 데이터 형식이 제대로 지정되었는지 확인합니다. 특히 〈임의〉로 되어 있는 경우는 명확한 데이터 형식이 설정되지 않은 상태로 주로 데이터에 텍스트와 숫자가 섞여서 자동으로 판단되지 않는 경우에 나타나기 때문에 데이터 형식을 정확하게 지정하는 것이 무엇보다 중요합니다. 시험에서는 편집 단계를 문제 순서대로 차근차근 지정해 나가야 하며, 임의대로 형식을 바꾸지 않아야 합니다.

❻ [쿼리 설정]창에서 [적용된 단계]가 '변경된 유형'이기 때문에 현재 적용된 상태에서 다시 [날짜]로 변경하도록 [현재 전환 바꾸기]를 클릭한다.

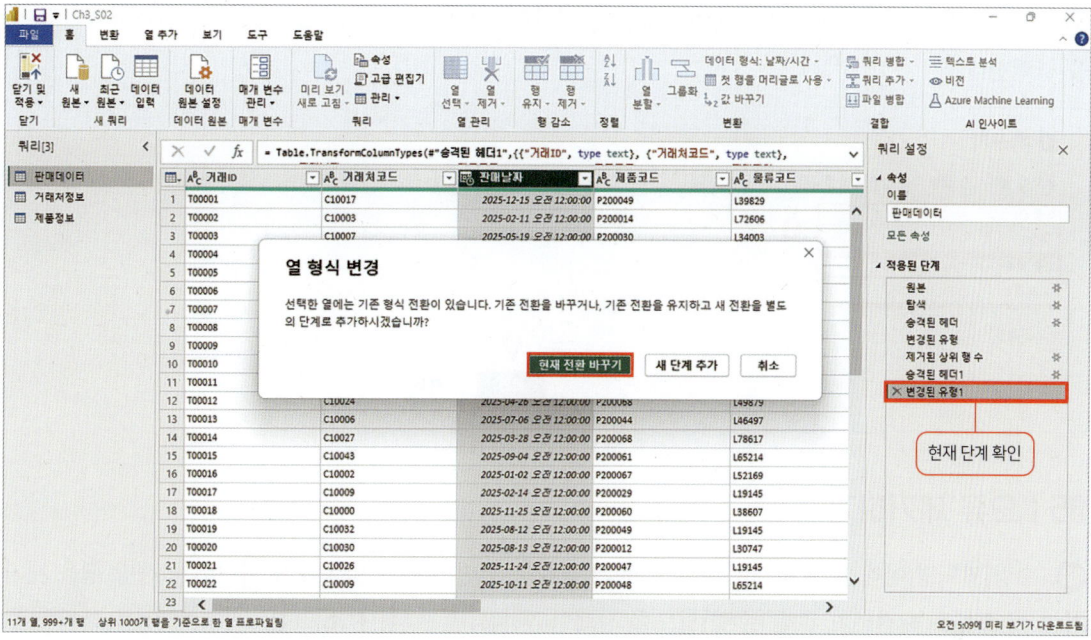

❼ 단계가 추가되지 않는다.

04 | 값 바꾸기

❽ [판매채널]필드를 선택한 후 '매장'의 값을 바꾸기 위해 [홈]탭 – [변환]그룹 – [값 바꾸기]를 클릭한다.

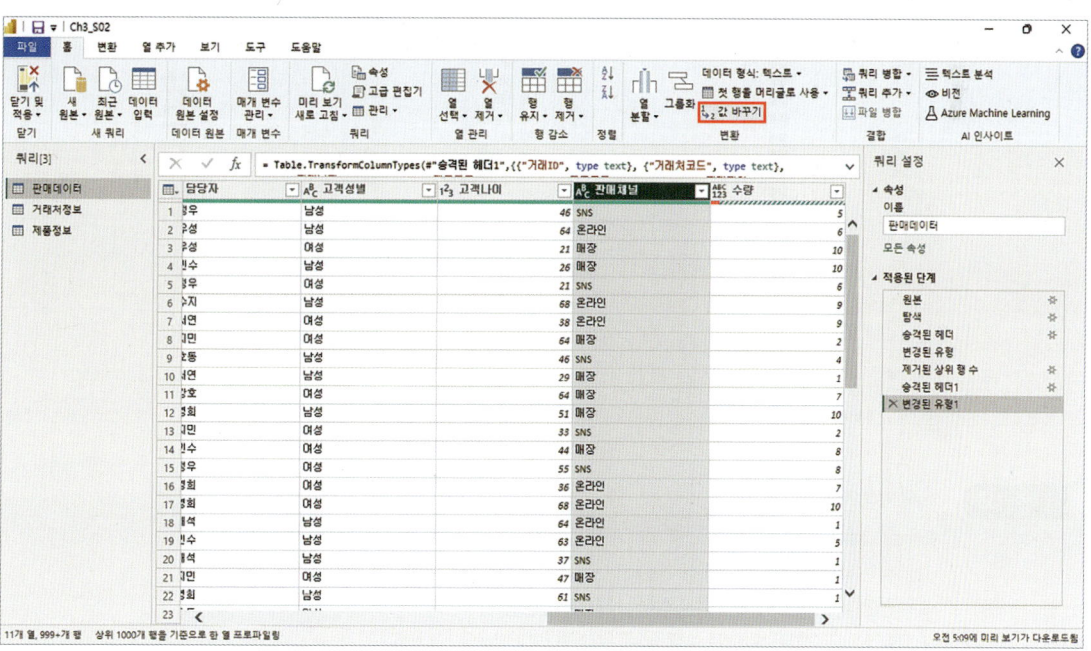

❾ [값 바꾸기]대화상자에서 찾을 값에 '매장'을 입력하고 바꿀 항목에는 '오프라인'을 입력한 후 [확인]을 클릭한다.

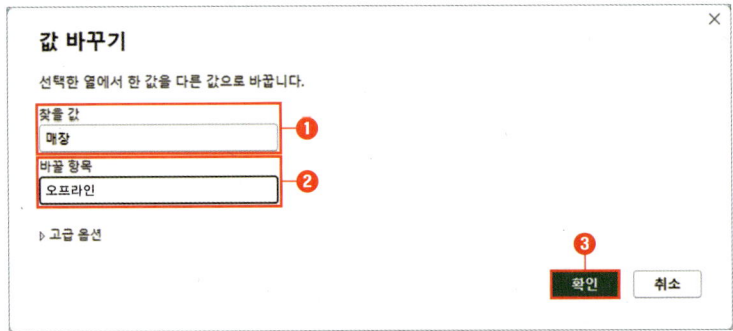

05 | 오류 제거하기

❿ [수량]필드명 아래 녹색 막대(Green Bar)의 상태를 보면 오류가 있음을 알 수 있다. 해당 행을 제거하여 이 오류를 해결하기 위해 [수량]필드를 선택한 후 [홈]탭 – [행 감소]그룹 – [행 제거]를 클릭한 후 [오류 제거]를 선택한다.

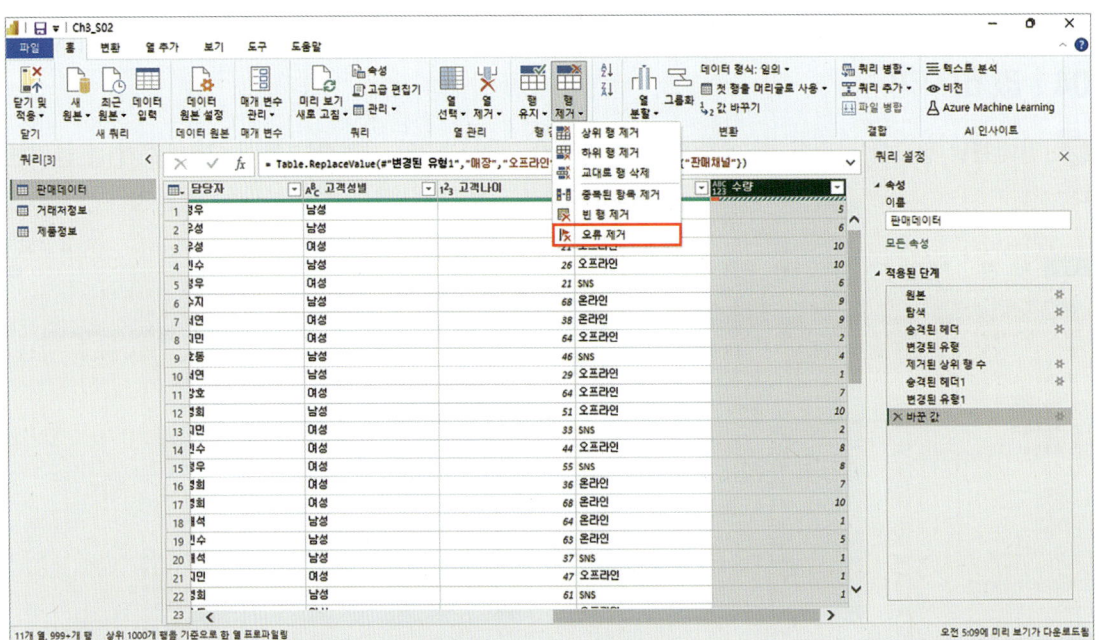

> **잠깐만요** **녹색 막대의 의미**
> Power Query 편집기에서 필드명 아래에 있는 녹색 막대는 일반적으로 "그린 바(green bar)"라고 표현하며, 이 그린 바는 해당 필드의 데이터 상태에 대한 중요한 정보를 제공한다.
> • **완전한 녹색 막대**: 필드의 모든 값이 표시되고 있음을 의미한다.
> • **회색 막대가 함께 나타나는 녹색 막대**: 일부 빈 값이 있음을 나타낸다.
> • **빨간색 막대 또는 빗금 막대**: 필드에 오류 값이 포함되어 있음을 의미한다.

⑪ 빗금 막대가 녹색 막대로 바뀐 것을 확인한다. 이제 [수량]필드의 데이터 형식을 변경하기 위해 ABC/123를 클릭한 후 [정수]를 선택한다.

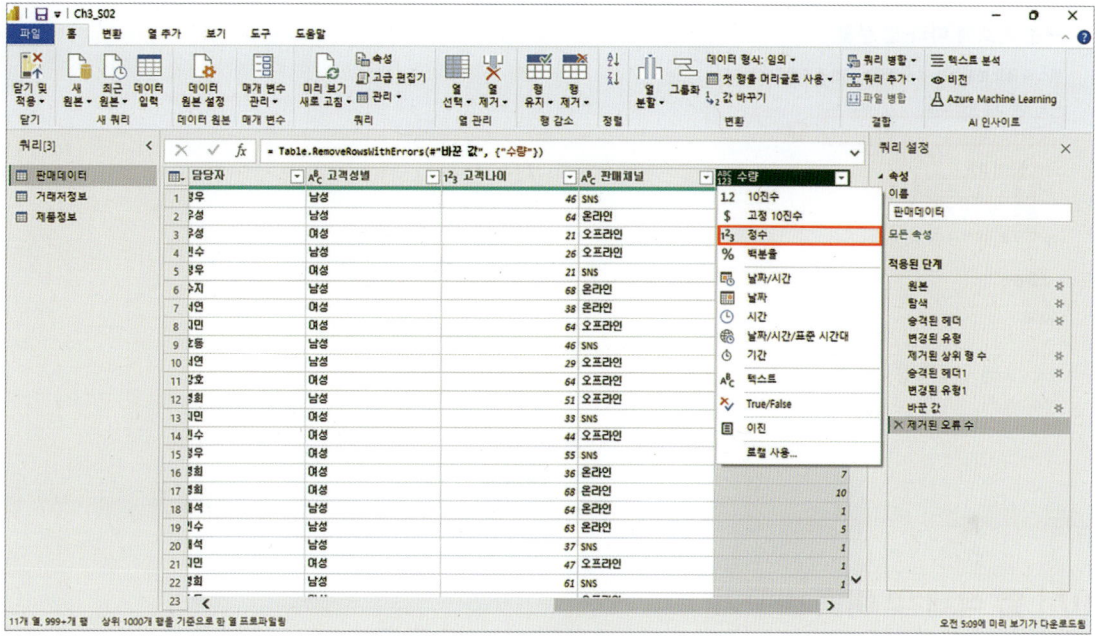

06 | 열 분할

⑫ 쿼리 창에서 [제품 정보]를 클릭한다. [제품이름]필드를 선택하고 [홈]탭 – [변환]그룹 – [열 분할]을 클릭한 후 [구분 기호 기준]을 선택한다.

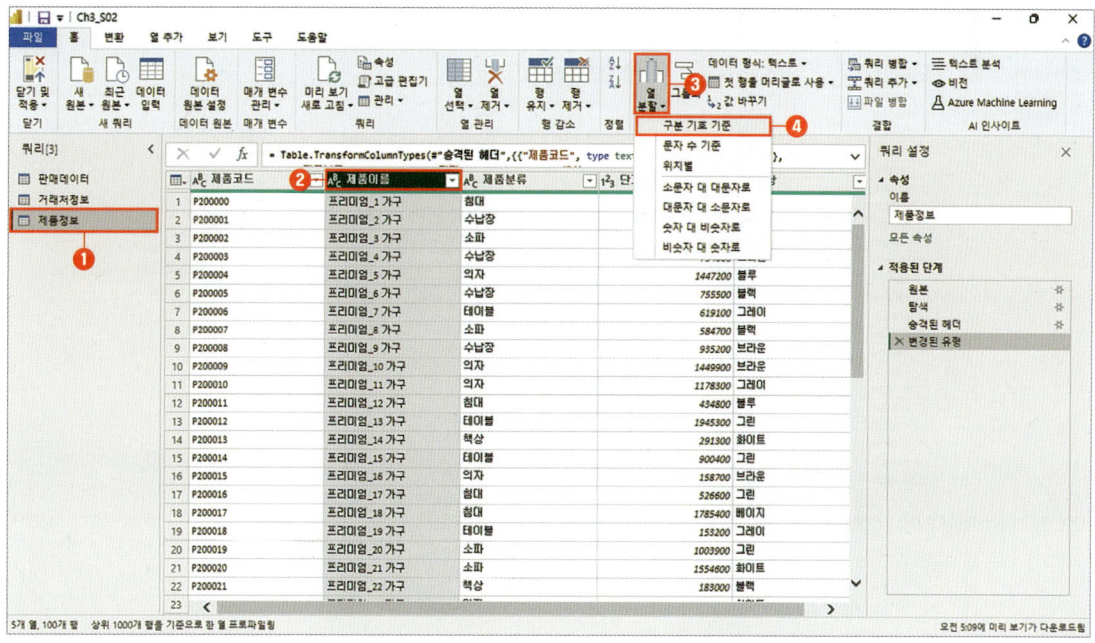

Chapter 3. 파워 쿼리를 사용한 데이터 전처리 43

⓭ [구분 기호에 따라 열 분할]창에서 구분 기호 선택 또는 입력을 '공백'으로 선택한 후 '맨 왼쪽 구분 기호에서'로 옵션을 변경하고 [확인]을 클릭한다.

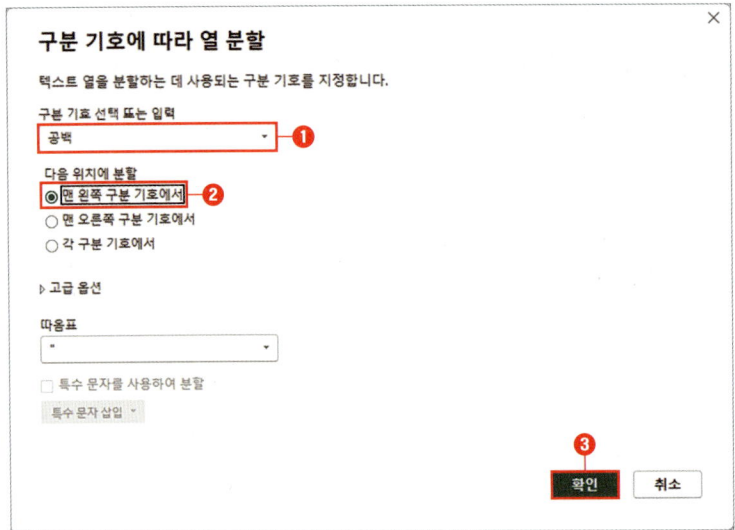

07 | 열 삭제 및 이름 바꾸기

⓮ 분할된 필드를 삭제하기 위해 [제품이름.2]필드를 선택한 후 [홈]탭 – [열 관리]그룹 – [열 제거]를 클릭한다.

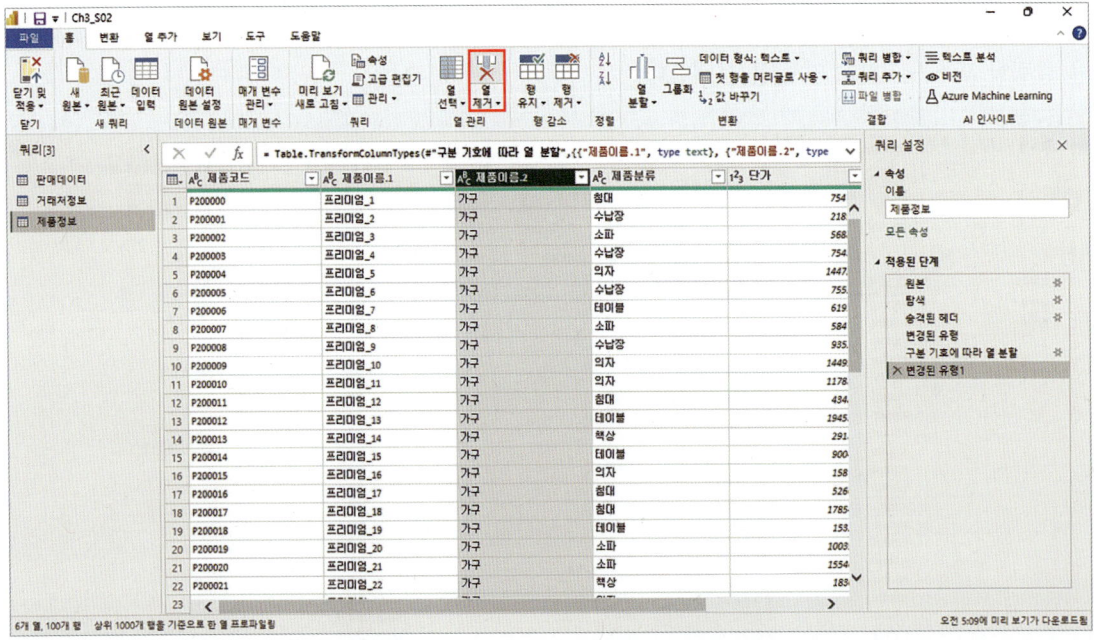

⑮ [제품이름.1]필드명을 더블클릭하여 이름을 '제품이름'으로 변경한다.

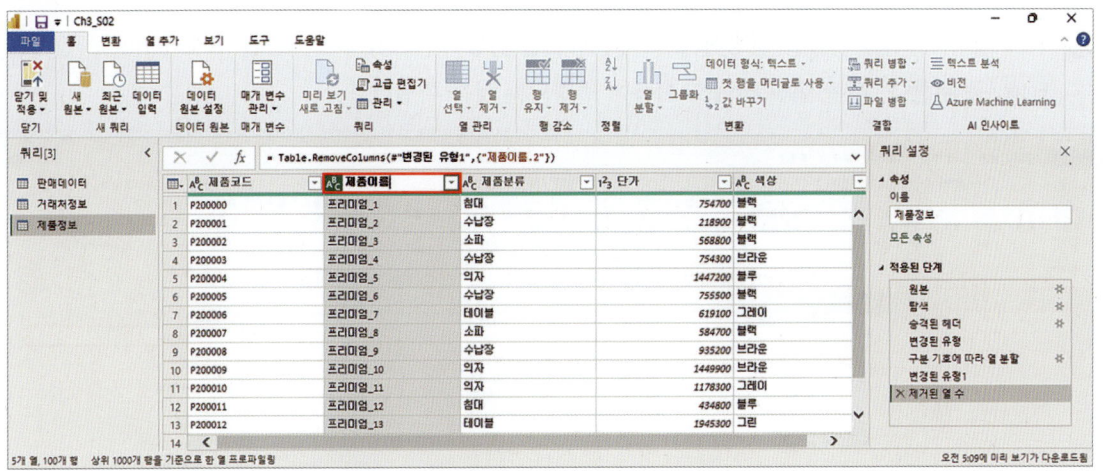

SECTION 3 파워 쿼리 활용

📁 Ch3_S03.pbix,
전국교통사고.xlsx

파워 쿼리를 사용하면 간단한 변환 작업 외에도 행/열 바꾸기, 채우기, 데이터 추출, 열 피벗 해제, 그룹화 등의 기능을 활용하여 복잡한 데이터 구조를 정리하고 원하는 DB 형태로 가공하는 작업을 손쉽게 수행할 수 있다. 이를 통해 반복적인 데이터 처리 업무를 자동화하고, 더욱 효율적인 데이터 분석 환경을 구축할 수 있다.

❶ [Chapter3\예제\Ch3_S03.pbix]를 실행한 후 [홈]탭 – [쿼리]그룹 – [데이터 변환]을 클릭하여 파워 쿼리 편집기를 실행한다.

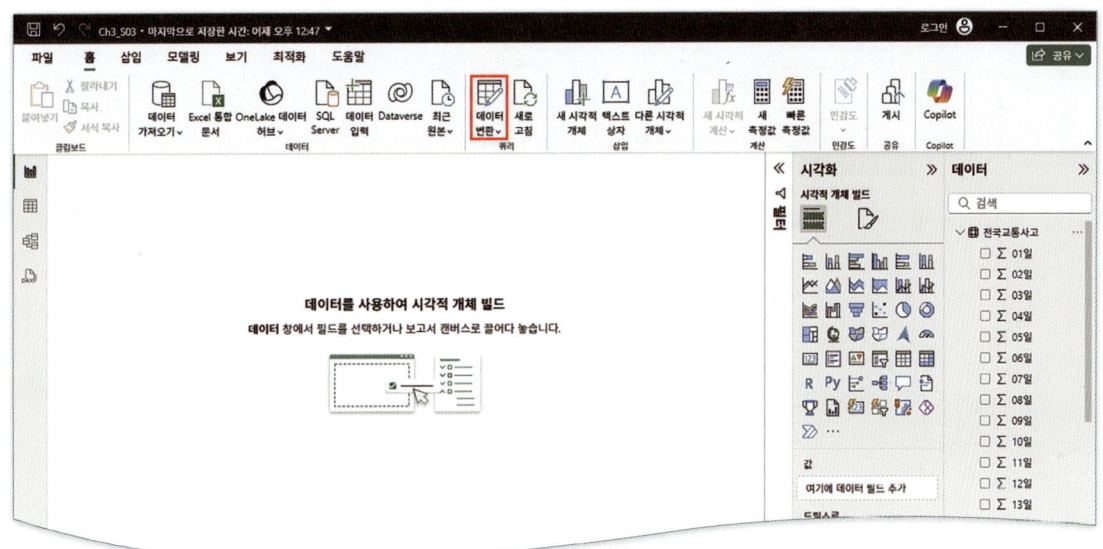

TIP 오류가 나는 경우 데이터 원본을 다시 설정한다. 데이터 원본 파일은 '전국교통사고.xlsx'이다.

01 | 쿼리 이름 변경

❷ 먼저 쿼리(테이블) 이름을 변경하기 위해 [쿼리 설정]창의 [속성]에서 이름을 'Accidents'로 입력한 후 Enter 를 누른다. 왼쪽 쿼리 창에도 이름이 변경되는 것을 확인한다.

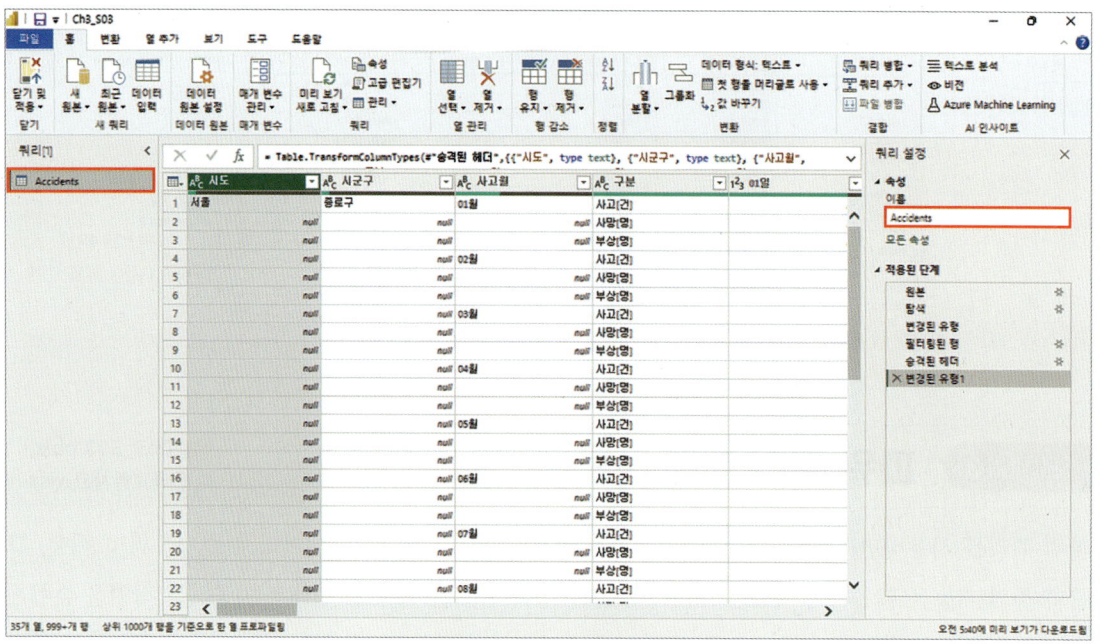

02 | 채우기

❸ 각 필드에 있는 null값을 동일한 값으로 채우기 위해 [시도]필드부터 [사고월]필드까지 Shift키로 선택한 후 [변환]탭 - [열]그룹 - [채우기] 클릭한다. 목록 중에 [아래로]를 선택한다.

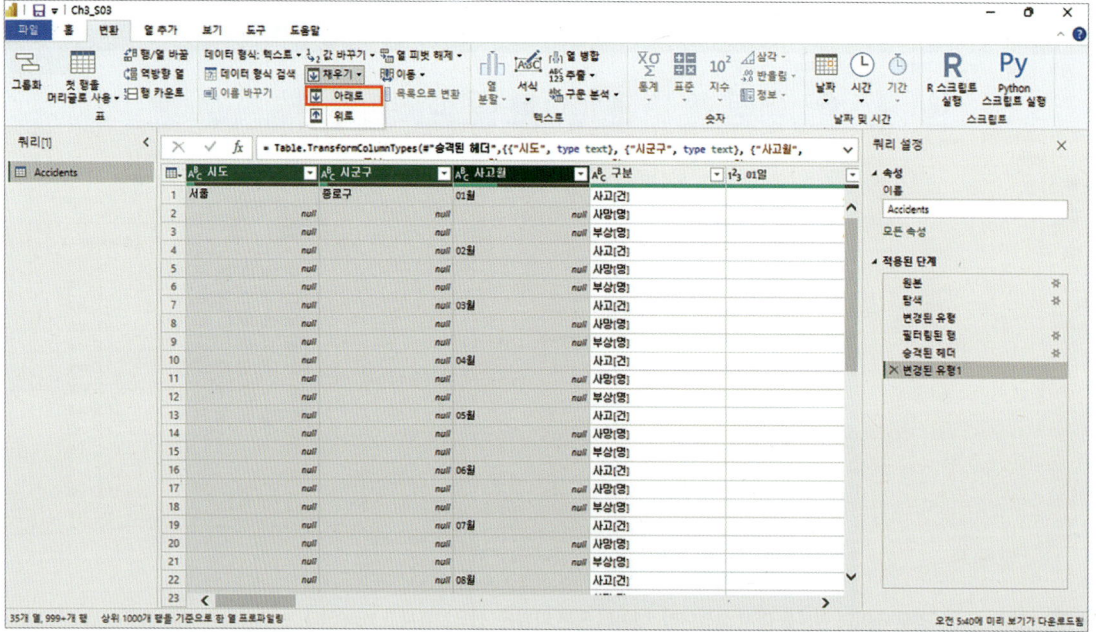

❹ 아래 방향으로 모든 데이터가 채워진 것을 확인한다.

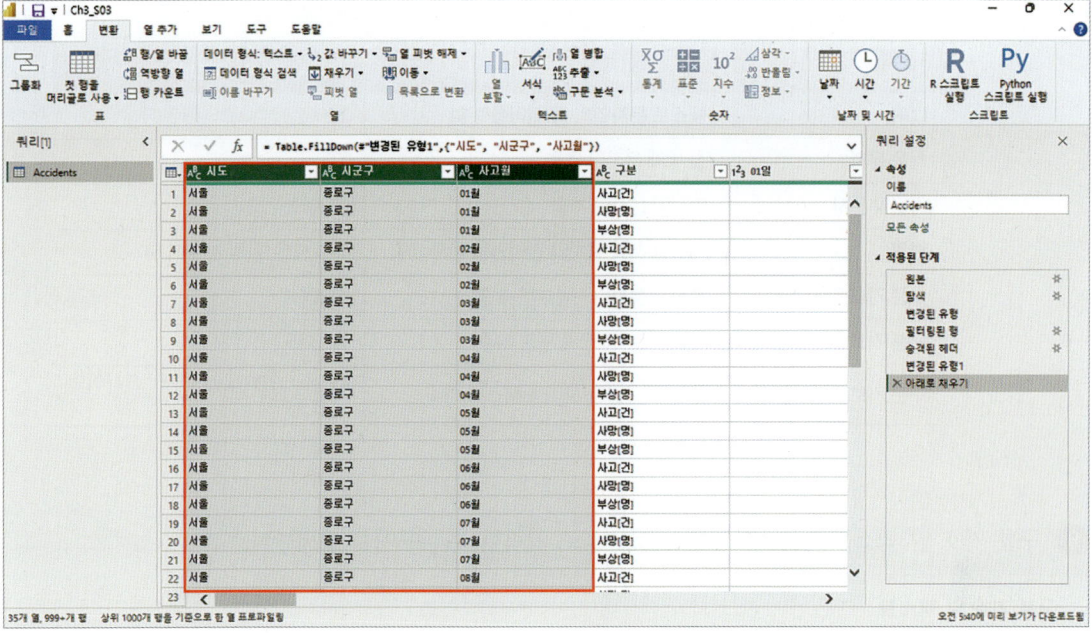

03 | 텍스트 추출

❺ [구분]필드를 선택한 후 [변환]탭 – [텍스트]그룹 – [추출]을 클릭한 후 '구분 기호 앞 텍스트'를 선택한다.

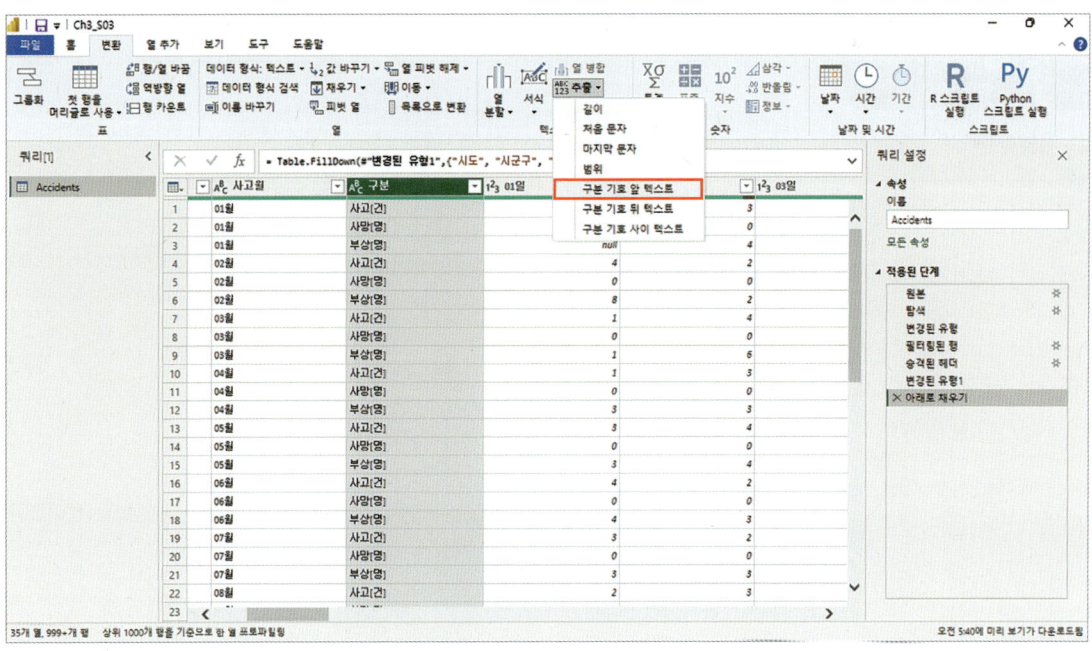

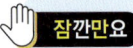 **다양한 텍스트 추출 방법**

텍스트를 추출하기 위해서는 데이터의 규칙에 따라 여러 방법으로 추출이 가능하다.

옵션명	설명	예시 (원본: 'ORDER-12345')
길이	텍스트 문자열의 총 길이를 반환	11
처음 문자	첫 번째 문자만 추출	'O'
마지막 문자	마지막 문자만 추출	'5'
범위	지정한 시작 위치와 길이만큼 문자 추출	'DER-12' (위치 3, 길이 6)
구분 기호 앞 텍스트	특정 구분자('-') 앞부분 추출	'ORDER'
구분 기호 뒤 텍스트	특정 구분자('-') 뒷부분 추출	'12345'
구분 기호 사이 텍스트	특정 두 구분자 사이의 텍스트 추출	예 'abc-123-xyz'에서 '-' 사이의 '123'

❻ [구분 기호 앞 텍스트]창에서 구분 기호를 '['로 입력한 후 [확인]을 클릭한다.

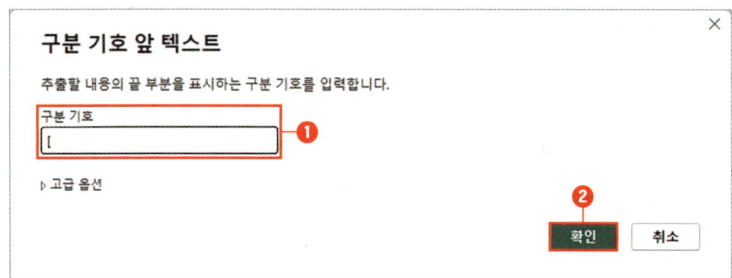

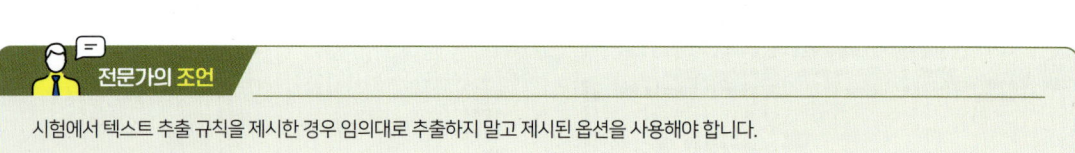

시험에서 텍스트 추출 규칙을 제시한 경우 임의대로 추출하지 말고 제시된 옵션을 사용해야 합니다.

❼ [구분]필드의 값이 변경된 것을 확인한다.

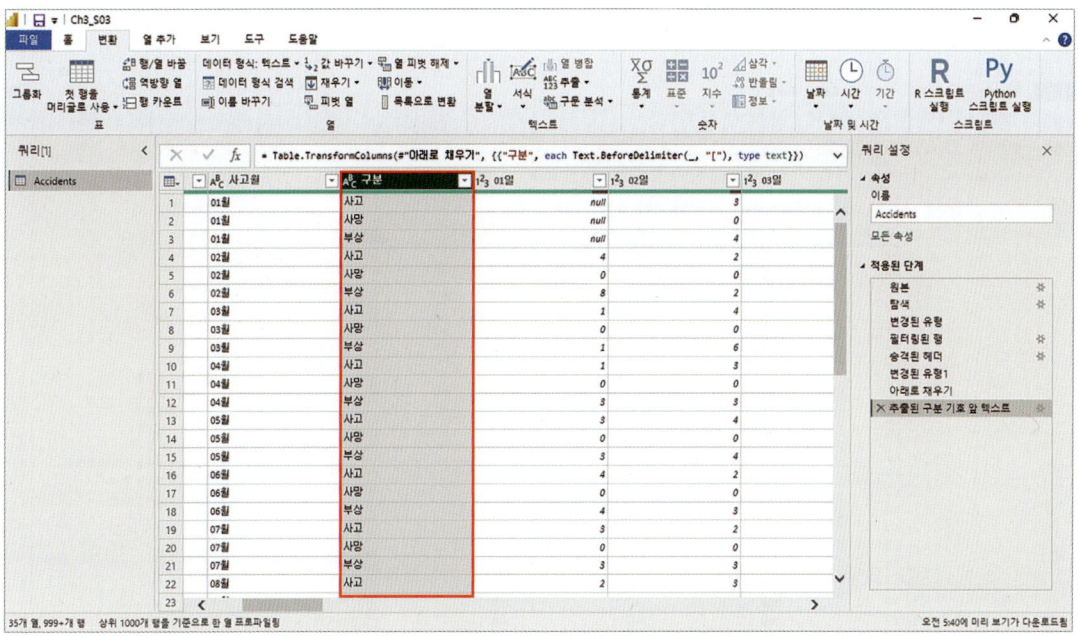

04 | 열 피벗 해제

❽ 월별 해당 날짜가 모두 필드명으로 되어 있는 경우 각 필드는 하나의 범주인 사고일에 해당되므로 구조를 변경해야 한다. 먼저 [01일]부터 [31일]필드까지 모두 선택한 후 [변환]탭 - [열]그룹 - [열 피벗 해제]를 클릭한다.

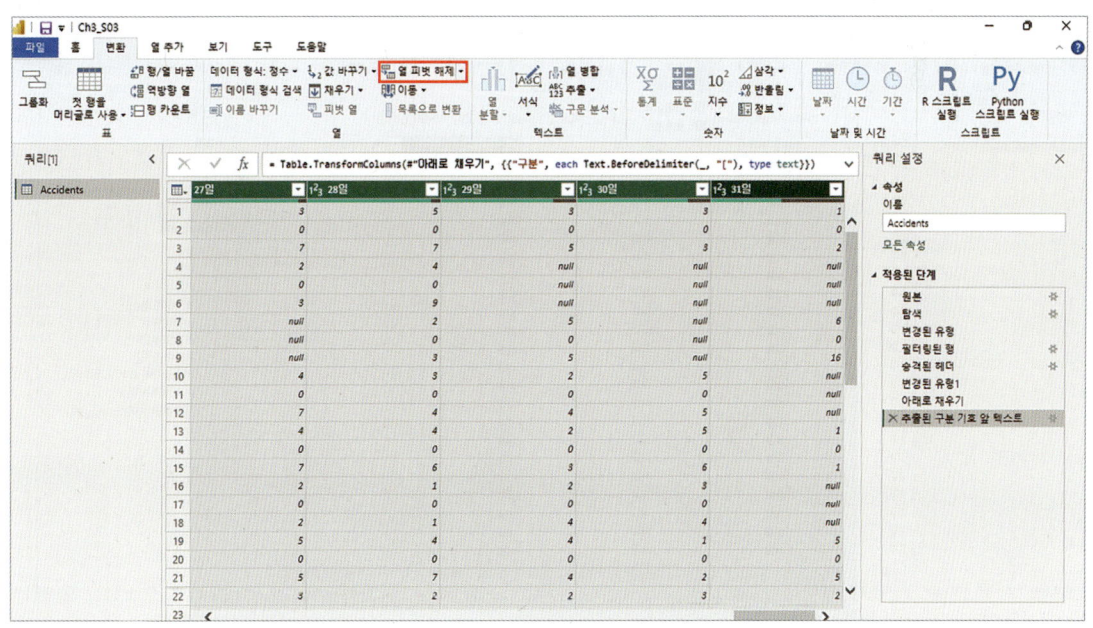

> **TIP** 열 피벗 해제를 통해 선택할 필드가 너무 많은 경우 그 반대로 해당되지 않는 필드를 선택한 후 [다른 열 피벗 해제]를 선택해도 된다.

❾ 열 피벗 해제가 실행되면 [특성]과 [값]으로 변환된다. [특성]은 '사고일', [값]은 '건/명'으로 이름을 변경한다.

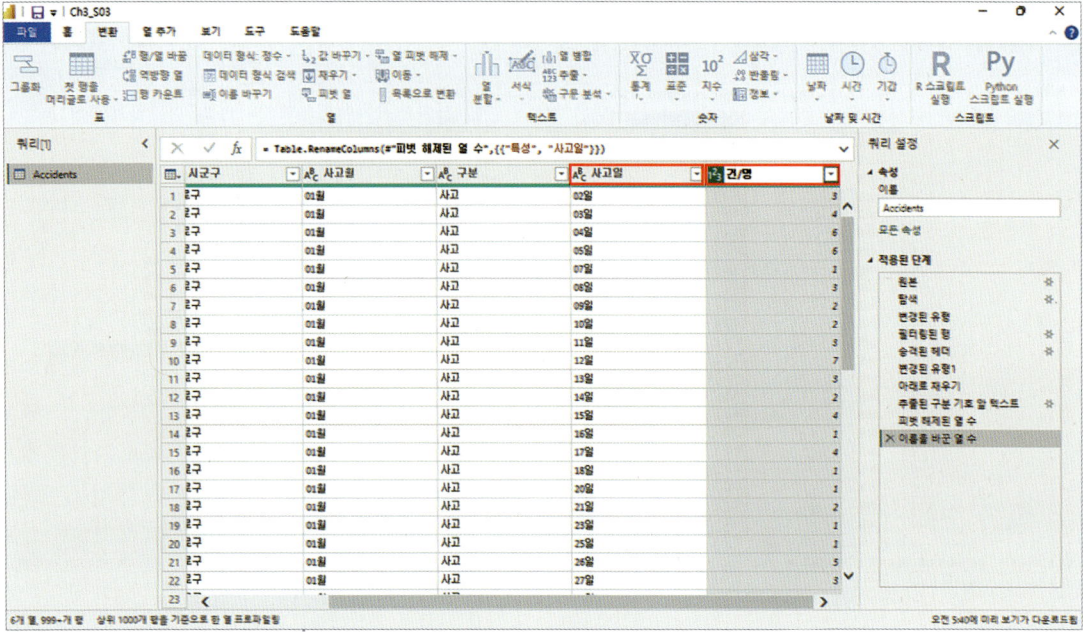

05 | 열 이동

❿ [사고일]필드를 선택한 후 [변환]탭 – [열]그룹 – [이동]을 클릭한 후 [왼쪽]을 선택한다.

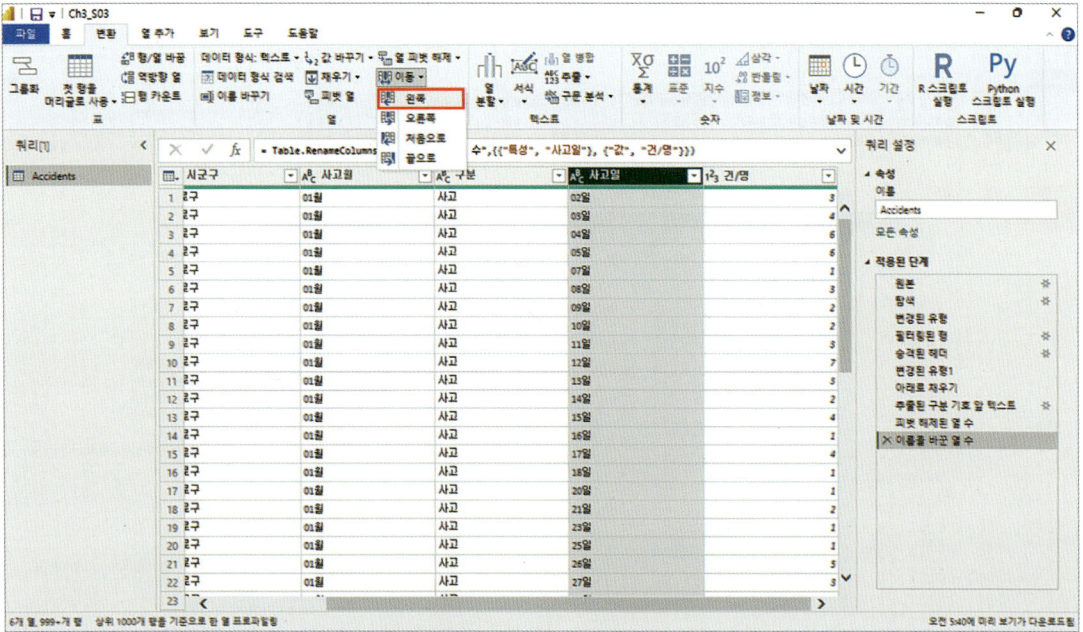

SECTION 4 열 추가

Ch3_S04.pbix,
Section3에 이어서 작업

[열 추가]탭은 [변환]탭과 달리 기존 데이터에 새로운 계산 열을 생성하여 데이터를 더욱 효과적으로 가공할 수 있도록 도와준다. 사용자 지정 열, 조건 열, 인덱스 열, 맞춤 열 등의 기능을 활용하면 데이터를 자동으로 변환하고 분석에 적합한 형태로 정리할 수 있다.

❶ [Chapter3\예제\Ch3_S04.pbix]를 실행한 후 [홈]탭 – [쿼리]그룹 – [데이터 변환]을 클릭하여 파워 쿼리 편집기를 실행한다.

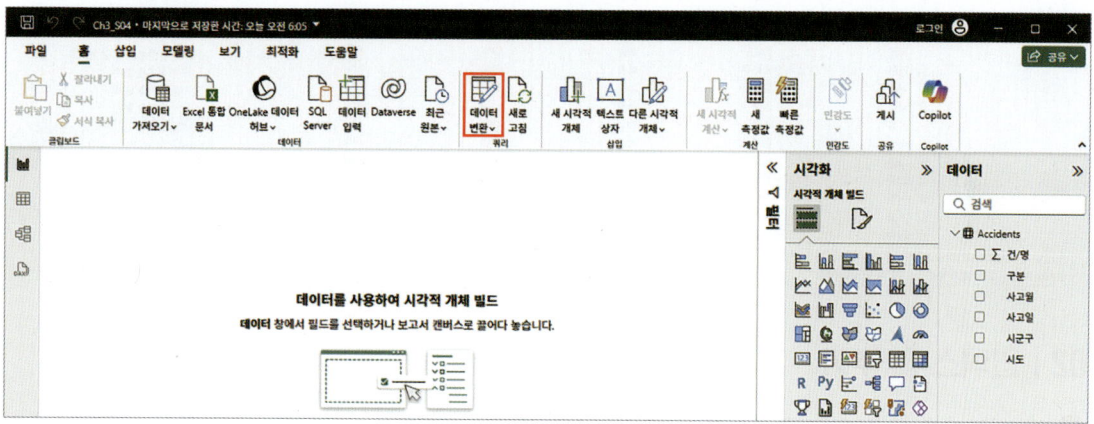

01 | 쿼리 복제

❷ 기존의 쿼리를 복제해서 새 쿼리로 사용할 수 있다. [쿼리]창의 'Accidents' 쿼리에서 오른쪽 마우스를 클릭한 후 [복제]를 선택한다.

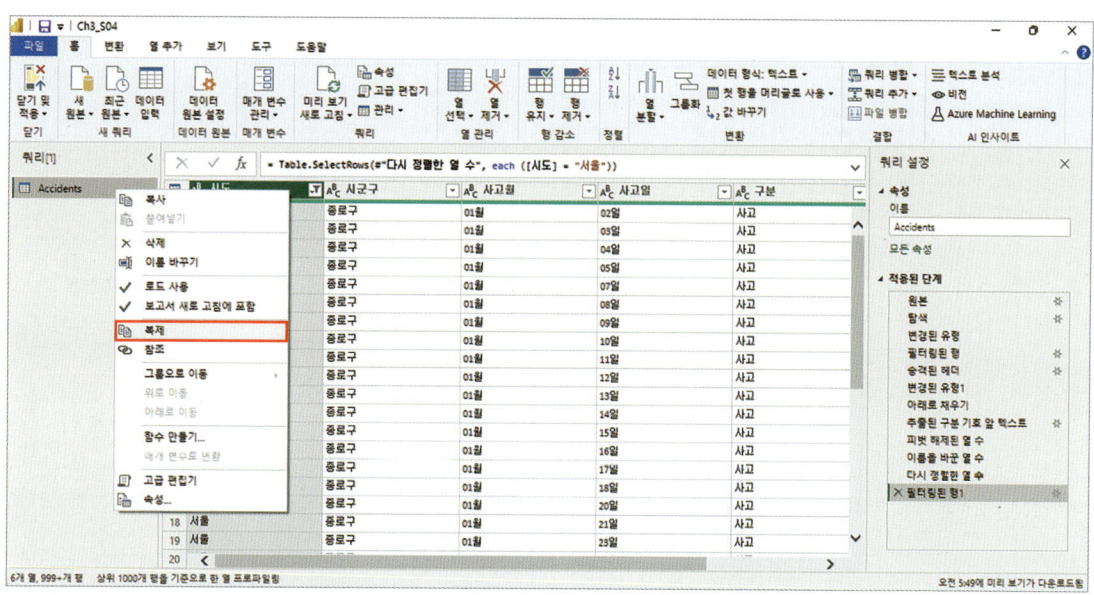

Chapter 3. 파워 쿼리를 사용한 데이터 전처리 51

❸ 복제된 'Accidents(2)'의 이름을 변경하기 위해 [쿼리 설정]창의 [이름]을 '서울시사고'로 입력한 후 Enter 를 누른다.

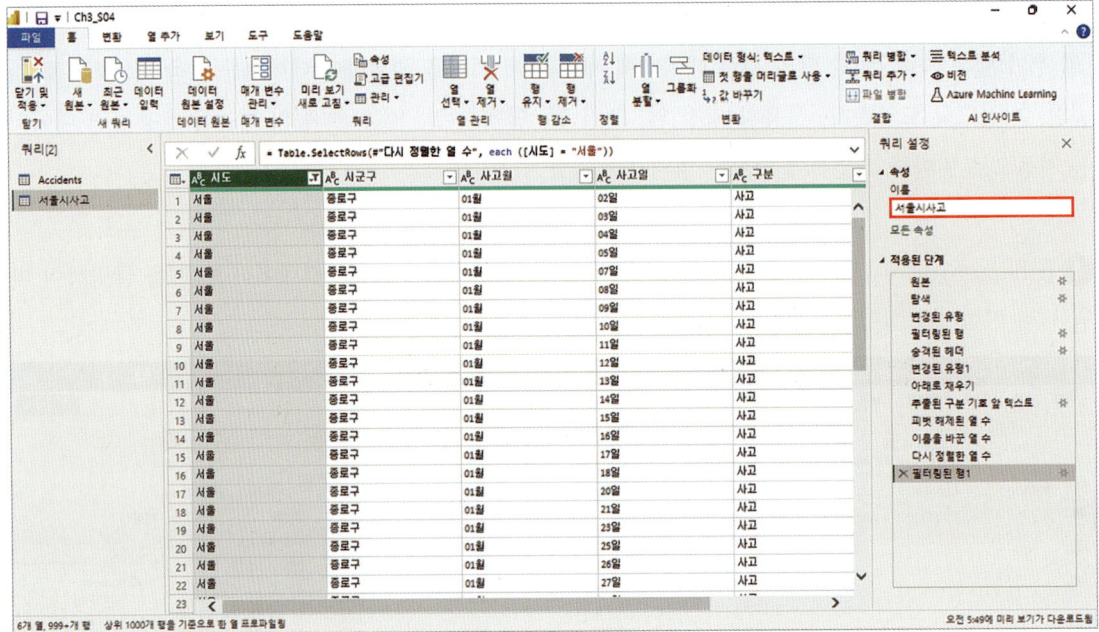

02 | 인덱스 열 추가

❹ 각 데이터에 고유 번호를 부여할 수 있는 인덱스 열을 추가하기 위해 [열 추가]탭 – [일반]그룹 – [인덱스 열]의 ▼를 클릭한 후 '1부터'를 선택한다.

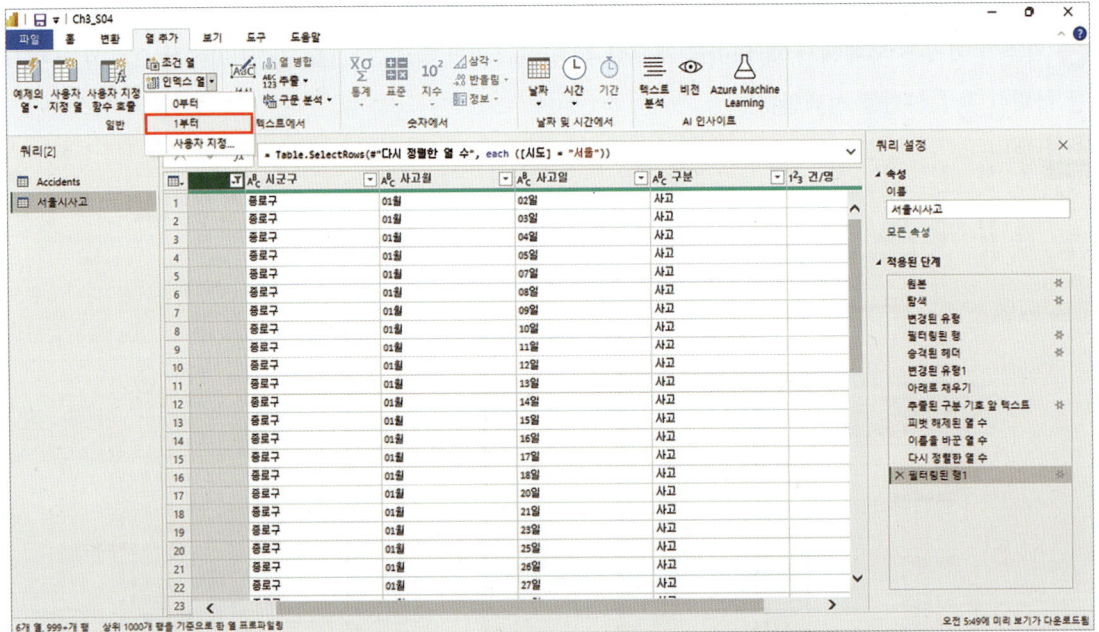

❺ [인덱스]필드가 추가되면 해당 열의 위치를 이동시키기 위해 필드명에서 오른쪽 마우스를 클릭한 후 [이동] - [처음으로]를 선택한다.

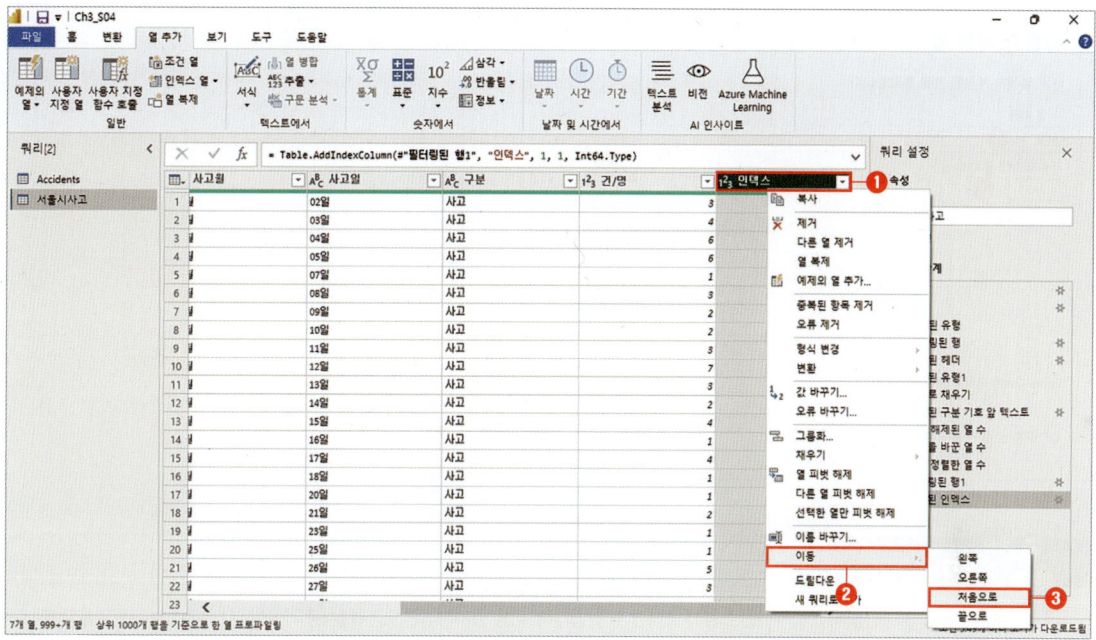

TIP 리본메뉴를 사용하지 않아도 선택한 해당 필드에서 오른쪽 마우스 클릭하면 사용 가능한 모든 기능을 빠르게 선택할 수 있다.

03 | 사용자 지정 열 추가

❻ [사용자 지정 열] 기능은 기존 데이터를 활용하여 새로운 계산 열을 생성하거나 상수 값을 가지는 새 열을 추가할 때 사용한다. [년도]를 추가하기 위해 [열 추가]탭 - [일반]그룹 - [사용자 지정 열]을 클릭한다.

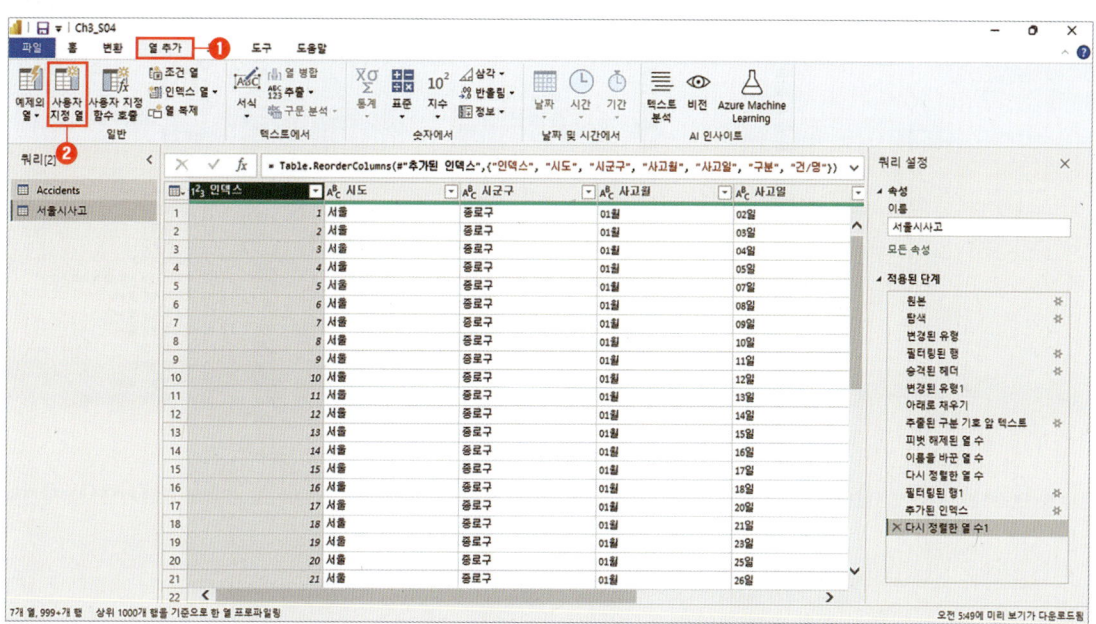

❼ [사용자 지정 열]창이 열리면 [새 열 이름]을 '년도'로 입력하고 [사용자 지정 열 수식]에 '=' 다음에 '2023'을 입력한 후 [확인]을 클릭한다.

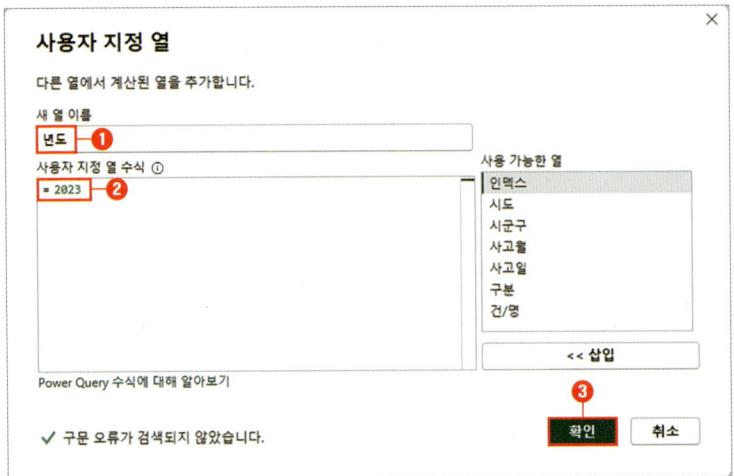

전문가의 조언

수식 작성 시, 한글 필드명을 직접 입력하면 오류가 발생할 수 있습니다. 이를 방지하려면 오른쪽 [사용 가능한 열] 목록에서 필드명을 더블클릭하거나 [삽입] 버튼을 클릭하여 수식에 추가해야 합니다. 이를 통해 올바른 형식으로 필드명이 삽입되어 오류 없이 수식을 적용할 수 있습니다.

❽ [년도]필드를 선택한 후 [변환]탭 – [텍스트]그룹 – [서식]을 클릭한 후 '접미사 추가'를 선택한다.

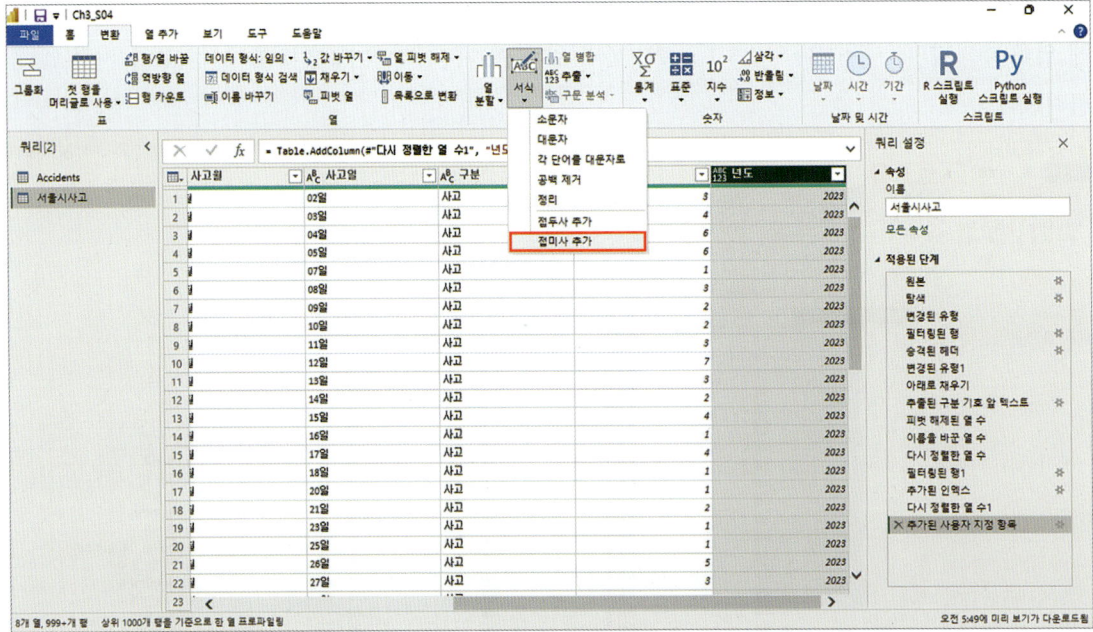

9 [접미사]창이 열리면 [값]에 '년'을 입력한 후 [확인]을 클릭한다.

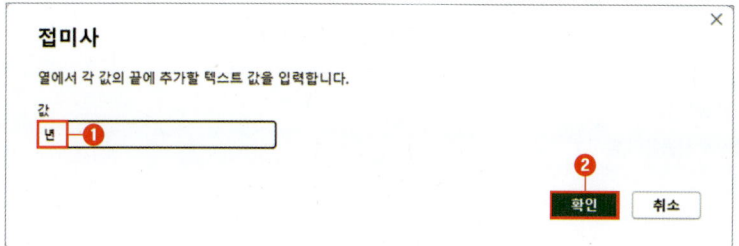

04 | 병합 열 추가하기

10 [년도]필드의 값이 '2023년'인 것을 확인한다. 이제 [사고날짜]필드를 생성하기 위해 [년도]를 먼저 선택한 후 `Ctrl` 키를 누른 상태에서 [사고월], [사고일]을 차례로 선택하고 [열 추가]탭 – [텍스트에서]그룹 – [열 병합]을 클릭한다.

TIP 병합의 순서가 중요하므로 반드시 [년도], [사고월], [사고일] 순으로 필드를 선택한다.

11 [열 병합]창에서 [구분 기호]는 '없음', [새 열 이름]에는 '사고날짜'로 입력한 후 [확인]을 클릭한다.

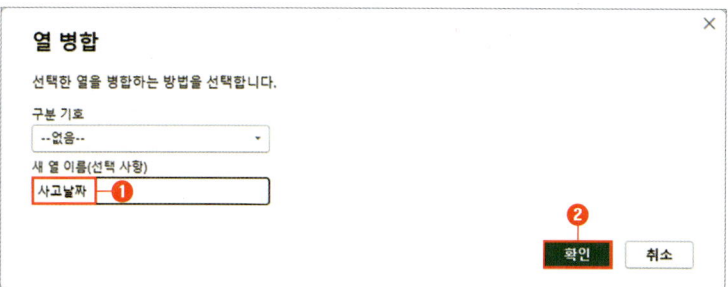

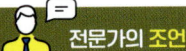

전문가의 조언 | 파워 쿼리에서 열 병합 기능 사용 시 주의사항

파워 쿼리의 [변환]탭과 [열 추가]탭 모두 열 병합 기능을 제공하지만, 실행 결과가 다르므로 상황에 맞게 선택해야 합니다.

[변환]탭에서 '열 병합' 실행
- 기존 필드(열)가 삭제되고 하나의 병합된 필드만 남음
- 원본 데이터를 유지하지 않기 때문에 신중하게 사용해야 함

[열 추가]탭에서 '열 병합' 실행
- 기존 필드를 유지하면서 새로운 병합된 필드가 추가됨
- 원본 데이터를 보존해야 하는 경우 적합

시험에서는 열을 추가하는 방식인지, 기존 필드를 하나로 합치는 방식인지 정확하게 판단하는 것이 중요합니다.

❶❷ [사고년도]필드의 데이터 형식이 '텍스트'로 지정된다. 이를 날짜로 변경하기 위해 ABC 를 클릭한 후 [날짜]를 선택한다.

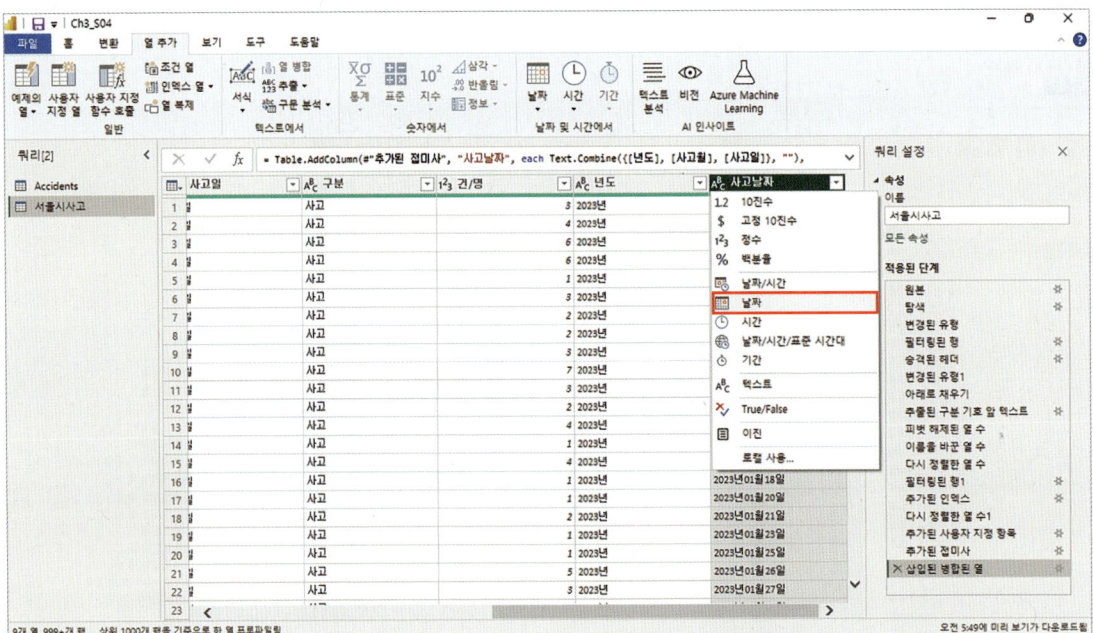

⓭ 필요 없는 필드인 [년도], [사고일]필드를 선택한 후 Delete 를 눌러 삭제한다.

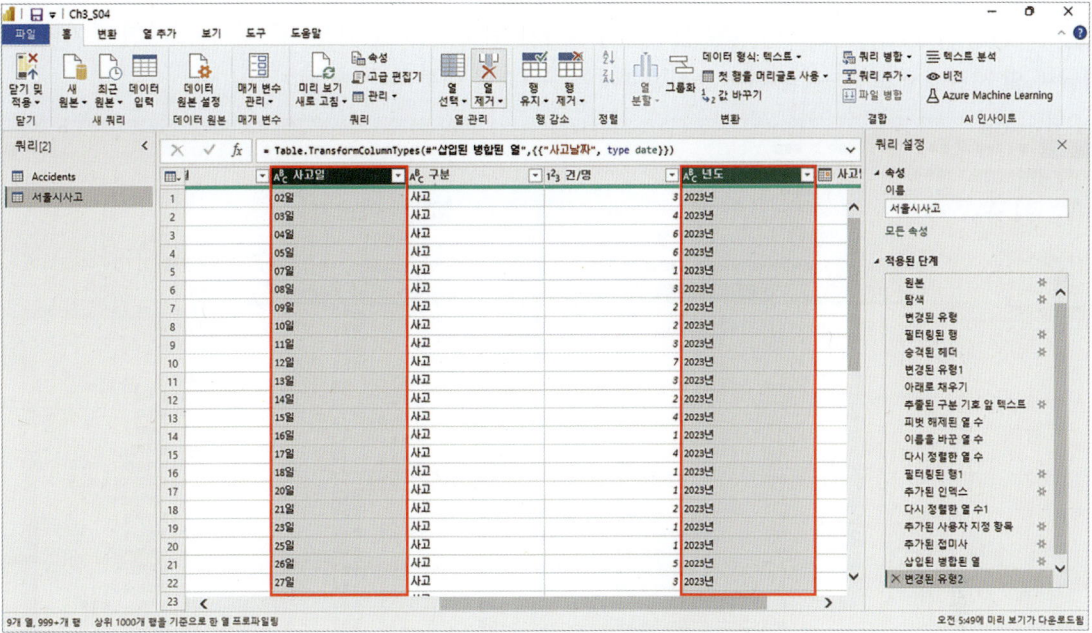

⓮ [사고날짜], [사고월]을 드래그하여 2번째와 3번째로 이동시킨다.

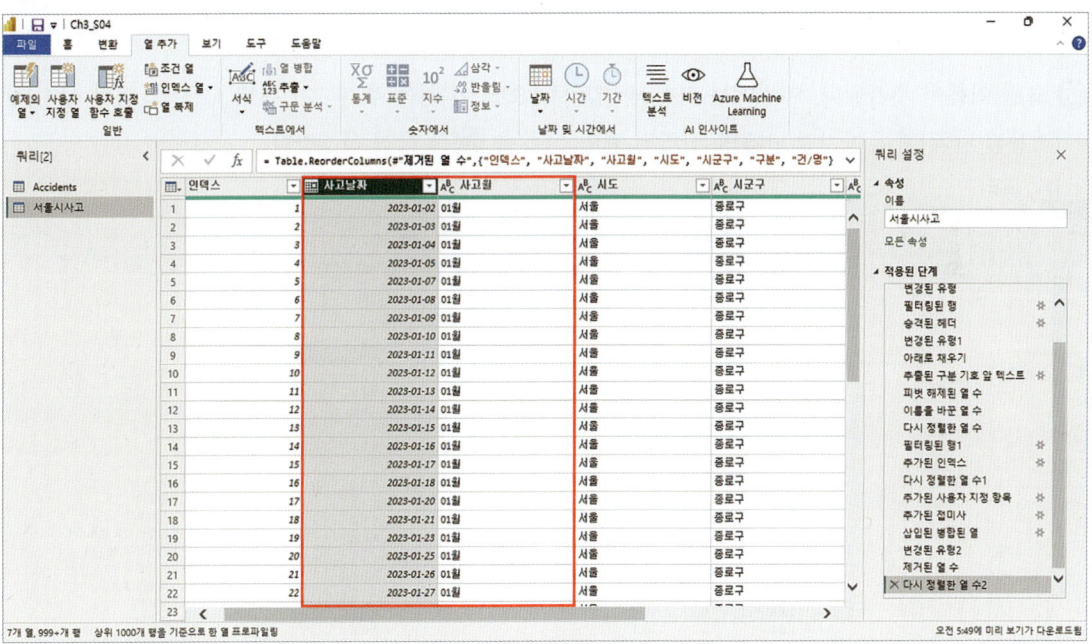

Chapter 3. 파워 쿼리를 사용한 데이터 전처리 57

05 | 예제의 열 추가

⓯ [사고날짜]필드를 기준으로 요일 필드를 추가하기 위해 [사고날짜]필드를 선택하고 [열 추가]탭 – [날짜 및 시간에서]그룹 – [날짜]를 클릭한 후 [일] – [요일 이름]을 선택한다.

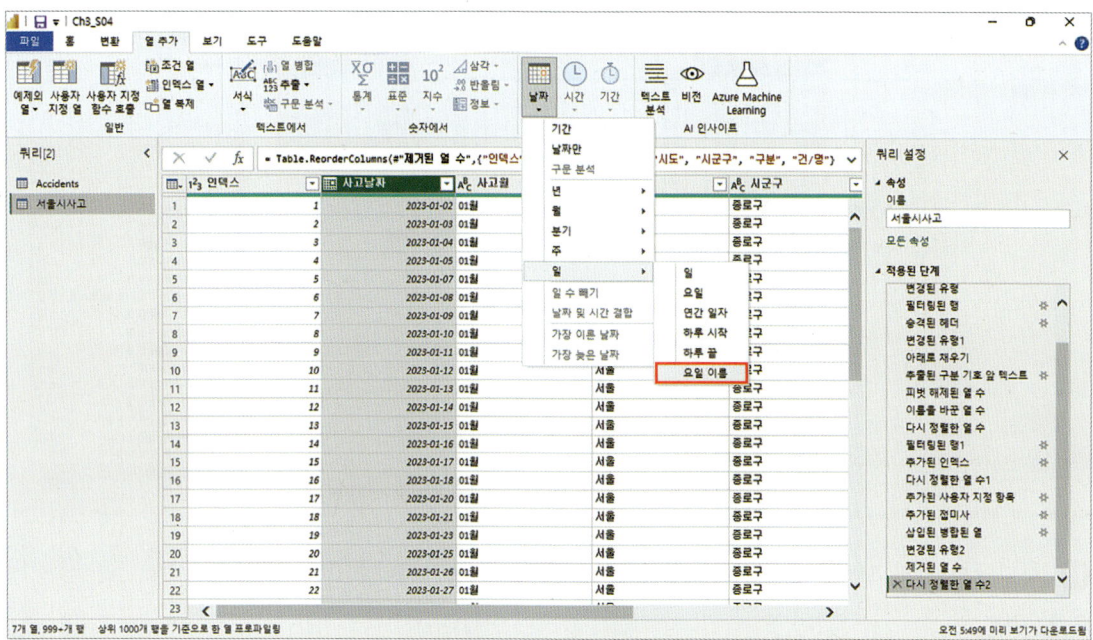

⓰ 요일 이름이 추가된다. 이번에는 다른 방법으로 [요일 이름]을 추가하기 위해 오른쪽 [쿼리 설정]창 – [적용된 단계]에서 마지막 단계의 '삽입된 요일 이름'을 ❌를 눌러 삭제한다.

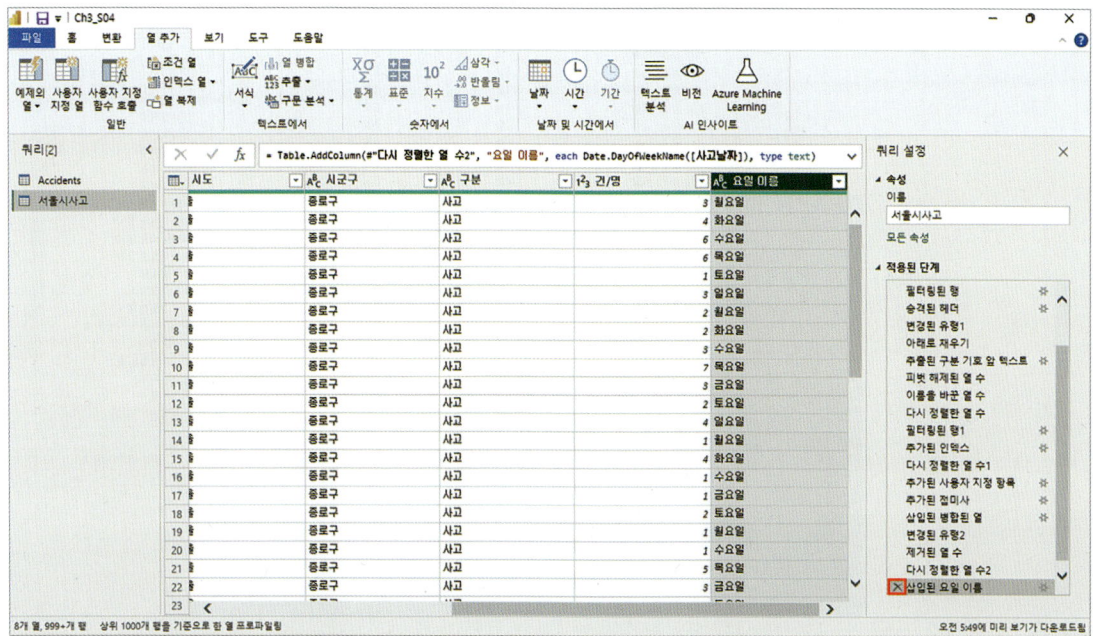

58   Part 1. Power BI 기본과 데이터 준비

⓱ [요일 이름]이 삭제된 것을 확인한다. [열 추가]탭 – [일반]그룹 – [예제의 열]을 클릭한다.

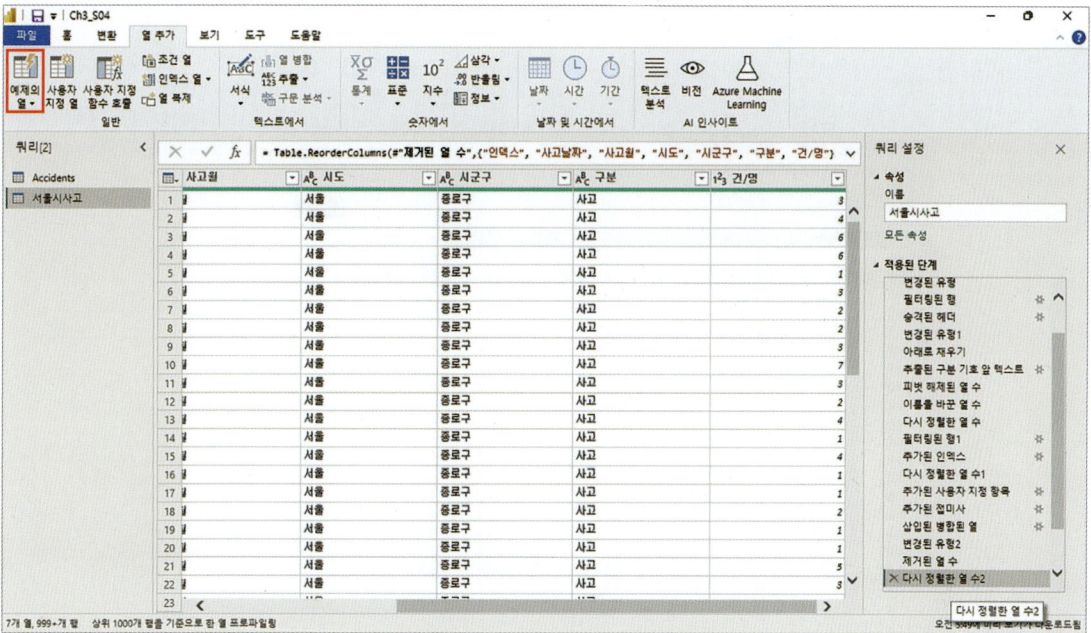

⓲ [열1]필드가 생성되어 빈 첫 행을 더블클릭하면 전체 필드에서 생성될 수 있는 모든 예제가 표시된다. '사고날짜의 요일 이름'에 해당하는 '월요일'을 더블 클릭한다.

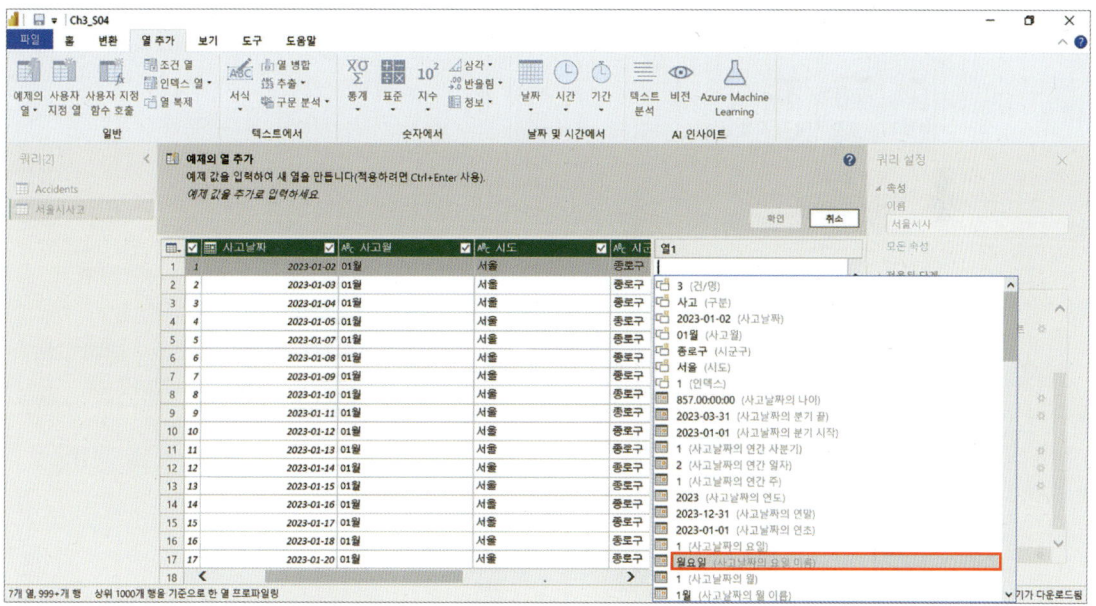

19 첫 행이 입력되면 Enter 를 눌러 전체 행에 나머지 값이 추가되도록 한 후 [확인]을 클릭한다.

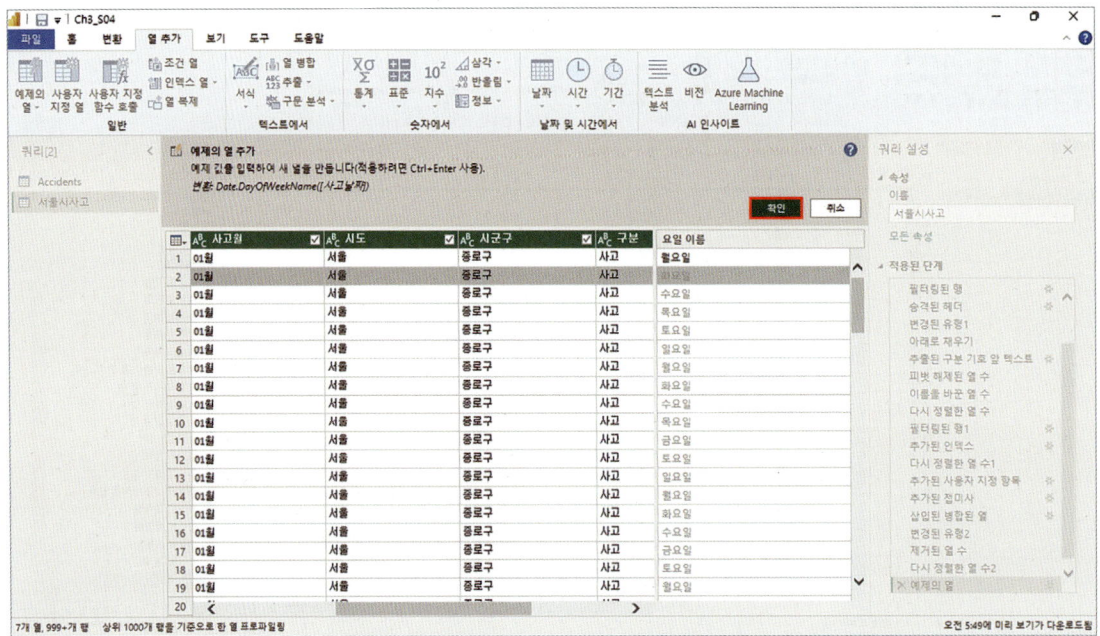

잠깐만요 — 예제의 열 활용하기

예제의 열은 전체 열을 대상으로 기존에 제공된 예제 외에 선택된 열에 대한 특정 규칙을 바탕으로 새로운 열을 추가할 수 있다.

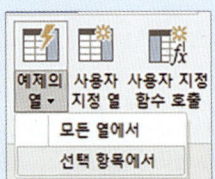

[물류코드] 필드의 값의 일부를 '**'으로 표시하는 열을 추가하려면 해당 필드를 [열1]에서 첫 행에 'L39**9'를 입력하고 두 번째 행에는 'L72**6'을 입력한 후 Enter 를 누르면 규칙에 맞게 나머지 값들이 채워진다.

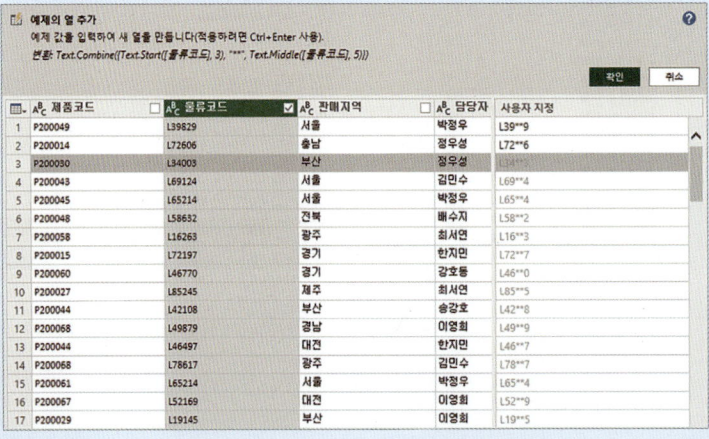

60 **Part 1.** Power BI 기본과 데이터 준비

06 | 조건 열 추가

20 이번에는 평일과 주말을 구분하는 필드를 추가하기 위해 [열 추가]탭 – [일반]그룹 – [조건 열]을 클릭한다.

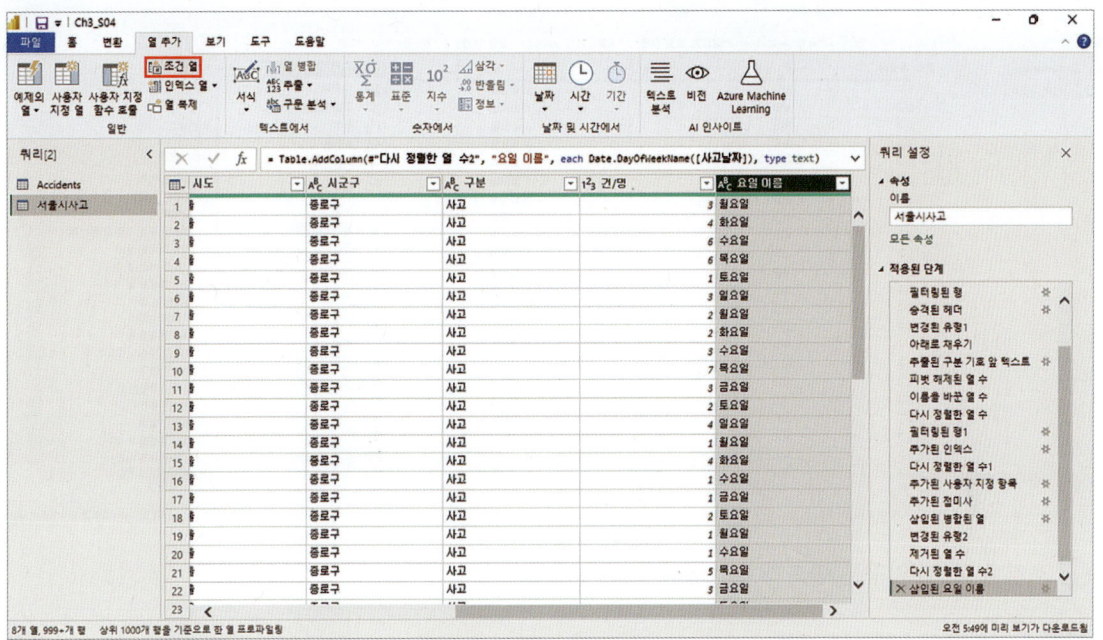

21 [조건 열 추가]창이 열리면 [새 열 이름]을 '요일구분'으로 입력하고 첫 번째 조건에 다음과 같이 지정한다. [열 이름]은 '요일 이름', [연산자]는 '같음', [값]은 '토요일', [출력]은 '주말'로 입력한다.
두 번째 조건은 [절 추가]를 클릭한 후 차례대로 '요일 이름', '같음', '일요일', '주말'로 입력하고, [기타]에 '평일'을 입력한 후 [확인]을 클릭한다.

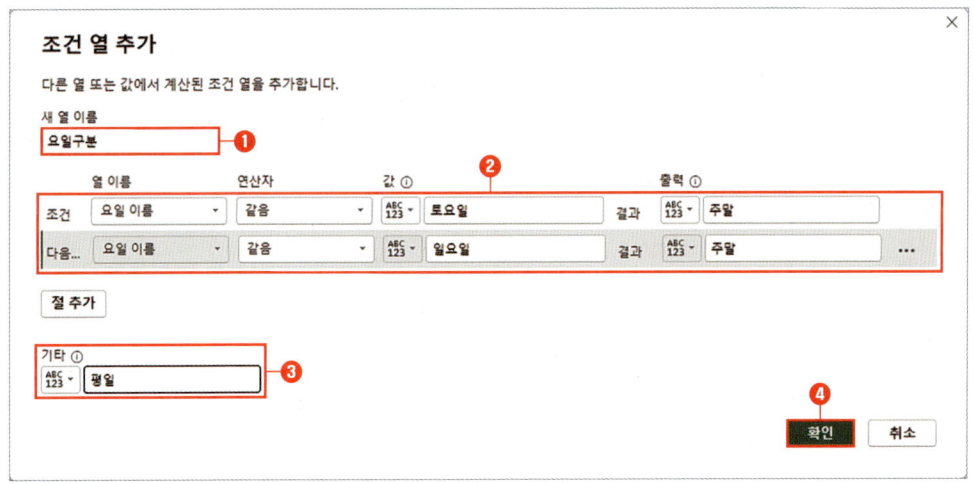

22 [요일구분]필드가 추가되면 데이터 형식을 변경하기 위해 ABC123를 클릭한 후 [텍스트]로 선택한다.

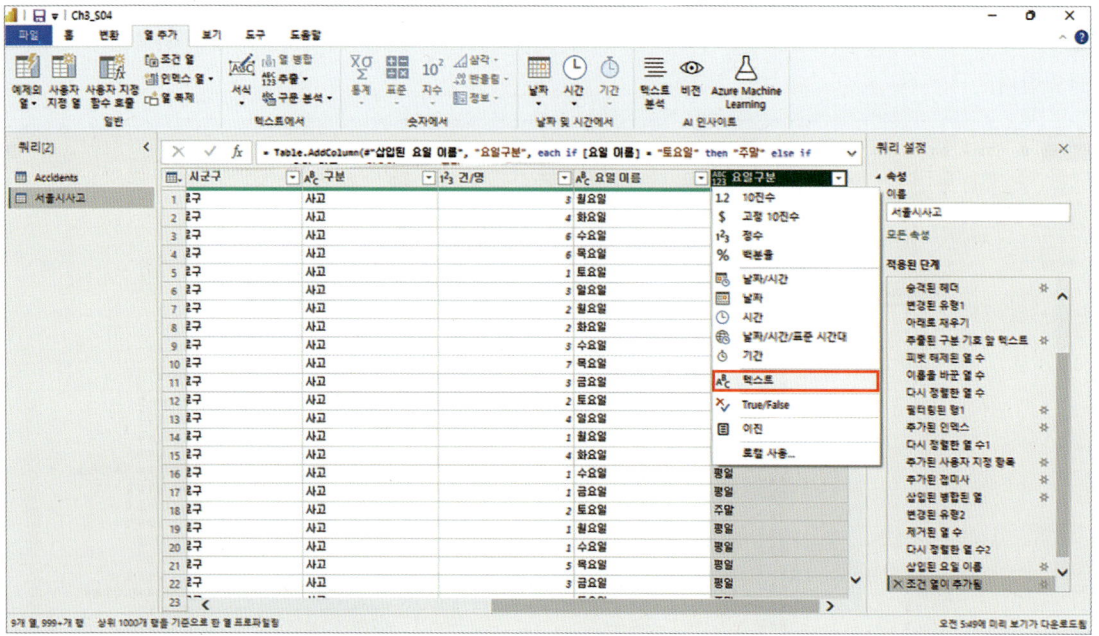

23 조건 열로 [요일구분]필드가 추가되었다.

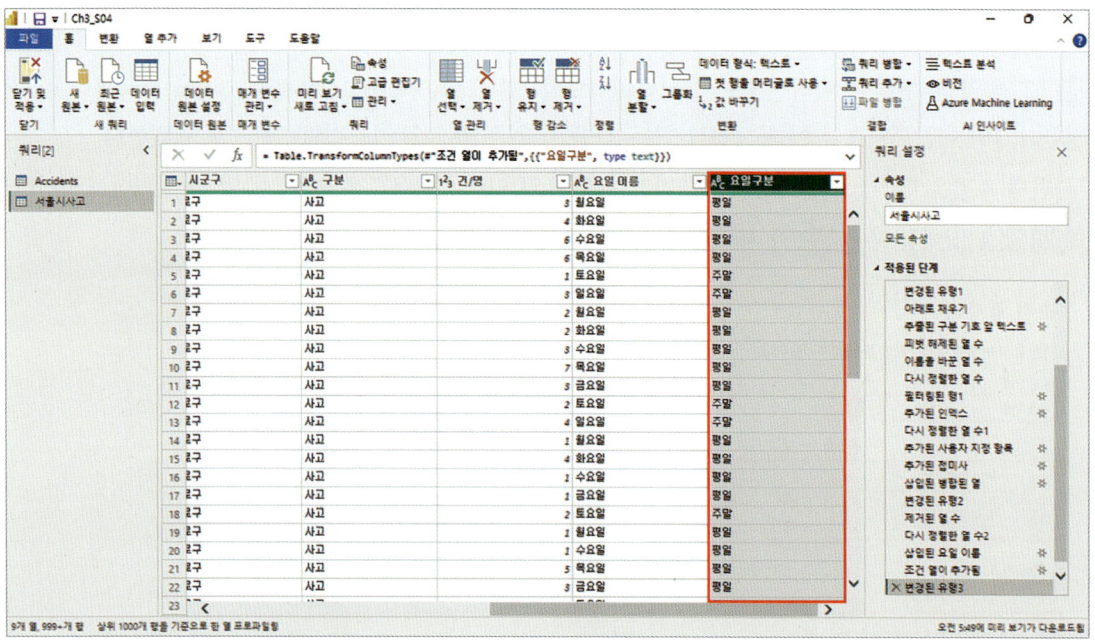

| SECTION 5 | 쿼리 결합 | 📁 Ch3_S05.pbix, 신규판매.xlsx |

파워 쿼리에서는 여러 개의 데이터를 하나로 합쳐 분석할 수 있도록 쿼리 결합(Query Combination) 기능을 제공한다. 크게 쿼리 병합과 쿼리 추가 두 가지 방식이 있으며, 병합은 특정 열을 기준으로 두 테이블을 조인(Join)하여 데이터를 연결하는 방식이고, 추가는 동일한 구조의 여러 테이블을 하나로 합치는 방식이다.

❶ [Chapter3\예제\Ch3_S05.pbix]를 실행한 후 [홈]탭 – [쿼리]그룹 – [데이터 변환]을 클릭하여 파워 쿼리 편집기를 실행한다.

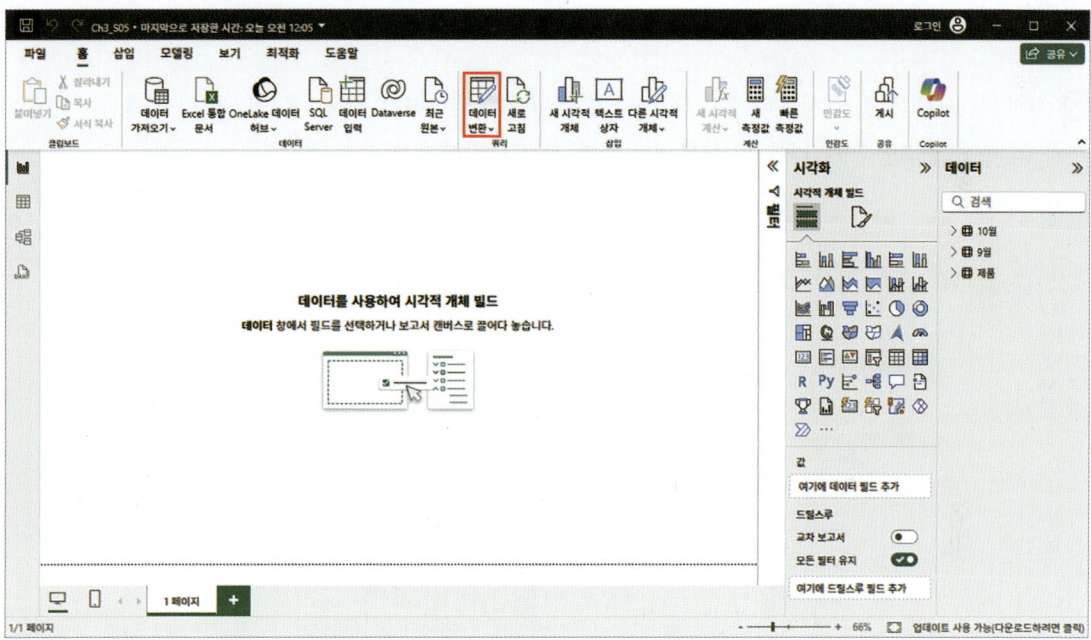

TIP [파워 쿼리 편집기] 실행 시에 오류가 나타나면 [데이터 원본 변경]으로 '신규판매.xlsx'를 다시 설정해 준다.

01 | 쿼리 추가

먼저 결합하고자 하는 두 쿼리(9월, 10월)를 열어 각각의 쿼리에서 수정할 부분이 없는지 확인한다. 두 개 이상의 테이블을 하나로 결합하는 경우 기본적으로 필드명이 동일해야 하나의 테이블로 합칠 수 있다.

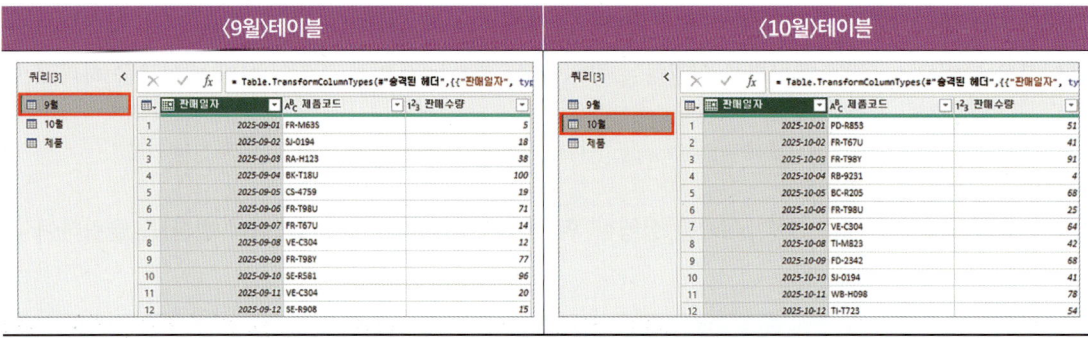

❷ '9월'과 '10월' 쿼리를 사용해 통합된 하나의 데이터를 생성하기 위해 [홈]탭 – [결합]그룹 – [쿼리 추가]의 ▼를 클릭한 후 [쿼리를 새 항목으로 추가]를 선택한다.

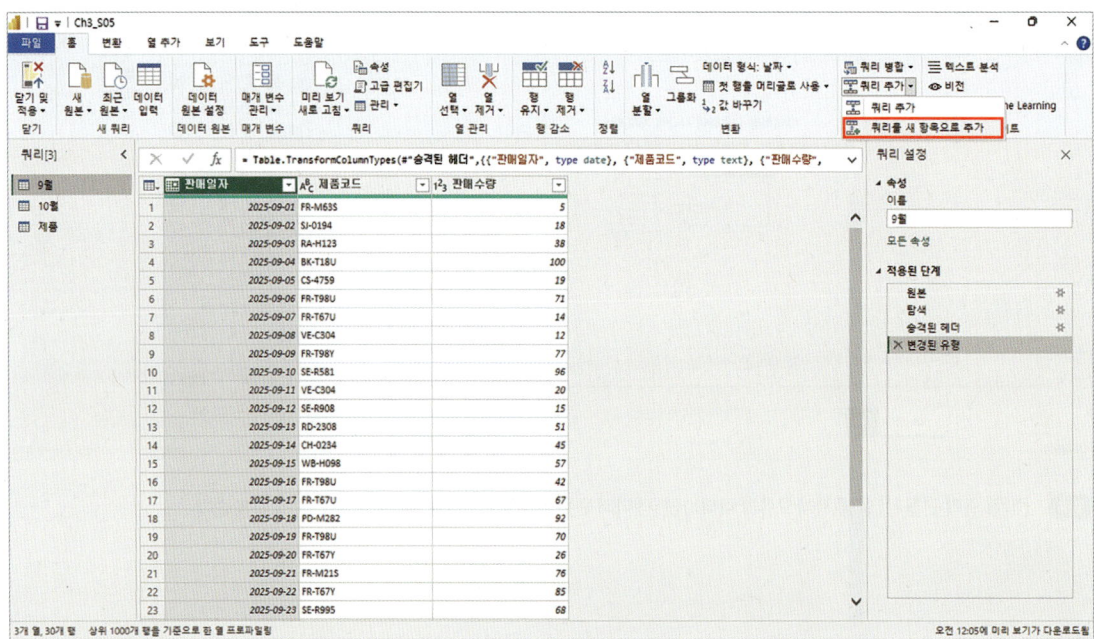

❸ [추가]창이 열리면 '첫 번째 테이블'에는 현재 선택된 테이블인 '9월'이 표시된다. 두 번째 테이블은 '10월'을 선택한 후 [확인]을 클릭한다.

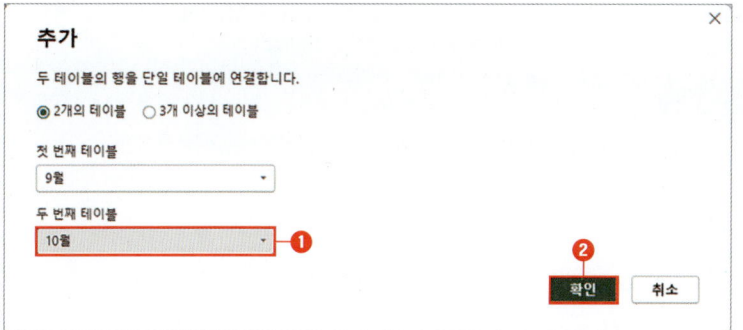

❹ 새 쿼리가 '추가1'로 생성되면 [쿼리 설정]창에서 이름을 '월별판매'로 변경한다.

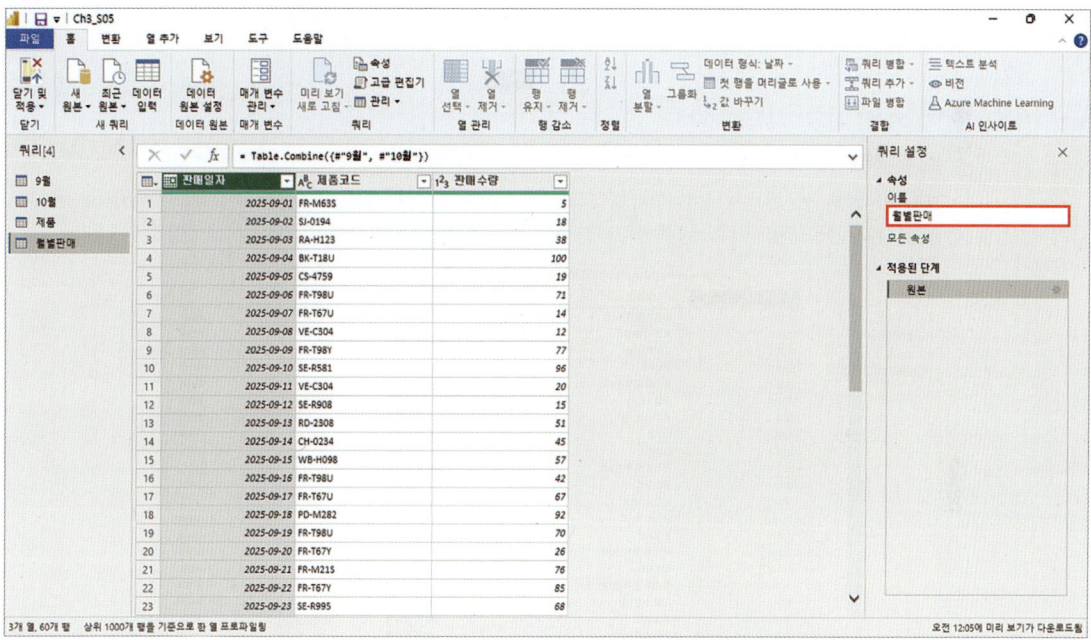

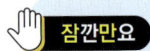 **쿼리 추가의 여러 방법과 유의사항**

① **[쿼리 추가]로 9월과 10월을 결합하는 경우**
기존의 쿼리에 다른 쿼리 데이터를 추가하는 기능으로 선택한 쿼리에 새로운 데이터가 결합되며, 기존 쿼리가 변경된다. 기존 쿼리 자체를 수정하기 때문에, 원본을 유지할 필요가 없는 경우에 적합하다.

② **결합할 테이블이 3개 이상인 경우**
[추가]창에서 '3개 이상의 테이블'을 선택하고 추가 테이블을 모두 선택한 후 중앙에 있는 [추가]를 클릭한다.

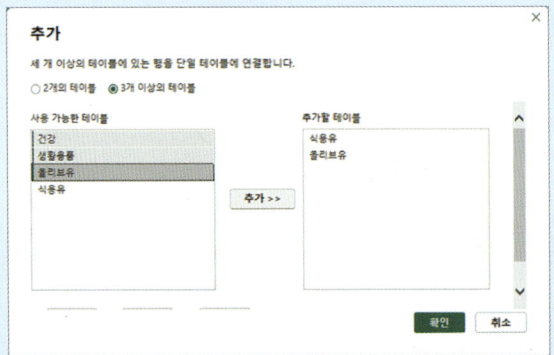

③ **유의사항**
같은 필드명을 가진 필드에 데이터끼리 결합되는 형태이므로 필드명이 같은 것이 중요하다. 필드명의 위치는 문제되지 않지만 필드명이 다르거나 특정 테이블에만 있는 필드명인 경우 다르게 결합된 후 'null' 값으로 처리된다.

〈쿼리 추가 시 꼭 확인해야 할 체크리스트〉
- 필드명과 데이터 형식이 동일한지 확인
- 원본 데이터를 보호하려면 '쿼리를 새 항목으로 추가' 사용
- 중복 데이터가 발생하지 않도록 검토
- 불필요한 데이터는 미리 정리하여 성능 최적화
- 쿼리 추가 후 데이터 검증 (행 개수, 필터링 등 활용)

02 | 쿼리 병합

쿼리 병합(Merge Queries)은 두 개 이상의 테이블을 특정 필드를 기준으로 조인(Join)하여 하나의 데이터로 통합하는 기능이다. SQL의 JOIN과 유사한 개념으로, 관계형 데이터베이스에서 흔히 사용되는 방식이다. 여기서는 〈제품〉테이블에 있는 [제품코드]별 [상품명]과 [카테고리], [단가]를 〈월별판매〉테이블에 병합하도록 한다.

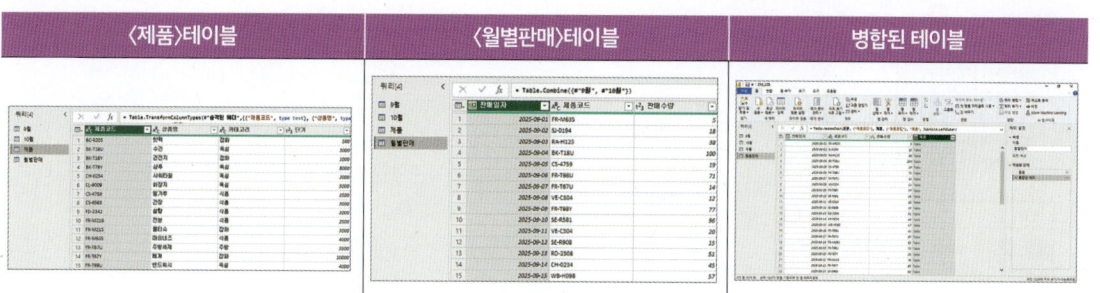

5 왼쪽 [쿼리]창에서 〈월별판매〉테이블을 선택하고 [홈]탭 – [결합]그룹 – [쿼리 병합]을 클릭한다.

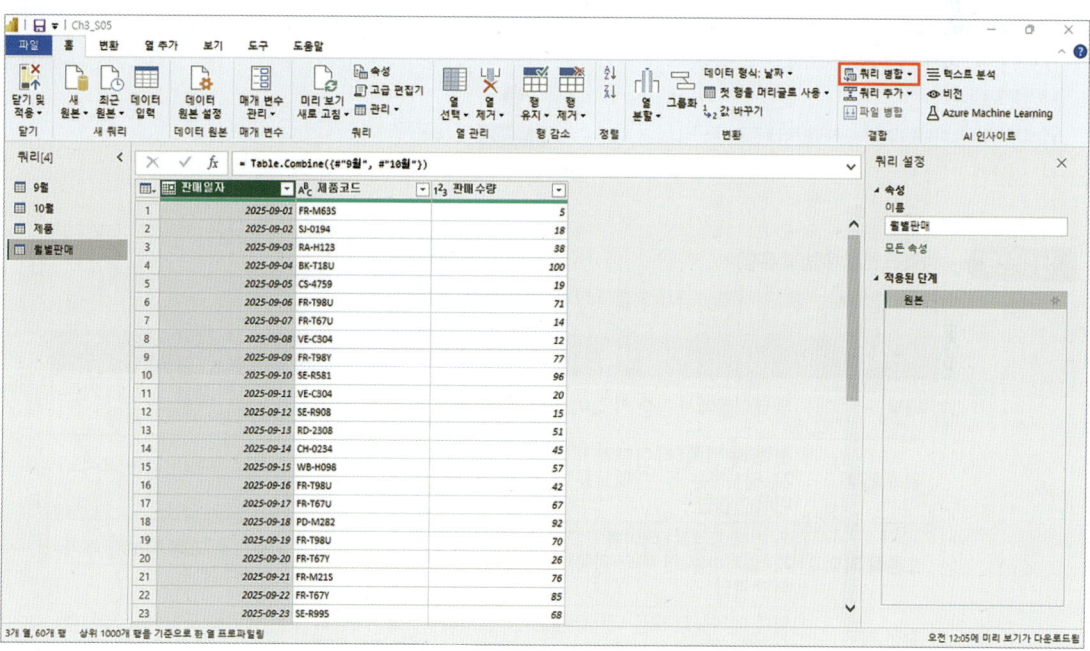

> **TIP** 쿼리 병합하여 하나의 테이블에 합치려면 우선 병합된 결과가 표시될 테이블을 먼저 선택해야 한다. 여기서 〈월별판매〉테이블이 기준 테이블이 되며, 이 테이블에 〈제품〉테이블의 정보를 병합하는 테이블이 된다.

6 [병합]창이 열리면 첫 테이블에 〈월별판매〉가 표시되어 있으며 여기서 [제품코드]열을 선택한다. 아래 쪽에는 〈제품〉을 선택하고 역시 [제품코드]를 선택한 후 [확인]을 클릭한다. 이때 [조인 종류]는 '왼쪽 외부(첫 번째의 모두, 두 번째의 일치하는 행)'이 선택되어 있어야 한다.

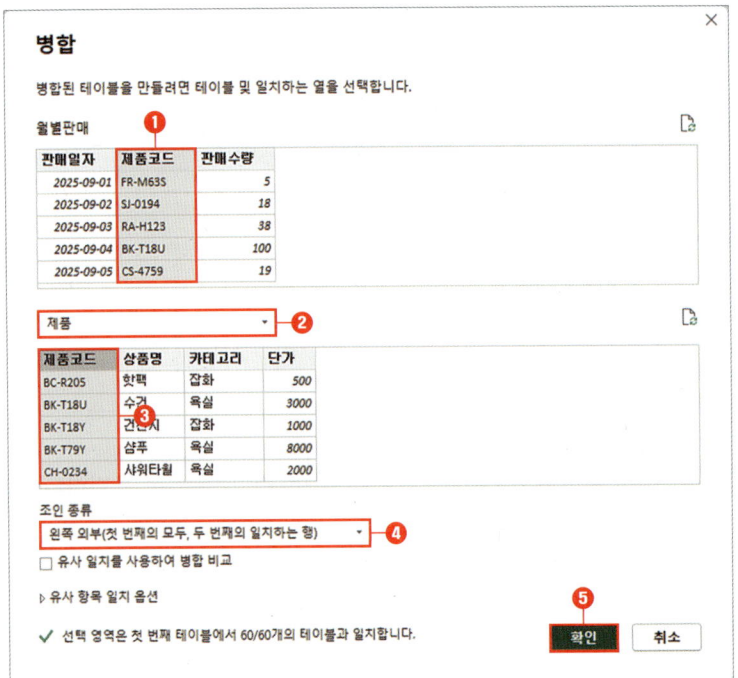

잠깐만요 — 쿼리 조인 종류(병합 유형)

Power BI에서는 총 6가지 조인 종류(병합 유형)를 지원한다.

유형	설명	예제
내부	두 테이블에서 공통 키 값이 있는 행만 반환	고객 테이블과 주문 테이블을 고객 ID 기준으로 병합 시, 주문이 있는 고객만 포함
왼쪽 외부	첫 번째(왼쪽) 테이블의 모든 데이터를 유지, 일치하는 두 번째(오른쪽) 테이블의 데이터만 결합	모든 고객을 포함하되 주문이 없는 고객도 포함
오른쪽 외부	두 번째(오른쪽) 테이블의 모든 데이터를 유지, 일치하는 첫 번째(왼쪽) 테이블의 데이터만 결합	주문 데이터를 기준으로 고객 정보를 추가할 때, 주문이 없는 고객 제외
완전 외부	양쪽 테이블의 모든 데이터를 포함, 일치하는 경우 결합	모든 고객과 주문 내역을 포함하되, 일치하는 경우 연결
왼쪽 엔티	첫 번째(왼쪽) 테이블에서 두 번째(오른쪽) 테이블과 일치하지 않는 행만 반환	주문이 없는 고객 목록을 추출
오른쪽 엔티	두 번째(오른쪽) 테이블에서 첫 번째(왼쪽) 테이블과 일치하지 않는 행만 반환	등록되지 않은 주문 데이터만 추출

❼ 〈월별판매〉테이블에 〈제품〉테이블이 병합된 것을 확인한다.

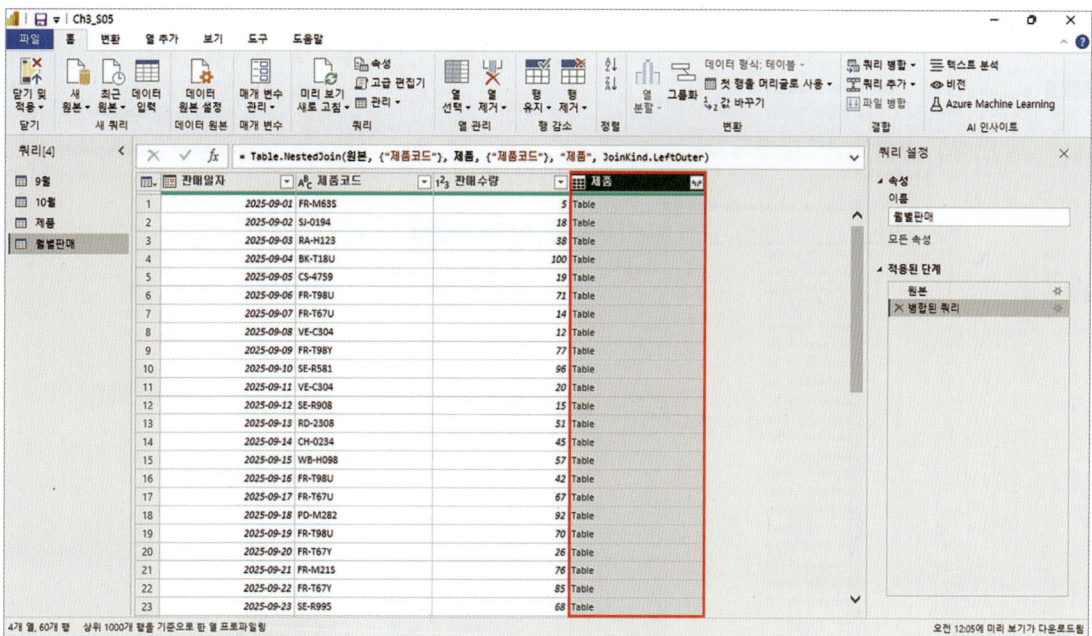

❽ 병합된 〈제품〉테이블의 ⇄를 클릭한 후 [제품코드]의 체크 표시를 해제한다. '원래 열 이름을 접두사로 사용'도 체크 해제한 후 [확인]을 클릭한다.

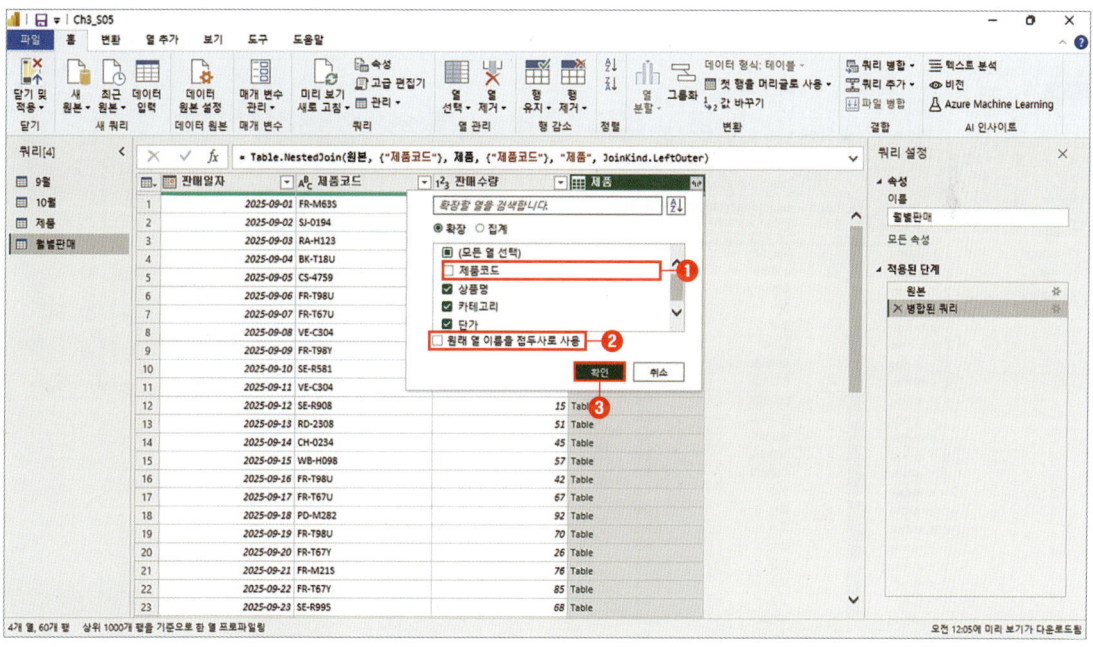

Chapter 3. 파워 쿼리를 사용한 데이터 전처리　69

❾ [상품명], [카테고리], [단가]필드가 추가된 것을 확인한다. [상품명], [카테고리]필드를 선택한 후 [제품코드]필드 뒤로 드래그하여 이동시킨다.

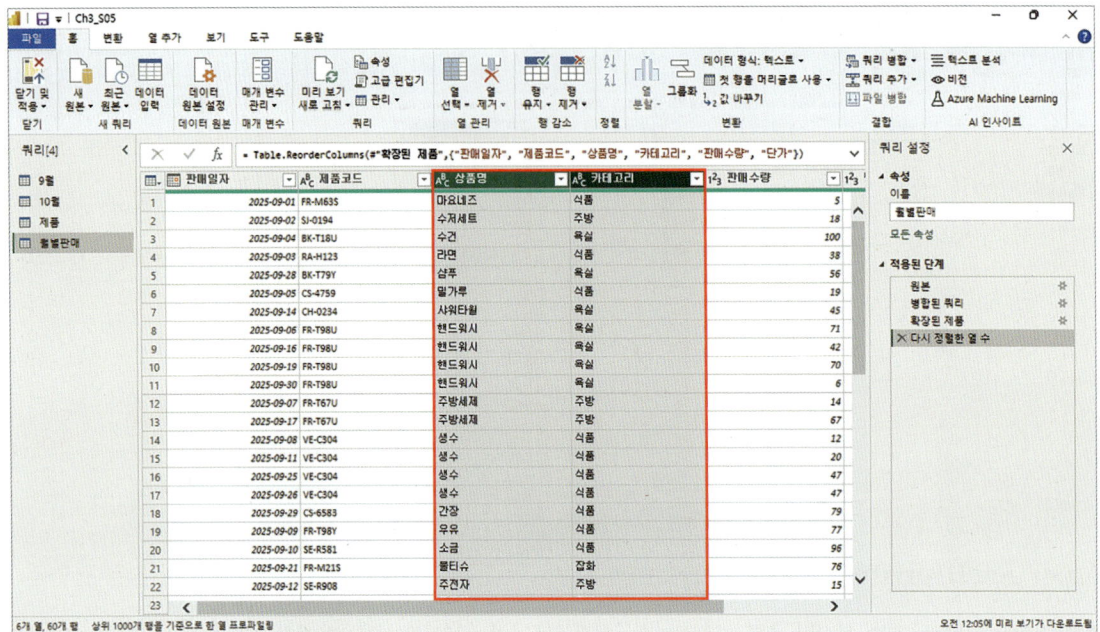

❿ [판매수량]과 [단가]필드를 기준으로 [판매금액]필드를 생성하기 위해 [열 추가]탭 – [일반]그룹 – [사용자 지정 열]을 클릭한다.

⓫ [사용자 지정 열]창에서 [새 열 이름]을 '판매금액'으로 입력한 후 '사용자 지정 열 수식'의 '=' 뒤에 커서를 두고 '사용 가능한 열'에서 [판매수량]필드를 더블클릭하여 삽입한다. 이어서 곱하기 '*'을 입력하고 다시 [단가]필드를 수식에 추가한 후 [확인]을 클릭한다.

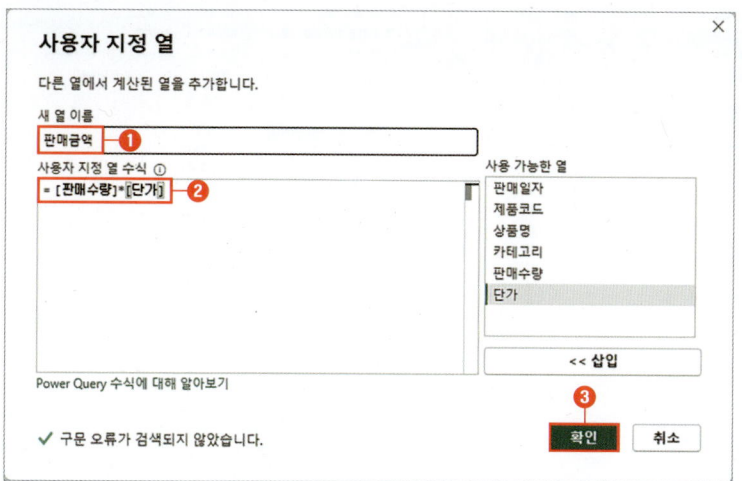

TIP [판매금액]필드는 '=[판매수량]*[단가]'의 수식으로 작성된다.

⓬ [판매금액]필드가 추가되면 데이터 형식을 확인하고, 인 경우 클릭하여 '정수'로 변경한다.

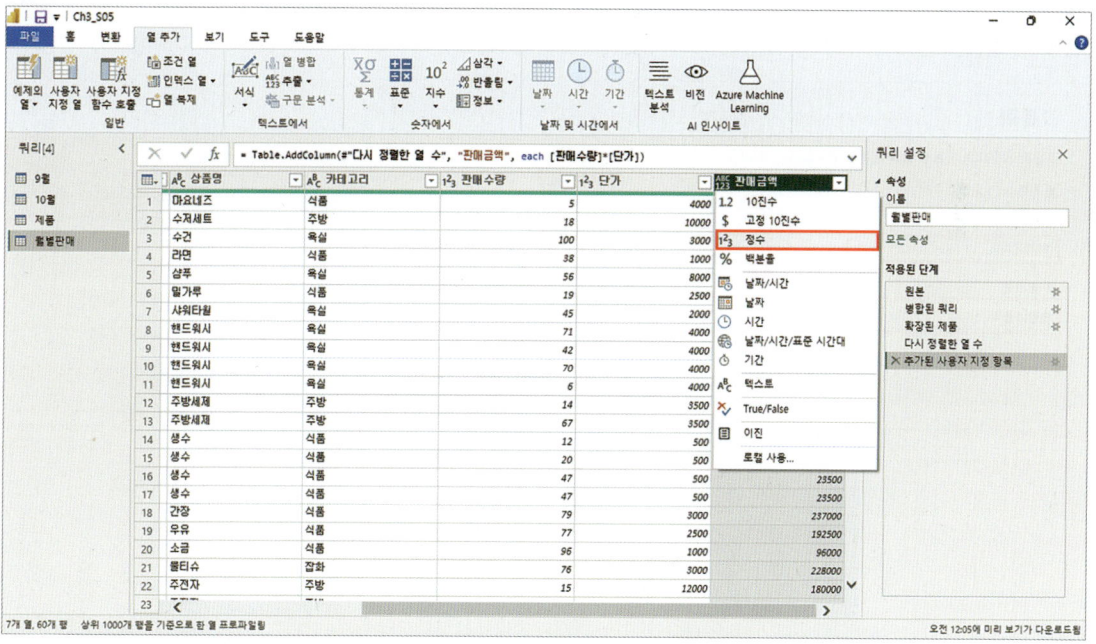

Chapter 3. 파워 쿼리를 사용한 데이터 전처리   71

⓭ 이번에는 카테고리별 판매금액의 합계를 요약하는 작업을 하기 위해 [홈]탭 – [변환]그룹 – [그룹화]를 클릭한다.

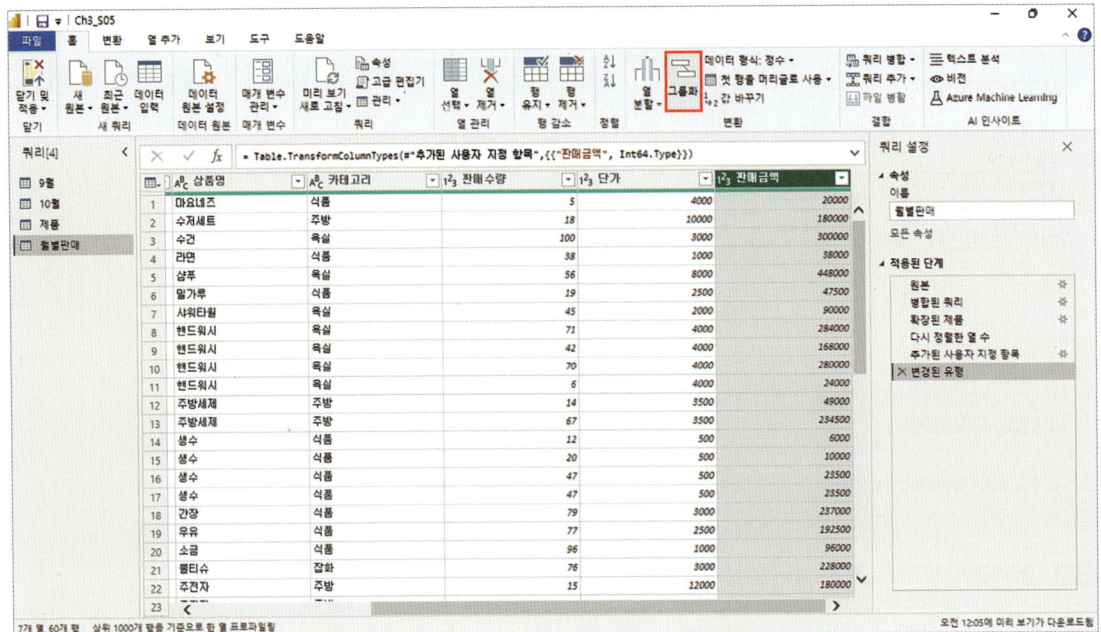

⓮ [그룹화]창이 열리면 그룹화할 열을 [카테고리]로 선택하고 [새 열 이름]은 '총판매금액', [연산]은 '합계', [열]은 '판매금액'으로 지정한 후 [확인]을 클릭한다.

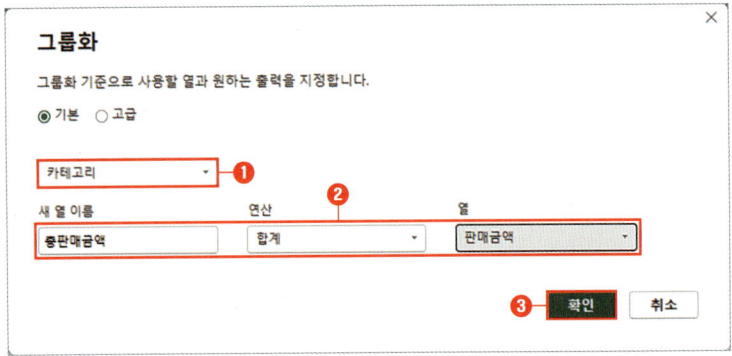

> **잠깐만요** **다중 열 기준과 다중 집계의 그룹화**
>
> 파워쿼리에서는 두 개 이상의 열을 기준으로 그룹화할 수 있으며, 그룹화된 데이터에 대해 여러 개의 집계 연산을 동시에 적용할 수 있습니다.
> 1. [홈]탭 - [그룹화]를 클릭
> 2. 그룹화 기준으로 사용할 열을 여러 개 선택 (예 〈부서〉, 〈직급〉)
> 3. [그룹화 방식]을 '고급'으로 변경
> 4. 첫 번째 집계 항목에서 열 이름을 입력, [판매수량]열을 선택하고 집계 방식으로 '평균' 선택
> 5. [집계 추가] 버튼을 눌러 두 번째 집계 항목에서 [판매금액]을 선택하고 집계 방식으로 '합계' 선택
>
>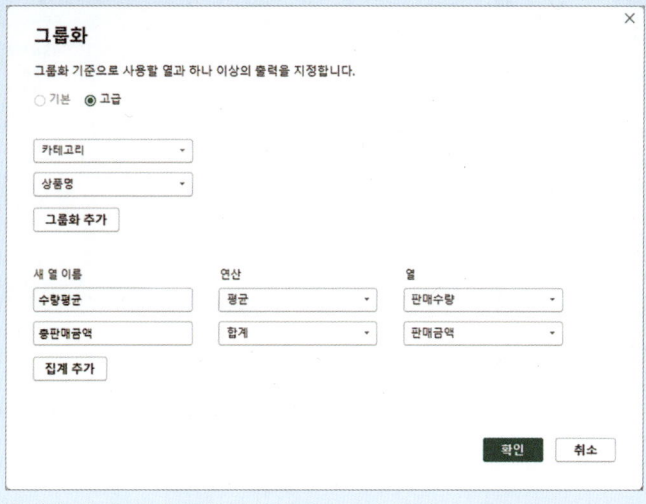

⑮ 그룹화된 결과를 확인한 후 [쿼리 설정]창에서 [속성]의 이름을 '카테고리별요약'으로 입력한 후 Enter 를 누른다.

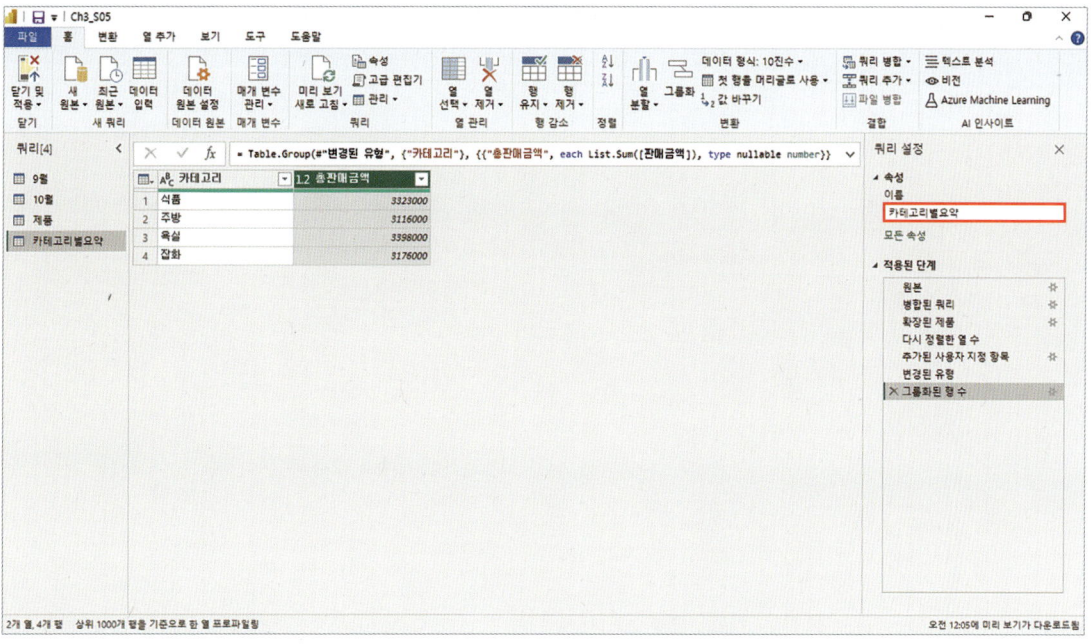

Chapter 3. 파워 쿼리를 사용한 데이터 전처리 **73**

❶⓺ [쿼리]창에 작성된 테이블 중에 일부 테이블은 Power BI에 로드시키지 않을 수 있다. [쿼리]창에서 〈제품〉테이블을 선택하고 오른쪽 마우스를 클릭한 후 '로드 사용'의 체크 표시를 해제한다.

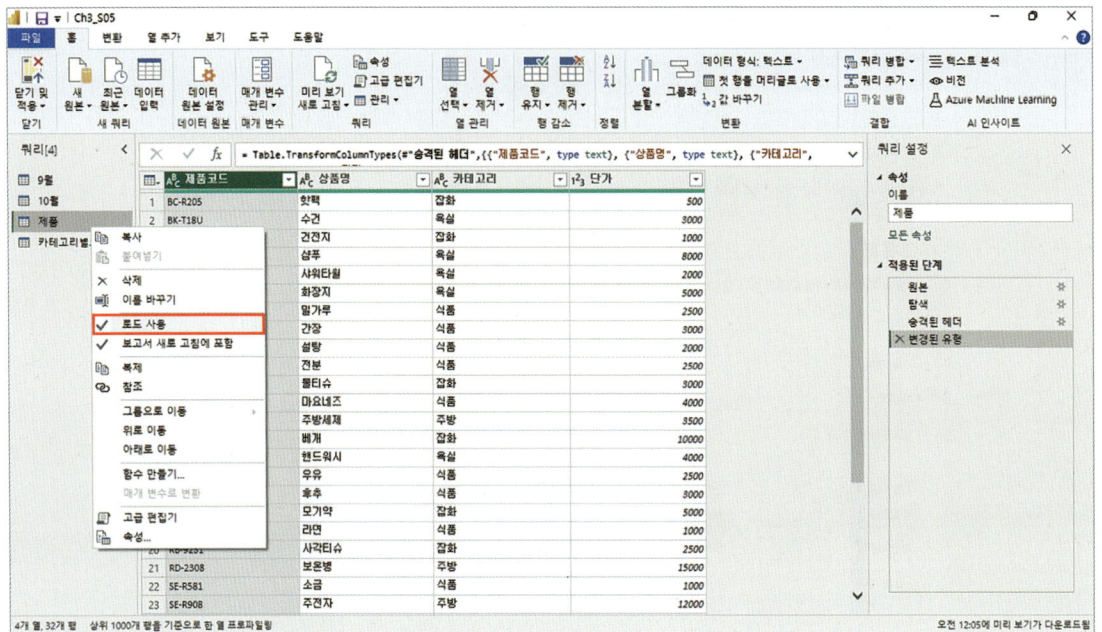

❶⓻ [가능한 데이터 손실 경고]창이 뜨면 [계속]을 클릭한다.

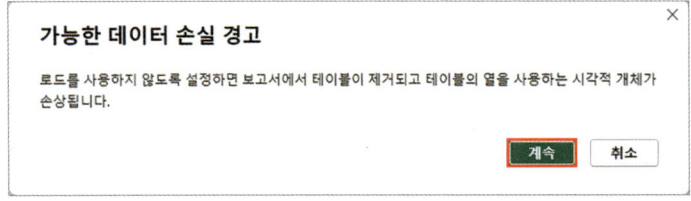

⓲ 〈제품〉테이블 이름이 이탤릭체로 변경된다.

Chapter 3. 파워 쿼리를 사용한 데이터 전처리 75

PART 2

데이터 모델링과 DAX

데이터 분석과 비즈니스 인텔리전스(BI) 환경에서 데이터를 효과적으로 활용하기 위해서는 단순히 데이터를 불러오는 것 이상의 작업이 필요합니다. 데이터의 구조를 체계적으로 설계하고, 필요한 분석을 수행할 수 있는 계산식을 작성하는 과정이 필수적입니다. 이를 위해 경영정보시각화 자격 시험의 Power BI 영역에서 핵심적으로 다루는 데이터 모델링과 DAX(Data Analysis Expressions)를 활용할 수 있습니다.

Part 2에서는 데이터 모델링과 DAX에 대해 심도 있게 다루며, 실제 업무와 자격 시험 준비에 모두 활용할 수 있는 실질적인 내용으로 구성하였습니다. 데이터 모델링에서는 데이터를 효율적으로 구성하고 관계를 설정하는 방법, 데이터를 그룹화하고 정렬하는 기법, 매개 변수를 활용하여 동적인 분석을 가능하게 하는 방법을 설명합니다.

또한, DAX에서는 데이터 분석에 필요한 다양한 함수를 체계적으로 정리하고, 숫자 및 집계 함수, 문자열 함수, 날짜 및 시간 함수, 테이블 조작 함수, 필터 함수 등 각 함수의 활용 방법을 소개합니다. 특히, 실무에서 자주 사용되는 함수와 복합적인 분석 시나리오를 예제로 제시하여, 독자가 이론뿐만 아니라 실질적인 활용 능력까지 갖출 수 있도록 돕습니다.

이번 Part의 내용을 통해 Power BI의 데이터 모델링과 DAX에 대한 기초부터 고급 활용까지 체계적으로 학습할 수 있습니다. 이를 통해 경영정보시각화 자격 시험에서도 좋은 결과를 얻을 수 있을 뿐만 아니라, 실무에서도 분석 역량을 한층 강화할 수 있을 것입니다.

CHAPTER 4. 데이터 모델링
CHAPTER 5. DAX(Data Analysis Expressions)

CHAPTER 04 데이터 모델링

데이터 모델링은 다양한 데이터 소스를 통합하고 데이터를 체계적으로 구성하여 분석에 적합한 형태로 만드는 과정이다. Power BI에서는 관계 설정, 데이터 정렬 및 그룹화, 매개 변수 활용 등을 통해 복잡한 데이터에서도 효율적이고 일관된 분석이 가능하도록 지원한다.

SECTION 1 관계 설정 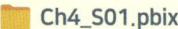 Ch4_S01.pbix

데이터 모델링의 첫 단계는 데이터 간의 관계를 설정하는 것이다. 전처리를 완료하고 Power BI Desktop으로 돌아오면, 분석을 위해 불러온 모든 테이블 간의 관계를 설정해야 한다. 테이블 간의 관계를 설정하면 여러 테이블을 마치 하나의 통합된 데이터 모델처럼 다룰 수 있게 된다.

01 | 관계 작성

❶ 관계를 작성하려면 두 테이블에 공통된 필드가 있어야 하며, 데이터 형식 또한 같아야 한다. 두 테이블의 관계를 작성하기 위해 [모델 보기] 를 클릭한다.

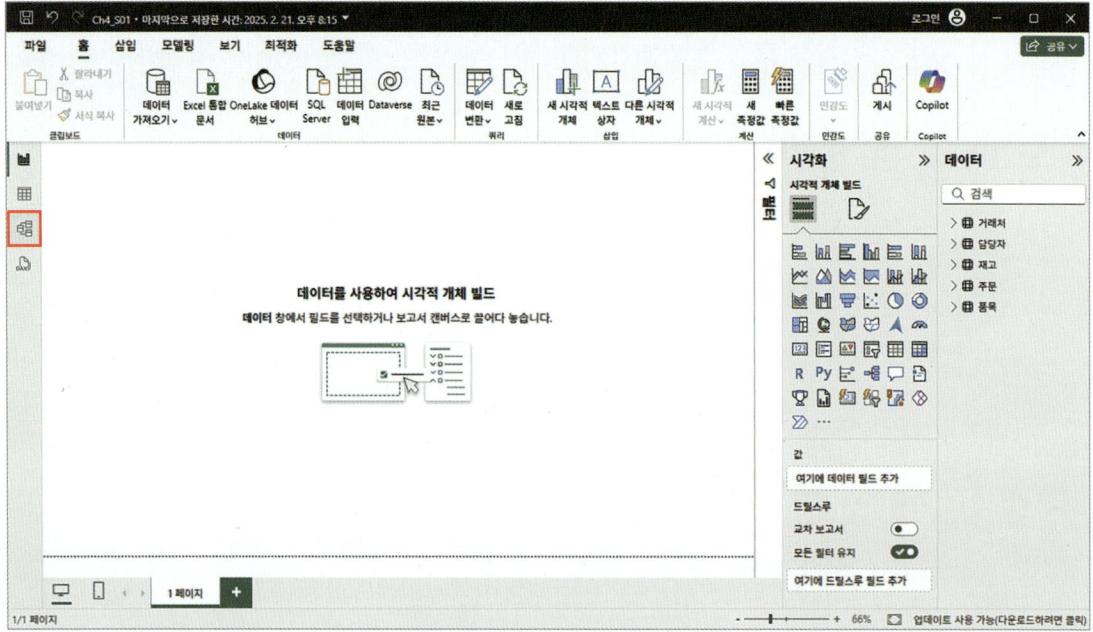

TIP 자동 관계 설정

Power BI는 필드명과 데이터 형식이 동일한 경우 자동으로 테이블 간의 관계를 감지하여 같은 데이터 유형과 논리적 연결이 있는 필드 간에 자동 관계를 설정해 준다. 자동 관계 설정이 항상 옳은 것은 아니므로 관계 관리에서 필요 없는 경우 관계를 삭제한다.

❷ [모델 보기]화면으로 이동하면 전체 테이블을 보기 위해 하단의 상태 표시줄에서 [페이지에 맞추기]를 클릭한다. 화면에 있는 테이블을 〈주문〉테이블을 기준으로 다른 테이블을 주변에 보기 좋게 정리한다.

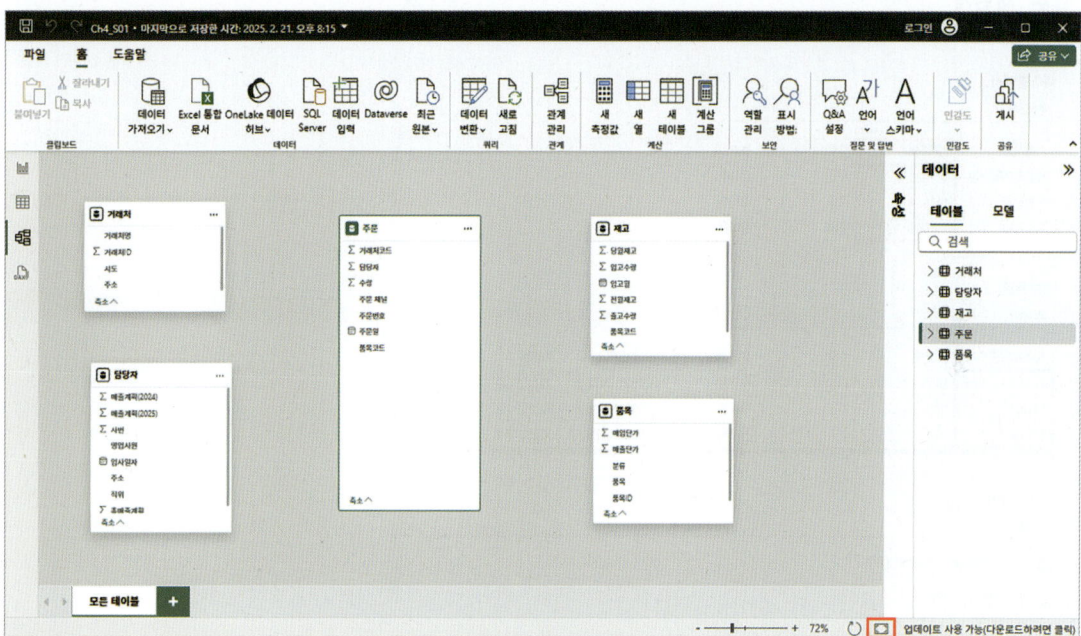

❸ [홈]탭 - [관계]그룹 - [관계 관리]를 클릭하여 [관계 관리]창이 열리면 [새 관계]를 클릭한다.

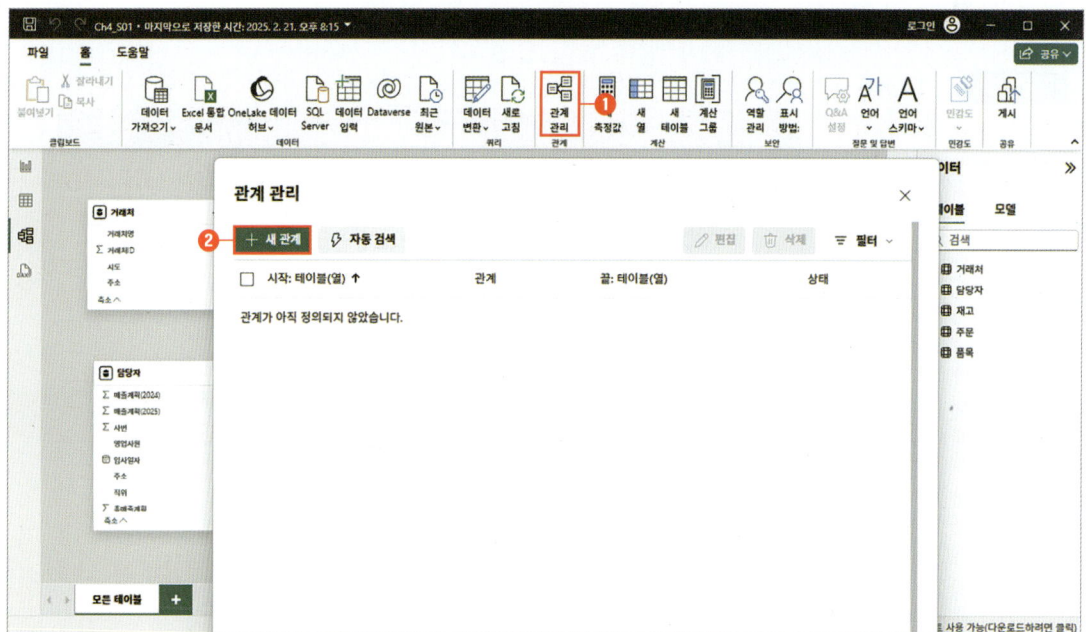

Chapter 4. 데이터 모델링　79

❹ [새 관계]창이 열리면 다음과 같이 지정한 뒤, [저장]을 클릭한다.
  – [테이블에서]는 〈거래처〉테이블을 선택한 후 [거래처ID]필드를 선택
  – [테이블로]에서는 〈주문〉테이블을 선택한 후 [거래처코드]필드를 선택
  – Cardinality: 일대다(1:*)
  – 교차 필터 방향: single

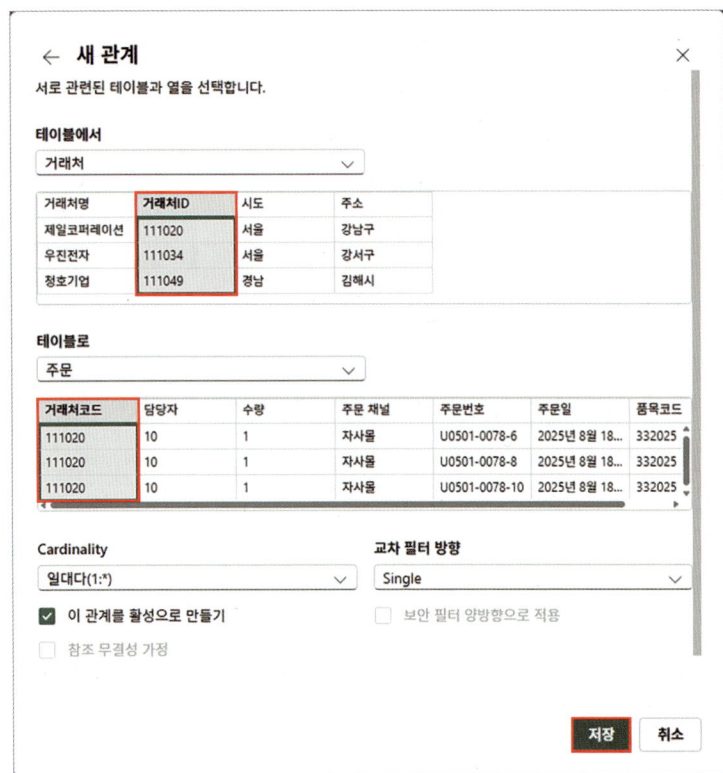

잠깐만요 관계 옵션

구성 요소	설명
카디널리티 (Cardinality)	• 다대일 (*:1): 여러 행이 다른 테이블의 한 행과 연결된다. • 일대다 (1:*): 한 테이블의 한 행이 다른 테이블의 여러 행과 연결될 수 있다. • 일대일 (1:1): 각 테이블의 한 행이 다른 테이블의 한 행과 연결된다. • 다대다 (*:*): 양쪽 테이블의 여러 행이 서로 연결될 수 있다.
교차 필터 방향	• Single: 한 방향으로만 필터가 적용된다. • 모두: 양쪽 테이블 모두에서 필터가 적용된다.
활성화 여부	• 활성: 기본적으로 필터 컨텍스트를 전달한다. • 비활성: 특정 DAX 함수를 통해서만 사용할 수 있다.
이 관계를 활성으로 만들기	해당 관계가 활성 상태로 설정되면 관계가 실선으로 표시되고 해제되어 있으면 점선으로 표시된다.

⑤ 관계가 작성되면 연결 선을 확인할 수 있다.

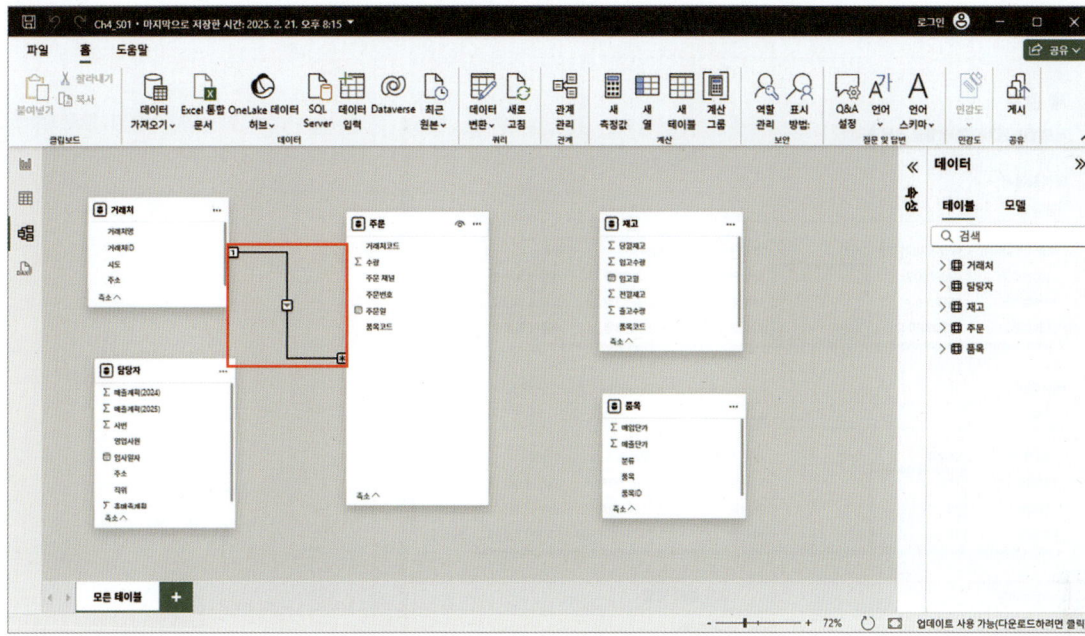

02 | 직접 끌어서 관계 설정하기

⑥ 이번에는 다른 방법으로 관계를 설정해 본다. 〈담당자〉테이블의 [사번]필드를 끌어서 〈주문〉테이블의 [담당자]필드에 놓는다.

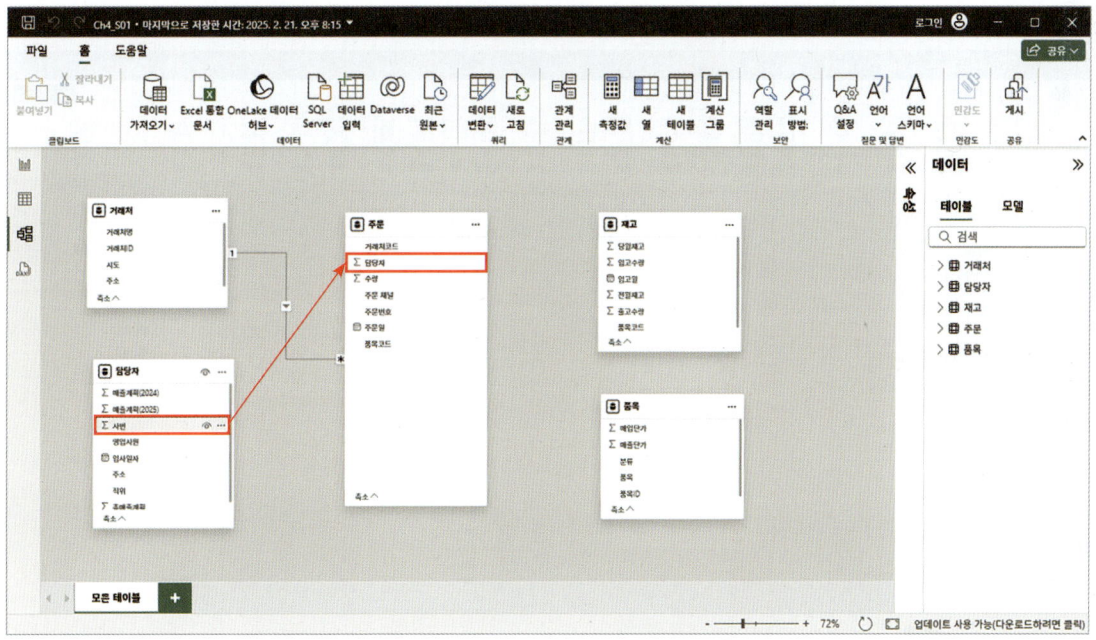

❼ 다시 [새 관계]창이 열리면 테이블과 연결 필드를 확인한다. Cardinality와 교차 필터 방향이 일대다(1:*)와 Single인 것을 확인한 후 [저장]을 클릭한다.

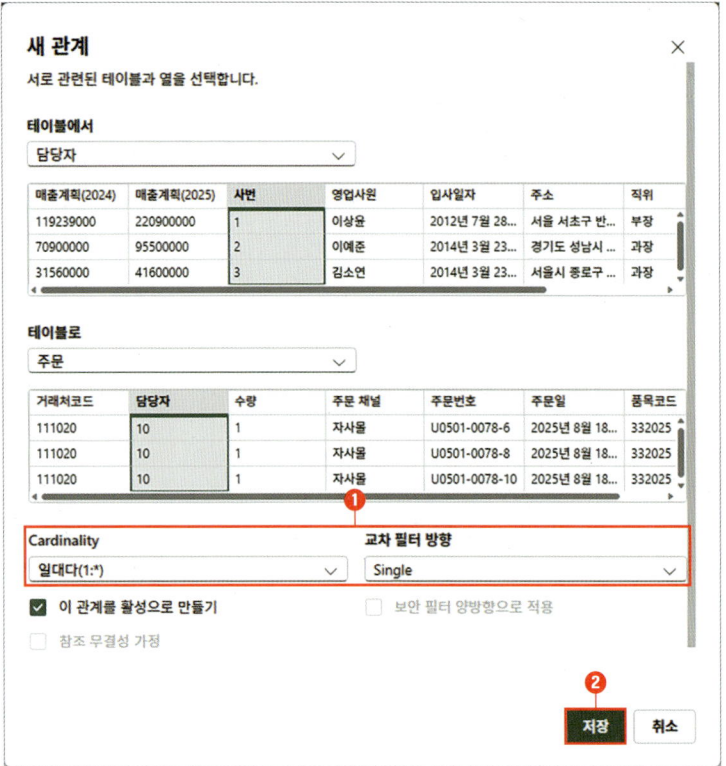

❽ 〈주문〉테이블과 〈담당자〉테이블의 관계가 설정되었다.

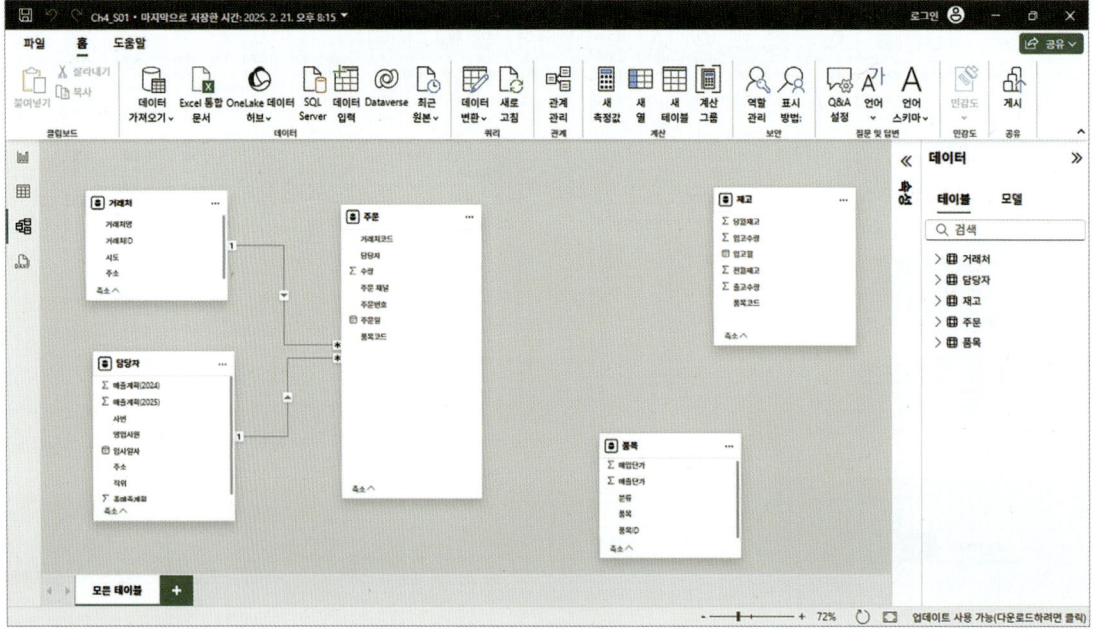

❾ 이제 다른 테이블도 다음과 같이 관계를 설정한다.

> 관계1: 〈품목〉테이블의 [품목ID]필드와 〈주문〉테이블의 [품목코드]필드
> Cardinality: 일대다(1:*), 교차 필터 방향: Single
> 관계2: 〈품목〉테이블의 [품목ID]필드와 〈재고〉테이블의 [품목코드]필드
> Cardinality: 일대다(1:*), 교차 필터 방향: Single

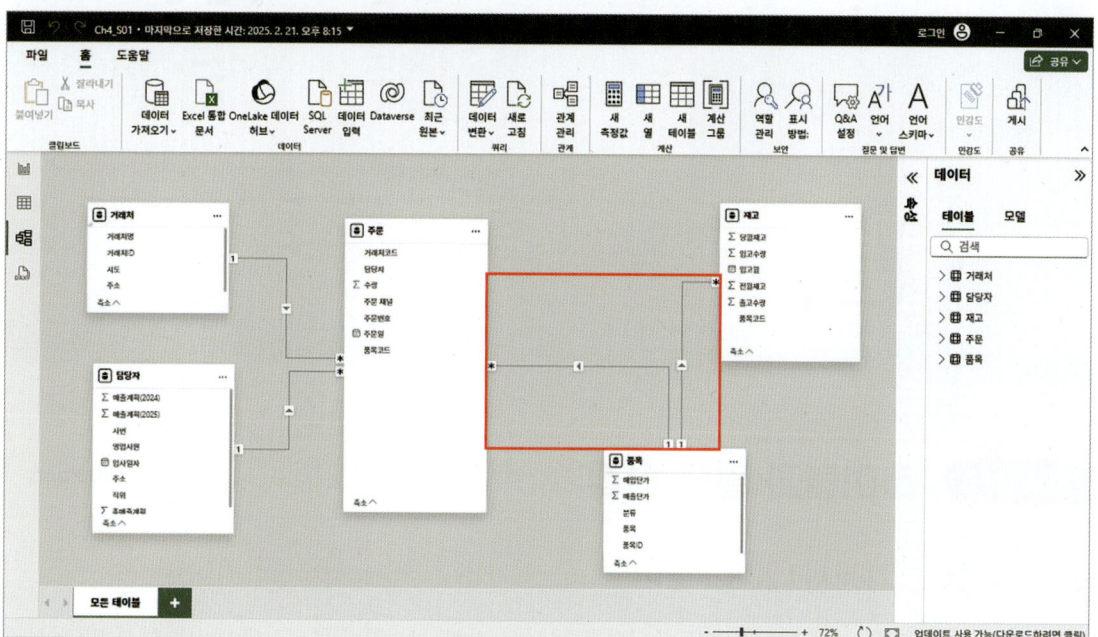

잠깐만요 관계 편집과 삭제하는 방법

① 자동으로 검색된 관계에서 잘못된 관계는 관계 관리에서 관계를 편집하거나 바로 삭제할 수 있다. 먼저 원하는 관계를 체크 표시한 후 [편집] 또는 [삭제]를 클릭한다.

Chapter 4. 데이터 모델링

② 모델 보기에서 바로 삭제할 수도 있다. 삭제할 관계 선에 오른쪽 마우스를 클릭한 후 [삭제] 또는 [수정]을 선택한다.

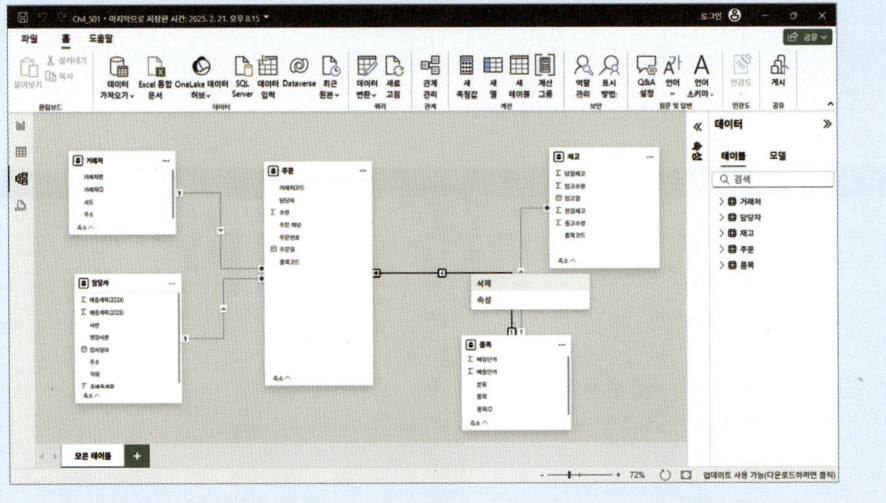

SECTION 2 | 테이블과 필드 편집

📁 Ch4_S02.pbix

01 | 테이블 보기에서 데이터 보기

❶ 데이터 모델링의 거의 모든 작업은 데이터를 보면서 진행하는 것이 좋다. 데이터의 형식 및 서식과 필드명을 확인할 수 있으므로 편리하다. 데이터를 보기 위해 [테이블 보기]를 클릭한다.

❷ [데이터]창에서 〈주문〉테이블을 클릭한다. 〈주문〉테이블에는 [주문번호], [주문일], [거래처코드], [품목코드], [주문 채널], [수량], [담당자]필드로 구성되어 있다.

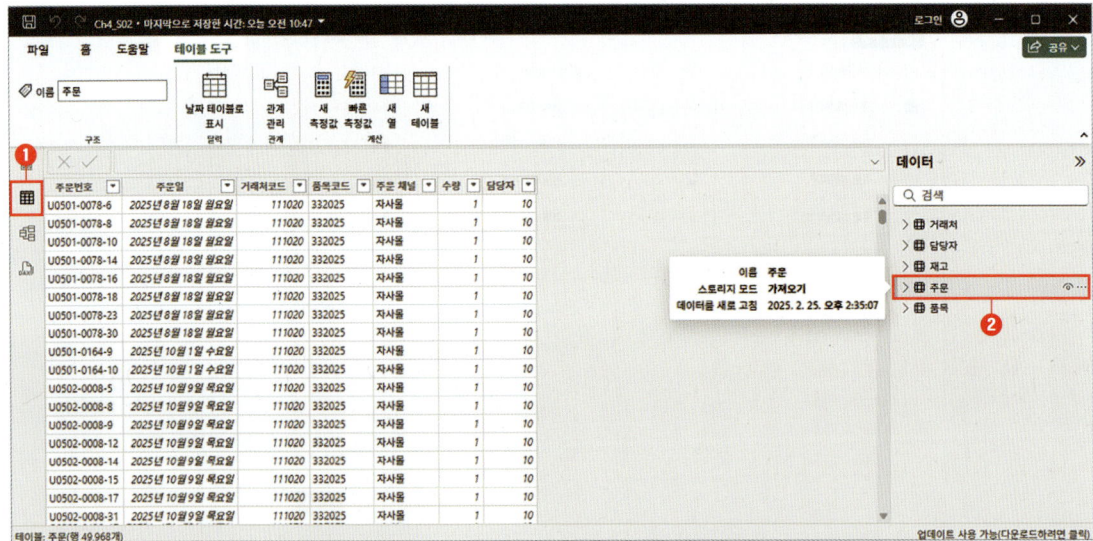

02 | 테이블 이름과 필드명 변경하기

❸ [데이터]창에서 〈담당자〉테이블에 오른쪽 마우스를 클릭한 후 [이름 바꾸기]를 클릭한다.

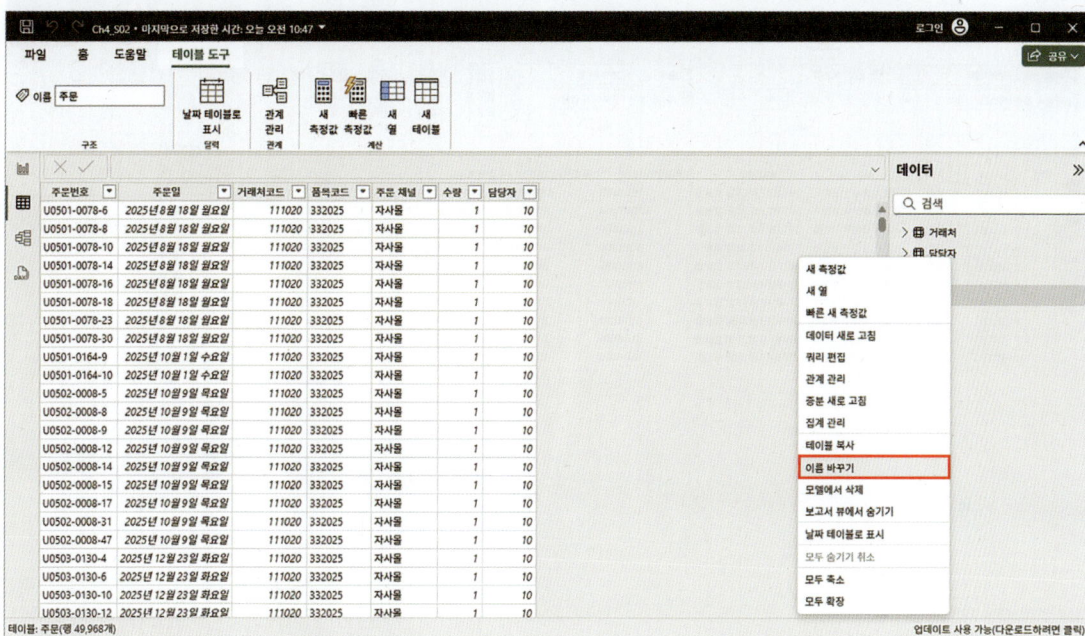

❹ 이름을 '사원'으로 변경한다.

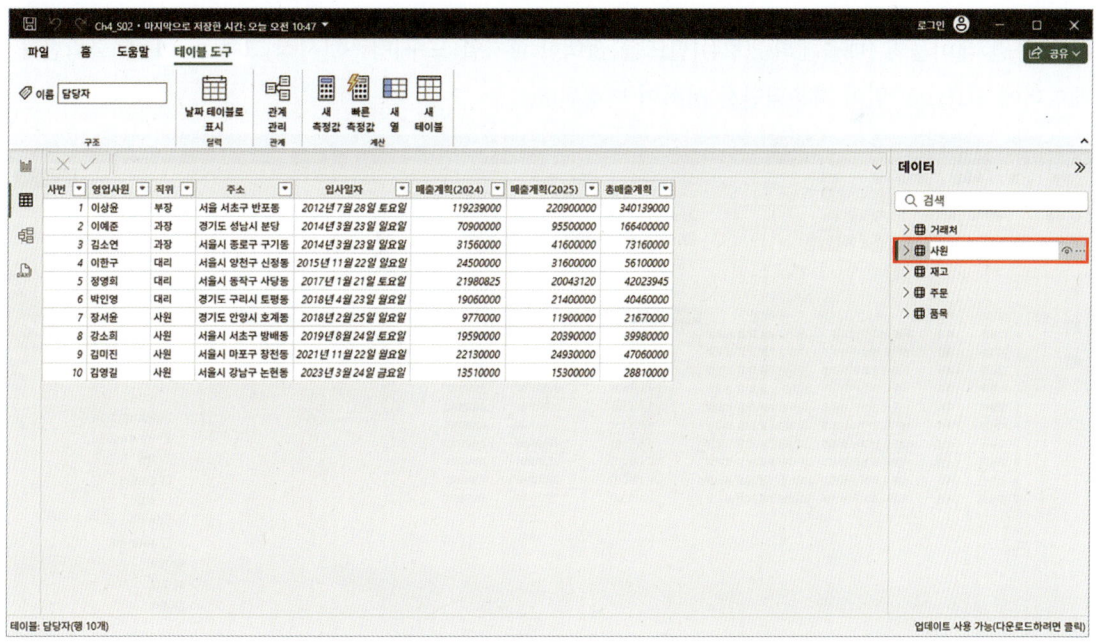

> **TIP** 테이블 이름을 더블 클릭해서 이름을 빠르게 변경할 수 있다.

Chapter 4. 데이터 모델링 85

5 필드명을 변경하기 위해서는 데이터 필드 중에 [영업사원]필드를 더블 클릭한 후 '담당자'로 입력한다.

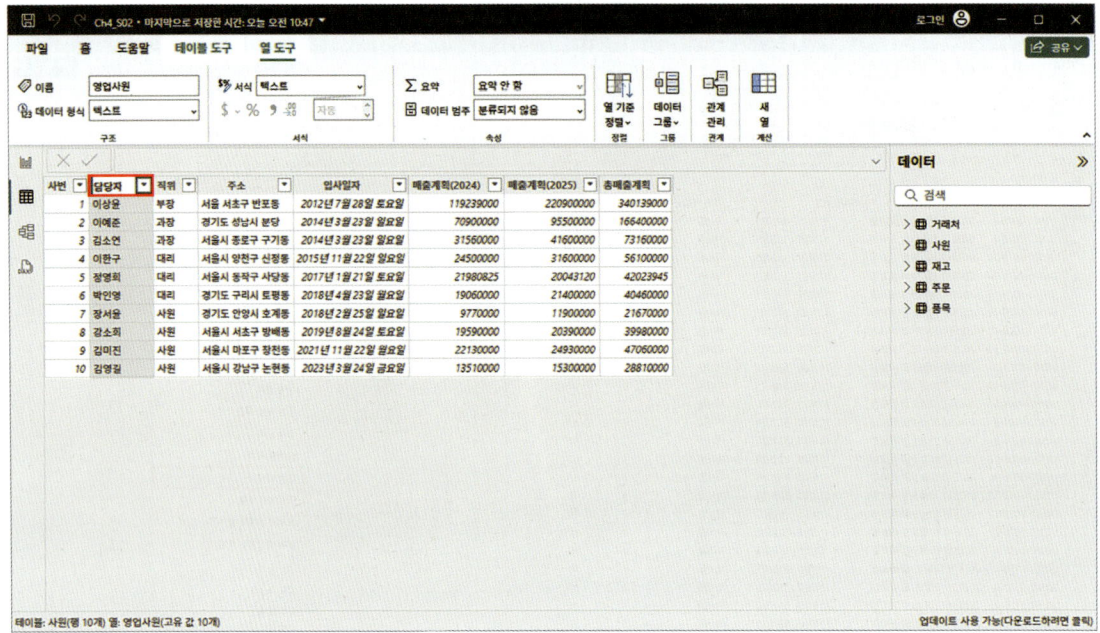

03 | 필드 서식 지정하기

6 〈사원〉테이블의 [매출계획(2024)]필드를 선택한 후 [열 도구]탭 - [서식]그룹 - 🔲를 클릭한다. 데이터에 쉼표 스타일이 적용되면서 서식이 변경된다.

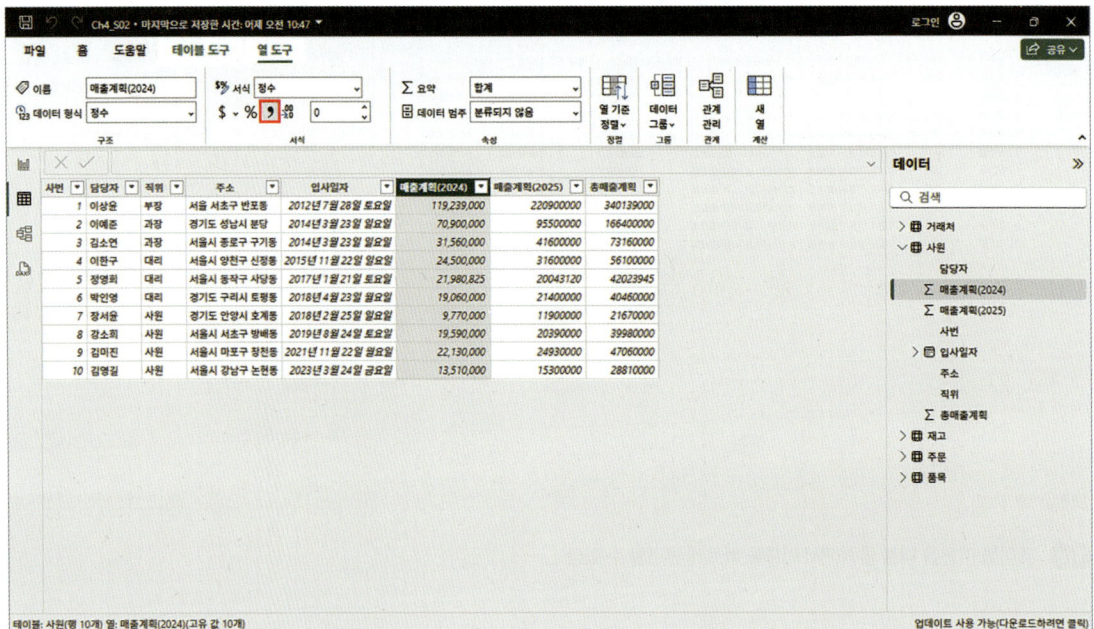

❼ 같은 방법으로 [매출계획(2025)]필드와 [총매출계획]필드에 같은 서식을 적용한다.

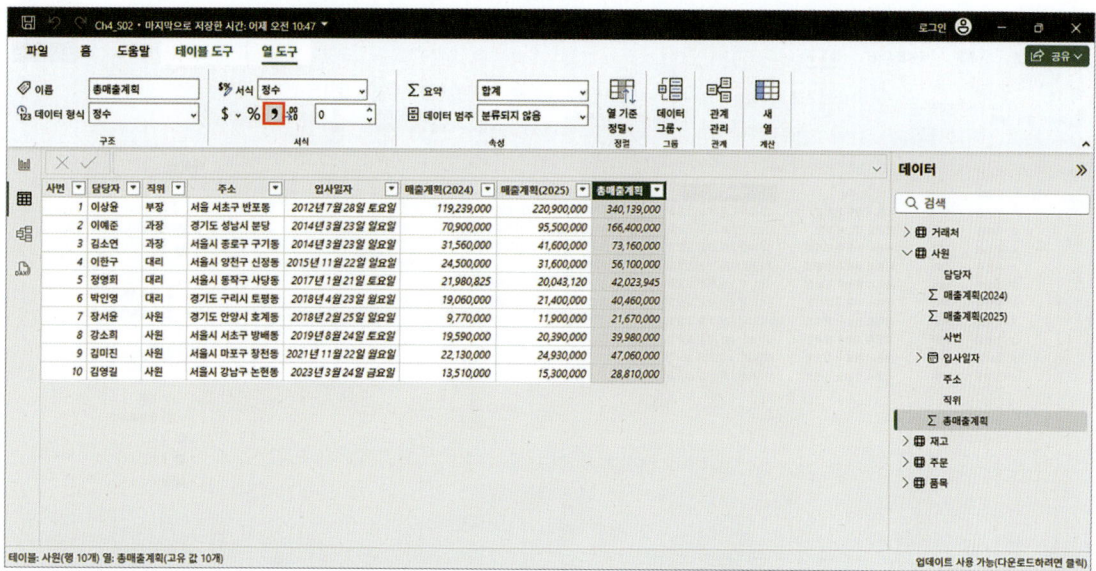

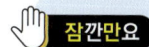 **데이터 형식과 데이터 서식 비교**

파워 쿼리를 통해 데이터 전처리 시에 이미 데이터 형식(날짜, 10진수, 정수, 텍스트 등)은 대부분 결정되지만 Power BI Desktop에서도 그 형식을 변경할 수 있으며 데이터 서식의 경우는 파워 쿼리에서 지원되지 않습니다. 아래 표에서 데이터 형식(Data Type)과 데이터 서식(Data Formatting)의 주요 차이점을 비교해 본다.

항목	데이터 형식 (Data Type)	데이터 서식 (Data Formatting)
정의	데이터가 저장되는 방식과 데이터의 유형을 정의	데이터를 시각화할 때 화면에 표시되는 방식이나 스타일을 정의
예시	- 텍스트 (Text)	- 숫자 형식 (예 1,000 vs 1000)
	- 숫자 (Whole Number, Decimal Number)	- 날짜 형식 (예 YYYY-MM-DD vs MM/DD/YYYY)
	- 날짜/시간 (Date/Time)	- 통화 기호 추가 (예 $1,000)
	- 부울 (True/False)	- 백분율 표시 (예 50%)
	- 통화 (Currency)	
	- 이진 데이터 (Binary)	
적용 위치	Power Query 또는 데이터 모델에서 설정	시각화(View) 단계에서 설정
영향 범위	데이터의 계산, 필터링, 모델 관계 설정에 영향을 줌	데이터의 시각적 표현 및 사용자가 데이터를 이해하는 방식에 영향을 줌
변경 시 영향	잘못된 형식 변경 시 데이터 손실 또는 오류가 발생할 수 있음	시각화된 데이터의 표현 방식만 변경되며 원본 데이터에는 영향을 미치지 않음
사용 예	- 날짜 데이터를 텍스트 형식으로 변경 시 날짜 계산이 불가능해짐	- 날짜 형식을 "2025-02-28"에서 "2월 28일"로 변경
	- 숫자 데이터를 텍스트 형식으로 변경 시 집계(합계, 평균) 불가능	- 숫자를 통화 형식으로 표시 (예 1000 → ₩1,000)
설정 방법	- Power Query의 '데이터 형식 변경' 기능	- 시각화 옵션의 [서식]탭
	- [모델링]탭의 데이터 [열 도구]에서 형식 설정	- 필드의 [서식]속성 - [일반]탭의 [데이터 서식]에서 설정

Chapter 4. 데이터 모델링

❽ [입사일자]필드를 선택하고 [열 도구]탭 – [서식]그룹 – [서식]을 클릭한다.

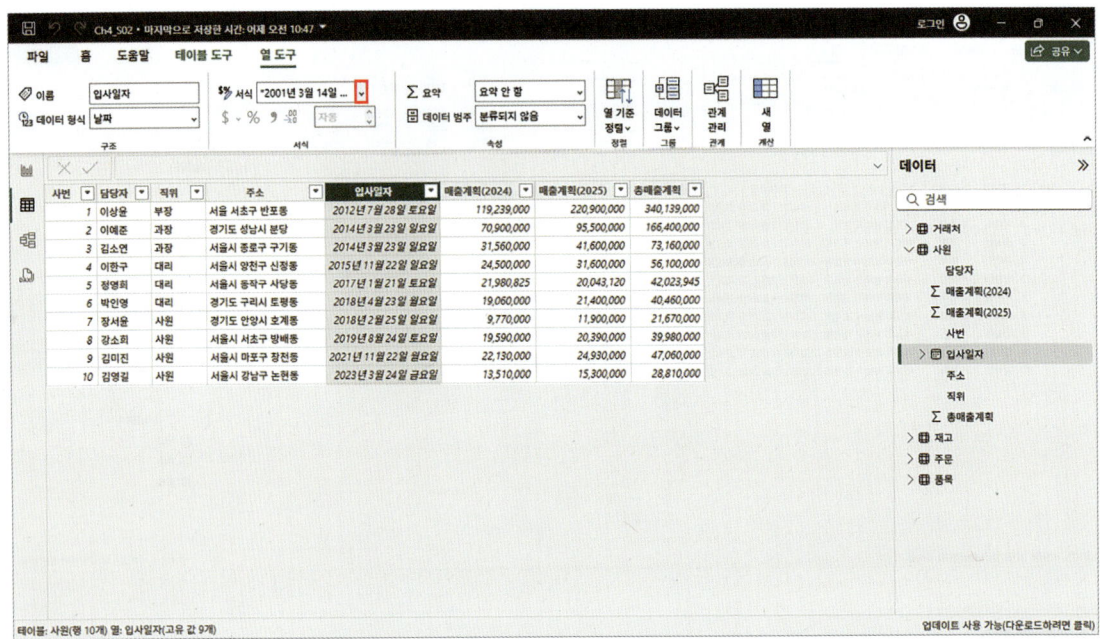

❾ 목록 중에 '*2001-03-14(Short Date)'을 선택한다.

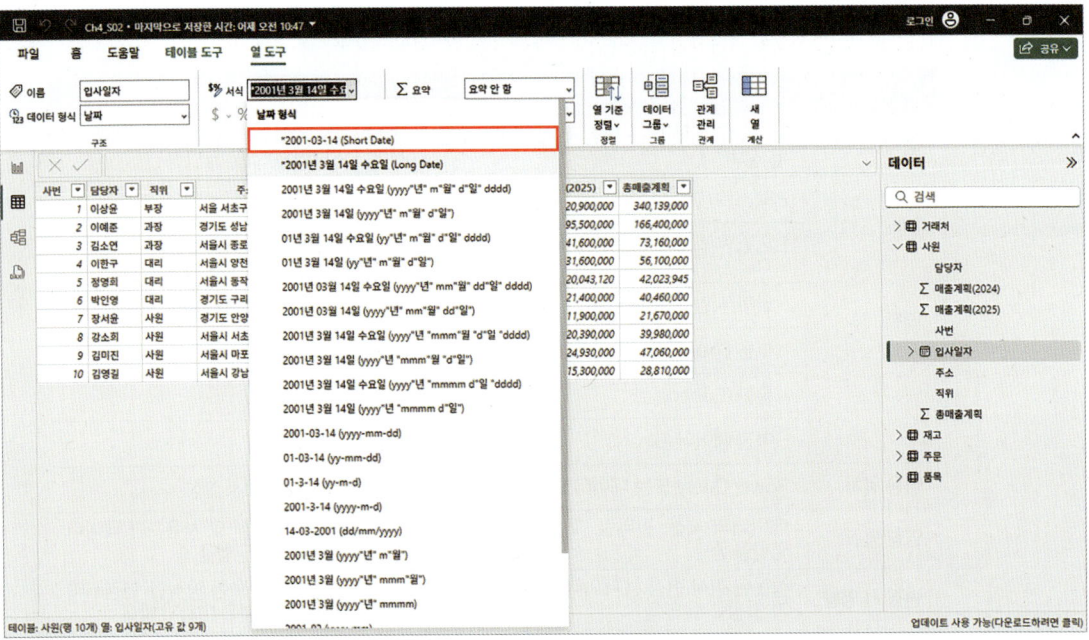

⑩ [입사일자]필드의 서식이 변경된다.

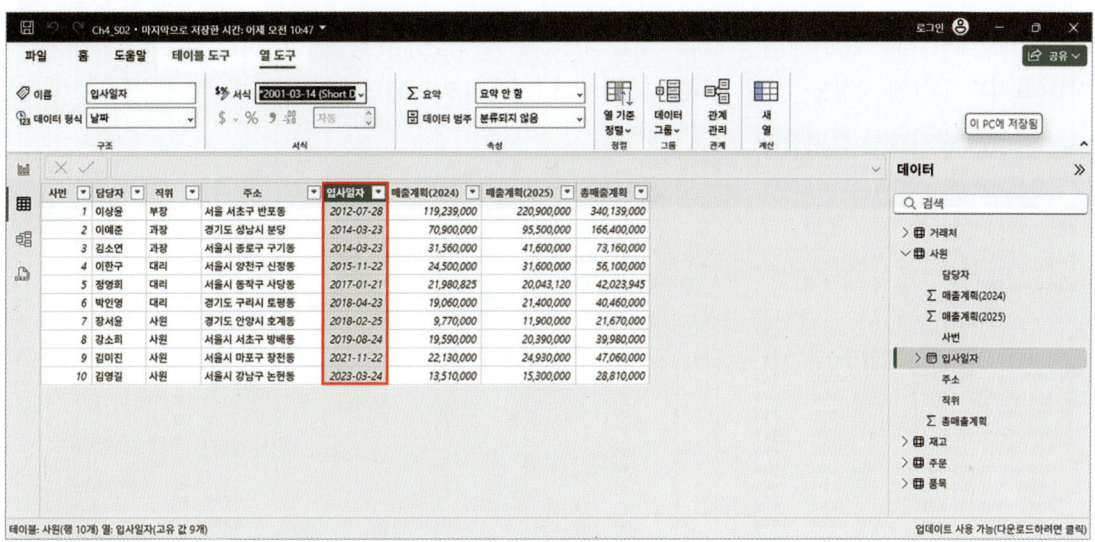

⑪ 나머지 테이블에서도 필드에 대한 데이터 서식을 지정한다.

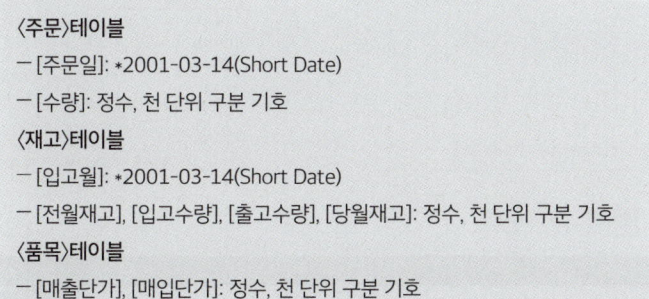

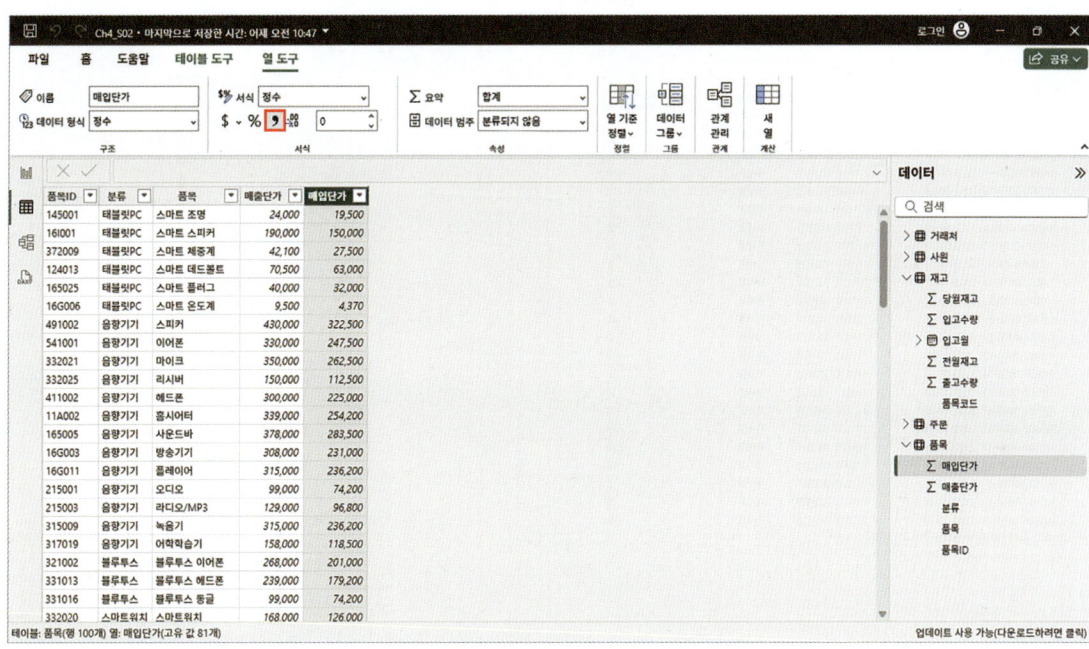

04 | 보고서 보기에서 필드 숨기기

❶❷ 〈주문〉테이블의 [담당자], [거래처코드]필드는 [테이블 보기]창에서는 표시되지만 [보고서 보기]에서는 표시되지 않게 지정할 수 있다. 데이터 창에서 [거래처코드]필드에 오른쪽 마우스를 클릭한 후 '보고서 뷰에서 숨기기'를 클릭한다.

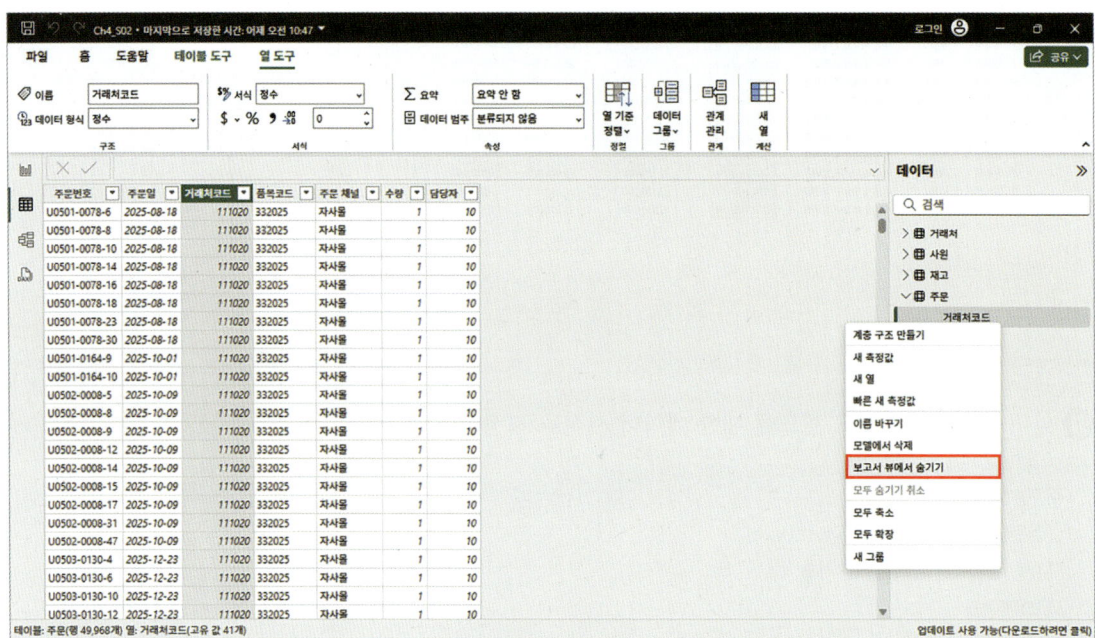

❶❸ 이번에는 [담당자]필드 오른쪽에 있는 👁 를 클릭한다.

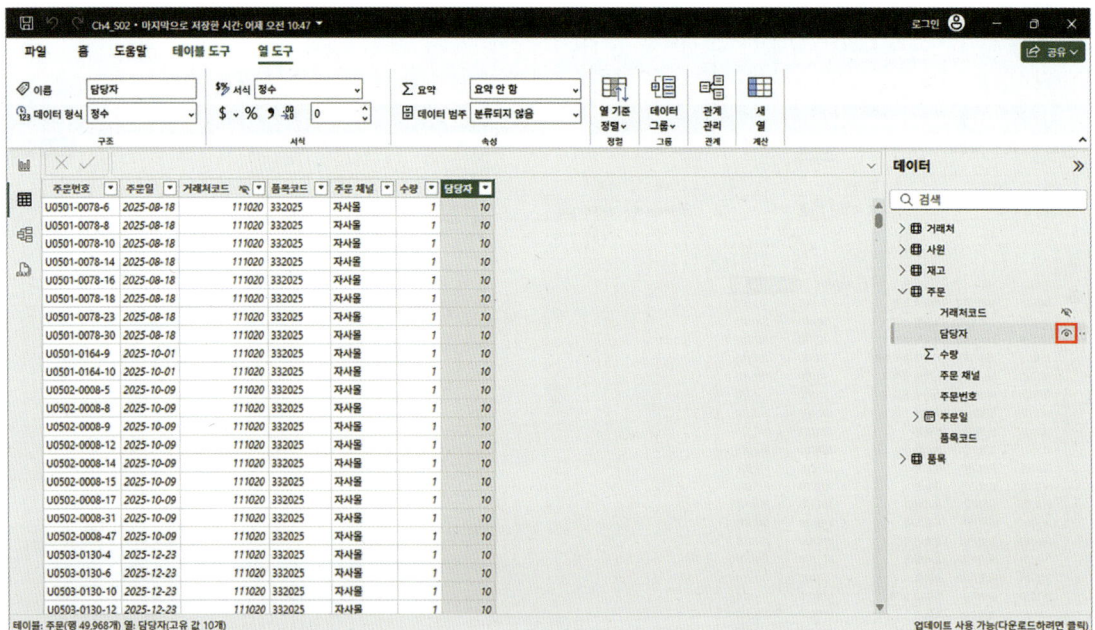

⓮ 〈보기표시〉가 〈숨기기〉로 변경된 것을 확인한다.

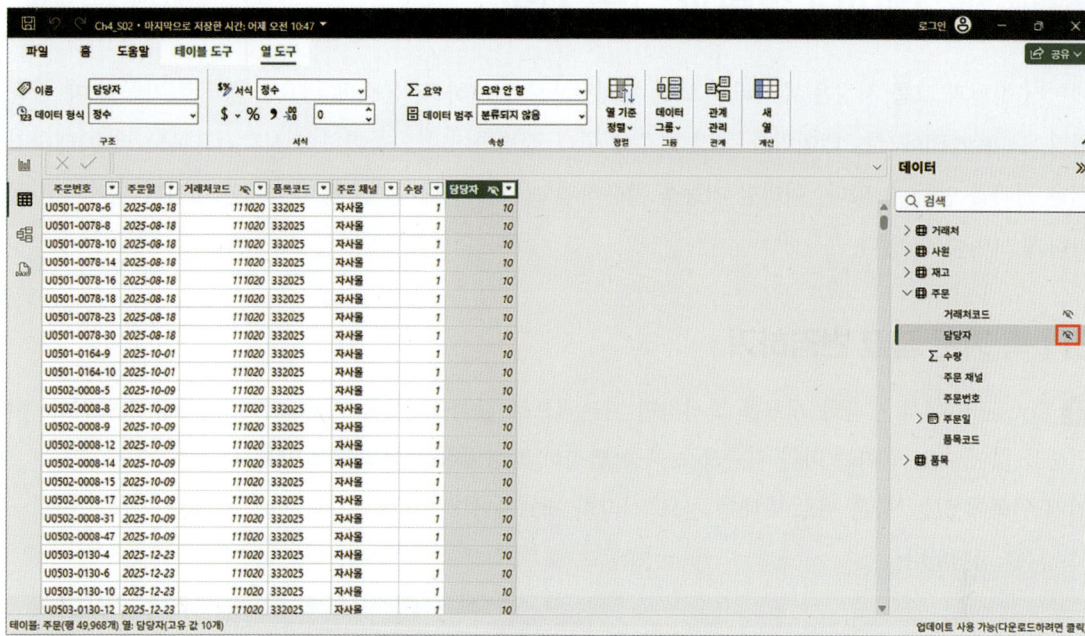

⓯ 왼쪽 상단의 [보고서 보기]를 클릭한 후 데이터 창에서 〈주문〉테이블을 보면 [거래처코드], [담당자]필드가 보이지 않는 것을 확인할 수 있다.

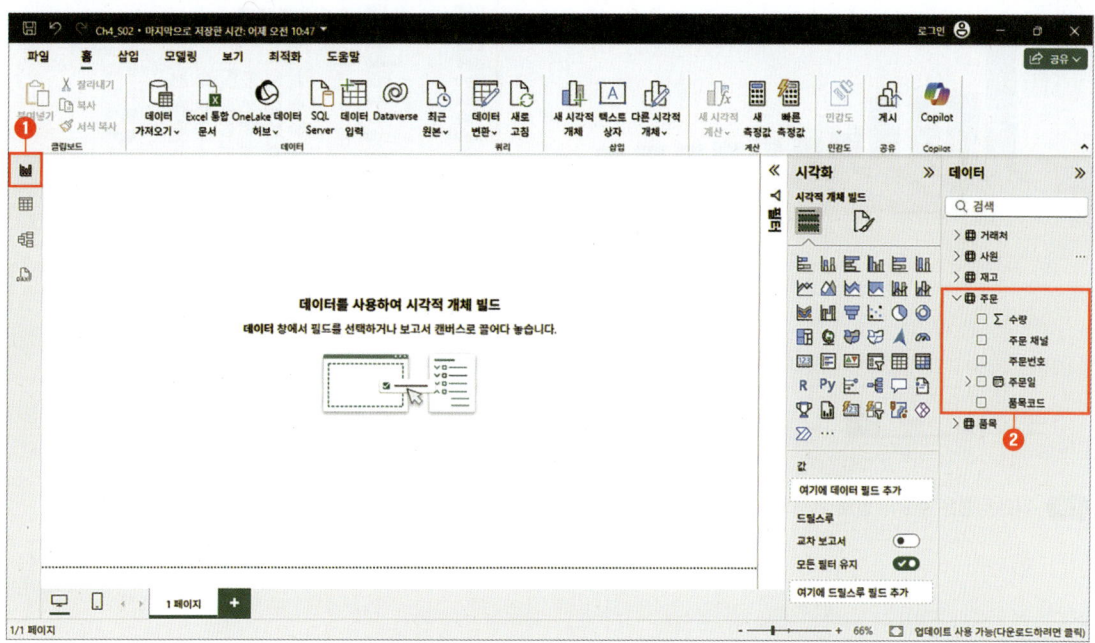

| SECTION 3 | 데이터 정렬과 그룹 지정 | Ch4_S03.pbix |

데이터 정렬과 그룹 지정은 데이터를 보다 체계적으로 관리하고, 분석에 필요한 형태로 가공할 때 사용한다. Power BI에서는 데이터를 특정 기준에 따라 정렬하거나 그룹화하여 시각적으로도 더 이해하기 쉬운 결과를 만들 수 있다. 이러한 기능을 활용하면 보고서나 대시보드에서 필요한 데이터를 빠르고 정확하게 보여줄 수 있다.

01 | 축 기준 정렬 변경하기

❶ Power BI에서 시각화 개체를 작성하면 기본적으로 값이 큰 항목 기준으로 내림차순 정렬된다. 이 기준을 값이 아닌 원하는 항목 기준으로 축을 변경하고 정렬하는 방법을 알아보자.

먼저 왼쪽에 있는 '묶은 세로 막대형 차트' 시각화 개체를 선택한 후 [추가옵션(…)] 클릭 – [축 정렬] – [분류]를 선택한다.

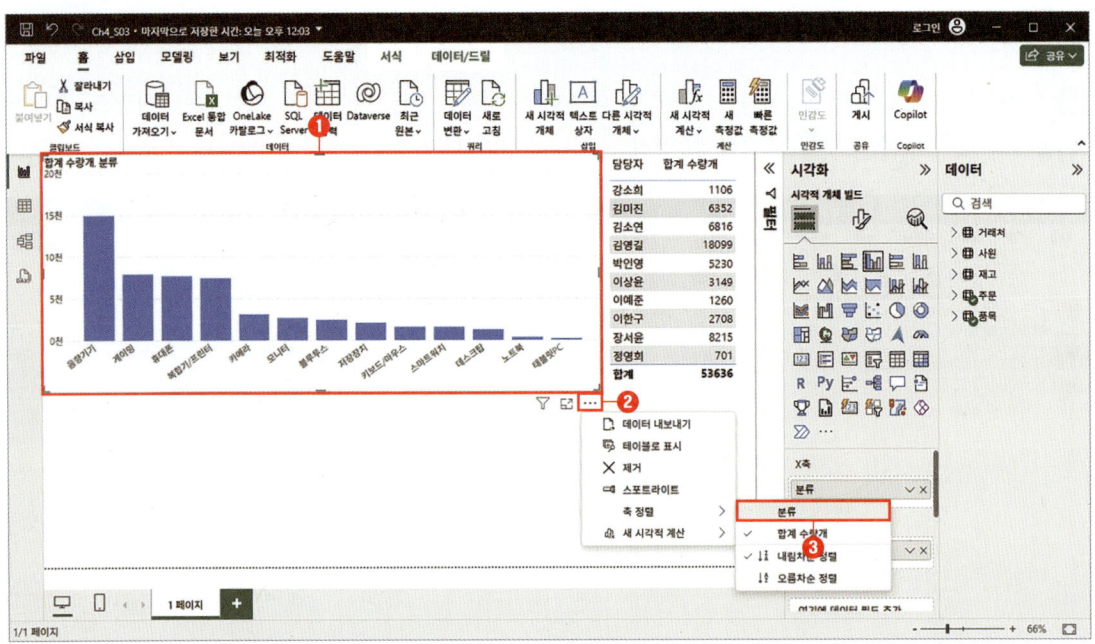

TIP 기본 정렬은 '수량의 합계' 기준으로 '내림차순 정렬'로 되어 있다.

❷ X축의 항목인 [분류] 기준으로 내림차순 정렬된 것을 확인한다. 다시 [추가옵션(…)] 클릭 – [축 정렬] – [오름차순 정렬]을 선택한다.

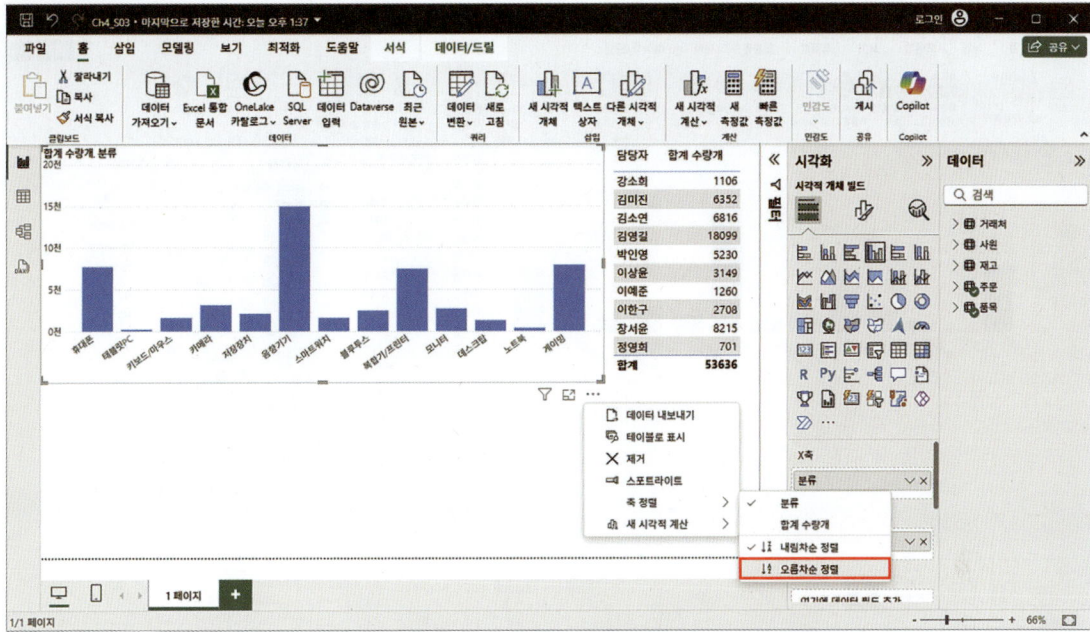

❸ 시각화 개체를 보면 [분류]항목 기준으로 오름차순 정렬이 된 것을 확인할 수 있다.

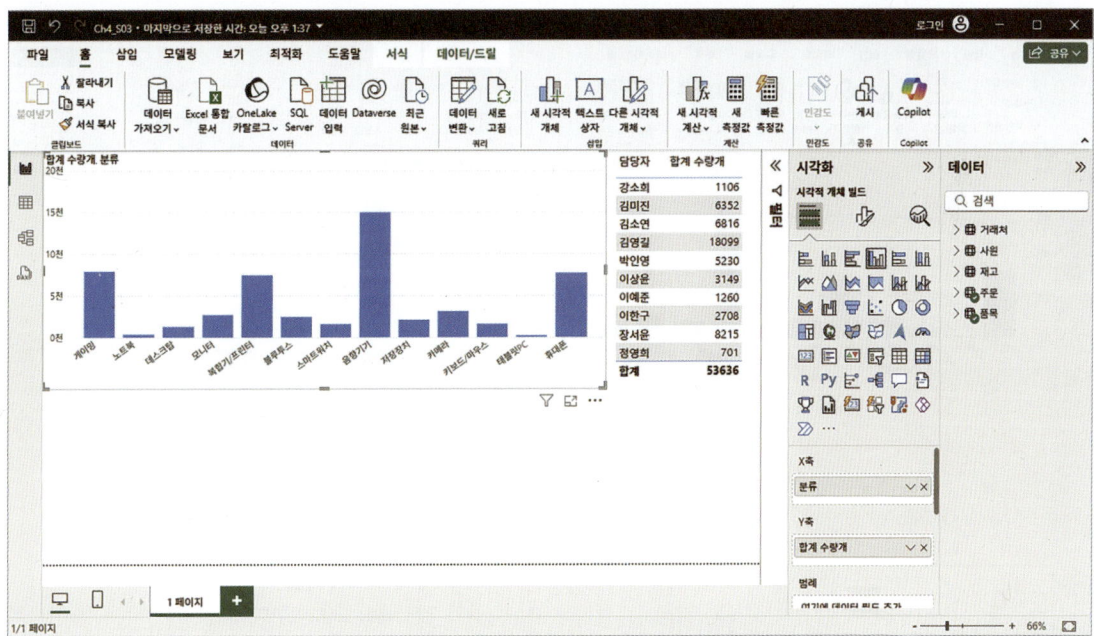

❹ '테이블' 시각화 개체에서는 정렬 방법을 다르게 지정한다. 수량의 합계 기준으로 내림차순 정렬하기 위해 오른쪽 '테이블' 시각화 개체의 두 번째 필드인 [합계 수량개]의 ▼을 클릭한다.

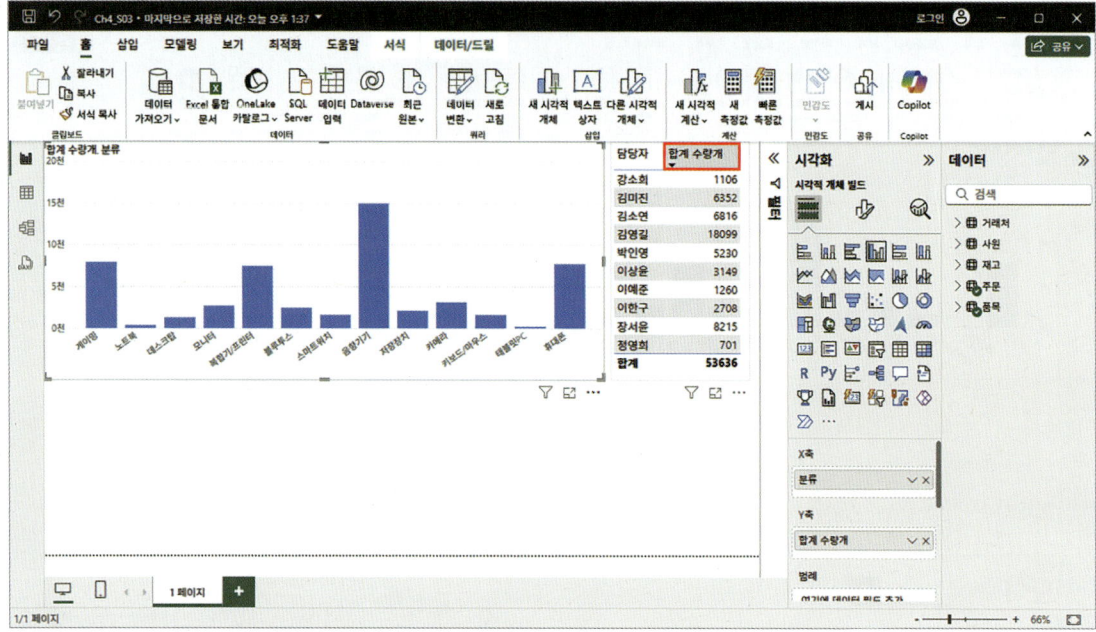

❺ [합계 수량개]의 정렬이 내림차순으로 변경된다.

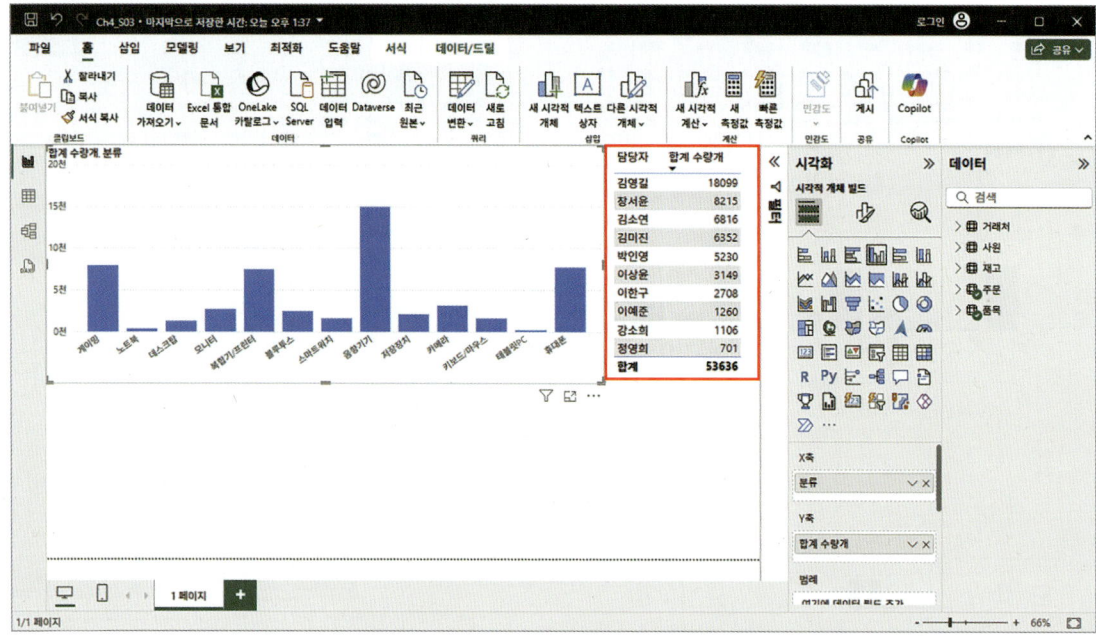

02 | 열 기준 정렬

❻ 테이블 시각화에 [담당자]필드를 [사번]순으로 정렬하기 위해 데이터 창의 〈사원〉테이블에서 [담당자]필드를 선택한다. [열 도구]탭 – [정렬]그룹 – [열 기준 정렬]을 클릭한 후 [사번]을 선택한다.

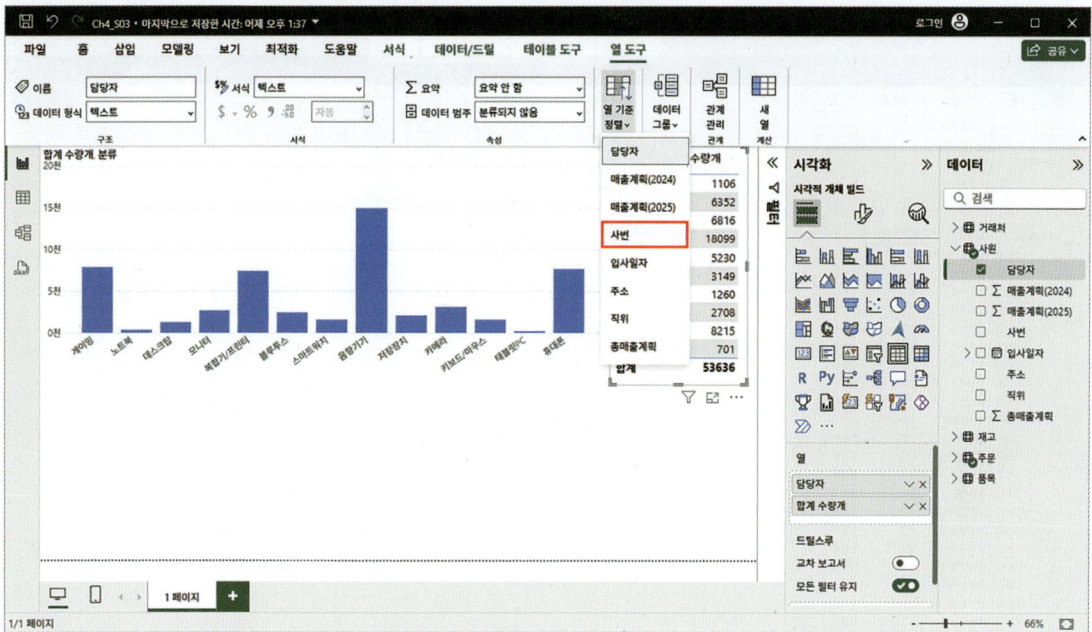

> **TIP** 엑셀에서 사용자 지정 정렬과 같이 다른 열을 기준으로 정렬을 해야 하는 경우가 있다. 예를 들어 '1월', '2월'과 같은 텍스트는 Power BI에서는 오름차순 정렬하면 '10월, 11월, 12월, 1월, 2월, …' 순으로 정렬된다. 이런 경우 [월No]필드를 생성해서 이 필드 기준으로 정렬하면 원하는 순서대로 정렬할 수 있다.

❼ [담당자]필드의 정렬이 [사번] 기준으로 오름차순 정렬되었다.

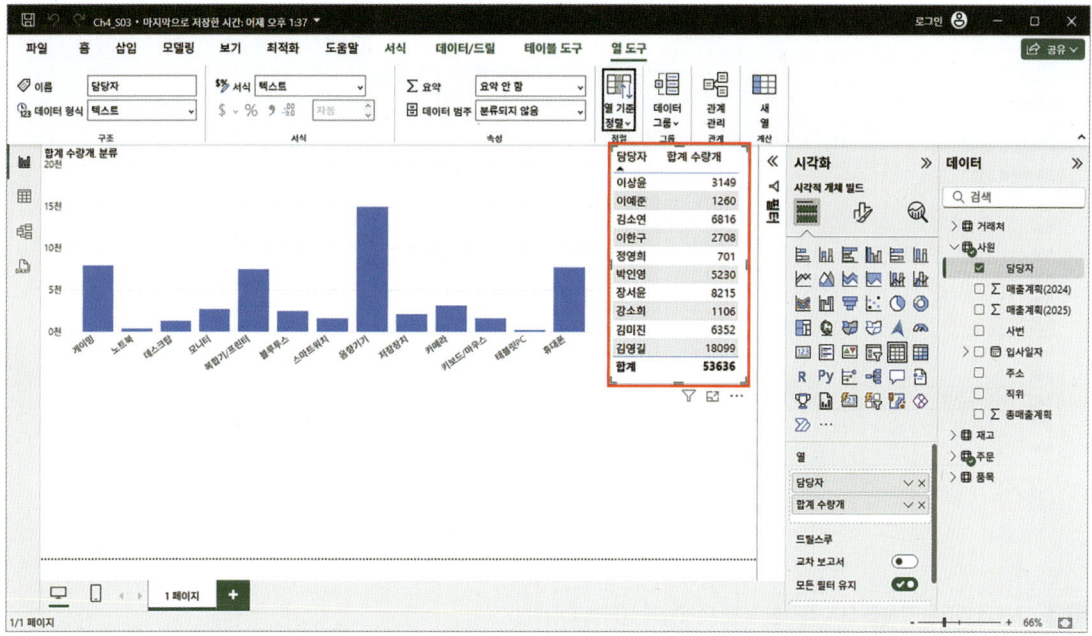

03 | 데이터 그룹화

❽ 왼쪽에 [테이블 보기]를 클릭한다. 시도별로 구성된 데이터를 각 권역에 대한 그룹으로 묶기 위해 데이터 창에서 〈거래처〉테이블을 선택하고 [시도]필드를 선택한 후 [열 도구]탭 - [그룹]그룹 - [데이터 그룹] - [새 데이터 그룹]을 선택한다.

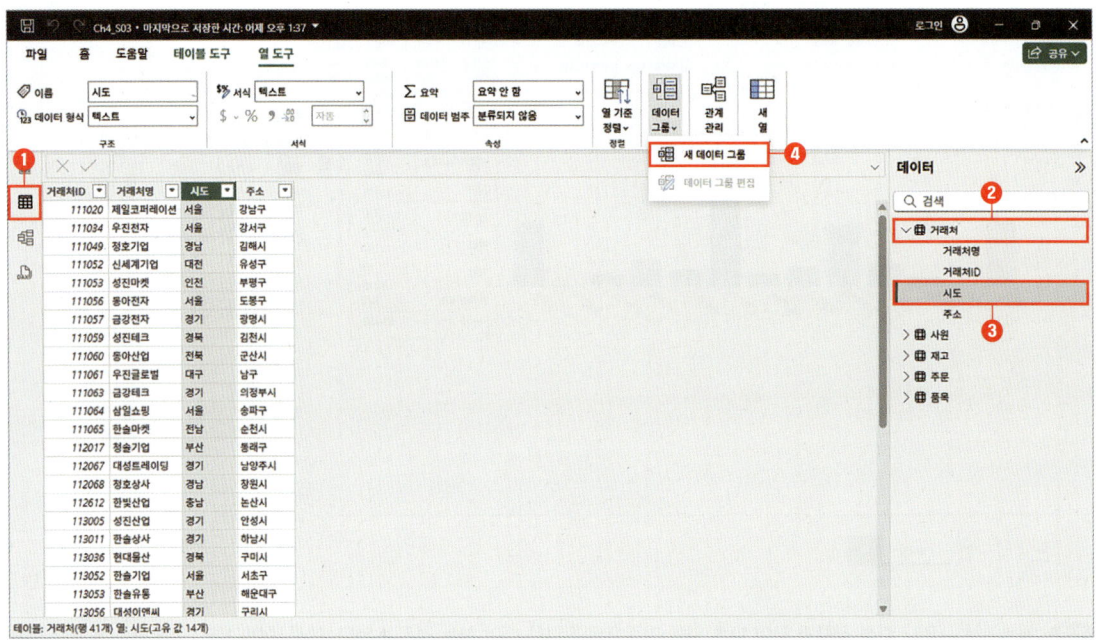

❾ 그룹 창이 열리면 [그룹화되지 않은 값]에서 Ctrl 키를 이용해 '경기', '대전', '서울', '인천'을 선택한 후 [그룹화]를 클릭한다.

> **TIP** 그룹의 이름은 그룹을 모두 작성한 후 맨 마지막에 정의해도 된다.

❿ [그룹 및 구성원]에 지역이 추가되면 그룹의 이름을 더블 클릭하여 '수도권'으로 이름을 변경한다.

⓫ 계속해서 [그룹화되지 않은 값]에서 그룹을 다음과 같이 추가한 후 [이름]을 '권역'이라고 입력한 후 [확인]을 클릭한다.

- **강원충청권**: 강원, 충남, 충북
- **경상권**: 경남, 경북, 대구, 부산
- **전라권**: 전북, 전남, 제주

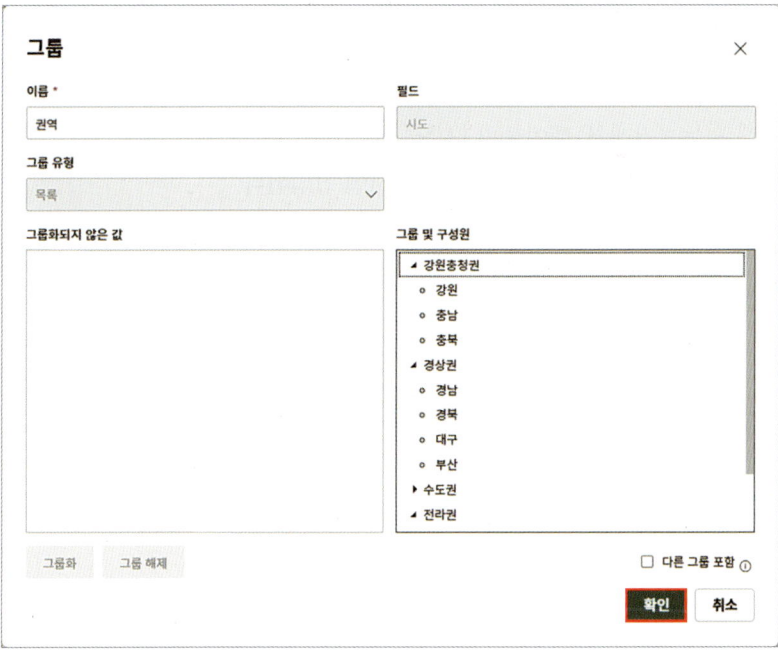

Chapter 4. 데이터 모델링　97

12 새 필드로 [권역]이 추가되었다.

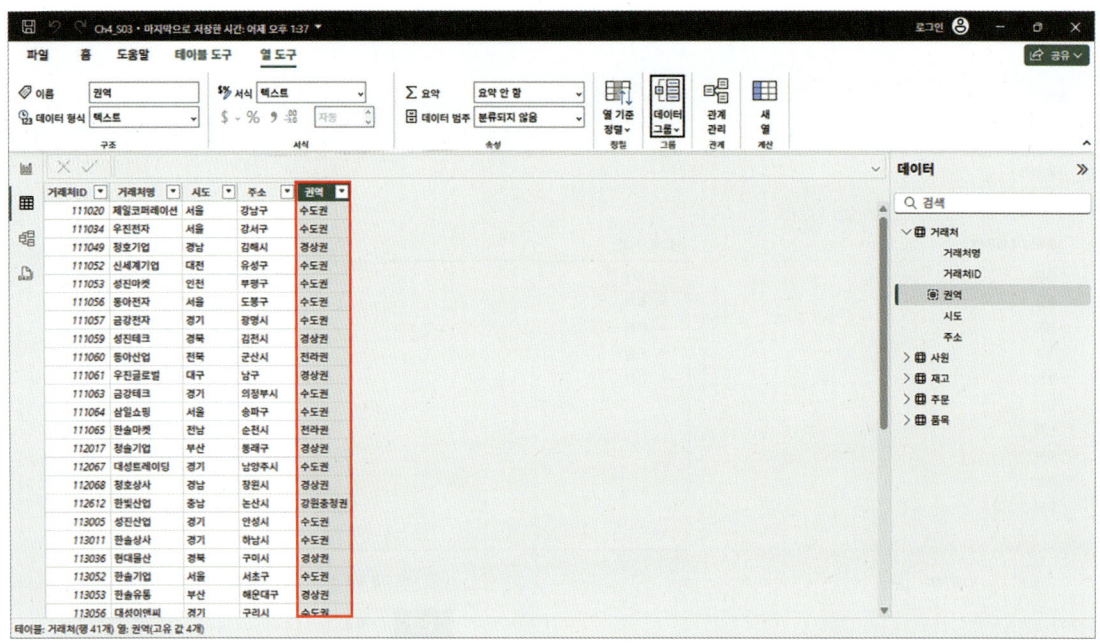

SECTION 4 **데이터 범주 설정** 📁 Ch4_S04.pbix

데이터 범주 설정은 데이터의 시각적 표현을 최적화하고, 분석 시 정확한 데이터 유형을 적용하는 데 사용된다. 예를 들어, 지리적 데이터를 '위치', '도시', '국가' 등으로 지정할 수 있다. 이러한 데이터 범주를 올바르게 설정하면 Power BI의 시각적 요소인 맵(Map) 차트, 시간 축(Time Axis) 등을 활용할 때 정확하고 직관적인 분석이 가능해진다.

1 보고서 보기에서 데이터 창에 있는 〈거래처〉테이블의 [시도]필드의 확인란에 체크 표시한다. 그러면 지리 정보가 포함된 데이터의 경우 자동으로 [맵]시각화가 보고서에 삽입된다.

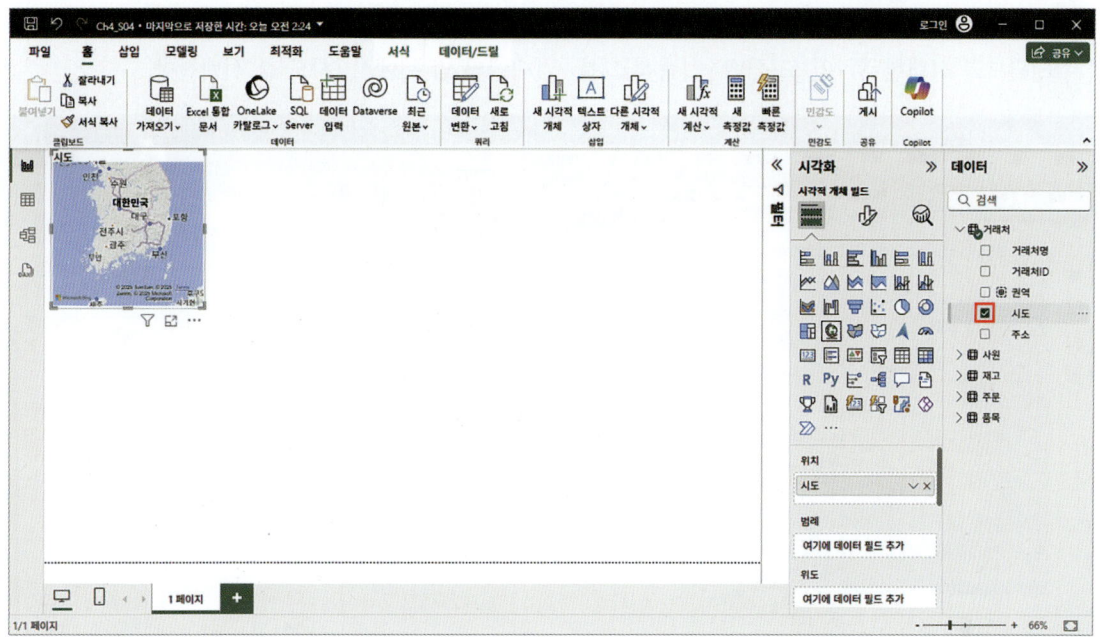

TIP 데이터 창에서 시각화 개체를 선택하지 않고 바로 특정 필드의 확인란을 클릭하면 데이터 형식에 따라 자동으로 적절한 시각화 개체가 삽입되는데 보통은 [테이블] 시각화 개체가 삽입된다.

② '맵' 시각화 개체의 크기를 조절한 후 〈주문〉테이블의 [수량]필드의 확인란에 체크 표시하면 시각화에 추가되면서 값의 크기가 표시된다. 그러나 지리 정보가 정확하게 지정되지 않으면서 일부 지역이 누락되는 것을 볼 수 있다.

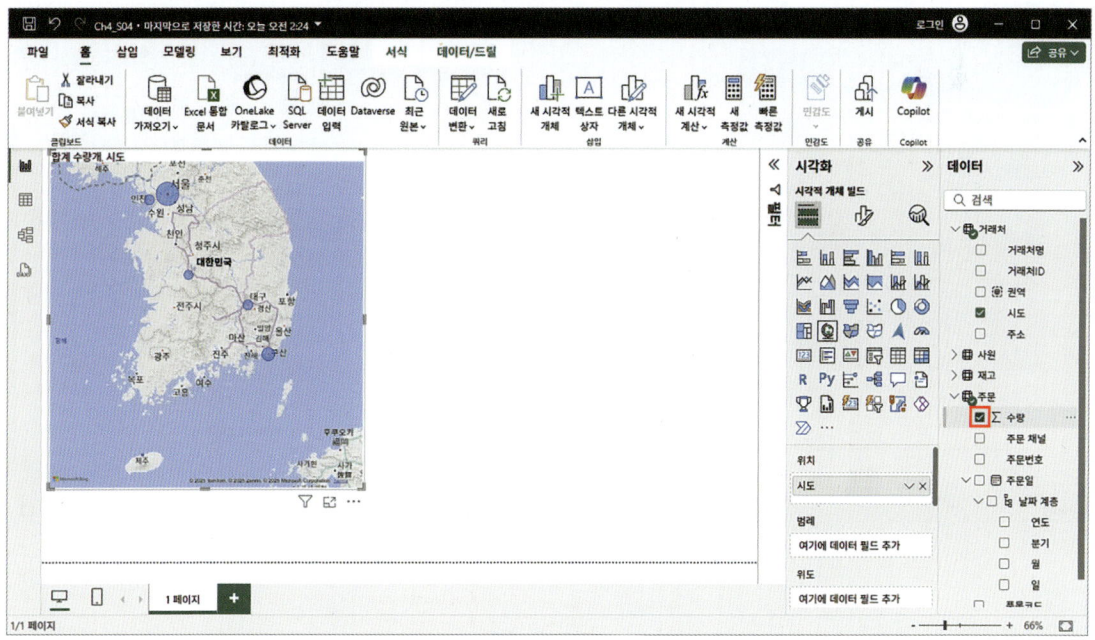

❸ 데이터 범주를 정확하게 지정해 주면 이 부분을 해결할 수 있다. 데이터 창에서 〈거래처〉테이블의 [시도]필드를 선택한 후 [열 도구]탭 - [속성]그룹 - [데이터 범주]에서 [시도]를 선택한다.

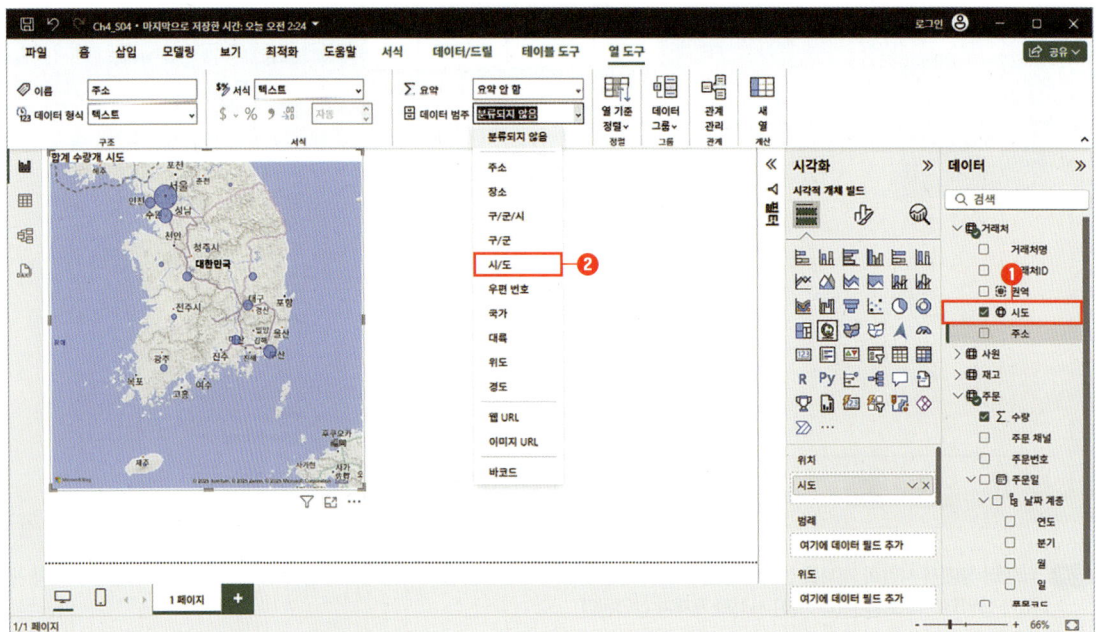

❹ 데이터 범주를 지정한 후 [맵] 시각화 개체에 다른 시도가 정확하게 표시된다.

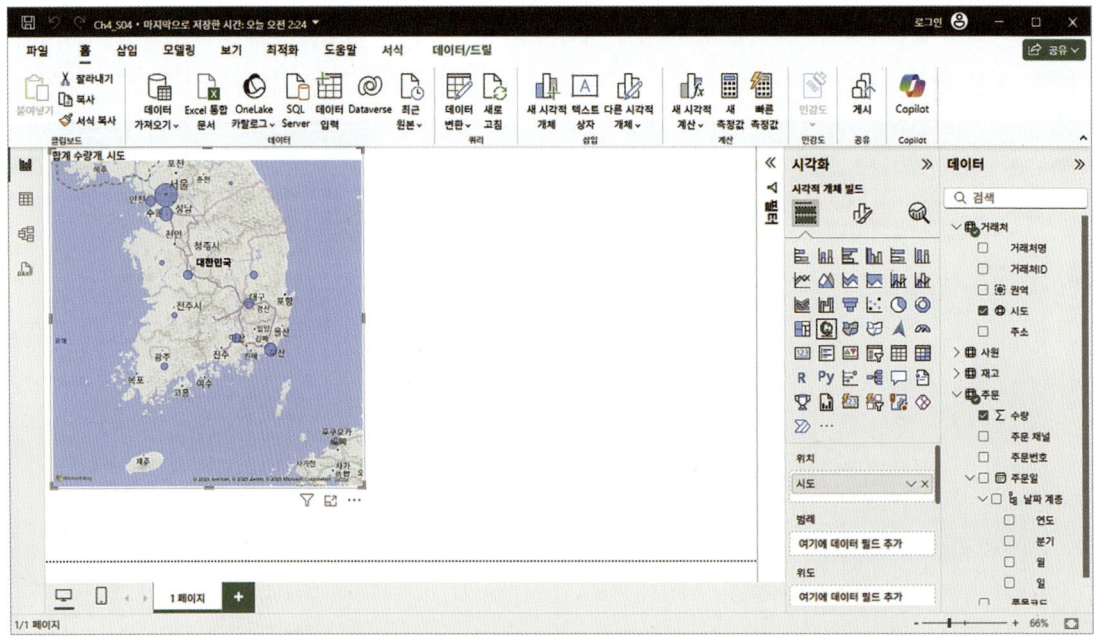

❺ 데이터 범주 지정은 [테이블 보기]에서도 지정할 수 있다. [테이블 보기]에서 〈거래처〉테이블의 [주소]필드를 선택한 후 [열 도구]탭 – [속성]그룹 – [데이터 범주]에서 [구/군/시]를 선택한다.

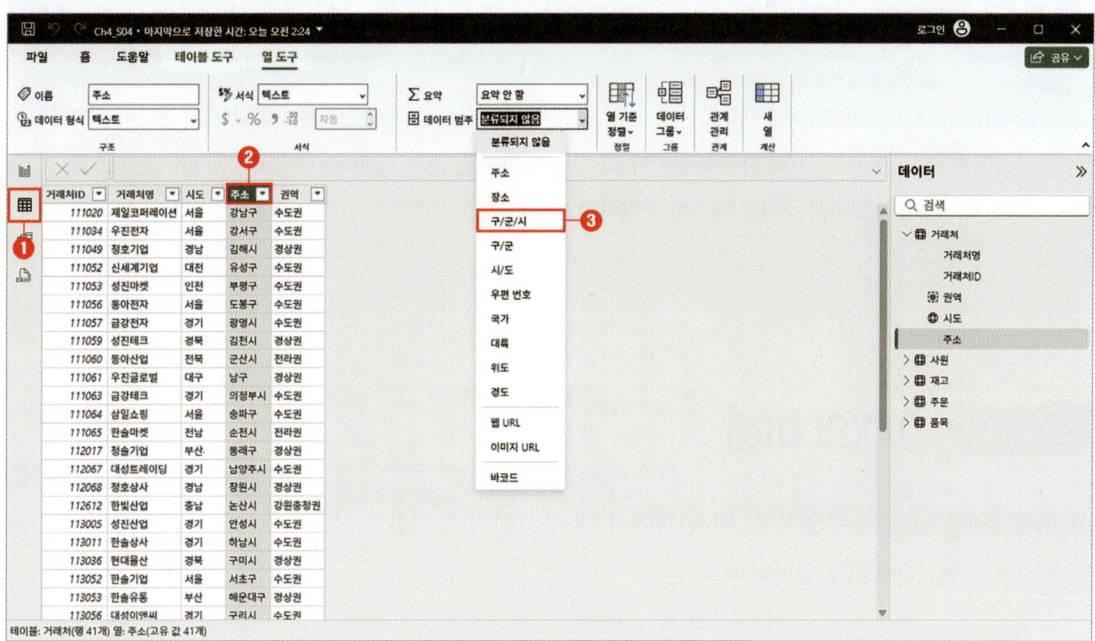

❻ [보고서 보기]에서 [맵] 시각화 개체를 선택하고 데이터 창의 〈거래처〉테이블의 [주소]필드를 [범례]에 추가한다.

CHAPTER 05 DAX(Data Analysis Expressions)

DAX(Data Analysis Expressions)는 Power BI에서 데이터를 효과적으로 분석하고 시각화하기 위해 사용하는 수식 언어다. Excel 함수와 유사해 보이나, 테이블 간 관계(Relationship)와 행/필터 컨텍스트 같은 고유 개념이 있어서 다차원 데이터 분석이나 동적 계산을 간편하게 수행할 수 있다.

SECTION 1 DAX의 이해

이 섹션에서는 DAX가 무엇이며, BI 환경에서 왜 중요한지 살펴본다. 특히, DAX의 구문 작성 방법과 변수 사용, 연산자에 대해 알아본다.

01 | DAX 소개 및 기본 개념

DAX(Data Analysis Expressions)는 Microsoft Power BI, Analysis Services, Power Pivot for Excel에서 사용되는 프로그래밍 언어로 다양한 함수로 구성되어 있으며, 테이블과 필드를 참조하여 수식을 작성한다.

❶ DAX의 주요 특징
- 데이터 모델을 기반으로 적용되는 언어
- 데이터 분석을 위한 계산, 필터, 쿼리 기능에 특화
- 데이터 업데이트, 삽입, 삭제 등의 직접적인 데이터 조작 기능은 제공하지 않음

02 | DAX 구문

Power BI Desktop에서 수식을 작성할 때에는 다음과 같은 형식에 맞춰 작성한다.

$$\underline{\text{Total Sales}}_{❶} \; \underline{=}_{❷} \; \underline{\text{SUM}}_{❸}(\underline{\text{'판매'}}_{❹}[\underline{\text{수량}}_{❺}])$$

❶ **측정값 이름**: 측정값이나 계산 열 이름으로 공백 포함하여 작성할 수 있다.
❷ **등호 연산자**: 수식의 시작
❸ **DAX 함수 이름**: 수식에 사용되는 함수의 이름으로 하나 이상의 인수를 포함한다.

❹ **테이블명**: 참조되는 테이블 이름으로 작은 따옴표(' ') 안에 표시된다.
❺ **필드명**: 테이블에서 참조되는 열로 대괄호([ ]) 안에 표시된다.

03 | 수식 입력줄 (DAX 편집기)

수식 입력줄은 수식을 입력하고 수정하는 편집기로 한 줄 또는 여러 줄로 작성해 코드의 가독성을 높이고, 오류를 줄일 수 있도록 자동 완성, 구문 강조, 인라인 오류 검사 등의 기능을 제공한다.

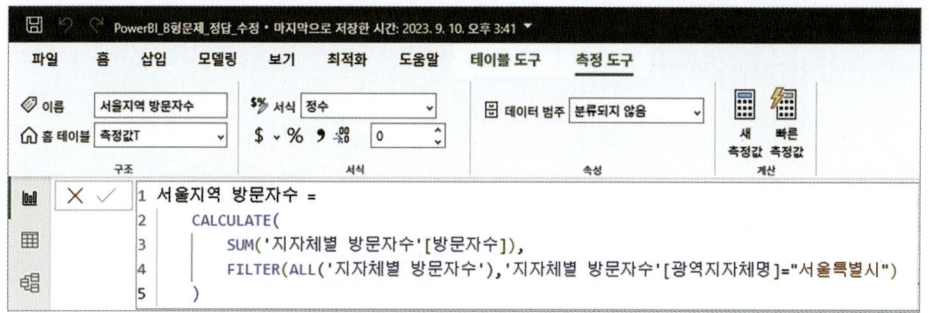

TIP 수식 작성시 대소문자는 구분하지 않는다.

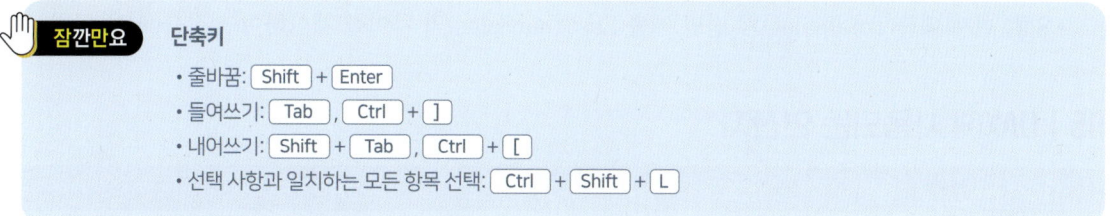

04 | 수식에 변수 사용하기

수식에 변수를 사용하면 반복되는 작업을 줄이고 복잡한 수식의 가독성을 높일 수 있어 편리하다. 변수 선언은 VAR로 시작하고 반드시 RETURN 키워드로 마무리한다.

❶ 다음은 변수 수식의 구조이다.

```
VAR 변수명1 = 수식
VAR 변수명2 = 수식
………………….
RETURN
변수명1, 변수명2로 작성한 수식
```

❷ 실제 사용 예

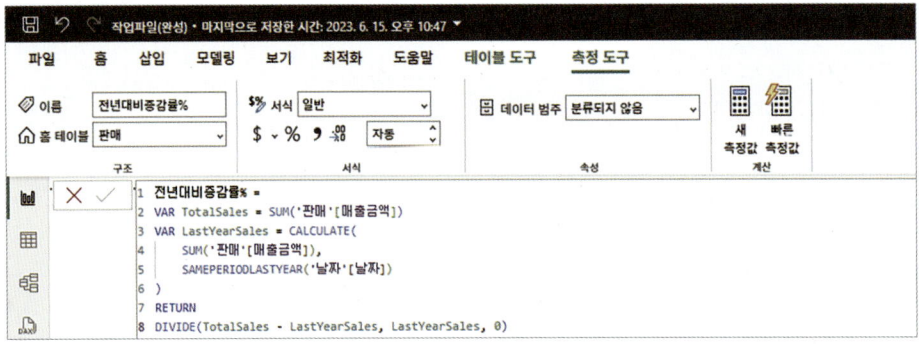

❸ 수식 해석

- 1행: 측정값의 이름
- 2행: [매출금액]필드의 합계를 변수 TotalSales로 선언
- 3~6행: 이전 년도의 판매금액의 합계를 LastYearSales라는 변수로 선언
- 7행: VAR에서 정의된 값들을 사용하여 수식을 계산한 후, 최종 결과를 반환(뒤에 나오는 식이 측정값(Measure)의 최종 출력 값이 됨)
- 8행: 현재 매출(TotalSales)과 전년 매출(LastYearSales)의 차이를 계산하여 성장률(%)을 구함

05 | DAX에 사용되는 연산자

연산자 유형	연산자	설명	사용 예시
산술 연산자	+	덧셈	5 + 3
	-	뺄셈	5 - 3
	*	곱셈	4 * 2
	/	나눗셈	4 / 2
	^	거듭제곱	2 ^ 3
비교 연산자	=	같다	IF([판매] = 1000, "일치", "불일치")
	<>	같지 않다	IF([판매] <> 500, "불일치", "일치")
	<	작다	IF([판매] < 1000, "부족", "충족")
	>	크다	IF([판매] > 1000, "충족", "부족")
	<=	작거나 같다	IF([판매] <= 1000, "Acceptable", "Too High")
	>=	크거나 같다	IF([판매] >= 1000, "Good", "Low")
논리 연산자	&&	AND 연산	IF([판매] > 500 && [이익] > 100, "Pass", "Fail")
	||	OR 연산	IF([판매] > 500 || [이익] > 100, "Pass", "Fail")
	NOT	논리 부정	IF(NOT([판매] > 1000), "Low", "High")
문자열 연산자	&	문자열 연결	"Hello" & " " & "World"
테이블 연산자	IN	값 포함 여부 확인	IF('Product'[분류] IN {"전자제품", "가구"}, "유효", "유효하지 않음")

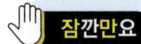

DAX 연산자 사용 시 유의할 점

1. 산술 연산자(+, -, *, /)
   - 숫자형 데이터에서만 사용 가능하다.
   - DIVIDE(분자, 분모, 0)를 사용하면 0으로 나누는 오류를 방지할 수 있다.
2. 논리 연산자(&&, ||, NOT)
   - AND (&&)와 OR (||)는 IF 함수 안에서 자주 사용된다.
   - NOT 연산자는 참/거짓 값을 반대로 바꾼다.
3. 비교 연산자 (=, <>, <, >, <=, >=)
   - 문자열 비교 시 = 사용 가능 (예) Category = "Electronics")
   - 다중 값 비교 시 IN 연산자가 유용하다.
4. 문자열 연산자(&)
   - 문자열 연결 시 & 사용 ("A" & "B" = "AB")
   - CONCATENATEX 함수와 함께 사용하면 테이블 내 여러 문자열을 연결할 수 있다.

SECTION 2 | DAX의 종류와 관리

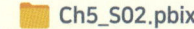 Ch5_S02.pbix

DAX의 종류에는 '계산 열', '측정값', '계산 테이블'이 있으며, 각 수식의 주요 차이점을 이해하며 작성 방법에 대해 알아본다.

01 | 계산 열

❶ '계산 열'은 특정 테이블에 계산 값을 사용해 열을 작성하는 수식이다. 먼저 [테이블 보기]에서 〈주문〉테이블을 클릭한 후 [테이블 도구]탭 - [계산]그룹 - [새 열]을 클릭한다.

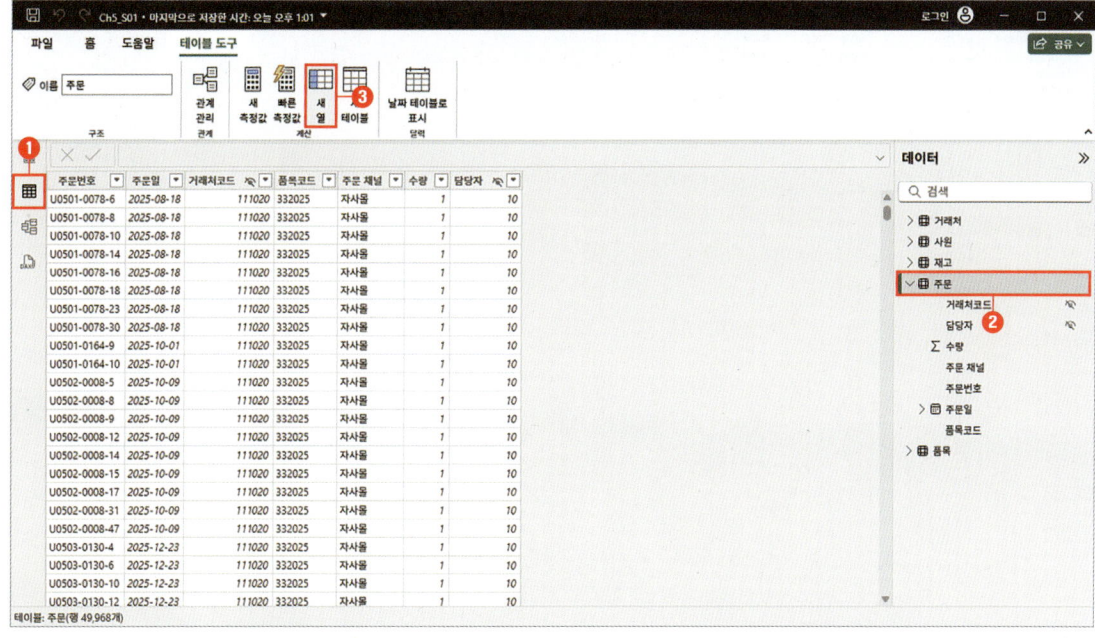

TIP '새 열' 작성은 보고서 보기에서도 동일하게 생성할 수 있다.

> **전문가의 조언**
>
> 새 열과 측정값을 작성하는 다양한 방법이 있는데, [새 열]이나 [새 측정값]을 생성할 때 미리 저장할 테이블을 선택하는 것이 중요합니다. 이 부분을 놓치면 다른 테이블에 생성되거나 오류가 발생할 수 있습니다.
>
> **방법1.** [테이블 보기]에서 [테이블 도구]탭 - [계산]그룹 - [새 열]/[새 측정값]
> **방법2.** [보고서 보기]에서 [테이블 도구]탭 - [계산]그룹 - [새 열]/[새 측정값]
> **방법3.** 데이터 창에서 저장할 테이블 선택 후 오른쪽 마우스 클릭 - [새 열]/[새 측정값]
> **방법4.** 데이터 창에서 필드 선택 후 [열 도구]탭 - [계산]그룹 - [새 열] 선택

❷ 수식 입력줄에 수식의 일부인 '매출단가 = RE'를 입력한다. 그러면 'RE'로 시작하는 함수 목록이 나타나는데 'RELATED'를 Tab 하여 선택한다.

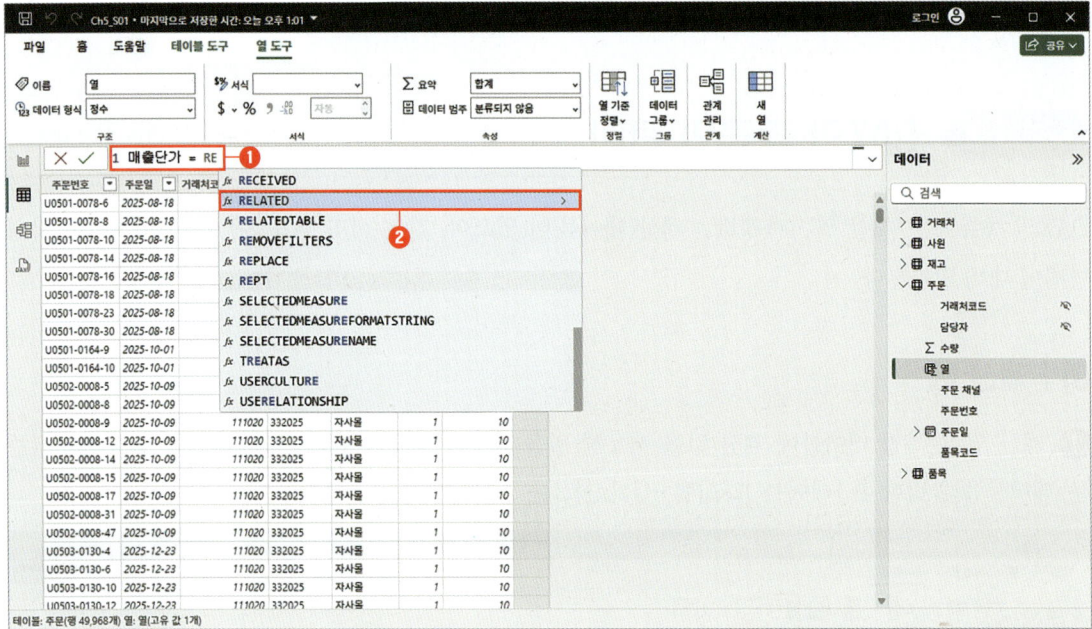

❸ 함수가 선택되면 인수로 사용할 수 있는 테이블과 필드 목록이 나타난다. 여기서 '품목'[매출단가]를 Tab 하여 선택한다.

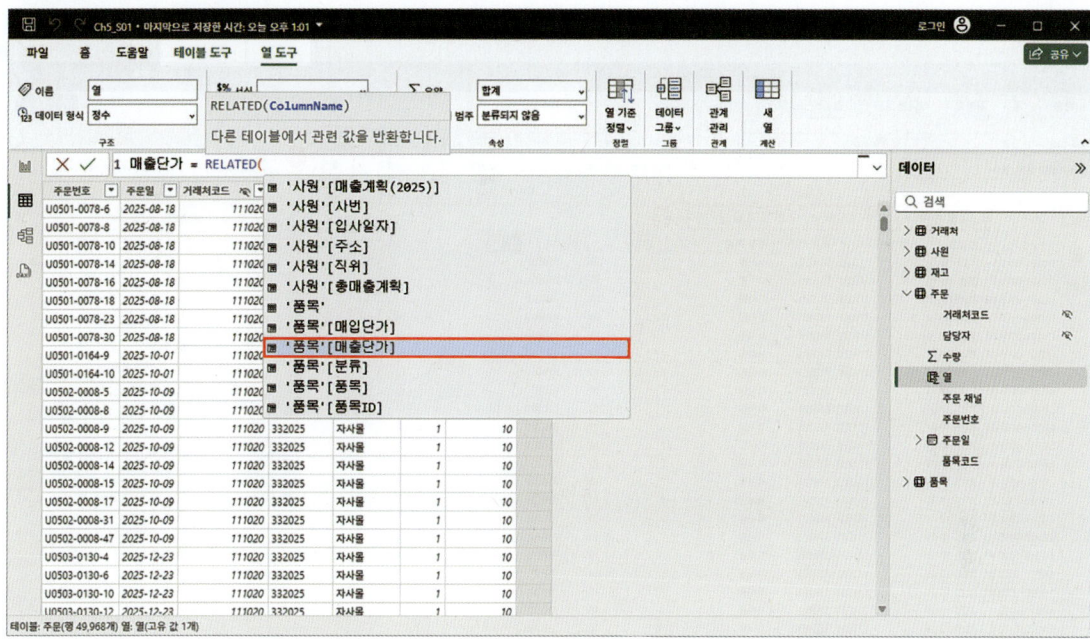

❹ 인수가 삽입되면 ')'를 입력하고 Enter 를 눌러 수식을 완성한다. 생성된 [매출단가]필드를 확인한다.

수식: 매출단가 = RELATED('품목'[매출단가])

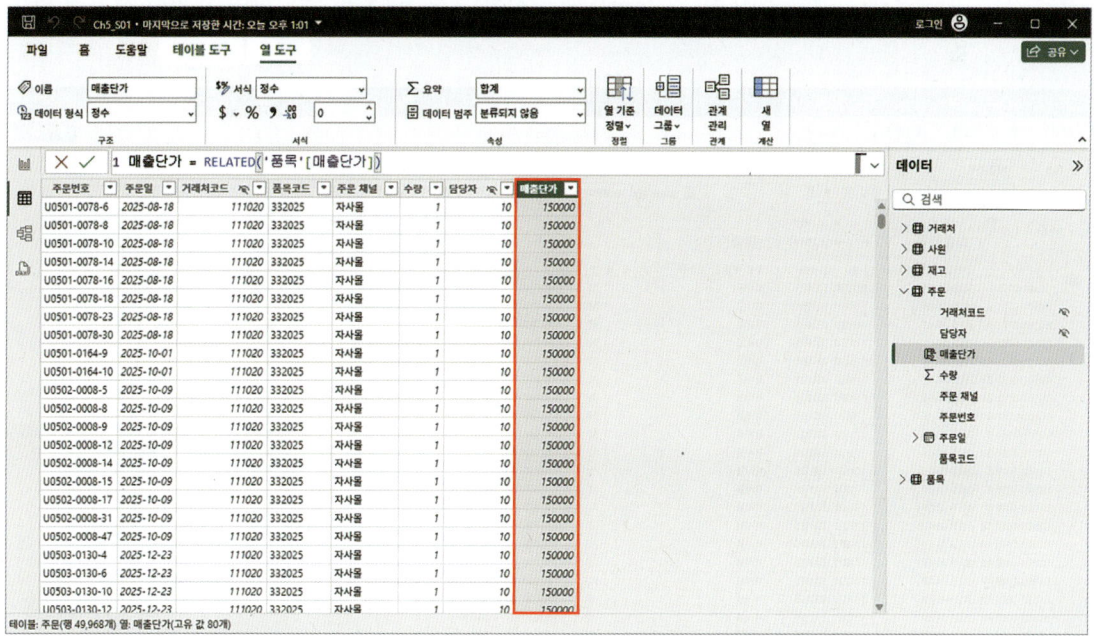

TIP 계산된 새 열은 🔲로 표시된다.

Chapter 5. DAX(Data Analysis Expressions)

❺ 이번에는 직접 수식을 입력해 보자. 새 수식을 작성하기 위해 현재 테이블에서 [열 도구]탭 – [계산]그룹 – [새 열]을 클릭한 후 수식 입력줄에 '매출금액 = '주문'[수량] * '주문'[매출단가]'를 입력한 후 Enter 를 누른다.

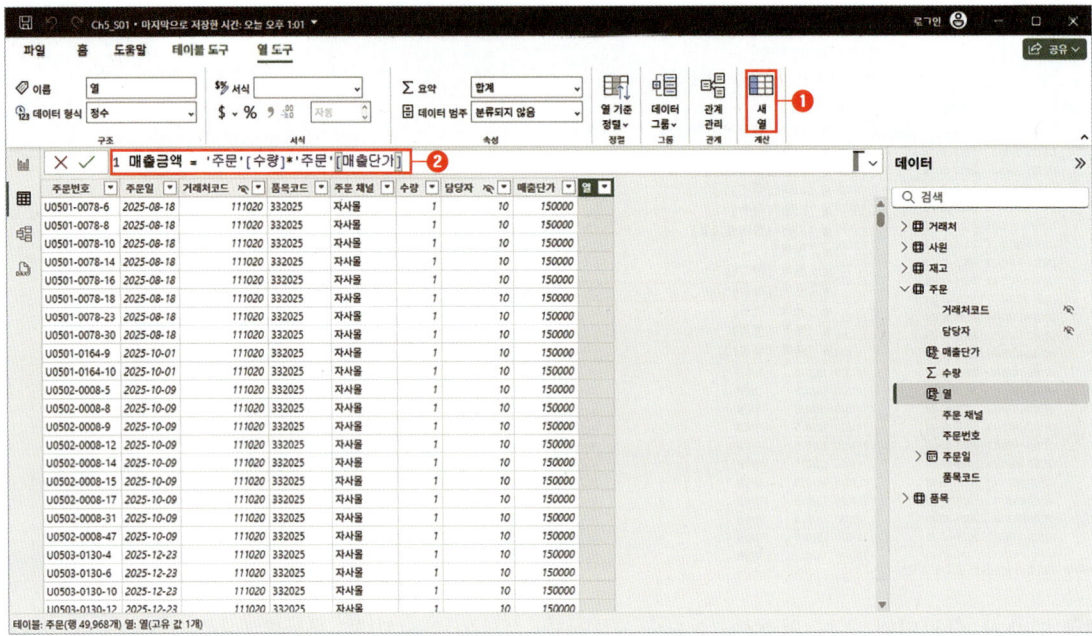

TIP 수식에 참조할 테이블 이름을 모르는 경우 작은 따옴표(')를 입력하면 현재 데이터 모델에서 사용할 수 있는 모든 테이블과 필드 목록이 표시된다.

❻ 추가된 [매출단가], [매출금액]은 [열 도구]탭 – [서식]그룹 – 9 를 클릭하여 데이터 서식을 변경한다.

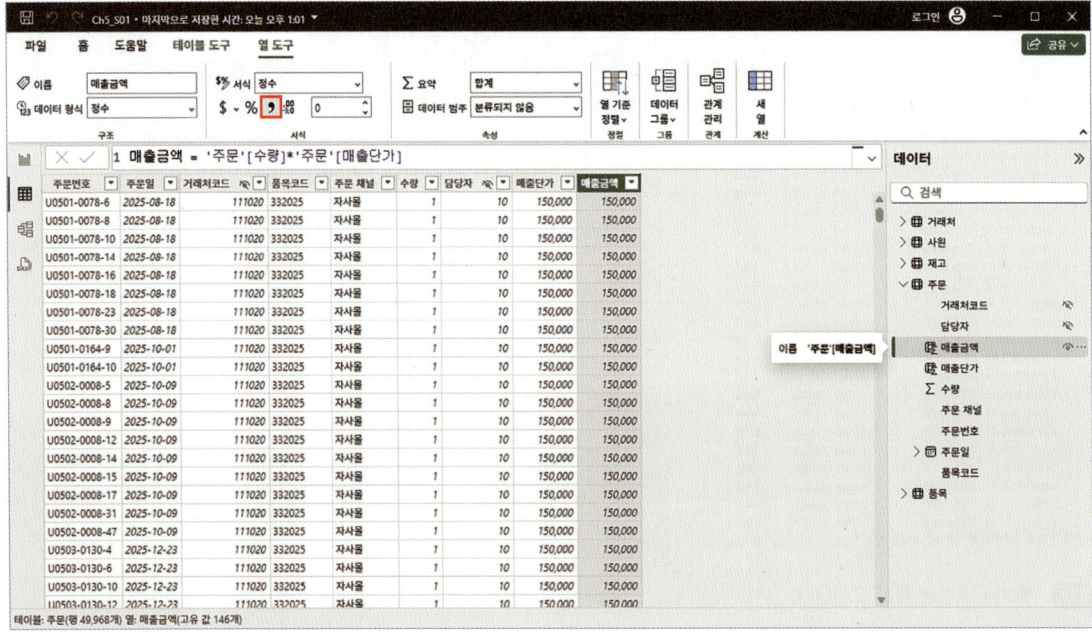

02 | 측정값

- 측정값 이름: 총매출금액
- 저장 테이블: 〈주문〉테이블
- 사용필드: 〈주문〉테이블의 [매출금액]필드
- 사용함수: SUM
- 적용서식: 정수, 쉼표를 천 단위 구분기호로 사용

❼ 〈주문〉테이블을 선택하고 [테이블 도구]탭 – [계산]그룹 – [새 측정값]을 클릭한다.

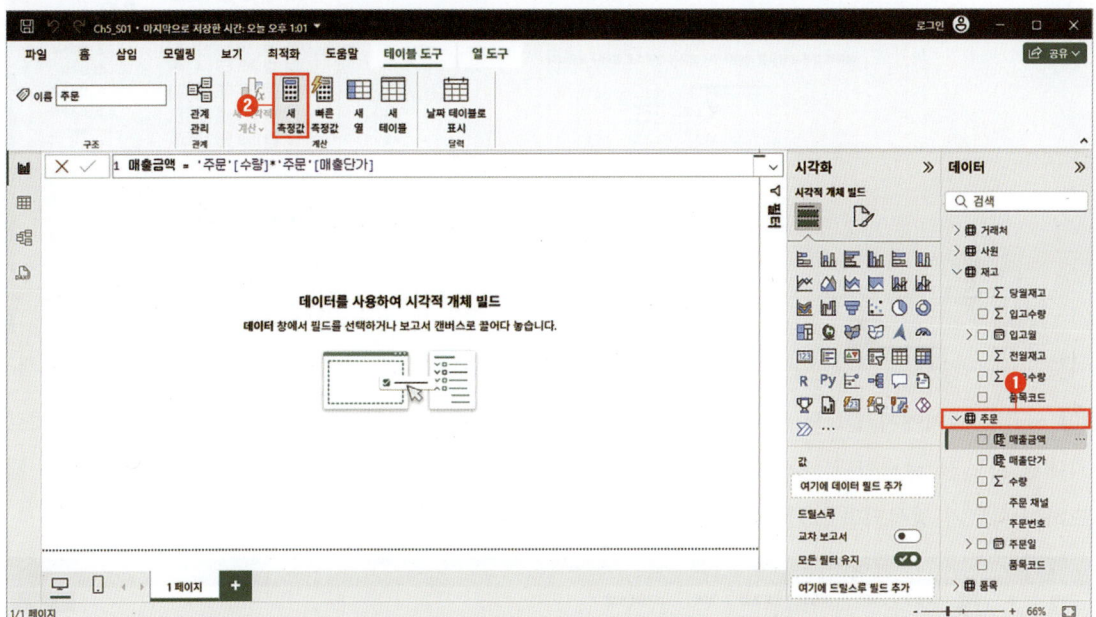

❽ 수식 입력줄에 '총매출금액 = SUM('주문'[매출금액])'을 입력한 후 Enter 를 누른다.

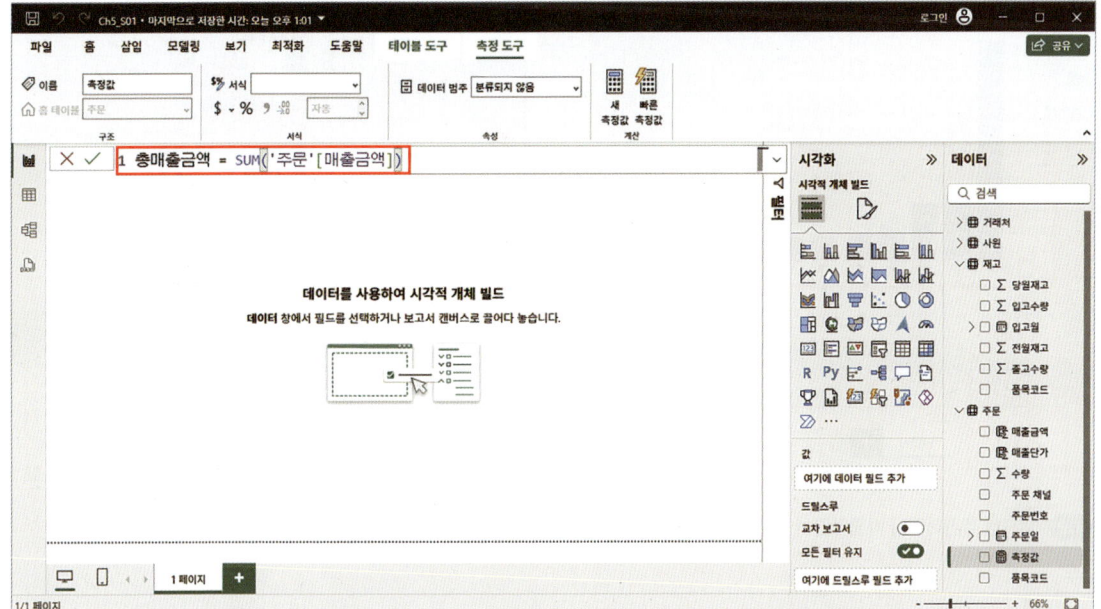

Chapter 5. DAX(Data Analysis Expressions) 109

❾ 〈주문〉테이블에 [총매출금액]측정값이 추가되었다. 서식을 지정하기 위해 [측정 도구]탭 - [서식] 그룹 - ,을 클릭한다.

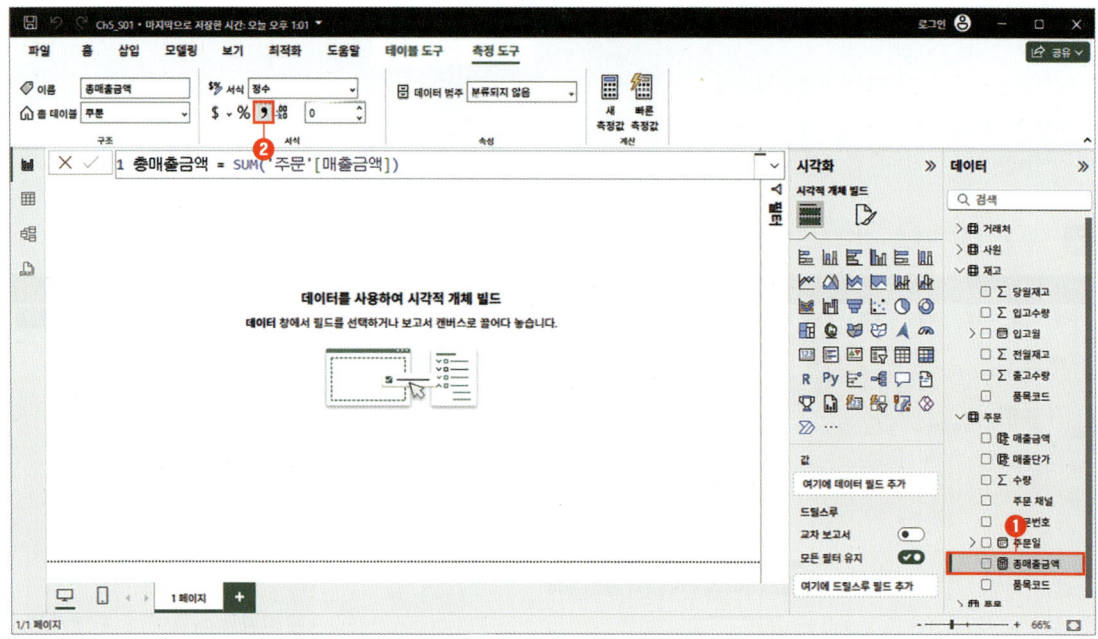

❿ 시각화 개체에서 필드에 따라 동적으로 값이 바뀌는 것을 확인하기 위해 시각화 창에서 '묶은 세로 막대형 차트'를 클릭한다. 〈거래처〉테이블에서 [시도]를 클릭하고, 〈주문〉테이블에서 [매출금액]을 체크하여 차트가 생성되면 크기를 조절하여 차트를 완성한다.

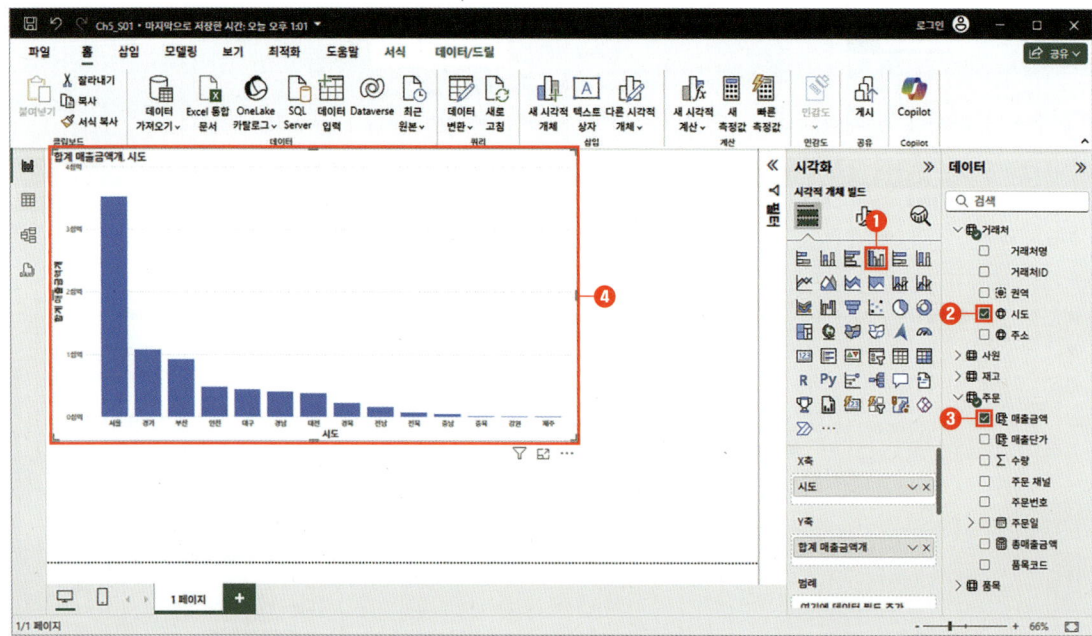

TIP 필드를 추가하거나 바꿔가면서 값을 확인해 본다.

> **전문가의 조언** | 측정값 수식 결과 확인
>
> 측정값이 작성되면 수식의 오류가 없더라도 값의 변화를 확인하는 작업이 필요합니다. 보통 테이블이나 행렬 시각화 개체를 통해 확인합니다. 이 과정은 시험에서는 따로 수행하지 않지만 개별적인 확인을 위해서 필요한 단계이며, 제대로 작동되지 않는다면 측정값을 수정하거나 삭제해야 합니다.

03 | 측정값 테이블로 관리

⑪ 측정값은 기본적으로 모델에 있는 선택된 테이블에 저장된다. 여기저기 흩어진 측정값은 시각화 작성 시에 찾기 힘든 경우가 있기 때문에 측정값만 모아놓은 테이블을 구성해서 관리할 수 있다. 먼저 측정값 테이블을 생성하기 위해 [홈]탭 – [데이터]그룹 – [데이터 입력]을 클릭한다.

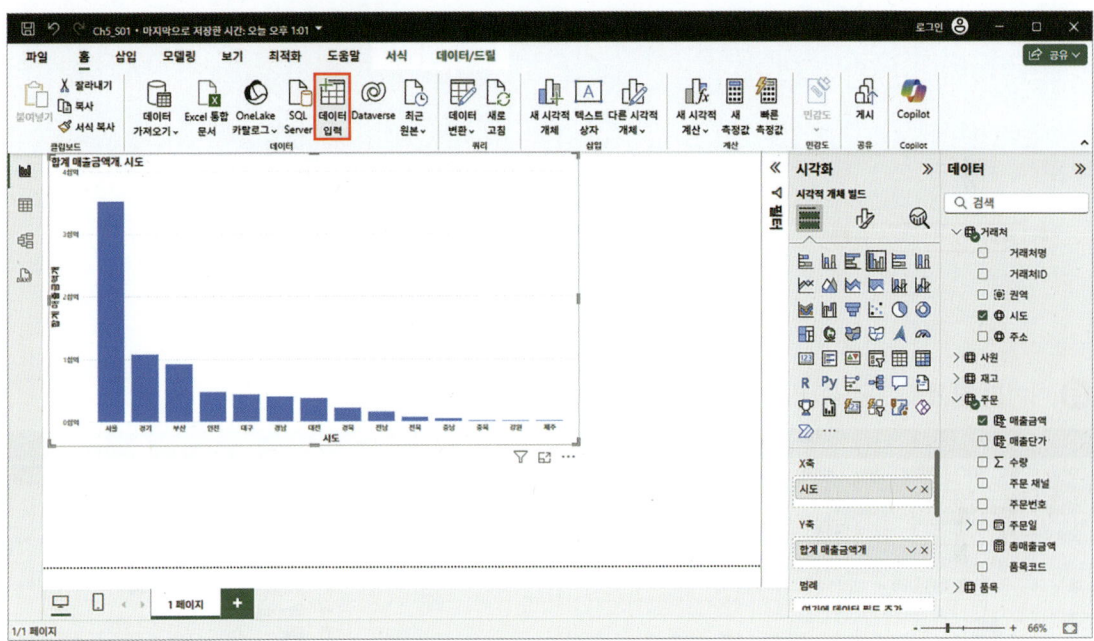

⓬ [테이블 만들기]창에서 '이름'을 '_측정값'으로 입력한 후 [로드]를 클릭한다.

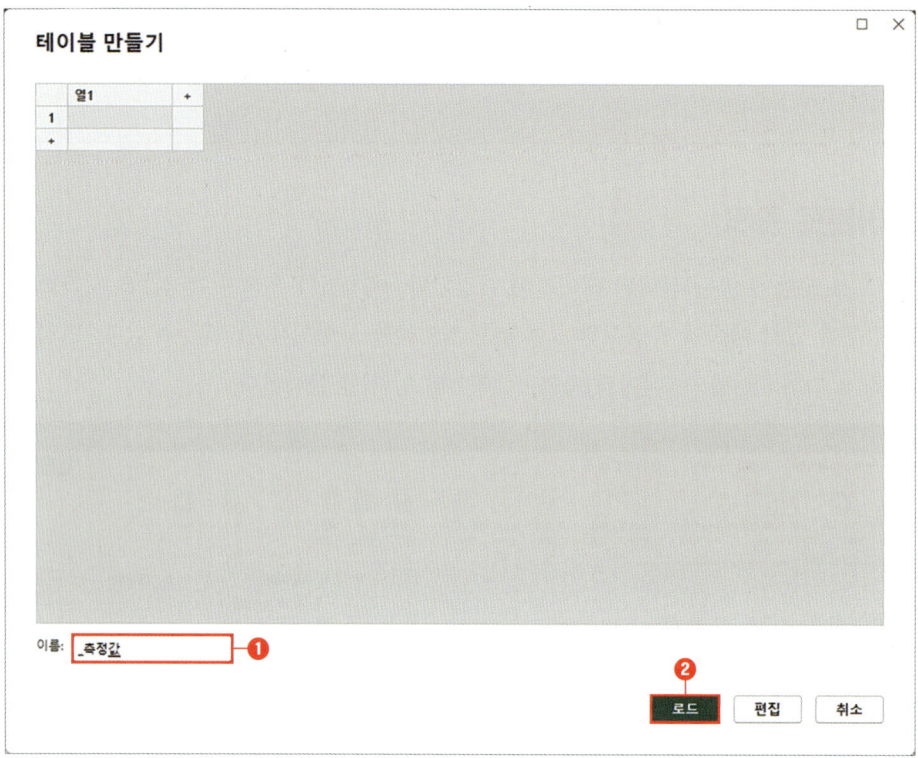

⓭ 데이터 창에 〈_측정값〉테이블이 추가되었다.

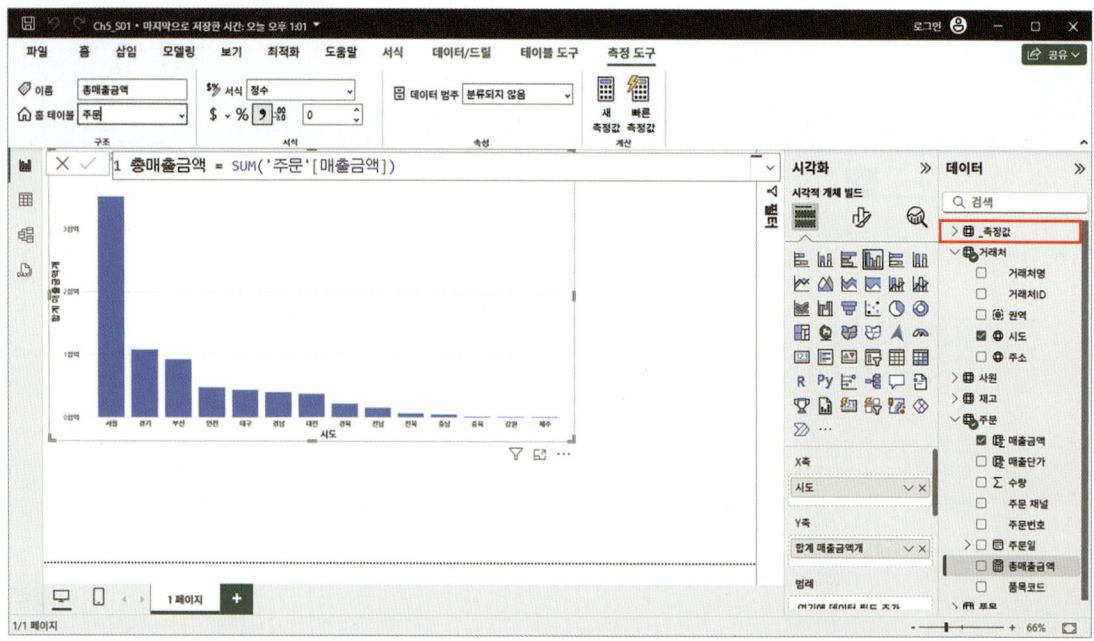

⓮ 추가된 〈_측정값〉테이블에 측정값을 이동시키기 위해 [총매출금액] 선택 후 [측정 도구]탭 – [구조]그룹 – [홈 테이블]의 ▼를 클릭한 후 '_측정값'을 선택한다.

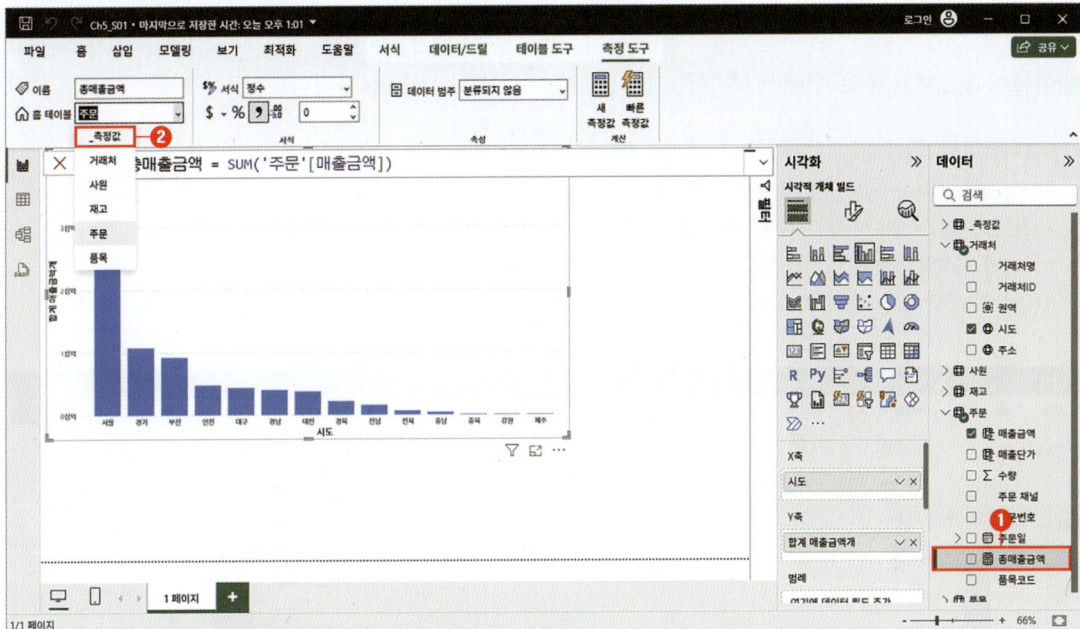

⓯ 〈_측정값〉테이블에 [총매출금액]측정값이 추가되었다.

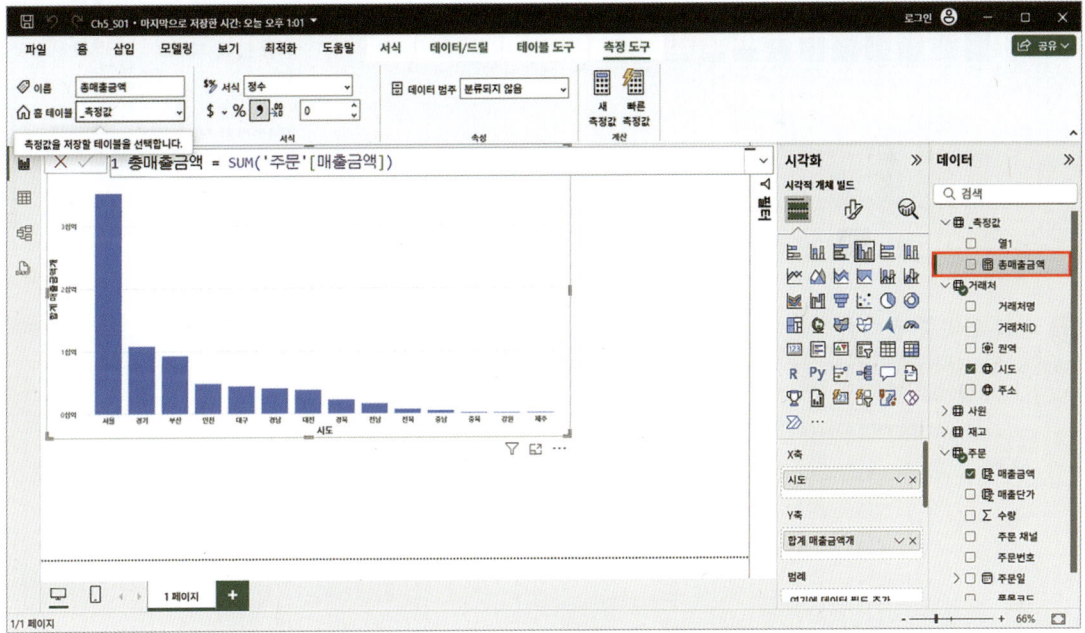

04 | 계산 테이블

⑯ 측정값과 달리 계산 테이블은 수식의 결과가 테이블로 반환된다. [년], [분기], [월], [일]필드를 가지는 날짜 테이블을 구성해보자. 날짜 테이블은 시간 인텔리전스 함수를 사용해 분석하기 위해 필요한 테이블이다. [보고서 보기]에서 [홈]탭 - [계산]그룹 - [새 테이블]을 클릭한다.

- **테이블 이름**: DateTable
- **생성 필드**: [Date], [연도], [분기], [월이름], [월_정렬]
- **사용함수**: ADDCOLUMNS, CALENDAR, DATE, FORMAT, MONTH YEAR
- **[Date]**: 시작일 '2024-1-1', 종료일 '2025-12-31'
- **[Date]**: 날짜/시간, '*2001-03-14(Short Date)' 서식 지정

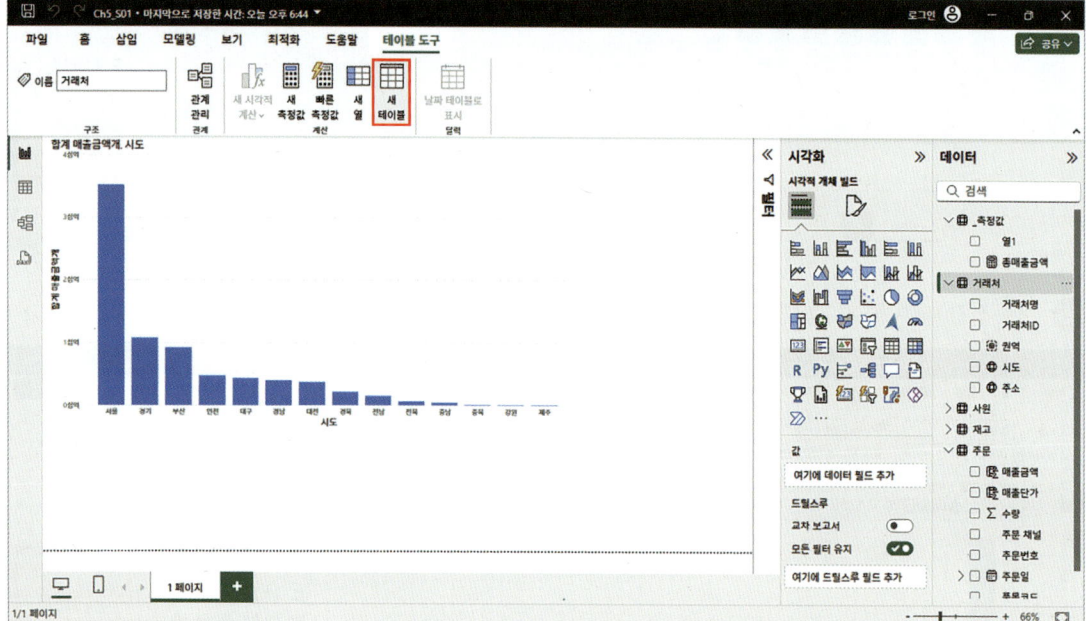

⑰ 수식 입력줄에 다음과 같은 수식을 입력한 후 Enter 를 누른다.

```
수식: DateTable =
    ADDCOLUMNS(
        CALENDAR(DATE(2024,1,1),DATE(2025,12,31)),
        "연도", YEAR([Date]),
        "분기", FORMAT([Date], "Q분기"),
        "월", MONTH([Date])&"월",
        "월_정렬", MONTH([Date])
    )
```

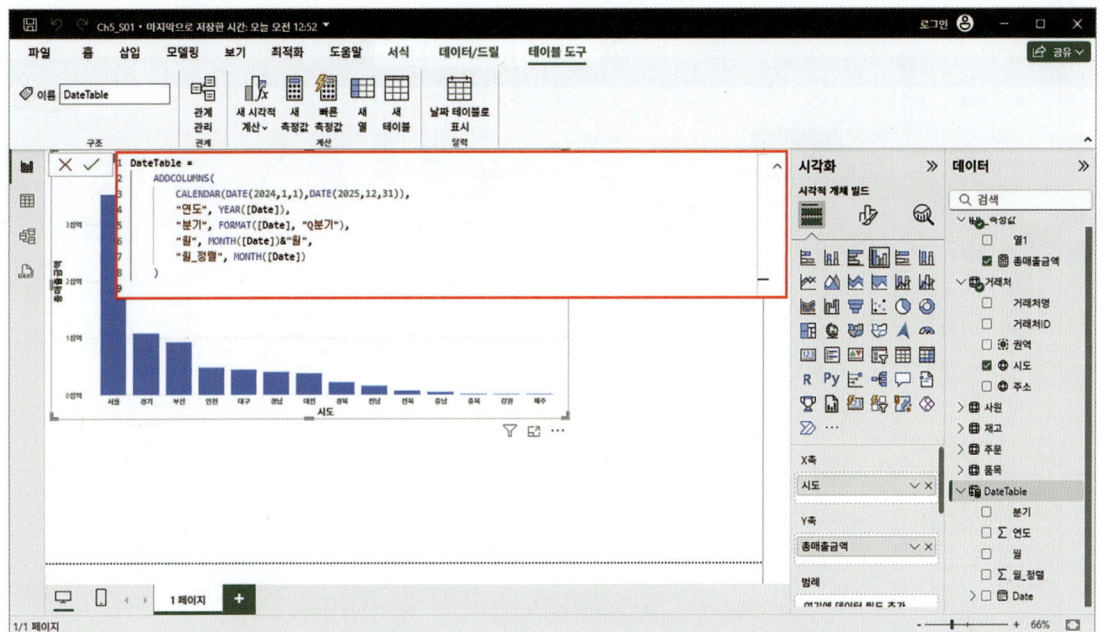

⑱ 테이블 보기로 이동한 후 작성된 〈DateTable〉테이블을 확인한다. [Date]필드를 선택한 후 [열 도구]탭 - [서식]그룹 - [서식]의 ▼를 눌러 '*2001-03-14(Short Date)'를 선택한다.

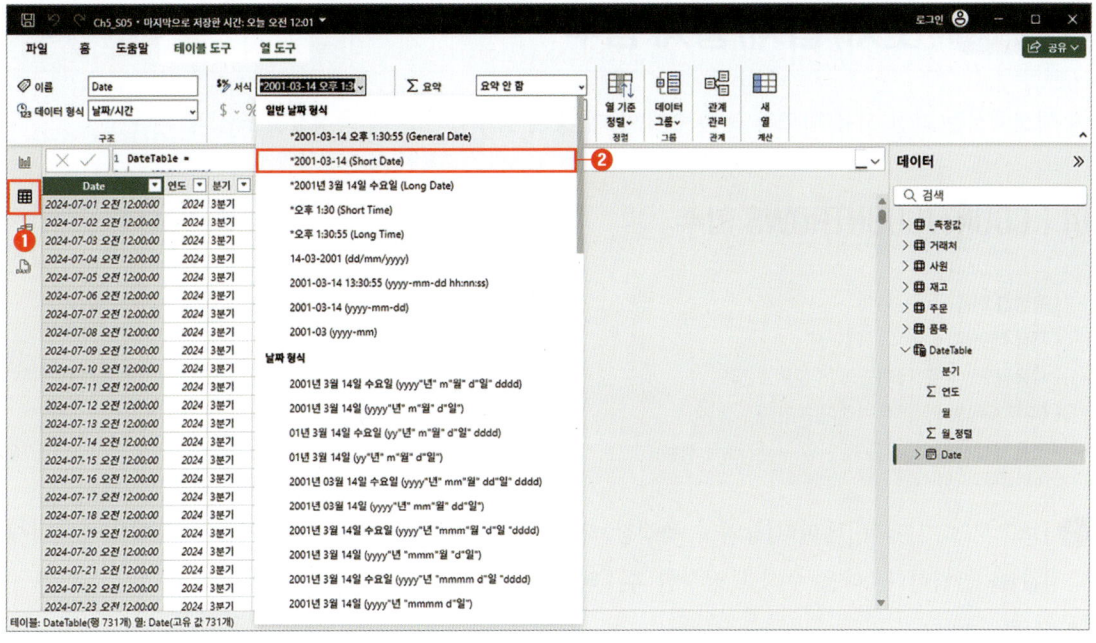

⑲ [Date]필드에 서식이 변경된 것을 확인한다.

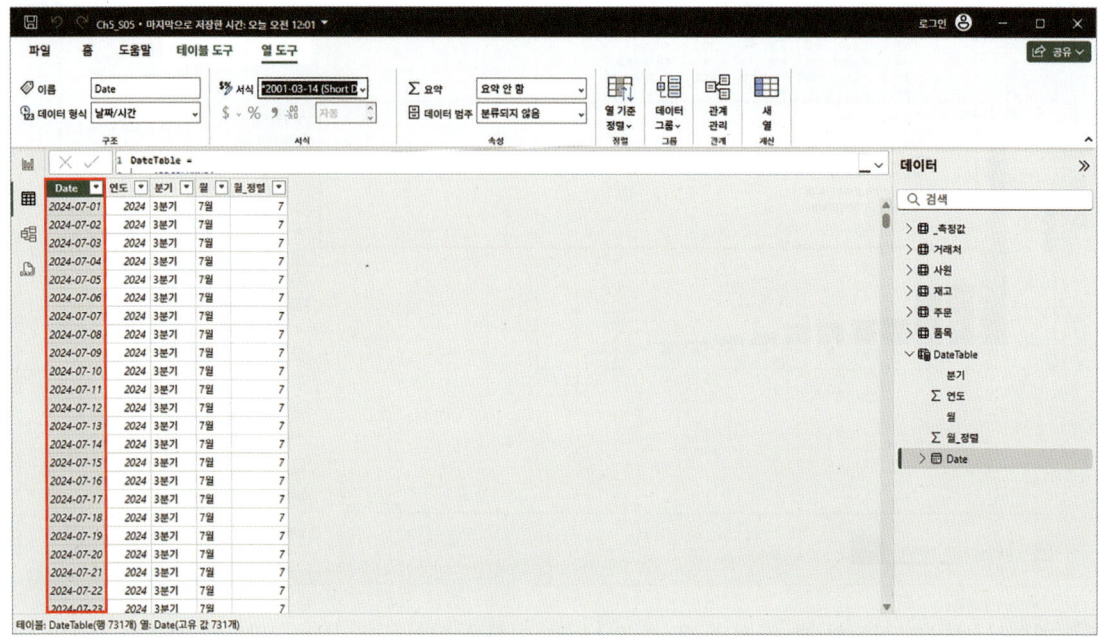

SECTION 3 **숫자/집계/통계 함수** 📁 Ch5_S03.pbix

이 섹션에서는 가장 사용 빈도가 높은 숫자/집계/통계 함수를 사용해 측정값을 작성해 본다.

01 | COUNT/COUNTROWS 함수

- **측정값 이름**: 주문건수1
- **저장 테이블**: 〈_측정값〉테이블
- **사용필드**: 〈주문〉테이블의 [주문번호]필드
- 〈주문〉테이블의 [주문번호]필드의 개수를 계산
- **적용서식**: 정수, 쉼표를 천 단위 구분기호로 사용

❶ [보고서 보기]에서 [데이터]창의 〈_측정값〉테이블을 선택한 후 [테이블 도구]탭 – [계산]그룹 – [새 측정값]을 클릭한다. 다음 수식을 작성한 후 Enter 를 누른다. 이어서 [측정 도구]탭 – [서식]그룹 – 9 을 클릭한다.

수식: 주문건수1 = COUNT('주문'[주문번호])

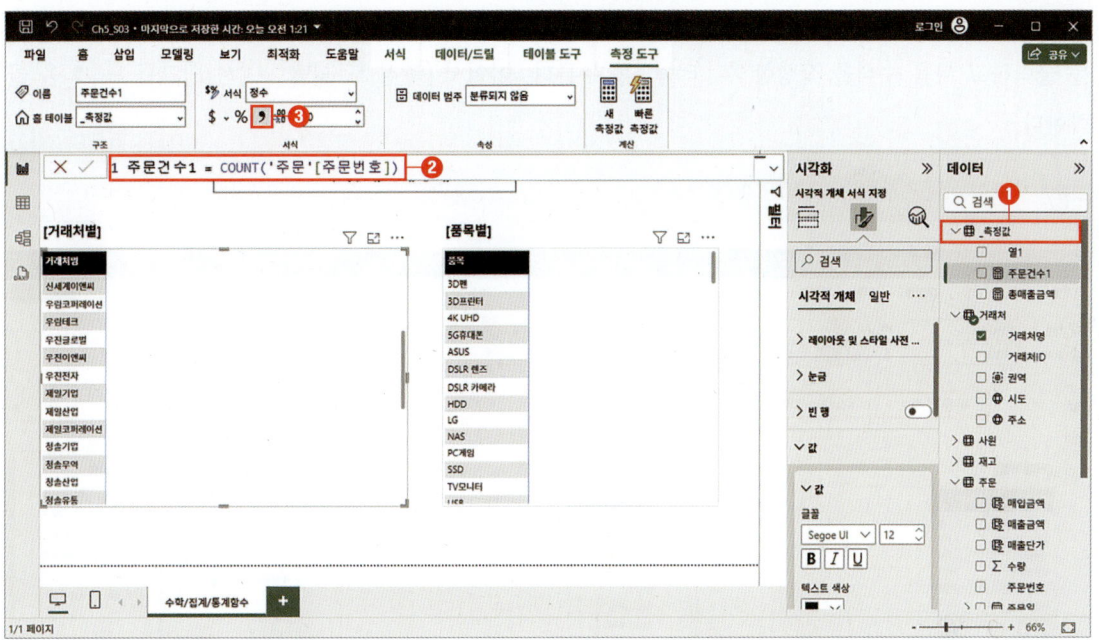

❷ [거래처별]테이블 시각화를 선택한 후 〈_측정값〉테이블의 측정값 [주문건수1]을 체크 표시하여 추가한다. 거래처별 주문건수의 결과를 확인한다.

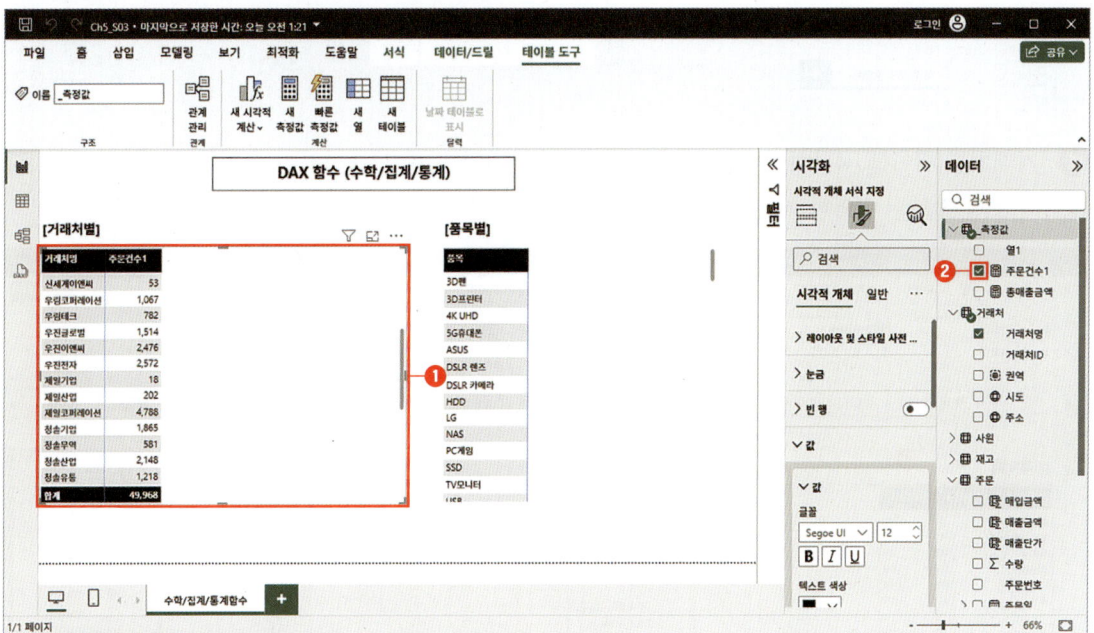

- **측정값 이름**: 주문건수2
- **저장 테이블**: 〈_측정값〉테이블
- **사용필드**: 〈주문〉테이블의 [주문번호]필드
- 〈주문〉테이블의 행 개수를 계산
- **적용서식**: 정수, 쉼표를 천 단위 구분기호로 사용

Chapter 5. DAX(Data Analysis Expressions) 117

❸ 이번에는 다른 함수를 사용해 주문건수를 구해본다. [테이블 도구]탭 - [계산]그룹 - [새 측정값]을 클릭하고 다음 수식을 작성한 후 Enter 를 누른다. 이어서 [측정 도구]탭 - [서식]그룹 - 9 을 클릭한다.

수식: 주문건수2 = COUNTROWS('주문')

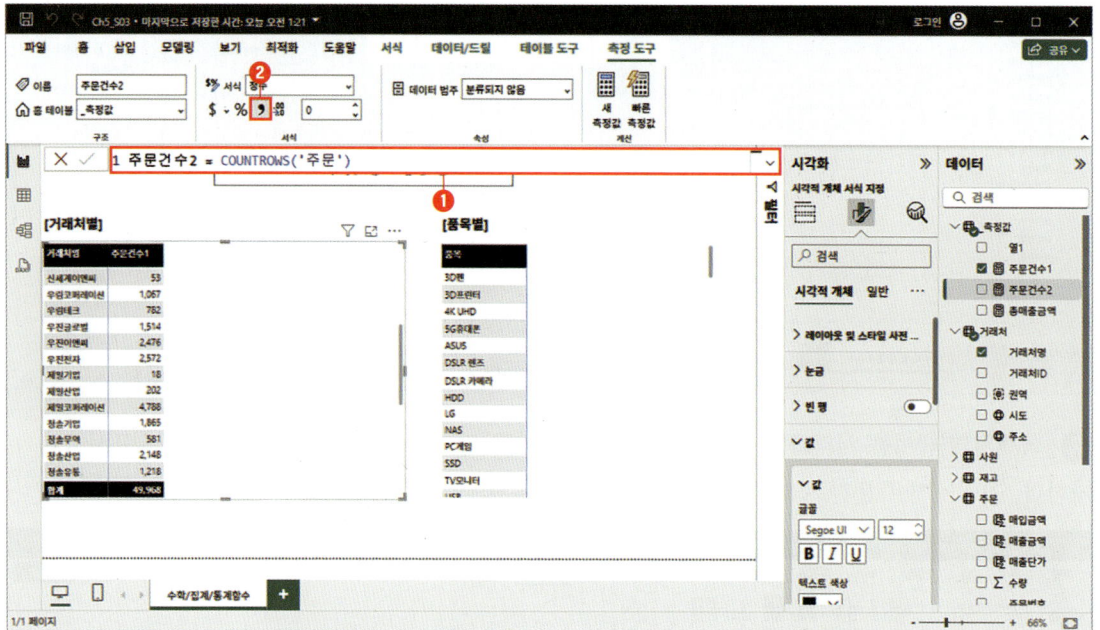

❹ [거래처별]테이블 시각화에 작성한 측정값 [주문건수2]를 체크 표시하여 추가한다. [주문건수1]과 비교해 보면 결과는 동일한 것을 알 수 있다.

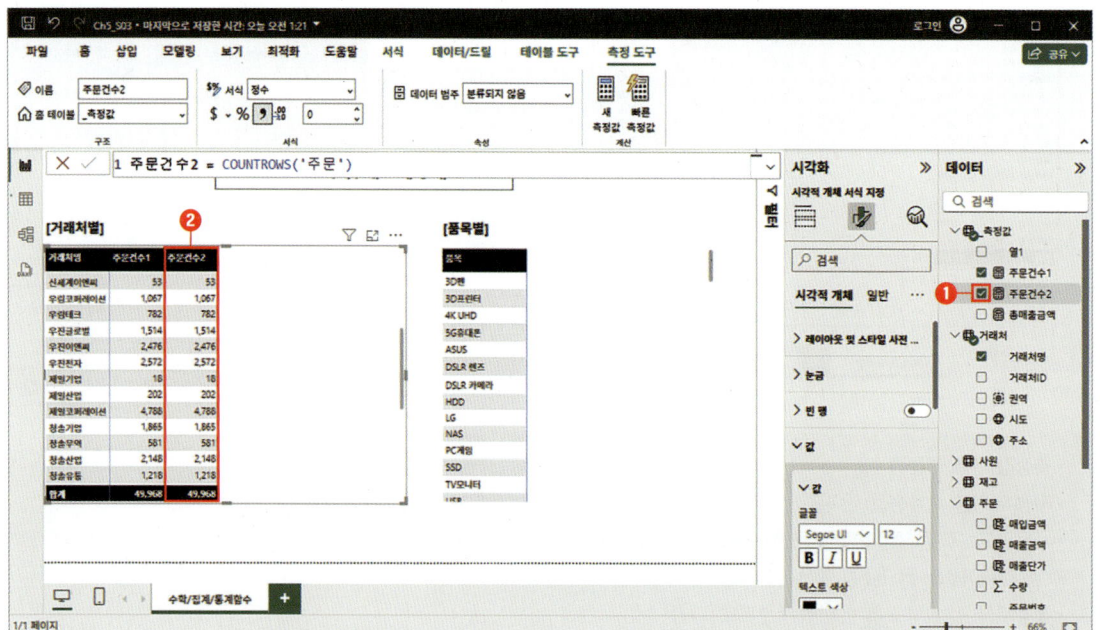

118 Part 2. 데이터 모델링과 DAX

> **TIP** COUNT와 COUNTROWS함수의 차이점은 COUNT함수는 필드를 인수로 사용하지만 COUNTROWS함수는 테이블을 인수로 사용한다는 것이다.

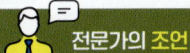 **전문가의 조언**

두 함수의 결과가 동일하지만 시험에서는 반드시 제시된 함수를 사용해야 하므로 함수 작성 방법을 정확히 이해하고 사용하도록 합니다.

02 | 자사몰 평균 이익금액 (AVERAGEX, FILTER)

- **측정값 이름**: 자사몰_평균이익금액
- **저장 테이블**: 〈_측정값〉테이블
- **사용필드**: 〈주문〉테이블의 [매출금액], [매입금액], [주문채널]필드
- 〈주문〉테이블의 [주문채널]에서 '자사몰'만 추출하여 이익금액의 평균을 계산
- **적용서식**: 정수, 쉼표를 천 단위 구분기호로 사용

❺ '자사몰'의 평균 이익 금액을 계산하기 위해 〈_측정값〉테이블을 선택한 후 [테이블 도구]탭 - [계산]그룹 - [새 측정값]을 클릭한다. 다음 수식을 작성한 후 Enter 를 누른다. 이어서 [측정 도구]탭 - [서식]그룹 - 9 을 클릭한다.

> **수식**: 자사몰_평균이익금액 =
> AVERAGEX(FILTER('주문', '주문'[주문채널] = "자사몰"), '주문'[매출금액] - '주문'[매입금액])

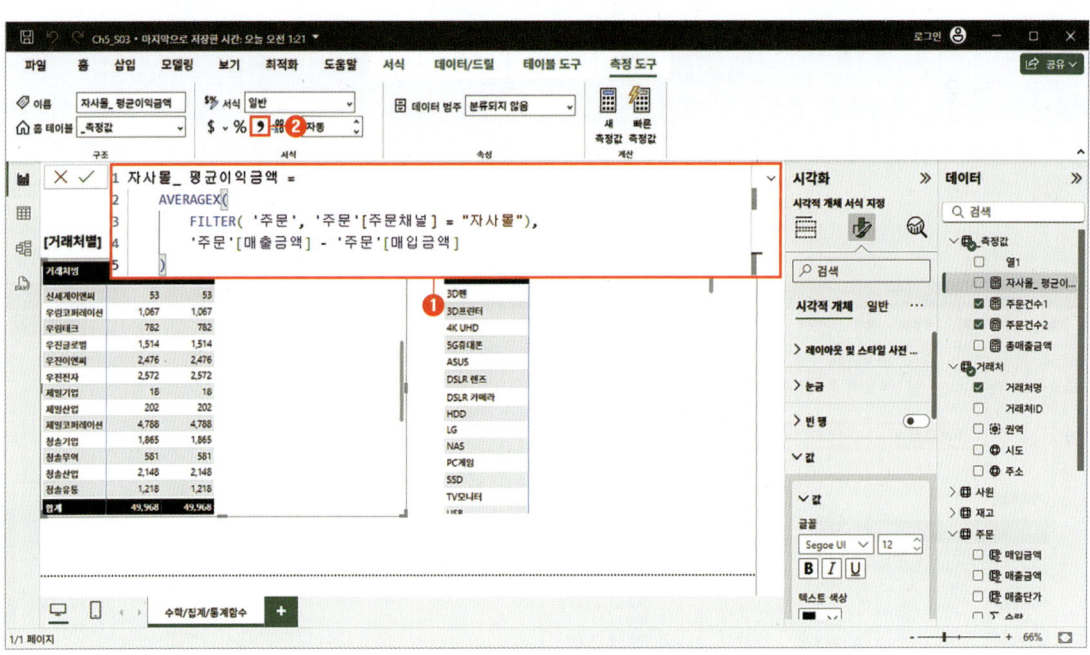

❻ [거래처별]테이블 시각화에 작성한 측정값 [자사몰_평균이익금액]을 체크 표시하여 추가한다.

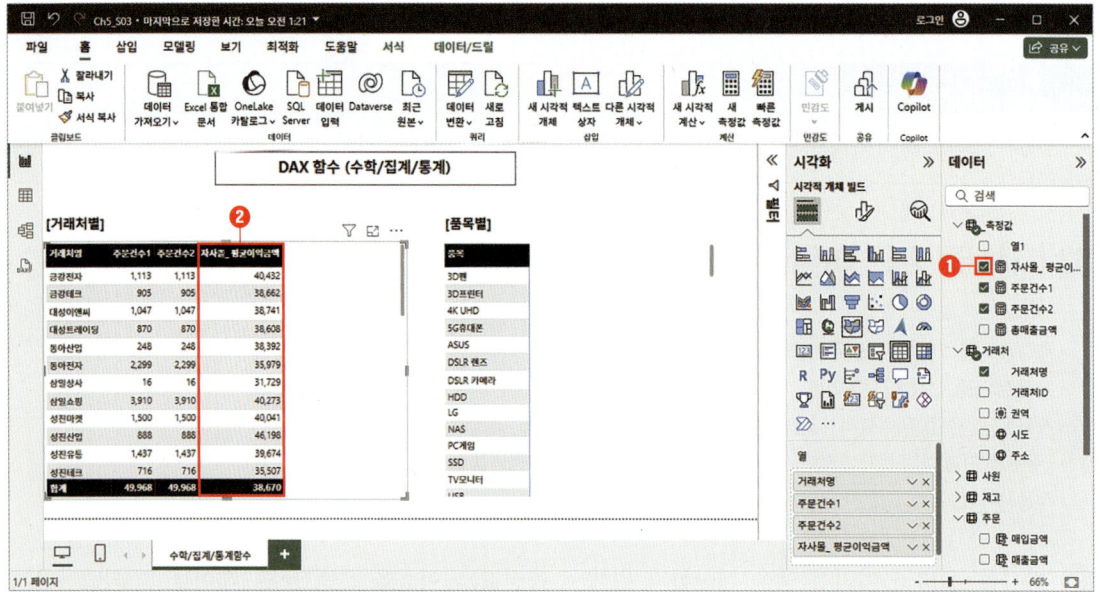

03 | 주문된 제품수(DISTINCTCOUNT)

- **측정값 이름**: 주문제품수
- **저장 테이블**: 〈_측정값〉테이블
- **사용필드**: 〈주문〉테이블의 [품목코드]필드
- 주문된 고유 품목 수 계산

❼ 주문된 고유 제품수를 계산하기 위해 [테이블 도구]탭 – [계산]그룹 – [새 측정값]을 클릭한다. 다음 수식을 작성한 후 Enter 를 누른다.

수식: 주문제품수 = DISTINCTCOUNT('주문'[품목코드])

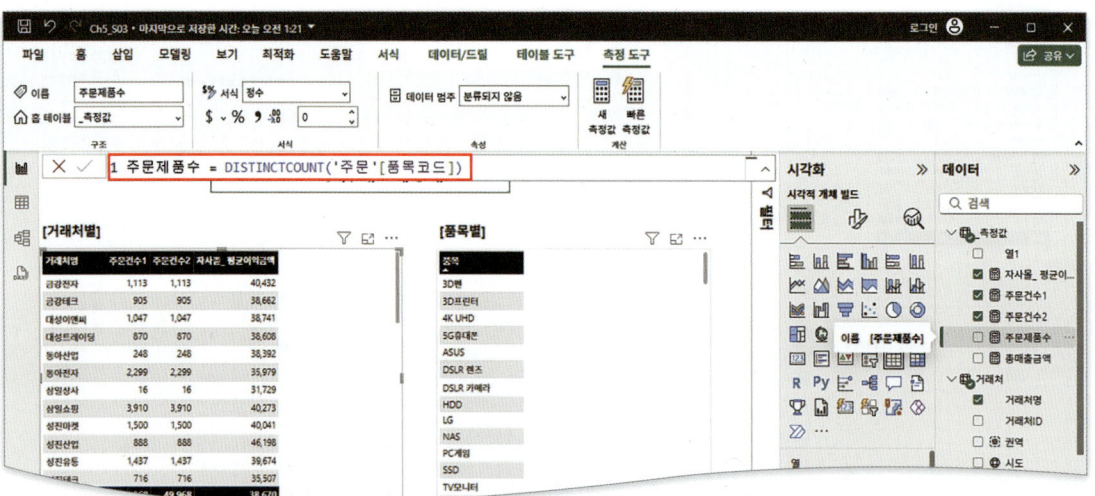

❽ [거래처별]테이블 시각화에 작성한 측정값 [주문제품수]를 체크 표시하여 추가한다.

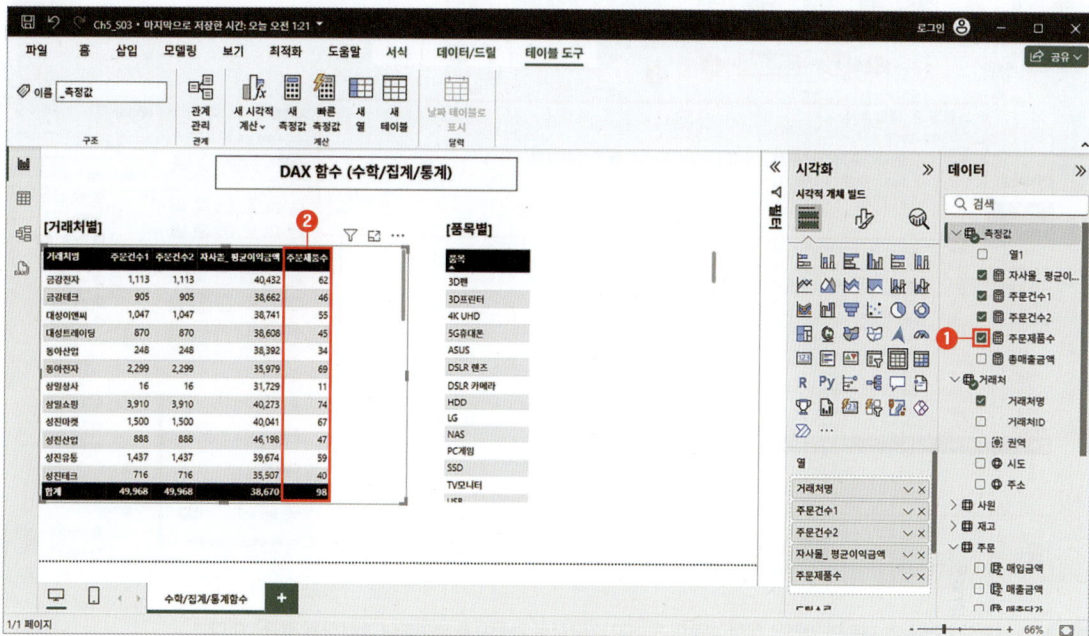

04 | 매입단가의 가중평균가격(DIVIDE, RELATED, SUM, SUMX)

- **측정값 이름**: 가중평균_매입가격
- **저장 테이블**: 〈_측정값〉테이블
- **사용필드**: 〈주문〉테이블의 [수량]필드, 〈품목〉테이블의 [매입단가]필드
- 각 매입단가에 구매수량을 곱한 후 전체 합을 총 구매수량으로 나누어 계산
- **적용서식**: 정수, 쉼표를 천 단위 구분기호로 사용, 소수 자릿수 '0'

❾ 가중평균가격을 구하는 수식을 작성하기 위해 [테이블 도구]탭 - [계산]그룹 - [새 측정값]을 클릭한다. 다음 수식을 작성한 후 [Enter]를 누른다. 이어서 [측정 도구]탭 - [서식]그룹 - 과 소수 자릿수를 '0'으로 지정한다.

> **수식**: 가중평균_매입가격 =
> DIVIDE(SUMX('주문', '주문'[수량] * RELATED('품목'[매입단가])), SUM('주문'[수량]),0)

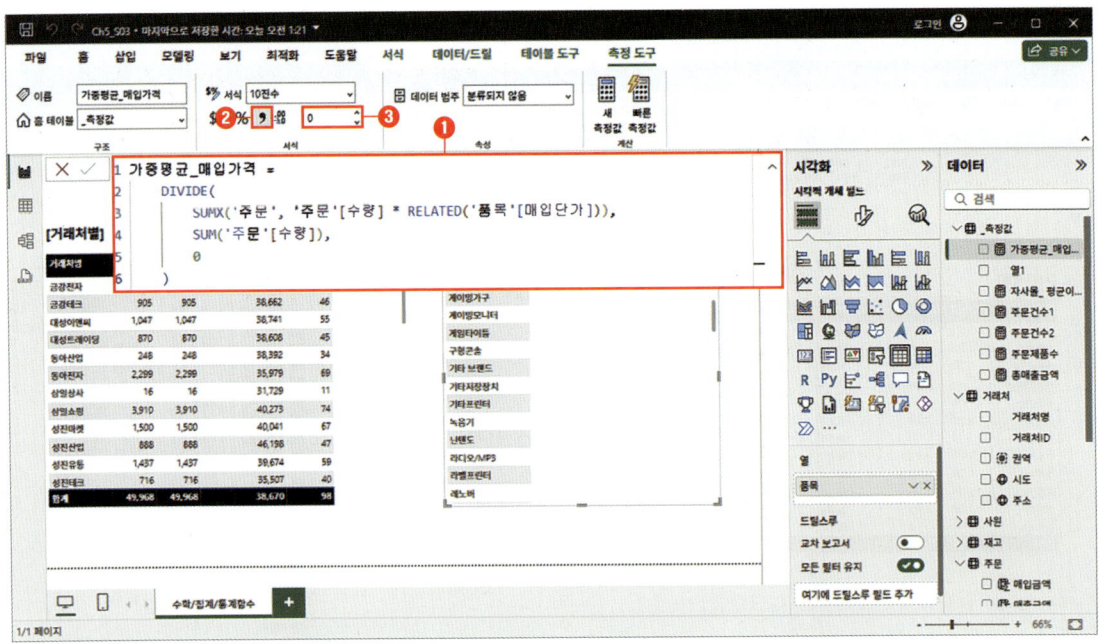

TIP 가중평균가격은 각 제품의 가격을 해당 제품이 판매된 수량으로 가중치를 부여하여 계산하는 평균값이다.

⑩ [품목별]테이블 시각화를 선택한 후 작성한 측정값 [가중평균_매입가격]을 체크 표시하여 추가한다.

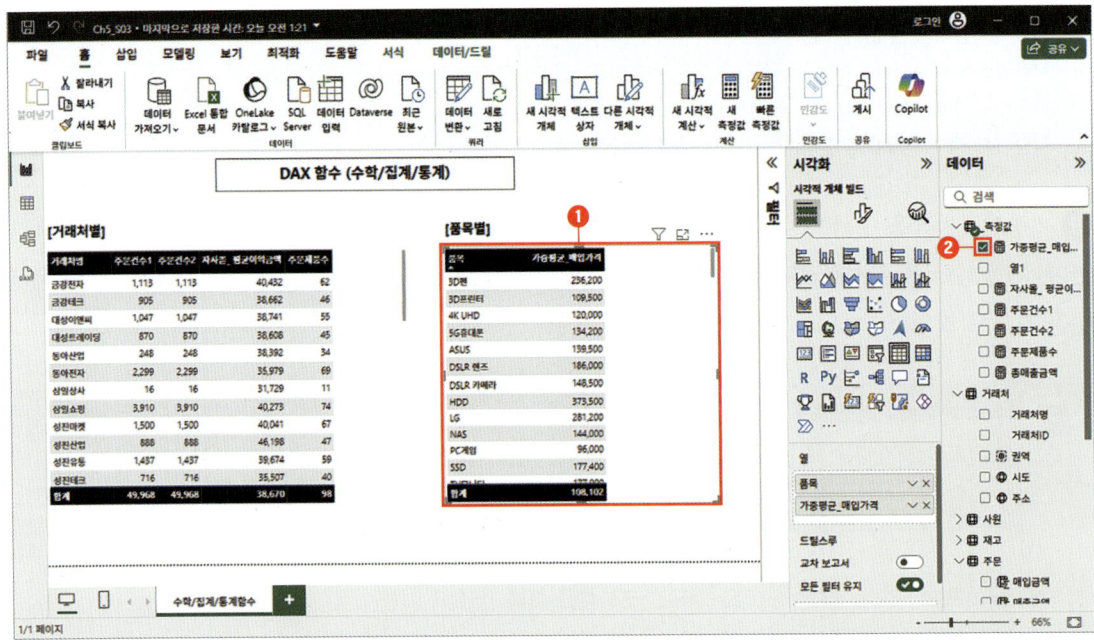

05 | 함수 정리

함수	설명
AVERAGE(⟨column⟩)	열의 평균 반환 (빈 값 제외)
AVERAGEA(⟨column⟩)	열의 평균 반환 (TRUE=1, FALSE=0 처리)
AVERAGEX(⟨table⟩, ⟨expression⟩)	테이블의 각 행에서 표현식을 평가한 값의 평균 반환
COUNT(⟨column⟩)	열의 값 개수 반환 (빈 값 제외)
COUNTA(⟨column⟩)	열의 비어 있지 않은 값의 개수 반환
COUNTAX(⟨table⟩, ⟨expression⟩)	테이블의 각 행에서 표현식을 평가한 값의 개수 반환
COUNTBLANK(⟨column⟩)	열에서 빈 값의 개수 반환
COUNTROWS(⟨table⟩)	테이블의 전체 행 개수 반환
COUNTX(⟨table⟩, ⟨expression⟩)	테이블의 각 행에서 표현식을 평가한 값의 개수 반환
DISTINCTCOUNT(⟨column⟩)	열에서 중복을 제외한 고윳값 개수 반환 (빈 값 포함)
DISTINCTCOUNTNOBLANK(⟨column⟩)	열에서 중복과 빈 값을 제외한 고윳값 개수 반환
MAX(⟨column⟩)	열에서 최댓값 반환 (빈 값 제외)
MAXA(⟨column⟩)	열에서 최댓값 반환 (TRUE=1, FALSE=0 처리)
MAXX(⟨table⟩, ⟨expression⟩)	테이블의 각 행에서 표현식을 평가한 값 중 최댓값 반환
MIN(⟨column⟩)	열에서 최솟값 반환 (빈 값 제외)
MINA(⟨column⟩)	열에서 최솟값 반환 (TRUE=1, FALSE=0 처리)
MINX(⟨table⟩, ⟨expression⟩)	테이블의 각 행에서 표현식을 평가한 값 중 최솟값 반환
PRODUCT(⟨column⟩)	열의 모든 값의 곱 반환
PRODUCTX(⟨table⟩, ⟨expression⟩)	테이블의 각 행에서 표현식을 평가한 값의 곱 반환
SUM(⟨column⟩)	열의 모든 값을 더한 합계 반환
SUMX(⟨table⟩, ⟨expression⟩)	테이블의 각 행에서 표현식을 평가한 값의 합계 반환
ABS(⟨number⟩)	숫자의 절댓값 반환 (음수 → 양수 변환)
DIVIDE(⟨numerator⟩, ⟨denominator⟩, ⟨alternateResult⟩)	안전한 나눗셈 수행, 0으로 나눌 경우 대체값 반환
INT(⟨number⟩)	소수점 절사 후 정수만 반환 (항상 내림)
ROUND(⟨number⟩, ⟨num_digits⟩)	지정한 자릿수에서 반올림
ROUNDDOWN(⟨number⟩, ⟨num_digits⟩)	지정한 자릿수에서 무조건 내림
MEDIAN(⟨column⟩)	열의 중간값(중앙값) 반환
RANKX(⟨table⟩, ⟨expression⟩[, ⟨value⟩][, ⟨order⟩][, ⟨ties⟩]]])	테이블의 각 행에서 표현식을 평가한 후 순위를 반환 (1순위 = 가장 높은 값)

SECTION 4 문자열/논리 함수   📁 Ch5_S04.pbix

이 섹션에서는 가장 사용 빈도가 높은 문자열과 논리 함수를 사용해 측정값을 작성해 본다.

01 | 제품ID로 생산지 구하기(RIGHT/SWITCH)

- **측정값 이름**: 생산지
- **저장 테이블**: 〈품목〉테이블의 새 열
- **제품코드의 마지막 숫자에 따라 생산지(3 이하: 수도권, 4, 5, 6: 광역시, 나머지는 기타)를 생성
- **사용필드**: 〈품목〉테이블의 [품목ID]필드

❶ [테이블 보기]에서 데이터 창의 〈품목〉테이블을 선택한 후 [테이블 도구]탭 – [계산]그룹 – [새 열]을 클릭한다.

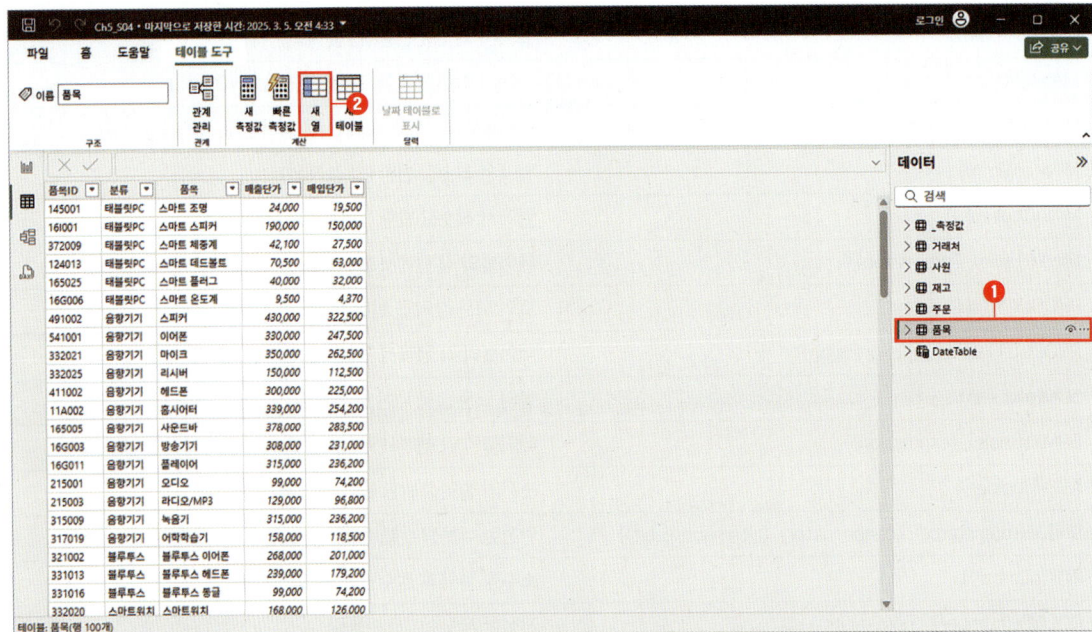

❷ 생산지 필드를 추가하기 위해 다음 수식을 작성한 후 Enter 를 누른다.

```
수식: 생산지 = SWITCH(
            TRUE( ),
            VALUE(RIGHT('품목'[품목ID], 1)) <= 3, "수도권",
            VALUE(RIGHT('품목'[품목ID], 1)) IN {4, 5, 6}, "광역시",
            "기타"
        )
```

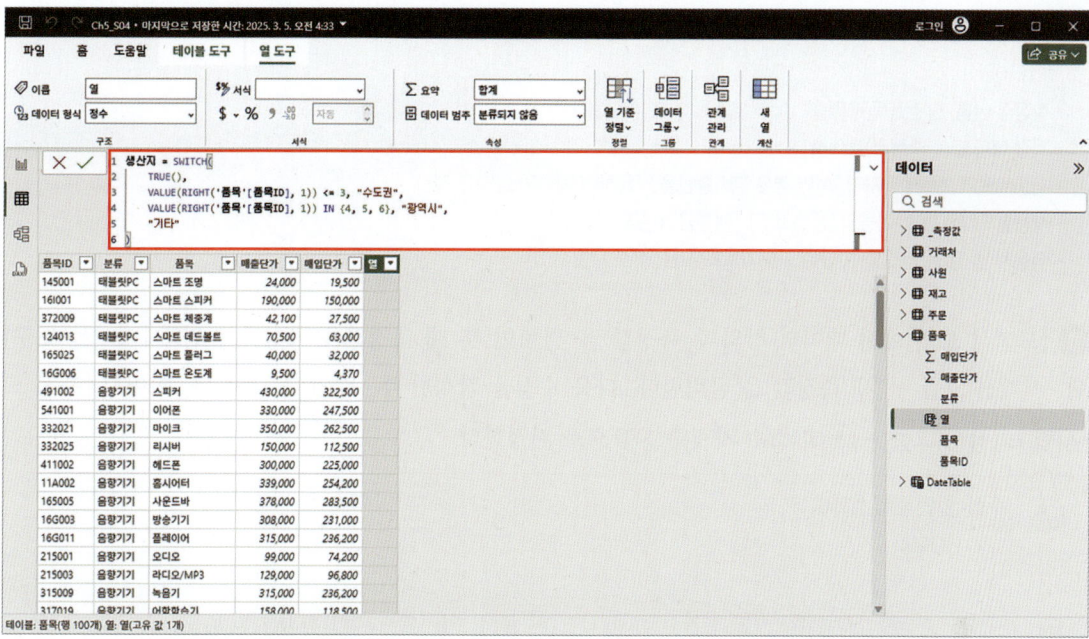

> TIP IF 문을 여러 개 중첩해야 할 경우, SWITCH 함수를 사용하면 더 간결하고 가독성이 좋은 수식을 작성할 수 있다.

③ 〈품목〉테이블에 [생산지]필드가 추가되었다.

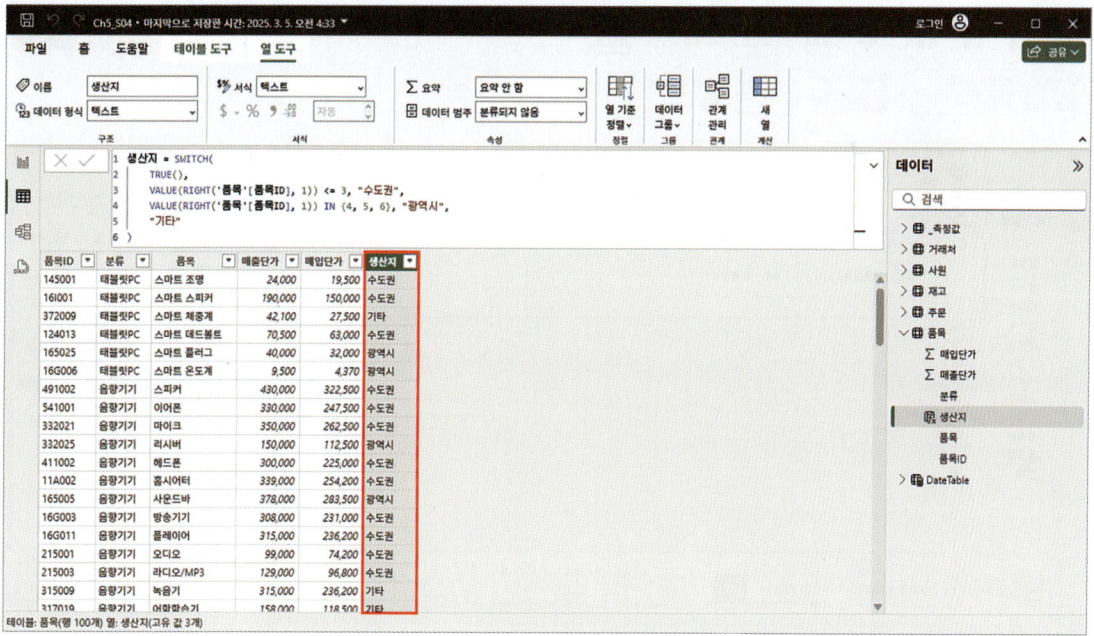

Chapter 5. DAX(Data Analysis Expressions) 125

02 | 7% 할인한 품목의 총매출(IF, OR, MID, SUMX)

- **측정값 이름**: 할인품목_총매출
- **저장 테이블**: 〈_측정값〉테이블
- 제품코드의 3번째 문자가 "A"인 경우 7% 할인을 적용하여 매출의 총액을 계산
- **사용필드**: 〈주문〉테이블의 [품목코드], [매출금액]필드
- **적용서식**: 정수, 쉼표를 천 단위 구분기호로 사용, 소수 자릿수 '0'

❹ [보고서 보기]에서 데이터 창의 〈_측정값〉을 클릭한 후 새 측정값을 작성하기 위해 [테이블 도구] 탭 – [계산]그룹 – [새 측정값]을 클릭한다. 다음 수식을 작성한 후 Enter 를 누른다. 이어서 [측정 도구]탭 – [서식]그룹 – **,** 과 소수 자릿수를 '0'으로 지정한다.

> 📎 수식: 할인품목_총매출 =
> SUMX(
>   '주문', IF(
>   OR(MID('주문'[품목코드], 3, 1) = "A", MID('주문'[품목코드], 3, 1) = "G"),
>   '주문'[매출금액] * 0.93, '주문'[매출금액]
>   )
>)

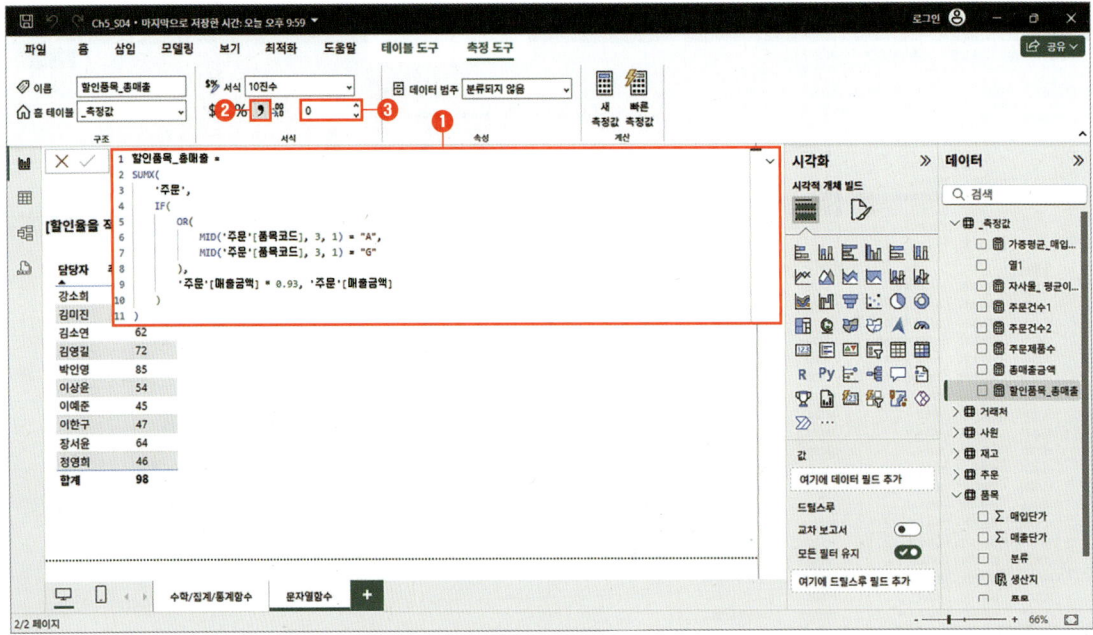

💡 **TIP** DAX의 OR함수는 엑셀의 OR함수와 달리 인수를 2개만 지정할 수 있다.

❺ 시각화 개체를 선택한 후 작성한 측정값 [할인품목_총매출]을 체크 표시하여 추가한다.

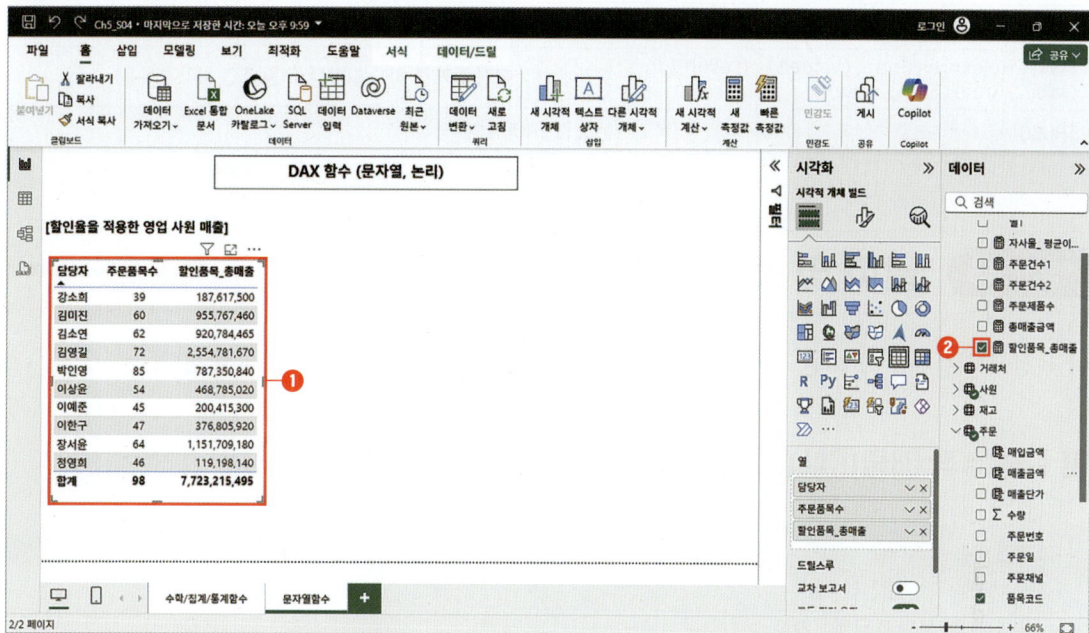

03 | 함수 정리

함수	설명
CONCATENATE	두 문자열을 연결 (최대 두 개의 문자열만 연결 가능)
CONCATENATEX	테이블의 각 행에서 표현식을 평가한 후 결과를 연결 (구분자 추가 가능)
FIND	문자열에서 특정 텍스트의 시작 위치 반환 (대소문자 구분)
FORMAT	값을 지정한 서식으로 반환 (날짜, 통화, 숫자 서식 지정)
LEFT	문자열의 왼쪽에서 지정한 개수만큼 문자 반환
LEN	문자열의 길이 반환
LOWER	문자열을 소문자로 변환
MID	문자열에서 지정한 시작 위치부터 특정 개수의 문자 반환
REPLACE	기존 문자열에서 특정 위치의 문자를 새 문자열로 대체
RIGHT	문자열의 오른쪽에서 지정한 개수만큼 문자 반환
SEARCH	문자열에서 특정 텍스트의 시작 위치 반환 (대소문자 구분 없음)
SUBSTITUTE	기존 문자열에서 특정 텍스트를 새 텍스트로 대체
TRIM	문자열의 앞뒤 공백을 제거 (중간 공백은 유지)
UPPER	문자열을 대문자로 변환
VALUE	텍스트 형식을 숫자 형식으로 변환
AND(〈logical1〉, 〈logical2〉)	모든 조건이 TRUE일 경우 TRUE 반환 (조건이 여러 개일 경우 && 연산자 사용 권장)
IF(〈logical_test〉, 〈value_if_true〉[, 〈value_if_false〉])	조건이 TRUE이면 첫 번째 값을 반환하고, FALSE이면 두 번째 값을 반환
IFERROR(〈value〉, 〈value_if_error〉)	첫 번째 값에서 오류 발생 시 두 번째 값 반환

Chapter 5. DAX(Data Analysis Expressions) 127

NOT(〈logical〉)	논리 값이 TRUE이면 FALSE 반환, FALSE이면 TRUE 반환
OR(〈logical1〉, 〈logical2〉)	조건 중 하나라도 TRUE일 경우 TRUE 반환 (조건이 여러 개일 경우)
SWITCH(〈expression〉, 〈value1〉, 〈result1〉[, 〈value2〉, 〈result2〉, …][, 〈else〉])	조건에 따라 여러 결과 중 하나를 반환 (다중 조건 처리에 유용)
TRUE()	논리 값 TRUE 반환

SECTION 5 | 날짜 및 시간 함수　　　📁 Ch5_S05.pbix

이 섹션에서는 가장 사용 빈도가 높은 날짜 및 시간 함수를 사용해 측정값을 작성해 본다.

01 | 월 누적 매출(CALCULATE, DATESYTD)

- **측정값 이름**: 누적매출
- **저장 테이블**: 〈_측정값〉테이블
- **날짜를 기준으로 누적 금액을 계산**
- **사용필드**: 〈주문〉테이블의 [총매출금액]측정값, 〈DateTable〉테이블에 [Date]필드
- **적용서식**: 정수, 쉼표를 천 단위 구분기호로 사용, 소수 자릿수 '0'

① 월별 누적금액을 계산하기 위해 데이터 창의 〈_측정값〉을 클릭한 후 [테이블 도구]탭 – [계산]그룹 – [새 측정값]을 클릭한다. 다음 수식을 작성한 후 Enter 를 누른다. 이어서 [측정 도구]탭 – [서식]그룹 – 🔢과 소수 자릿수를 '0'으로 지정한다.

> 📎 수식: 누적매출 = CALCULATE([총매출금액], DATESYTD('DateTable'[Date]))

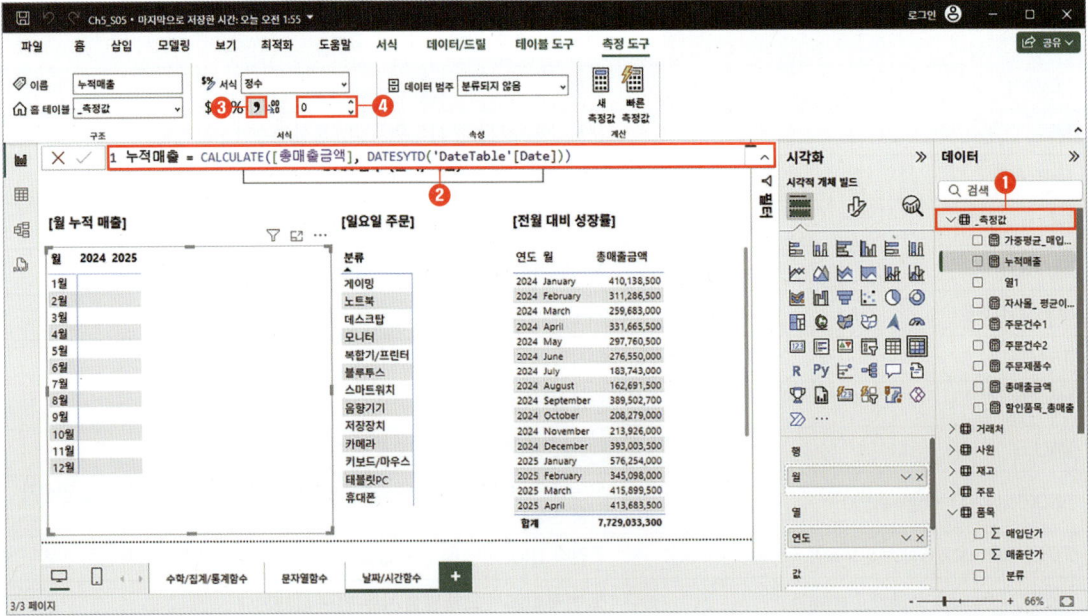

❷ 첫 번째 시각화 개체를 선택한 후 작성한 측정값 [누적매출]을 체크 표시하여 추가한다.

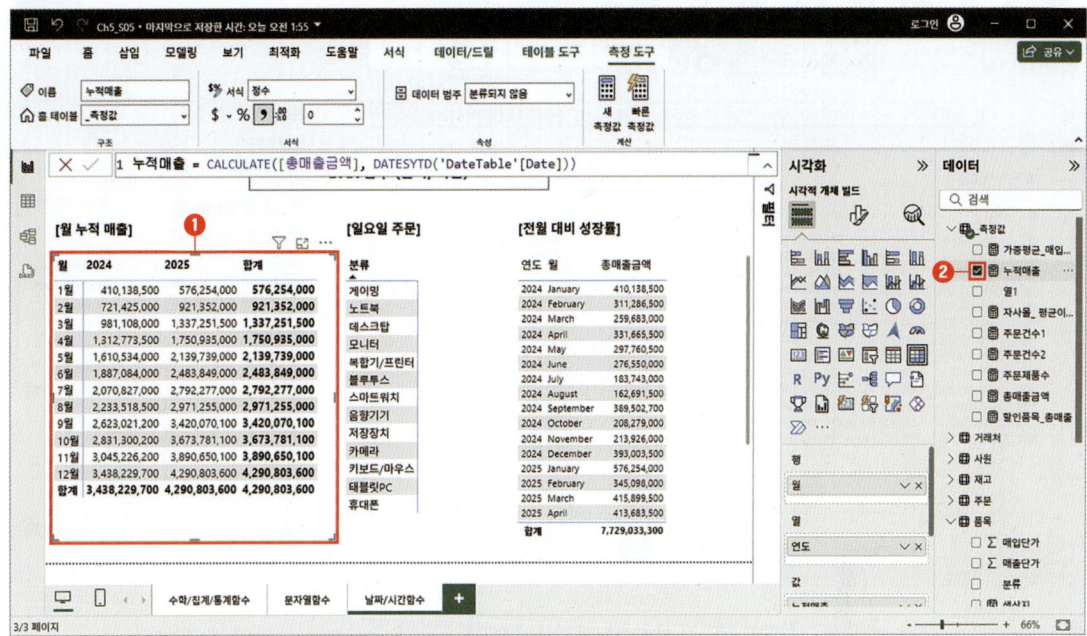

02 | 일요일 주문(CALCULATE, COUNT, WEEKDAY)

- **측정값 이름**: 일요일주문
- **저장 테이블**: 〈_측정값〉테이블
- 날짜를 기준으로 일요일에 주문한 주문건수를 계산
- **사용필드**: 〈주문〉테이블의 [주문번호], 〈DateTable〉테이블에 [Date]필드
- **적용서식**: 정수, 쉼표를 천 단위 구분기호로 사용, 소수 자릿수 '0'

❸ 일요일 주문건수를 계산하기 위해 데이터 창의 〈_측정값〉을 클릭한 후 [테이블 도구]탭 – [계산]그룹 – [새 측정값]을 클릭한다. 다음 수식을 작성한 후 [Enter]를 누른다. 이어서 [측정 도구]탭 – [서식]그룹 – [9]과 소수 자릿수를 '0'으로 지정한다.

> **수식**: 일요일주문 = CALCULATE(COUNT('주문'[주문번호]), WEEKDAY('DateTable'[Date]) = 1)

Chapter 5. DAX(Data Analysis Expressions)

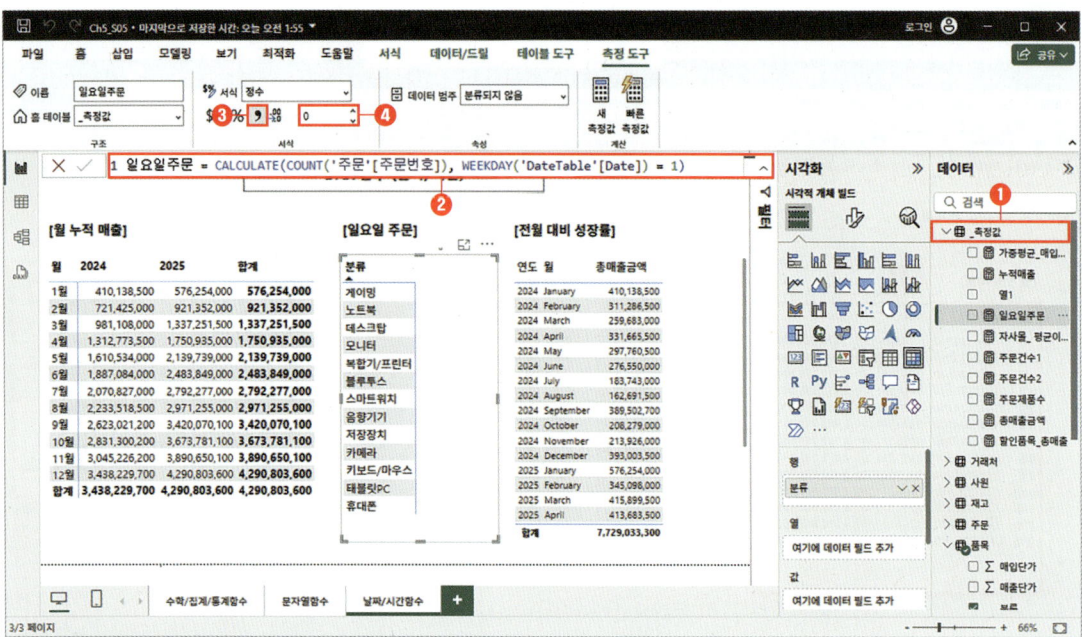

④ 가운데 시각화 개체를 선택한 후 작성한 측정값 [일요일주문]을 체크 표시하여 추가한다.

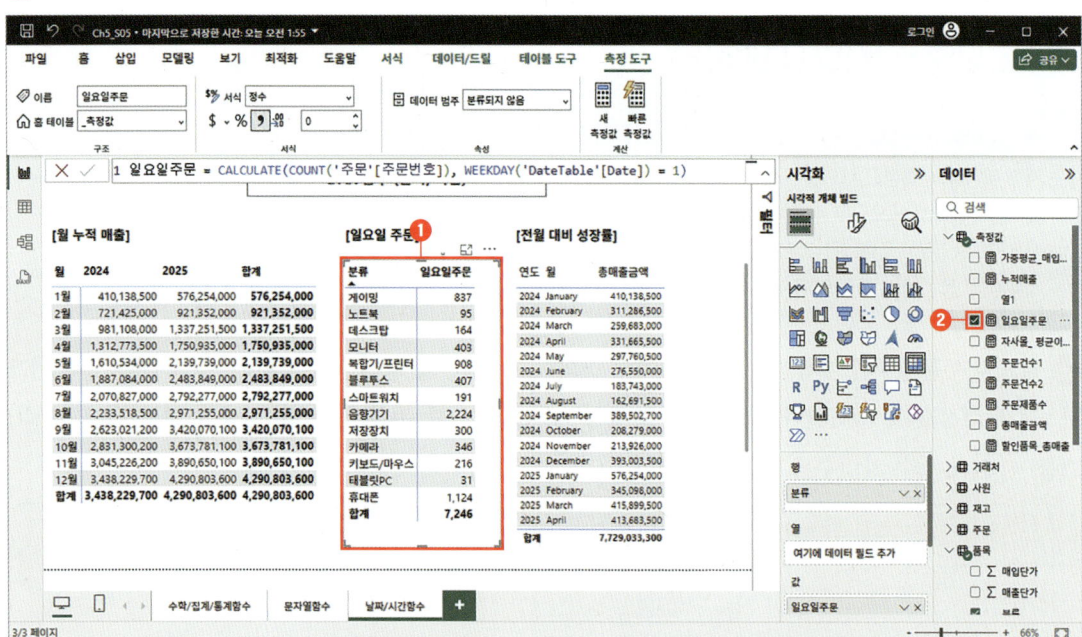

03 | 전월 대비 성장률(CALCULATE, DATEADD, DIVIDE)

- **측정값 이름**: 전월대비성장률
- **저장 테이블**: 〈_측정값〉테이블
- 날짜를 기준으로 전월 판매금액에 대한 금월 판매금액의 변화 비율을 계산
- **사용필드**: 〈주문〉테이블의 [총매출금액] 측정값, 〈DateTable〉테이블에 [Date]필드
- **적용서식**: 백분율, 소수 자릿수 '2'

5 전월 대비 성장률을 계산하기 위해 데이터 창의 〈_측정값〉을 클릭한 후 [테이블 도구]탭 – [계산] 그룹 – [새 측정값]을 클릭한다. 다음 수식을 작성한 후 Enter 를 누른다. 이어서 [측정 도구]탭 – [서식]그룹 – %과 소수 자릿수를 '2'로 지정한다.

```
수식: 전월대비성장률 =
DIVIDE(
    [총매출금액] - CALCULATE([총매출금액], DATEADD('DateTable'[Date], -1, MONTH)),
    CALCULATE([총매출금액], DATEADD('DateTable'[Date], -1, MONTH)),
    0
)
```

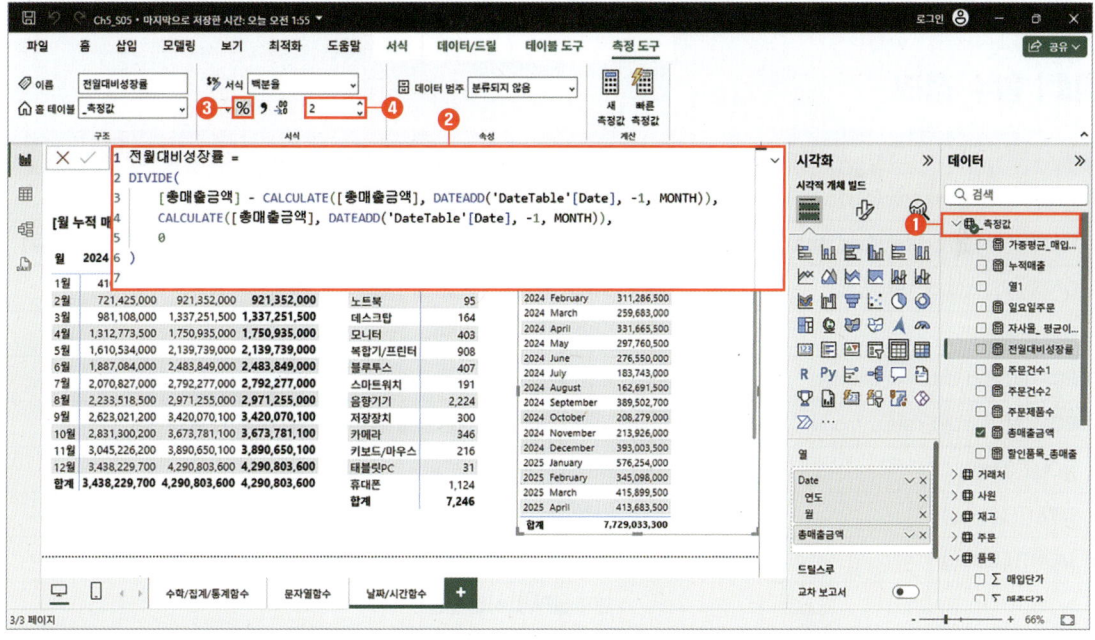

Chapter 5. DAX(Data Analysis Expressions)

❻ 3번째 시각화 개체를 선택한 후 작성한 측정값 [전월대비성장률]을 체크 표시하여 추가한다.

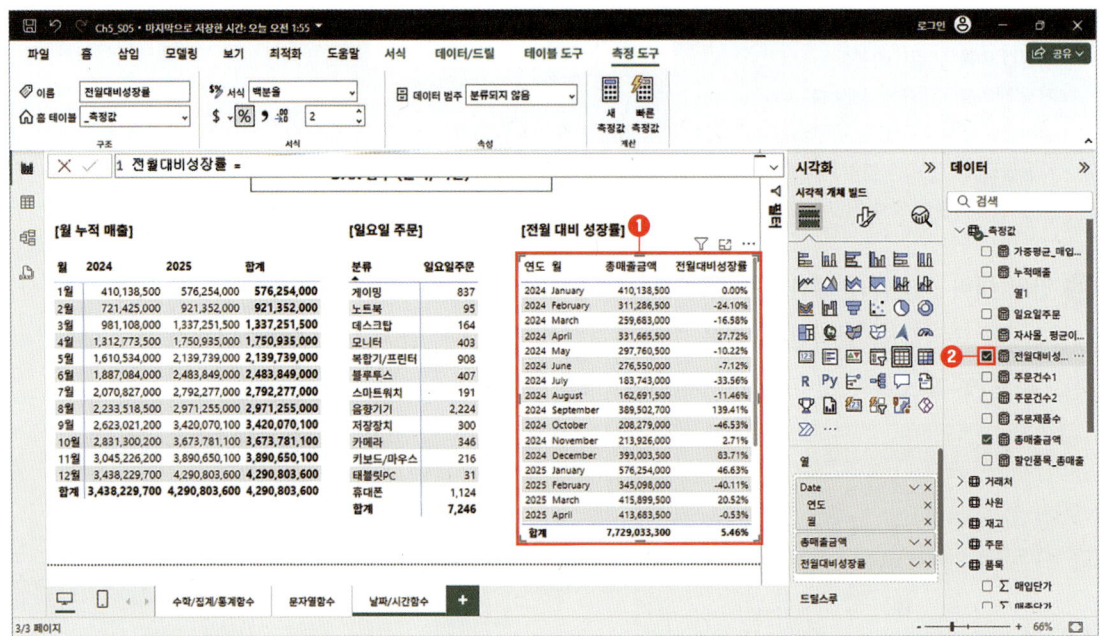

> TIP 전년동기에 대한 수식을 작성할 때 DATEADD 함수의 인수를 'Month'가 아닌 'Year'로 변경하거나 SAMEPERIODLASTYEAR 함수를 사용하면 된다.

04 | 함수 정리

함수	설명
DATE(⟨year⟩, ⟨month⟩, ⟨day⟩)	지정한 연도, 월, 일을 기준으로 날짜 반환
DATEDIFF(⟨start_date⟩, ⟨end_date⟩, ⟨interval⟩)	두 날짜 간의 차이를 지정한 단위로 반환 (YEAR, MONTH, DAY, HOUR 등)
DATEVALUE(⟨date_text⟩)	텍스트 형식의 날짜를 날짜 형식으로 변환
DAY(⟨date⟩)	날짜에서 일(day) 반환
EDATE(⟨start_date⟩, ⟨months⟩)	기준 날짜에서 지정한 개월 수만큼 이전 또는 이후 날짜 반환
EOMONTH(⟨start_date⟩, ⟨months⟩)	기준 날짜에서 지정한 개월 후의 해당 월의 마지막 날짜 반환
HOUR(⟨time⟩)	시간에서 시(hour) 반환
MINUTE(⟨time⟩)	시간에서 분(minute) 반환
MONTH(⟨date⟩)	날짜에서 월(month) 반환
NOW()	현재 날짜 및 시간 반환
SECOND(⟨time⟩)	시간에서 초(second) 반환
TIME(⟨hour⟩, ⟨minute⟩, ⟨second⟩)	지정한 시, 분, 초를 기준으로 시간 반환
TIMEVALUE(⟨time_text⟩)	텍스트 형식의 시간을 시간 형식으로 변환
TODAY()	현재 날짜 반환 (시간 정보 없음)
WEEKDAY(⟨date⟩[, ⟨return_type⟩])	날짜에서 요일 반환 (1=일요일~7=토요일, 다양한 반환 형식 설정 가능)
WEEKNUM(⟨date⟩[, ⟨return_type⟩])	해당 날짜가 연도의 몇 번째 주인지 반환

YEAR(〈date〉)	날짜에서 연도(year) 반환
YEARFRAC(〈start_date〉, 〈end_date〉[, 〈basis〉])	두 날짜 간의 차이를 연도 단위 소수점 값으로 반환
DATEADD(〈dates〉, 〈number_of_intervals〉, 〈interval〉)	기준 날짜에서 지정한 기간만큼 이전 또는 이후 날짜 반환
DATESBETWEEN(〈dates〉, 〈start_date〉, 〈end_date〉)	두 날짜 범위 사이의 날짜 반환
DATESINPERIOD(〈dates〉, 〈start_date〉, 〈number_of_intervals〉, 〈interval〉)	기준 날짜부터 지정한 기간만큼의 날짜 반환
DATESMTD(〈dates〉)	지정한 날짜의 해당 월의 누적 날짜 반환 (Month-To-Date)
DATESQTD(〈dates〉)	지정한 날짜의 해당 분기의 누적 날짜 반환 (Quarter-To-Date)
DATESYTD(〈dates〉[, 〈year_end_date〉])	지정한 날짜의 해당 연도의 누적 날짜 반환 (Year-To-Date)
FIRSTDATE(〈dates〉)	지정한 날짜 범위에서 첫 번째 날짜 반환
SAMEPERIODLASTYEAR(〈dates〉)	기준 날짜의 전년도 동일 기간 반환
TOTALMTD(〈expression〉, 〈dates〉[, 〈filter〉])	지정한 표현식의 해당 월의 누적 합계 반환
TOTALQTD(〈expression〉, 〈dates〉[, 〈filter〉])	지정한 표현식의 해당 분기의 누적 합계 반환
TOTALYTD(〈expression〉, 〈dates〉[, 〈filter〉])	지정한 표현식의 해당 연도의 누적 합계 반환

SECTION 6 테이블 조작/계산 함수

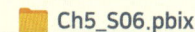 Ch5_S06.pbix

이 섹션에서는 가장 사용 빈도가 높은 테이블 조작/계산 함수를 사용해 측정값을 작성해 본다.

01 | 분류별 매출과 거래처 수(DISTINCTCOUNT, SUM, SUMMARIZE)

- **테이블 이름**: 분류별_매출과거래처수
- 〈품목〉테이블의 [분류]필드를 기준으로 그룹화한 후 총 매출과 고유 거래처수를 테이블로 작성
- **사용필드**: 〈품목〉테이블의 [분류]필드, 〈주문〉테이블의 [매출금액], [거래처코드]필드
- **적용서식**: [총 매출]필드는 정수, 쉼표를 천 단위 구분기호로 사용, 소수 자릿수 '0'

 분류별로 요약 테이블을 작성하기 위해 [테이블 보기]에서 [홈]탭 – [계산]그룹 – [새 테이블]을 클릭하고 다음 수식을 작성한 후 Enter 를 누른다.

```
수식: 분류별_매출과거래처수 =
    SUMMARIZE('품목', '품목'[분류],
        "총 매출", SUM('주문'[매출금액]),
        "거래처 수", DISTINCTCOUNT('주문'[거래처코드])
    )
```

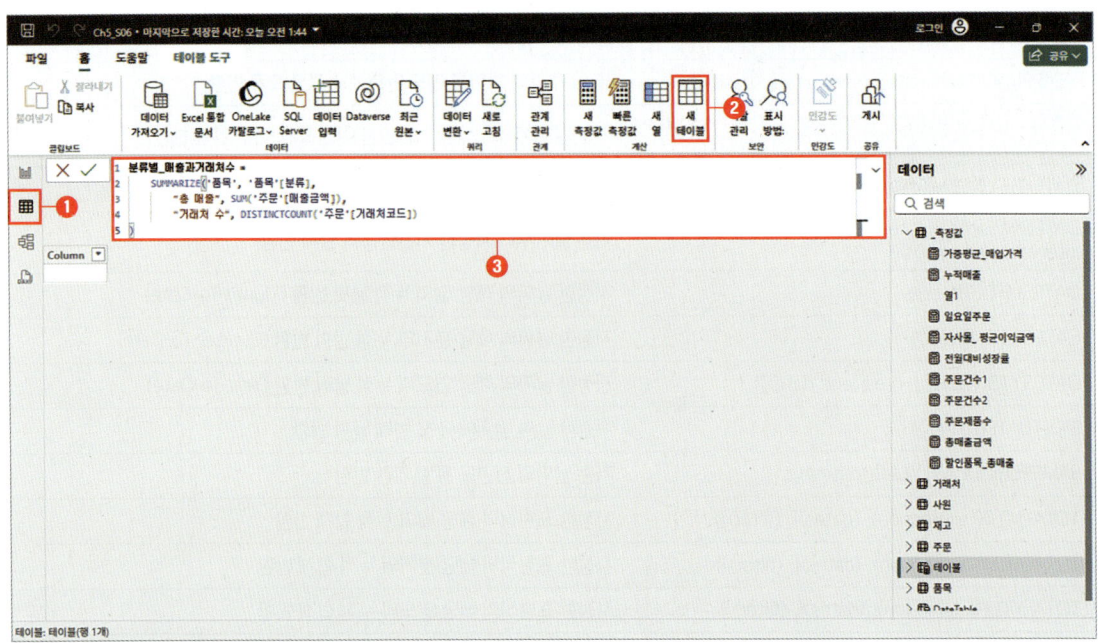

❷ 요약 테이블이 생성되면 [총 매출]필드를 선택한 후 [열 도구]탭 – [서식]그룹 – 9 과 소수 자릿수를 '0'으로 지정한다.

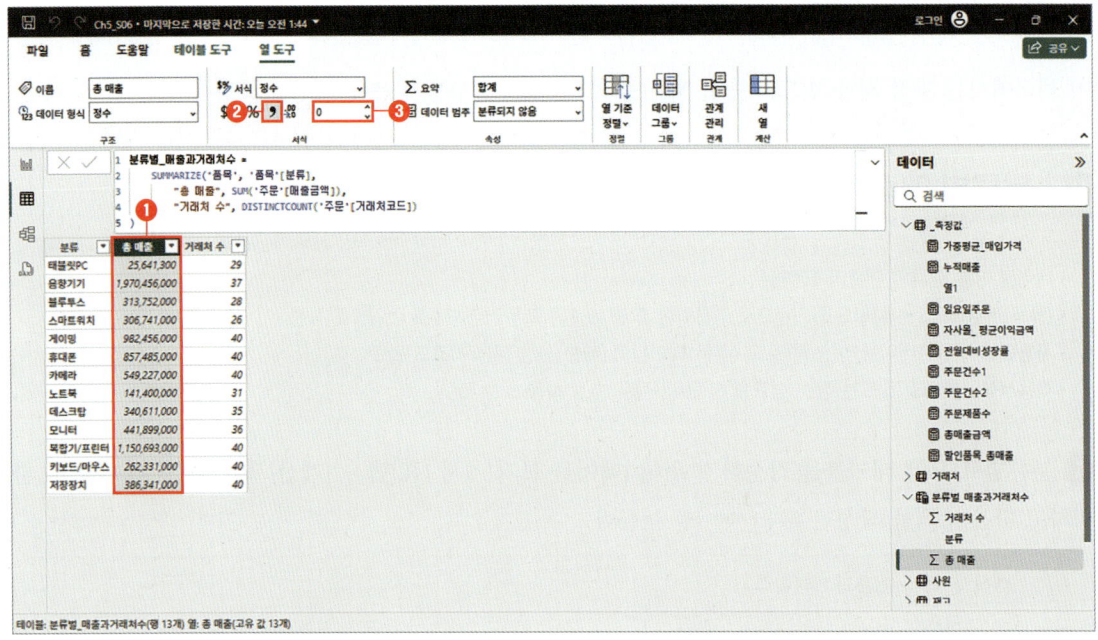

02 | 분류별 매출 Top5의 평균 매출단가 (AVERAGE, SUMMARIZECOLUMNS, TOPN)

- **테이블 이름:** 매출Top5_평균단가
- 〈품목〉테이블의 [분류]필드를 기준으로 그룹화한 후 상위 5개 매출 항목을 찾고, 해당 항목의 평균 단가를 함께 계산
- **사용필드:** 〈품목〉테이블의 [분류]필드, [총매출금액]측정값, 〈주문〉테이블의 [매출단가]필드
- **적용서식:** [총 매출], [평균단가]필드는 정수, 쉼표를 천 단위 구분기호로 사용, 소수 자릿수 '0'

3 분류별로 매출 Top5의 요약 테이블을 작성하기 위해 [홈]탭 - [계산]그룹 - [새 테이블]을 클릭하고 다음 수식을 작성한 후 Enter 를 누른다.

```
수식: 매출Top5_평균단가 =
        TOPN(5,
            SUMMARIZECOLUMNS(
                '품목'[분류],
                "총 매출", [총매출금액],
                "평균 단가", AVERAGE('주문'[매출단가])
            ), [총 매출], DESC
```

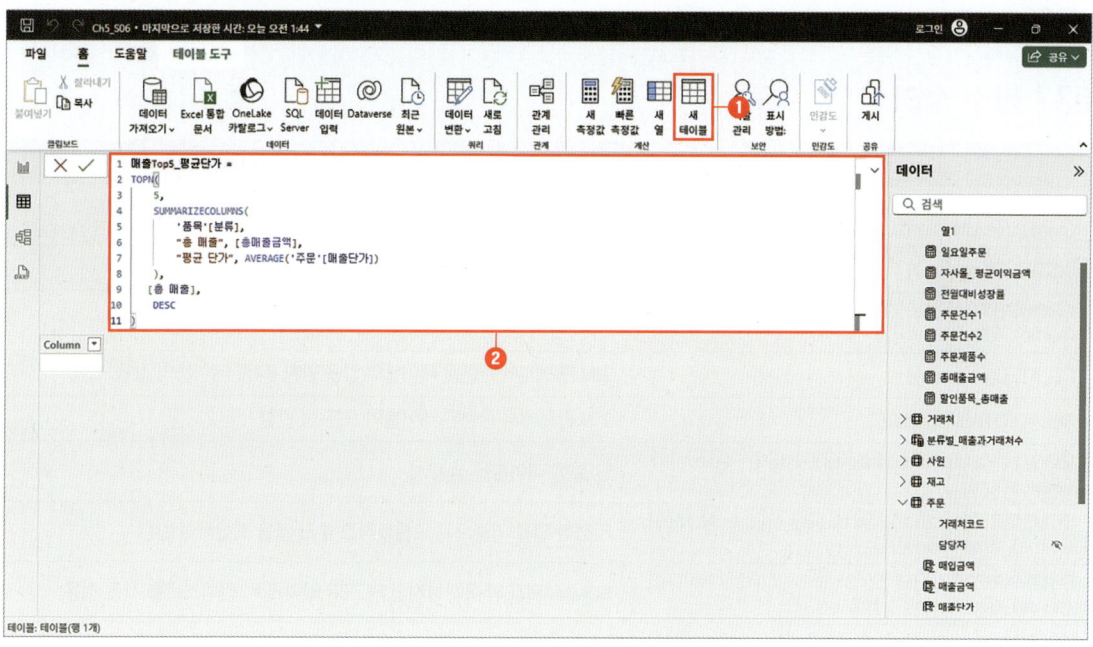

❹ 요약 테이블이 생성되면 [총 매출]필드와 [평균 단가]필드는 [열 도구]탭 – [서식]그룹 – 과 소수 자릿수를 '0'으로 지정한다.

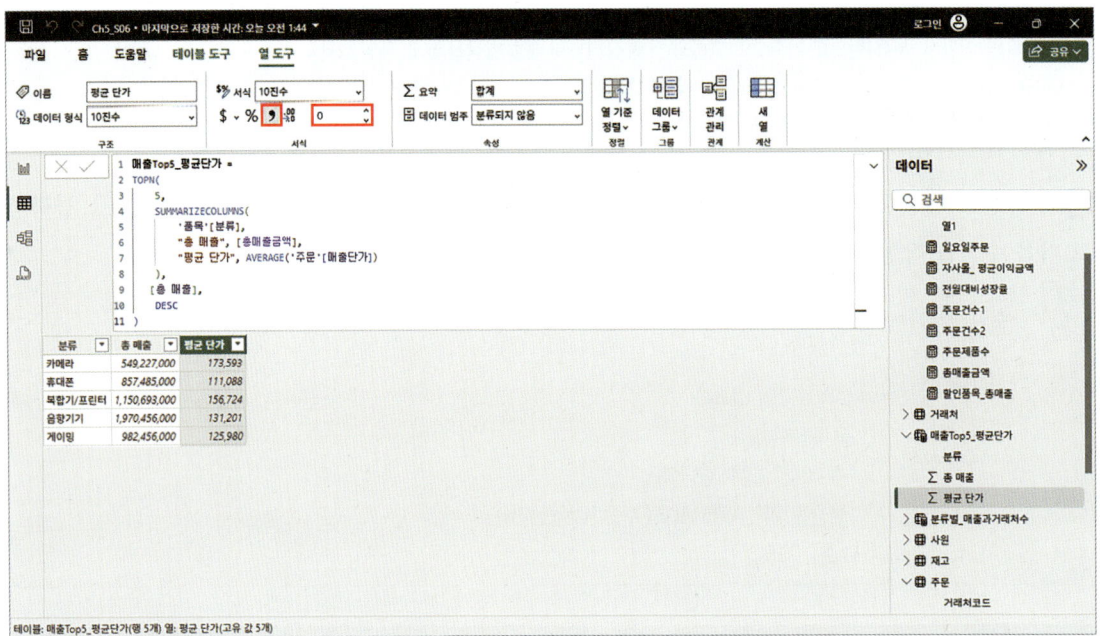

03 | 함수 정리

함수	설명
ADDCOLUMNS(⟨table⟩, ⟨name⟩, ⟨expression⟩[, ⟨name⟩, ⟨expression⟩]...)	기존 테이블에 새로운 열 추가
DISTINCT(⟨column⟩)	열에서 중복을 제외한 고유 값 목록 반환
GROUPBY(⟨table⟩, ⟨groupBy_columnName⟩[, ⟨name⟩, ⟨expression⟩]...)	특정 열을 기준으로 그룹화하고 추가 열을 계산하여 반환
RELATED(⟨column⟩)	1:N 관계에서 관련된 테이블의 값을 반환 (다른 테이블의 값을 조회)
RELATEDTABLE(⟨table⟩)	1:N 관계에서 관련된 테이블의 모든 행 반환
ROW(⟨name⟩, ⟨expression⟩[, ⟨name⟩, ⟨expression⟩]...)	단일 행 테이블을 생성
SUMMARIZE(⟨table⟩, ⟨groupBy_columnName⟩[, ⟨name⟩, ⟨expression⟩]...)	지정한 열을 기준으로 그룹화하고 추가 열을 계산하여 반환
SUMMARIZECOLUMNS(⟨groupBy_columnName⟩[, ⟨name⟩, ⟨expression⟩]...)	SUMMARIZE와 유사하지만 FILTER 없이 필터 컨텍스트를 자동 적용
TOPN(⟨n_value⟩, ⟨table⟩, ⟨orderBy_expression⟩[, ⟨order⟩[, ⟨ties⟩]])	지정한 수만큼 상위 행 반환
UNION(⟨table1⟩, ⟨table2⟩[, ⟨table3⟩, ...])	여러 테이블의 행을 결합하여 하나의 테이블 반환 (열 구조 동일 필수)
VALUES(⟨column⟩)	열에서 고유 값을 반환 (빈 값 포함)

| SECTION 7 | 필터 함수 | Ch5_S07.pbix |

이 섹션에서는 가장 사용 빈도가 높은 필터 함수를 사용해 측정값을 작성해 본다.

01 | 분류별 매출 비율(ALL, CALCULATE, DIVIDE, SUM)

- **측정값 이름**: 매출_비율
- **저장 테이블**: <_측정값>테이블
- 모든 필터를 제거하고 분류에 대한 전체 합계에 대한 비율을 계산하며, 총합계의 값이 달라지지 않게 계산
- **사용필드**: <주문>테이블의 [매출금액]필드
- **적용서식**: [매출_비율], 백분율, 소수 자릿수 '2'

❶ 필터를 적용받지 않는 매출 비율을 구하기 위해 데이터 창의 <_측정값>을 클릭한 후 [테이블 도구] 탭 – [계산]그룹 – [새 측정값]을 클릭한다. 다음 수식을 작성한 후 Enter 를 누른다. 이어서 [측정 도구]탭 – [서식]그룹 – %과 소수 자릿수를 '2'로 지정한다.

```
수식: 매출_비율 =
    DIVIDE(
        SUM('주문'[매출금액]),
        CALCULATE(SUM('주문'[매출금액]), ALL('주문')),
        0
    )
```

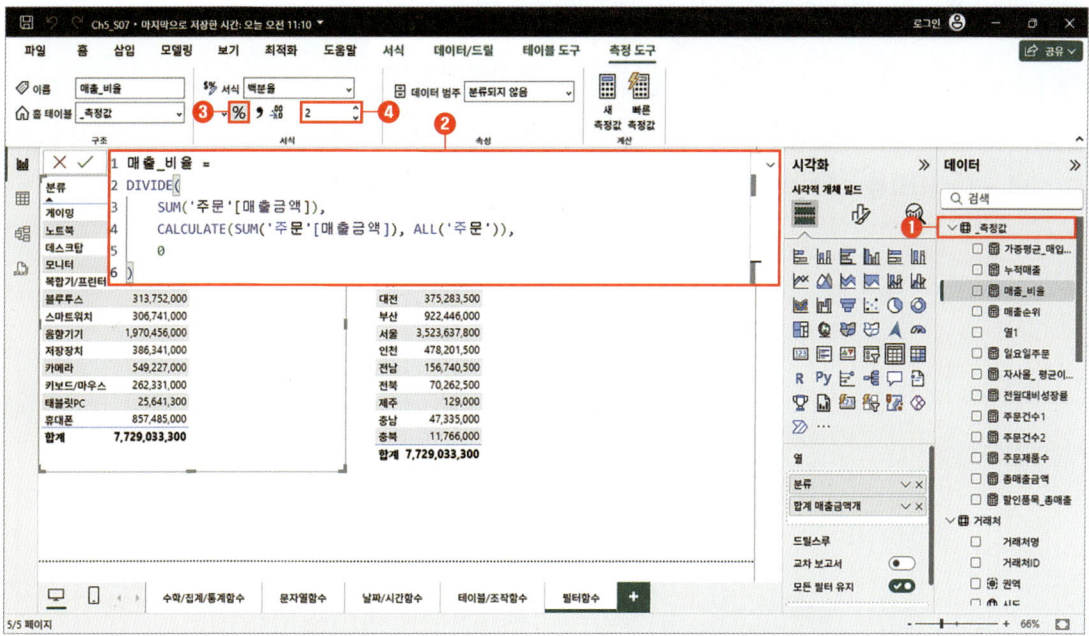

Chapter 5. DAX(Data Analysis Expressions)

❷ 왼쪽 시각화 개체를 선택한 후 작성한 측정값 [매출_비율]을 체크 표시하여 추가한다.

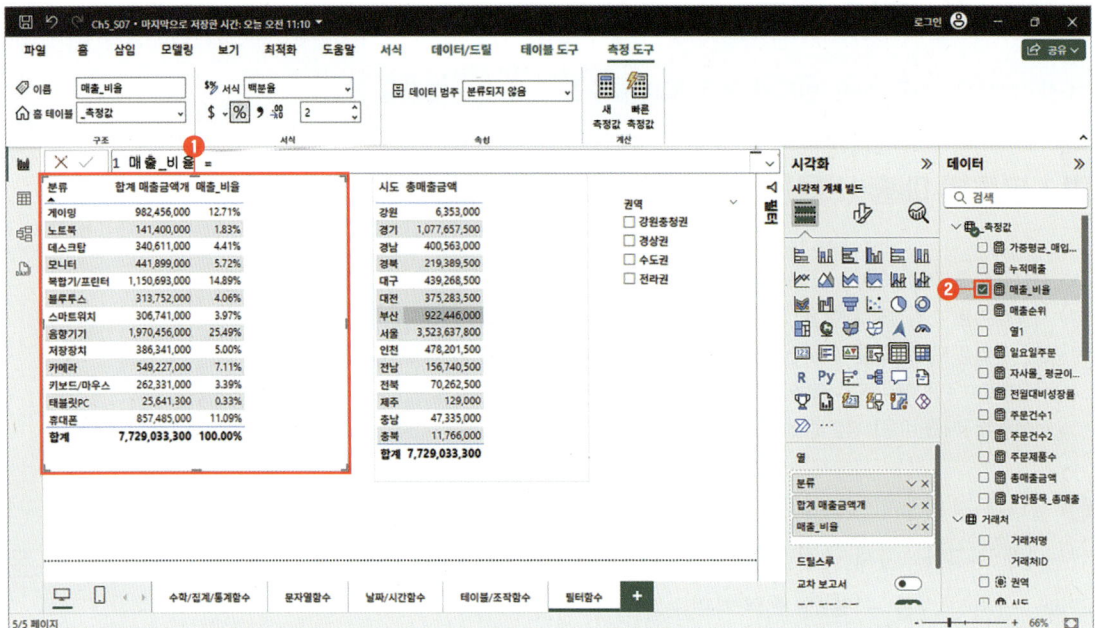

02 | 특정 필터 유지

- **측정값 이름**: 권역필터유지
- **저장 테이블**: 〈_측정값〉테이블
- 모든 필터를 제거하고 권역에 대한 필터를 유지하도록 계산
- **사용필드**: 〈주문〉테이블의 [매출금액]필드
- **적용서식**: 정수, 쉼표를 천 단위 구분기호로 사용, 소수 자릿수 '0'

❸ [권역]필드에 대한 필터만 적용받도록 하기 위해 데이터 창의 〈_측정값〉을 클릭한 후 [테이블 도구]탭 - [계산]그룹 - [새 측정값]을 클릭한다. 다음 수식을 작성한 후 Enter 를 누른다. 이어서 [측정 도구]탭 - [서식]그룹 - 9 과 소수 자릿수를 '0'으로 지정한다.

```
수식: 권역필터유지 = CALCULATE(
            SUM('주문'[매출금액]),
            ALLEXCEPT('거래처','거래처'[권역])
        )
```

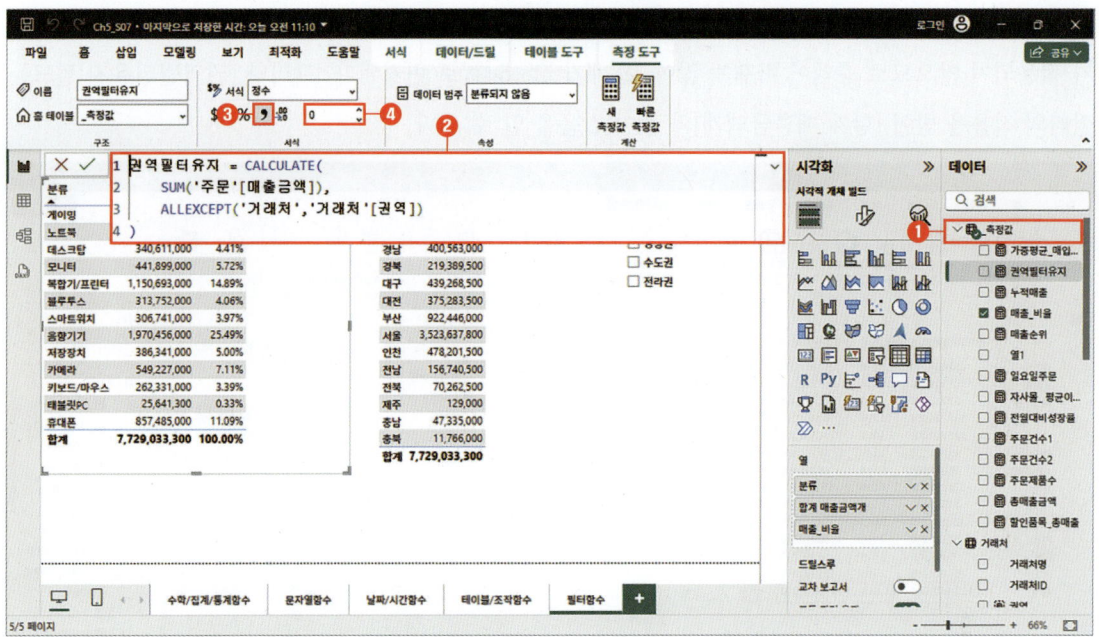

❹ 왼쪽 시각화 개체를 선택한 후 작성한 측정값 [권역필터유지]를 체크 표시하여 추가한다.

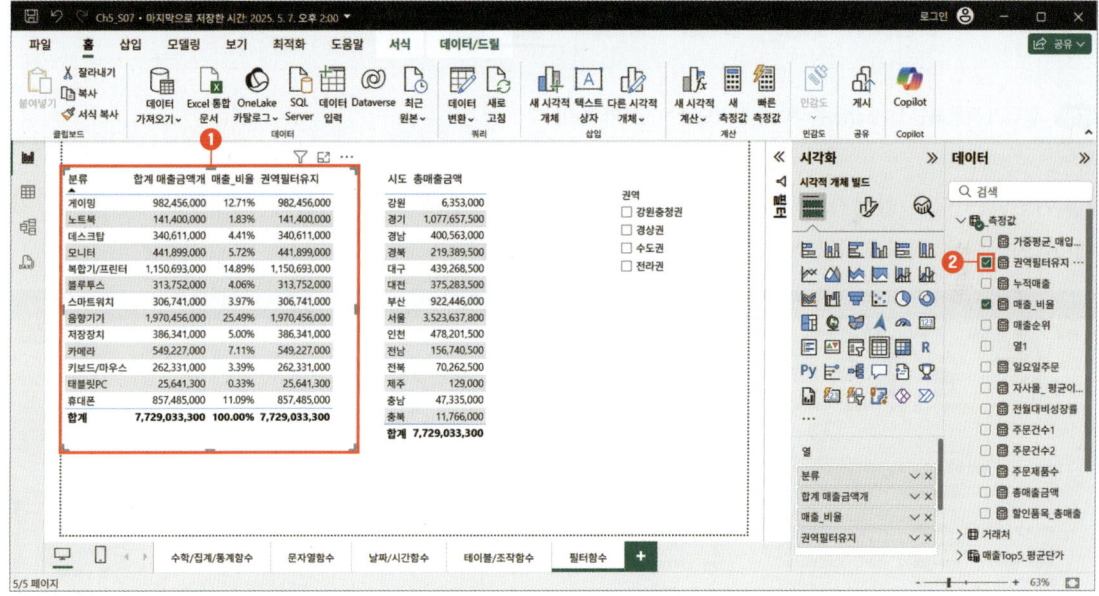

❺ 〈권역〉슬라이서에서 '경상권'을 클릭한 후 왼쪽 테이블 시각화의 [매출_비율]을 확인해 본다. 필터가 적용되지 않으므로 총액이 바뀌지 않아 '합계'가 '25.64%'로 변경된다. 그러나 [권역필터유지]필드는 필터의 적용을 받아 [합계 매출금액개]와 값이 같음을 알 수 있다.

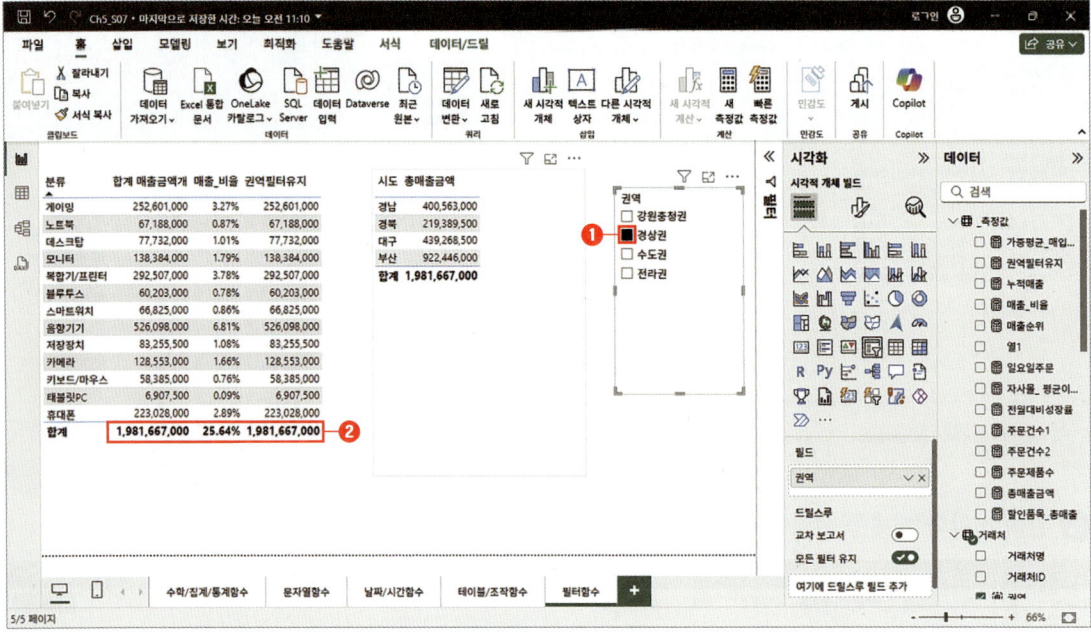

TIP 필터가 적용되면 합계 값은 총액이 변경되므로 100%가 표시된다.

❻ 이번에는 다른 필터가 적용되는지 확인하기 위해 두 번째 테이블 시각화에서 '대구'를 클릭한다. 이때 [권역필터유지]필드의 값이 변경되지 않는 것을 확인한다.

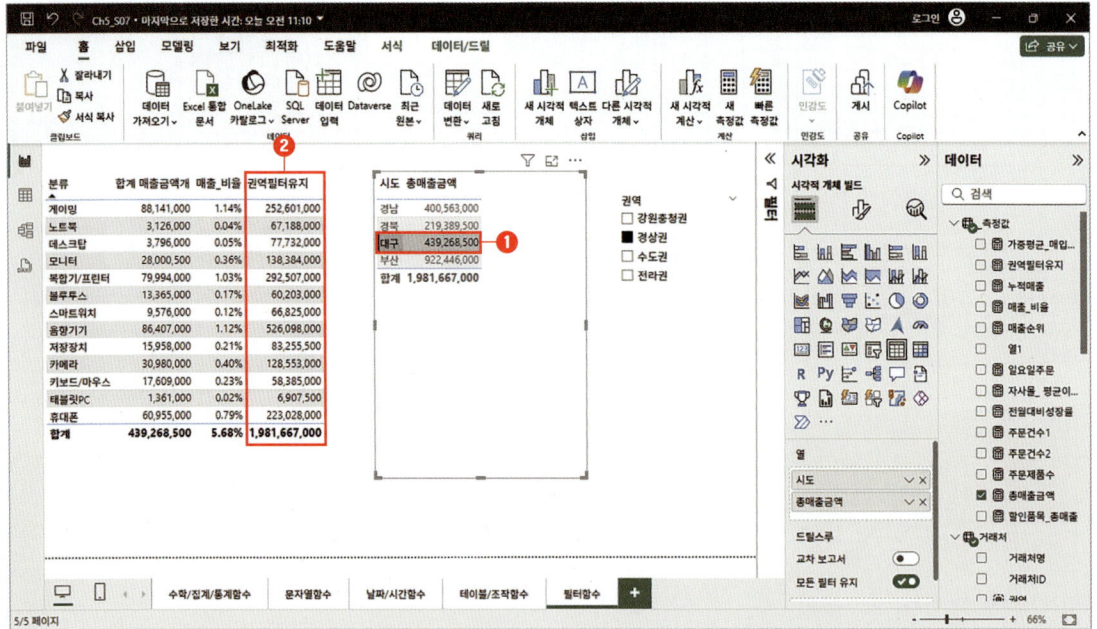

03 | 매출 순위 구하기(ALL, CALCULATE, SUM, RANKX)

- **측정값 이름**: 매출순위
- **저장 테이블**: 〈_측정값〉테이블
- **시도별 매출의 순위를 계산**
- **사용필드**: 〈주문〉테이블의 [매출금액]필드, 〈거래처〉테이블의 [시도]필드

① 매출 순위를 계산하기 위해 데이터 창의 〈_측정값〉을 클릭한 후 [테이블 도구]탭 – [계산]그룹 – [새 측정값]을 클릭한다. 다음 수식을 작성한 후 Enter 를 누른다.

```
수식: 매출순위 =
    RANKX(
        ALL('거래처'[시도]),
        CALCULATE(SUM('주문'[매출금액])),
        ,
        DESC
    )
```

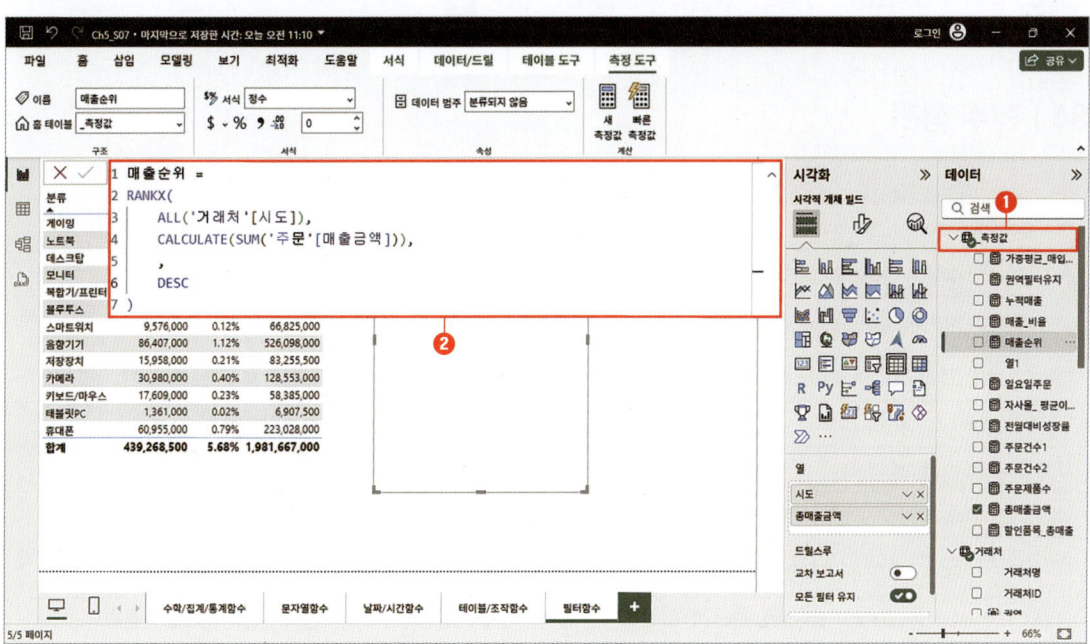

Chapter 5. DAX(Data Analysis Expressions)

❷ 두 번째 시각화 개체를 선택한 후 작성된 측정값 [매출순위]를 체크 표시하여 추가한다. 슬라이서에서 '경상권'을 체크 해제한 후 순위를 확인해 본다.

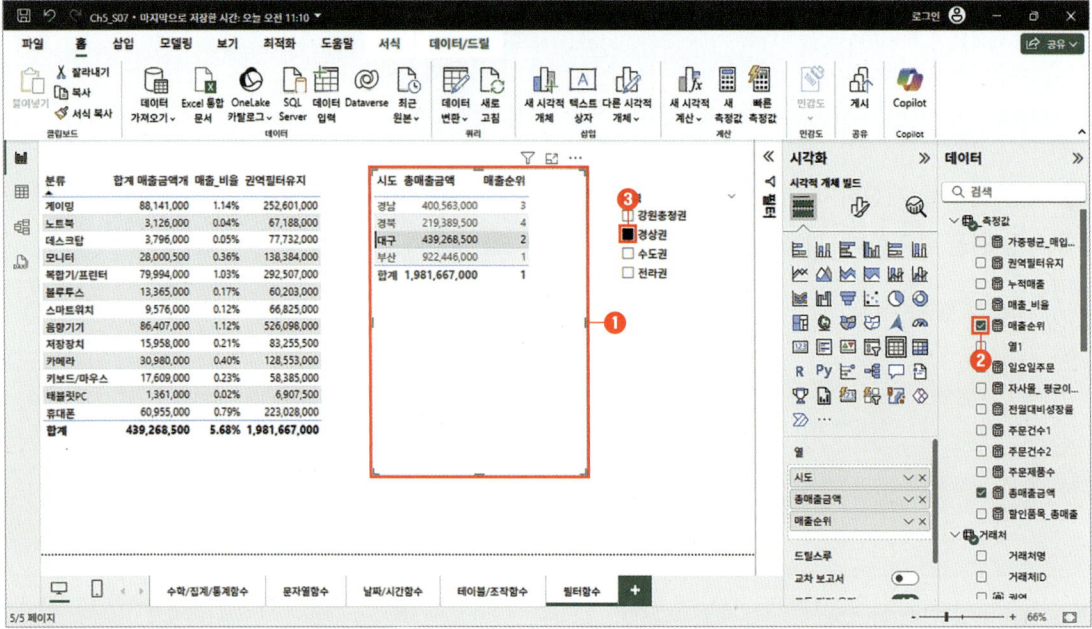

04 | 함수 정리

함수	설명
ALL(⟨table⟩, ⟨column⟩[, ⟨column⟩[, …]])	지정된 테이블이나 열의 모든 필터를 제거하고 전체 데이터를 반환
ALLEXCEPT(⟨table⟩, ⟨column⟩[, ⟨column⟩[, …]])	특정 열의 필터만 유지하고 나머지 모든 필터 제거
ALLSELECTED(⟨table⟩, ⟨column⟩[, ⟨column⟩[, …]])	사용자가 시각적으로 선택한 필터만 유지하며 나머지 자동 필터는 제거
CALCULATE(⟨expression⟩[, ⟨filter1⟩[, ⟨filter2⟩, …]])	지정한 조건에 따라 컨텍스트를 수정한 후 표현식을 평가
FILTER(⟨table⟩, ⟨expression⟩)	특정 조건을 만족하는 행만 반환하는 테이블 함수
KEEPFILTERS(⟨expression⟩)	CALCULATE 내에서 기존 필터 컨텍스트를 유지
RANKX(⟨value⟩, ⟨table⟩, ⟨expression⟩[, ⟨order⟩[, ⟨ties⟩]])	지정된 식을 기준으로 테이블의 값 순위를 반환
REMOVEFILTERS(⟨table⟩, ⟨column⟩[, ⟨column⟩[, …]])	지정된 열이나 테이블에 대한 모든 필터를 제거. ALL과 유사하지만 CALCULATE 문맥 안에서만 사용 가능
SELECTEDVALUE(⟨column⟩[, ⟨alternateResult⟩])	선택한 단일 값 반환 (여러 값이 선택된 경우 대체값 반환)

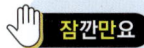 **DAX 함수 출제 범위**

시험에서 출제되는 함수는 이미 아래와 같이 제시되어 있다. 이를 벗어나 출제될 수 없기 때문에 가급적 많이 사용되는 함수와 서로 비교되는 함수 위주로 학습하도록 한다.

구분	주요함수
숫자/집계/통계함수	ABS, DIVIDE, INT, ROUND, ROUNDDOWN, ROUNDUP
	AVERAGE, AVERAGEA, AVERAGEX, COUNT, COUNTA, COUNTAX, COUNTBLANK, COUNTROWS, COUNTX, DISTINCTCOUNT, DISTINCTCOUNTNOBLANK, MAX, MAXA, MAXX, MIN, MINA, MINX, PRODUCT, PRODUCTX, SUM, SUMX
	MEDIAN, RANKX
문자열 함수	CONCATENATE, CONCATENATEX, FIND, FORMAT, LEFT, LEN, LOWER, MID, REPLACE, RIGHT, SEARCH, SUBSTITUTE, TRIM, UPPER, VALUE
논리 함수	AND, IF, IFERROR, NOT, OR, SWITCH, TRUE
날짜 및 시간 함수	CALENDAR, CALENDARAUTO, DATE, DATEDIFF, DAY, EDATE, EOMONTH, HOUR, MINUTE, MONTH, NETWORKDAYS, NOW, TODAY, WEEKDAY, WEEKNUM, YEAR
	DATEADD, DATESBETWEEN, DATESINPERIOD, DATESMTD, DATESQTD, DATESYTD, FIRSTDATE, SAMEPERIODLASTYEAR, TOTALMTD, TOTALQTD, TOTALYTD
테이블 조작/계산 함수	ADDCOLUMNS, DISTINCT, GROUPBY, RELATED, RELATEDTABLE, ROW, SUMMARIZE, SUMMARIZECOLUMNS, TOPN, UNION, VALUES
필터 함수	ALL, ALLEXCEPT, ALLSELECTED, CALCULATE, FILTER, KEEPFILTERS, RANK, REMOVEFILTERS, SELECTEDVALUE
기타	FV, IPMT, NPER, PMT, PPMT, PV, RATE
	HASONEFILTER, ISBLANK, ISERROR, ISFILTERED, ISNUMBER
	BLANK

PART 3

보고서 작성과 상호 작용

이번 Part에서는 파워 BI를 활용해 데이터를 시각화하고 분석하며, 상호 작용 기능을 통해 사용자 친화적인 보고서를 만드는 방법을 배웁니다. 시각적 개체를 활용한 데이터 표현, 조건부 서식과 스파크라인을 이용한 데이터 강조, 분석 선 추가를 통한 심화된 통찰 제공, 그리고 다양한 상호 작용을 통한 탐색 경험 향상까지, 보고서를 더욱 풍부하게 만드는 여러 가지 방법을 단계적으로 살펴봅니다.

파워 BI 보고서 작성의 핵심은 데이터를 단순히 보여주는 것을 넘어, 데이터를 직관적으로 이해하고 탐구할 수 있도록 돕는 다양한 기능들을 효과적으로 활용하는 데 있습니다. 파워 BI의 시각적 개체는 데이터를 차트, 테이블, KPI 등 다양한 형태로 표현하여 데이터의 흐름과 패턴을 쉽게 파악할 수 있도록 하는 데이터에서 만들어진 이미지입니다. 기본 제공되는 막대형 차트, 꺾은선형 차트, 원형 차트 외에도 트리맵, 히트맵, 계기와 같은 다양한 시각적 개체를 활용하면 데이터의 복잡성을 간결하게 표현할 수 있습니다. 예를 들어, 부서별 매출 기여도를 원형 차트로 시각화하거나, 시간의 흐름에 따른 판매 추이를 꺾은선형 차트로 직관적으로 보여줄 수 있습니다.

데이터의 주요 정보를 강조하려면 조건부 서식을 활용할 수 있습니다. 이 기능은 데이터 값에 따라 색상, 아이콘, 글꼴 스타일 등을 자동으로 변경하여 데이터를 한눈에 이해할 수 있도록 만듭니다. 예를 들어, 목표치를 초과한 항목은 초록색으로, 손실이 발생한 항목은 빨간색으로 강조해 중요한 정보를 빠르게 파악하게 할 수 있습니다. 스파크라인을 추가하면 테이블이나 행렬 안에서 데이터의 추세를 작은 그래프로 표현해 시간 흐름에 따른 패턴을 간단히 시각화할 수 있습니다.

차트에 추세선, 평균선, 기준선을 추가하면 데이터의 흐름이나 기준치를 직관적으로 나타낼 수 있고, 특정 시점이나 범위에서의 데이터 변화가 더 명확히 드러나 사용자에게 추가적인 통찰을 제공할 수 있습니다.

파워 BI의 강력한 상호 작용 기능은 데이터 탐색을 더욱 흥미롭고 유연하게 만듭니다. 시각적 개체 간의 상호 작용을 설정하면 데이터를 다양한 각도에서 탐구할 수 있고, 도구 설명 페이지를 통해 특정 데이터 포인트에 대한 상세 정보를 제공하거나, 드릴스루 기능을 활용해 특정 항목과 관련된 세부 데이터를 별도의 페이지에서 확인할 수 있습니다. 필터를 사용해 원하는 데이터를 손쉽게 필터링할 수도 있습니다. 이러한 기능은 사용자가 데이터의 깊이를 자유롭게 탐험할 수 있도록 돕습니다.

마지막으로, 단추와 페이지 탐색기 기능을 활용하면 보고서의 사용성을 크게 향상시킬 수 있습니다. 단추는 특정 작업(예 다른 페이지로 이동하거나 필터를 초기화)을 간단히 수행할 수 있는 방법을 제공하며, 페이지 탐색기는 보고서 내의 페이지 간 이동을 직관적으로 설계할 수 있습니다. 이를 통해 사용자 경험을 최적화하고, 데이터 탐색 과정을 더욱 효율적으로 만들 수 있습니다.

CHAPTER 6. 시각적 개체로 보고서 작성하기
CHAPTER 7. 분석적 보고서 작성과 상호 작용

CHAPTER 06 시각적 개체로 보고서 작성하기

Power BI의 다양한 시각적 개체를 활용하여 보고서를 작성하는 방법을 소개한다. 페이지 설정과 테마 사용자 지정부터 시작해 텍스트 상자와 도형을 배치하고, 막대형 차트, 원형 차트, 꺾은선형 차트, 테이블, 행렬, 카드, 계기 등 다양한 유형의 차트를 사용하여 데이터를 시각화하는 방법을 단계적으로 학습한다. 각 섹션은 시각적 개체 작성을 위한 주요 설정 방법을 중심으로 구성되어 있어, 초보자도 쉽게 따라 할 수 있다.

SECTION 1 페이지 설정  Ch6.pbix

페이지 설정에서는 캔버스의 배경을 설정하고, 보고서에 적용되는 디자인 서식을 설정하는 테마 기능에 대해 알아보자.

01 | 캔버스 배경 설정

캔버스 크기에 맞추어 배경 이미지를 삽입하면 보고서 디자인을 손쉽게 할 수 있다. 캔버스 배경을 설정하는 방법에 대해 알아보자.

❶ Ch6.pbix 예제 파일을 연 후 [1페이지]가 선택된 상태에서 [시각화]창 – [서식 페이지] – [캔버스 배경] – [이미지]의 [찾아보기…]를 클릭한다.

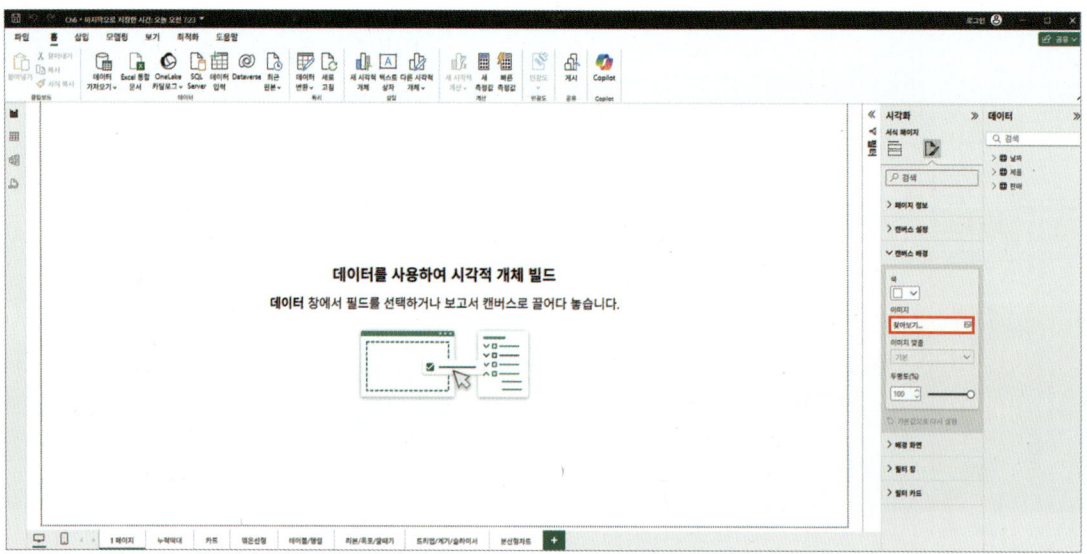

❷ [열기]대화상자가 표시되면 'Chapter6\Ch6_배경이미지.jpg' 파일을 선택하고 [열기]를 클릭한다.

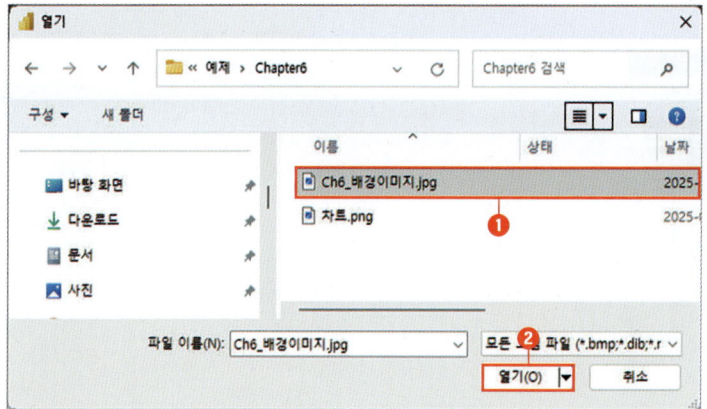

❸ [투명도]가 100%라 이미지가 표시되지 않는다. [투명도]를 '0'으로 설정하고, [이미지 맞춤]을 '맞춤'으로 설정한 다음 삽입된 배경 이미지를 확인한다.

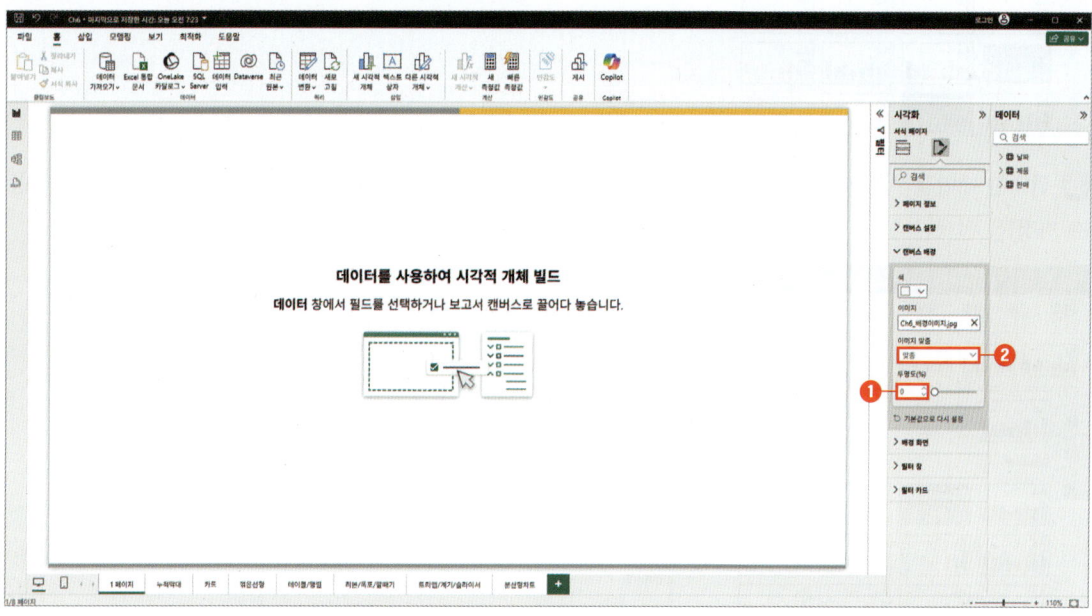

TIP [캔버스 배경]의 [색] 옵션을 설정하여 캔버스 배경 색을 지정할 수도 있다.

02 | 테마 설정

'테마'는 전체 보고서에 적용되는 디자인을 설정하여 통일성 있는 서식을 설정하는 기능이다. 기본 제공되는 다양한 테마를 선택할 수 있고, 사용자가 원하는 대로 서식을 편집할 수도 있다.
보고서에 테마를 적용하는 방법을 살펴보자.

❹ [보기]탭 – [테마]그룹의 ▽을 클릭한 후 원하는 테마를 선택한다. 지금은 '접근성 높은 도시 공원'을 선택한다.

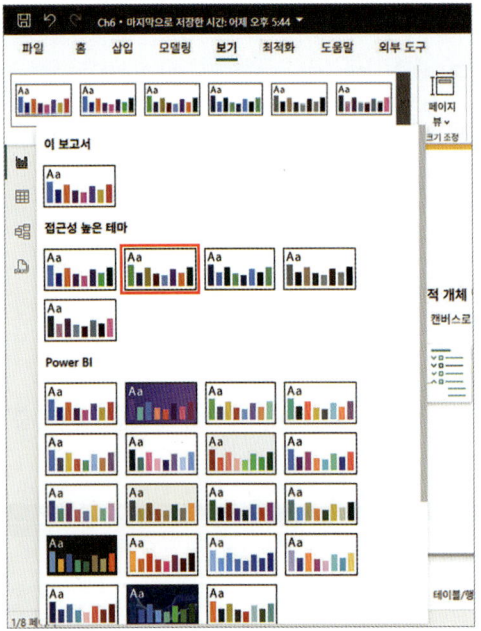

❺ 선택한 테마를 사용자 지정하기 위해 다시 한번 [보기]탭 – [테마]그룹의 ▽을 클릭한 후 [현재 테마 사용자 지정]을 선택한다.

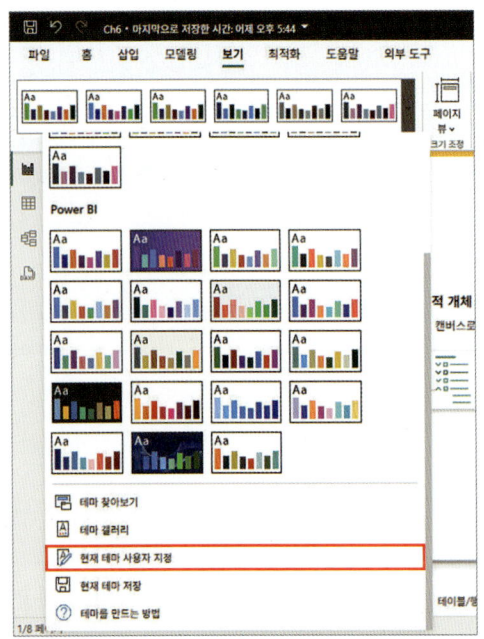

❻ [테마 사용자 지정]창이 표시되면 왼쪽 테마가 적용되는 대상을 선택한 후 원하는 대로 서식을 설정한다. 지금은 [이름 및 색] – [테마 색]의 [색 2]를 클릭한 후 [헥스]에 '#232358'을 입력하고, [감정 색]의 [부정]을 클릭한 후 [헥스]에 '#C80000'을 입력하여 색을 지정한다.

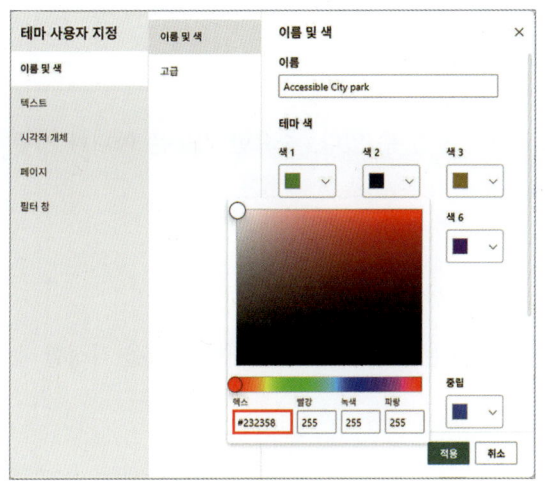 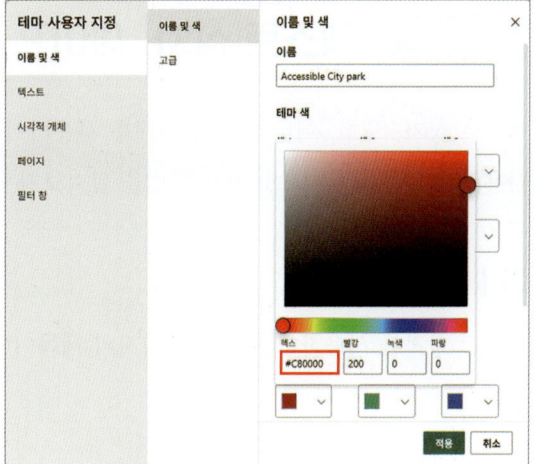

❼ [텍스트] – [제목] – [글꼴 패밀리]를 'Segoe UI Semibold'로 선택하고, [글꼴 크기]를 '16'으로 지정한 다음 [적용]을 클릭한다.

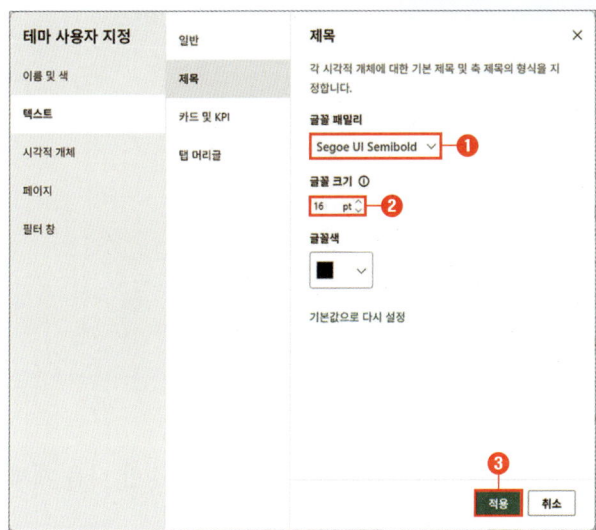

❽ 앞으로 보고서에 작성되는 개체들은 테마에 설정한 서식이 자동으로 적용된다.

> **TIP** 보고서 페이지의 이름을 변경하거나 복제, 삭제, 숨기기 등 페이지 관리 작업은 페이지 탭에서 마우스 오른쪽 버튼을 클릭하여 설정한다.
>
>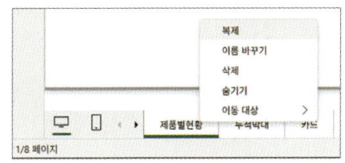

페이지 이름을 변경할 때는 페이지 탭을 더블 클릭하는 방법을 사용할 수도 있다.

[숨기기] 설정을 하면 페이지 이름 앞에 👁 아이콘이 표시된다. 숨긴 페이지는 웹에 게시했을 때 표시되지 않는다.

SECTION 2 | 텍스트 상자, 셰이프, 이미지

텍스트 상자, 도형, 이미지 등의 개체를 사용하여 보고서를 꾸밀 수 있다. 중요한 기능은 아니나 자주 사용하게 되는 개체이므로 사용 방법을 살펴보자.

01 | 텍스트 상자

텍스트 상자를 사용하여 보고서 페이지의 제목이나 데이터 또는 시각적 요소에 대한 설명을 작성할 수 있다.

❶ 보고서 제목을 작성하기 위해 [삽입]탭 – [요소]그룹 – [텍스트 상자]를 클릭한다.
❷ 페이지 왼쪽 상단에 삽입된 텍스트 상자에 '매출 실적 보고서'를 입력한다.

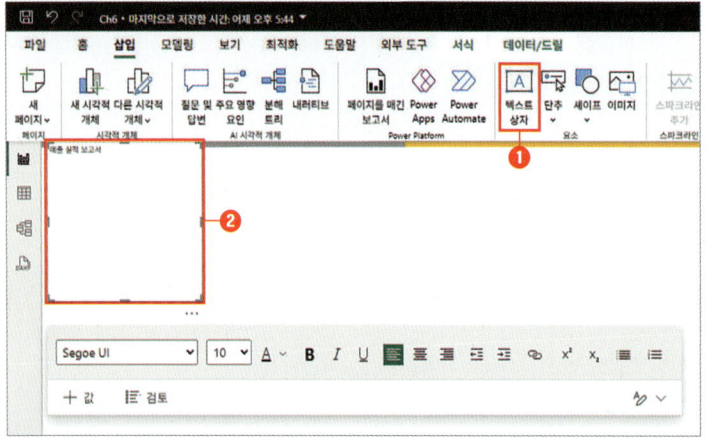

❸ 텍스트 상자에 입력된 텍스트를 드래그하여 선택하고 [글꼴 크기]는 '28', '굵게'로 설정한 다음 개체의 크기 및 위치를 적절히 조절한다.

> **TIP** 텍스트 상자의 글꼴 서식 이외의 서식은 화면 오른쪽에 표시되는 [텍스트 상자 서식 지정]창을 사용하여 설정한다. 예를 들어, 텍스트 상자에 배경 색을 지정하거나 테두리를 지정할 때는 [텍스트 상자 서식 지정] – [일반] – [효과] – [배경], [시각적 테두리] 옵션을 사용한다.

02 | 셰이프

도형을 사용하여 섹션을 나누거나 레이아웃을 정리하여 가독성을 높이는 용도로 사용할 수 있다.

❹ [삽입]탭 – [요소]그룹 – [셰이프]를 클릭한 후 [선]을 선택한다.

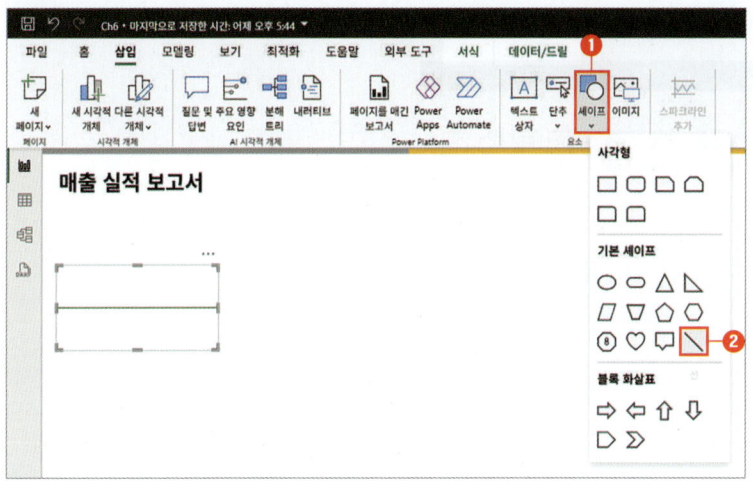

❺ [도형 서식]창의 [도형]탭 – [스타일] – [테두리] – [색]을 클릭한 후 [다른 색]을 선택하고 [헥스]에 '#999999'를 입력하여 선의 색을 변경한 다음 선 도형의 크기 및 위치를 적절히 조절한다.

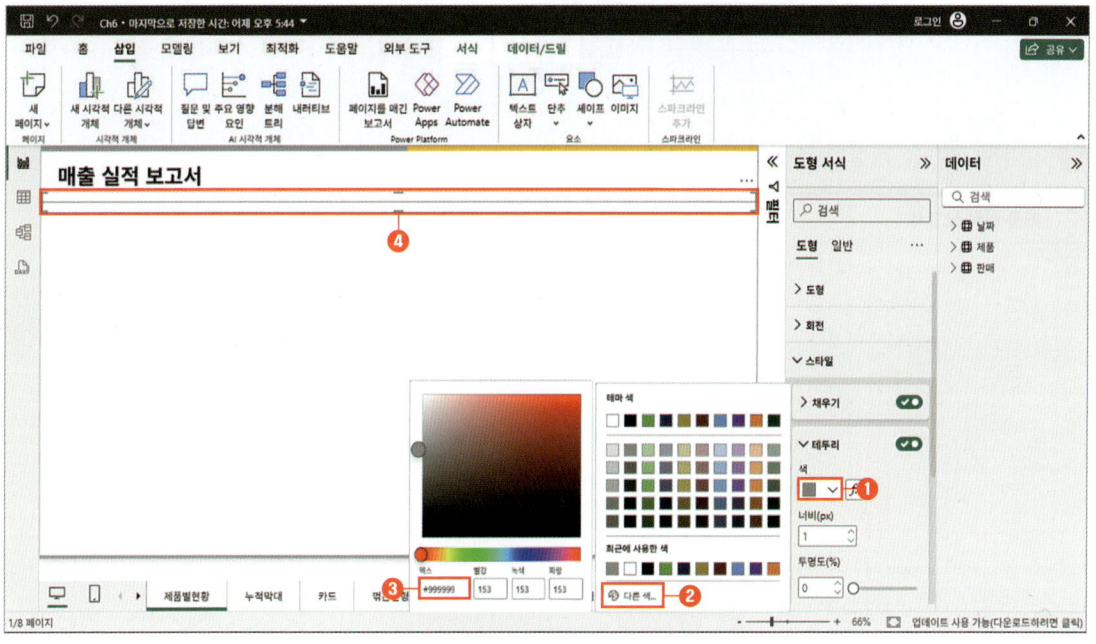

03 | 이미지

로고, 아이콘 또는 보고서 내용과 관련된 이미지를 삽입하여 보고서의 디자인 일관성을 유지하고 시각적 이해도를 높일 수 있다.

❻ [삽입]탭 – [요소]그룹 – [이미지]를 클릭한다.

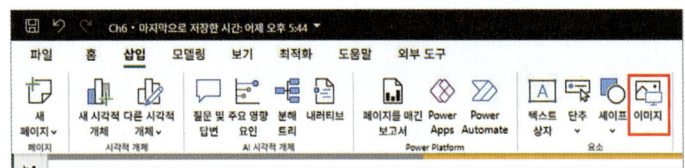

❼ 'Chapter6\아이콘.png' 파일을 선택하고 [열기]를 클릭한다.

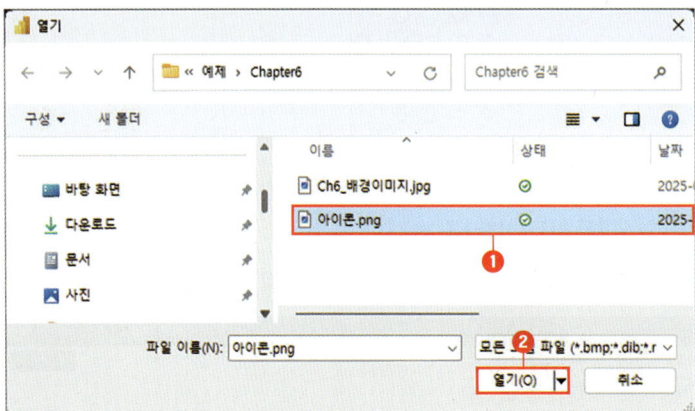

❽ 이미지 크기를 적절히 조절하고 오른쪽 상단에 배치한다.

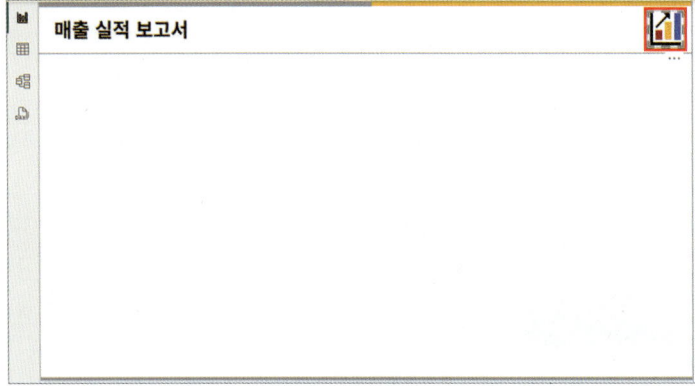

SECTION 3 | 묶은 세로/가로 막대형 차트, 원형 차트, 도넛형 차트

01 | 묶은 세로/가로 막대형 차트

데이터 범주에 속하는 여러 항목을 나란히 배치하여 개별 비교가 용이한 차트 유형이다. 가로 막대형 차트는 긴 범주명을 표시할 때 유용하다.

❶ [제품별현황] 페이지를 선택한다.
❷ [시각화]창 – [시각적 개체 빌드]에서 [묶은 세로 막대형 차트]를 선택한다.
❸ [데이터]창의 각 테이블의 필드를 필드 영역으로 드래그하여 추가한다.
- **X축**: 〈제품〉테이블의 〈카테고리〉필드
- **Y축**: 〈판매〉테이블의 〈총매출액〉측정값
- **범례**: 〈판매〉테이블의 〈성별〉필드

❹ 작성된 차트의 크기 및 위치를 적절히 조절한다.

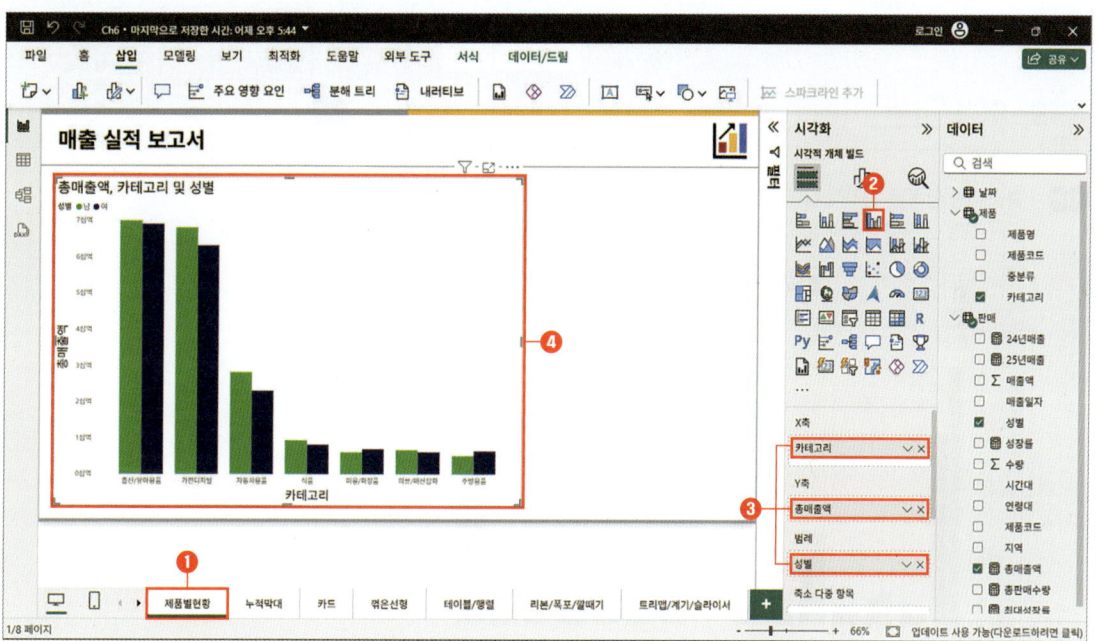

Chapter 6. 시각적 개체로 보고서 작성하기

❺ 차트를 구성하는 요소를 더 살펴보기 위해 [데이터]창의 각 테이블의 필드를 필드 영역으로 드래그하여 추가한다.

- **축소 다중 항목**: 〈날짜〉테이블의 〈연도〉필드
- **도구 설명**: 〈판매〉테이블의 〈총판매수량〉, 〈성장률〉측정값

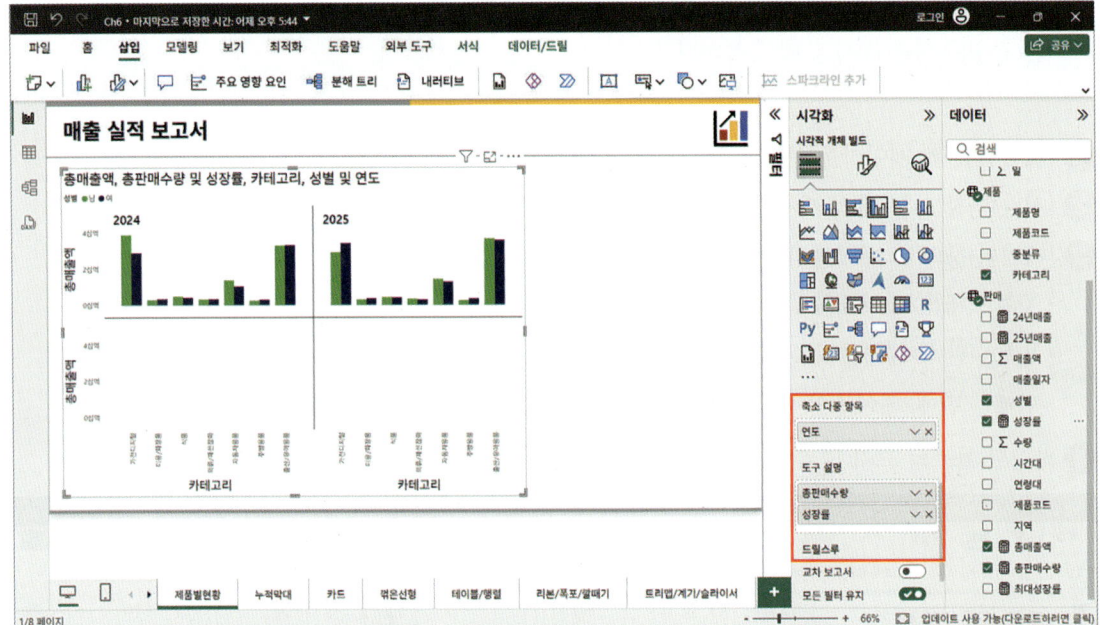

TIP '축소 다중 항목'은 시각적 개체를 작은 여러 개의 차트로 분할한다.
'도구 설명'은 시각적 개체의 요소에 마우스 포인터로 가리킬 때 표시되는 도구 설명에 내용을 추가한다.

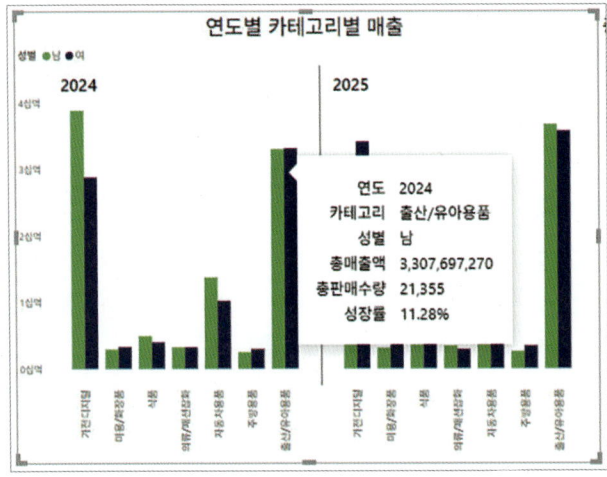

❻ 차트에 서식을 지정하기 위해 [시각화]창 – [시각적 개체 서식 지정] – [시각적 개체]탭 – [X축] – [글꼴] 크기를 '10', [제목] 옵션을 해제한다.

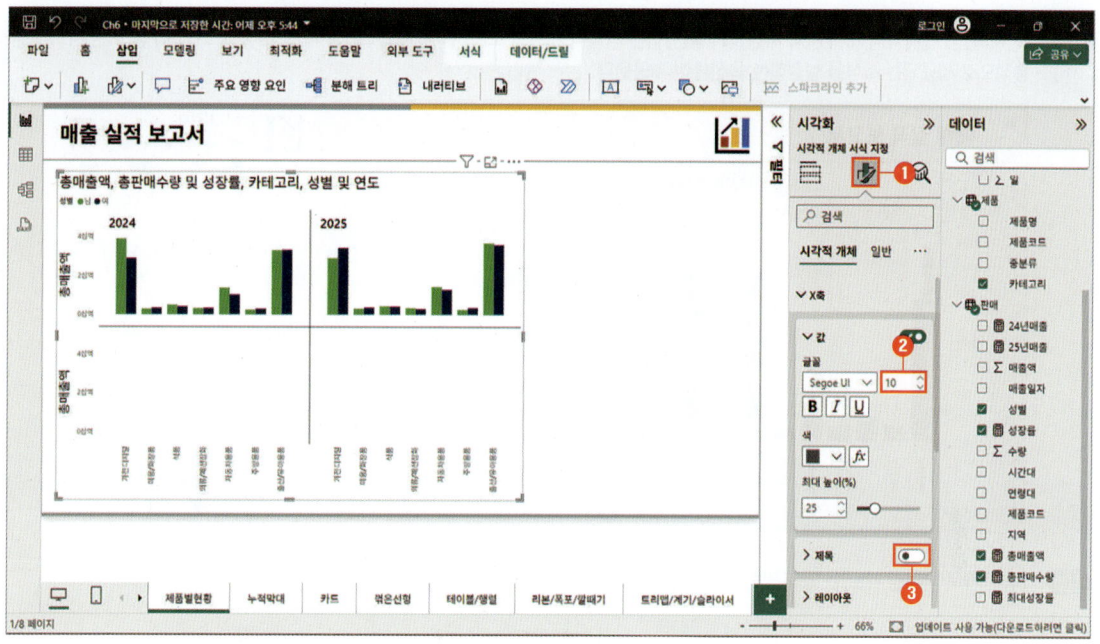

❼ [Y축] – [제목] 옵션을 해제하고, [축소 다중 항목] – [레이아웃] – [행]을 '1'로 설정한 후 차트에 적용된 서식을 확인한다.

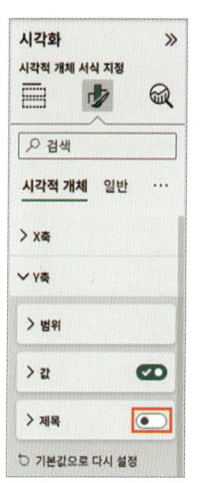 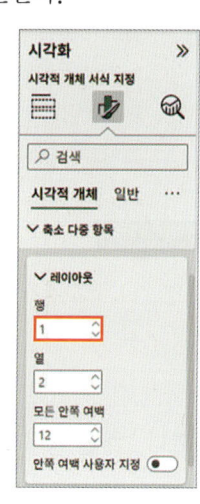 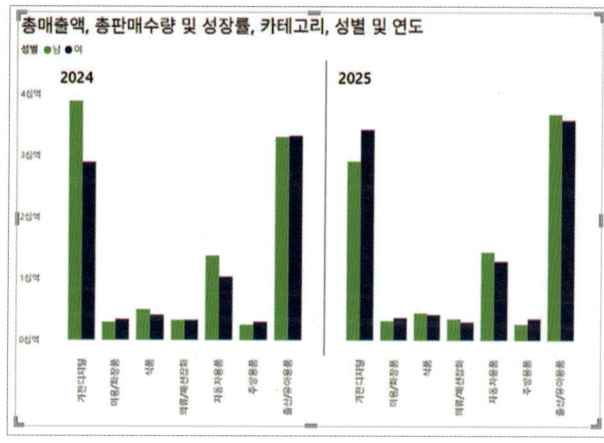

❽ [시각화]창 – [시각적 개체 서식 지정] – [일반]탭 – [제목] – [텍스트]에 '연도별 카테고리별 매출'을 입력하고, [글꼴] 크기를 '20', [가로 맞춤]을 [가운데]로 설정한다.

TIP [시각화]창 - [시각적 개체 서식 지정]의 [일반]탭은 시각적 개체의 크기, 위치, 제목, 효과(배경, 테두리, 그림자) 등 모든 차트에 공통적으로 제공되는 서식을 설정하는 옵션들이 제공된다.

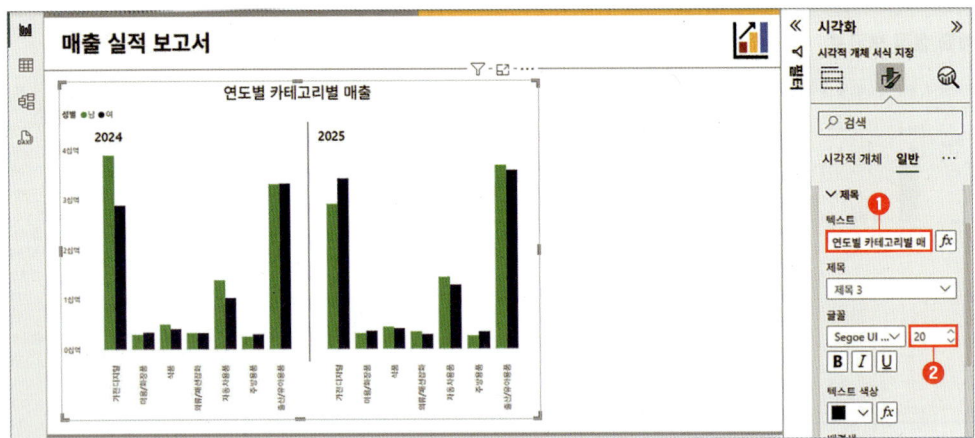

TIP [묶은 가로 막대형 차트]는 막대 방향이 가로 방향으로 표시되는 묶은 세로 막대형 차트와 유사한 차트 종류이다.

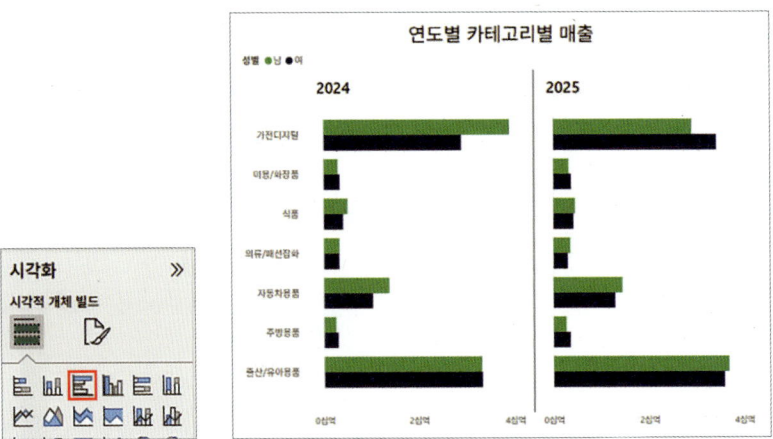

02 | 원형 차트

전체에서 각 범주가 차지하는 비율(%)을 시각적으로 표현하는 차트다. 개별 항목의 상대적 크기를 한눈에 파악할 수 있으나, 너무 많은 범주가 있을 경우 비교가 어려울 수 있다. 일반적으로 3~5개 범주일 때 효과적이다.

❾ 새 개체를 추가하기 위해 [제품별현황] 페이지 빈 공간을 클릭하여 개체가 선택된 상태를 해제한다.
❿ [시각화]창 – [시각적 개체 빌드]에서 [원형 차트]를 선택한다.

⑪ [데이터]창의 각 테이블의 필드를 필드 영역으로 드래그하여 추가한다.
- **범례**: 〈판매〉테이블의 〈성별〉필드
- **값**: 〈판매〉테이블의 〈총매출액〉측정값

⑫ 작성된 차트의 크기 및 위치를 적절히 조절한다.

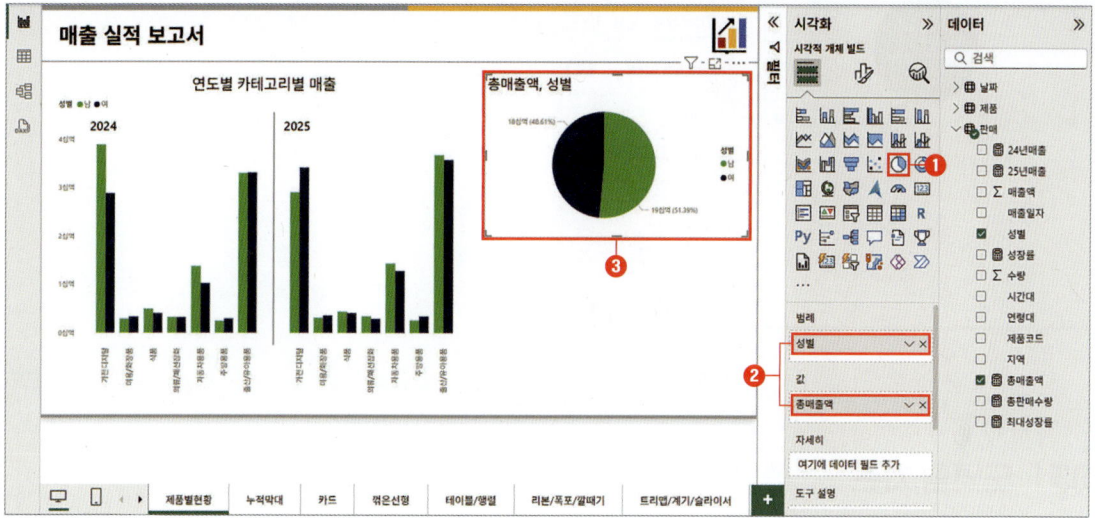

⑬ [시각화]창 - [시각적 개체 서식 지정] - [시각적 개체]탭 - [범례] - [옵션] - [위치]를 '위쪽 가운데', [텍스트] - [글꼴] 크기를 '12'로 설정한다.

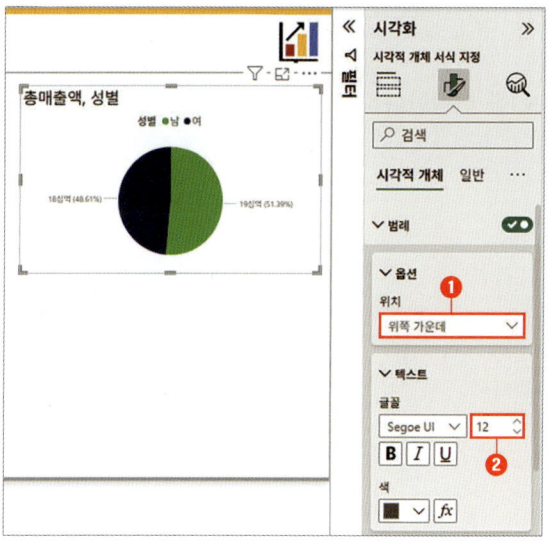

⑭ [세부 정보 레이블] – [옵션] – [위치]를 '안쪽', [값] – [글꼴] 크기를 '11'로 설정한다.

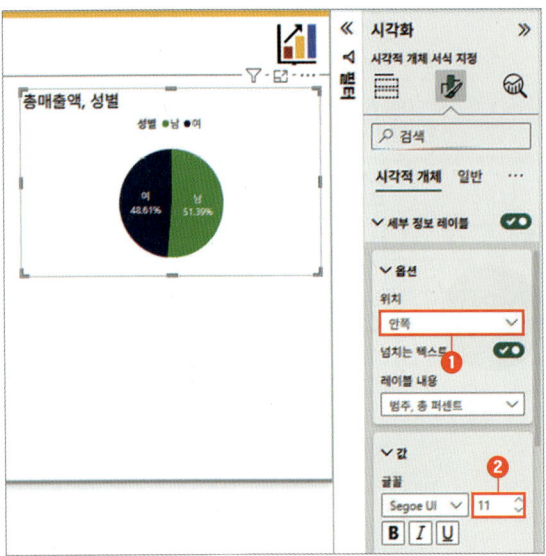

03 | 도넛형 차트

원형 차트와 유사하지만, 중앙이 비어 있는 형태로 데이터를 나타낸다.

⑮ 원형 차트를 선택한 후 Ctrl + C 키를 눌러 복사하고, Ctrl + V 키를 눌러 붙여넣기한 다음 드래그하여 아래로 위치를 이동한다.

⑯ [시각화]창 – [시각적 개체 빌드]에서 [도넛형 차트]를 선택한다.

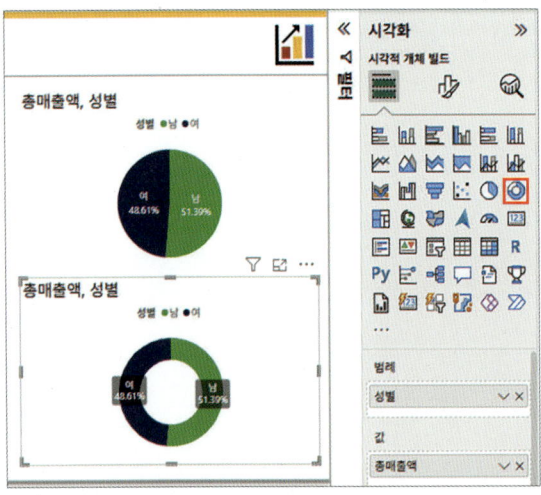

TIP 시각적 개체가 선택된 상태에서 [시각적 개체 빌드]에서 차트 종류를 선택하면 차트 종류가 변경된다.

⑰ [시각화]창 – [시각적 개체 서식 지정] – [시각적 개체]탭 – [조각] – [간격] – [내부 반경]을 '30'으로 설정한다.

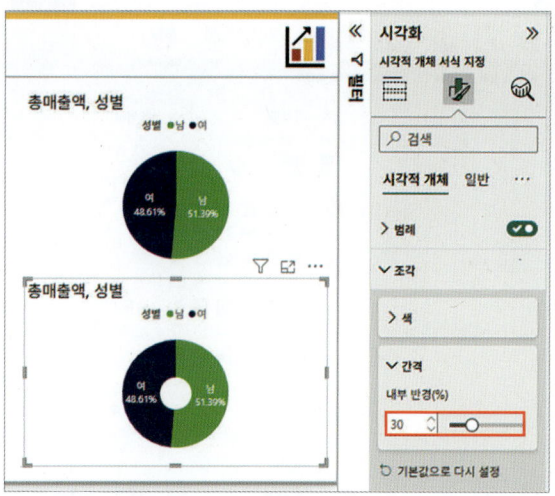

SECTION 4 누적 세로/가로 막대형 차트, 100% 누적 세로/가로 막대형 차트

01 | 누적 세로/가로 막대형 차트

누적 막대형 차트는 각 범주의 세부 항목 값을 누적하여 하나의 막대로 표현한다. 전체 합계와 각 구성 요소의 상대적인 크기를 파악할 때 유용하다.

❶ [누적막대] 페이지를 선택한다.
❷ [시각화]창 – [시각적 개체 빌드]에서 [누적 가로 막대형 차트]를 선택한다.
❸ [데이터]창의 각 테이블의 필드를 필드 영역으로 드래그하여 추가한다.
- **Y축**: 〈제품〉테이블의 〈카테고리〉필드
- **X축**: 〈판매〉테이블의 〈총매출액〉측정값
- **범례**: 〈판매〉테이블의 〈성별〉필드

❹ 작성된 차트의 크기 및 위치를 적절히 조절한다.

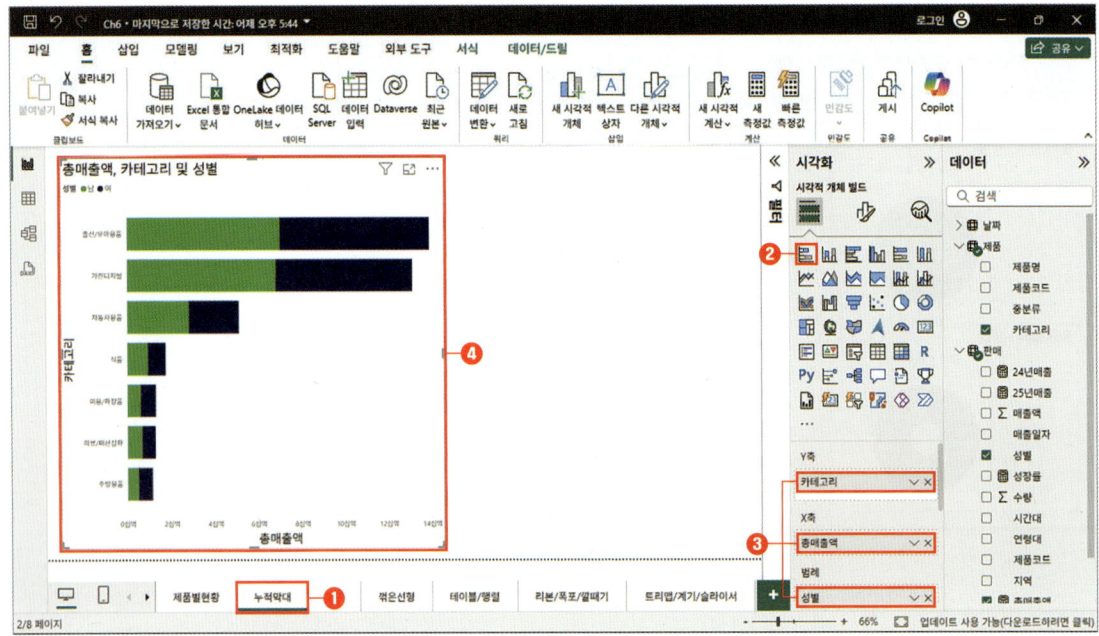

❺ [시각화]창 - [시각적 개체 서식 지정] - [시각적 개체]탭 - [눈금선] - [선 스타일]을 '파선', [너비]를 '3'으로 설정한다.

❻ [확대/축소 슬라이더] 옵션을 설정한다.

❼ 차트에 설정된 눈금선 서식을 확인한 후 차트 하단에 추가된 확대/축소 슬라이더의 오른쪽 동그라미 부분을 드래그하여 차트의 일부분을 확대할 수 있는지 확인한 후 원상태로 되돌린다.

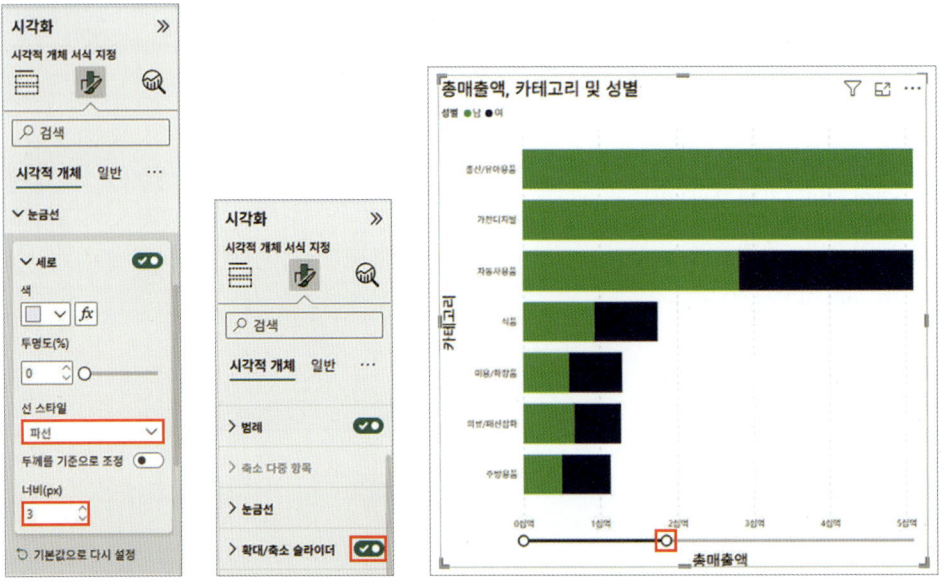

02 | 100% 누적 막대형 차트

100% 누적 막대형 차트는 각 범주의 전체 값을 100%로 정규화하여 각 항목의 비율만 표시하는 차트로 막대의 길이가 모두 같다. 구성 요소의 상대적 비율을 파악할 때 유용하다.

❽ 누적 가로 막대형 차트를 선택한 후 Ctrl + C 키를 눌러 복사하고, Ctrl + V 키를 눌러 붙여 넣기한 다음 드래그하여 오른쪽으로 위치를 이동한다.

❾ [시각화]창 – [시각적 개체 빌드]에서 [100% 누적 가로 막대형 차트]를 선택한 후 변경된 차트 종류를 확인한다.

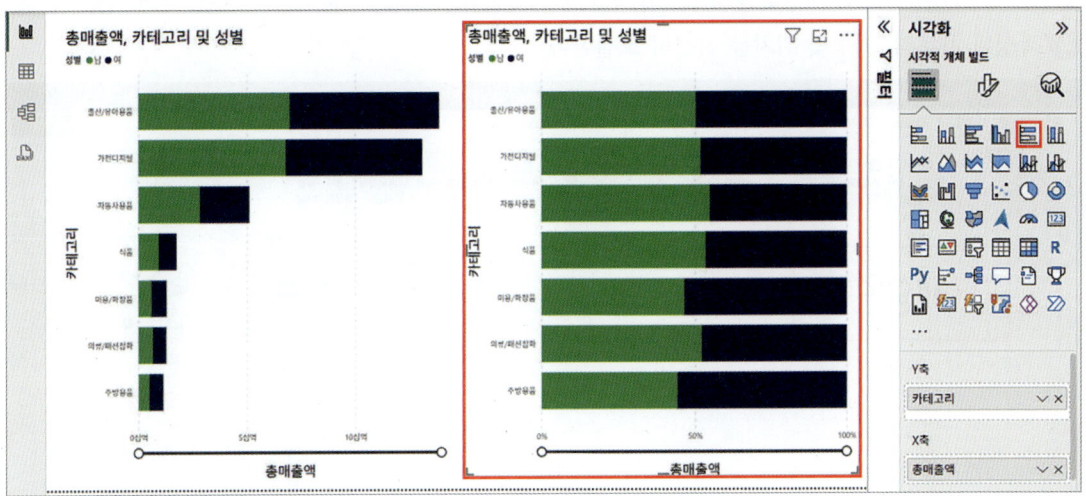

❿ [시각화]창 – [시각적 개체 빌드]에서 [100% 누적 세로 막대형 차트]를 선택하여 차트 종류를 다시 한번 변경해 본다.

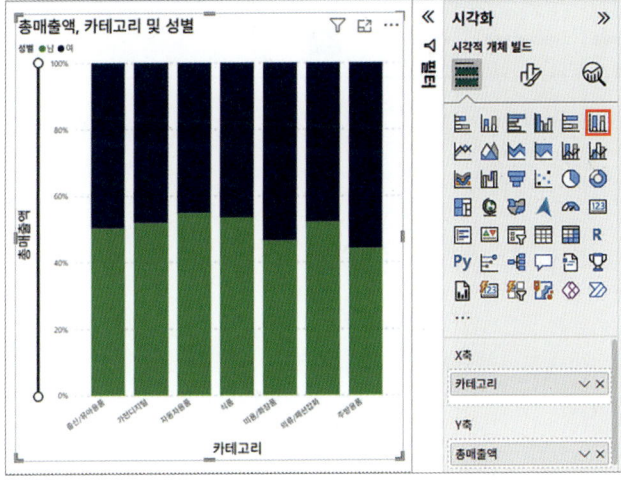

SECTION 5 카드, 카드 신규, 여러 행 카드

01 | 카드

중요한 하나의 값을 강조하여 표시하는 시각적 개체로 KPI나 중요 데이터를 빠르게 전달할 수 있다.

❶ [카드] 페이지를 선택한다.
❷ [시각화]창 – [시각적 개체 빌드]에서 [카드]를 선택한다.
❸ [데이터]창의 〈판매〉테이블에 있는 〈총매출액〉측정값을 [필드] 영역으로 드래그하여 추가한다.
❹ 작성된 차트의 크기 및 위치를 적절히 조절한다.

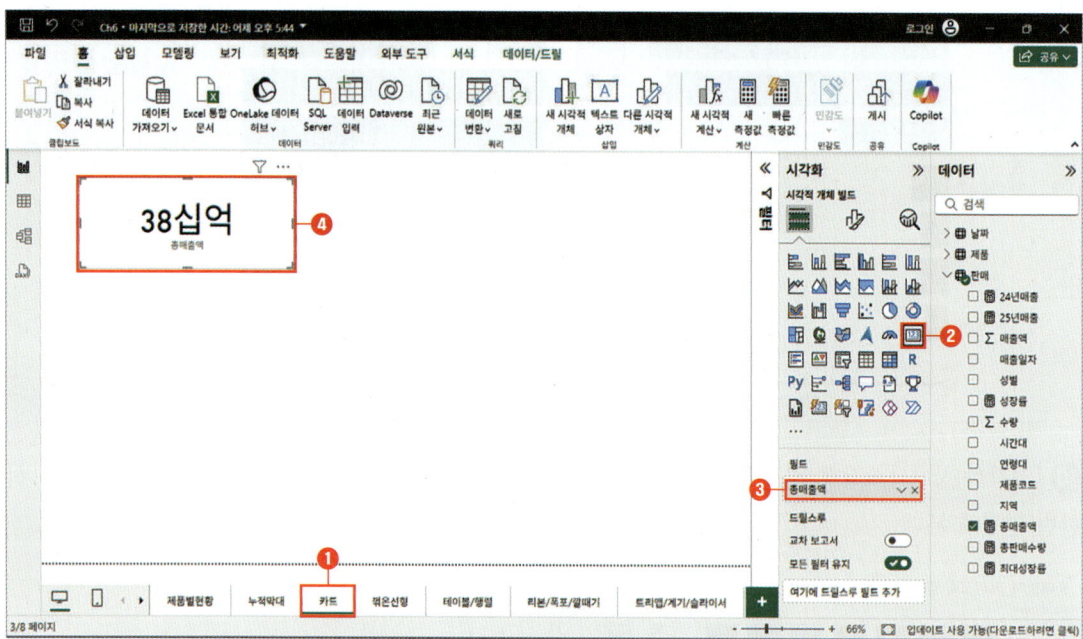

❺ [시각화]창 – [시각적 개체 서식 지정] – [시각적 개체]탭 – [설명 값] – [글꼴] 크기를 '28', [표시 단위]를 [없음]으로 지정한다.

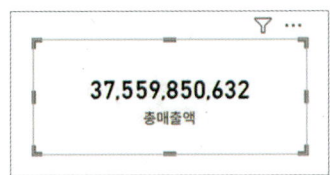

❻ [시각화]창 – [시각적 개체 서식 지정] – [일반]탭 – [효과] – [배경] – [색]을 클릭한 후 [다른 색]을 선택한 다음 [헥스]에 '#E6E6E6'을 입력한다.

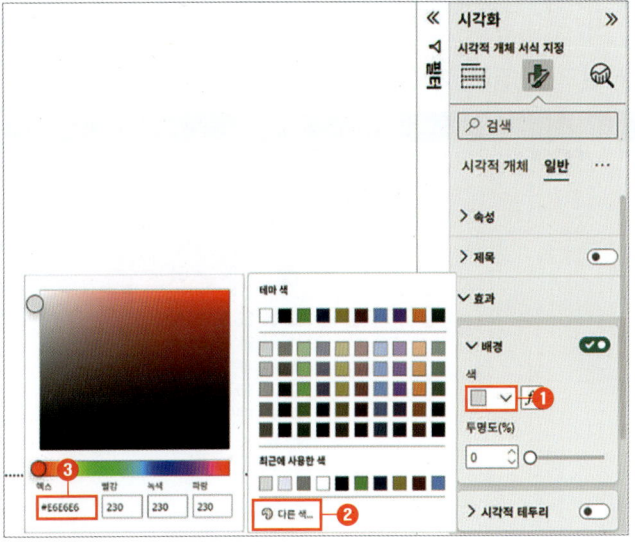

❼ [시각적 테두리] 옵션을 설정한 후 [둥근 모서리]에 '30', [너비(px)]에 '2'를 지정한다.

❽ [그림자] 옵션을 설정한다.

❾ 작성된 카드를 Ctrl + C 키를 눌러 복사한 후 Ctrl + V 키를 눌러 붙여넣기한 다음 드래그하여 오른쪽으로 이동한다.

❿ [데이터]창, 〈판매〉테이블의 〈총판매수량〉필드를 [필드] 영역으로 드래그하여 필드를 교체한다.

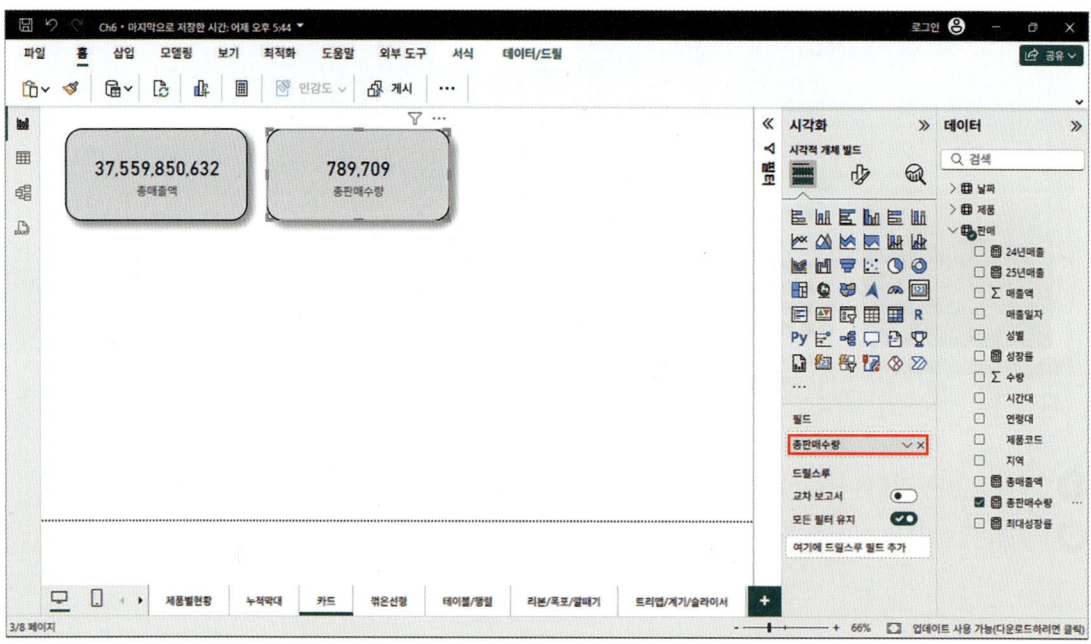

02 | 카드 신규

기존 카드보다 더 많은 값을 한 번에 표시하고, 더 다양한 서식 옵션을 제공한다.

⑪ 새 개체를 추가하기 위해 페이지 빈 공간을 클릭한다.

⑫ [시각화]창 – [시각적 개체 빌드]에서 [카드 신규]를 선택한다.

⑬ [데이터]창의 〈판매〉테이블에 있는 〈총매출액〉, 〈총판매수량〉, 〈성장률〉측정값을 [데이터] 영역으로 드래그하여 추가한다.

⑭ 작성된 차트의 크기 및 위치를 적절히 조절한다.

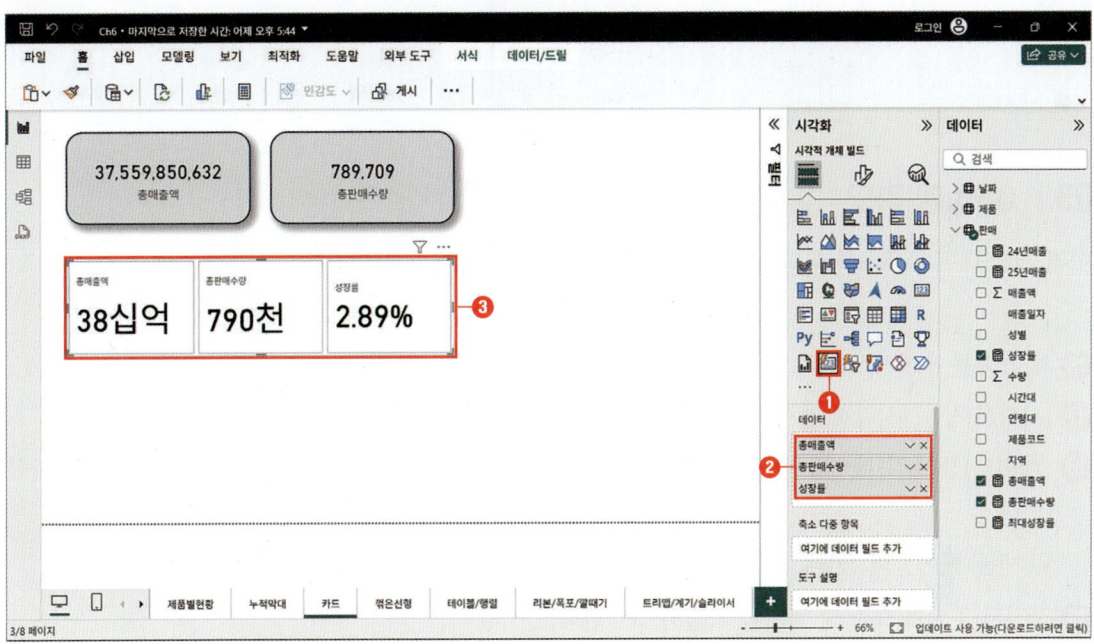

⑮ [시각화]창 – [시각적 개체 서식 지정] – [시각적 개체]탭 – [설명 값] – [값] – [글꼴] 크기를 '24', [가로 맞춤]을 '가운데'로 설정하고, [카드] – [도형]을 '모서리가 둥근 직사각형'으로 설정한다.

Chapter 6. 시각적 개체로 보고서 작성하기

03 | 여러 행 카드

여러 개의 데이터 필드를 목록 형태로 표시하는 카드 유형이다.

⑯ 새 개체를 추가하기 위해 페이지 빈 공간을 클릭한다.
⑰ [시각화]창 – [시각적 개체 빌드]에서 [여러 행 카드]를 선택한다.
⑱ [데이터]창의 각 테이블의 필드를 필드 영역으로 드래그하거나 필드명 왼쪽 체크 박스에 체크하여 추가한다.
　　• 〈제품〉테이블의 〈카테고리〉, 〈판매〉테이블의 〈총매출액〉, 〈총판매수량〉, 〈성장률〉측정값
⑲ 작성된 차트의 크기 및 위치를 적절히 조절한다.

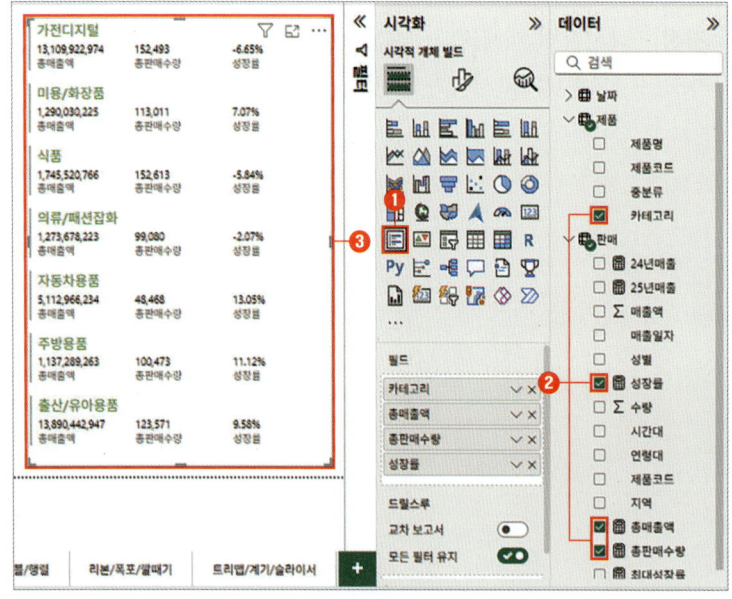

⑳ [시각화]창 – [시각적 개체 서식 지정] – [시각적 개체]탭 – [카드] – [악센트 바] – [너비]에 '5'를 지정한다.

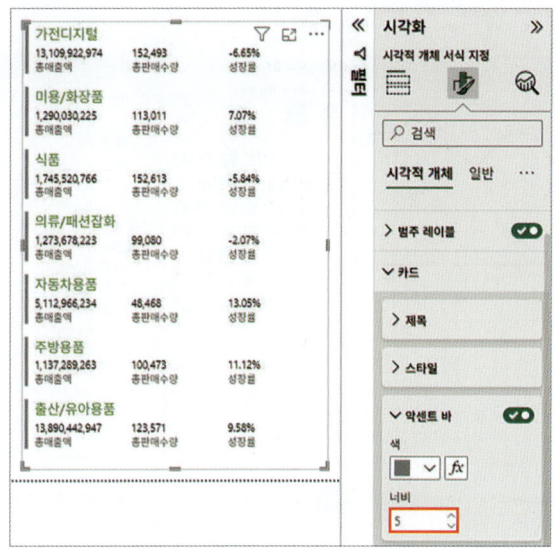

SECTION 6 꺾은선형 차트, 꺾은선형 및 묶은 세로 막대형 차트

01 | 꺾은선형 차트

데이터 포인트를 선으로 연결하여 시간이나 범주에 따른 추세(Trend)를 시각화하는 차트로 시간의 흐름에 따른 데이터의 변화를 파악할 때 적합한 차트 유형이다.

❶ [꺾은선형] 페이지를 선택한다.
❷ [시각화]창 – [시각적 개체 빌드]에서 [꺾은선형 차트]를 선택한다.
❸ [데이터]창의 각 테이블의 필드를 필드 영역으로 드래그하여 추가한다.
   • X축: 〈날짜〉테이블의 〈연도〉, 〈월〉필드
   • Y축: 〈판매〉테이블의 〈총매출액〉측정값
❹ 작성된 차트의 크기 및 위치를 적절히 조절한다.

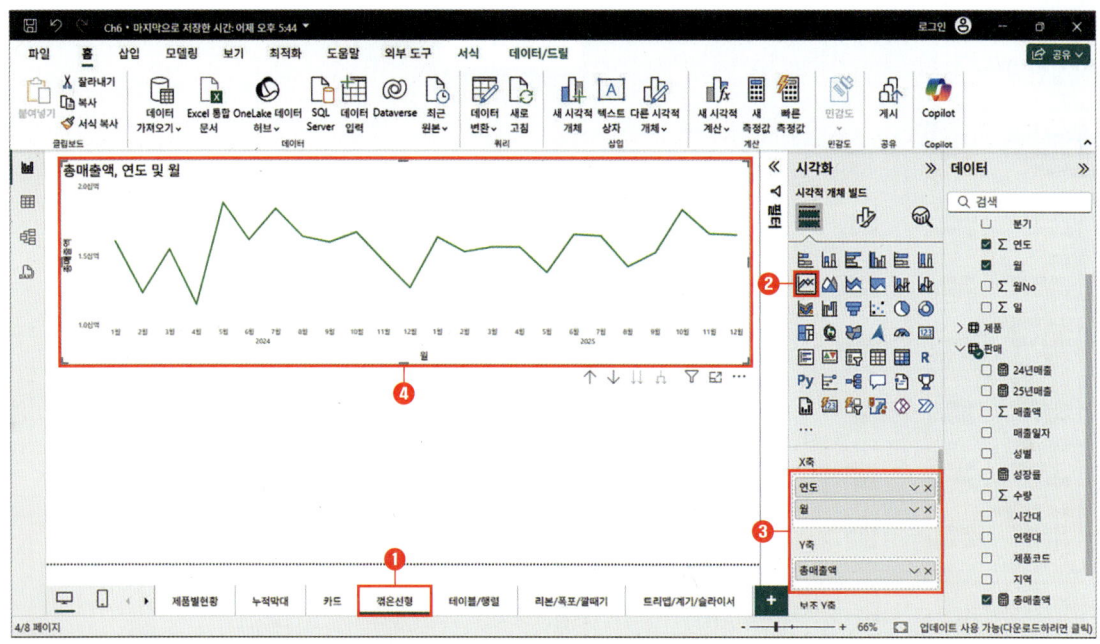

❺ [시각화]창 – [시각적 개체 서식 지정] – [시각적 개체]탭 – [선] – [선] – [선 스타일]을 '파선'으로 설정한다.

❻ [표식] – [모든 범주 표시] 옵션을 설정한 뒤, [도형] – [유형]을 ■, [크기]를 '6'으로 설정한다.

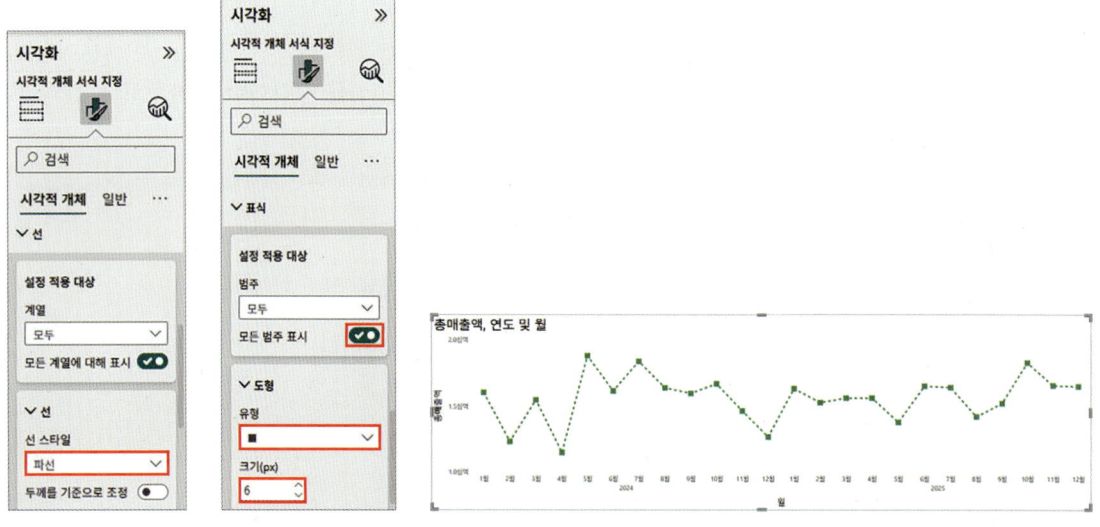

TIP Y축에 추가된 필드가 여러 개인 경우 [계열]에서 특정 계열만 선택하여 서식을 변경할 수 있다.

02 | 꺾은선형 및 묶은 세로 막대형 차트

한 차트에 막대 차트와 꺾은선형 차트가 혼합된 차트로, 한 차트에서 값의 차이가 큰 서로 다른 단위의 데이터를 시각화할 때 사용한다.

❼ [시각화]창 – [시각적 개체 빌드]에서 [꺾은선형 및 묶은 세로 막대형 차트]를 선택한다.
❽ [데이터]창의 각 테이블의 필드를 필드 영역으로 드래그하여 추가한다.
- **X축**: 〈제품〉테이블의 〈카테고리〉필드
- **열 y축**: 〈판매〉테이블의 〈총매출액〉측정값
- **선 y축**: 〈판매〉테이블의 〈성장률〉측정값

❾ 작성된 차트의 크기 및 위치를 적절히 조절한다.

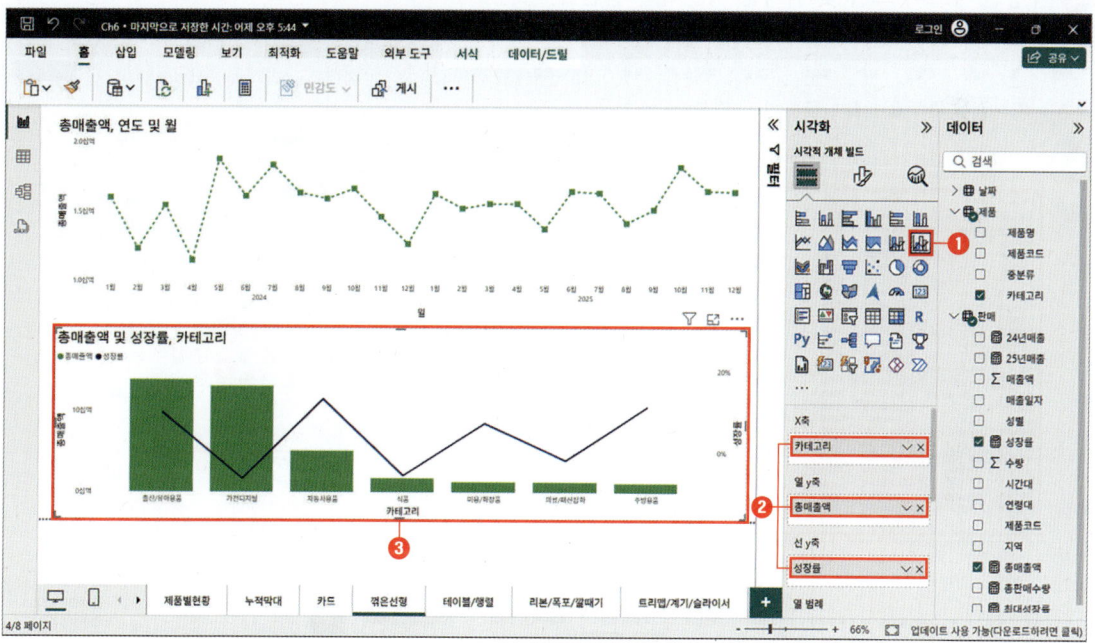

SECTION 7 테이블, 행렬, 슬라이서

01 | 테이블

범주 항목에 대해 요약된 다양한 값들을 표 형태로 제공한다.

❶ [테이블/행렬] 페이지를 선택한다.
❷ [시각화]창 – [시각적 개체 빌드]에서 [테이블]을 선택한다.
❸ [데이터]창의 각 테이블의 필드를 열 영역으로 드래그하여 추가한다.
 • 〈제품〉테이블의 [카테고리], [중분류]필드, 〈판매〉테이블의 [매출액], [수량]필드
❹ 작성된 차트의 크기 및 위치를 적절히 조절한다.

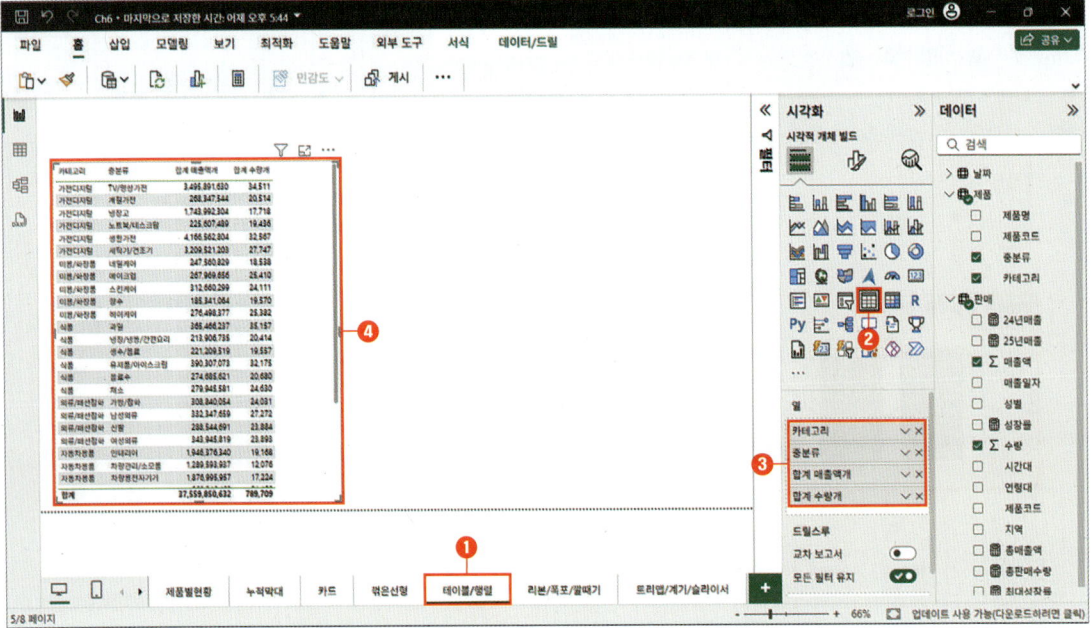

❺ [시각화]창 – [시각적 개체 빌드] – [열] 영역에 추가된 [합계 매출액개]필드명을 더블 클릭하여 '매출액', [합계 수량개]필드명을 더블 클릭하여 '수량'으로 이름을 변경한다.

 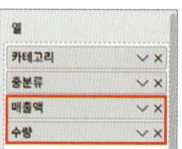

❻ [시각화]창 – [시각적 개체 서식 지정] – [시각적 개체]탭 – [스타일 사전 설정]을 '좁게'로 설정한다.

❼ [눈금] – [옵션] – [행 안쪽 여백]을 '3', [전역 글꼴 크기]를 '12'로 설정한다.

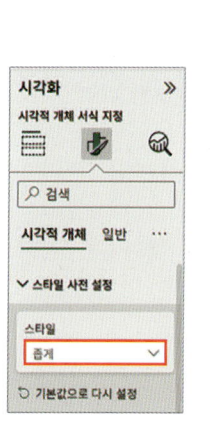 

❽ [특정 열] – [설정 적용 대상] – [계열]에서 '매출액'을 선택하고, [값] – [표시 단위]를 '백만'으로 설정한다.

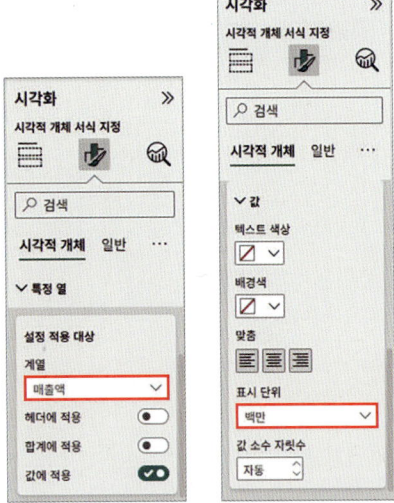 

> **TIP** 테이블의 열 머리글 경계선을 드래그하여 열의 너비를 조절할 수 있고, 열 머리글을 클릭, Shift + 클릭하여 데이터를 정렬할 수 있다.

02 | 행렬

엑셀의 피벗 테이블과 유사하게 행과 열이 교차하는 곳에 값을 요약하여 표시한다.

❾ [테이블/행렬] 페이지를 선택한다.
❿ [시각화]창 – [시각적 개체 빌드]에서 [행렬]을 선택한다.
⓫ [데이터]창의 각 테이블의 필드를 필드 영역으로 드래그하여 추가한다.
- **행**: 〈제품〉테이블의 〈카테고리〉, 〈중분류〉 필드
- **열**: 〈날짜〉테이블의 〈연도〉, 〈월〉 필드
- **값**: 〈판매〉테이블의 〈수량〉 필드

⓬ 작성된 차트의 크기 및 위치를 적절히 조절한다.

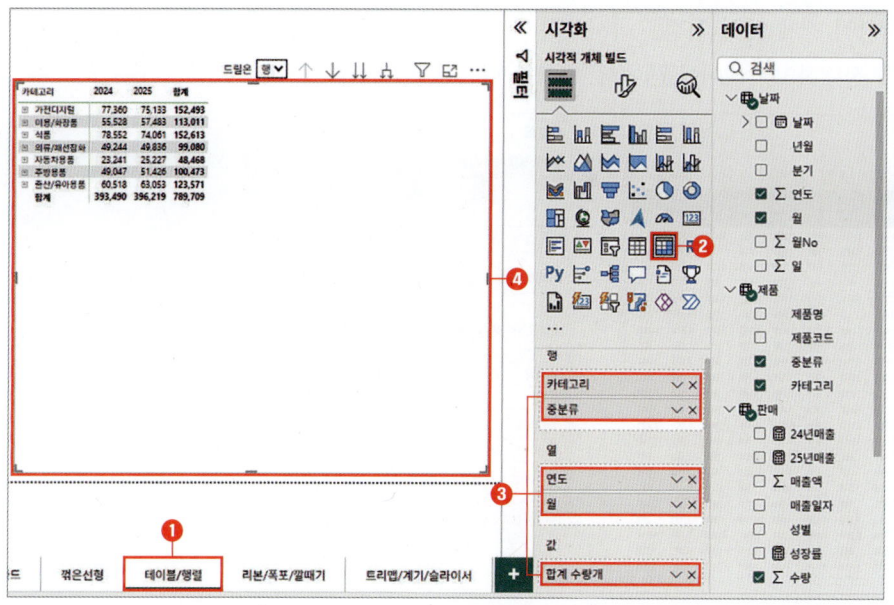

⓭ [드릴온]에 '행'이 선택된 상태에서 🔽(계층 구조에서 한 수준 아래로 모두 확장)을 클릭하여 행을 확장한다.

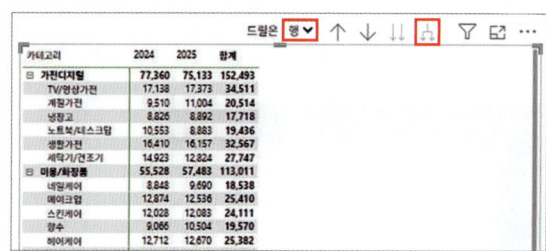

⓮ [드릴온]에 '열'이 선택된 상태에서 🔽(계층 구조에서 한 수준 아래로 모두 확장)을 클릭하여 열을 확장한다. 행, 열이 교차하는 위치에 판매수량 합계가 계산된다.

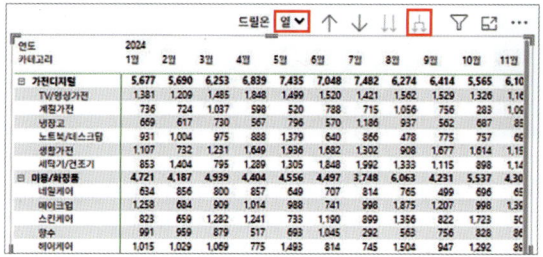

⓯ [시각화]창 – [시각적 개체 서식 지정] – [시각적 개체]탭 – [레이아웃 및 스타일 사전 설정] – [스타일]에 '굵은 헤더'를 선택하고, [레이아웃]에서 '테이블 형식'을 선택한다.

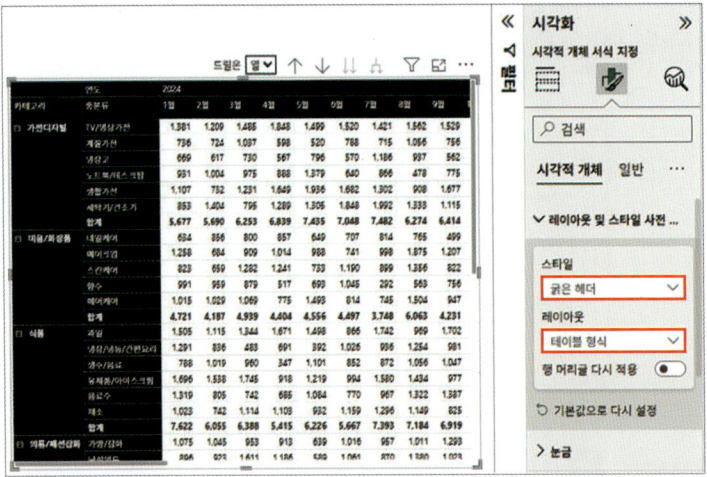

⓰ [열 머리글] – [텍스트] – [머리글 맞춤]을 '가운데', [행 소계] 옵션을 해제한다.

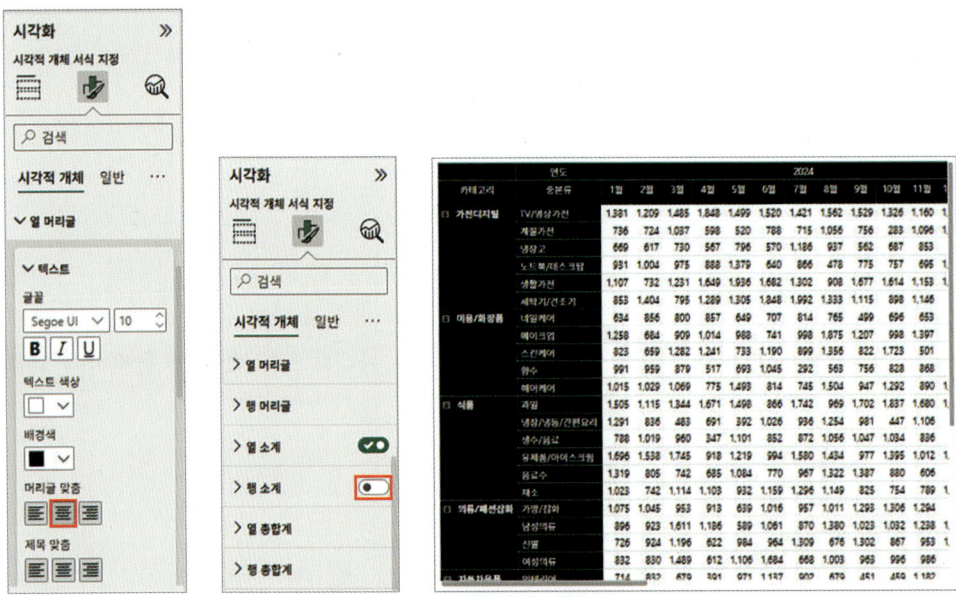

> **TIP** 행렬의 전체적인 글꼴 크기와 행 안쪽 여백은 테이블 시각적 개체와 동일하게 [눈금] – [옵션] – [행 안쪽 여백], [전역 글꼴 크기]로 설정한다.

03 | 슬라이서

사용자가 데이터를 필터링할 때 사용하는 개체로 다양한 스타일의 슬라이서를 통해 원하는 데이터를 손쉽게 필터링할 수 있다.

17 [시각화]창 – [시각적 개체 빌드]에서 [슬라이서]를 선택한다.

18 [데이터]창의 [날짜]테이블의 [연도]필드를 필드 영역으로 드래그하여 추가한다. 숫자 조건의 경우 '사이' 스타일의 모양으로 작성된다.

19 작성된 슬라이서의 크기 및 위치를 적절히 조절한다.

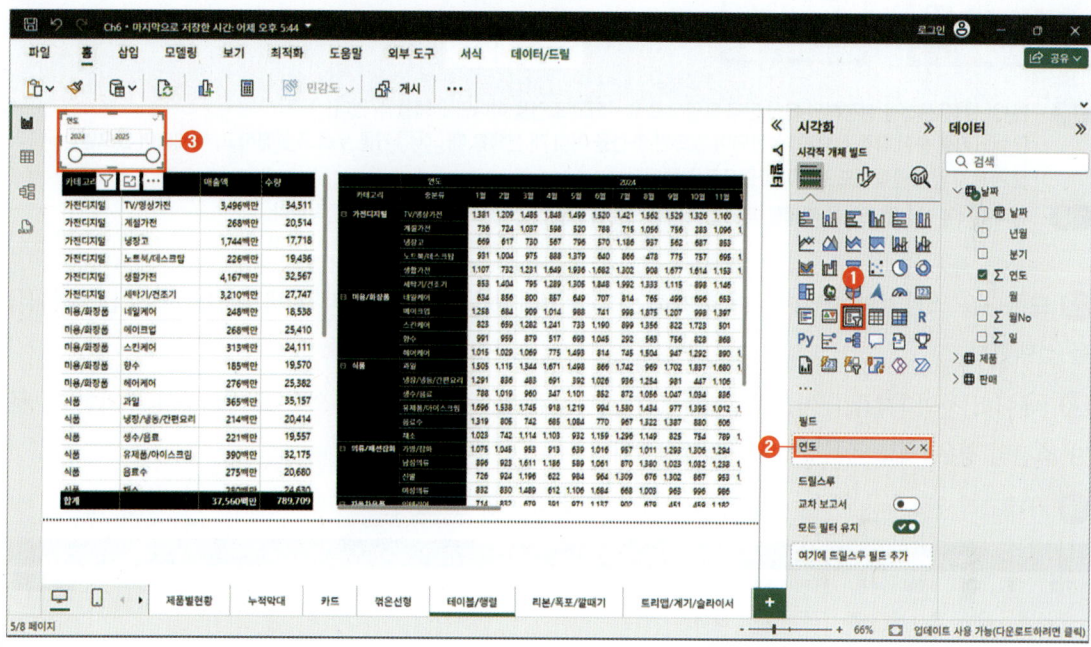

20 [시각화]창 – [시각적 개체 서식 지정] – [시각적 개체]탭 – [슬라이서 설정] – [옵션] – [스타일]을 '세로 목록'으로 설정한다.

21 [선택] – "모두 선택" 옵션 표시' 옵션을 설정한다.

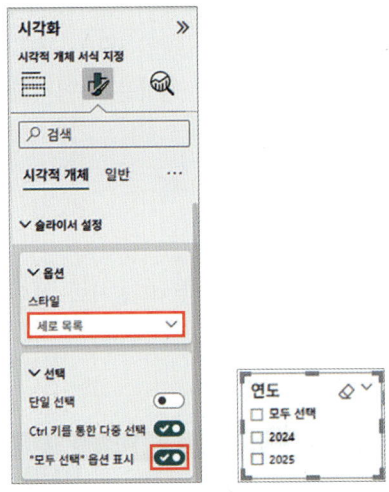

TIP [단일 선택] 옵션을 설정하면 옵션 단추 모양으로 표시되고 조건을 하나만 선택할 수 있다.
[Ctrl] 키를 통한 다중 선택]이 설정되어 있으면 조건을 여러 개 선택할 때 [Ctrl] 키를 누르고 설정하고, 해제되어 있으면 [Ctrl] 키를 누르지 않고 클릭해도 조건이 다중으로 선택된다.

TIP 슬라이서에 설정된 조건을 해제할 때는 슬라이서 오른쪽 상단 ◇(선택 항목 지우기)를 클릭한다.

㉒ 드롭다운 스타일의 슬라이서를 추가해 보기 위해 [시각화]창 – [시각적 개체 빌드]에서 [슬라이서]를 선택한다.

㉓ [데이터]창의 [제품]테이블의 [카테고리], [중분류]필드를 필드 영역으로 드래그하여 추가한다. 문자 조건의 경우 '세로 목록' 스타일로 작성된다.

㉔ 카테고리 왼쪽 ∨, ∧을 클릭하여 목록을 확장/축소할 수 있다.

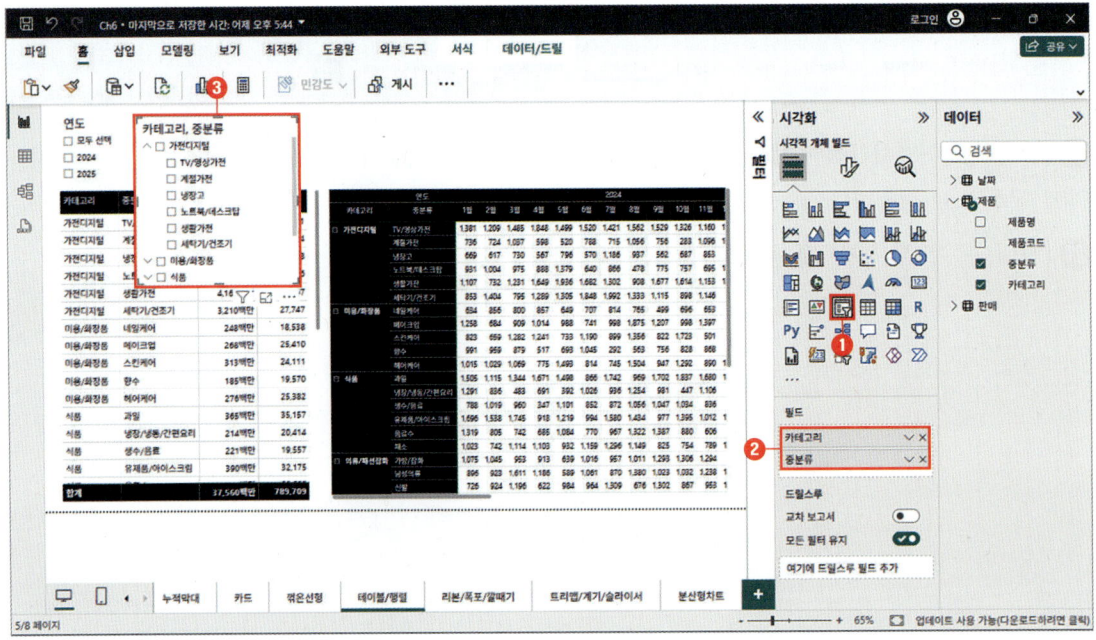

㉕ [시각화]창 – [시각적 개체 서식 지정] – [시각적 개체]탭 – [슬라이서 설정] – [옵션] – [스타일]을 '드롭다운'으로 설정한 후 슬라이서의 크기 및 위치를 적절히 조절한다.

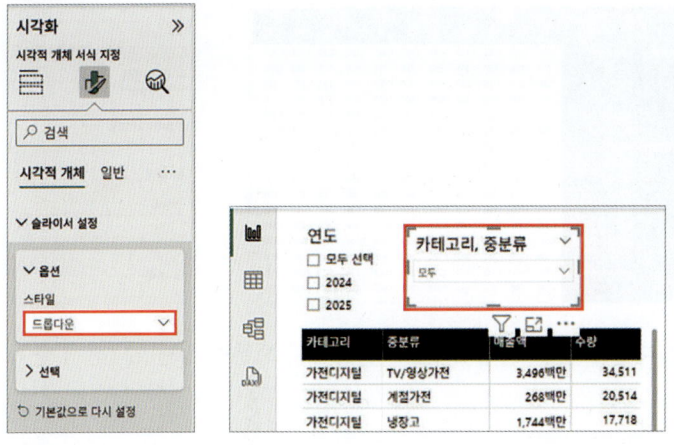

㉖ 마지막으로 타일 스타일의 슬라이서를 추가해 보기 위해 [시각화]창 – [시각적 개체 빌드]에서 [슬라이서]를 선택한다.

㉗ [데이터]창의 〈판매〉테이블의 [지역]필드를 필드 영역으로 드래그하여 추가한다.

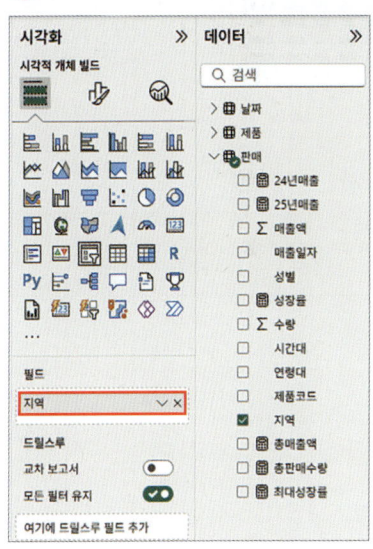

㉘ [시각화]창 – [시각적 개체 서식 지정] – [시각적 개체]탭 – [슬라이서 설정] – [옵션] – [스타일]을 '타일'로 설정한다.

㉙ 슬라이서의 크기 및 위치를 적절히 조절한다.

③⓪ 작성된 슬라이서를 사용하여 원하는 대로 조건을 지정해 본 후 슬라이서 오른쪽 상단 ◈(선택 항목 지우기)를 클릭하여 조건을 해제한다.

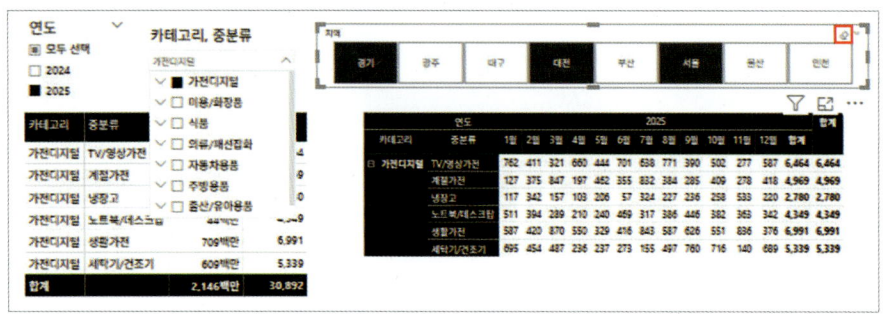

SECTION 8 리본 차트, 폭포 차트, 깔때기

01 | 리본 차트

범주별 데이터의 순위 변화를 시각적으로 표현하는 차트 유형이다.

❶ [리본/폭포/깔때기] 페이지를 선택한다.
❷ [시각화]창 – [시각적 개체 빌드]에서 [리본 차트]를 선택한다.
❸ [데이터]창의 각 테이블의 필드를 필드 영역으로 드래그하여 추가한다.
  • X축: 〈날짜〉테이블의 〈월〉필드
  • Y축: 〈판매〉테이블의 〈총매출액〉측정값
  • 범례: 〈제품〉테이블의 〈카테고리〉필드

❹ 작성된 차트의 크기 및 위치를 적절히 조절한다.

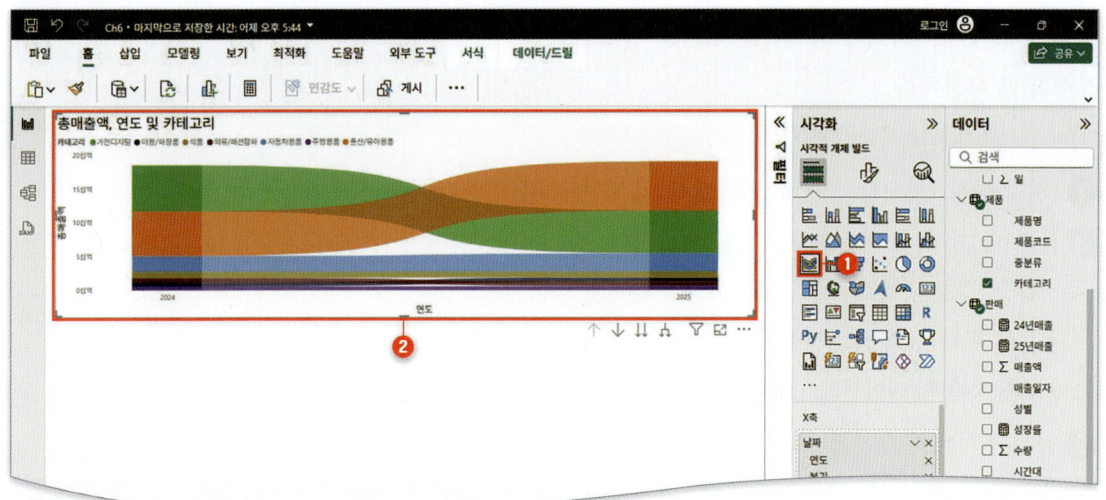

❺ 차트 오른쪽 하단의 ⬇(계층 구조에서 한 수준 아래로 모두 확장)을 클릭하여 [날짜] 계층 연도, 분기, 월, 일을 확장해 본 후 ⬆(드릴업)을 클릭하여 분기 수준까지 드릴업한다.

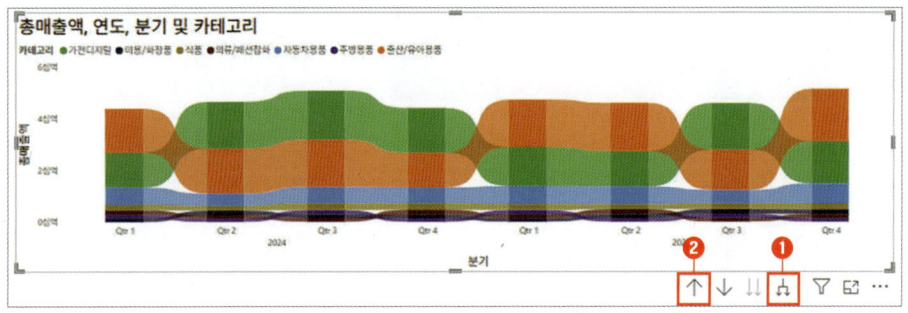

❻ [시각화]창 – [시각적 개체 서식 지정] – [시각적 개체]탭 – [리본] – [색] – [투명도]를 '50', [테두리] 옵션을 설정, [레이아웃] – [리본과 열 사이의 간격]을 '5'로 설정한다.

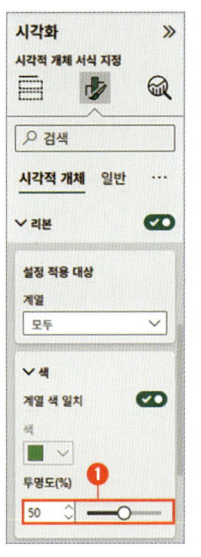

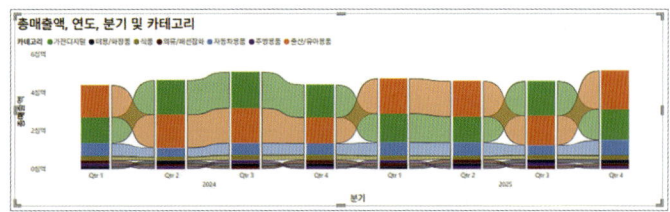

Chapter 6. 시각적 개체로 보고서 작성하기

02 | 폭포 차트

누적된 값이 증가하거나 감소하는 과정을 단계별로 보여주는 차트로 값이 어떻게 변동했는지 원인을 분석할 때 유용하다.

❼ [시각화]창 - [시각적 개체 빌드]에서 [폭포 차트]를 선택한다.

❽ [데이터]창의 각 테이블의 필드를 필드 영역으로 드래그하여 추가한다.
- **범주**: 〈날짜〉테이블의 〈연도〉필드
- **분석 결과**: 〈제품〉테이블의 〈카테고리〉필드
- **Y축**: 〈판매〉테이블의 〈총매출액〉측정값

❾ 작성된 차트의 크기 및 위치를 적절히 조절한다.

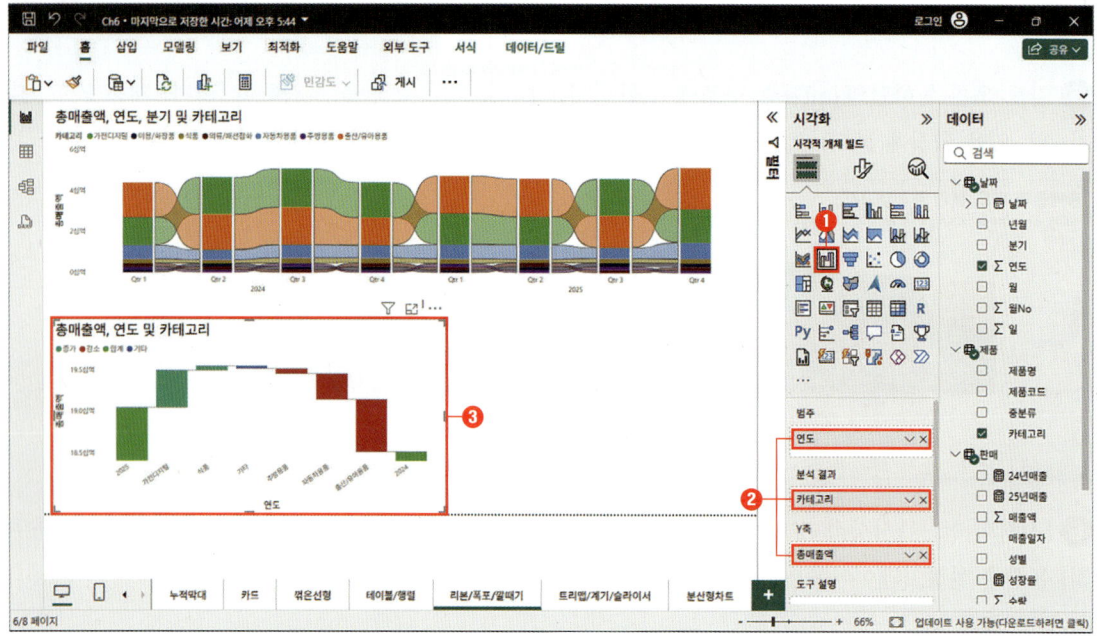

❿ 2024, 2025년 순서로 정렬하기 위해 차트 오른쪽 상단 ⋯을 클릭한 후 [정렬 기준] - [연도]를 선택하고, 다시 한번 ⋯을 클릭한 후 [오름차순 정렬]을 선택한다. 2024년에서 2025년 매출 변화에 대해 어떤 카테고리가 매출이 증가하고, 어떤 카테고리가 감소했는지 확인할 수 있다.

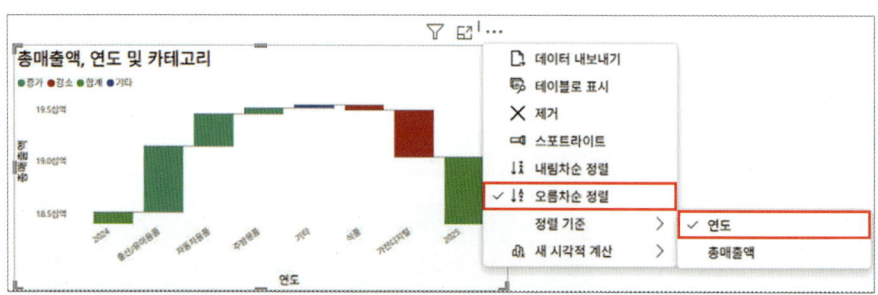

⓫ [시각화]창 – [시각적 개체 서식 지정] – [시각적 개체]탭 – [분석 결과] – [최대 분석 결과]를 최대값인 '7'로 설정한다.

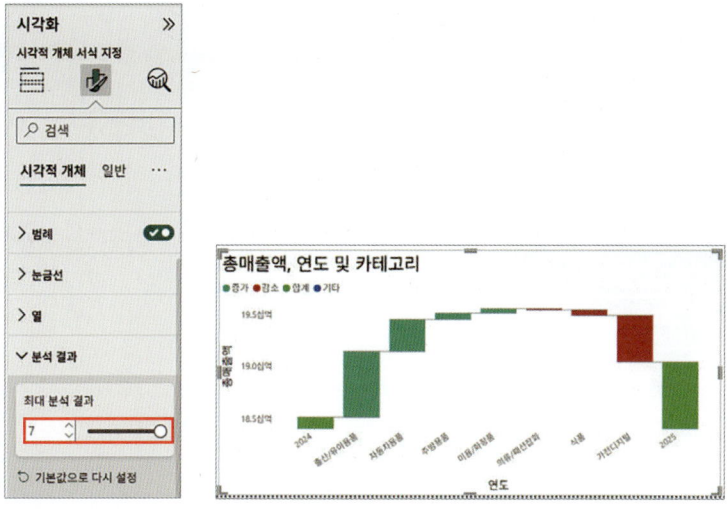

03 | 깔때기 차트

데이터를 단계별로 점점 줄어드는 형태로 표시하는 차트로 단계별 감소를 분석할 때 적합하다.

⓬ [시각화]창 – [시각적 개체 빌드]에서 [깔때기]를 선택한다.
⓭ [데이터]창의 각 테이블의 필드를 필드 영역으로 드래그하여 추가한다.
- **범주**: 〈판매〉테이블의 〈연령대〉필드
- **값**: 〈판매〉테이블의 〈총매출액〉측정값

⓮ 작성된 차트의 크기 및 위치를 적절히 조절한다.

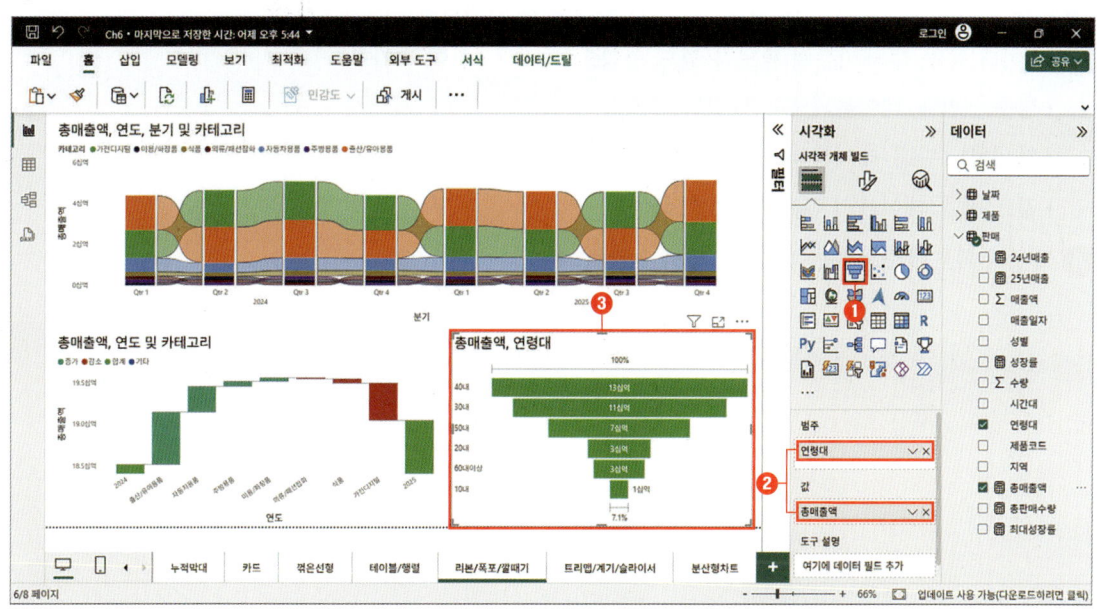

⑮ [시각화]창 – [시각적 개체 서식 지정] – [시각적 개체]탭 – [데이터 레이블] – [레이블 내용]에 '데이터 값, 첫 번째 퍼센트'를 설정한다.

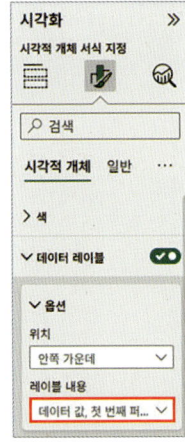 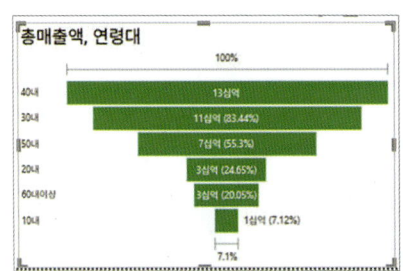

SECTION 9 Treemap, 계기

01 | Treemap

데이터를 계층적인 사각형 형태로 표현하는 차트로 사각형의 크기로 값의 크기를 나타낸다. 전체에서 각 항목이 차지하는 비중을 파악할 때 유용하다.

❶ [트리맵/계기] 페이지를 선택한다.
❷ [시각화]창 – [시각적 개체 빌드]에서 [Treemap]을 선택한다.
❸ [데이터]창의 각 테이블의 필드를 필드 영역으로 드래그하여 추가한다.
  • **범주**: 〈판매〉테이블의 〈지역〉필드
  • **자세히**: 〈판매〉테이블의 〈성별〉필드
  • **값**: 〈판매〉테이블의 〈총매출액〉측정값
❹ 작성된 차트의 크기 및 위치를 적절히 조절한다.

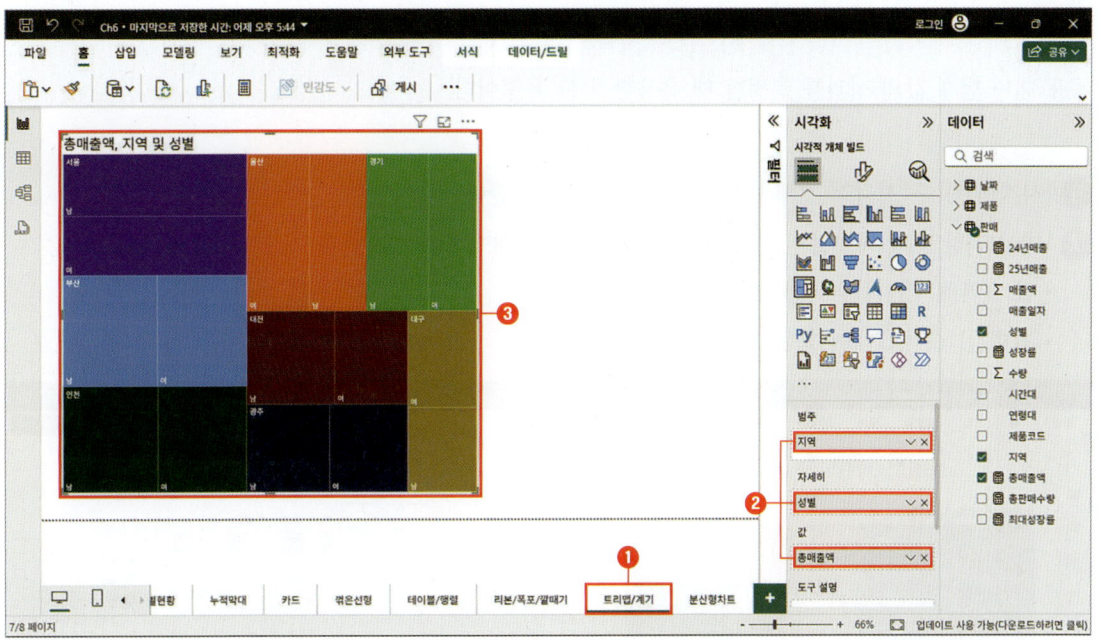

❺ [시각화]창 – [시각적 개체 서식 지정] – [시각적 개체]탭 – [데이터 레이블] 옵션을 설정한 후 [값] – [표시 단위]를 '백만'으로 설정한다.

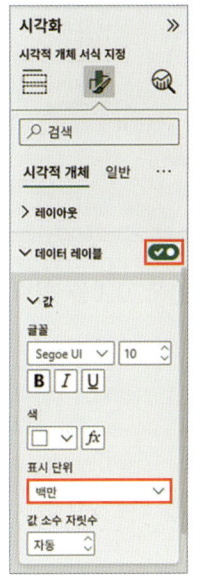 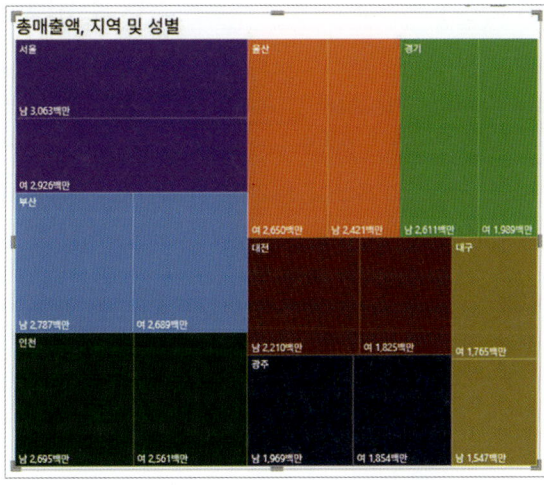

02 | 계기

목표 대비 현재 값의 성과를 측정할 때 유용한 차트 유형이다.

❻ [시각화]창 – [시각적 개체 빌드]에서 [계기]를 선택한다.
❼ [데이터]창의 각 테이블의 필드를 필드 영역으로 드래그하여 추가한다.
- **값**: 〈판매〉테이블의 〈성장률〉측정값
- **최대값**: 〈판매〉테이블의 〈최대성장률〉측정값

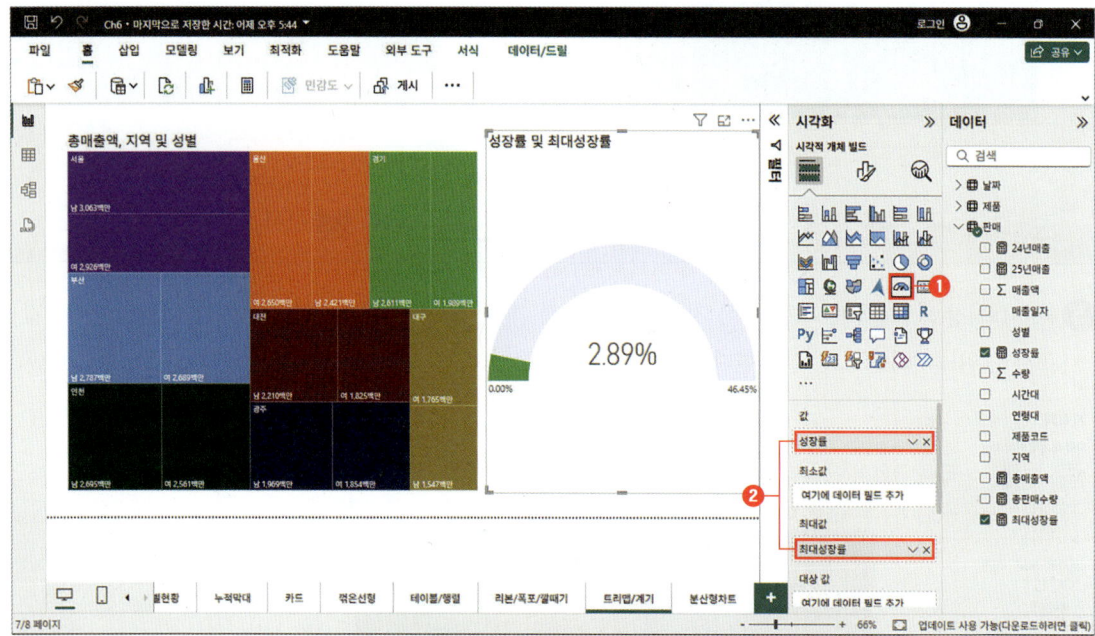

❽ [시각화]창 – [시각적 개체 서식 지정] – [시각적 개체]탭 – [게이지 축] – [대상]에 '0.1'을 입력한다.

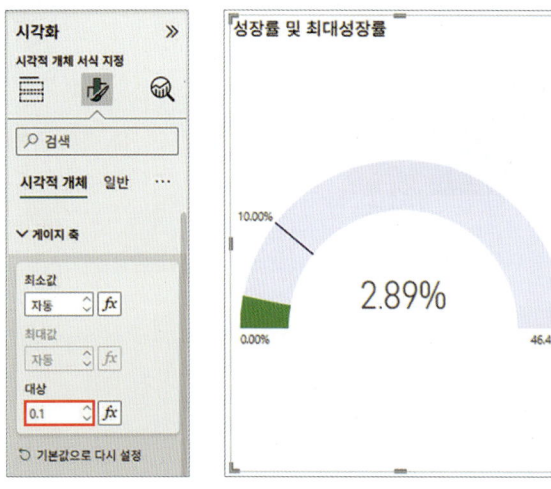

184 **Part 3.** 보고서 작성과 상호 작용

TIP Treemap 차트의 데이터를 클릭하여 특정 지역의 성별을 선택하면 계기에 표시되는 값이 변경되는 것을 확인할 수 있다.

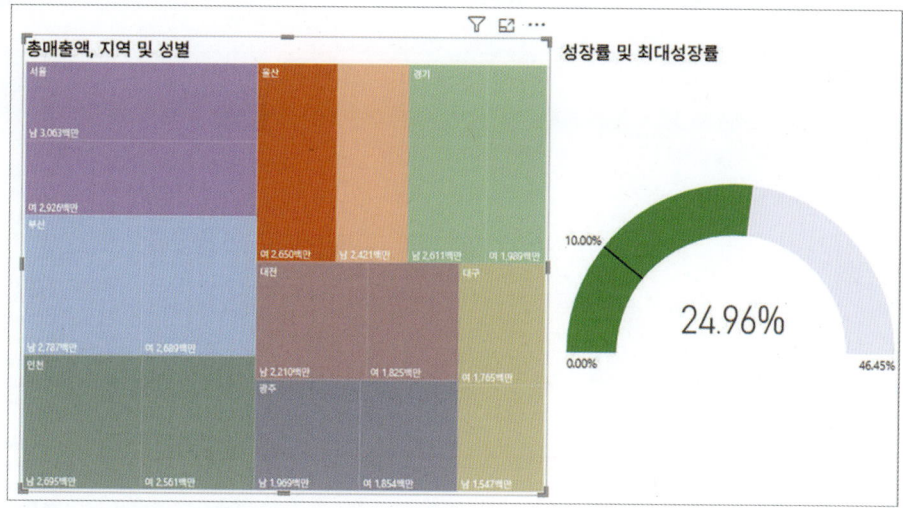

SECTION 10 분산형 차트

두 변수 간의 상관관계 파악과 이상값을 탐색할 때 유용한 차트 유형이다. 세 번째 숫자 값을 추가하면 데이터의 크기를 파악할 수도 있다.

❶ [분산형차트] 페이지를 선택한다.
❷ [시각화]창 – [시각적 개체 빌드]에서 [분산형 차트]를 선택한다.
❸ [데이터]창의 각 테이블의 필드를 필드 영역으로 드래그하여 추가한다.
  • **값**: 〈제품〉테이블의 〈제품명〉필드
  • **X축**: 〈판매〉테이블의 〈총매출액〉측정값
  • **Y축**: 〈판매〉테이블의 〈성장률〉측정값
❹ 작성된 차트의 크기를 적절히 조절한다.

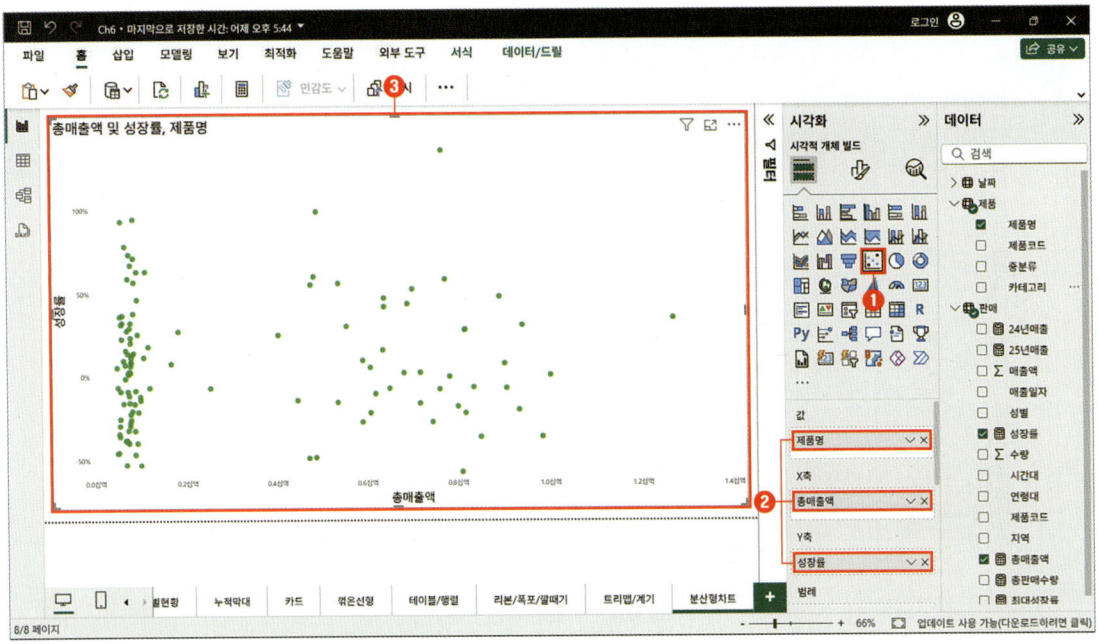

> **TIP** 분산형 차트에 표시되는 포인트의 모양이 우상향하는 경우 양의 상관관계, 우하향하는 경우 음의 상관관계, 특정 패턴이 보이지 않으면 두 변수는 상관관계가 없다고 해석한다.

❺ 분산형 차트에 구성 요소를 추가하기 위해 [데이터]창의 각 테이블의 필드를 필드 영역으로 드래그하여 추가한다.

- **범례**: 〈제품〉테이블의 〈카테고리〉필드
- **크기**: 〈판매〉테이블의 〈수량〉필드
- **재생 축**: 〈날짜〉테이블의 〈연도〉필드

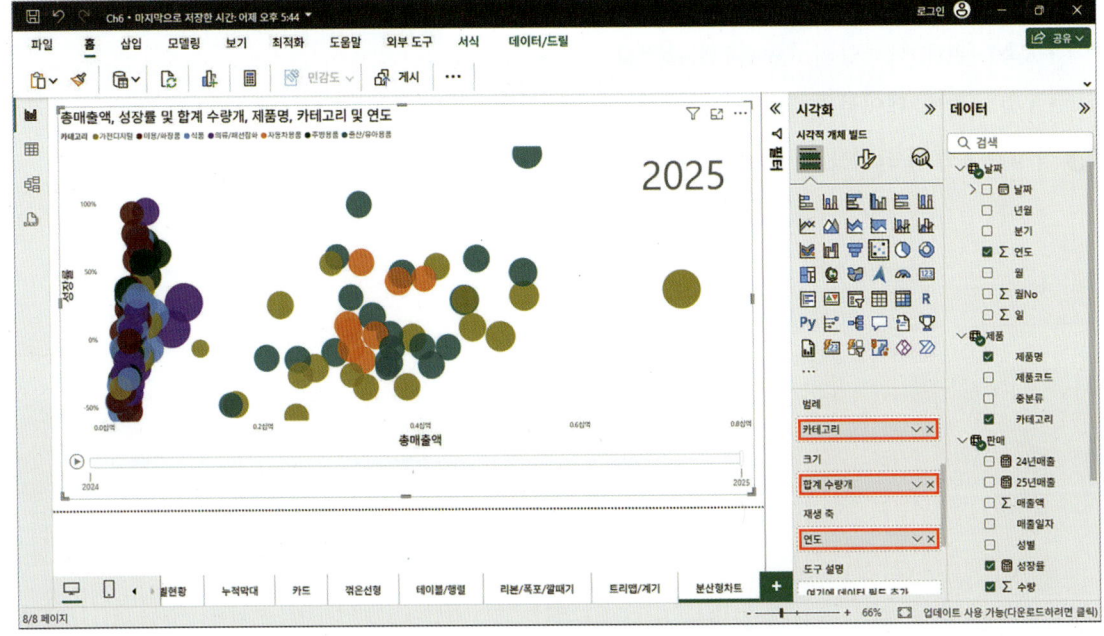

186 Part 3. 보고서 작성과 상호 작용

❻ 분산형 차트 임의의 버블을 클릭, Ctrl + 클릭하여 선택한 후 차트 하단 ▶(재생) 버튼을 클릭한다.

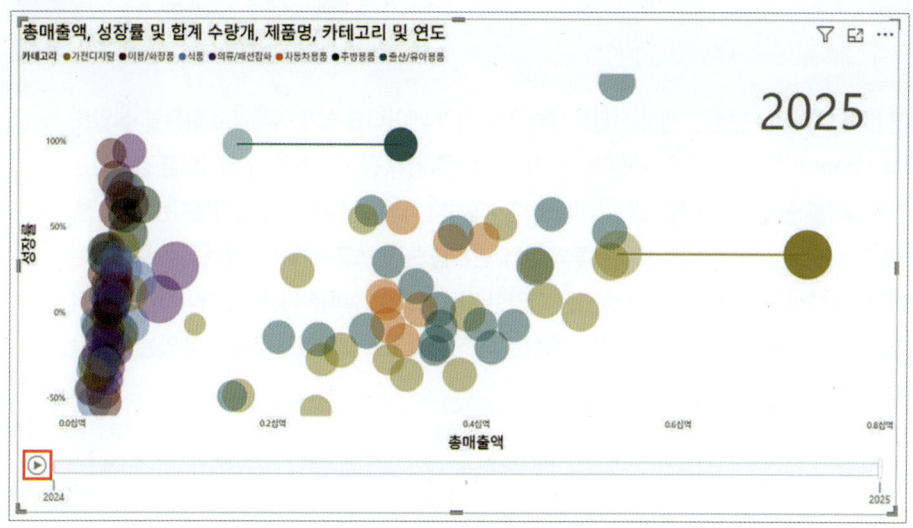

TIP 재생이 완료되면 차트 빈 공간을 클릭하여 선택된 개체를 해제한다.

CHAPTER 07 분석적 보고서 작성과 상호 작용

효과적인 데이터 분석 보고서는 단순한 정보 전달을 넘어 사용자가 데이터를 쉽게 이해하고 활용할 수 있도록 구성해야 한다. Chapter7에서는 이를 위한 다양한 기능을 다룬다. 특정 기준에 따라 데이터를 강조하는 조건부 서식, 변화 추이를 쉽게 파악할 수 있는 스파크라인, 데이터 패턴 분석이 더욱 용이해지는 분석 선, 필요한 정보를 세부적으로 탐색할 수 있는 드릴스루와 필터, 단추를 눌러 보고서에서 특정 동작을 수행하는 단추 기능 등 효율적인 분석 보고서를 작성할 수 있는 다양한 기능에 대해 살펴본다. 또한 페이지의 시각적 개체가 서로 상호 작용하는 방식을 설정하여 원하는 정보를 더 직관적으로 탐색하고 보다 깊이 있는 분석을 수행하는 방법에 대해 알아본다.

SECTION 1 조건부 서식  Ch7.pbix

데이터의 가독성을 높이고 중요한 정보를 강조하기 위해 조건부 서식을 활용한다. 특정 값이나 기준에 따라 색상, 데이터 막대, 아이콘 등을 설정하면 중요한 정보를 빠르게 파악할 수 있다. 조건부 서식을 설정하는 방법에 대해 알아보자.

01 | [매출액] 값의 크기에 따라 셀의 배경색 설정

❶ Ch7.pbix 예제 파일을 열고, [조건부서식/스파크라인] 페이지에 작성된 행렬 시각적 개체를 선택한다.

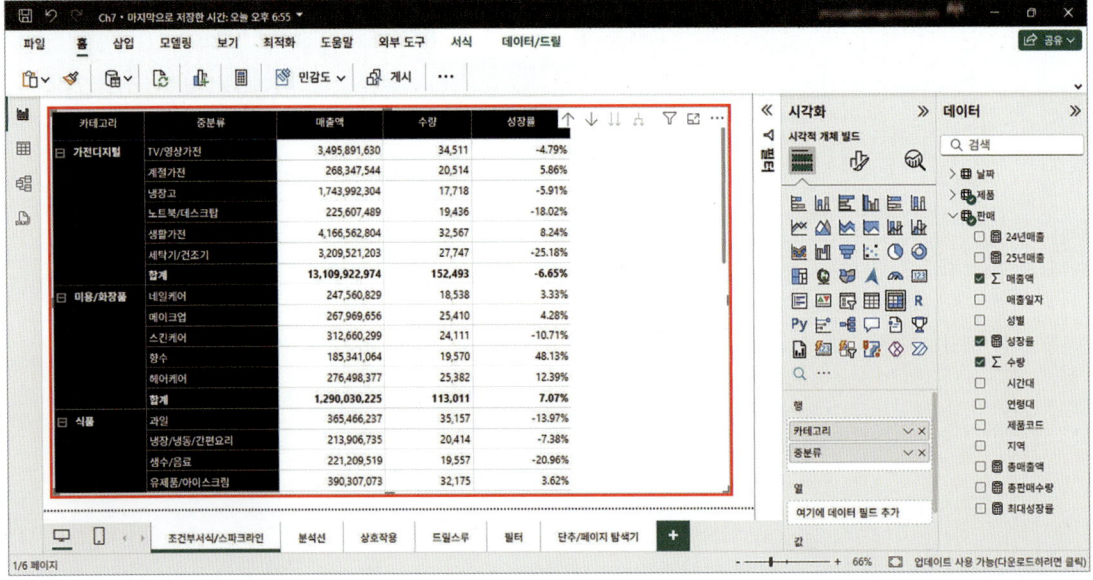

❷ [매출액] 값에 따라 배경색을 설정하기 위해 [시각화]창 – [시각적 개체 서식 지정] – [시각적 개체] 탭 – [셀 요소] – [설정 적용 대상] – [계열]에서 〈매출액〉필드를 선택한 후 [배경색] 옵션을 설정한 다음 fx 아이콘을 클릭한다.

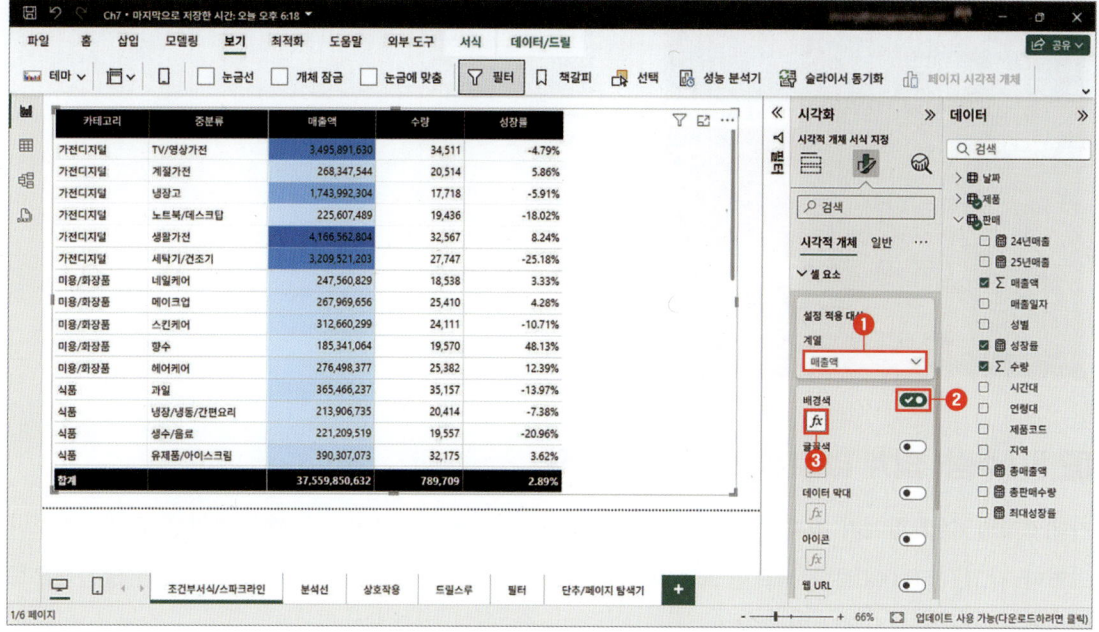

TIP 조건부 서식은 서식 옵션에 표시되는 fx 을 통해 설정한다.

❸ 배경색을 지정하는 창이 표시되면 [최소값]의 색을 '#D64550, 테마 색 8'로 설정하고, [중간 색 추가] 옵션을 설정한 다음 [확인]을 클릭한다.

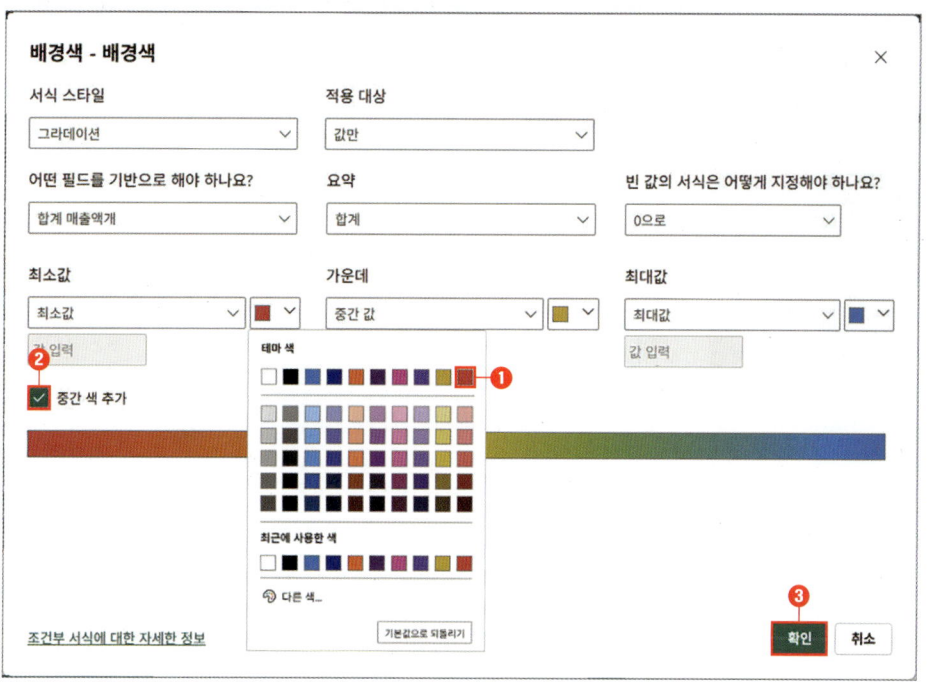

Chapter 7. 분석적 보고서 작성과 상호 작용   189

❹ [매출액] 데이터에 적용된 배경색을 확인한다.

02 | [수량] 합계 값에 따라 글꼴색 설정

카테고리별 수량 합계가 최대값보다 작고 150,000보다 크거나 같으면 글꼴색을 파란색, 100,000보다 크거나 같고, 150,000보다 작으면 노란색, 최소값보다 크거나 같고 100,000보다 작으면 빨간색으로 설정하는 조건부 서식을 설정해 보자.

❺ [시각화]창 – [시각적 개체 서식 지정] – [시각적 개체]탭 – [셀 요소] – [설정 적용 대상] – [계열]에 [수량]필드를 선택한 후 [글꼴색] 옵션을 설정하고 fx 을 클릭한다.

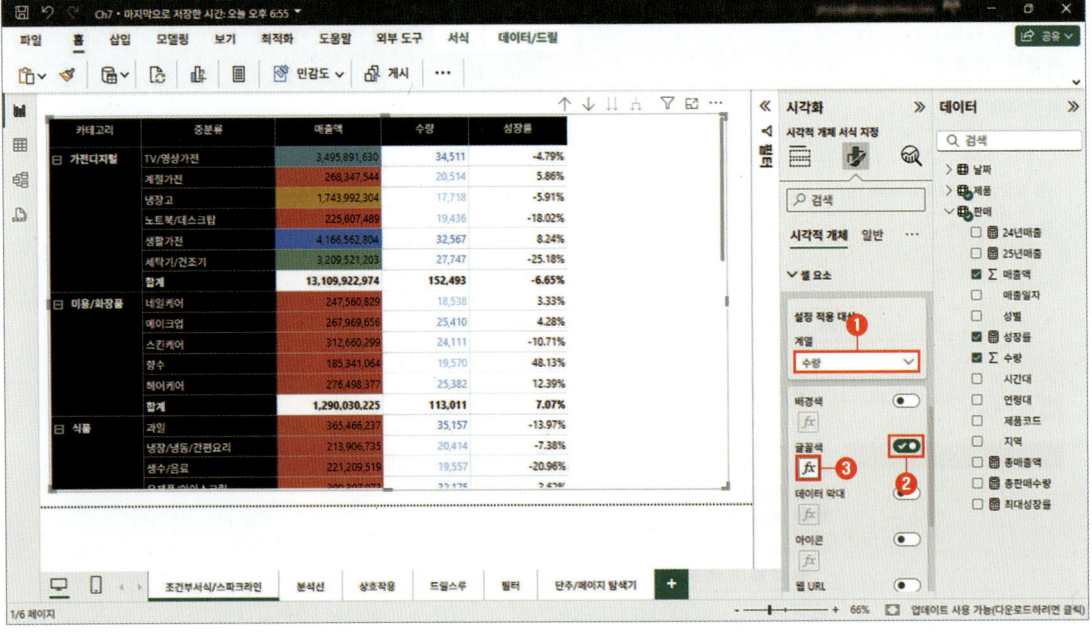

❻ [서식 스타일]에서 '규칙'을 선택한 다음 [새 규칙]을 클릭하여 아래와 같이 규칙을 설정한 후 [적용 대상]을 '합계만'으로 설정하고 [확인]을 클릭한다.

- **첫 번째 조건**: >=, 150000, 숫자, <, 0을 삭제하여 '최대값' 설정(100 퍼센트로 설정해도 됨), 숫자, 파란색 선택
- **두 번째 조건**: >=, 100000, 숫자, <, 150000, 숫자, 노란색 선택
- **세 번째 조건**: >=, 0을 삭제하여 '최소값' 설정(0 퍼센트로 설정해도 됨), 숫자, <, 100000, 숫자, 빨간색 선택

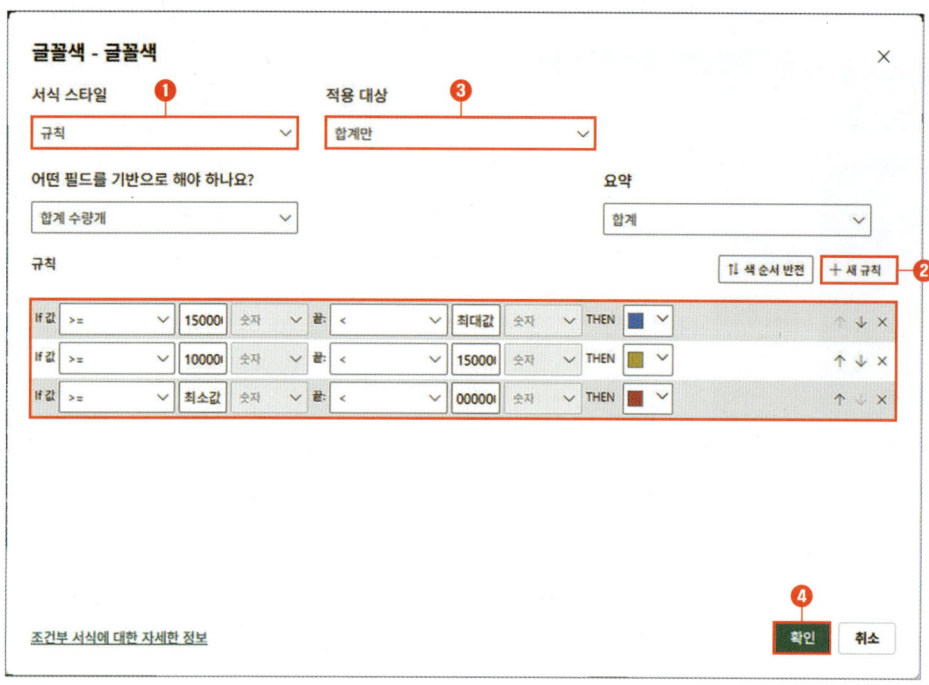

❼ 행렬의 스크롤바를 아래로 이동하며 설정된 조건부 서식을 확인한다.

03 | [성장률]에 따라 데이터 막대, 아이콘 설정

❽ [시각화]창 – [시각적 개체 서식 지정] – [시각적 개체]탭 – [셀 요소] – [설정 적용 대상] – [계열]에 [성장률]필드를 선택한 후 [데이터 막대], [아이콘] 옵션을 설정한다.

❾ 아이콘 조건부 서식을 수정하기 위해 [아이콘] 옵션의 fx 을 클릭한다.

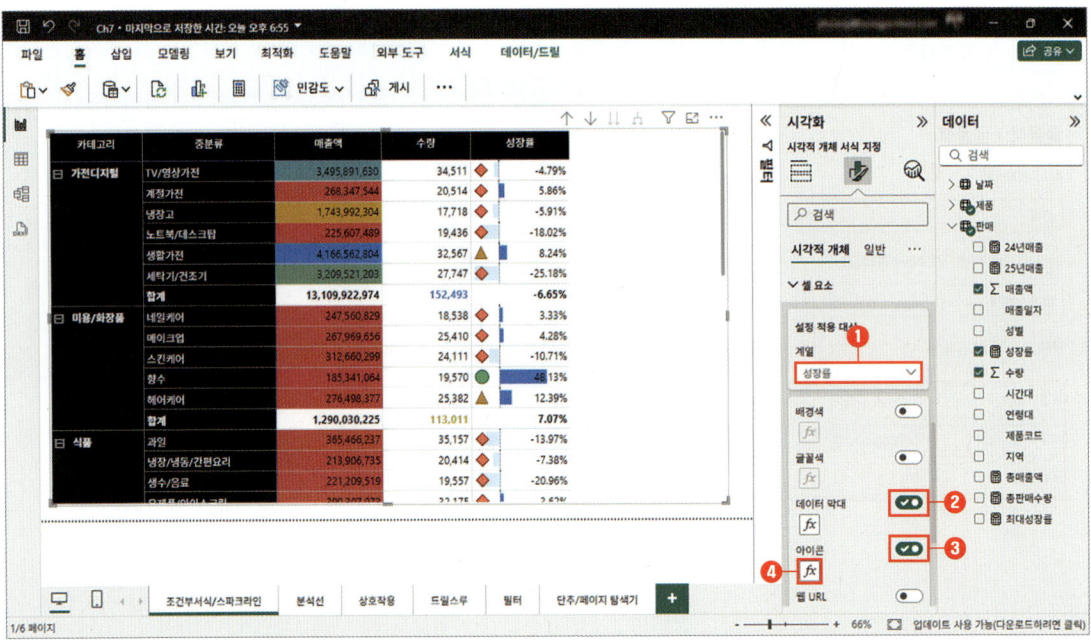

❿ 설정된 조건을 살펴본 후 [스타일] 목록을 열어 ↓ → ↑ 을 선택하고 [확인]을 클릭한다.

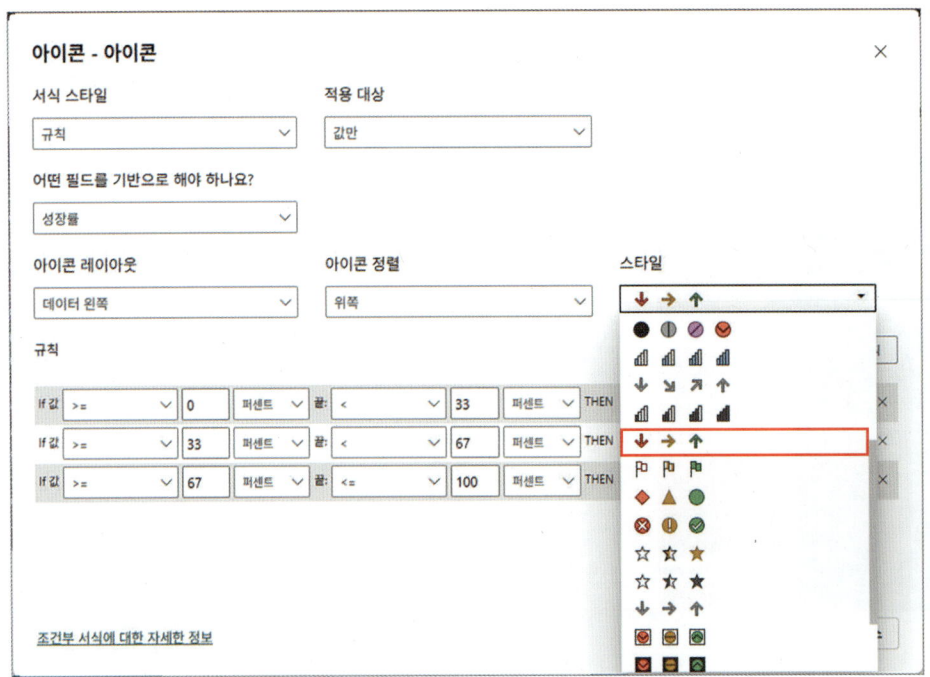

⑪ 수정된 조건부 서식 아이콘을 확인한다.

SECTION 2 스파크라인

테이블이나 행렬의 셀 내부에 작은 차트를 삽입하는 스파크라인을 활용하면 개별 데이터 항목의 흐름을 직관적으로 분석할 수 있다. 스파크라인을 작성하는 방법에 대해 알아보자.

❶ [조건부서식/스파크라인] 페이지의 행렬 시각적 개체를 선택한다.
❷ [시각화]창 – [시각적 개체 빌드] – [값] 영역 – [매출액]필드의 ⌄을 클릭하고 [스파크라인 추가]를 선택한다.

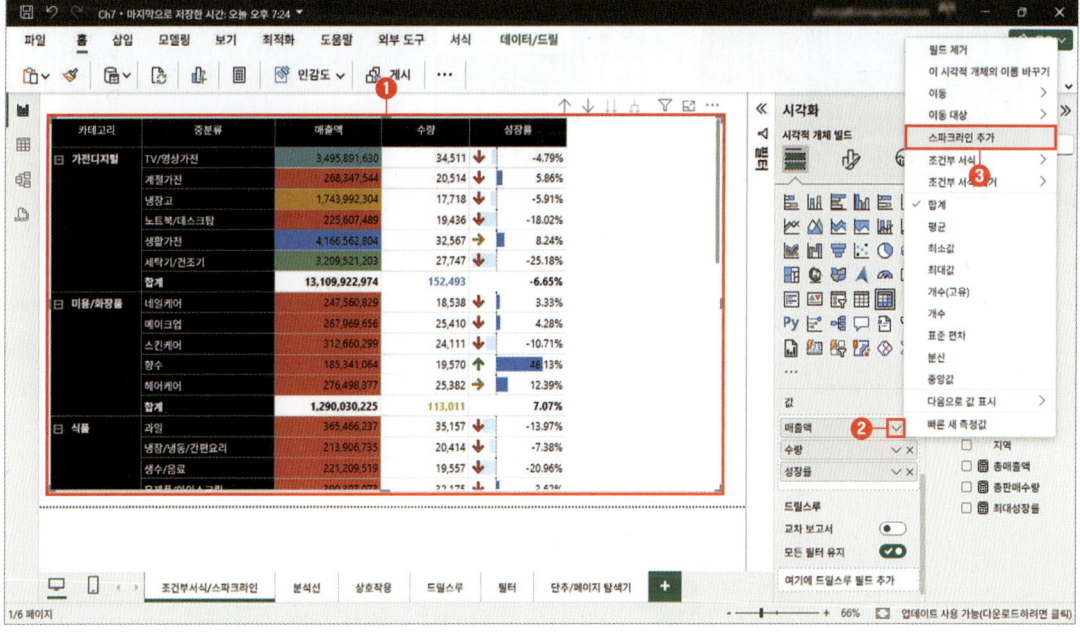

❸ [스파크라인 추가]창이 표시되면 [X축]에서 〈날짜〉테이블의 [월]필드를 선택한 후 [만들기]를 클릭한다.

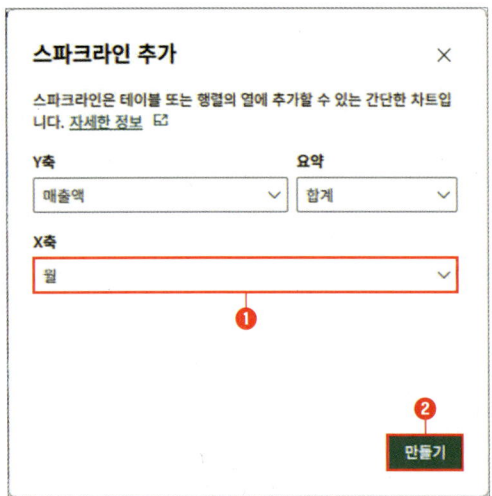

❹ 행렬에 추가된 스파크라인을 확인한 후 [시각화]창 – [시각적 개체 서식 지정] – [시각적 개체]탭 – [스파크라인] – [스파크라인] – [마커]에서 '모든 지점'을 선택하여 마커를 표시한다.

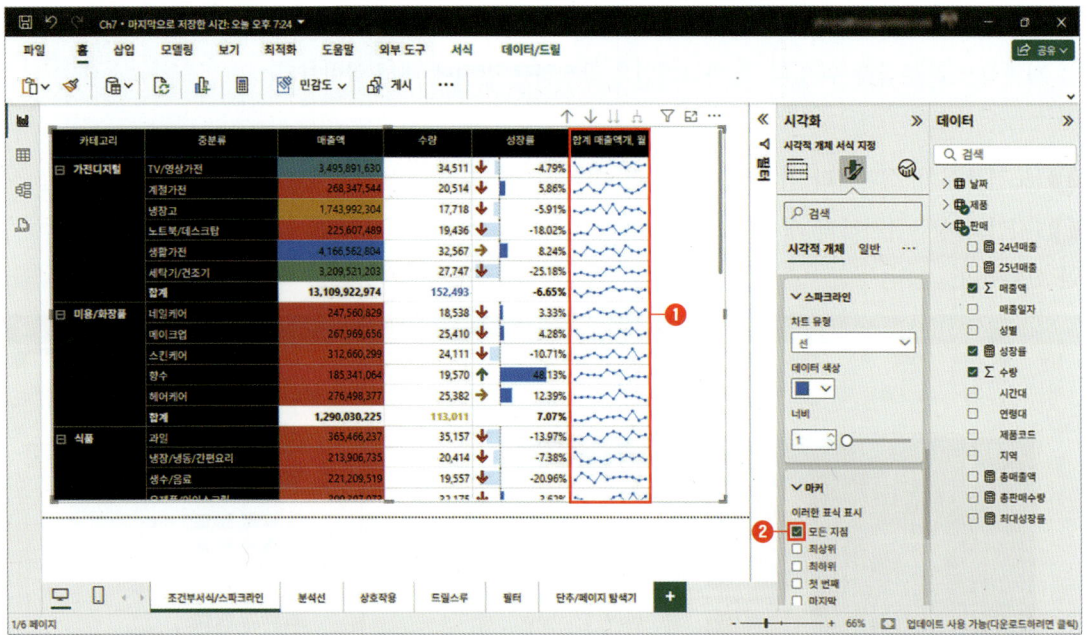

❺ [스파크라인] – [차트 유형]을 '열'로 변경한다.

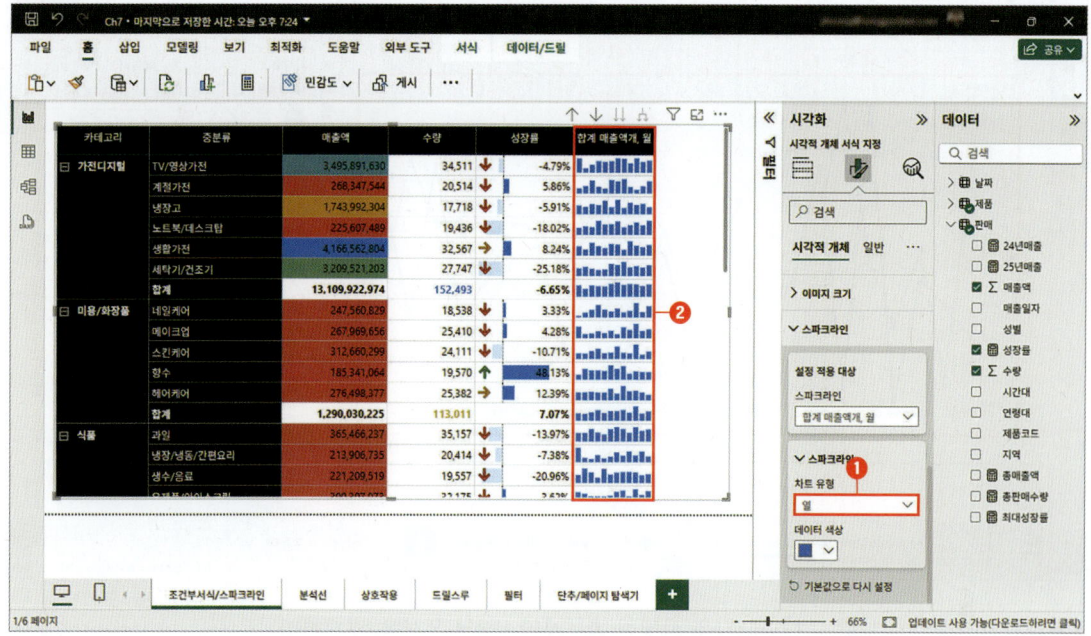

| SECTION 3 | 분석 선 |

분석 선은 차트에 특정 기준선(추세선, 상수선, 평균선 등)을 추가하여 데이터 분석을 더욱 직관적으로 수행할 수 있도록 도와준다. 또한 중요한 값이나 기준점을 강조하여 시각적인 해석이 쉬워진다. 분석 선을 추가하는 방법에 대해 알아보자.

01 | 추세선

추세선은 데이터의 추세를 표시하는 선으로 꺾은선 차트에 추세선을 추가하면 데이터의 전반적인 흐름을 쉽게 파악할 수 있다. 꺾은선 차트에 추세선을 추가해보자.

❶ [분석선] 페이지의 [꺾은선형 차트]를 선택한다.

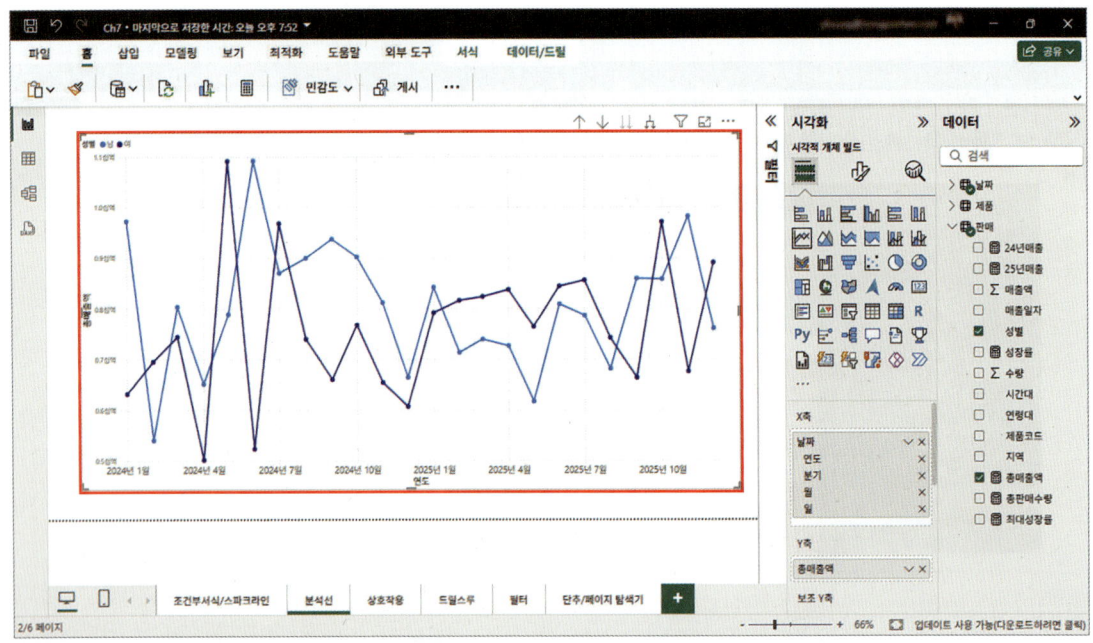

❷ [시각화]창 – [분석] – [추세선]을 설정한 후 [계열 결합] 옵션을 해제한다.

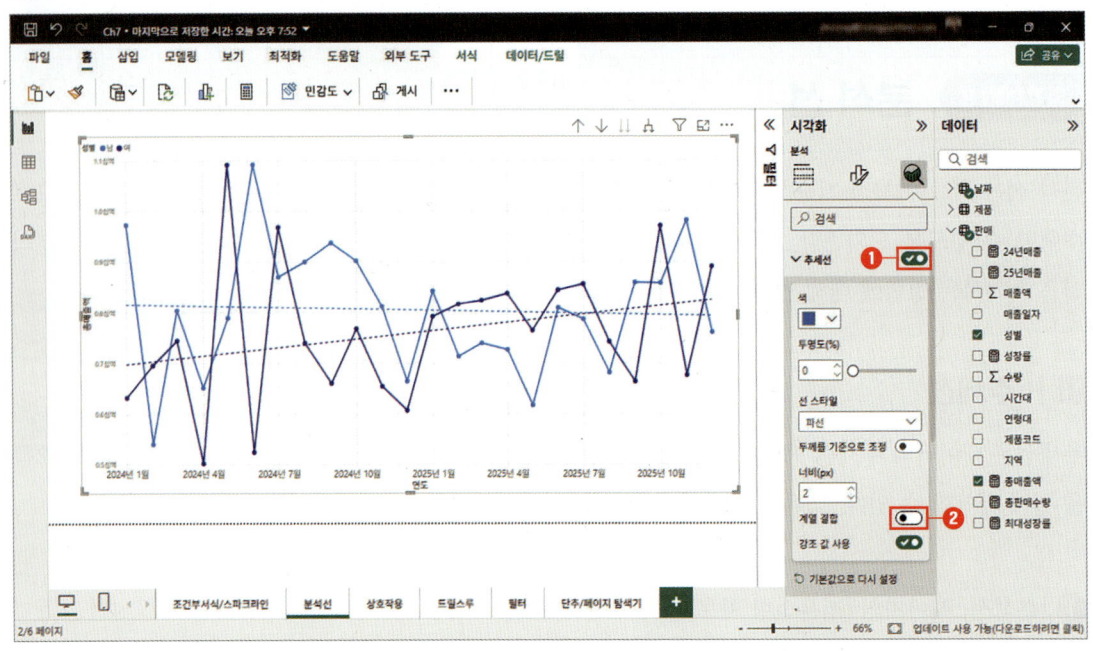

02 | 평균 선

이번엔 매출액 평균에 선을 추가해보자.

❸ [시각화]창 – [분석] – [평균 선]의 [+ 선 추가]를 클릭한 후 🖉을 클릭하고 평균 선의 이름을 '매출 평균'으로 입력한다.

❹ [선] – [색]을 '#D64550, 테마 색 8'로 설정한다.

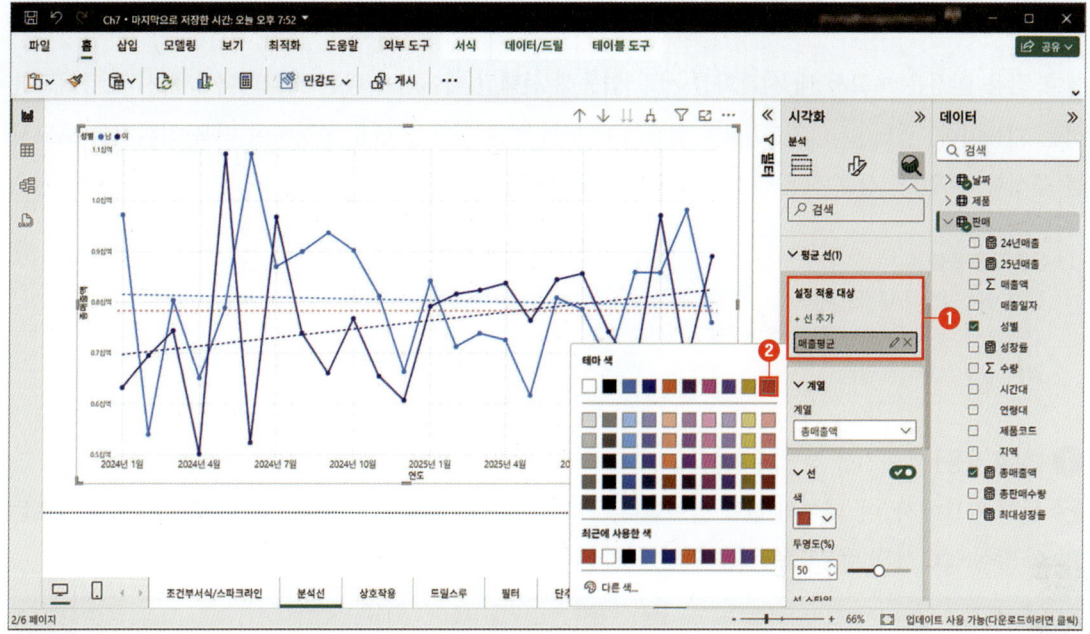

❺ [시각화]창 – [분석] – [평균 선(1)] – [데이터 레이블] 옵션을 설정한 후 [색]을 '#D64550, 테마 색 8'로 설정한다. 평균 선 왼쪽 끝에 매출 평균 값이 표시되는 것을 확인한다.

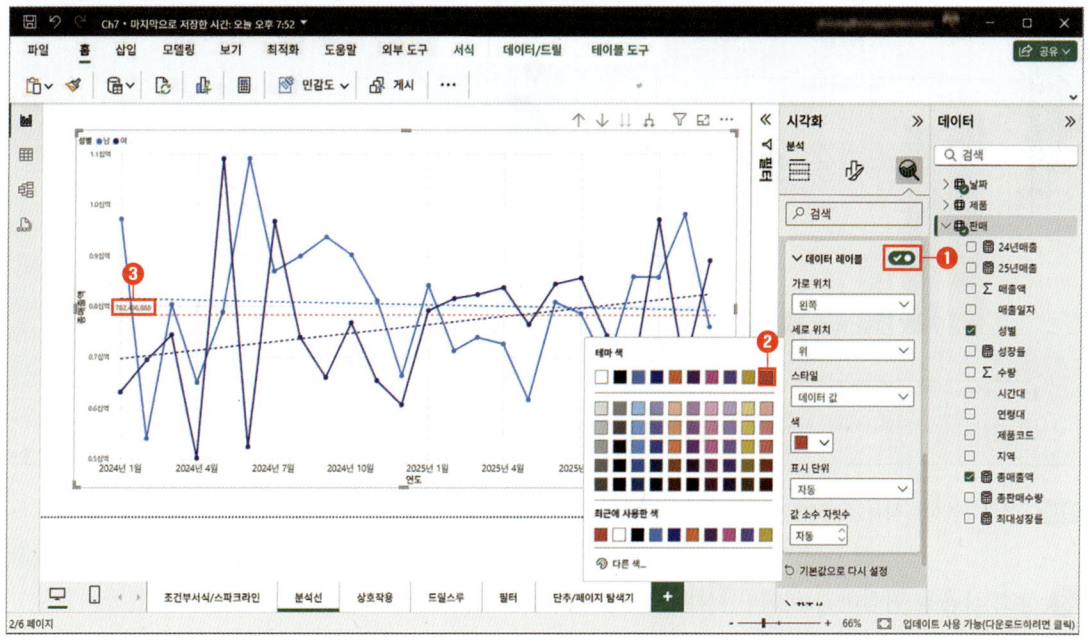

Chapter 7. 분석적 보고서 작성과 상호 작용   197

SECTION 4 상호 작용 설정

상호 작용 설정은 보고서 내 시각화를 서로 연동해 선택된 데이터가 다른 시각화에도 즉시 반영되도록 하는 기능이다. 필터(📊), 강조(📊), 없음(⊘) 등의 상호 작용 옵션을 설정하여 더욱 직관적인 보고서를 구성할 수 있다. 상호 작용을 설정하는 방법에 대해 알아보자.

> **＊상호 작용 옵션**
> - **필터**: 필터링된 데이터만 표시
> - **강조**: 전체 데이터에서 필터링된 데이터만 강조하여 표시
> - **없음**: 상호 작용되지 않음

❶ [상호작용] 페이지를 선택한다.
❷ 원형 차트에서 '여' 데이터 값을 클릭한다. 카드와 꺾은선형 차트는 '필터', 묶은 세로 막대형 차트는 '강조' 방식으로 상호 작용되는 것을 확인한다.

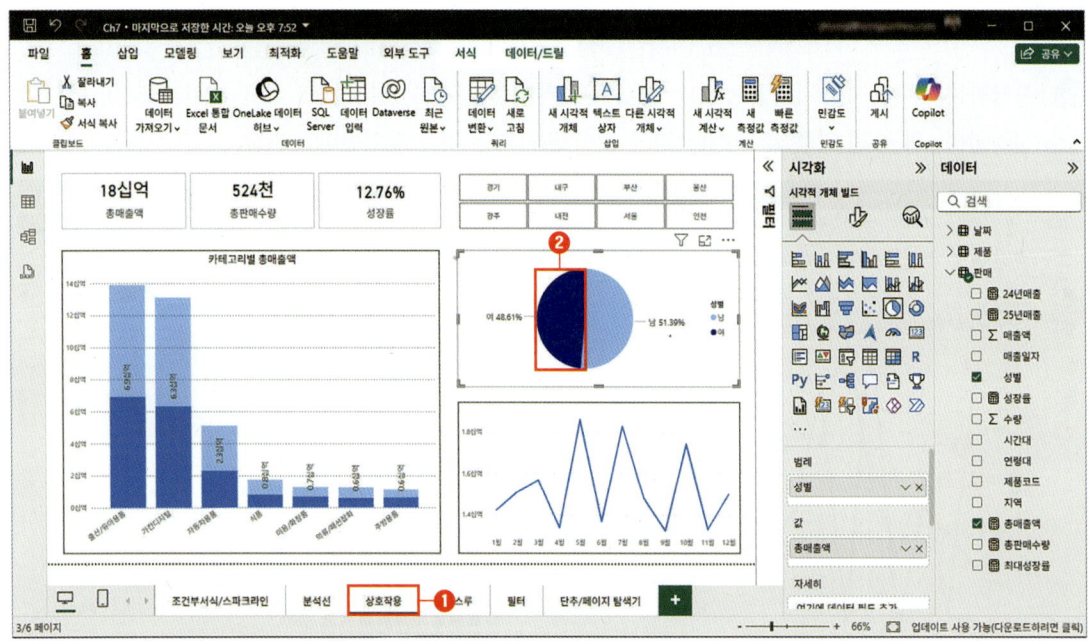

> **TIP** 클릭하여 상호 작용했던 데이터 부분을 다시 클릭하면 원상태로 돌아온다.

❸ 상호 작용을 편집하기 위해 [서식]탭 – [상호 작용]그룹 – [상호 작용 편집]을 클릭한다.
❹ 각 시각적 개체에 상호 작용 설정 아이콘이 표시되는 것을 확인한 후 [카드 신규]는 없음(⊘), [묶은 세로 막대형 차트]는 필터(📊)를 클릭하여 상호 작용 방식을 변경한다.

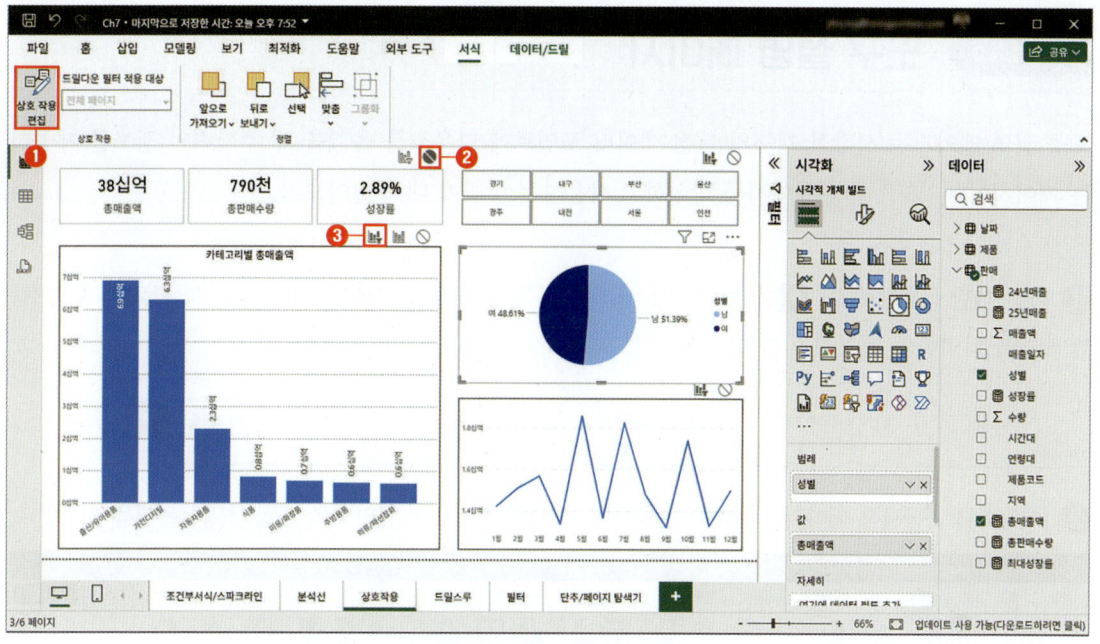

5 [서식]탭 – [상호 작용]그룹 – [상호 작용 편집]을 클릭하여 상호 작용 편집을 종료한 후 원형 차트의 '남' 데이터 값을 클릭하여 변경된 상호 작용 설정을 확인한다.

6 클릭했던 '남' 데이터 값을 다시 한번 클릭하여 원상태로 되돌린다.

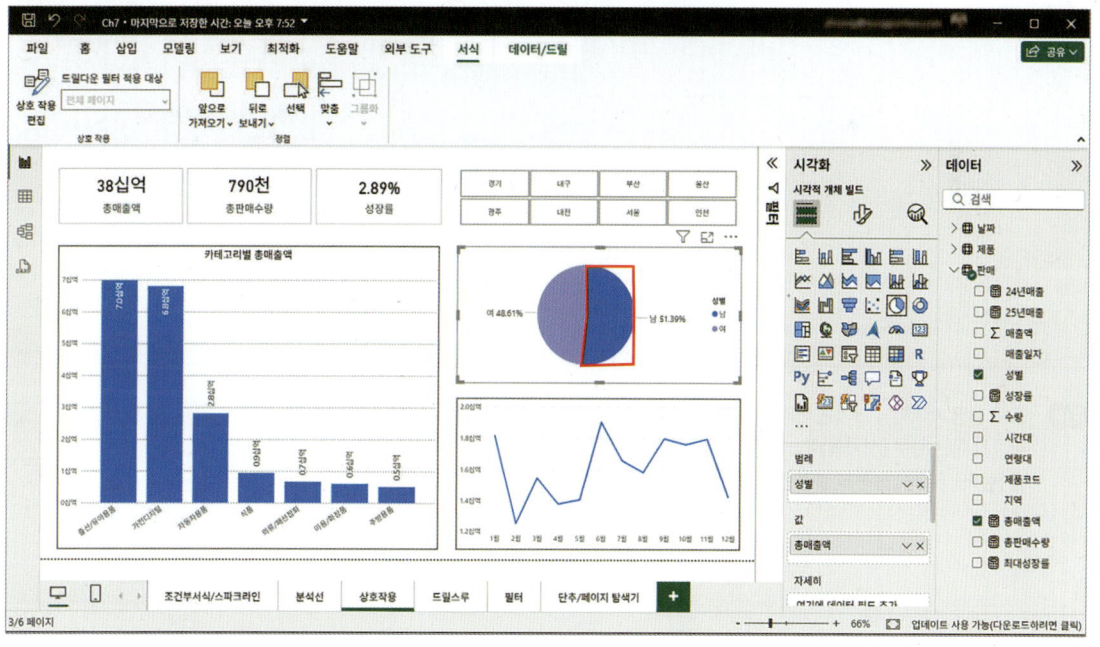

Chapter 7. 분석적 보고서 작성과 상호 작용   199

SECTION 5 도구 설명 페이지

도구 설명 페이지는 시각적 개체의 특정 데이터 포인트에 마우스를 올렸을 때 추가적인 정보를 제공하는 페이지이다. 도구 설명 페이지를 작성하고 사용하는 방법에 대해 알아보자.

❶ 화면 하단 (새 페이지) ➕를 클릭하여 새 페이지를 추가한 후 페이지 이름을 더블 클릭한 후 '제품별매출'을 입력하여 페이지 이름을 변경한다.

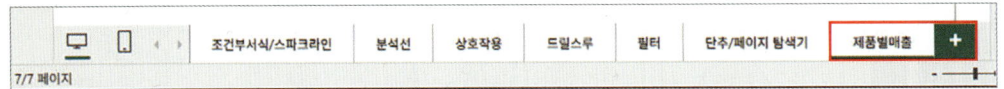

❷ [시각화]창 – [서식 페이지] – [페이지 정보]를 클릭한 후 [도구 설명으로 사용 허용] 옵션을 설정한다.

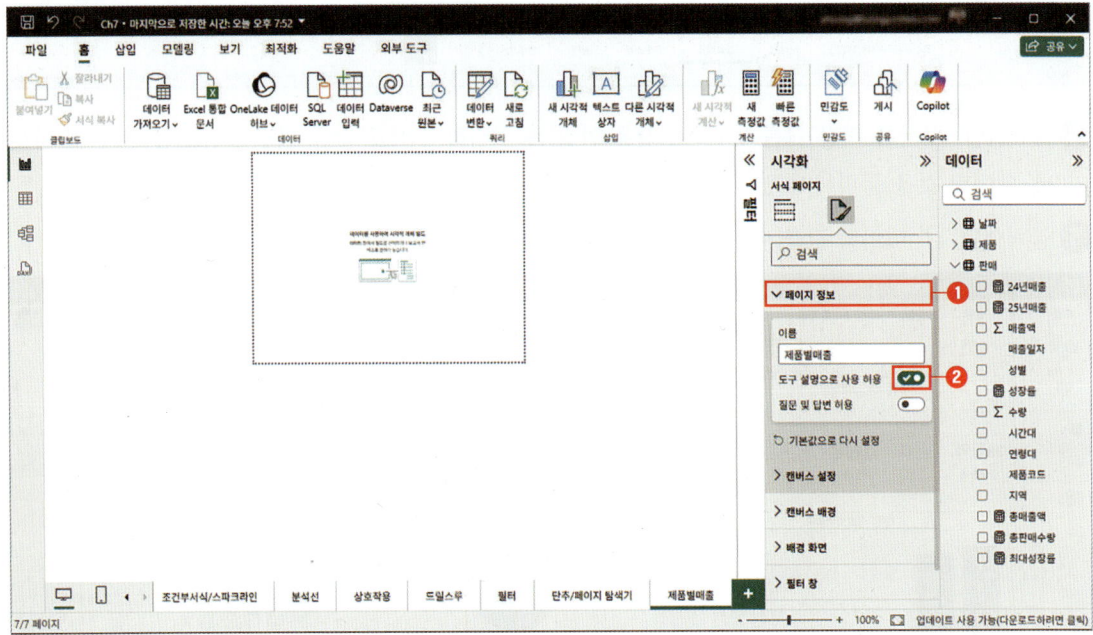

> **TIP** 도구 설명 페이지의 크기는 미리 정의되어 있다. 미리 정의되어 있는 도구 설명 페이지의 크기를 변경하고자 하는 경우 [시각화]창 – [서식 페이지] – [캔버스 설정] – [유형]을 '사용자 지정'으로 설정한 다음 [높이], [너비] 옵션을 설정한다.

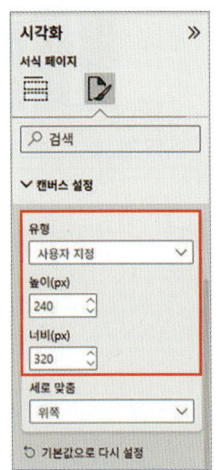

❸ 〈제품〉테이블의 [카테고리]필드에 마우스를 위치시키면 도구 설명 페이지가 표시되도록 설정하기 위해 [시각화]창 – [시각적 개체 빌드] – [도구 설명] 영역에 〈제품〉테이블의 [카테고리]필드를 드래그하여 추가한다.

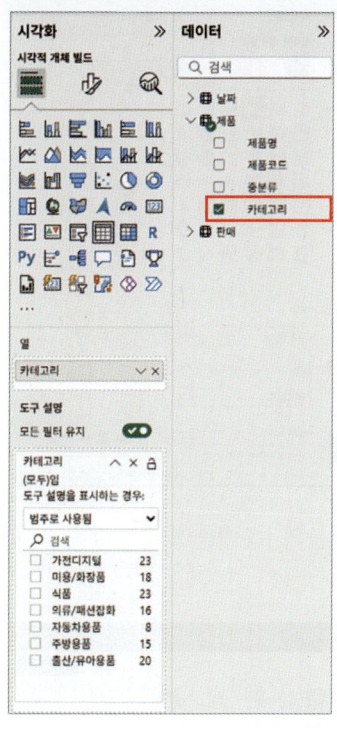

❹ [시각화]창 – [시각적 개체 빌드]에서 [묶은 가로 막대형 차트]를 선택한다.

❺ [데이터]창에서 각 테이블의 필드를 필드 영역으로 드래그하여 추가한다.
- Y축: 〈제품〉테이블의 〈제품명〉필드
- X축: 〈판매〉테이블의 〈총매출액〉측정값

❻ 작성된 차트의 크기를 도구 설명 페이지 크기에 딱 맞게 조절한다.

❼ 총매출액 상위 5개의 제품만 표시하기 위해 [필터]창의 [제품명] 필터 카드를 클릭한다.

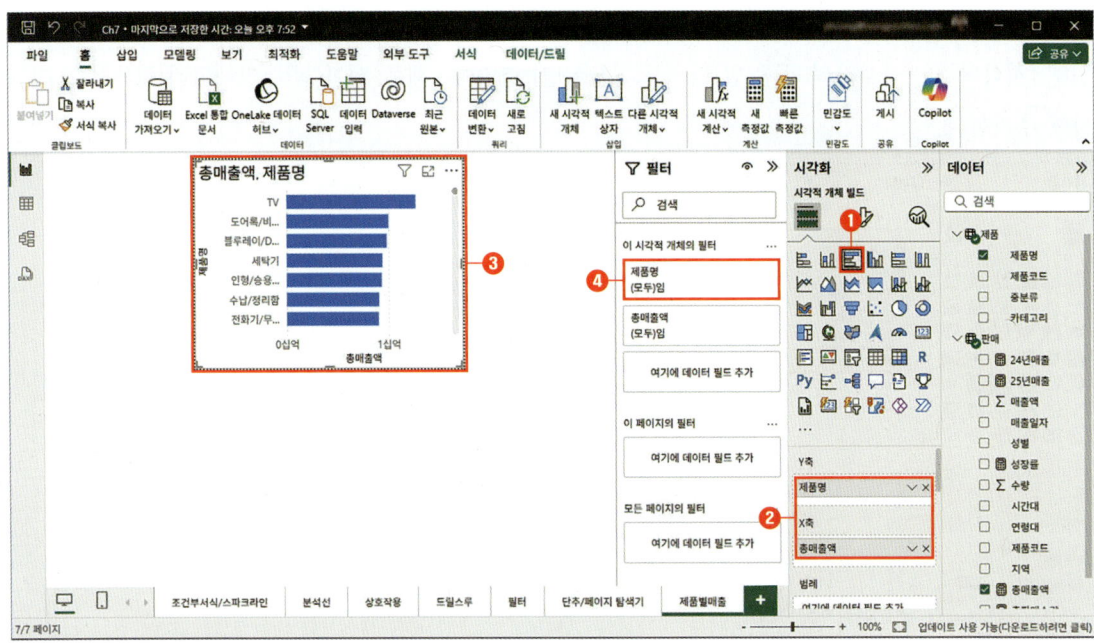

⑧ [필터 형식]에 '상위 N', [항목 표시]에 '위쪽', '5', [값]에 〈판매〉테이블의 [총매출액]측정값을 드래그하여 추가하고 [필터 적용]을 클릭한다.

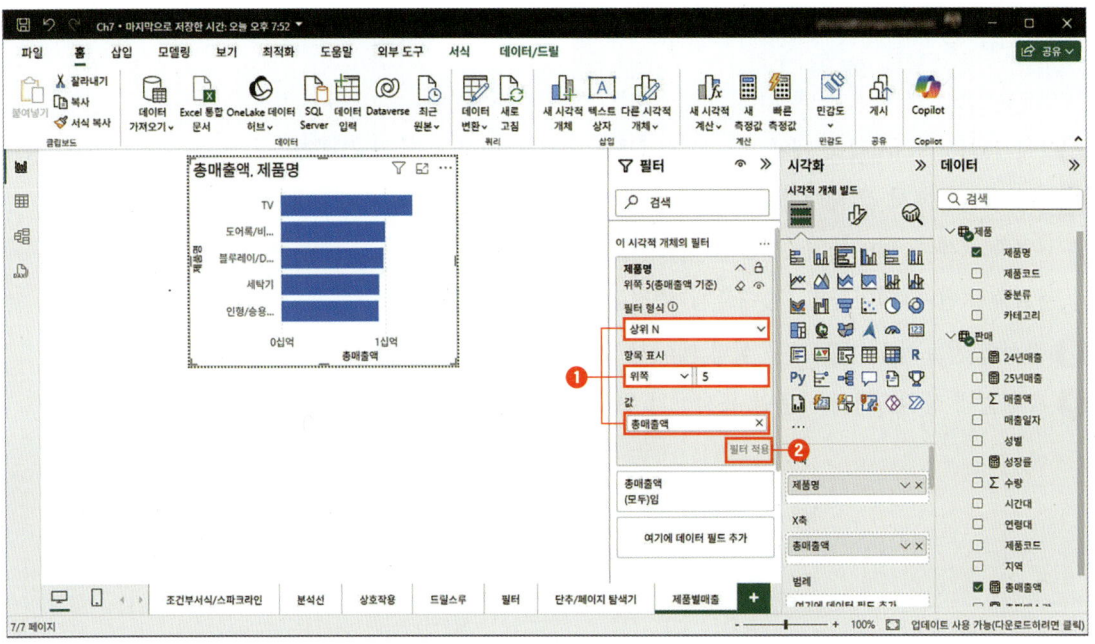

❾ [상호작용] 페이지로 이동한 후 묶은 세로 막대형 차트의 카테고리 데이터에 마우스를 위치시켜 도구 설명 페이지가 표시되는 것을 확인한다. 카테고리를 이동하며 도구 설명 페이지가 업데이트되는 것을 확인한다.

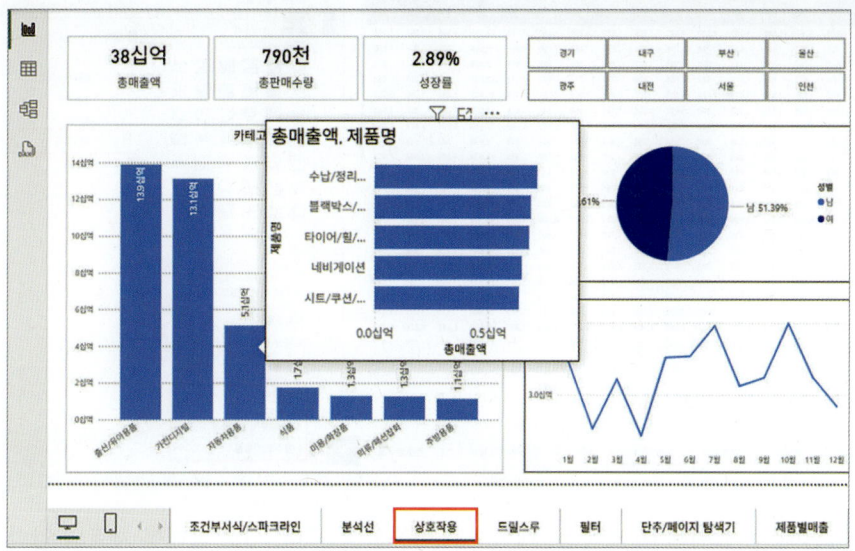

SECTION 6 드릴스루

상세한 데이터를 보고 싶을 때 드릴스루 기능을 활용하면 특정 데이터에서 다른 페이지로 이동하여 관련 세부 정보를 확인할 수 있다. 드릴스루를 설정하는 방법에 대해 알아보자.

❶ [매출상세] 페이지를 선택한다.
❷ [시각화]창 – [시각적 개체 빌드]의 [드릴스루] 영역에 〈제품〉테이블의 [카테고리]필드를 드래그하여 추가한다.

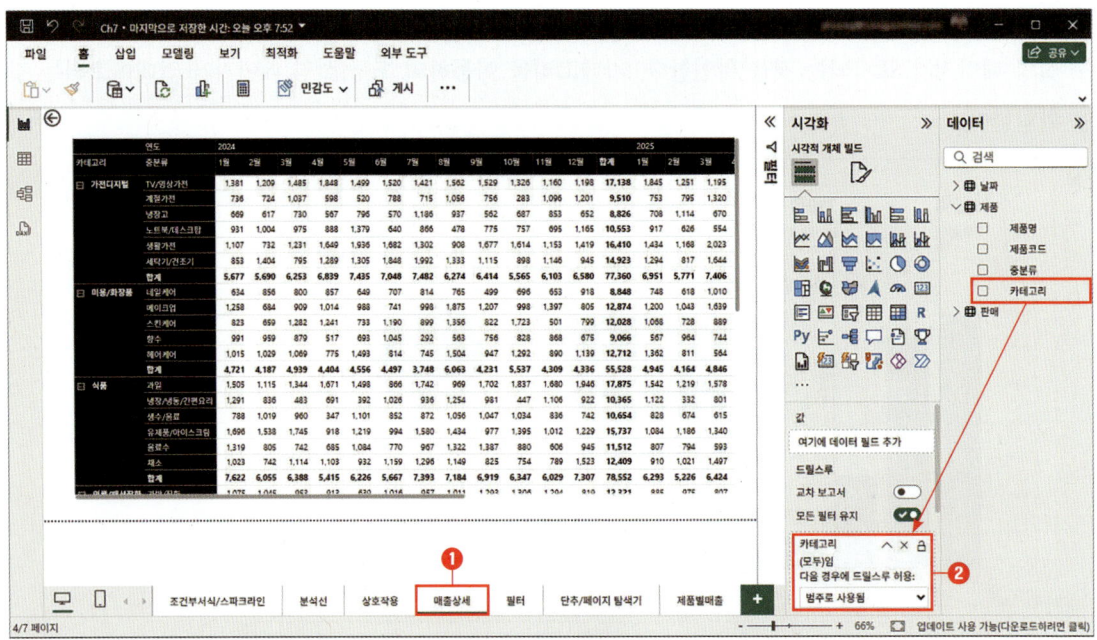

③ 설정된 드릴스루를 확인해 보기 위해 [상호작용] 페이지로 이동한 후 묶은 세로 막대형 차트의 임의의 카테고리에서 마우스 오른쪽 버튼을 클릭한 후 [드릴스루] – [매출상세]를 선택한다.

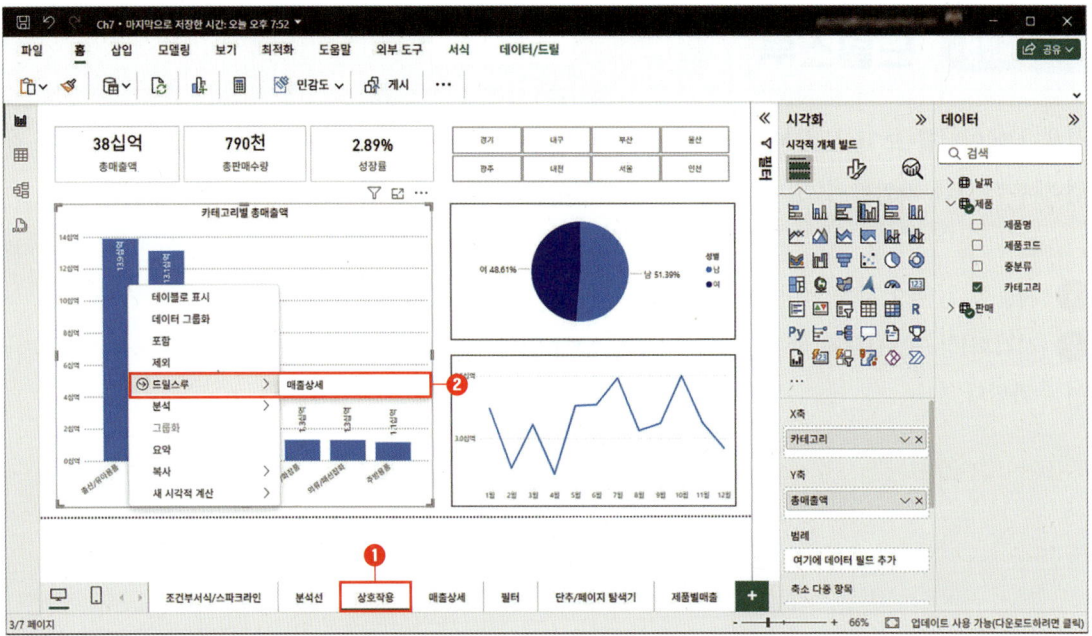

❹ [매출상세] 페이지로 이동하여 조건에 만족하는 데이터가 조회된 것을 확인한다. 드릴스루하여 조회 결과를 확인한 후 이전 페이지로 돌아갈 수 있도록 페이지 왼쪽 상단에 ⬅ 단추가 자동으로 삽입된다.

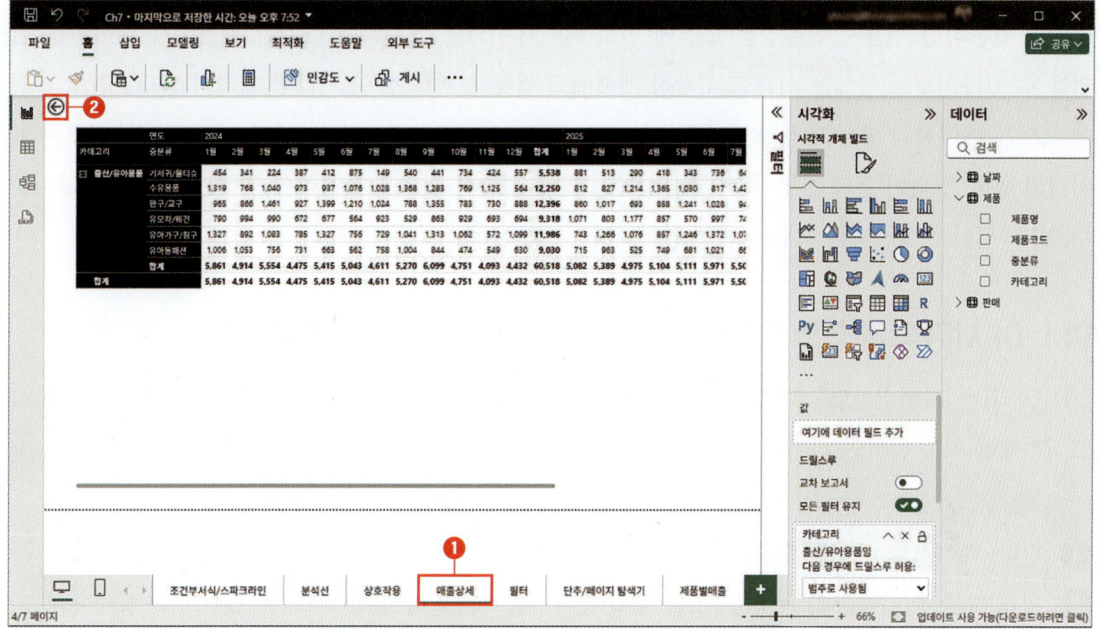

❺ 단추의 위치 및 크기를 적절히 조절한 후 [서식 단추]창 – [Button]탭 – [스타일] – [아이콘] – [아이콘 유형]을 '다시 설정', [선 색]을 '#118DFF, 테마 색 1', [두께]를 '5'로 설정하여 단추의 서식을 지정한다.

❻ Ctrl 키를 누른 상태로 단추를 클릭하면 이전 페이지로 되돌아간다.

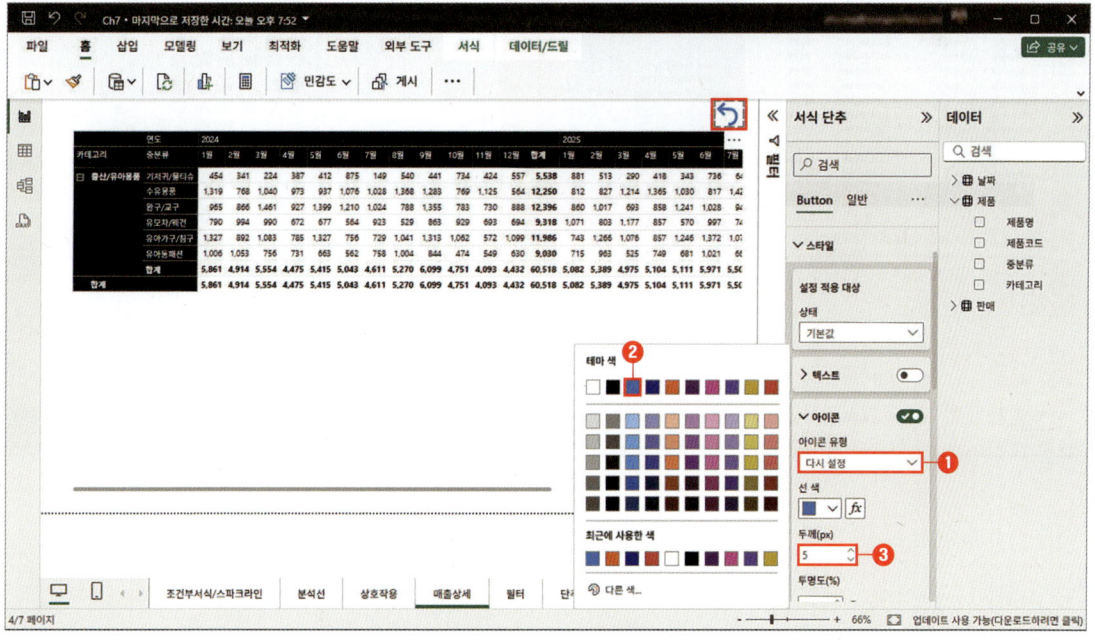

SECTION 7 필터

필터를 활용하면 사용자가 설정한 조건에 만족하는 데이터를 표시하여 다양한 관점에서 데이터를 살펴볼 수 있다. [필터]창에는 선택한 시각적 개체에 조건을 설정하는 '이 시각적 개체의 필터', 현재 화면에 보이는 페이지의 모든 개체를 필터하는 '이 페이지의 필터', 보고서 전체 페이지를 필터하는 '모든 페이지의 필터' 영역이 존재한다. 목적이나 상황에 맞게 적절한 필터를 설정하여 원하는 데이터를 살펴볼 수 있다. 필터를 설정하는 방법에 대해 알아보자.

01 | 이 시각적 개체의 필터

[카테고리]가 '가전디지털', '미용/화장품', '의류/패션잡화'이고, [중분류]가 '가전' 또는 '의류'를 포함하고, [성장률]이 0 이하인 데이터를 필터해보자.

❶ [필터] 페이지로 이동한 후 [테이블] 시각적 개체를 선택한다.
❷ [필터]창에서 [카테고리] 필터 카드를 클릭해 확장한 후 [필터 형식]이 '기본 필터링'인 상태에서 '가전디지털', '미용/화장품', '의류/패션잡화'에 체크한다.

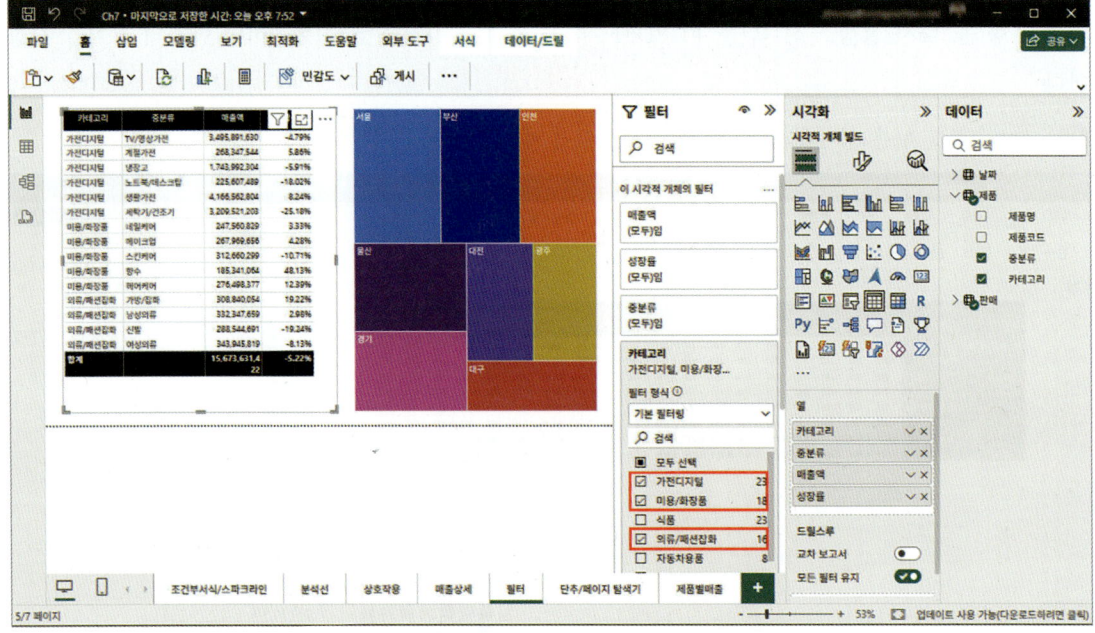

❸ [중분류] 필터 카드를 클릭한 후 [필터 형식]을 '고급 필터링'으로 설정하고, [다음 값일 경우 항목 표시]에서 '포함', '가전'을 지정한 다음 '또는' 옵션을 선택하고 '포함', '의류'를 지정하고 [필터 적용]을 클릭한다.

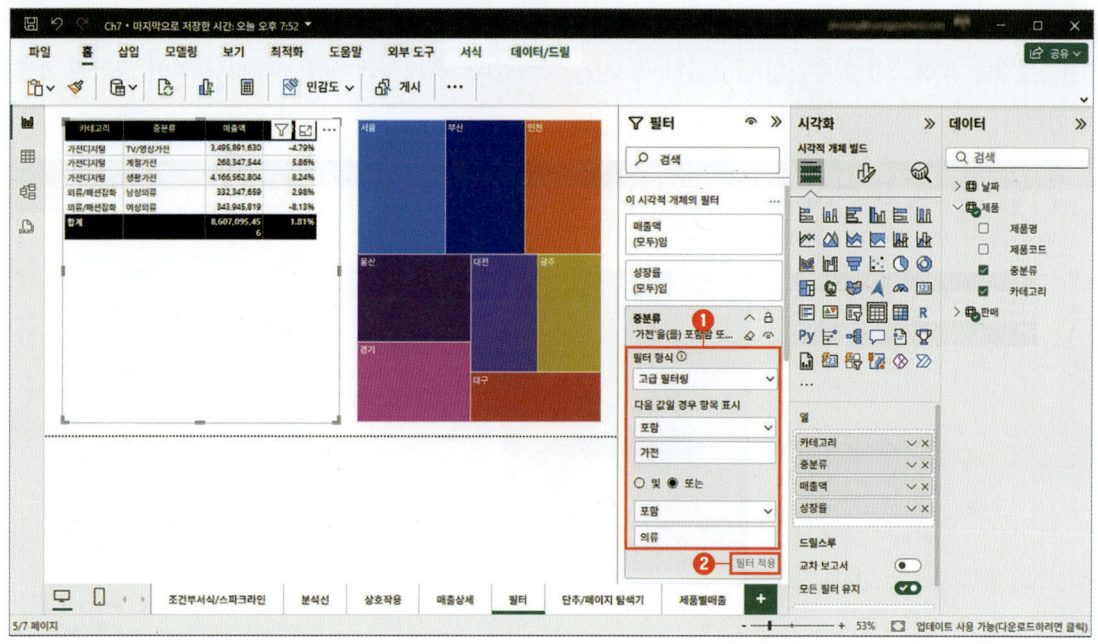

❹ [성장률] 필터 카드를 클릭한 후 [다음 값일 경우 항목 표시]에서 '보다 작거나 같음', '0'을 지정한 다음 [필터 적용]을 클릭한다. 지정한 모든 조건이 만족하는 데이터가 필터된 것을 확인한다.

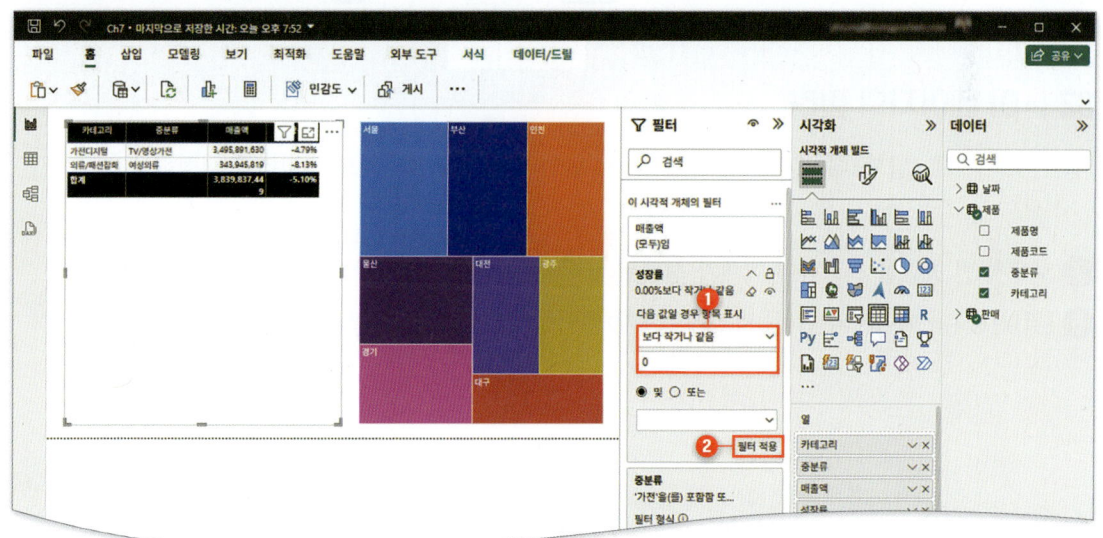

> **TIP** 필터 카드 오른쪽 상단 ◈(필터 지우기)를 클릭하여 조건을 해제하고, ⌃(필터 카드 확장 또는 축소)를 클릭하여 필터 카드를 축소할 수 있다.
>
>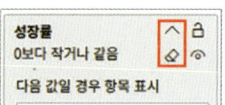

Chapter 7. 분석적 보고서 작성과 상호 작용

이번엔 Treemap 차트에 [총매출액] 상위 5개의 지역이 표시되도록 필터를 설정해보자.

❺ Treemap 차트를 선택한 후 [필터]창의 [지역] 필터 카드를 클릭하여 확장한다.
❻ [필터 형식]에 '상위N', [항목 표시]에 '위쪽', '5', [값]에 [데이터]창의 [판매]테이블에 있는 [총매출액]측정값을 드래그하여 추가한 후 [필터 적용]을 클릭한다. 총매출액 상위 5개의 지역이 필터된 것을 확인한다.

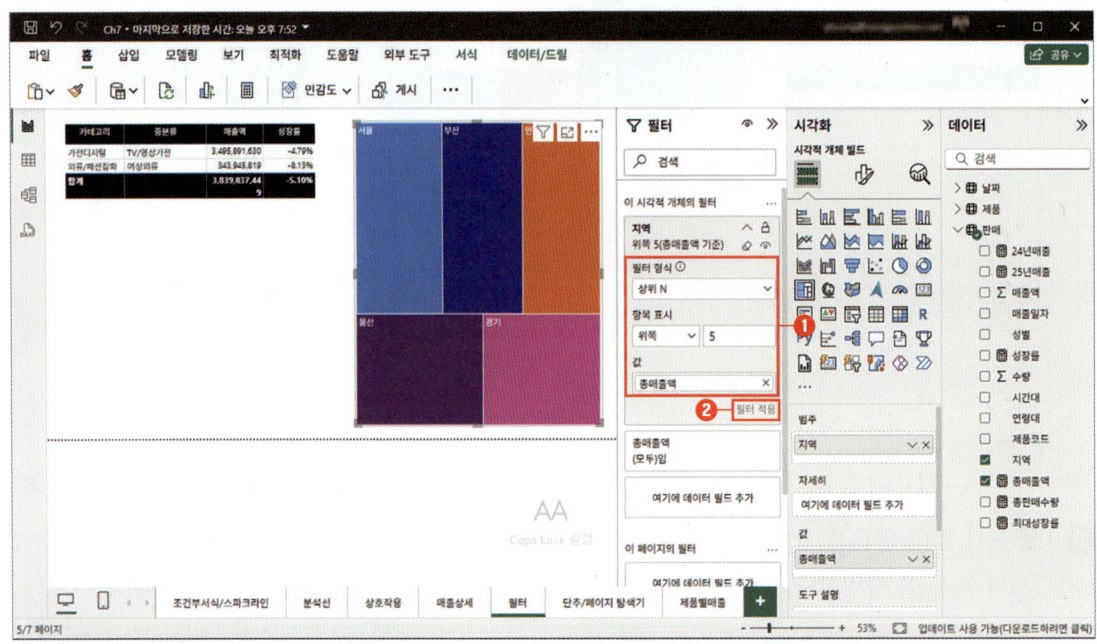

02 | 이 페이지의 필터

[필터] 페이지에 〈날짜〉테이블의 [연도]가 '2024'년인 데이터만 표시되도록 필터를 설정해보자.

❼ 보고서 빈 공간을 클릭하여 개체가 선택된 상태를 해제한다.
❽ [필터]창 [이 페이지의 필터] 영역에 〈날짜〉테이블의 [연도]필드를 드래그하여 추가한다.

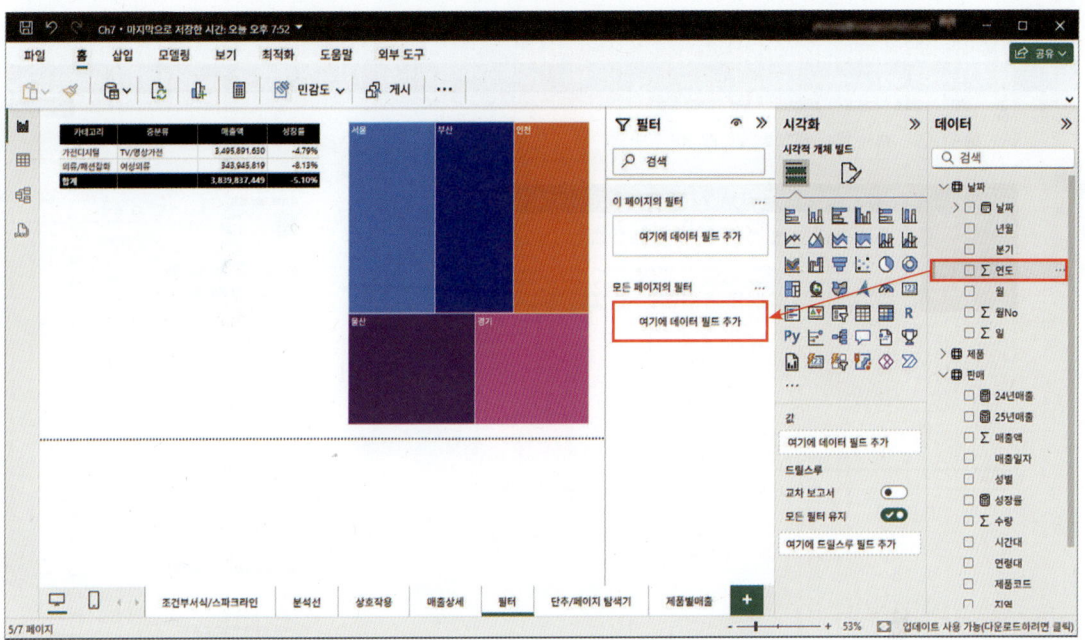

❾ [필터 형식]에서 '기본 필터링'을 선택한 후 '2025' 조건에 체크한 다음 페이지에 있는 모든 시각적 개체가 필터된 것을 확인한다.

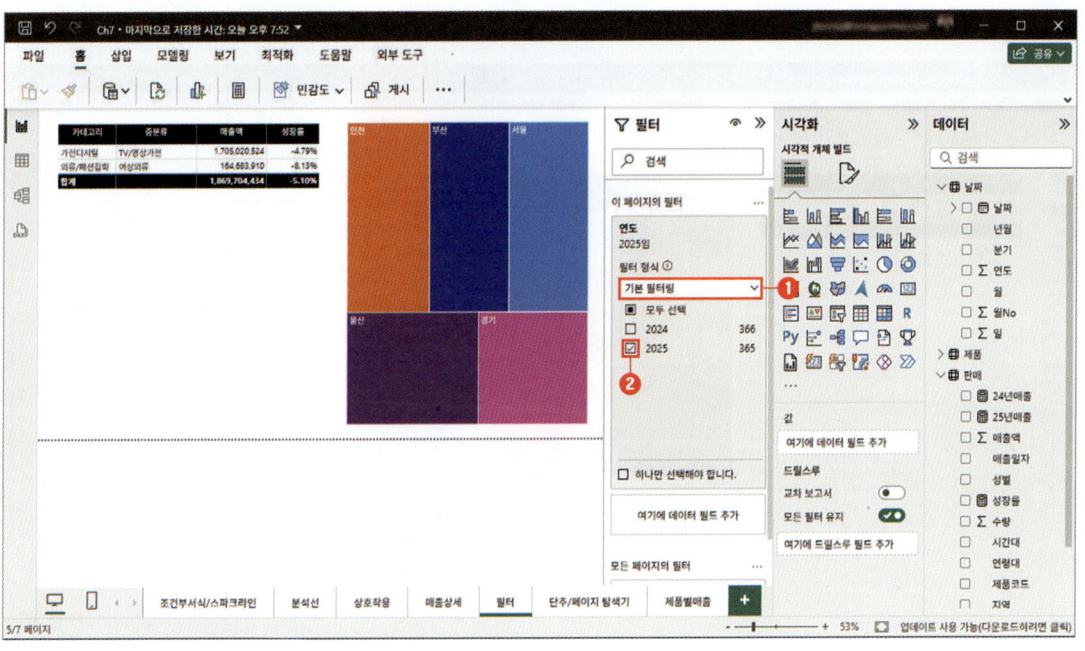

Chapter 7. 분석적 보고서 작성과 상호 작용 209

⑩ [매출상세] 페이지로 이동하여 다른 페이지는 2025년 데이터로 필터되지 않은 것을 확인한다.

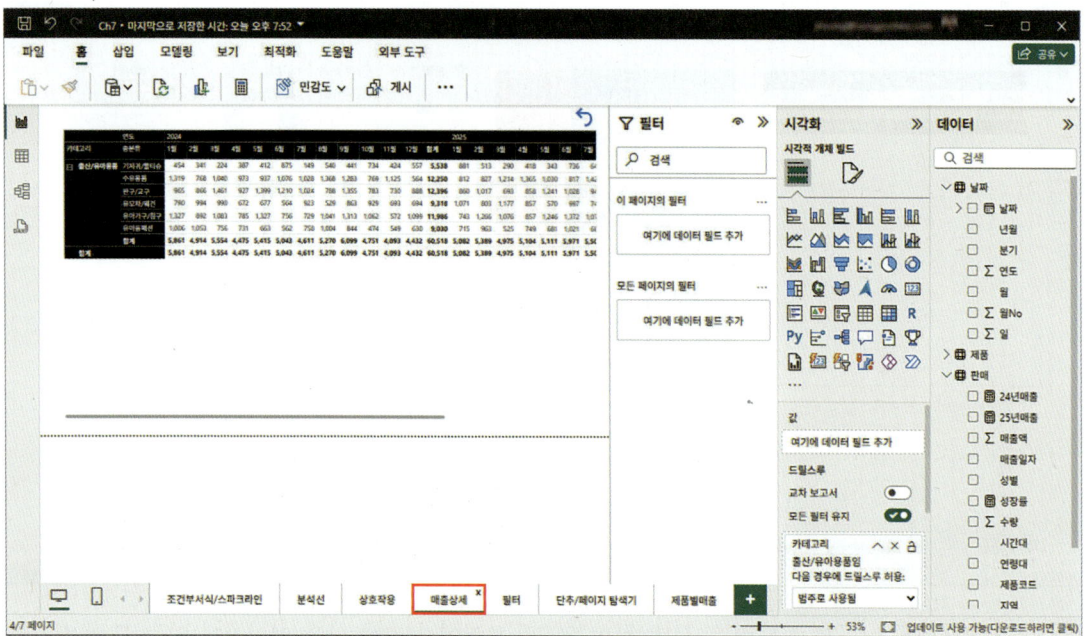

⑪ [필터] 페이지로 돌아와 [필터]창의 [연도] 필터 카드 오른쪽 상단 ☒(필터 제거)를 클릭하여 필터 카드를 삭제하여 데이터가 원래대로 되돌아오는 것을 확인한다.

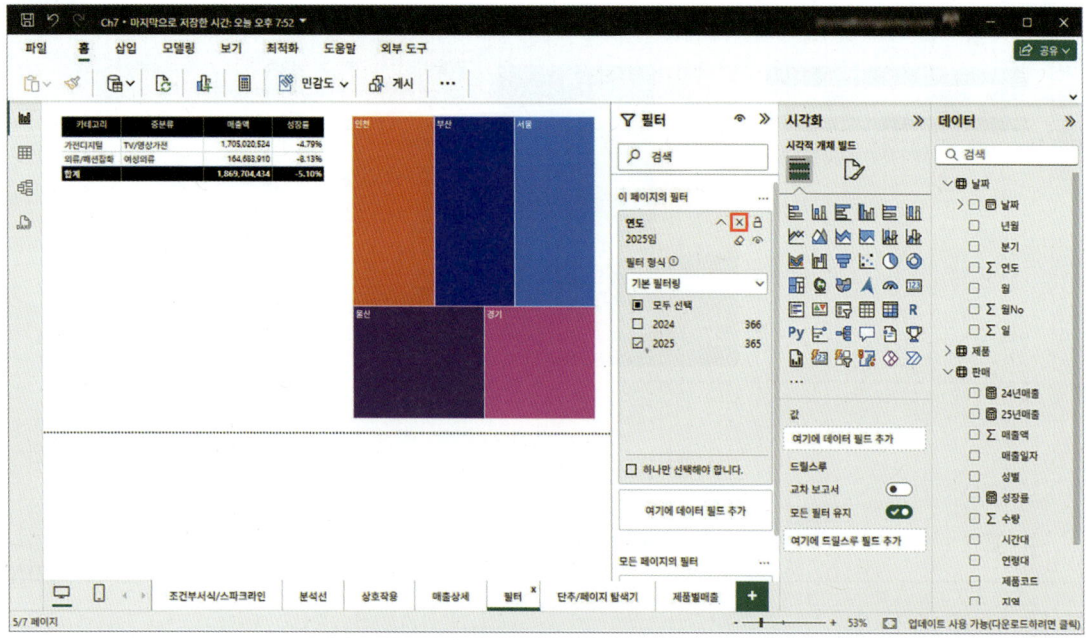

03 | 모든 페이지의 필터

이 페이지의 필터에 적용했던 [연도]가 '2025'인 조건을 [모든 페이지의 필터]에 적용하여 보고서의 모든 페이지가 필터되는지 확인해보자.

❶❷ [필터]창 [모든 페이지의 필터] 영역에 〈날짜〉테이블의 [연도]필드를 드래그하여 추가한다.

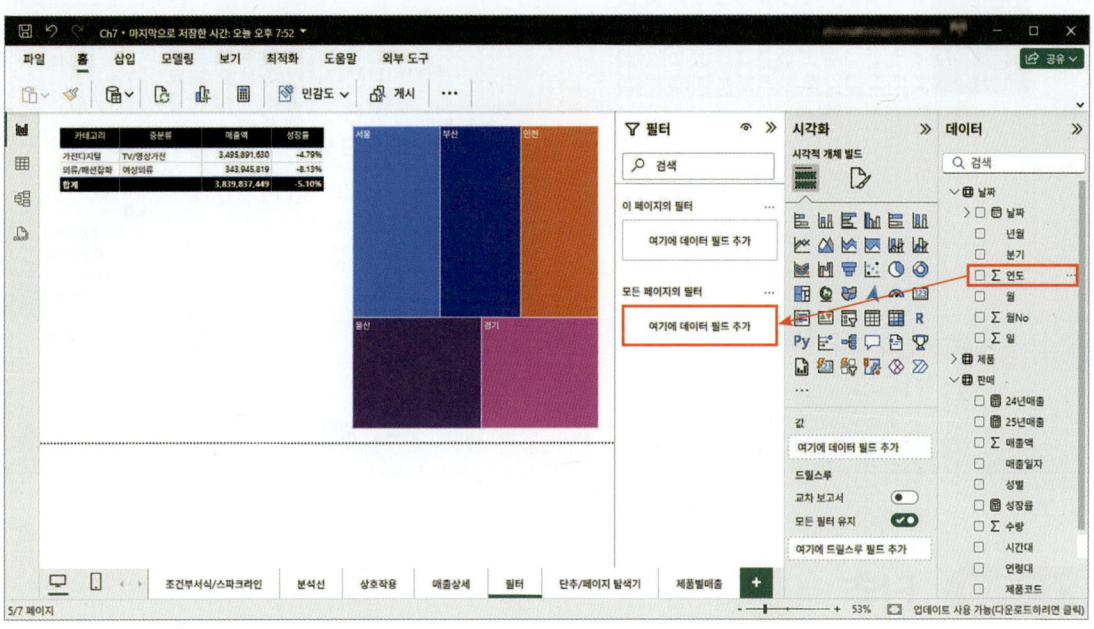

❶❸ [필터 형식]에 '기본 필터링'을 선택한 후 '2025' 조건에 체크한 다음 페이지에 있는 모든 시각적 개체가 필터된 것을 확인한다.

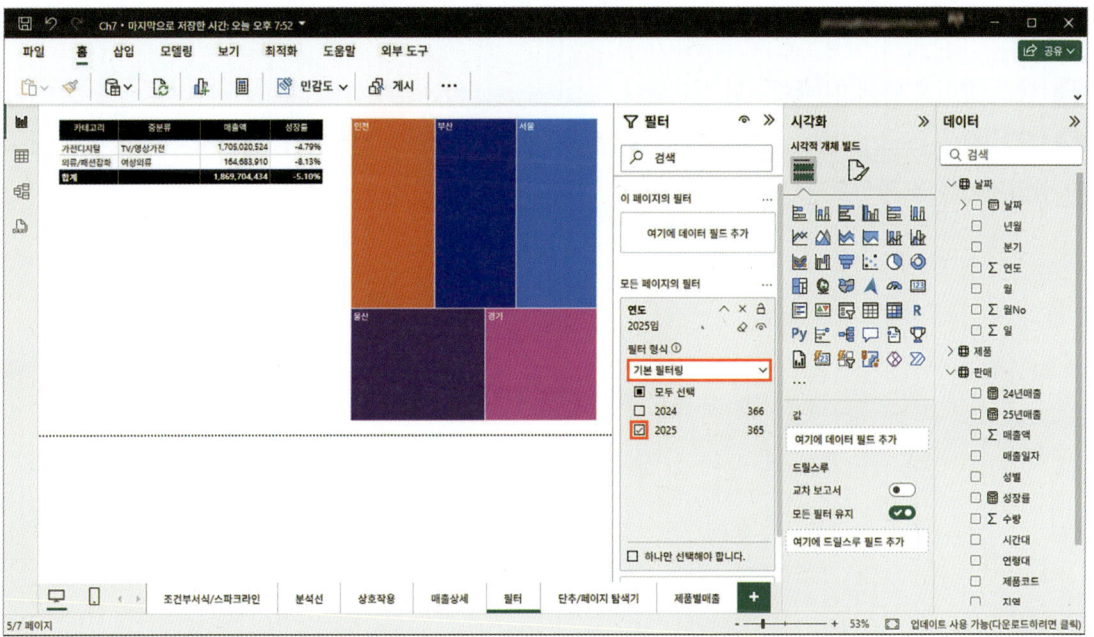

⑭ [매출상세] 페이지로 이동하여 다른 페이지도 2025년 데이터로 필터된 것을 확인한 후 [필터]창의 [연도] 필터 카드 오른쪽 상단 ✕(필터 제거)를 클릭하여 필터 카드를 삭제한다.

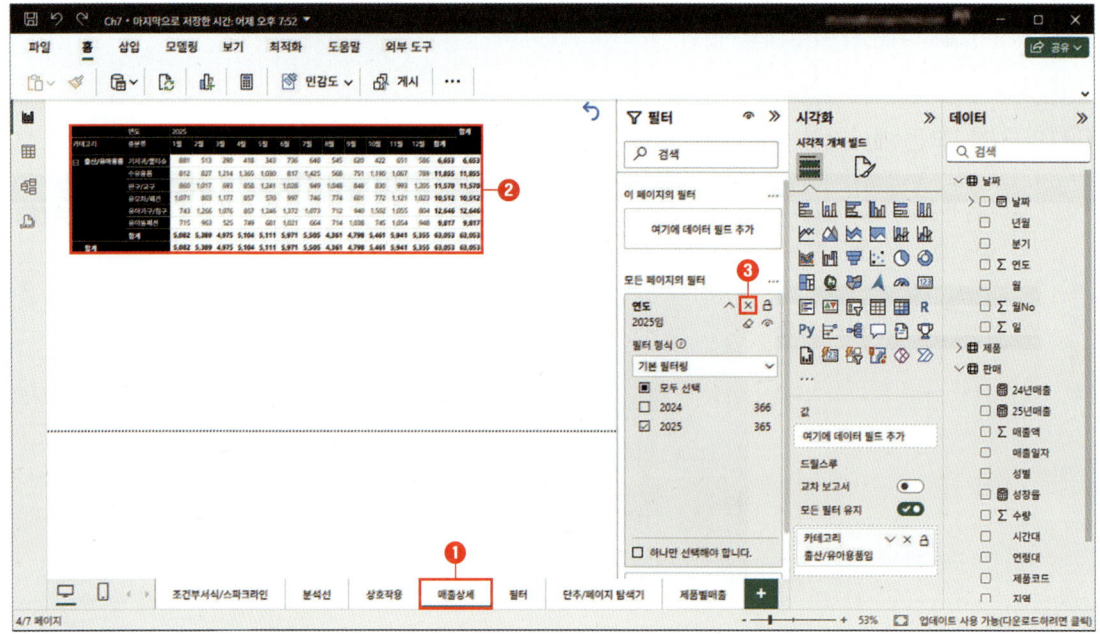

SECTION 8 단추

보고서 내 단추를 활용하면 단추를 클릭할 때 특정 동작을 수행하거나, 사용자가 원하는 페이지로 이동하는 등의 기능을 손쉽게 구현할 수 있다. 단추를 작성하는 방법에 대해 알아보자.

❶ [단추/페이지 탐색기] 페이지를 선택한다.
❷ [삽입]탭 – [요소]그룹 – [단추]를 클릭한 후 [오른쪽 화살표]를 선택한다. 페이지 왼쪽 상단에 단추가 삽입되는 것을 확인한다.

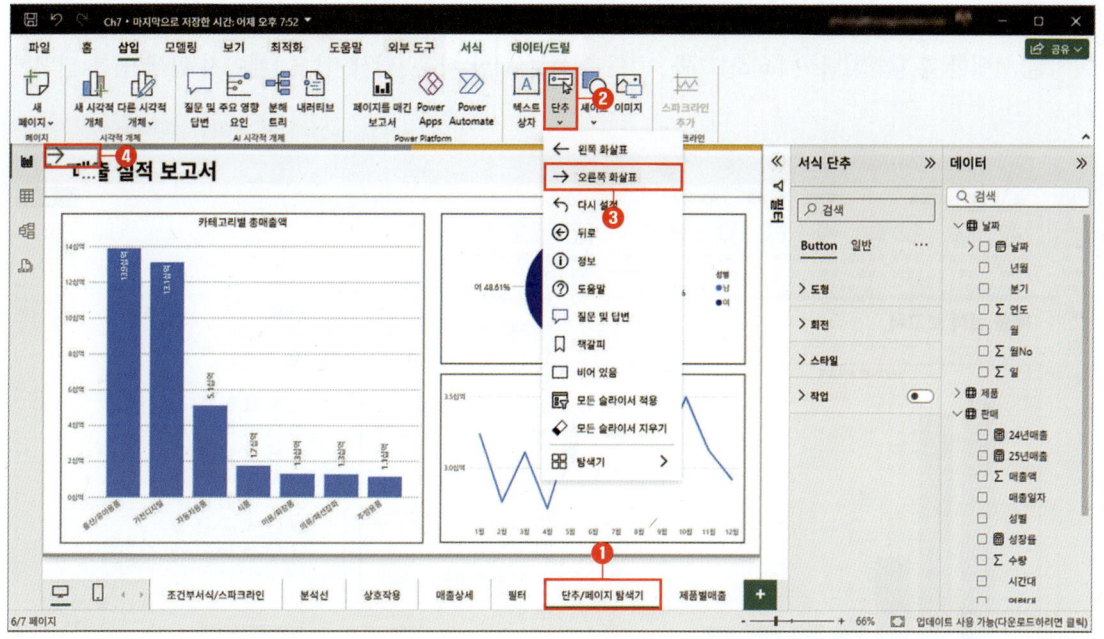

❸ 단추의 크기 및 위치를 적절히 설정한 후 [서식 단추]창 - [Button]탭 - [작업] 옵션을 설정한 후 [유형]에 '페이지 탐색', [대상]에 '필터'를 설정한다.

❹ Ctrl 키를 누른 상태에서 단추를 클릭하여 [필터] 페이지로 이동하는 것을 확인한다.

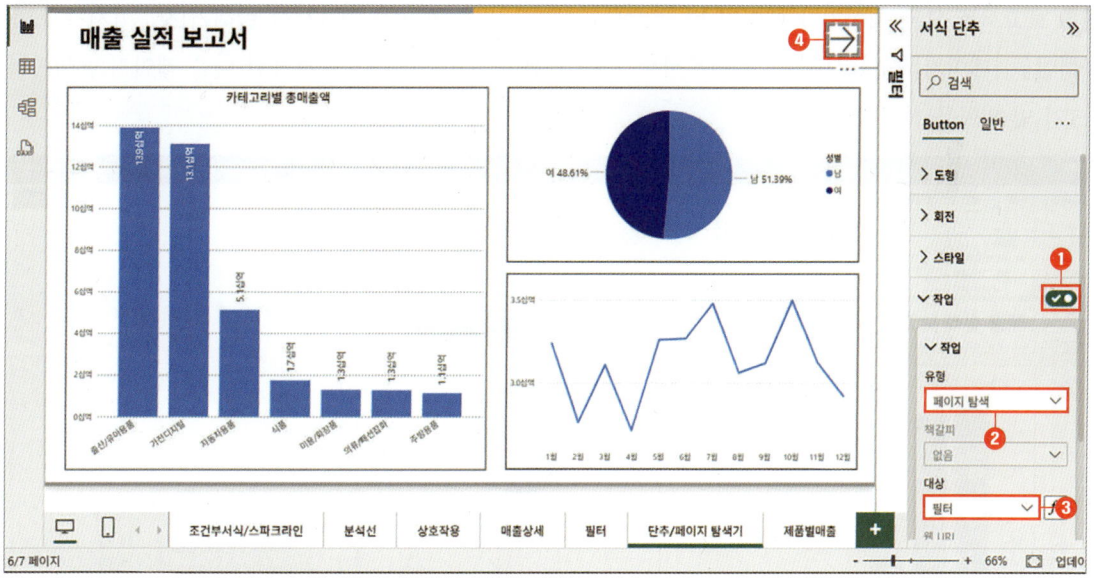

❺ 이번엔 [단추] 메뉴에서 제공되는 페이지 탐색기를 작성해 보기 위해 다시 [단추/페이지 탐색기] 페이지를 선택한 후 [삽입]탭 – [요소]그룹 – [단추]를 클릭한 다음 [탐색기] – [페이지 탐색기]를 선택한다.

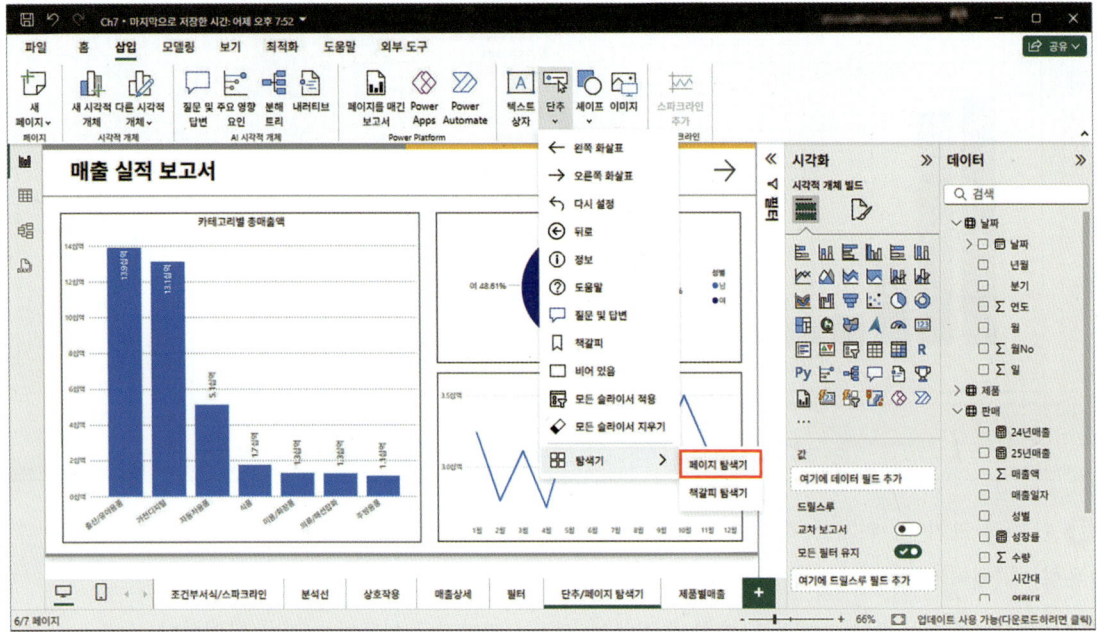

❻ 보고서의 모든 페이지가 페이지 탐색기에 표시되는 것을 확인한 후 [서식 탐색기]창 – [시각적 개체]탭 – [페이지] – [표시]에서 '조건부서식/스파크라인', '분석선' 옵션을 해제한 다음 페이지 탐색기의 크기 및 위치를 적절히 조절한다.

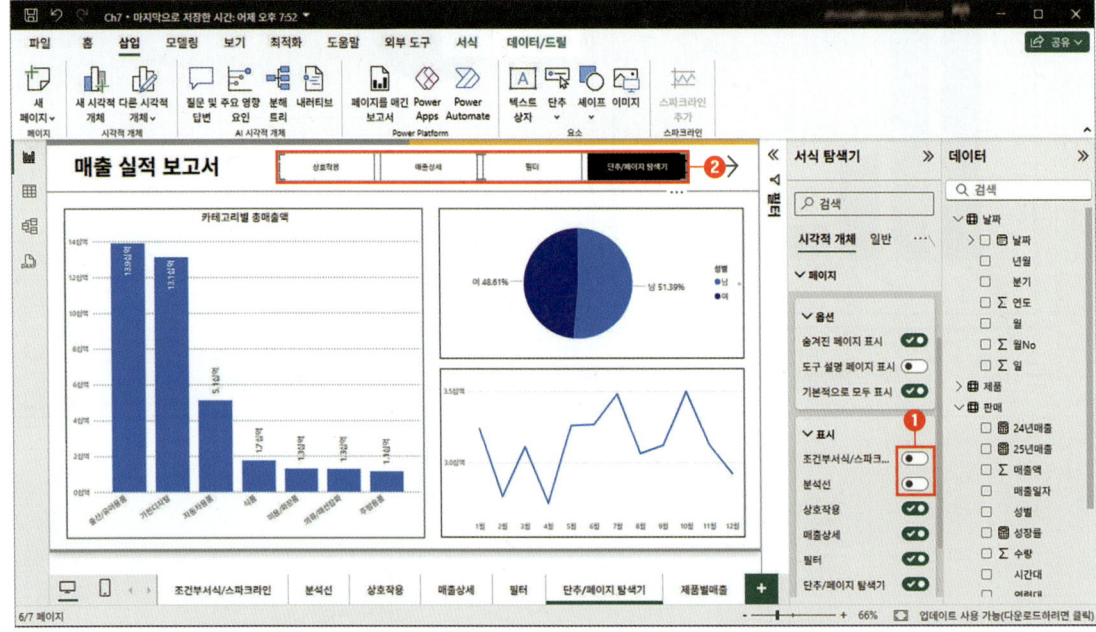

❼ [서식 탐색기]창 – [시각적 개체]탭 – [스타일] – [설정 적용 대상] – [상태]에서 '가리키기'를 선택하고 [채우기] – [색] – [다른 색]을 클릭한 다음 [헥스]에 '#D9B300'을 입력하고 화면 임의의 영역을 클릭하여 색 설정 창을 닫는다.

❽ 마우스로 페이지 탐색기를 가리켜 설정된 색상이 표시되는 것을 확인한다.

❾ 페이지 탐색기의 페이지를 Ctrl + 클릭하면 해당 페이지로 이동된다.

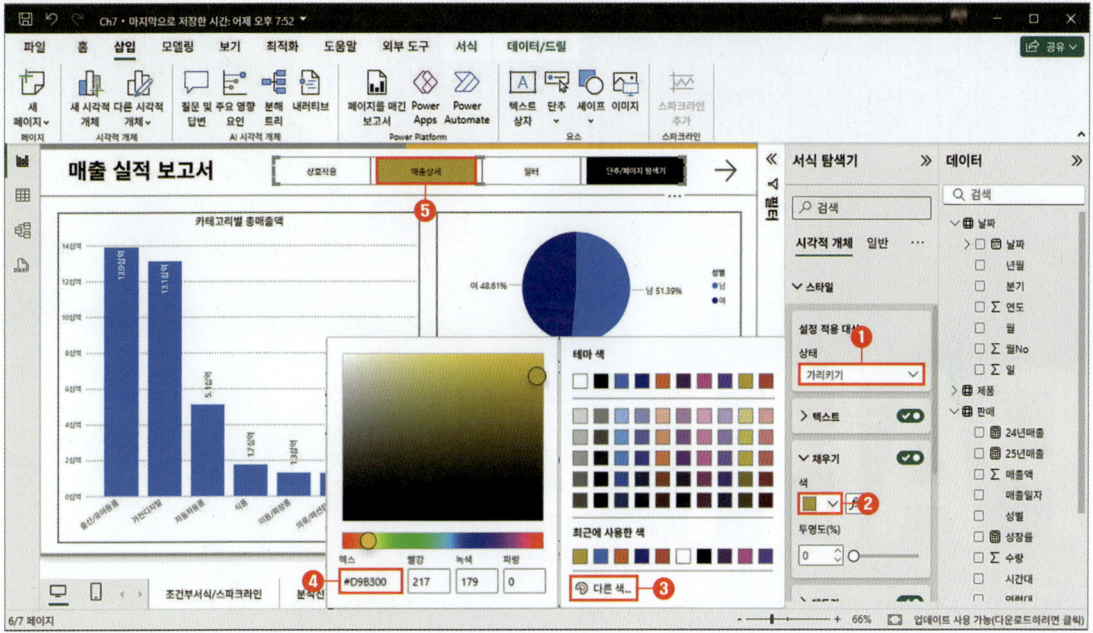

> **TIP** 페이지 탐색기를 Ctrl + C 키를 눌러 복사한 후 다른 페이지에 Ctrl + V 키를 눌러 붙여넣기하면 페이지 탐색기를 통해 보고서의 각 페이지로 이동하는 기능을 구현할 수 있다.

PART 4
출제예상문제

1회 출제예상문제
2회 출제예상문제 심화
3회 출제예상문제 심화
4회 출제예상문제

국 가 기 술 자 격 검 정
경영정보시각화능력 실기 시험

프로그램명	제한시간
파워BI 데스크톱	70분

수험번호:

성 명:

1회 출제예상문제

<유의사항>

- ◆ 인적 사항 누락 및 잘못 작성으로 인한 불이익은 수험자 책임으로 합니다.
- ◆ 화면에 암호 입력창이 나타나면 아래의 암호를 입력하여야 합니다.
    - 암호: 000000
- ◆ 작성된 답안은 주어진 경로 및 파일명을 변경하지 마시고 그대로 저장해야 합니다. 이를 준수하지 않으면 실격 처리됩니다.
- ◆ 외부데이터 위치: C:\PB\파일명
- ◆ 별도의 지시사항이 없는 경우, 다음과 같이 처리 시 실격 및 0점 처리됩니다.
    - 파일이 저장된 경로, 파일명을 임의로 변경한 경우 [실격]
    - 데이터 원본파일을 임의로 수정하거나 삭제한 경우 [0점 처리]
    - 대시보드/페이지명을 임의로 변경한 경우 [0점 처리]
- ◆ 별도의 지시사항이 없는 경우, 개체의 속성은 기본 설정값(Default)으로 처리하십시오.
- ◆ 지시사항 불이행, 오타 등으로 인한 불이익은 수험자 책임으로 합니다.
    - 지시사항에 제시한 함수 외에 다른 함수를 사용하여 답안을 작성한 경우, 결과물이 답안과 동일하더라도 오답 처리됩니다.
    - 개체명에 오타가 있을 경우 감점 처리됩니다.
- ◆ 최종 답안 제출 시 시험 채점과 관계없는 개체(차트)는 삭제 후 제출합니다.
    - 개체명에 오타가 있을 경우 감점 처리됩니다.
- ◆ 제시된 화면은 예시이며 나타난 값은 실제와 다를 수 있습니다.
- ◆ 저장 시간은 별도로 주어지지 아니하므로 제한된 시간 내에 저장을 완료해야 합니다.
- ◆ 본 문제는 파워BI 데스크톱(Power BI Desktop) 버전 2.139.1678.0(2025년 1월)를 기준으로 작성되었습니다.

데이터 및 문제 안내

1. 최종 제출해야 할 답안파일은 1개입니다. 문제1, 문제2, 문제3의 답을 하나의 답안파일(.pbix)로 저장하십시오.
2. 문제1, 문제2, 문제3은 각각 독립적으로 구성되어 앞 문제를 풀지 않아도 다음 문제 풀이가 가능합니다.
3. 문제1은 데이터 불러오기를 통해 문제를 풀이하고, 문제2와 문제3은 답안에 이미 데이터가 포함되어 있어 다시 데이터를 불러오지 말고 바로 문제 풀이를 하십시오.
   - 데이터 파일은 문제1을 위한 데이터 파일과 문제2, 3을 위한 데이터 파일로 구성되어 있습니다.
4. 문제2와 문제3 풀이를 위해 필요한 일부 측정값, 필터가 답안파일에 미리 적용되어 있을 수 있습니다.
   - 지시사항에 제시되지 않은 것은 변경하지 마십시오.
   - 사전에 적용된 필터 등이 삭제되지 않도록 '페이지 삭제' 기능을 절대 사용하지 마십시오.
5. 문제는 문제(문제1~3) - 세부문제(1~4) - 지시사항(①~③) - 세부지시사항(▶, −) 단위로 구성됩니다.
6. 지시사항(①~③)별로 점수가 부여되며, 지시사항의 전체 세부지시사항(▶, −)을 작업하지 않을 경우 점수가 부여되지 않습니다. ※부분 점수 없음
7. 본 시험에서 사용되는 데이터 파일 수와 데이터명은 아래와 같습니다.
   - [문제1] 데이터 파일 수 : 1개 / '날씨와사고.xlsx'

파일명	날씨와 사고.xlsx						
테이블	구조						
사고데이터(2023)	시도	시군구	사고월	구분	01일	02일	…
	서울	종로구	01월	사고[건]		3	…
날씨	지점	지점명	일시	평균기온(℃)			
	90	속초	2023-01-01	3.2			
강수량(2023)	지점	지점명	일시	일강수량(mm)			
	90	속초	2023-01-07	3			

- [문제2, 3] 데이터 파일 수 : 1개 / '의류판매.xlsx'

파일명	의류판매.xlsx						
테이블	구조						
판매	판매일자	제품명	판매가	원가	할인율	판매 수량	총 매출	재고 수량
	2023-08-15 00:00:00	Hoodie	1988.85	657.5958	15.22485	7	11802.35	379
	고객 나이	구매 빈도	매장 평점	반품률	카테고리ID	브랜드ID	사이즈ID	색상ID
	31	2.942691	3.294575	25.87648	1	1	1	1
	결제ID	성별	시즌	고객 유형				
	1	여성	여름	신규				
제품카테고리	카테고리ID	제품 카테고리					
	1	전통 의류					
브랜드	브랜드ID	브랜드					
	1	청춘하우스					
사이즈	사이즈ID	사이즈					
	1	S					
색상	색상ID	색상					
	1	White					
결제방식	결제ID	결제 방식					
	1	Cash					

문제 1   작업준비 [30점]

계산식 작성에 사용되는 문자열은 쌍따옴표(" ")를 사용하여 작성하시오.

1. 다음 지시사항에 따라 데이터 가져오기 및 파워 쿼리 편집기를 활용한 데이터 편집을 수행하시오. (10점)

❶ 데이터 파일을 가져온 후 데이터를 편집하시오. (3점)
- 가져올 데이터: '날씨와사고.xlsx' 파일의 〈사고데이터(2023)〉, 〈날씨〉, 〈강수량(2023)〉 테이블
- 〈사고데이터〉, 〈강수량〉으로 테이블 이름 변경

❷ 〈사고데이터〉 테이블을 활용하여 쿼리를 수행하시오. (4점)
- 첫 행을 머리글로 사용
- [사고월] 필드 데이터 형식 변경: 텍스트(예 1월)
- [시도], [시군구], [사고월] 필드의 '비어있음'을 'null'로 변경 후 아래로 채우기
- [시도], [시군구], [사고월], [구분] 필드를 제외한 나머지 열을 피벗 해제
- 열 추가: [년도] 필드 추가하고 '2023'으로 데이터 입력 후 접미사 '년' 추가

❸ 〈사고데이터〉 테이블에 열 병합과 필터를 적용하시오. (3점)
- 열 병합: [년도], [사고월], [특성] 필드를 [날짜] 필드로 병합
- [날짜] 필드 데이터 형식 변경: 날짜
- [값] 필드명 변경: [사고건수]
- 필터 적용: [구분] 필드는 '사고[건]', [시도] 필드는 '서울', '광주', '대전', '대구', '부산', '인천'

2. 파워 쿼리 편집기를 통해 쿼리를 결합하고 데이터 모델링 작업을 수행하시오. (10점)

❶ 파워 쿼리 편집기에서 〈날씨〉 테이블과 〈강수량〉 테이블을 병합하시오. (3점)
- [지점]과 [일시]를 기준으로 [일강수량(㎜)] 필드를 〈날씨〉 테이블에 추가
- 조인 종류: 왼쪽 외부(첫 번째의 모두, 두 번째의 일치하는 행)
- '원래 열 이름을 접두사로 사용' 해제
- 〈강수량〉 테이블의 로드 사용 해제

❷ 〈날씨〉 테이블의 [지점명] 필드와 [일강수량(㎜)] 필드를 편집하시오. (3점)
- [지점명] 필드: '서울', '광주', '대전', '대구', '부산', '인천'만 필터링
- [일강수량(㎜)] 필드: 'null'을 '0'으로 변경

❸ 새 테이블을 작성하고 새 테이블 간에 관계를 설정하시오. (4점)
- 함수를 사용해 모델에 포함된 [날짜] 필드를 기준으로 자동으로 〈Calendar〉 테이블 작성
- 활용 필드: 〈Calendar〉 테이블의 [Date], 〈사고데이터〉 테이블의 [날짜], 〈날씨〉 테이블의 [일시]
- 카디널리티: '다대일(*:1)'
- 교차 필터 방향: '단일'

3. 다음 지시사항에 따라 계산 열 및 측정값을 수행하시오. (10점)

❶ 다음 조건으로 〈사고데이터〉 테이블에 계산 필드(새 열)를 추가하고 요약 테이블을 작성하시오. (3점)

- 계산 필드 이름: [사고 등급]
  - [사고건수]가 10 이상이면 "다빈도", 5 이상이면 "보통", 그 외는 "저빈도"
  - 사용 함수: SWITCH, TRUE
- 요약 테이블 이름: 〈사고등급요약〉
  - 활용 필드: 〈사고데이터〉 테이블의 [사고등급], [사고건수]
  - 요약된 테이블의 필드: [사고등급], [건수합계]
  - 사용 함수: SUMMARIZE, SUM
  - 서식: '정수', 천 단위 구분기호(,) 사용

❷ 〈사고데이터〉, 〈날씨〉, 〈Calendar〉 테이블을 사용하여 다음의 측정값을 작성하시오. (4점)

- 측정값 이름: [강수량많은날_사고건수]
  - 〈날씨〉 테이블의 [일강수량(㎜)]이 10mm 이상인 날짜에 발생한 사고건수의 합계를 계산
  - 활용 필드: 〈날씨〉 테이블의 [일강수량(㎜)]필드, 〈사고데이터〉 테이블의 [사고건수]필드
  - 사용 함수 및 연산자: CALCULATE, FILTER, RELATEDTABLE, SUM
  - 서식: 정수, 천 단위 구분 기호
- 측정값 이름: [주말평균사고건수]
  - [Date]가 주말인 경우의 사고건수 평균을 계산
  - 활용 필드: 〈사고데이터〉 테이블의 [사고건수], 〈Calendar〉 테이블의 [Date]필드
  - 사용 함수: AVERAGE, CALCULATE, WEEKDAY
  - 서식: 10진수, 소수점 2번째 자리까지 표시

❸ 측정값 테이블을 사용하여 다음 측정값을 작성하여 추가하시오. (3점)

- [데이터 입력] 명령을 사용하여 테이블 이름이 "Measure"인 테이블 생성
- 측정값 이름: [주말사고건수비율]
  - 활용 필드: [주말평균사고건수]측정값, 〈사고데이터〉 테이블의 [사고건수]필드
  - 사용 함수: DIVIDE, AVERAGE
  - 서식: 백분율(%), 소수점 1번째 자리까지 표시
- 테이블에 추가할 측정값: [강수량많은날_사고건수], [주말평균사고건수]

| 문제 2 | 단순요소 구현 (30점) |

<시각화 완성화면> 각 세부문제 풀이 후 '문제2' 페이지에 아래와 같이 개체를 배치하시오.

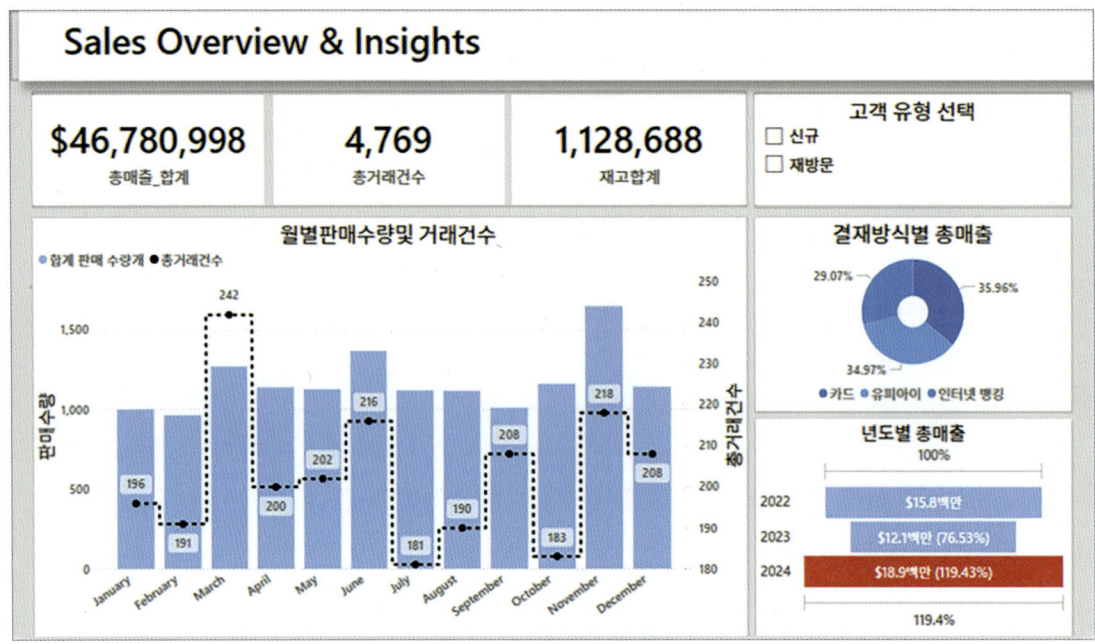

계산식 작성에 사용되는 문자열은 쌍따옴표(" ")를 사용하여 작성하시오.

1. '문제2', '문제3' 페이지의 전체 서식을 설정하시오. (5점)

   ❶ 보고서 전체의 테마를 설정하고 테마 사용자 지정과 캔버스 배경색을 지정하시오. (3점)
   - 보고서 테마: '폭풍(Storm)'
   - 테마 사용자 지정(텍스트)
     - 일반: Segoe UI Semibold, 12pt
     - 제목: DIN, 16pt
     - 카드 및 KPI: Segoe UI Semibold, 32pt
   - 캔버스 배경 색
     - 흰색, 10% 더 어둡게
     - 투명도: '0%'

   ❷ '문제2' 페이지 상단에 다음과 같이 텍스트 상자를 사용해 제목을 작성하시오. (2점)
   - 텍스트 상자에 내용 입력 – 'Sales Overview & Insights'
     - 일반: 글꼴 크기 32pt, 굵게
     - 들여쓰기 증가

- 그림자 효과 지정
- 텍스트 상자를 '1-②' 위치에 배치

2. 다음 지시사항에 따라 카드와 슬라이서를 구현하시오. (5점)

   ❶ 보고서 전체의 테마를 설정하고 테마 사용자 지정과 캔버스 배경색을 지정하시오. (3점)
   - 다음 조건으로 '문제2' 페이지에 카드를 구현하시오. (3점)
     - 〈판매〉테이블의 [총매출_합계], [총거래건수]측정값, [재고 수량]필드
     - [재고 수량]필드를 사용한 카드에 표시되는 텍스트를 '재고합계'로 변경
   - 표시 단위 및 값 서식
     - 표시 단위: '없음'
     - 값 소수 자릿수: '0'
   - 카드를 순서대로 '2-①' 위치에 배치

   ❷ 다음 조건으로 '문제2' 페이지에 슬라이서를 구현하시오. (2점)
   - 활용 필드
     - 〈판매〉테이블의 [고객 유형]필드
   - 슬라이서 머리글 해제
   - 제목: '고객 유형 선택', 가운데 맞춤
   - 슬라이서를 '2-②' 위치에 배치

3. 다음 지시사항에 따라 꺾은선형 및 묶은 세로 막대형 차트를 구현하시오. (10점)

   ❶ 다음 조건으로 '문제2' 페이지에 꺾은선형 및 묶은 세로 막대형 차트를 구현하시오. (3점)
   - 활용 필드
     - 〈판매〉테이블의 [판매일자]필드의 '연도', '월'
     - 〈판매〉테이블의 [판매수량]필드
     - [총거래건수]측정값
   - 시각화 드릴 모드를 '계층 구조에서 다음 수준으로 이동'으로 선택
   - 차트를 '3-②' 위치에 배치

   ❷ 다음 조건으로 '문제2' 페이지에 꺾은선형 및 묶은 세로 막대형 차트를 구현하시오. (3점)
   - 서식
     - X축: 제목 해제
     - Y축: 제목을 '판매수량'으로 변경
     - 선: 스타일은 '파선', 보간 유형은 '단계', 색은 '검정'
     - 표식 설정
     - 데이터 레이블: [총거래건수] 계열에만 표시

- 차트 제목
  - '월별판매수량 및 거래건수'로 변경
  - 가로 가운데 맞춤
❸ '총매출_합계' 기준으로 상위 10개만 '브랜드'만 표시되도록 필터를 적용하시오. (3점)

4. 다음 지시사항에 따라 도넛형 차트와 깔때기 차트를 구현하시오. (10점)

❶ 다음 조건으로 '문제2' 페이지에 도넛형 차트를 구현하시오. (4점)
- 활용 필드
  - 〈판매〉테이블의 [총매출_합계]측정값
  - 〈결제방식〉테이블의 [결제 방식]필드
- 차트 제목 서식
  - 제목 텍스트: '결제방식별 총매출', 가로 맞춤 '가운데'
- 조각: 내부 반경 '30'
- 범례
  - 위치: 아래쪽 가운데
  - 제목: 해제
- 세부 정보 레이블: 레이블 내용 '총 퍼센트'
- 도넛형 차트를 '4-①' 위치에 배치

❷ 다음 조건으로 '문제2' 페이지에 깔때기 차트를 구현하시오. (3점)
- 활용 필드
  - 〈판매〉테이블의 [판매날짜]의 '연도', [총매출_합계]측정값
- 차트 서식 지정
  - 제목 텍스트: '년도별 총매출', 글꼴 크기 '16', 가로 맞춤 '가운데'
  - 데이터 레이블: 레이블 내용 '데이터 값, 첫 번째 퍼센트'
  - '2024' 계열 색: #FF0000
- 깔때기 차트를 '4-②' 위치에 배치

❸ 다음 조건으로 도넛형 차트에 도구 설명과 필터를 추가하시오. (3점)
- 도구 설명에 [총거래건수]측정값이 표시되도록 추가
- 필터에서 결제 방식이 'Cash'가 아님으로 적용

문제 3   복합요소 구현 [40점]

〈시각화 완성화면〉 각 세부문제 풀이 후 '문제3' 페이지에 아래와 같이 개체를 배치하시오.

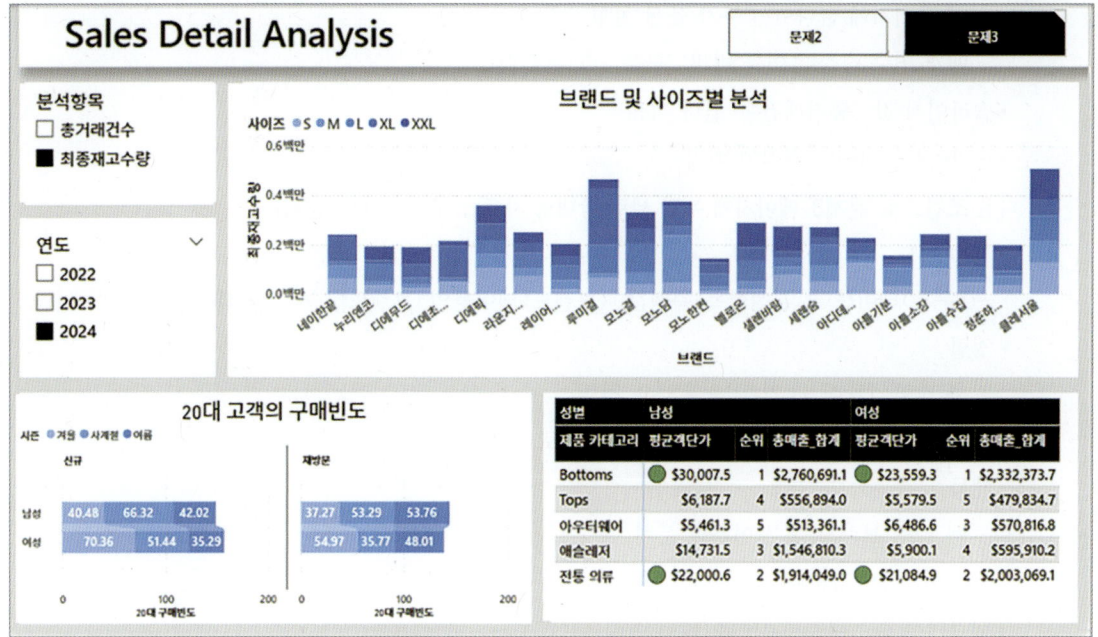

계산식 작성에 사용되는 문자열은 쌍따옴표(" ")를 사용하여 작성하시오.

1. 다음 지시사항에 따라 누적 세로 막대형 차트를 구현하시오. (10점)

❶ 다음 조건으로 〈판매〉테이블에 측정값을 추가하시오. (4점)
- 측정값 이름: [총재고수량]
  - 활용 필드: 〈판매〉테이블의 [재고 수량]
  - 서식: 정수, 천 단위 구분 기호(,) 적용
- 측정값 이름: [최종재고수량]
  - 활용 필드: 〈판매〉테이블의 [반품률]필드, [총판매수량], [총재고수량]측정값
  - 총판매수량과 평균반품률을 기준으로 계산한 반품수량을 구한 후, 이를 곱하여 최종 재고수량을 계산
  - Amt 변수: [총판매수량]측정값
  - ReQ 변수: [반품률]의 평균
  - ReAmt 변수: Amt*ReQ를 100으로 나눈 값, 함수 사용하여 0으로 나누는 오류 방지
  - 사용 함수: AVERAGE, DIVIDE, VAR, RETURN
  - 서식: 정수, 천 단위 구분 기호(,) 적용

❷ 다음 조건으로 매개 변수를 추가하고 '문제3' 페이지에 슬라이서를 구현하시오. (3점)
- 필드 매개 변수 추가
  - 이름: 구분
  - 필드: [총거래건수], [최종재고수량]측정값 추가
  - 이 페이지에 슬라이서 추가 옵션 설정
  - 매개 변수 측정값 이름 변경: '구분' → '분석항목'
- 슬라이서 값: '총거래건수' 필터 적용
- 슬라이서를 '1-②' 위치에 배치

❸ 다음 조건으로 '문제3' 페이지에 누적 세로 막대형 차트를 구현하시오. (3점)
- 활용 필드
  - 〈구분〉테이블의 〈분석항목〉측정값, 〈브랜드〉테이블의 [브랜드], 〈사이즈〉테이블의 [사이즈]필드
- 정렬
  - 축 정렬: [브랜드] 기준 '오름차순' 정렬
  - 범례 정렬: [사이즈]를 '사이즈ID' 기준으로 '오름차순' 정렬
- 제목
  - 텍스트: 브랜드 및 사이즈별 분석
  - 가로 맞춤: 가운데
- 슬라이서 값: '최종재고수량' 필터 적용
- 누적 세로 막대형 차트를 '1-③' 위치에 배치

2. 다음 지시사항에 따라 슬라이서와 누적 가로 막대형 차트를 구현하시오. (10점)

❶ 다음 조건으로 '문제3' 페이지에 슬라이서를 구현하시오. (3점)
- 활용 필드: 〈판매〉테이블 [판매일자]필드의 '연도'
- 슬라이서 스타일: '세로 목록'
- 슬라이서 값: '2024' 필터 적용
- 슬라이서를 '2-①'에 배치

❷ 다음 조건으로 〈판매〉테이블에 측정값을 추가하시오. (4점)
- 측정값 이름: [20대 구매빈도]
  - 활용 필드: 〈판매〉테이블의 〈고객 나이〉, [구매 빈도]필드
  - 고객 나이가 20 이상, 30 미만인 고객 수
  - 사용 함수: CALCULATE, SUM, FILTER
  - 서식: '10진수', 천 단위 구분 기호(,) 적용, 소수점 자릿수 '2'
- 측정값 이름: [총이익금액]
  - 활용 필드: 〈판매〉테이블의 [원가], [판매 수량]필드, [총매출_합계]측정값

- [총매출_합계]에서 [원가]와 [판매 수량]을 곱한 값을 빼서 이익금액을 계산
- 사용 함수: SUMX
- 서식: '통화', 천 단위 구분 기호(,) 적용, 소수점 자릿수 '1'

❸ 다음 조건으로 '문제3' 페이지에 누적 가로 막대형 차트를 구현하시오. (3점)
- 활용 필드
  - 〈판매〉테이블의 [성별], [시즌]필드, [20대 구매빈도]측정값
  - 도구 설명에 [총이익금액]이 표시되도록 추가
  - 축소 다중 항목: 〈판매〉테이블의 [고객 유형]필드
- 각 요소별 서식
  - Y축의 제목은 해제
  - 리본 설정
  - 데이터 레이블 표시
  - 축소 다중 항목: 1행 2열
- 제목
  - 텍스트: 20대 고객의 구매빈도
  - 가로 맞춤: 가운데
- 누적 가로 막대형 차트를 '2-③' 위치에 배치

3. 다음 지시사항에 따라 행렬 차트를 구현하시오. (10점)

❶ 다음 조건으로 〈판매〉테이블에 측정값을 추가하시오. (4점)
- 측정값 이름: [평균객단가]
  - 활용 필드: 〈판매〉테이블의 [총매출_합계], [총거래건수]측정값
  - [총매출_합계]를 [총거래건수]로 나눈 값, 함수 사용하여 0으로 나누는 오류 방지
  - 사용 함수: DIVIDE
- 측정값 이름: [카테고리별 평균객단가 순위]
  - 활용 필드: 〈제품카테고리〉테이블의 [제품카테고리]필드, 〈판매〉테이블의 [평균객단가]측정값
  - 제품 카테고리별 평균객단가에 대한 내림차순 순위를 계산
  - 사용 함수: ALLSELECTED, RANKX
  - 서식: '정수'

❷ 다음 조건으로 '문제3' 페이지에 행렬 차트를 구현하시오. (3점)
- 활용 필드: 〈제품카테고리〉테이블 [제품 카테고리], 〈판매〉테이블 [성별]필드, [평균객단가], [카테고리별 평균객단가 순위], [총매출_합계]측정값
- 값 영역
  - [평균객단가], [카테고리별 평균객단가 순위], [총매출_합계] 순으로 표시
  - [카테고리별 평균객단가 순위]의 이름을 '순위'로 변경

- 레이아웃 및 스타일 사전 설정: 스타일 '대체 행'
- 열 소계, 행 소계 모두 해제
- 행렬 차트를 '3-②' 위치에 배치

❸ 다음 조건으로 행렬 차트에 조건부 서식을 구현하시오. (3점)
- [평균객단가] 셀 요소에 조건부 서식 지정
  - 스타일은 '◆ ▲ ●' 적용
  - 규칙: 50% 이상 100% 이하의 경우 '●'로 지정, 나머지 규칙 삭제

4. 다음 지시사항에 따라 페이지와 시각적 개체 간 상호 작용 기능을 설정하시오. (10점)

❶ 다음 조건으로 '문제3' 페이지에 단추를 구현하시오. (4점)
- 종류: '페이지 탐색기'
- 페이지 표시: '문제2', '문제3'
- 도형: '캡처된 탭, 오른쪽 상단'
- 스타일: '가리키기' 상태일 때 [글꼴색] '#FF0000'
- 그리드 레이아웃: '안쪽 여백(px)'은 '10'
- 단추를 '4-①' 위치에 배치

❷ 다음과 같이 시각적 개체의 상호 작용을 설정하시오. (3점)
- 누적 세로 막대형 차트: [행렬]차트와 상호 작용 '없음'
- 누적 가로 막대형 차트: [행렬]차트와 상호 작용 '없음'

❸ 다음과 같이 새 열을 추가하고 [행렬]차트에 필터를 설정하시오. (3점)
- 새 열 이름: [연령대]
  - 활용 필드: 〈판매〉테이블의 [고객 나이]필드
  - [고객 나이]의 값이 '20' 미만이면 '10대 이하', '30' 미만이면 '20대', '40' 미만이면 '30대', '50' 미만이면 '40대', '60' 미만이면 '50대', 그 외는 '60대 이상'으로 계산
  - 사용 함수: SWITCH, TRUE
- 〈판매〉테이블의 [연령대]를 '20대', '30대', '40대' 데이터만 표시

출제예상문제 1회 정답 및 해설

문제 1 작업준비[30점]

계산식 작성에 사용되는 문자열은 쌍따옴표(" ")를 사용하여 작성하시오.

1. 다음 지시사항에 따라 데이터 가져오기 및 파워 쿼리 편집기를 활용한 데이터 편집을 수행하시오. (10점)

① 데이터 파일을 가져온 후 데이터를 편집하시오. (3점)
- 가져올 데이터: '날씨와사고.xlsx' 파일의 〈사고데이터(2023)〉, 〈날씨〉, 〈강수량(2023)〉 테이블
- 〈사고데이터〉, 〈강수량〉으로 테이블 이름 변경

1. 〈출제예상문제1_답안.pbix〉를 실행한 후 [홈]-[데이터] - [Excel 통합 문서]를 클릭한다.

2. [열기]대화상자가 열리면 [소스\문제1 데이터]에서 '날씨와사고.xlsx'를 선택한 후 [열기]를 클릭한다.

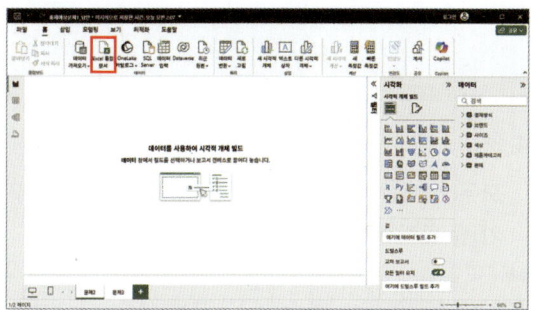

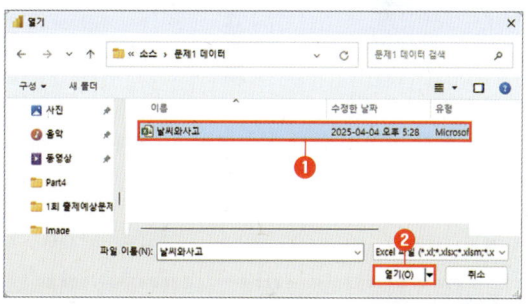

3. [탐색 창]에서 [강수량(2023)], [날씨], [사고데이터(2023)] 체크 박스에 체크한 후 [데이터 변환]을 클릭한다.

4. 파워 쿼리 편집창이 열리면 화면 왼쪽 쿼리 창에서 〈강수량(2023)〉을 선택한다. 쿼리 설정에서 '속성'의 이름을 '강수량'으로 변경한다. 같은 방법으로 '사고데이터(2023)'도 '사고데이터'로 수정한다.

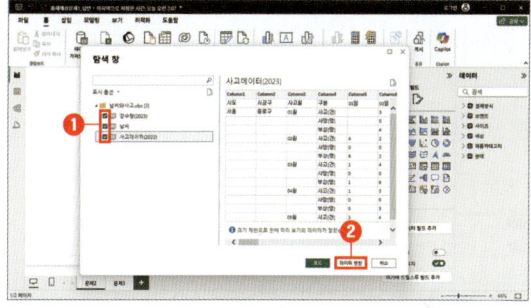

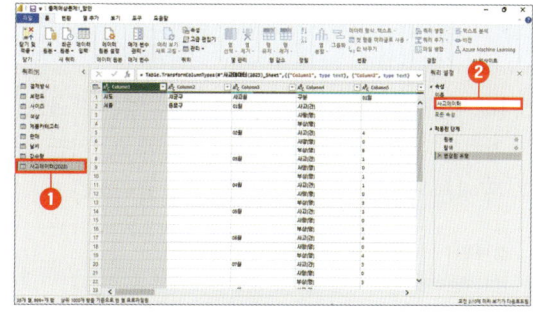

> **TIP** 파워 쿼리 실행 후 다음과 같은 알림 표시줄이 표시되면 [다시 시도]를 클릭하여 새로 고침한다.

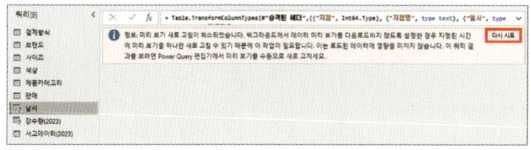

> ❷ 〈사고데이터〉테이블을 활용하여 쿼리를 수행하시오. (4점)
> - 첫 행을 머리글로 사용
> - [사고월]필드 데이터 형식 변경: 텍스트(예 1월)
> - [시도], [시군구], [사고월]필드의 '비어있음'을 'null'로 변경 후 아래로 채우기
> - [시도], [시군구], [사고월], [구분]필드를 제외한 나머지 열을 피벗 해제
> - 열 추가: [년도]필드 추가하고 '2023'으로 데이터 입력 후 접미사 '년' 추가

1. 쿼리 창에서 〈사고데이터〉를 선택하고 [홈]탭 - [변환]그룹 - [첫 행을 머리글로 사용]을 클릭한다.

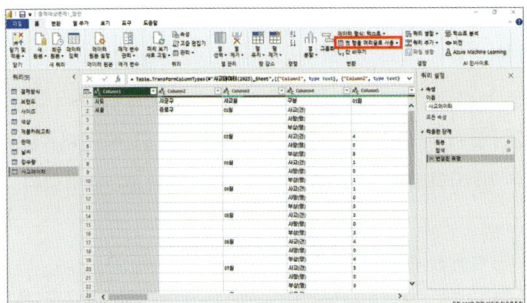

2. [사고월]필드의 아이콘을 클릭한 후 목록에서 '텍스트'를 선택한다.

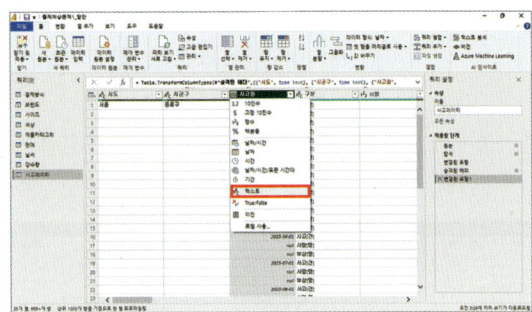

3. [열 형식 변경]대화상자가 열리면 [현재 전환 바꾸기]를 클릭한다.

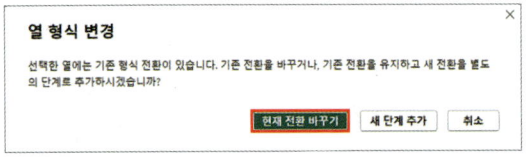

> TIP 자동으로 추가된 단계에서 '1월'이 '날짜'로 변경된 것을 다시 현재 단계에서 '텍스트' 형식으로 변경해야 한다. '새 단계 추가'로 선택하면 '2025-01-01'이 그대로 텍스트가 된다.

4. [시도], [시군구], [사고월]을 Shift 키를 사용해 모두 선택한 후 [홈]탭 - [변환]그룹 - [값 바꾸기]를 클릭한다.

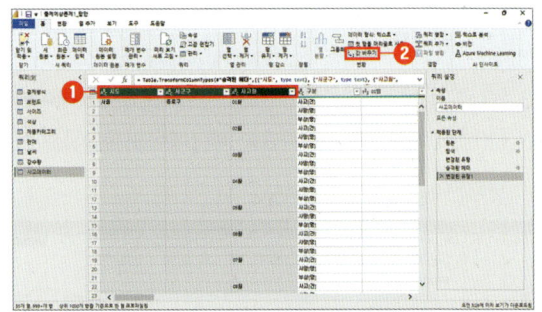

5. [값 바꾸기]대화상자가 열리면 '비어 있는 값'을 변경하는 것이므로 '찾을 값'에는 비워두고, '바꿀 항목'에는 'null'을 입력한 후 [확인]을 클릭한다.

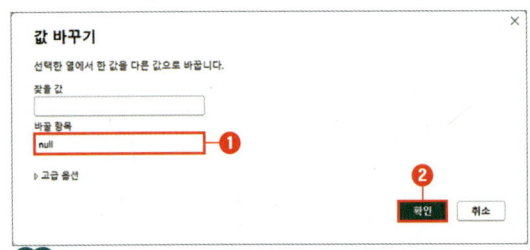

> TIP 값이 null로 되어야 채우기 기능을 실행할 수 있다.

6. 빈 행이 'null' 값으로 변경되면 [변환]탭 - [열]그룹 - [채우기]를 클릭한 후 '아래로'를 선택한다.

7. 이번에는 [시도]부터 [구분]필드까지 Shift 키를 사용해 모두 선택하고 [변환]탭 – [열]그룹 – [열 피벗 해제]의 목록 단추를 클릭한 후 [다른 열 피벗 해제]를 선택한다.

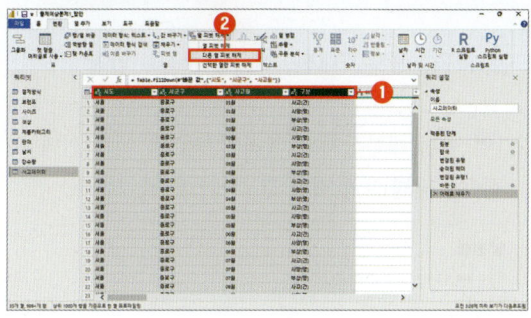

8. 새 열을 추가하기 위해 [열 추가]탭 – [일반]그룹 – [사용자 지정 열]을 클릭한다. [사용자 지정 열] 대화상자가 열리면 '새 열 이름'을 '년도'로 입력하고 '사용자 지정 열 수식'에 '=2023'을 입력한 후 [확인]을 클릭한다.

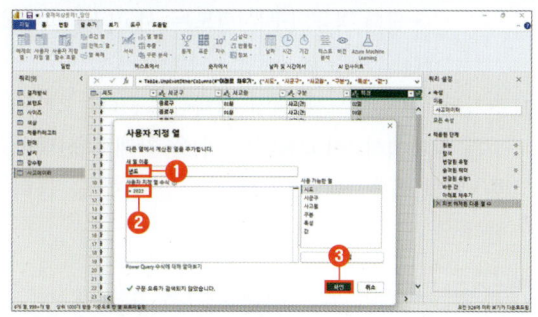

9. [년도]필드가 추가되면 해당 필드를 선택하고 [변환]탭 – [텍스트]그룹 – [서식]을 클릭한 후 [접미사 추가]를 선택한다.

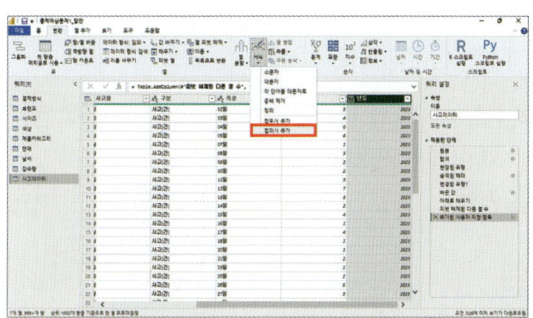

10. [접미사]대화상자가 열리면 '값'에 '년'을 입력한 후 [확인]을 클릭한다.

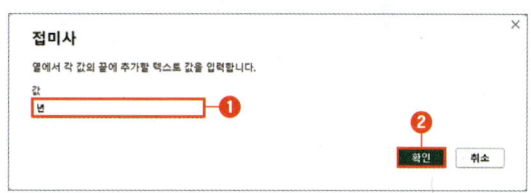

11. [년도]가 텍스트 형식으로 변경되면서 필드가 완성된다.

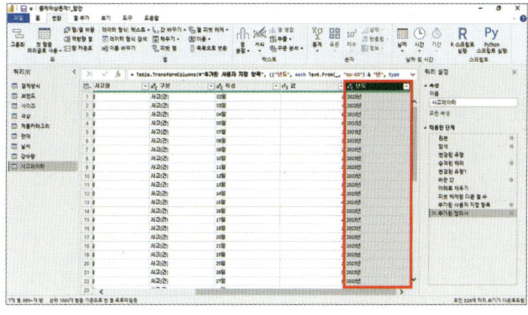

❸ 〈사고데이터〉테이블에 열 병합과 필터를 적용하시오. (3점)
- 열 병합: [년도], [사고월], [특성]필드를 [날짜]필드로 병합
- [날짜]필드 데이터 형식 변경: 날짜
- [값] 필드명 변경: [사고건수]
- 필터 적용: [구분]필드는 '사고[건]', [시도]필드는 '서울', '광주', '대전', '대구', '부산', '인천'

1. 추가된 [년도]필드를 먼저 선택하고 Ctrl 키를 누른 상태에서 [사고월], [특성]을 차례로 선택한 후 [변환]탭 - [텍스트]그룹 - [열 병합]을 클릭한다.

2. [열 병합]대화상자가 열리면 '새 열 이름(선택 사항)'에 '날짜'로 입력한 후 [확인]을 클릭한다.

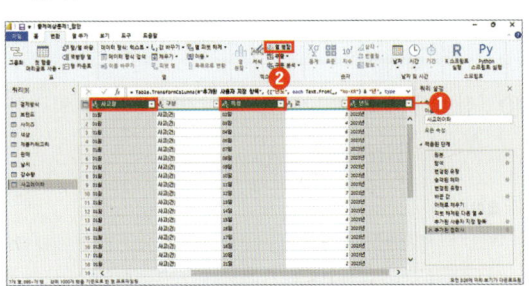

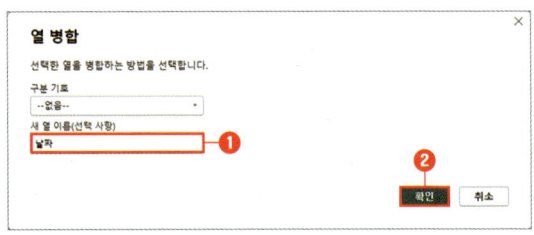

3. 3개의 필드를 병합하여 [날짜]필드로 변환되면 ABC를 클릭한 후 [날짜]를 선택한다.

4. [값]필드의 열 머리글을 더블 클릭한 후 '사고건수'로 이름을 변경한다.

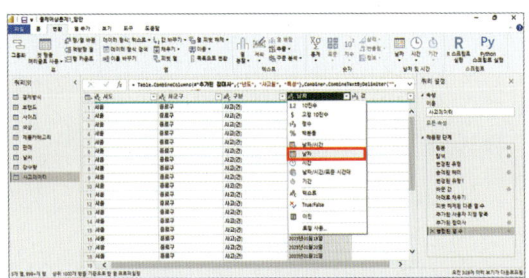

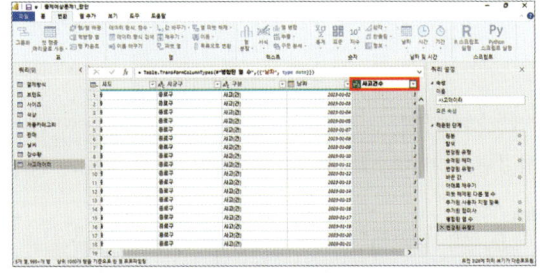

5. [시도]필드에서 필터 단추를 클릭한 후 '모두 선택'을 해제한다. 목록 순서대로 '광주', '대구', '대전', '부산', '서울', '인천'에 체크 표시한 후 [확인]을 클릭한다.

6. [구분]필드에서 필터 단추를 클릭한 후 '모두 선택'을 해제한다. '사고(건)'에 체크 표시한 후 [확인]을 클릭한다.

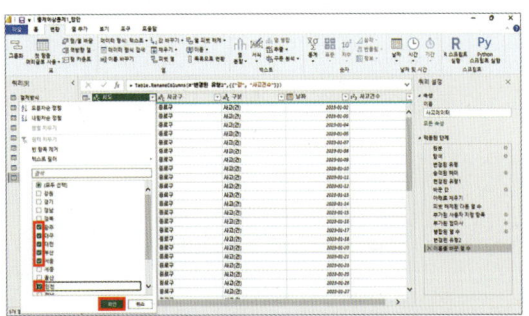

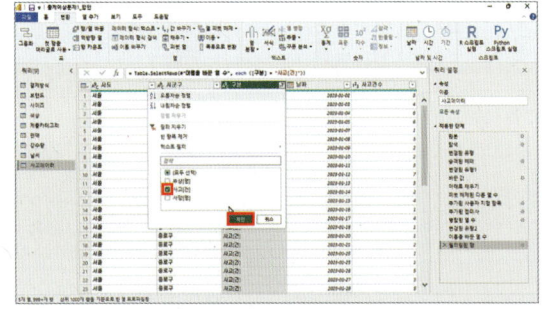

TIP 필터 단추 클릭 시 '서울'만 나타나고 다른 시도가 표시되지 않는다면 '추가로드'를 클릭하여 전체 시도를 로드시킬 수 있다.

2. 파워 쿼리 편집기를 통해 쿼리를 결합하고 데이터 모델링 작업을 수행하시오. (10점)

❶ 파워 쿼리 편집기에서 〈날씨〉테이블과 〈강수량〉테이블을 병합하시오. (3점)
- [지점]과 [일시]를 기준으로 [일강수량(㎜)]필드를 〈날씨〉테이블에 추가
- 조인 종류: 왼쪽 외부(첫 번째의 모두, 두 번째의 일치하는 행)
- '원래 열 이름을 접두사로 사용' 해제
- 〈강수량〉테이블의 로드 사용 해제

❷ 〈날씨〉테이블의 [지점명]필드와 [일강수량(㎜)]필드를 편집하시오. (3점)
- [지점명]필드: '서울', '광주', '대전', '대구', '부산', '인천'만 필터링
- [일강수량(㎜)]필드: 'null'을 '0'으로 변경

1. 쿼리 창에서 〈날씨〉쿼리를 선택한 후 [홈]탭 - [결합]그룹 - [쿼리 병합]을 클릭한다.

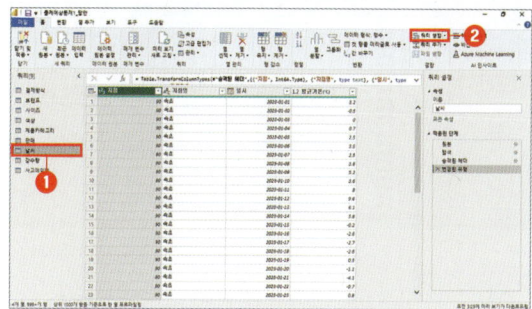

2. [병합]대화상자가 열리면 〈날씨〉테이블에서 [지점]을 선택한 후 Ctrl 키를 누른 상태에서 [일시]필드를 선택한다. 두 번째 테이블은 〈강수량〉테이블로 추가한 후 [지점], [일시]를 순서에 맞게 선택한 후 [확인]을 클릭한다. 이때 조인 종류가 '왼쪽 외부(첫 번째의 모두, 두 번째의 일치하는 행)'인 것을 확인한다.

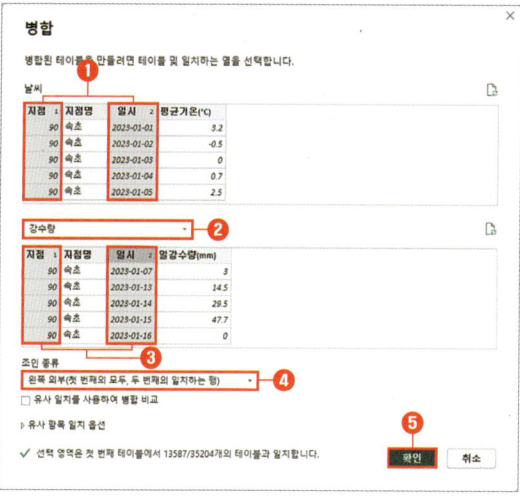

> **TIP** 조인할 필드를 여러 개 선택할 때에는 조건을 순서대로 정확하게 지정해야 한다. 필드명 오른쪽에 번호 '1', '2'가 표시된다. 마찬가지로 조인할 테이블에서도 동일한 순서대로 필드를 선택하도록 한다.

3. 쿼리가 병합되면 〈강수량〉테이블이 맨 끝에 병합된다. 이때 를 클릭하여 테이블 전체 필드가 확장되면 '원래 열 이름을 접두사로 사용'에 체크 표시를 해제하고 '일강수량(㎜)'만 선택한 후 [확인]을 클릭한다.

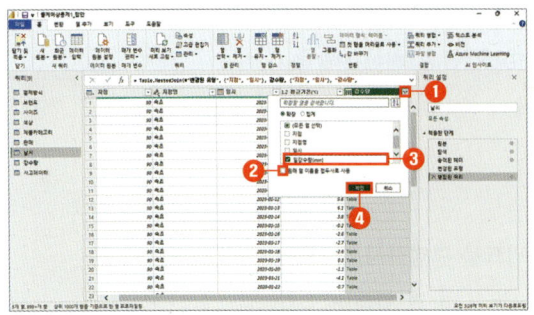

4. [일강수량(㎜)]이 추가된 것을 확인한다. 이어서 쿼리 창의 〈강수량〉쿼리에서 오른쪽 마우스 클릭한 후 [로드 사용]을 클릭하여 해제한다.

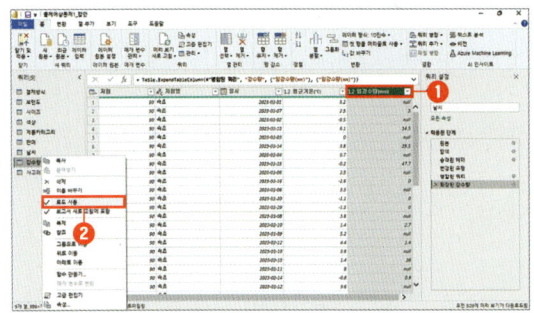

5. 〈강수량〉쿼리의 이름이 이탤릭체로 변경된다.

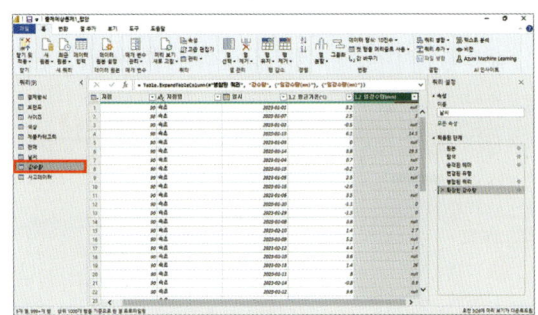

6. 쿼리 창에서 〈날씨〉쿼리를 선택하고 [지점명]의 필터 단추를 클릭한 후 '광주', '대구', '대전', '부산', '서울', '인천'만 체크 표시하여 추출한다.

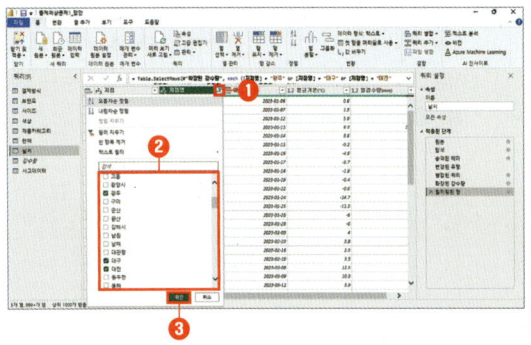

7. [일강수량(㎜)]필드를 선택한 후 [홈]탭 - [변환]그룹 - [값 바꾸기]를 클릭한다. [값 바꾸기]대화상자가 열리면 '찾을 값'에 'null'을 입력하고 '바꿀항목'에 '0'을 입력한 후 [확인]을 클릭한다.

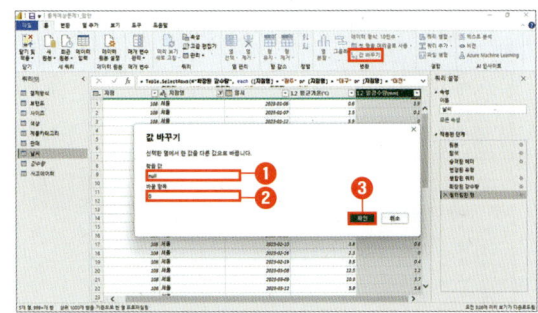

8. [일강수량(㎜)]필드의 모든 null이 '0'으로 변경되어 쿼리 편집이 끝나면 [홈]탭 – [닫기]그룹 – [닫기 및 적용]을 클릭한다.

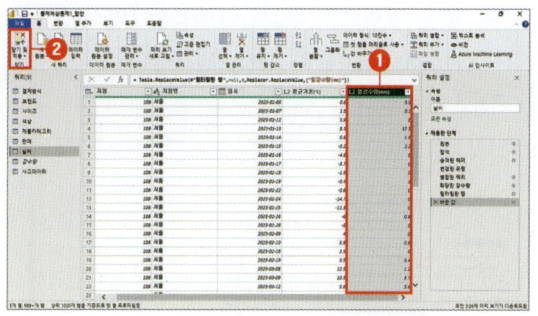

❸ 새 테이블을 작성하고 새 테이블 간에 관계를 설정하시오. (4점)
- 함수를 사용해 모델에 포함된 [날짜]필드를 기준으로 자동으로 〈Calendar〉테이블 작성
- 활용 필드: 〈Calendar〉테이블의 [Date], 〈사고데이터〉테이블의 [날짜], 〈날씨〉테이블의 [일시]
- 카디널리티: '다대일(*:1)'
- 교차 필터 방향: '단일'

1. [테이블 보기]에서 [홈]탭 – [계산]그룹 – [새 테이블]을 클릭한 후 수식 입력줄에 다음 수식을 작성하고 Enter 를 누른다.

   Calendar = CALENDARAUTO()

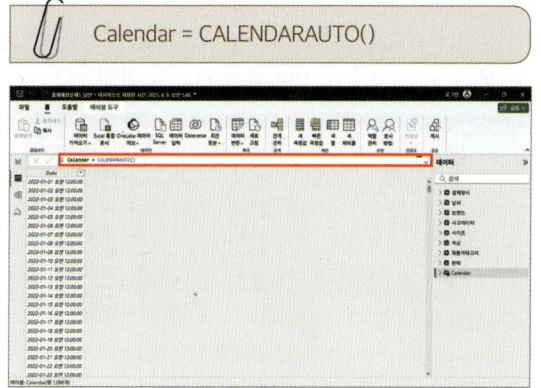

2. [테이블 도구]탭 – [관계]그룹 – [관계 관리]를 클릭하여 [관계 관리]창이 열리면 [새 관계]를 클릭한다.

3. [새 관계]창이 열리면 '테이블에서'는 〈사고데이터〉 테이블을 선택하고 [날짜]필드를 선택한다. '테이블로'에서는 〈Calendar〉테이블을 선택하고 [Date]필드를 선택한다. 'Cadinality'는 '다대일(*:1)', '교차 필터 방향'은 'Single'로 지정되어 있는지 확인한 후 [저장]을 클릭한다.

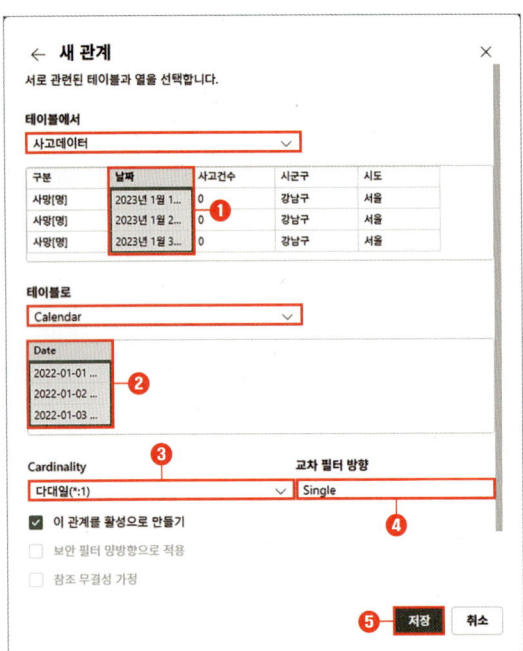

4. [관계 관리]창이 표시되면 다시 〈날씨〉테이블과 관계를 설정하기 위해 [새 관계]를 클릭하여, 같은 방법으로 〈날씨〉테이블의 [일시]필드와 〈Calendar〉테이블의 [Date]필드를 지정하고 [저장]을 클릭한다.

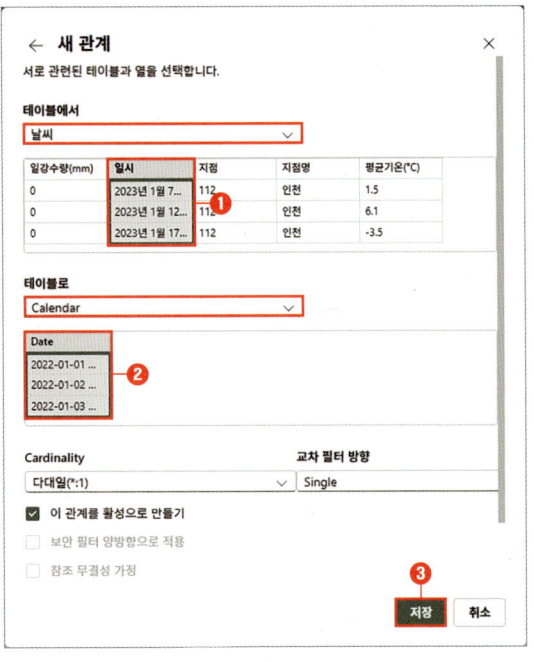

5. [관계 관리]창에서 새롭게 추가된 관계를 확인한 후 [Close]를 클릭한다.

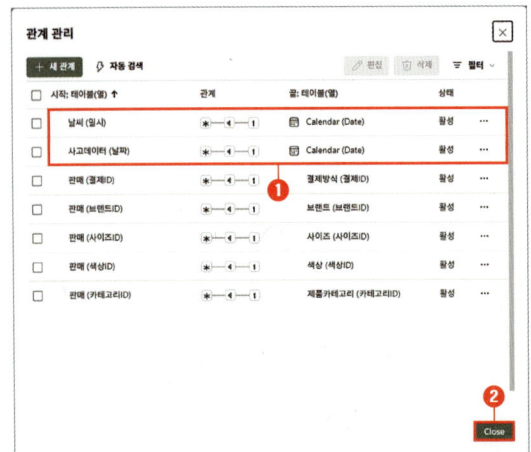

6. [모델 보기]에서 두 테이블의 관계를 확인한다.

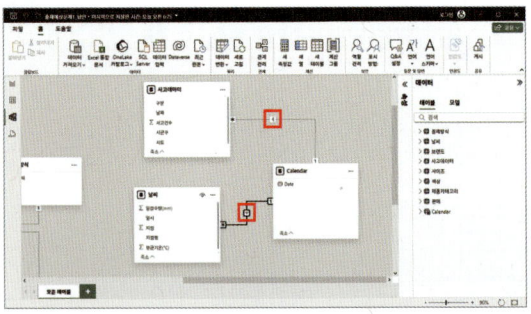

> **TIP** 관계를 작성할 [모델 보기]에서 테이블의 필드를 드래그 & 드롭하여 직접 관계를 작성할 수도 있다.

3. 다음 지시사항에 따라 계산 열 및 측정값을 수행하시오. (10점)

① 다음 조건으로 〈사고데이터〉테이블에 계산 필드(새 열)를 추가하고 요약 테이블을 작성하시오. (3점)

- 계산 필드 이름: [사고 등급]
  - [사고건수]가 10 이상이면 "다빈도", 5 이상이면 "보통", 그 외는 "저빈도"
  - 사용 함수: SWITCH, TRUE
- 요약 테이블 이름: 〈사고등급요약〉
  - 활용 필드: 〈사고데이터〉테이블의 [사고등급], [사고건수]
  - 요약된 테이블의 필드: [사고등급], [건수합계]
  - 사용 함수: SUMMARIZE, SUM
  - 서식: '정수', 천 단위 구분기호(,) 사용

1. [테이블 보기] 상태에서 데이터 창에 〈사고데이터〉 테이블을 선택한다. [홈]탭 – [계산]그룹 – [새 열] 을 클릭한다.

2. 수식을 다음과 같이 작성한 후 Enter 를 누른다.

```
사고등급 =
SWITCH(
    TRUE(),
    '사고데이터'[사고건수] >= 10, "다빈도",
    '사고데이터'[사고건수] >= 5, "보통",
    "저빈도"
)
```

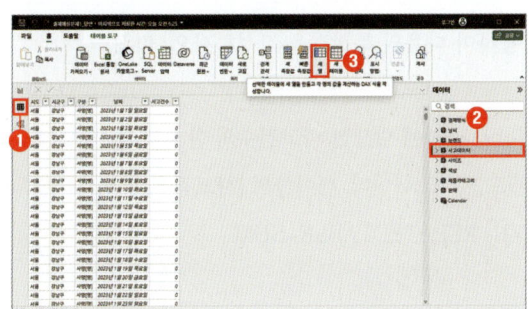

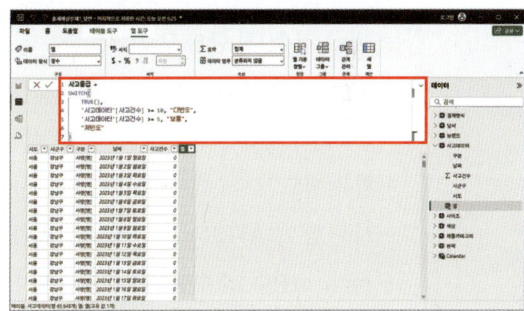

3. 요약 테이블을 새로 작성하기 위해 [테이블 도구]탭 – [새 테이블]을 클릭한다.

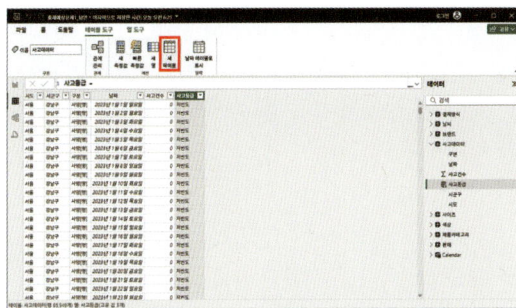

4. 다음과 같은 수식을 입력한 후 Enter 를 누른다.

```
사고등급요약 =
SUMMARIZE(
    '사고데이터',
    '사고데이터'[사고등급],
    "건수합계", SUM('사고데이터'[사고건수])
)
```

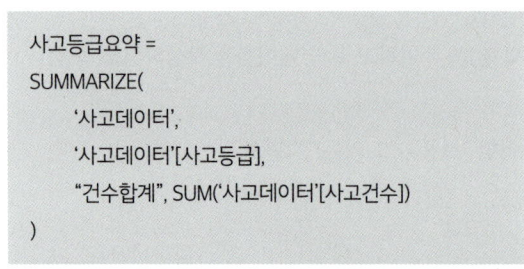

5. 추가된 〈사고등급요약〉테이블의 [건수합계]필드를 선택한 후 [열 도구]탭 – [서식]그룹 – [서식]은 '정수', 를 클릭한다.

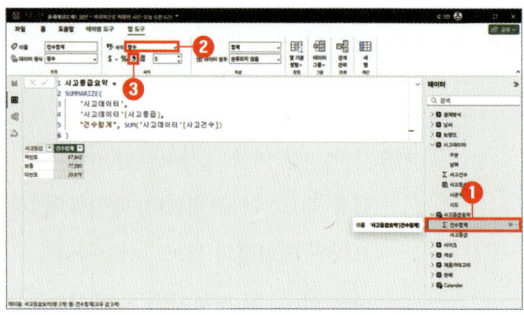

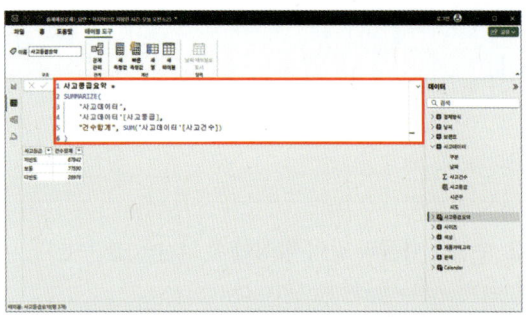

❷ 〈사고데이터〉, 〈날씨〉, 〈Calendar〉테이블을 사용하여 다음의 측정값을 작성하시오. (4점)

- 측정값 이름: [강수량많은날_사고건수]
  - 〈날씨〉테이블의 [일강수량(㎜)]이 10mm 이상인 날짜에 발생한 사고건수의 합계를 계산
  - 활용 필드: 〈날씨〉테이블의 [일강수량(㎜)]필드, 〈사고데이터〉테이블의 [사고건수]필드
  - 사용 함수 및 연산자: CALCULATE, FILTER, RELATEDTABLE, SUM
  - 서식: 정수, 천 단위 구분 기호
- 측정값 이름: [주말평균사고건수]
  - [Date]가 주말인 경우의 사고건수 평균을 계산
  - 활용 필드: 〈사고데이터〉테이블의 [사고건수], 〈Calendar〉테이블의 [Date]필드
  - 사용 함수: AVERAGE, CALCULATE, WEEKDAY
  - 서식: 10진수, 소수점 2번째 자리까지 표시

1. 〈사고데이터〉테이블을 선택한 후 [테이블 도구]탭 – [계산]그룹 – [새 측정값]을 클릭한다. 수식 입력줄에 다음과 같이 수식을 입력한 후 Enter 를 누른다.

```
강수량많은날 사고건수 =
CALCULATE(
    SUM('사고데이터'[사고건수]),
    FILTER(
        RELATEDTABLE('날씨'),
        '날씨'[일강수량 (mm)] >= 10
    )
)
```

2. 측정값이 작성되면 [측정 도구]탭 – [서식]그룹 – 서식은 '정수', 9 를 클릭한다.

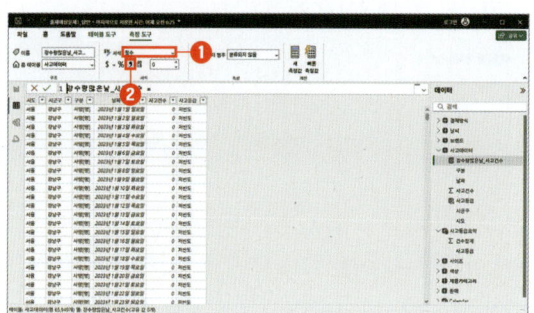

3. 새로운 측정값을 작성하기 위해 [테이블 도구]탭 – [계산]그룹 – [새 측정값]을 클릭한다. 수식 입력줄에 다음과 같이 수식을 입력한 후 Enter 를 누른다.

```
주말평균사고건수 =
CALCULATE(
    AVERAGE('사고데이터'[사고건수]),
    WEEKDAY('Calendar'[Date], 2) >= 6
)
```

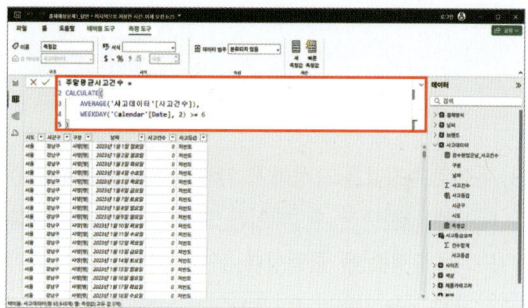

4. 측정값이 작성되면 [측정 도구]탭 – [서식]그룹 – 서식은 '10진수'를 선택한다. 소수점 자릿수는 자동으로 '2'로 변경된다.

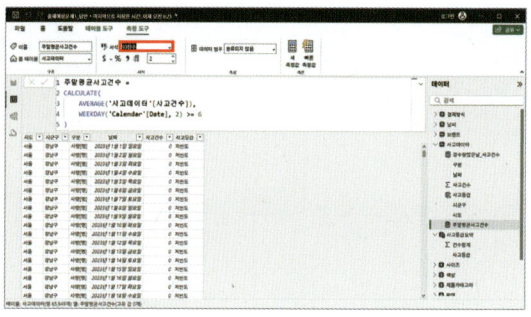

❸ 측정값 테이블을 사용하여 다음 측정값을 작성하여 추가하시오. (3점)
- [데이터 입력] 명령을 사용하여 테이블 이름이 "Measure"인 테이블 생성
- 측정값 이름: [주말사고건수비율]
  - 활용 필드: [주말평균사고건수]측정값, 〈사고데이터〉테이블의 [사고건수]필드
  - 사용 함수: DIVIDE, AVERAGE
  - 서식: 백분율(%), 소수점 1번째 자리까지 표시
- 테이블에 추가할 측정값: [강수량많은날_사고건수], [주말평균사고건수]

1. 측정값만을 포함할 테이블을 작성하기 위해 [홈] 탭 – [데이터]그룹 – [데이터 입력]을 클릭한다.

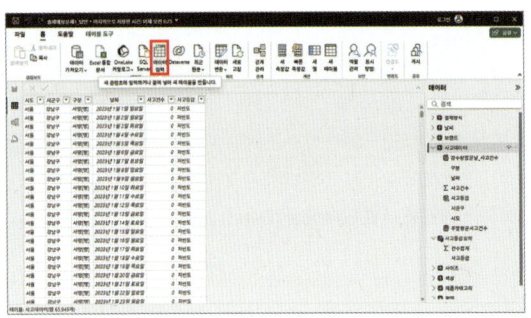

2. [테이블 만들기]창이 열리면 이름을 'Measure'로 입력한 후 [로드]를 클릭한다.

3. 새로운 측정값을 작성하기 위해 작성된 〈Measure〉 테이블을 선택한 후 [테이블 도구]탭 – [계산]그룹 – [새 측정값]을 클릭한다. 수식 입력줄에 다음과 같이 수식을 입력한 후 Enter 를 누른다.

```
주말사고건수비율 =
DIVIDE(
    [주말평균사고건수],
    AVERAGE('사고데이터'[사고건수])
)
```

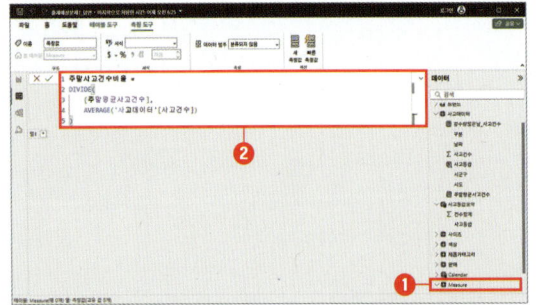

4. 측정값이 작성되면 [측정도구]탭 – [서식]그룹 – [서식]은 '백분율', %, 소수 자릿수를 '1'로 지정한다.

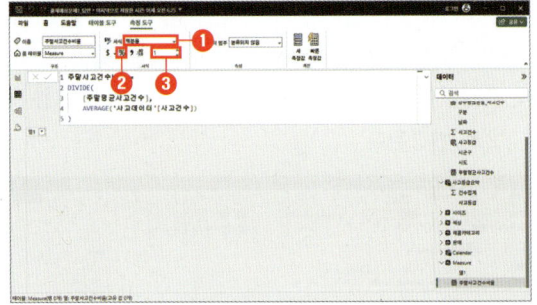

5. 〈사고데이터〉테이블의 측정값 [강수량많은날_사고건수]를 선택하고 [측정 도구]탭 – [구조]그룹 – [홈테이블]의 ▼를 클릭한 후 [Measure]를 선택한다.

6. 같은 방법으로 〈사고데이터〉테이블의 [주말평균사고건수]측정값을 선택하고 결과를 확인한다.

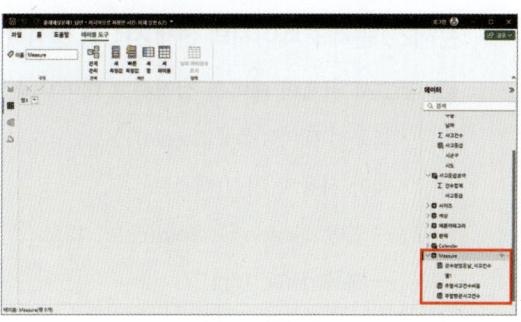

문제 2 　단순요소 구현(30점)

〈시각화 완성화면〉각 세부문제 풀이 후 '문제2' 페이지에 아래와 같이 개체를 배치하시오.

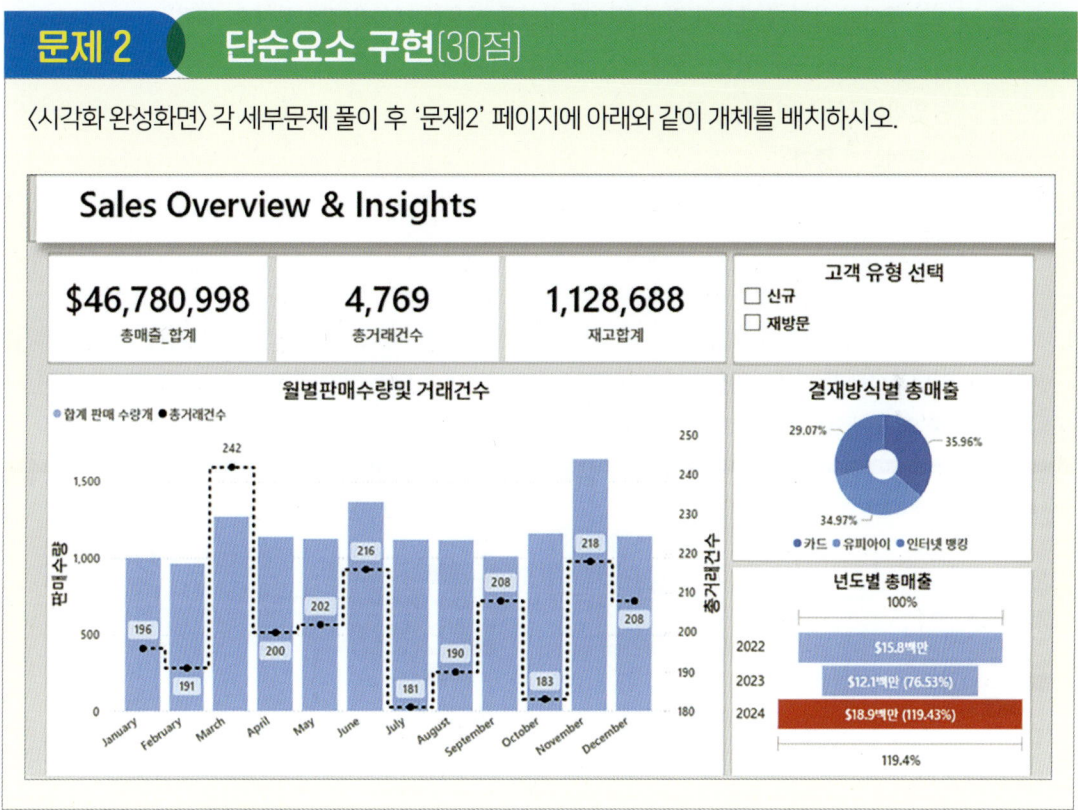

계산식 작성에 사용되는 문자열은 쌍따옴표(" ")를 사용하여 작성하시오.

1. '문제2', '문제3' 페이지의 전체 서식을 설정하시오. (5점)

❶ 보고서 전체의 테마를 설정하고 테마 사용자 지정과 캔버스 배경색을 지정하시오. (3점)
  - 보고서 테마: '폭풍(Storm)'
  - 테마 사용자 지정(텍스트)
    – 일반: Segoe UI Semibold, 12pt
    – 제목: DIN, 16pt
    – 카드 및 KPI: Segoe UI Semibold, 32pt
  - 캔버스 배경 색
    – 흰색, 10% 더 어둡게
    – 투명도: '0%'

❷ '문제2' 페이지 상단에 다음과 같이 텍스트 상자를 사용해 제목을 작성하시오. (2점)
  - 텍스트 상자에 내용 입력 – 'Sales Overview & Insights'
    – 일반: 글꼴 크기 32pt, 굵게
    – 들여쓰기 증가
  - 그림자 효과 지정
  - 텍스트 상자를 '1-②' 위치에 배치

1. [보고서 보기]를 선택한 후 [문제2] 페이지로 이동한 후 [보기]탭 – [테마]그룹 – 내림 단추를 클릭한 후 '폭풍'을 선택한다.

2. 테마 설정을 변경하기 위해 [보기]탭 – [테마]그룹 – 내림 단추를 클릭한 후 [현재 테마 사용자 지정]을 클릭한다.

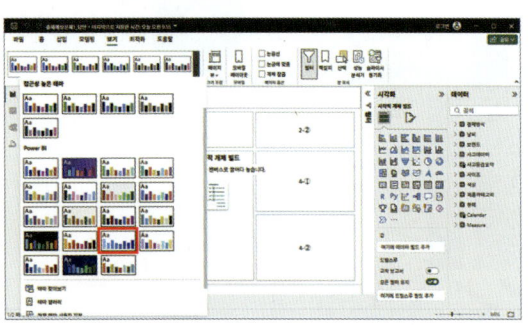
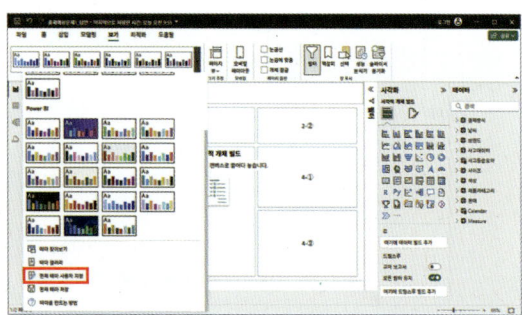

3. [테마 사용자 지정]대화상자가 열리면 [텍스트]를 클릭한 후 [일반], [제목], [카드 및 KPI]에 대해 글꼴 패밀리와 글꼴 크기를 다음과 같이 지정한 후 [적용]을 클릭한다.

   – 일반: 'Segoe UI Semibold', '12pt'

   – 제목: 'DIN', '16pt'

   – 카드 및 KPI: 'Segoe UI Semibold', '32pt'

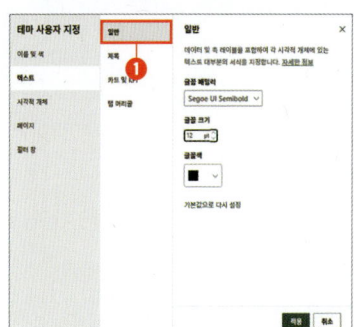 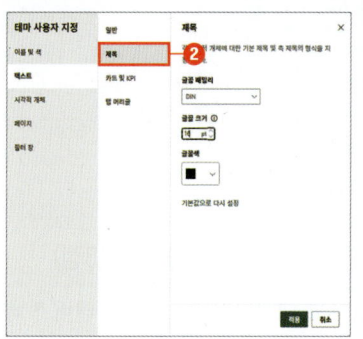 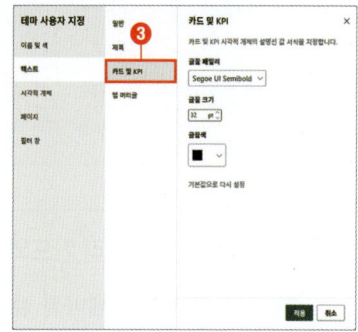

4. [시각화]창의 [서식 페이지]영역 – [캔버스 배경]에서 [색]의 ⊡를 클릭한다.

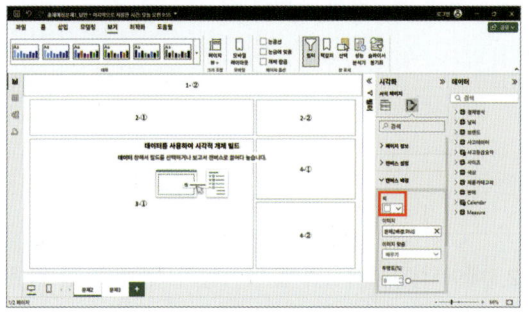

5. [테마색]에서 '흰색, 10% 더 어둡게'를 클릭한다. 같은 방법으로 [문제3] 페이지에도 캔버스 배경색을 적용한다.

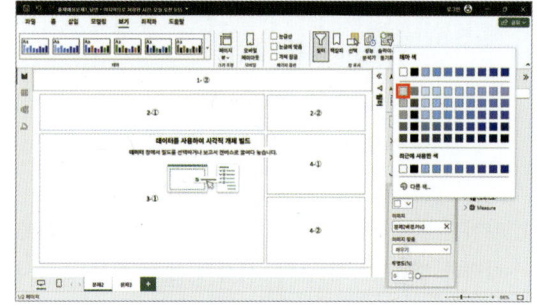

6. 배경이 변경된 것을 확인한 후 텍스트 상자를 삽입하기 위해 [삽입]탭 – [요소]그룹 – [텍스트 상자]를 클릭한다.

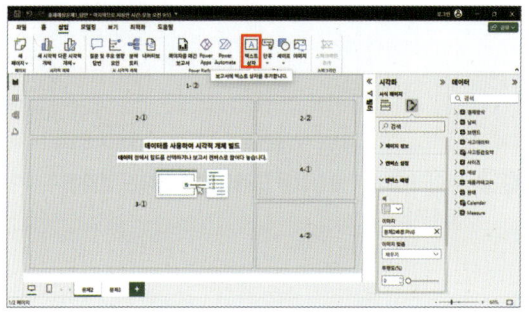

7. 텍스트 상자에 'Sales Overview & Insights'를 입력한다. 입력된 텍스트를 드래그 한 후 글꼴 크기를 '32'로 변경하고 '굵게'와 '들여쓰기 증가'를 클릭한다.

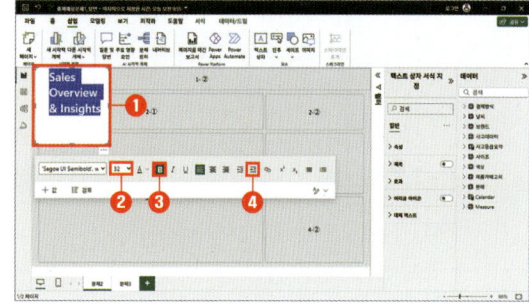

8. [텍스트 상자 서식 지정]창에서 [효과] – [그림자]를 활성화한다. 텍스트 상자의 크기를 적절히 조절하고 1-② 위치에 배치한다.

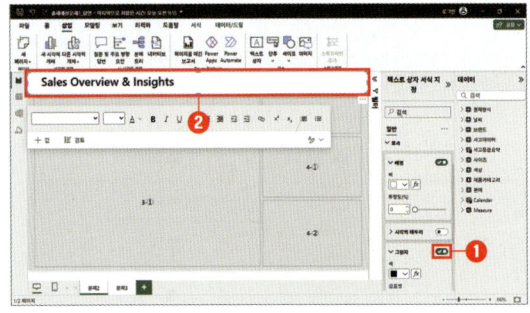

2. 다음 지시사항에 따라 카드와 슬라이서를 구현하시오. (5점)

❶ 보고서 전체의 테마를 설정하고 테마 사용자 지정과 캔버스 배경색을 지정하시오. (3점)

- 다음 조건으로 '문제2' 페이지에 카드를 구현하시오. (3점)
  - 〈판매〉테이블의 [총매출_합계], [총거래건수]측정값, [재고 수량]필드
  - [재고 수량]필드를 사용한 카드에 표시되는 텍스트를 '재고합계'로 변경
- 표시 단위 및 값 서식
  - 표시 단위: '없음'
  - 값 소수 자릿수: '0'
- 카드를 순서대로 '2-①' 위치에 배치

1. 페이지의 빈 영역을 클릭하여 텍스트 상자 선택을 해제한 후 [시각화]창의 [시각적 개체 빌드] – [시각적 개체에 데이터 추가] 에서 [카드]를 클릭한다.

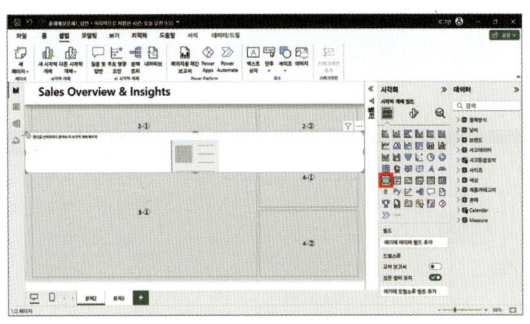

2. [데이터]창에서 〈판매〉테이블의 [총매출_합계]를 클릭하여 [필드]영역에 추가한다.

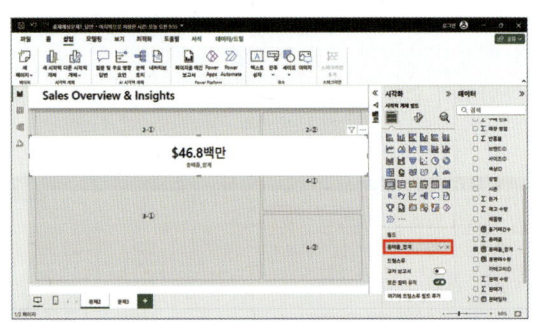

TIP 데이터 창에서 측정값을 드래그하여 원하는 영역에 추가해도 된다.

3. [시각적 개체 서식 지정] 에서 [시각적 개체] – [설명 값] – [표시 단위]는 '없음', [값 소수 자릿수]는 '0'으로 지정한다. 카드의 크기는 적절히 조절하여 2–① 영역에 배치한다.

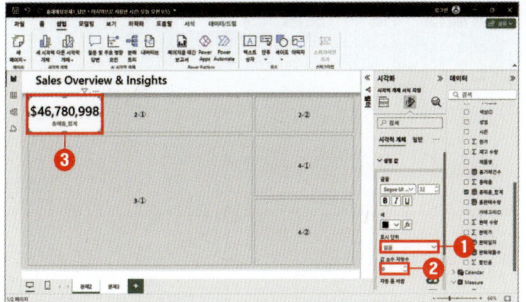

4. [총매출_합계] 카드를 Ctrl + C, Ctrl + V 키를 눌러 복사한 후 드래그하여 가운데로 배치하고, [데이터]창에서 [총매출_합계]측정값의 체크를 해제한 후 다시 [총거래건수]를 체크한다.

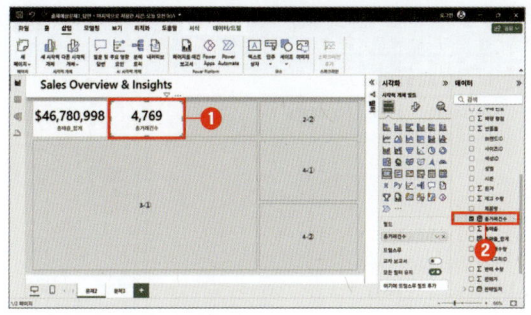

6. 다시 [총거래건수] 카드를 Ctrl + C, Ctrl + V 키를 눌러 복사한 후 드래그하여 맨 오른쪽으로 배치하고, [데이터]창에서 [총거래건수]측정값의 체크를 해제한 후 다시 [재고 수량]필드를 체크한다.

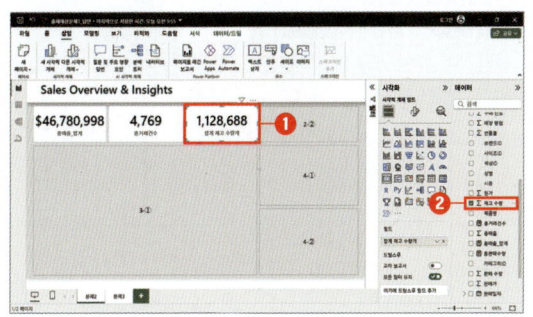

7. 시각화 개체에 추가된 필드의 이름을 더블 클릭한 후 '재고합계'로 변경한다.

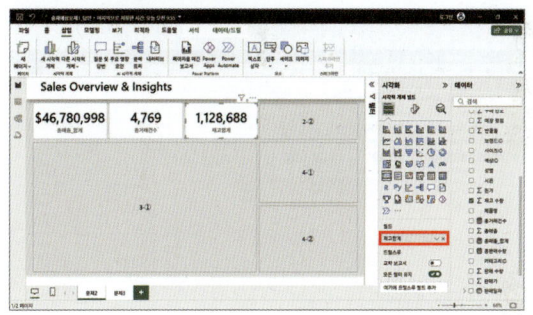

❷ 다음 조건으로 '문제2' 페이지에 슬라이서를 구현하시오. (2점)

- 활용 필드
  - 〈판매〉테이블의 [고객 유형]필드
- 슬라이서 머리글 해제
- 제목: '고객 유형 선택', 가운데 맞춤
- 슬라이서를 '2–②' 위치에 배치

1. [문제2] 페이지의 빈 영역을 클릭한 후 [시각화] 창에서 [슬라이서]를 선택한다. [데이터]창에서 〈판매〉테이블의 [고객 유형]필드를 체크 표시하여 [필드] 영역에 추가한다.

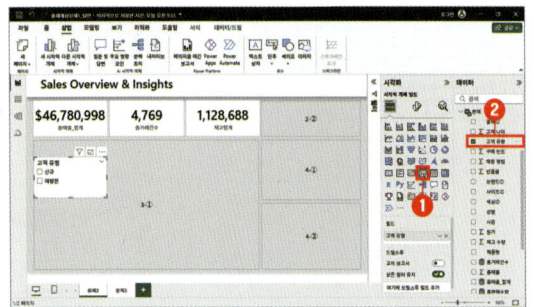

2. [시각적 개체 서식 지정] 에서 [시각적 개체] - [슬라이서 머리글]을 해제한다.

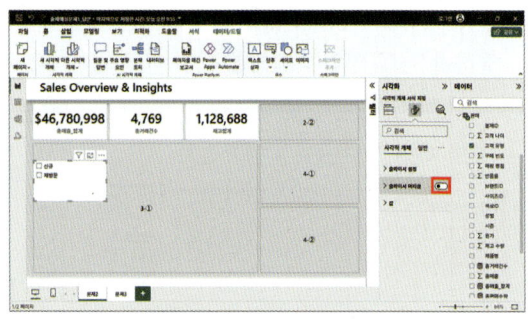

3. [일반] - [제목]을 설정하고 텍스트를 '고객 유형 선택'을 입력하고, [가로 맞춤]은 '가운데'로 지정한다.

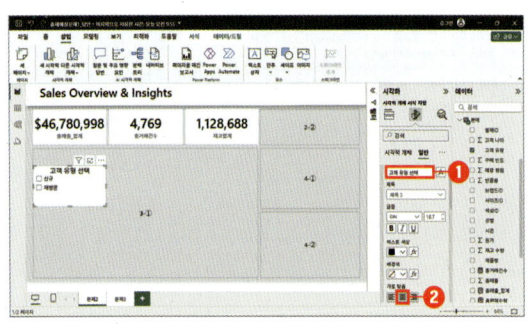

4. 슬라이서의 크기를 조절하고 2-② 위치에 배치한다.

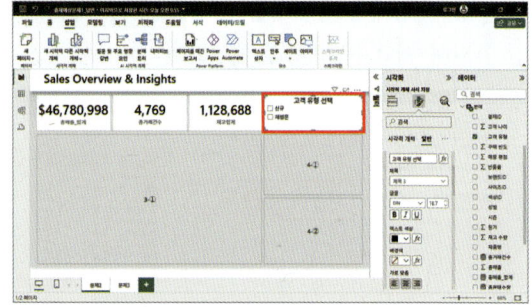

3. 다음 지시사항에 따라 꺾은선형 및 묶은 세로 막대형 차트를 구현하시오. (10점)

❶ 다음 조건으로 '문제2' 페이지에 꺾은선형 및 묶은 세로 막대형 차트를 구현하시오. (3점)

- 활용 필드
  - 〈판매〉테이블의 [판매일자]필드의 '연도', '월'
  - 〈판매〉테이블의 [판매수량]필드
  - [총거래건수]측정값
- 시각화 드릴 모드를 '계층 구조에서 다음 수준으로 이동'으로 선택
- 차트를 '3-①' 위치에 배치

1. 새 시각화 개체를 추가하기 위해 보고서 빈 공간을 클릭한 후 [시각화]창의 [시각적 개체 빌드] – [시각적 개체에 데이터 추가] 에서 [꺾은선형 및 묶은 세로 막대형 차트]를 선택한다.

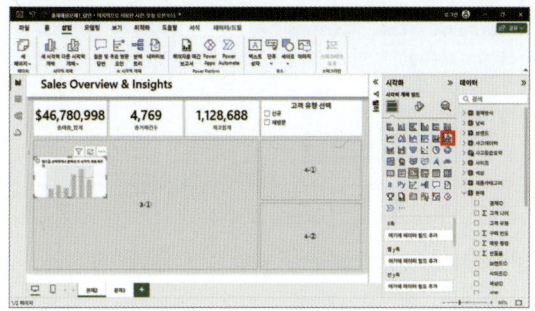

2. [데이터]창에서 [X축]에 〈판매〉테이블의 [판매일자]의 [날짜 계층]에서 [연도], [월]을 체크하여 추가한다.

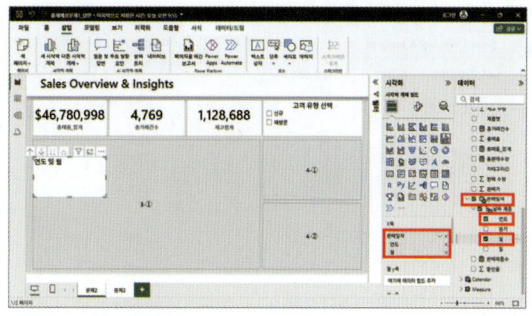

TIP 먼저 [판매일자]필드를 추가한 후 [분기], [일]을 X축에서 삭제해도 된다.

3. [열 Y축]에는 〈판매〉테이블의 [판매 수량]필드, [선 Y축]에는 [총거래건수]를 드래그하여 추가한 후 크기를 조절하여 3-① 영역에 배치한다.

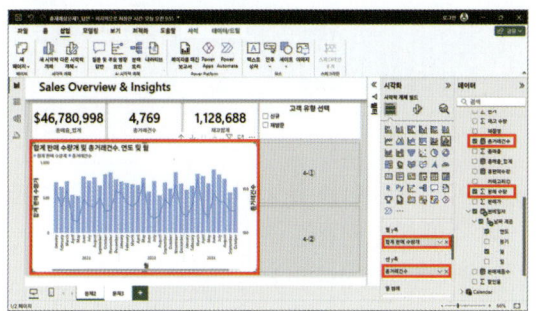

4. [드릴업] 을 클릭하여 계층 수준을 올린 후 다시 [계층 구조에서 다음 수준으로 이동] 을 클릭한다.

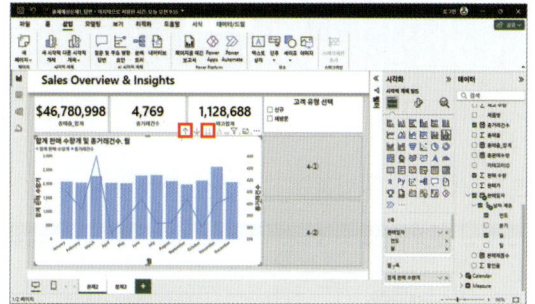

TIP (계층 구조에서 한 수준 아래로 모두 확장) 아이콘을 클릭하면 연도와 월 모두 표시된다.

❷ 다음 조건으로 '문제2' 페이지에 꺾은선형 및 묶은 세로 막대형 차트를 구현하시오. (3점)
- 서식
  - X축: 제목 해제
  - Y축: 제목을 '판매수량'으로 변경
  - 선: 스타일은 '파선', 보간 유형은 '단계', 색은 '검정'
  - 표식 설정
  - 데이터 레이블: [총거래건수] 계열에만 표시
- 차트 제목
  - '월별판매수량 및 거래건수'로 변경
  - 가로 가운데 맞춤

❸ '총매출_합계' 기준으로 상위 10개만 '브랜드'만 표시되도록 필터를 적용하시오. (3점)

1. [시각적 개체 서식 지정] 에서 [시각적 개체] – [X축] – [제목]을 해제한다.

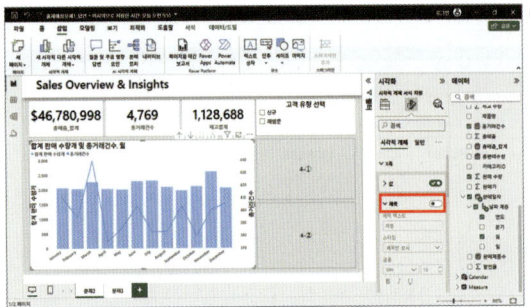

2. [Y축] – [제목] – [제목 텍스트]를 '판매수량'으로 변경한다.

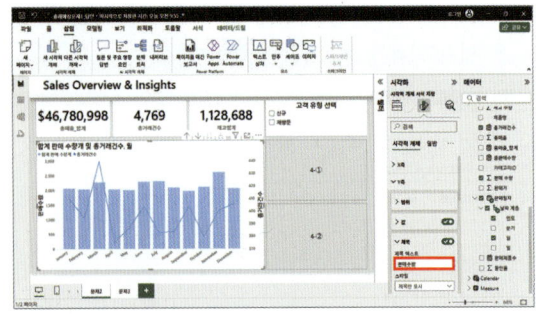

3. [선] – [선 스타일]을 '파선'으로 선택한다.

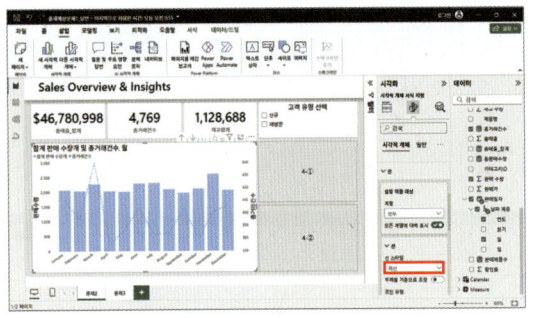

4. [보간 유형]은 '단계'로 선택하고 '색'은 '검정'을 선택한다.

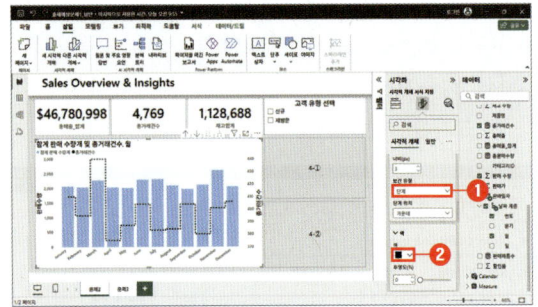

5. [표식]은 '모든 범주 표시'를 활성화한다.

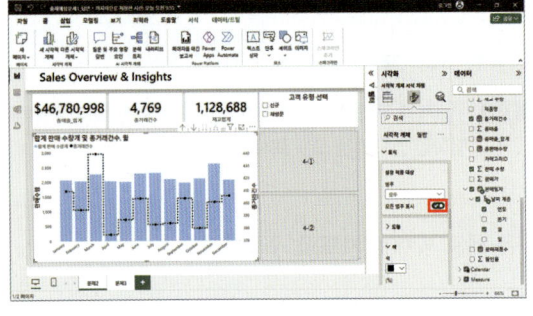

6. [데이터 레이블]을 활성화하고 [계열] 중 '합계 판매 수량개'를 선택한 후 '이 계열에 대해 표시'는 해제하여 비활성화한다.

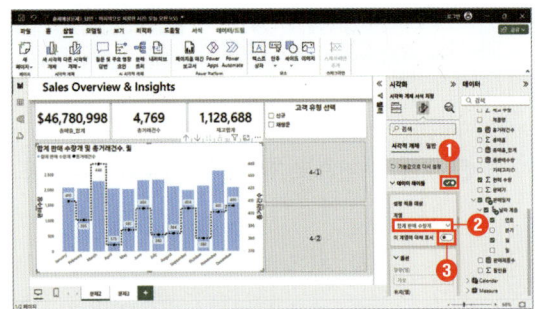

7. [시각적 개체 서식 지정] ▦ - [일반] - [제목] - [텍스트]에 '월별판매수량 및 거래건수'를 입력하고 [가로 맞춤]은 '가운데'를 선택한다.

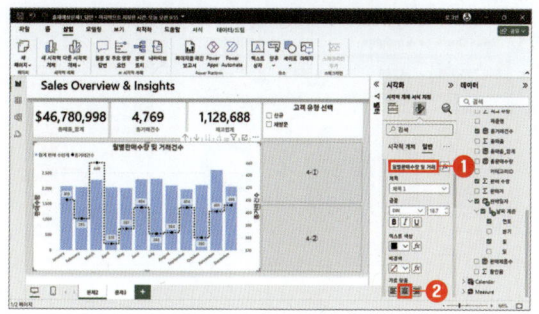

8. '꺾은선형 및 묶은 세로 막대형 차트'가 선택된 상태에서 [필터]창을 확장 《한 후 [데이터]창에서 〈브랜드〉테이블의 [브랜드]필드를 드래그하여 필터 [여기에 데이터 필드 추가] 항목으로 추가한다.

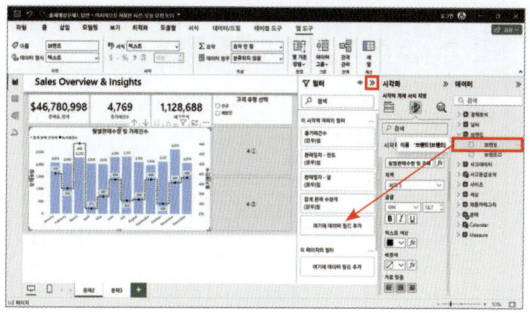

9. [브랜드]의 [필터 형식]을 '상위 N'으로 선택하고, [항목 표시] 입력란에 '10'을 입력한다.

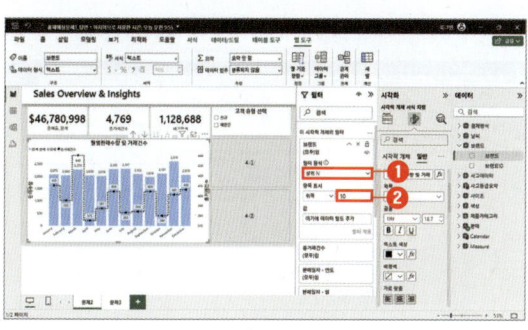

10. [값]에는 〈판매〉테이블의 [총매출_합계]필드를 드래그하여 추가한 후 [필터 적용]을 클릭한다. [필터]창 오른쪽 상단 ≫을 클릭하여 [필터]창을 축소한다.

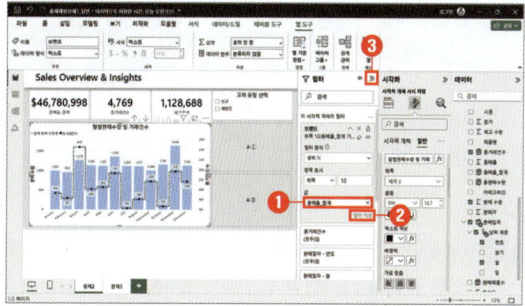

4. 다음 지시사항에 따라 도넛형 차트와 깔때기 차트를 구현하시오. (10점)

❶ 다음 조건으로 '문제2' 페이지에 도넛형 차트를 구현하시오. (4점)

- 활용 필드
  - 〈판매〉테이블의 [총매출_합계]측정값
  - 〈결제방식〉테이블의 [결제 방식]필드
- 차트 제목 서식
  - 제목 텍스트: '결제방식별 총매출', 가로 맞춤 '가운데'
- 조각: 내부 반경 '30'
- 범례
  - 위치: 아래쪽 가운데
  - 제목: 해제
- 세부 정보 레이블: 레이블 내용 '총 퍼센트'
- 도넛형 차트를 '4-①' 위치에 배치

1. 새 시각화 개체를 추가하기 위해 보고서 빈 공간을 클릭한 후 [시각화]창의 [시각적 개체 빌드] – [시각적 개체에 데이터 추가] 에서 [도넛형 차트]를 선택한다.

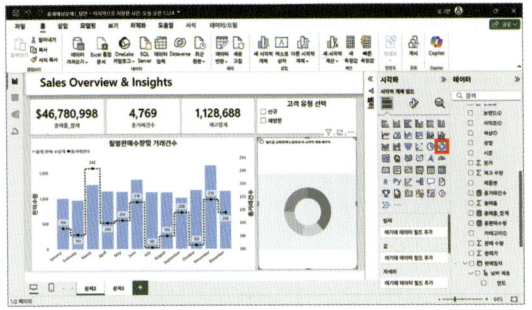

2. [데이터]창에서 〈판매〉테이블의 [총매출_합계]를 체크 표시하여 [값] 영역으로 추가한다.

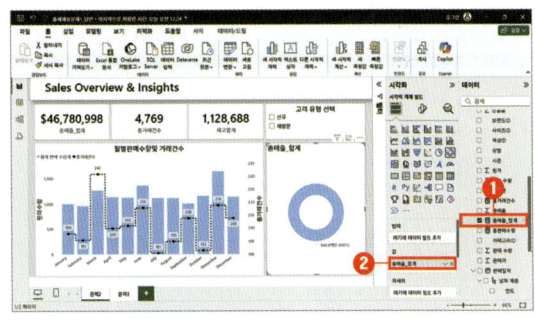

3. 〈결제방식〉테이블의 [결제 방식]필드를 체크 표시하여 [범례]로 추가한다.

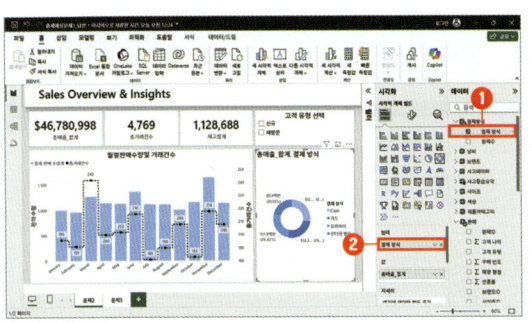

> TIP 해당 영역에 드래그 하지 않아도 텍스트 형식의 데이터 필드의 경우 자동으로 [범례] 영역에 추가된다.

4. [시각적 개체 서식 지정] 에서 [일반] – [제목]의 [텍스트]에 '결제방식별 총매출'을 입력한 후 [가로 맞춤]을 '가운데'로 설정한다.

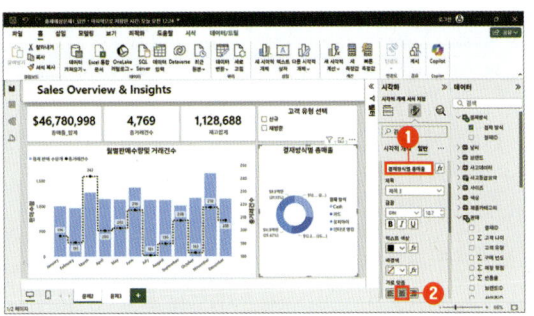

5. [시각적 개체 서식 지정] 에서 [시각적 개체] – [조각] – [간격]의 [내부 반경]을 '30'으로 변경한다.

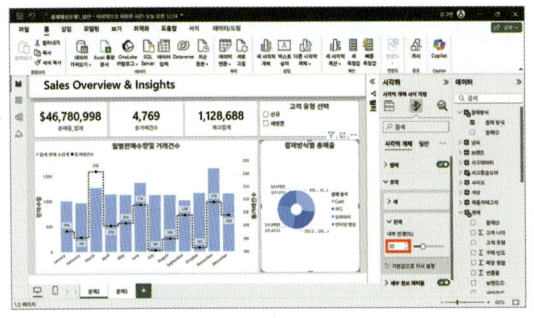

6. [범례] – [옵션] – [위치]는 '아래쪽 가운데'로 선택하고 [제목]은 설정을 해제한다.

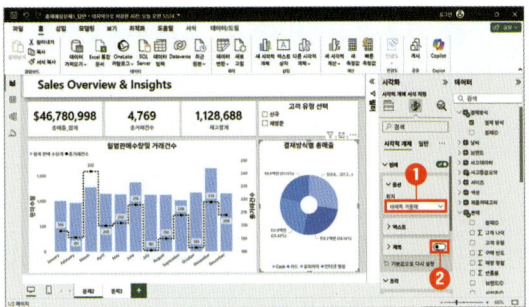

7. [세부 정보 레이블] – [레이블 내용]을 '총 퍼센트'로 선택하고, 차트 크기를 조절하여 4-① 영역에 배치한다.

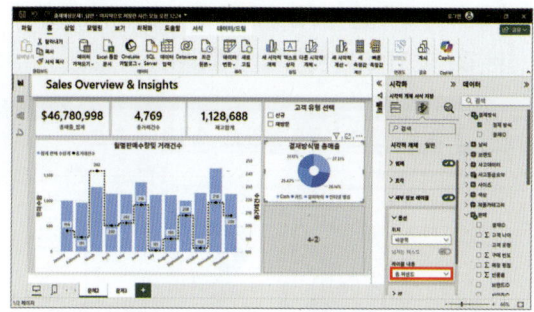

② 다음 조건으로 '문제2' 페이지에 깔때기 차트를 구현하시오. (3점)

- 활용 필드
  - 〈판매〉테이블의 [판매날짜]의 '연도', [총매출_합계]측정값
- 차트 서식 지정
  - 제목 텍스트: '년도별 총매출', 글꼴 크기 '16', 가로 맞춤 '가운데'
  - 데이터 레이블: 레이블 내용 '데이터 값, 첫 번째 퍼센트'
  - '2024' 계열 색: #FF0000
- 깔때기 차트를 '4-②' 위치에 배치

1. 새 시각화 개체를 추가하기 위해 보고서 빈 공간을 클릭한 후 [시각화]창의 [시각적 개체 빌드] – [시각적 개체에 데이터 추가]에서 [깔때기 차트]를 선택한다.

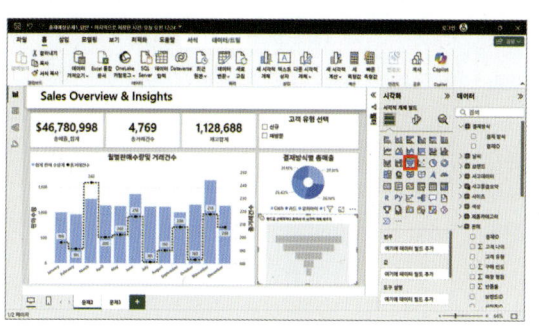

2. [데이터]창에서 〈판매〉테이블의 [판매일자]의 [연도]를 체크 표시하여 [범주] 영역으로, [총매출_합계]는 [값] 영역에 추가한다.

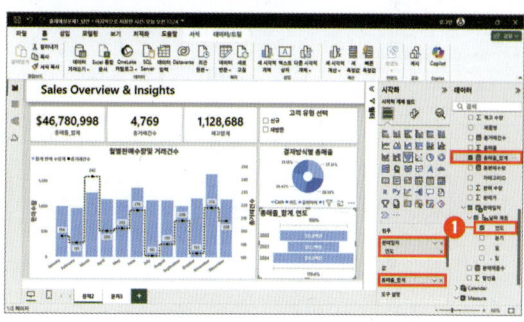

3. [시각적 개체 서식 지정] 에서 [일반] – [제목]의 [텍스트]에 '년도별 총매출'을 입력하고, [글꼴]의 크기는 '16', [가로 맞춤]을 '가운데'로 설정한다.

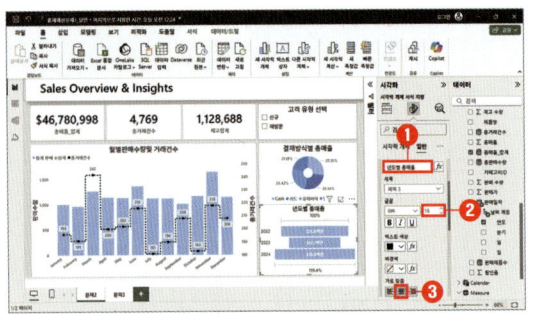

4. [시각적 개체 서식 지정] 에서 [시각적 개체] – [데이터 레이블] – [옵션]의 [레이블 내용]은 '데이터 값, 첫 번째 퍼센트'로 선택한다.

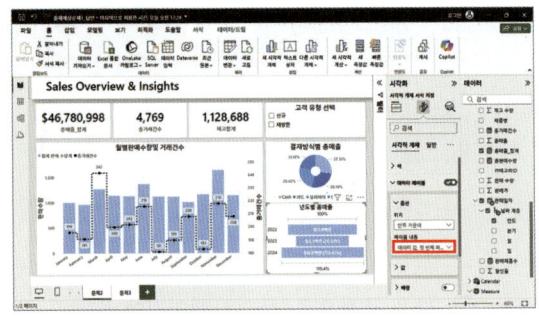

5. [색]에서 '모두 표시' 설정을 활성화하고 '2024'의 색을 변경하기 위해 ☑를 클릭한다.

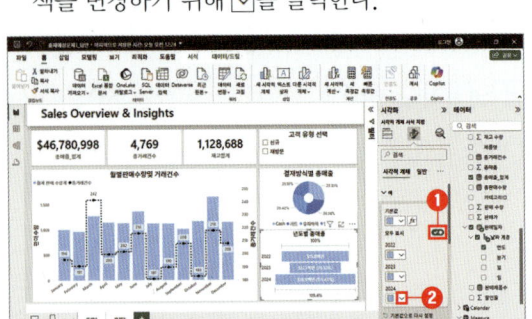

6. [다른 색]을 클릭한 후 '헥스'에 값을 '#FF0000'로 입력한다.

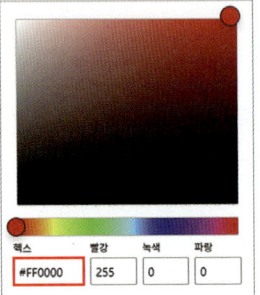

7. '2024'의 색상 변경을 확인하고 크기 조절한 후 차트를 4-② 영역에 배치한다.

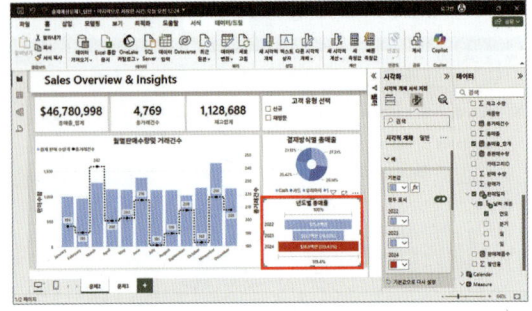

❸ 다음 조건으로 도넛형 차트에 도구 설명과 필터를 추가하시오. (3점)
- 도구 설명에 [총거래건수]측정값이 표시되도록 추가
- 필터에서 결제 방식이 'Cash'가 아님으로 적용

1. 도넛형 차트 개체를 선택하고 [시각화]창의 [시각적 개체 빌드] – [시각적 개체에 데이터 추가] 를 클릭한다. [데이터]창에서 [총거래건수]를 [도구 설명]에 드래그하여 추가한다.

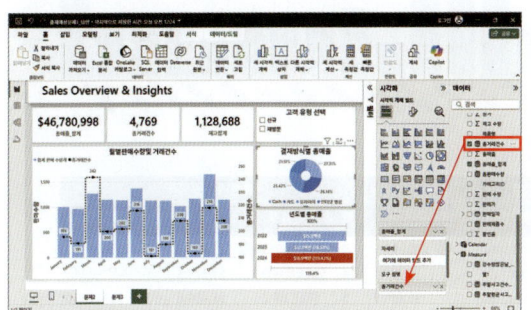

2. 도넛형 차트의 한 요소에 마우스를 올려놓을 때 도구 설명에 '총거래건수'가 추가되었는지 확인한다.

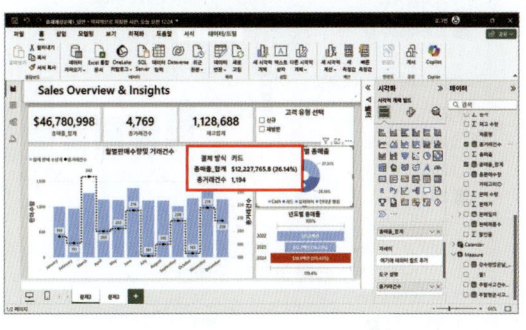

3. [필터]창을 확장한 후 [결제 방식]에서 '모두 선택' 체크 표시한 후 다시 'Cash'만 해제한다.

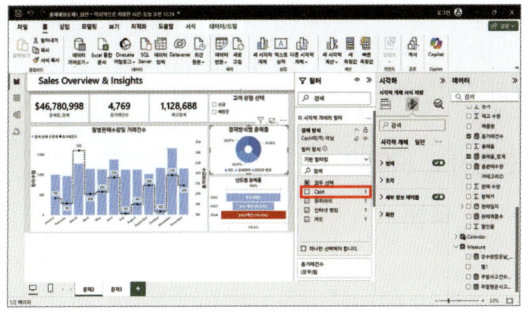

4. [필터]창 오른쪽 상단 ≫을 클릭하여 [필터]창을 축소한 후 도넛형 차트의 범례에 'Cash'가 표시되지 않는지 확인한다.

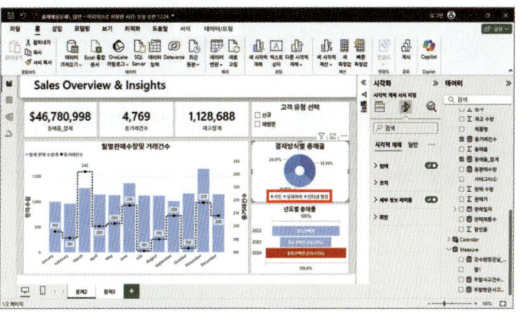

문제 3   복합요소 구현 [40점]

〈시각화 완성화면〉 각 세부문제 풀이 후 '문제3' 페이지에 아래와 같이 개체를 배치하시오.

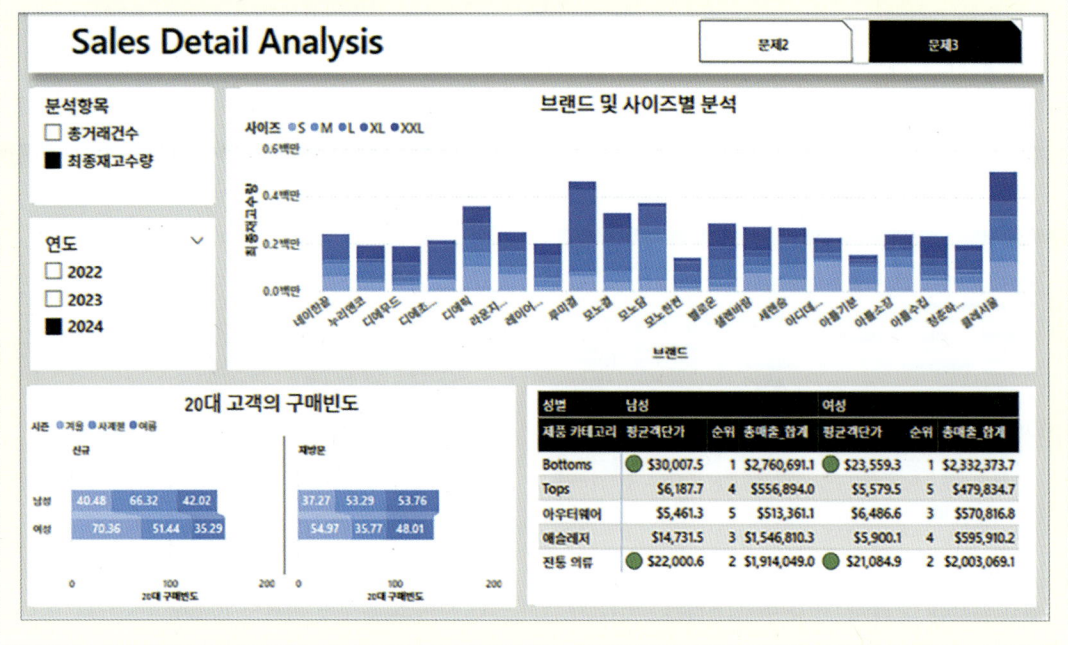

계산식 작성에 사용되는 문자열은 쌍따옴표(" ")를 사용하여 작성하시오.

1. 다음 지시사항에 따라 누적 세로 막대형 차트를 구현하시오. (10점)

❶ 다음 조건으로 〈판매〉테이블에 측정값을 추가하시오. (4점)
- 측정값 이름: [총재고수량]
  - 활용 필드: 〈판매〉테이블의 [재고 수량]
  - 서식: 정수, 천 단위 구분 기호(,) 적용
- 측정값 이름: [최종재고수량]
  - 활용 필드: 〈판매〉테이블의 [반품률]필드, [총판매수량], [총재고수량]측정값
  - 총판매수량과 평균반품률을 기준으로 계산한 반품수량을 구한 후, 이를 곱하여 최종 재고 수량을 계산
  - Amt 변수: [총판매수량]측정값
  - ReQ 변수: [반품률]의 평균
  - ReAmt 변수: Amt*ReQ를 100으로 나눈 값, 함수 사용하여 0으로 나누는 오류 방지
  - 사용 함수: AVERAGE, DIVIDE, VAR, RETURN
  - 서식: 정수, 천 단위 구분 기호(,) 적용

1. [문제3] 페이지로 이동한다. 새 측정값을 작성하기 위해 [데이터]창에서 〈판매〉테이블을 선택한 후 [테이블 도구]탭 – [계산]그룹 – [새 측정값]을 클릭한다.

2. 수식 입력줄에 아래와 같이 수식을 작성하고 Enter 키를 누른다.

> 총재고수량 = SUM('판매'[재고 수량])

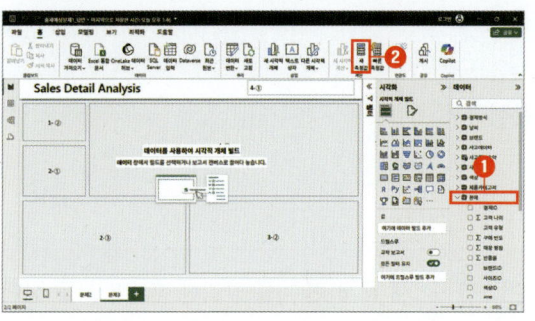
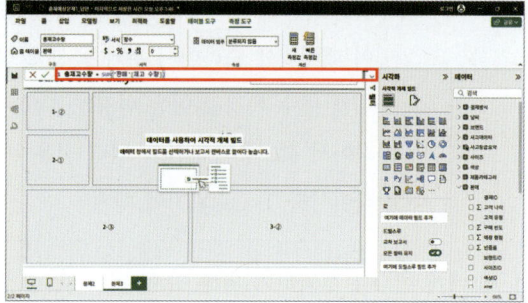

3. [측정 도구]탭 – [서식]그룹에서 서식은 '정수', 9 를 클릭한다.

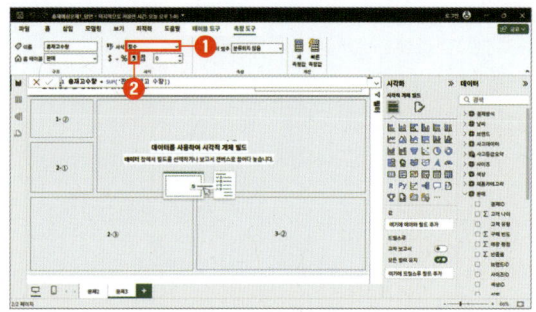

4. 다시 새 측정값을 추가하기 위해 [측정 도구]탭 – [계산]그룹 – [새 측정값]을 클릭하고, 수식 입력줄에 다음과 같이 입력한 후 Enter 를 누른다.

```
최종재고수량 =
VAR Amt = [총판매수량]
VAR ReQ = AVERAGE('판매'[반품률])
VAR ReAmt = DIVIDE(Amt*ReQ,100,0)
RETURN
    [총재고수량] * ReAmt
```

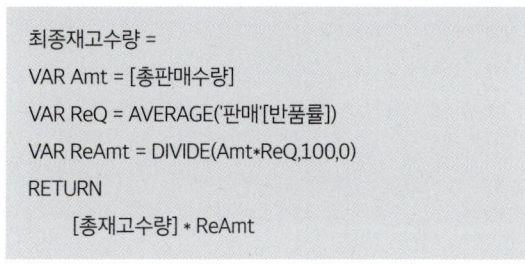
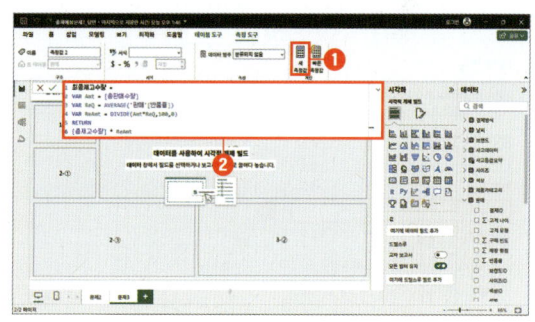

5. [측정 도구]탭 – [서식]그룹에서 서식은 '정수', 9 를 클릭한다.

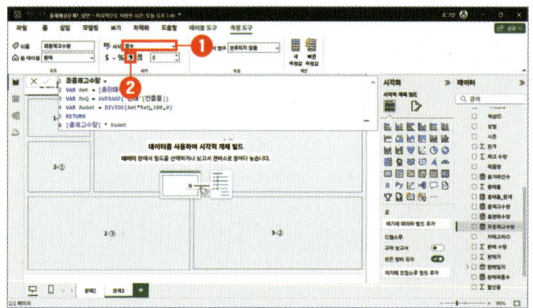

❷ 다음 조건으로 매개 변수를 추가하고 '문제3' 페이지에 슬라이서를 구현하시오. (3점)
- 필드 매개 변수 추가
  - 이름: 구분
  - 필드: [총거래건수], [최종재고수량]측정값 추가
  - 이 페이지에 슬라이서 추가 옵션 설정
  - 매개 변수 측정값 이름 변경: '구분' → '분석항목'
- 슬라이서 값: '총거래건수' 필터 적용
- 슬라이서를 '1-②' 위치에 배치

1. 새 매개 변수를 추가하기 위해 [모델링]탭 – [매개 변수]그룹 – [새 매개 변수]를 클릭한 후 [필드]를 선택한다.

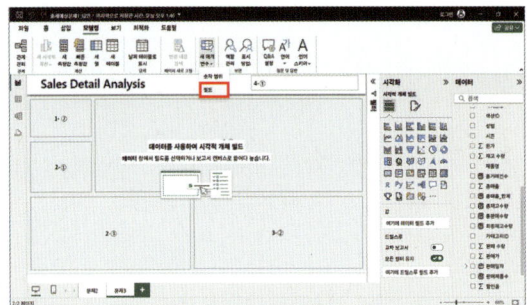

2. [매개 변수]창이 열리면 [이름]을 '구분'으로 입력하고 [필드]의 〈판매〉테이블의 [총거래건수]와 [최종재고수량]을 체크 표시하여 [필드 추가 및 순서 변경]에 추가한다. 하단에 '이 페이지에 슬라이서 추가' 옵션이 체크되어 있는지 확인한 후 [만들기]를 클릭한다.

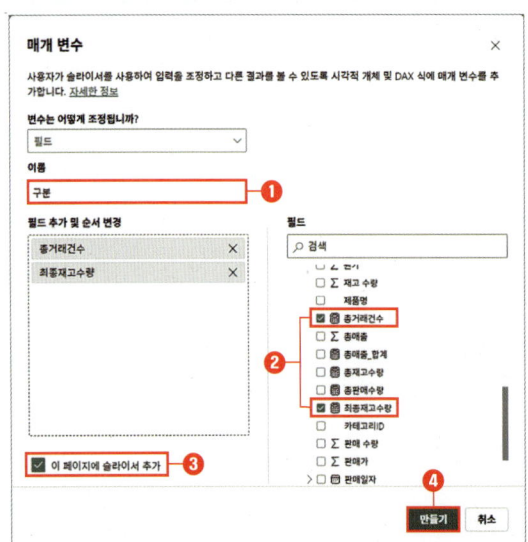

3. 슬라이서가 추가되면 [데이터]창의 〈구분〉테이블의 [구분]필드를 더블 클릭한 후 '분석항목'으로 이름을 변경한다.

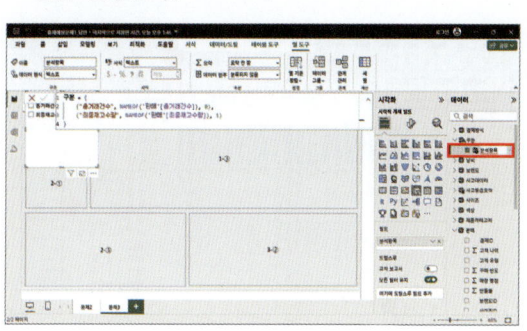

4. 슬라이서에서 '총거래건수'를 선택한 후 크기를 조절해 1-② 영역에 배치시킨다.

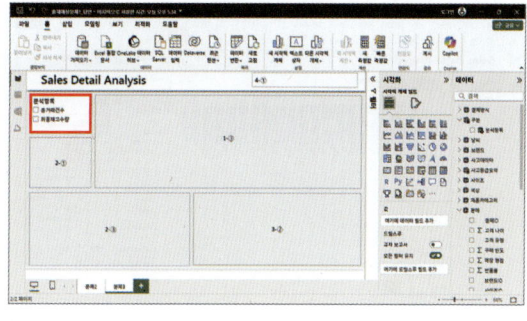

❸ 다음 조건으로 '문제3' 페이지에 누적 세로 막대형 차트를 구현하시오. (3점)

- 활용 필드
  - 〈구분〉테이블의 〈분석항목〉측정값, 〈브랜드〉테이블의 [브랜드], 〈사이즈〉테이블의 [사이즈]필드
- 정렬
  - 축 정렬: [브랜드] 기준 '오름차순' 정렬
  - 범례 정렬: [사이즈]를 '사이즈ID' 기준으로 '오름차순' 정렬
- 제목
  - 텍스트: 브랜드 및 사이즈별 분석
  - 가로 맞춤: 가운데
- 슬라이서 값: '최종재고수량' 필터 적용
- 누적 세로 막대형 차트를 '1-③' 위치에 배치

1. 새 시각화 개체를 추가하기 위해 보고서 빈 공간을 클릭한 후 [시각화]창의 [시각적 개체 빌드] – [시각적 개체에 데이터 추가] 에서 [누적 세로 막대형 차트]를 선택한다.

2. [데이터]창에서 〈브랜드〉테이블의 [브랜드]필드를 [X축]으로, 〈구분〉테이블의 [분석항목]을 [Y축], 〈사이즈〉테이블의 [사이즈]를 [범례]로 드래그한 후 크기를 조절하여 1-③ 영역에 배치시킨다.

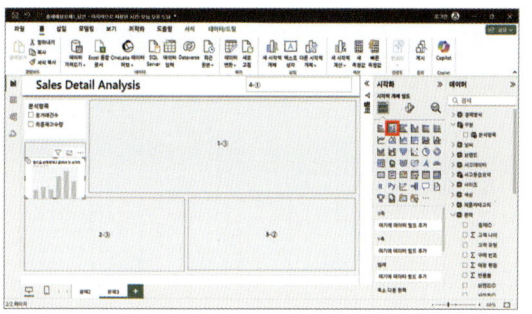

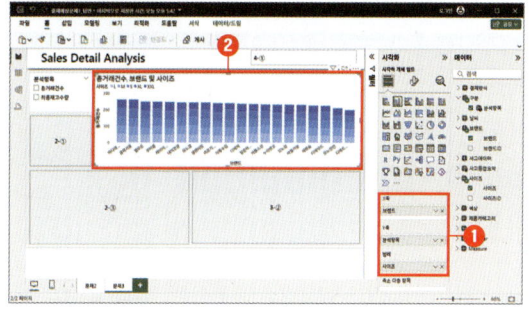

3. 누적 세로 막대형 차트의 (⋯)을 눌러 [축 정렬] – [브랜드]를 클릭한다.

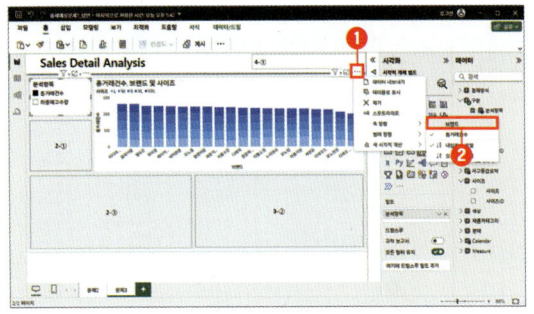

4. 브랜드로 축이 정렬되면서 정렬 순서가 '내림차순 정렬'로 바뀌므로 다시 [축 정렬] – [오름차순]을 클릭하여 순서를 변경한다.

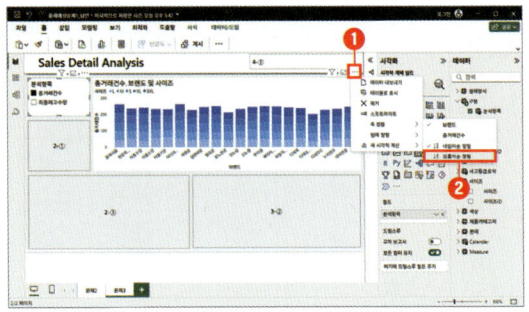

5. 차트에 범례로 추가된 [사이즈]는 'S, M, L, XL, XXL'와 같은 순으로 정렬되어 있지 않다. 이를 변경하기 위해 〈사이즈〉테이블의 [사이즈]필드를 선택한 후 [열 도구]탭 – [정렬]그룹 – [열 기준 정렬] – [사이즈ID]를 선택한다.

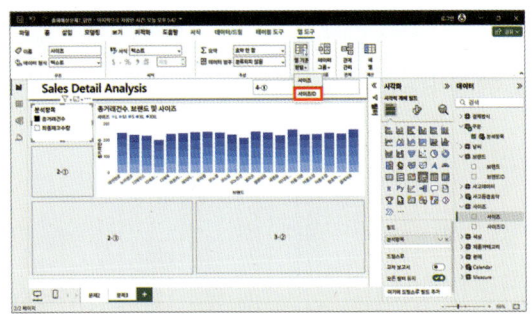

TIP [사이즈 ID]는 [사이즈]필드와 달리 일련번호로 되어 있어 그 순서를 정하기 쉽다.

6. 범례에 계열 순서가 'S, M, L, XL, XXL'로 된 것을 확인한다. 이어서 (⋯)을 눌러 [범례 정렬] – [오름차순 정렬]로 선택한다.

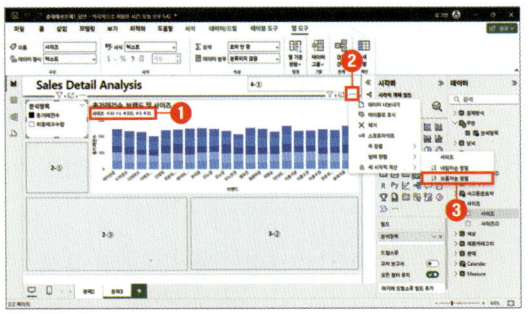

 전문가의 조언

대부분 시각화 개체의 정렬은 '오름차순'이 기본이지만 '값'에 대한 정렬은 '내림차순'이 기본입니다. [X축] 항목의 경우 정렬을 따로 지정하지 않아도 '오름차순'이지만 해당 정렬에 체크 표시되어 있지 않다면 다시 적용하도록 합니다.

7. 매개 변수인 [분석항목]에 따라 차트가 변경되는지 확인하고, 기본 필터는 '최종재고수량'으로 선택하여 차트를 완성한다.

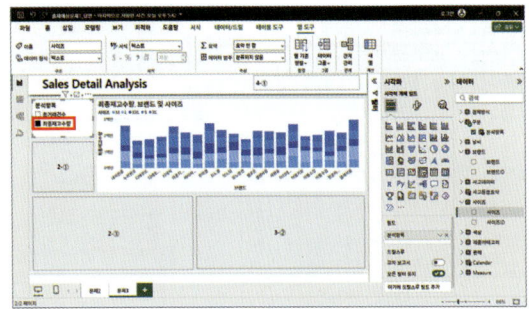

2. 다음 지시사항에 따라 슬라이서와 누적 가로 막대형 차트를 구현하시오. (10점)

① 다음 조건으로 '문제3' 페이지에 슬라이서를 구현하시오. (3점)
  - 활용 필드: 〈판매〉테이블 [판매일자]필드의 '연도'
  - 슬라이서 스타일: '세로 목록'
  - 슬라이서 값: '2024' 필터 적용
  - 슬라이서를 '2-①'에 배치

② 다음 조건으로 〈판매〉테이블에 측정값을 추가하시오. (4점)
  - 측정값 이름: [20대 구매빈도]
    – 활용 필드: 〈판매〉테이블의 〈고객 나이〉, [구매 빈도]필드
    – 고객 나이가 20 이상, 30 미만인 고객 수
    – 사용 함수: CALCULATE, SUM, FILTER
    – 서식: '10진수', 천 단위 구분 기호(,) 적용, 소수점 자릿수 '2'
  - 측정값 이름: [총이익금액]
    – 활용 필드: 〈판매〉테이블의 [원가], [판매 수량]필드, [총매출_합계]측정값
    – [총매출_합계]에서 [원가]와 [판매 수량]을 곱한 값을 빼서 이익금액을 계산
    – 사용 함수: SUMX
    – 서식: '통화', 천 단위 구분 기호(,) 적용, 소수점 자릿수 '1'

1. 새 시각화 개체를 추가하기 위해 보고서 빈 공간을 클릭한 후 [시각화]창의 [시각적 개체 빌드] – [시각적 개체에 데이터 추가] ▦에서 [슬라이서]를 선택한다.

2. 〈판매〉테이블에서 [판매일자]필드의 날짜 계층에서 '연도'에 체크 표시한다.

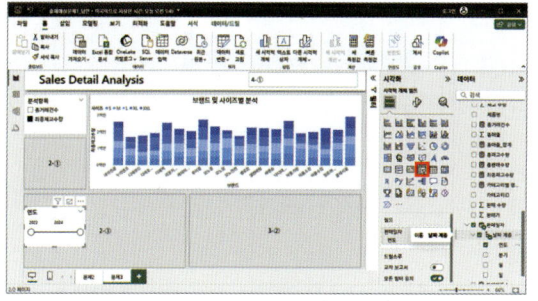

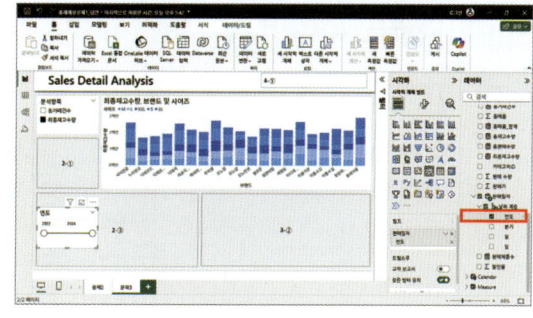

3. [시각적 개체 서식 지정] ▨에서 [시각적 개체] – [슬라이서 설정] – [옵션]에서 [스타일]을 '세로 목록'으로 선택한다. 슬라이서의 기본 필터로 '2024'로 선택한 후 크기를 조절하여 2-① 영역에 배치한다.

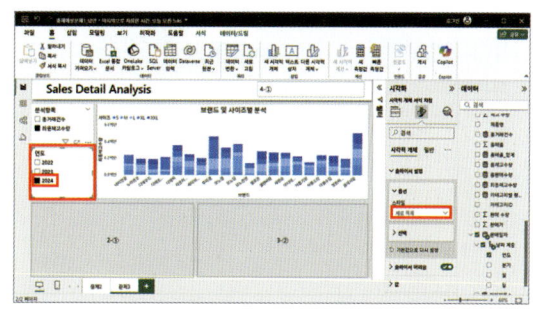

4. 새 측정값을 작성하기 위해 [데이터]창에서 〈판매〉테이블을 선택한 후 [테이블 도구]탭 – [계산]그룹 – [새 측정값]을 클릭한다.

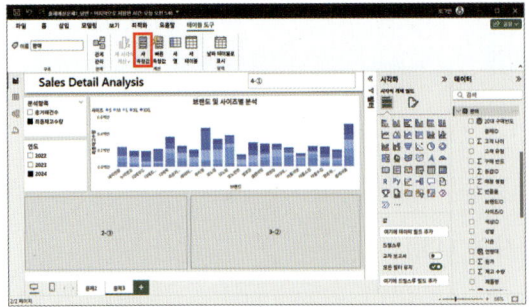

5. 수식 입력줄에 아래와 같이 수식을 작성하고 Enter 키를 누른다.

```
20대 구매빈도 =
CALCULATE(
    SUM('판매'[구매 빈도]),
    FILTER(
        '판매',
        '판매'[고객 나이] >= 20 && '판매'[고객 나이] < 30
    )
)
```

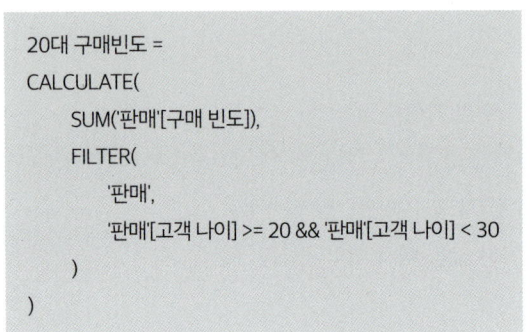

6. 작성된 측정값을 선택한 후 [측정 도구]탭 – [서식]그룹 – [서식]은 '10진수', 🔽를 클릭하고 소수점 자릿수를 '2'로 지정한다.

7. 다시 새 측정값을 작성하기 위해 [데이터]창에서 〈판매〉테이블을 선택한 후 [테이블 도구]탭 – [계산]그룹 – [새 측정값]을 클릭한다.

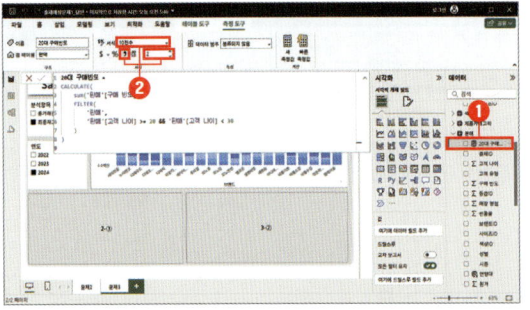
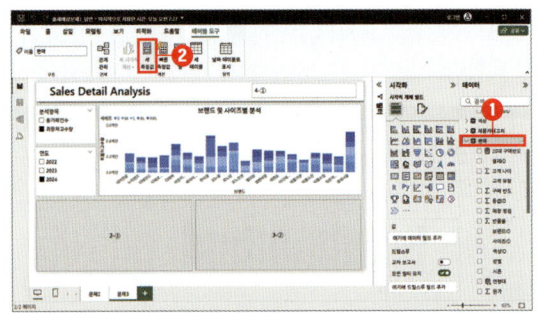

8. 수식 입력줄에 아래와 같이 수식을 작성하고 Enter 키를 누른다.

```
총이익금액 =
[총매출_합계] -
SUMX(
    '판매',
    '판매'[원가] * '판매'[판매 수량]
)
```

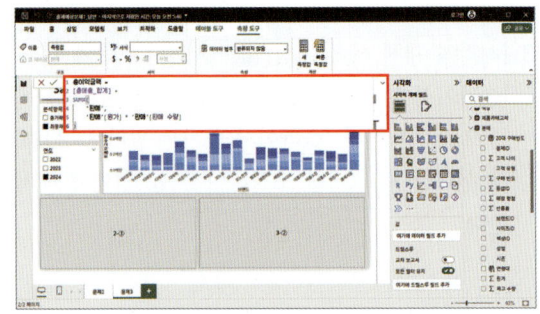

9. 작성된 측정값을 선택한 후 [측정 도구]탭 – [서식]그룹 – [서식]은 '통화', 를 클릭하고 소수점 자릿수를 '1'로 지정한다.

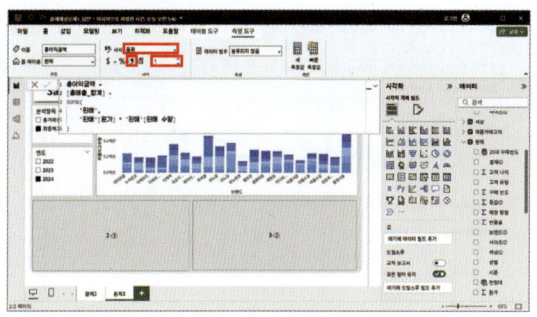

③ 다음 조건으로 '문제3' 페이지에 누적 가로 막대형 차트를 구현하시오. (3점)

• 활용 필드
  – 〈판매〉테이블의 [성별], [시즌]필드, [20대 구매빈도]측정값
  – 도구 설명에 [총이익금액]이 표시되도록 추가
  – 축소 다중 항목: 〈판매〉테이블의 [고객 유형]필드
• 각 요소별 서식
  – Y축의 제목은 해제
  – 리본 설정
  – 데이터 레이블 표시
  – 축소 다중 항목: 1행 2열
• 제목
  – 텍스트: 20대 고객의 구매빈도
  – 가로 맞춤: 가운데
• 누적 가로 막대형 차트를 '2-③' 위치에 배치

1. 개체를 추가하기 위해 보고서 빈 공간을 클릭한 후 [시각화]창의 [시각적 개체 빌드] – [시각적 개체에 데이터 추가] 에서 [누적 가로 막대형 차트]를 선택한다.

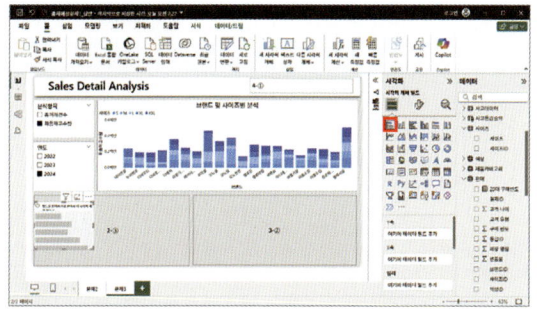

2. [데이터]창에 〈판매〉테이블의 [성별]필드를 [Y축], [20대 구매빈도]는 [X축], [시즌]필드는 [범례]로 드래그하여 추가한다.

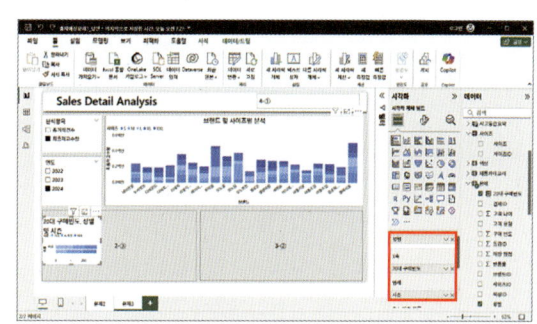

3. [축소 다중 항목]에는 [고객 유형]필드, [도구 설명]에는 [총이익금액]필드를 드래그하여 추가한 후 크기를 조정하여 2-③에 배치한다.

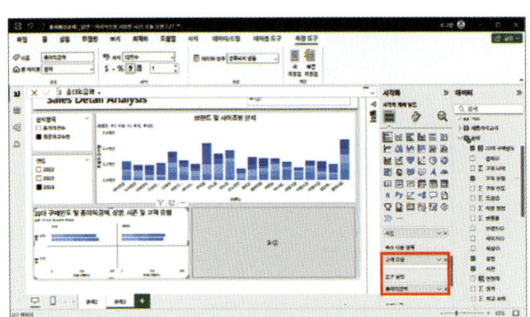

4. [시각적 개체 서식 지정]에서 [시각적 개체] - [Y축]의 [제목]을 해제한다.

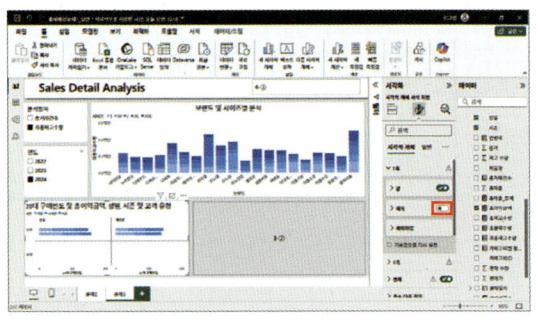

5. [축소 다중 항목]의 행을 '1', 열은 '2'로 지정한다.

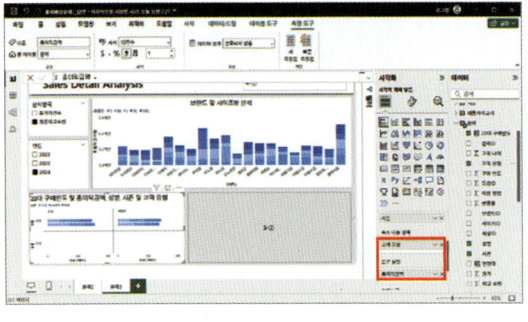

6. [리본]의 옵션과 [데이터 레이블] 옵션을 설정한다.

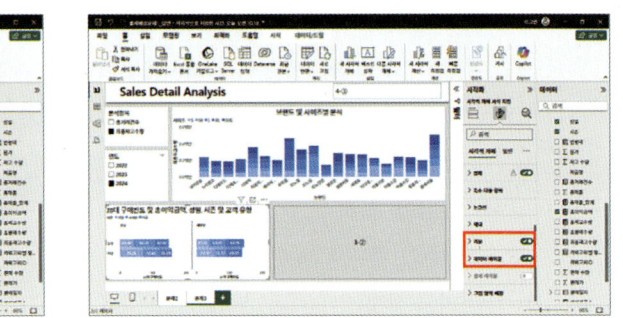

7. [시각적 개체 서식 지정] 🖌 - [일반]탭 - [제목]의 [텍스트]는 '20대 고객의 구매빈도'로 입력하고 [가로 맞춤]은 '가운데'로 지정한다.

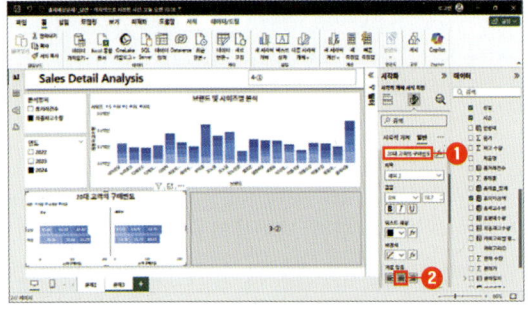

3. 다음 지시사항에 따라 행렬 차트를 구현하시오. (10점)

❶ 다음 조건으로 〈판매〉테이블에 측정값을 추가하시오. (4점)

- 측정값 이름: [평균객단가]
  - 활용 필드: 〈판매〉테이블의 [총매출_합계], [총거래건수]측정값
  - [총매출_합계]를 [총거래건수]로 나눈 값, 함수 사용하여 0으로 나누는 오류 방지
  - 사용 함수: DIVIDE
- 측정값 이름: [카테고리별 평균객단가 순위]
  - 활용 필드: 〈제품카테고리〉테이블의 [제품카테고리]필드, 〈판매〉테이블의 [평균객단가]측정값
  - 제품 카테고리별 평균객단가에 대한 내림차순 순위를 계산
  - 사용 함수: ALLSELECTED, RANKX
  - 서식: '정수'

1. 새 측정값을 작성하기 위해 [데이터]창에서 〈판매〉테이블을 선택한 후 [테이블 도구]탭 – [계산]그룹 – [새 측정값]을 클릭한다. 수식 입력줄에 아래와 같이 수식을 작성하고 Enter 키를 누른다.

> 평균객단가 = DIVIDE([총매출_합계],[총거래건수],0)

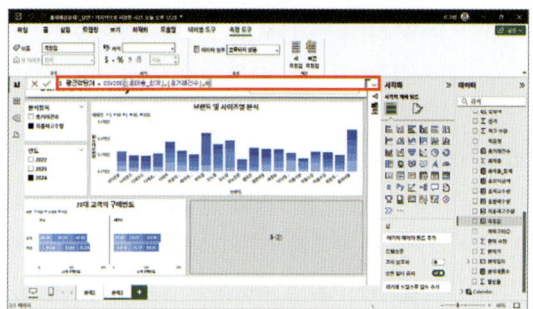

2. 다시 새로운 측정값을 작성하기 위해 [측정 도구] 탭 – [계산]그룹 – [새 측정값]을 클릭한 후 다음과 같은 수식을 작성하고 Enter 키를 누른다.

```
카테고리별 평균객단가 순위 =
RANKX(
    ALLSELECTED('제품카테고리'[제품 카테고리]),
    [평균객단가],
    ,
    DESC
)
```

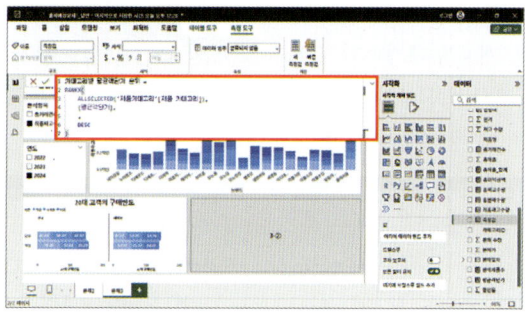

3. 측정값이 모두 추가되었다.

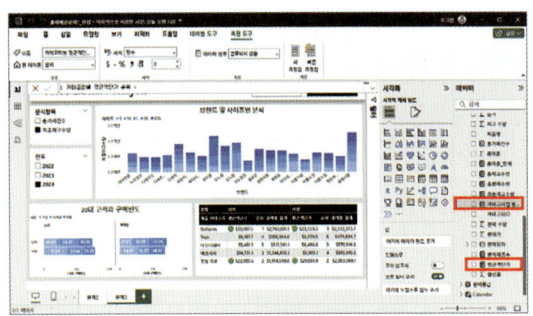

❷ 다음 조건으로 '문제3' 페이지에 행렬 차트를 구현하시오. (3점)
- 활용 필드: 〈제품카테고리〉테이블 [제품 카테고리], 〈판매〉테이블 [성별]필드, [평균객단가], [카테고리별 평균객단가 순위], [총매출_합계]측정값
- 값 영역
  - [평균객단가], [카테고리별 평균객단가 순위], [총매출_합계] 순으로 표시
  - [카테고리별 평균객단가 순위]의 이름을 '순위'로 변경
- 레이아웃 및 스타일 사전 설정: 스타일 '대체 행'
- 열 소계, 행 소계 모두 해제
- 행렬 차트를 '3-❷' 위치에 배치

❸ 다음 조건으로 행렬 차트에 조건부 서식을 구현하시오. (3점)
- [평균객단가] 셀 요소에 조건부 서식 지정
  - 스타일은 '◆▲●' 적용
  - 규칙: 50% 이상 100% 이하의 경우 '●'로 지정, 나머지 규칙 삭제

1. 개체를 추가하기 위해 보고서 빈 공간을 클릭한 후 [시각화]창의 [시각적 개체 빌드] – [시각적 개체에 데이터 추가]에서 [행렬]을 클릭한다.

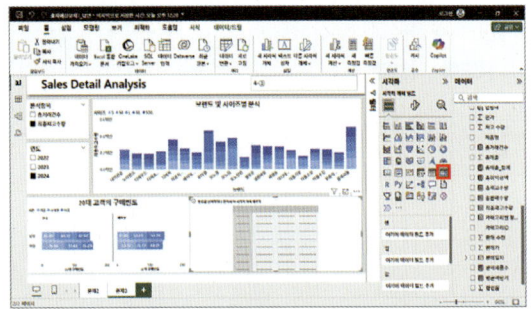

2. [데이터]창의 〈제품카테고리〉테이블에서 [제품 카테고리]필드를 [행]영역으로 드래그하고, 〈판매〉테이블의 [성별]필드는 [열]영역으로 추가한다.

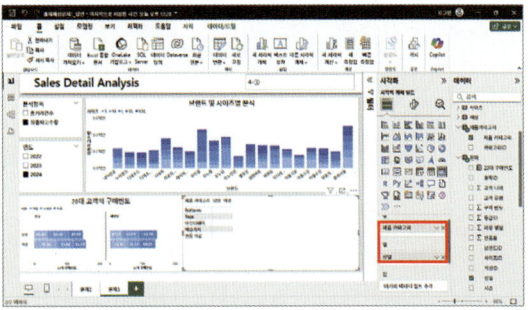

3. 〈판매〉테이블의 [평균객단가], [카테고리별 평균객단가 순위], [총매출_합계]측정값을 차례로 드래그하여 [값]영역에 추가한다.

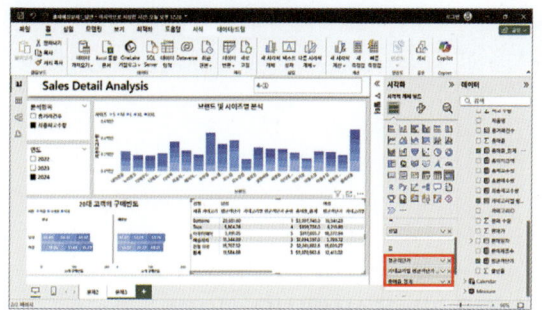

4. [값]영역의 [카테고리별 평균객단가 순위]필드를 더블 클릭한 후 '순위'로 이름을 변경한다.

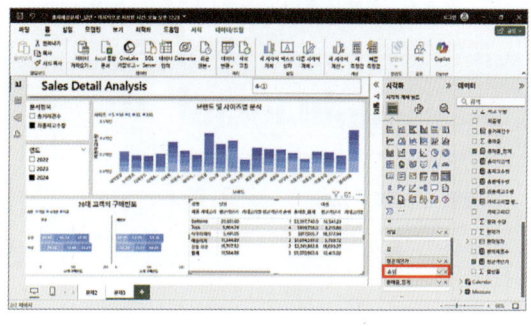

5. 각 요소에 서식을 지정하기 위해 [시각적 개체 서식 지정] 에서 [시각적 개체] – [레이아웃 및 스타일 사전 설정] – [스타일]을 '대체 행'으로 선택한다.

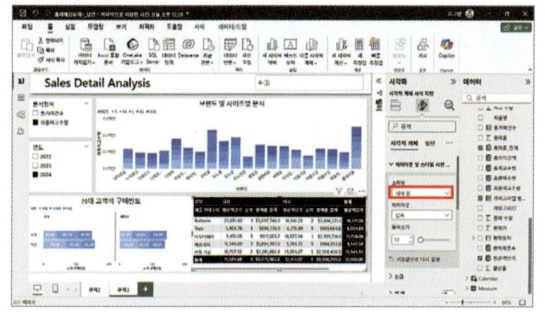

6. [열 소계]와 [행 소계]는 모두 옵션을 해제하고 시각화 개체의 크기를 조절한 후 3-②에 배치한다.

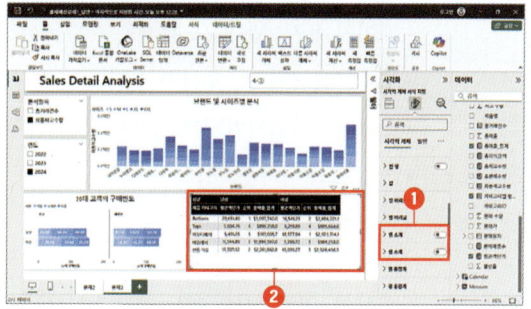

TIP 이런 경우 시각화 개체가 자동으로 빈 영역에 추가되어 따로 작업하지 않아도 된다.

7. [셀 요소]를 클릭한 후 [계열]에서 [평균객단가]를 선택한다. [아이콘]의 옵션을 활성화한 후 [조건부 서식] fx 을 클릭한다.

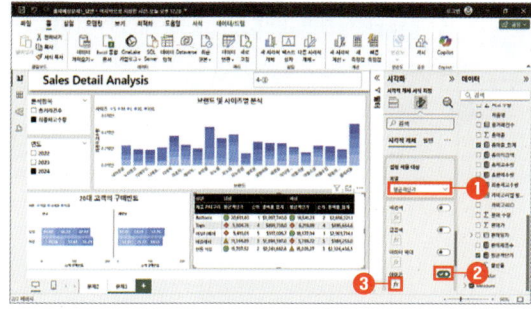

8. [아이콘 – 아이콘]창에서 [규칙] 중에 첫 번째 (◆)와 두 번째(▲)를 삭제하고 마지막 규칙 (●)은 '50' 이상 '100' 이하 퍼센트로 지정하고 [확인]을 클릭한다.

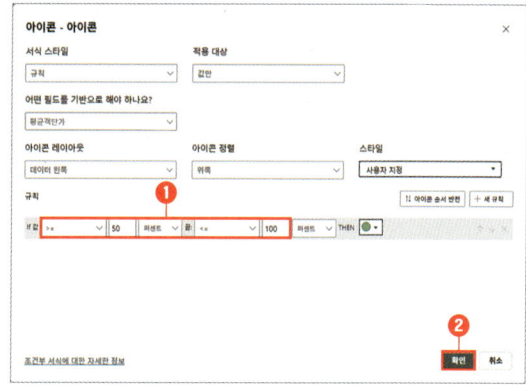

9. 행렬에 조건부 서식이 적용된 것을 확인한다.

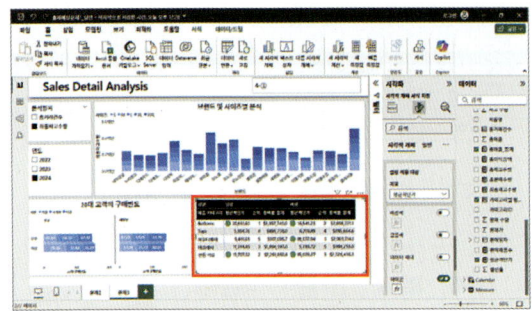

4. 다음 지시사항에 따라 페이지와 시각적 개체 간 상호 작용 기능을 설정하시오. (10점)

❶ 다음 조건으로 '문제3' 페이지에 단추를 구현하시오. (4점)

- 종류: '페이지 탐색기'
- 페이지 표시: '문제2', '문제3'
- 도형: '캡처된 탭, 오른쪽 상단'
- 스타일: '가리키기' 상태일 때 [글꼴색] '#FF0000'
- 그리드 레이아웃: '안쪽 여백(px)'은 '10'
- 단추를 '4-①' 위치에 배치

1. 단추를 작성하기 위해 [삽입]탭 – [요소]그룹 – [단추]를 클릭한 후 [탐색기] –[페이지 탐색기]를 선택한다.

2. [페이지 탐색기]가 추가되면 [서식 탐색기] – [시각적 개체] – [도형]에서 [도형]을 '캡처된 탭, 오른쪽 상단'으로 선택한다.

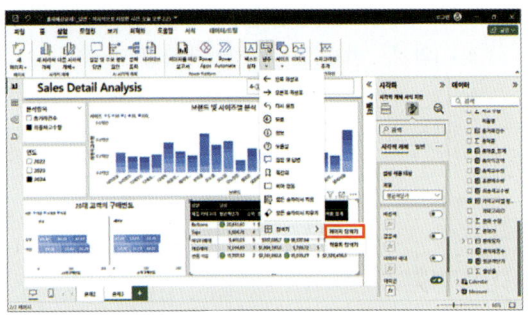

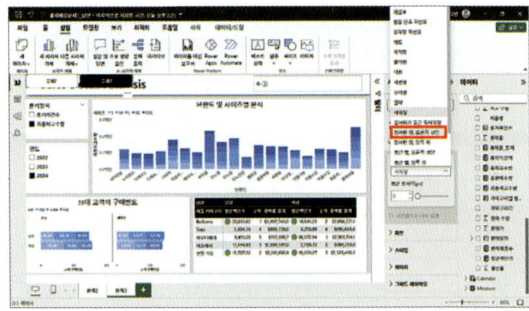

3. [스타일] – [설정 적용 대상]의 상태는 '가리키기'를 선택한다. [글꼴색]을 클릭한 후 [다른 색]을 선택한 후 [헥스] 값을 '#FF0000'로 지정한다.

4. [그리드 레이아웃]의 안쪽 여백을 '10'으로 입력한다.

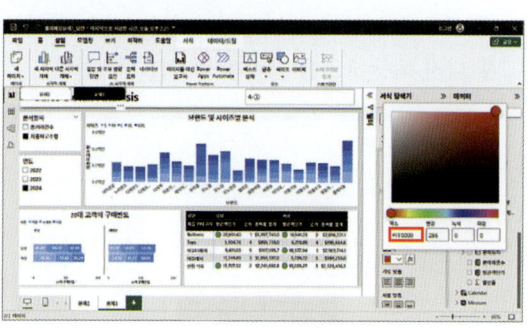
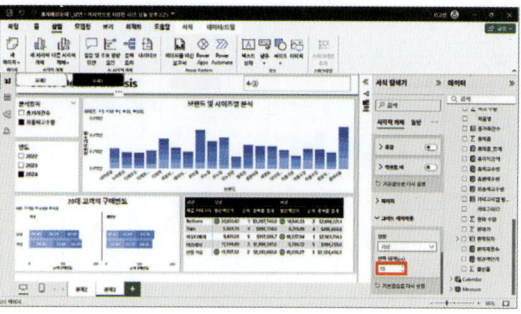

5. 단추의 위치를 4-①로 이동한 후 마우스를 올려 텍스트 색이 변경되는지 확인한다.

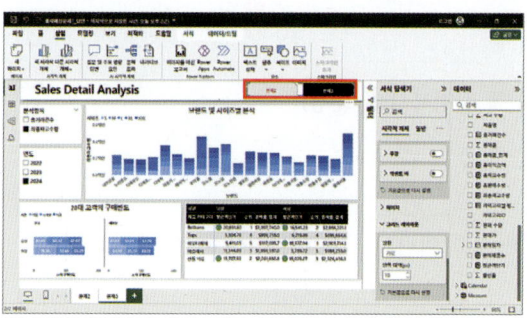

② 다음과 같이 시각적 개체의 상호 작용을 설정하시오. (3점)
- 누적 세로 막대형 차트: [행렬]차트와 상호 작용 '없음'
- 누적 가로 막대형 차트: [행렬]차트와 상호 작용 '없음'

1. 상호 작용을 설정하기 위해 [누적 세로 막대형 차트]를 선택한 후 [서식]탭 – [상호 작용]그룹 – [상호 작용 편집]을 클릭한다.

2. [행렬]차트의 오른쪽 상단 ⊘(없음)을 클릭한다.

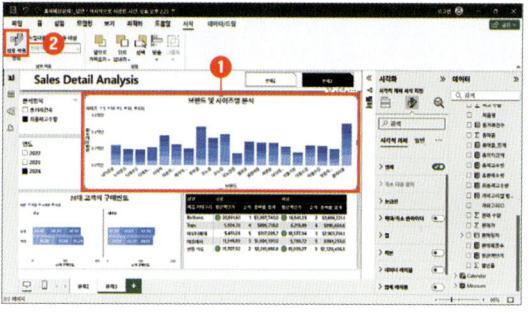
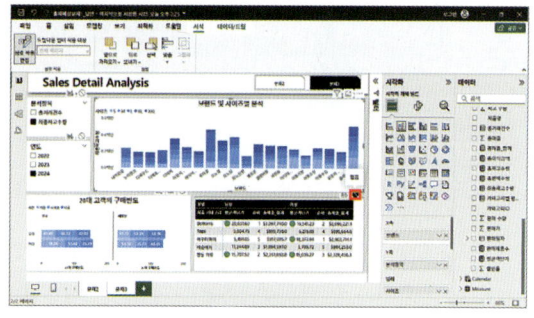

1회 출제예상문제 267

3. 같은 방법으로 [누적 가로 막대형 차트]를 선택하고, [행렬]차트 오른쪽 상단 ⊘(없음)을 클릭한다.

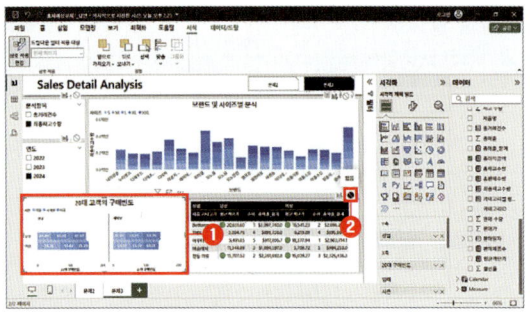

4. [서식]탭 – [상호 작용]그룹 – [상호 작용 편집]을 클릭하여 상호 작용 편집 상태를 해제한다. [누적 세로 막대형 차트]의 한 요소를 클릭했을 때 [행렬]차트에서 필터가 적용되지 않는 것을 확인한 후 다시 해당 요소를 클릭해 필터를 해제한다.

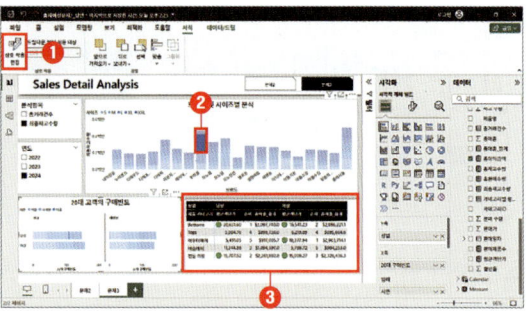

❸ 다음과 같이 새 열을 추가하고 [행렬]차트에 필터를 설정하시오. (3점)
  • 새 열 이름: [연령대]
    – 활용 필드: 〈판매〉테이블의 [고객 나이]필드
    – [고객 나이]의 값이 '20' 미만이면 '10대 이하', '30' 미만이면 '20대', '40' 미만이면 '30대', '50' 미만이면 '40대', '60' 미만이면 '50대', 그 외는 '60대 이상'으로 계산
    – 사용 함수: SWITCH, TRUE
  • 〈판매〉테이블의 [연령대]를 '20대', '30대', '40대' 데이터만 표시

1. [데이터]창에서 〈판매〉테이블을 선택한 후 [테이블 도구]탭 – [계산]그룹 – [새 열]을 클릭한다.

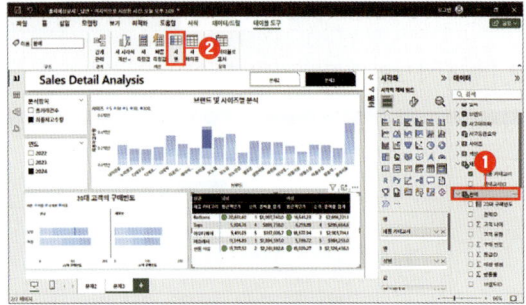

2. 수식 입력줄에 다음과 같이 입력한 후 Enter 를 누른다.

```
연령대 =
SWITCH(
    TRUE(),
    '판매'[고객 나이] < 20, "10대 이하",
    '판매'[고객 나이] < 30, "20대",
    '판매'[고객 나이] < 40, "30대",
    '판매'[고객 나이] < 50, "40대",
    '판매'[고객 나이] < 60, "50대",
    "60대 이상"
)
```

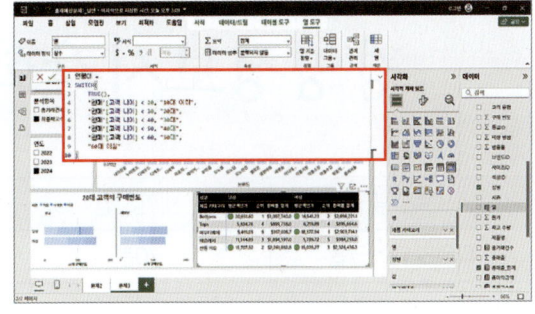

3. [행렬]차트를 선택한 후 《을 눌러 [필터]창을 확장한다.

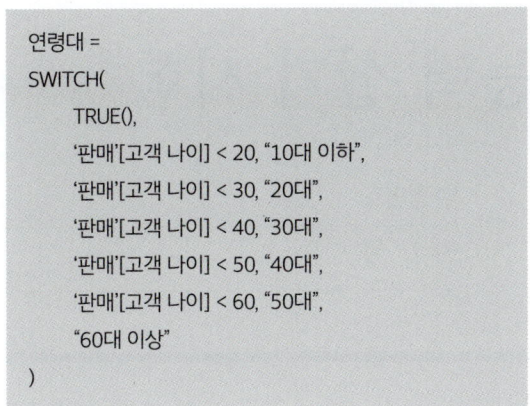

4. 〈판매〉테이블의 [연령대]필드를 드래그해 추가한 후 '20대', '30대', '40대'에 체크 표시해 필터를 적용한다.

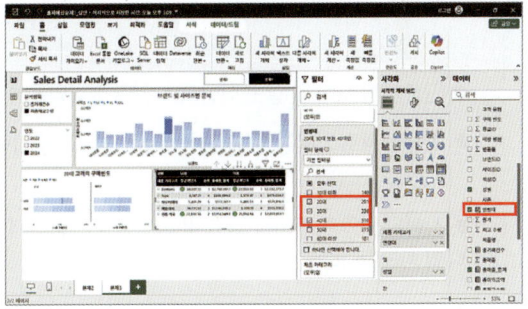

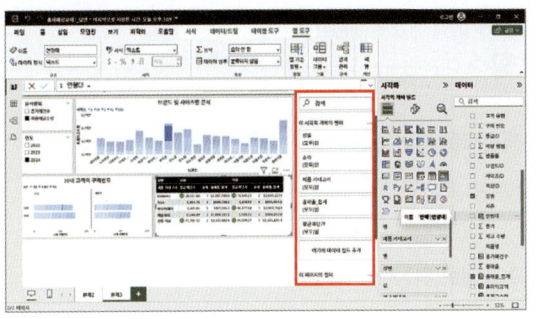

TIP [필터]창에 필드를 추가할 때 필드 이름 앞 표시를 체크해 빠르게 사용할 수 있다.

5. 필터가 적용된 [행렬]차트를 확인한다.

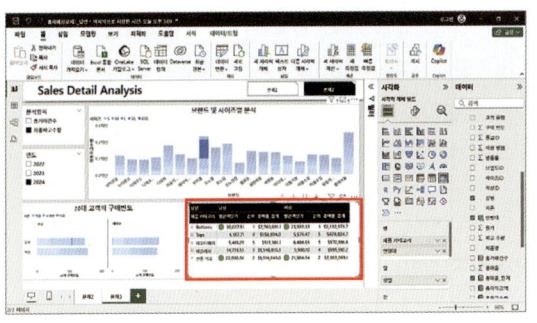

1회 출제예상문제 269

국가기술자격검정

경영정보시각화능력 실기 시험

프로그램명	제한시간
파워BI 데스크톱	70분

수험번호:

성　명:

2회 출제예상문제

<유의사항>

◆ 인적 사항 누락 및 잘못 작성으로 인한 불이익은 수험자 책임으로 합니다.

◆ 화면에 암호 입력창이 나타나면 아래의 암호를 입력하여야 합니다.
　- 암호: 000000

◆ 작성된 답안은 주어진 경로 및 파일명을 변경하지 마시고 그대로 저장해야 합니다. 이를 준수하지 않으면 실격 처리됩니다.

◆ 외부데이터 위치: C:\PB\파일명

◆ 별도의 지시사항이 없는 경우, 다음과 같이 처리 시 실격 및 0점 처리됩니다.
　- 파일이 저장된 경로, 파일명을 임의로 변경한 경우 [실격]
　- 데이터 원본파일을 임의로 수정하거나 삭제한 경우 [0점 처리]
　- 대시보드/페이지명을 임의로 변경한 경우 [0점 처리]

◆ 별도의 지시사항이 없는 경우, 개체의 속성은 기본 설정값(Default)으로 처리하십시오.

◆ 지시사항 불이행, 오타 등으로 인한 불이익은 수험자 책임으로 합니다.
　- 지시사항에 제시한 함수 외에 다른 함수를 사용하여 답안을 작성한 경우, 결과물이 답안과 동일하더라도 오답 처리됩니다.
　- 개체명에 오타가 있을 경우 감점 처리됩니다.

◆ 최종 답안 제출 시 시험 채점과 관계없는 개체(차트)는 삭제 후 제출합니다.
　- 개체명에 오타가 있을 경우 감점 처리됩니다.

◆ 제시된 화면은 예시이며 나타난 값은 실제와 다를 수 있습니다.

◆ 저장 시간은 별도로 주어지지 아니하므로 제한된 시간 내에 저장을 완료해야 합니다.

◆ 본 문제는 파워BI 데스크톱(Power BI Desktop) 버전 2.139.1678.0(2025년 1월)를 기준으로 작성되었습니다.

데이터 및 문제 안내

1. 최종 제출해야 할 답안파일은 1개입니다. 문제1, 문제2, 문제3의 답을 하나의 답안파일(.pbix)로 저장하십시오.
2. 문제1, 문제2, 문제3은 각각 독립적으로 구성되어 앞 문제를 풀지 않아도 다음 문제 풀이가 가능합니다.
3. 문제1은 데이터 불러오기를 통해 문제를 풀이하고, 문제2와 문제3은 답안에 이미 데이터가 포함되어 있어 다시 데이터를 불러오지 말고 바로 문제 풀이를 하십시오.
   - 데이터 파일은 문제1을 위한 데이터 파일과 문제2, 3을 위한 데이터 파일로 구성되어 있습니다.
4. 문제2와 문제3 풀이를 위해 필요한 일부 측정값, 필터가 답안파일에 미리 적용되어 있을 수 있습니다.
   - 지시사항에 제시되지 않은 것은 변경하지 마십시오.
   - 사전에 적용된 필터 등이 삭제되지 않도록 '페이지 삭제' 기능을 절대 사용하지 마십시오.
5. 문제는 문제(문제1~3) - 세부문제(1~4) - 지시사항(①~③) - 세부지시사항(▶, -) 단위로 구성됩니다.
6. 지시사항(①~③)별로 점수가 부여되며, 지시사항의 전체 세부지시사항(▶, -)을 작업하지 않을 경우 점수가 부여되지 않습니다. ※부분 점수 없음
7. 본 시험에서 사용되는 데이터 파일 수와 데이터명은 아래와 같습니다.
   - [문제1] 데이터 파일 수 : 1개 / '시군구별 비만 진료 통계.xlsx'

파일명	시군구별 비만 진료 통계.xlsx						
테이블	구조						
시군구코드	시도ID 11	시도이름 서울시	시군구이름 종로구	시군구ID 11110			
연령대	연령No 1	연령구분 0~9세					
시군구별 비만 진료_2022	년도 2022	시도코드 11	시군구코드 11680	성별 1	연령코드 1	환자수 31	입내원일수 60
	요양급여비용 5641460						
시군구별 비만 진료_2021	년도 2021	시도코드 11	시군구코드 11680	성별 1	연령코드 1	환자수 39	입내원일수 70
	요양급여비용 4309260						
시군구별 비만 진료_2020	년도 2020	시도코드 11	시군구코드 11680	성별 1	연령코드 1	환자수 32	입내원일수 61
	요양급여비용 3927620						

- [문제2, 3] 데이터 파일 수 : 1개 / '마케팅고객분석.xlsx'

파일명	마케팅고객분석.xlsx					
테이블	구조					
판매데이터	주문번호 0000001	제품코드 P012	판매금액 68873	판매수량 1	판매일자 2025-07-31	캠페인여부 비캠페인매출
고객피드백	주문번호 0000010	제품코드 P021	만족도점수 2	불만사항유형 제품하자	재구매의향 No	캠페인여부 비캠페인매출
제품마스터	제품코드 P001	제품명 무선충전패드	제품카테고리 디지털기기	출시일 2022-01-31		
마케팅캠페인	제품코드 P017	캠페인명 신학기 프로모션	시작일 2024-01-29	종료일 2024-09-19	캠페인유형 광고	진행회사 회사1

문제 1 작업준비 [30점]

계산식 작성에 사용되는 문자열은 쌍따옴표(" ")를 사용하여 작성하시오.

1. 다음 지시사항에 따라 데이터 가져오기 및 파워 쿼리 편집기를 활용한 데이터 편집을 수행하시오. (10점)

   ❶ 데이터 파일을 가져온 후 데이터를 편집하시오. (3점)
   - 가져올 데이터: '시군구별 비만 진료 통계.xlsx' 파일의 〈시군구별 비만 진료_2022〉, 〈시군구별 비만 진료_2021〉, 〈시군구별 비만 진료_2020〉, 〈연령대〉, 〈시군구코드〉 테이블
   - 테이블 이름 변경
     - 〈시군구별 비만 진료_2022〉 : 〈비만_2022〉
     - 〈시군구별 비만 진료_2021〉 : 〈비만_2021〉
     - 〈시군구별 비만 진료_2020〉 : 〈비만_2020〉

   ❷ 〈비만_2022〉, 〈비만_2021〉, 〈비만_2020〉 테이블을 활용하여 쿼리를 결합하고 다음을 수행하시오. (4점)
   - 3개의 쿼리를 새 항목으로 추가
     - 새 쿼리의 이름: 비만통계
   - [연령코드]와 [환자수] 필드 값이 모두 'null'인 행 삭제
     - 새 열 추가: [연령코드]와 [환자수] 필드를 구분기호 '/'로 병합
     - [병합됨] 필드의 값이 '비어있음' 행 삭제
     - [병합됨] 필드 삭제
   - [환자수] 필드의 'null'을 '0'으로 변경
   - [성별]의 값을 '남자', '여자'로 변경
     - [성별] 필드의 데이터 형식은 '텍스트'로 변경
     - 값 바꾸기로 '1'은 "남자", '2'는 "여자"로 변경
   - 〈비만_2022〉, 〈비만_2021〉, 〈비만_2020〉 쿼리는 로드를 해제

   ❸ 〈시군구코드〉, 〈비만통계〉 테이블을 활용하여 다음을 수행하시오. (3점)
   - 필터 적용: 〈비만통계〉 테이블의 [시도코드]에서 30보다 작거나 같은 코드만 필터링
   - 〈시군구코드〉 테이블 편집
     - [Column5], [Column6] 필드 삭제
     - [시도ID]에서 30보다 작거나 같은 코드만 필터링
   - 필드 정렬: [시군구ID] 필드를 [시군구이름] 필드 앞으로 정렬

2. 다음 지시사항에 따라 계산 열을 추가하고 모델링 작업을 수행하시오. (10점)

❶ 〈연령대〉테이블에 [연령No]에 따른 연령그룹을 표시하는 계산 열을 작성하시오. (3점)
- 새 열 이름: 연령대그룹
- 활용 필드
  - 〈연령대〉테이블의 [연령No]필드
  - [연령No]가 '3' 미만이면 "청소년", '5' 미만이면 "청년", '8' 미만이면 "중장년", '8' 이상이면 "노년"
- 사용 함수: SWITCH, TRUE

❷ 〈비만통계〉테이블을 기준으로 〈연령대〉와 〈시군구코드〉테이블의 관계를 설정하시오. (4점)
- 〈비만통계〉테이블의 [시군구코드]필드와 〈시군구코드〉테이블의 [시군구ID]필드
  - 카디널리티: '다대일(*:1)'
  - 교차 필터 방향: 'Single'
- 〈비만통계〉테이블의 [연령코드]필드와 〈연령대〉테이블의 [연령No]필드
  - 카디널리티: '다대일(*:1)'
  - 교차 필터 방향: 'Single'

❸ 〈비만통계〉테이블을 사용해 시도별로 환자 수의 합계와 입내원일 수의 평균을 요약하는 테이블을 작성하시오. (3점)
- 테이블 이름: 시도별요약
- 활용 필드
  - 〈비만통계〉테이블의 [시도이름], [환자수], [입내원일수]
  - 필드 이름: 시도이름, 총 환자수, 평균 입내원일수
  - 사용 함수: AVERAGE, SUM, SUMMARIZE
  - [총 환자수]필드 서식: '정수', 천 단위 구분 기호(,) 적용
  - [평균 입내원일수]필드 서식: '10진수', 소수 자릿수 '1'

시도이름	총 환자수	평균 입내원일수
서울시	24,974	48.1
부산시	3,601	9.6
대구시	2,373	12.9
인천시	4,732	20.8
광주시	1,442	7.6
대전시	2,271	16.1

〈요약테이블〉

3. 다음 지시사항에 따라 측정값을 작성하고 새 측정값 테이블에 추가하시오. (10점)

❶ 〈비만통계〉테이블에 여성의 비만환자 비율을 계산하는 측정값을 작성하시오. (3점)

- 측정값 이름: 총환자수
  - 활용 필드: 〈비만통계〉테이블의 [환자수]
  - 환자수의 총합계
  - 사용 함수: SUM
  - 서식: '정수', 천 단위 구분기호(,) 사용
- 측정값 이름: 여성비만환자비율(%)
  - 활용 필드: 〈비만통계〉테이블의 [성별], [총환자수]측정값
  - [총환자수]에서 [성별]이 '여성'인 환자 수를 나누어 계산, 오류가 나면 '0'으로 처리
  - 사용 함수: CALCULATE, DIVIDE
  - 서식: '백분율', 소수 자릿수 '1'

❷ 〈시군구코드〉, 〈비만통계〉테이블을 사용하여 다음의 측정값을 작성하시오. (4점)

- 측정값 이름: 상위10_평균급여비용
  - 활용 필드: 〈시군구코드〉테이블, 〈비만통계〉테이블의 [요양급여비용]필드
  - 전국의 모든 시군구 중 요양급여비용이 높은 상위 10개 지역의 평균 값을 계산, 필터와 관계없이 전국 기준 상위 10개를 기준으로 계산해야 함
  - 사용 함수 및 연산자: ALL, AVERAGEX, CALCULATE, SUM, TOPN
  - 서식: 정수, 천 단위 구분 기호(,)
- 측정값 이름: 청년_환자수순위
  - 청년 연령대의 총 환자 수를 기준으로 각 시도의 전국 순위를 계산(내림차순)
  - 활용 필드: 〈연령대〉테이블의 [청년]필드, 〈시군구코드〉테이블의 [시도이름]필드, 〈비만통계〉테이블의 [총환자수]측정값
  - 사용 함수: ALL, CALCULATE, RANKX
  - 서식: 정수

❸ 새 테이블을 작성하여 다음 측정값을 추가하시오. (3점)

- [데이터 입력] 명령을 사용하여 테이블 이름이 "_측정값"인 테이블 생성
- 테이블에 추가할 측정값: [여성비만환자비율(%)], [상위10_평균급여비용], [청년_환자수순위]

문제 2   단순요소 구현 [30점]

〈시각화 완성화면〉 각 세부문제 풀이 후 '문제2' 페이지에 아래와 같이 개체를 배치하시오.

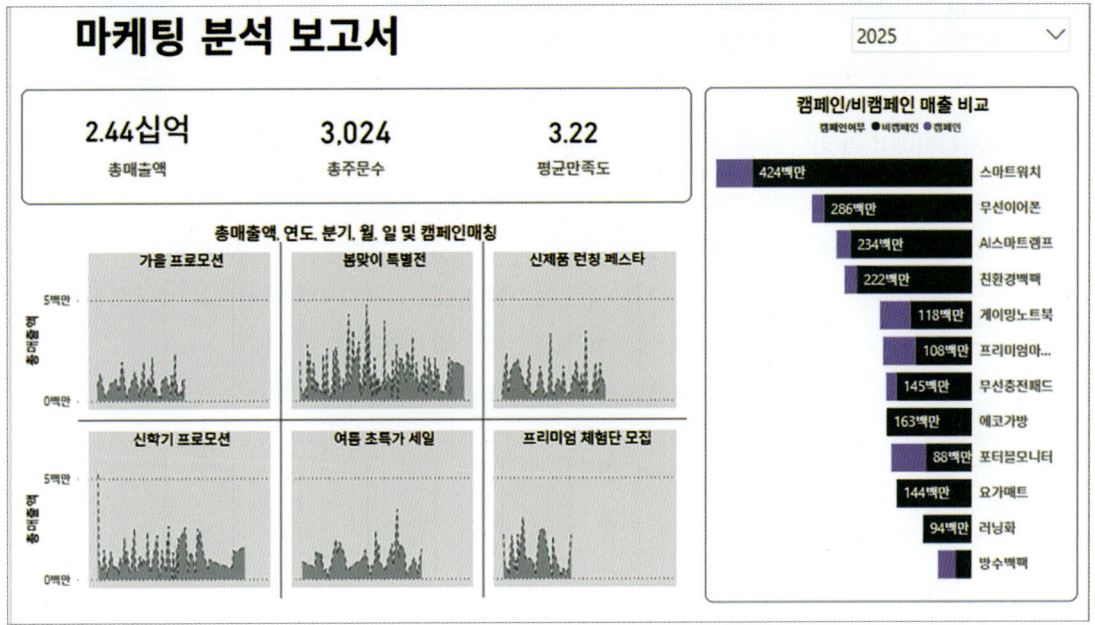

계산식 작성에 사용되는 문자열은 쌍따옴표(" ")를 사용하여 작성하시오.

1. '문제2', '문제3' 페이지의 전체 서식을 설정하시오. (5점)

   ❶ 보고서 전체의 테마를 설정하고 테마 사용자 지정과 캔버스 배경색을 지정하시오. (3점)
   - 보고서 테마: '색맹 지원(Colorblind Safe)'
   - 테마 사용자 지정(텍스트)
     – 일반: Segoe UI, 12pt
     – 제목: Segoe UI Semibold, 13pt
     – 카드 및 KPI: DIN, 27pt

   ❷ '문제2' 페이지 상단에 다음과 같이 텍스트 상자를 사용해 제목을 작성하시오. (2점)
   - 텍스트 상자에 내용 입력: '마케팅 분석 보고서'
     – 일반: 글꼴 크기 36pt, 굵게
     – 가운데 맞춤
   - 텍스트 상자 크기
     – 높이: 89
     – 너비: 512
   - 텍스트 상자를 '문제2-1 ❷' 위치에 배치

〈시각화 완성화면〉 각 세부문제 풀이 후 '문제2' 페이지에 아래와 같이 개체를 배치하시오.

			2025 ⌄
2.44십억 총매출액	**3,024** 총주문수	**3.22** 평균만족도	

2. 다음 지시사항에 따라 카드와 슬라이서를 구현하시오. (5점)

   ❶ 다음 조건으로 '문제2' 페이지에 카드(신규)를 구현하시오. (3점)
   - 활용 필드, 시각화 표시 텍스트와 함수 변경
     - 〈판매데이터〉테이블의 [총매출액], [총주문수]측정값, 〈고객피드백〉테이블의 [만족도점수]필드
     - [만족도점수]필드: 표시되는 텍스트를 '평균만족도'로 변경, 함수는 '평균'
     - [총매출액], [총주문수], [평균만족도] 순서로 표시
   - 시각적 개체 서식
     - 설명 값: 가로 맞춤 '가운데'
     - 카드의 테두리: 해제
     - 레이블의 위치는 '아래 값'
     - [총매출액] 계열의 소수 자릿수는 '2', [총주문수] 계열의 표시 단위는 '없음'
   - 일반 서식에서 시각적 테두리
     - 테마색1(#074650), 둥근모서리 '10', 너비 '1'
   - 카드(신규)를 '문제2-2 ①' 위치에 배치

   ❷ 다음 조건으로 '문제2' 페이지에 슬라이서를 구현하시오. (2점)
   - 활용 필드: 〈날짜〉테이블의 [연도]필드
   - 서식
     - 슬라이서 스타일 '드롭다운', '모두 선택' 옵션 표시
     - 슬라이서 머리글 해제
     - 값 크기는 '17', '기울임꼴'
     - '2025'로 선택
   - 슬라이서를 '문제2-2 ②' 위치에 배치

〈시각화 완성화면〉 각 세부문제 풀이 후 '문제2' 페이지에 아래와 같이 개체를 배치하시오.

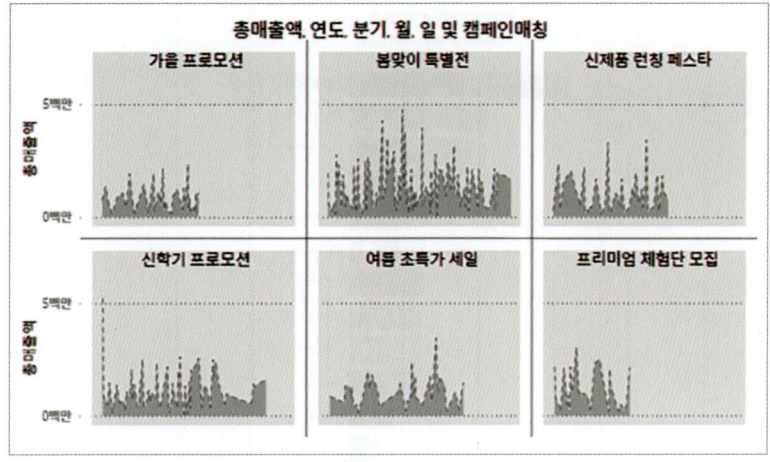

3. 다음 지시사항에 따라 영역형 차트를 구현하시오. (10점)

① 다음 조건으로 캠페인별 총매출액의 흐름을 분석할 수 있는 영역형 차트를 구현하시오. (3점)
- 활용 필드
  - 〈날짜〉테이블의 [Date]필드
  - 〈판매데이터〉테이블의 [총매출액]측정값, [캠페인매칭]필드
- 시각화 드릴 모드를 '가장 낮은 데이터 수준에서'로 선택
- 차트를 '문제2-3 ①' 위치에 배치

② 다음 지시사항에 따라 차트의 서식을 지정하시오. (4점)
- 서식
  - X축: 값과 제목 해제
  - 선: 스타일은 '파선', 너비 '1'
  - 눈금선: 가로, 선 스타일은 '실선', 투명도는 '30'
  - 데이터 레이블: [총거래건수] 계열에만 표시
- 축소 다중 항목
  - 축소 다중 항목: 2행 3열
  - 제목의 맞춤은 '가운데'
  - 배경: 흰색, 10% 더 어둡게
- 차트 제목: 가로 맞춤 '가운데'

③ '캠페인매칭' 기준으로 '공백'을 제외하고 표시되도록 필터를 적용하시오. (3점)

〈시각화 완성화면〉 각 세부문제 풀이 후 '문제2' 페이지에 아래와 같이 개체를 배치하시오.

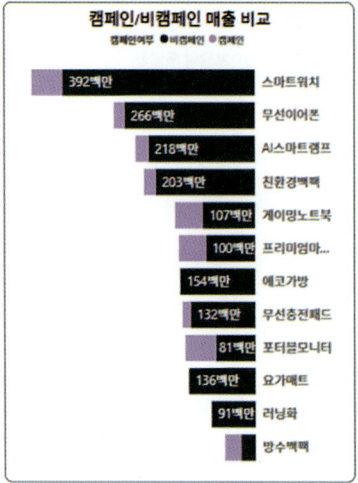

4. 다음 지시사항에 따라 누적 가로 막대형 차트를 구현하시오. (10점)

❶ 다음 조건으로 캠페인과 비캠페인 매출을 비교하는 누적 가로 막대형 차트를 구현하시오. (3점)
  • 활용 필드
    – 〈제품마스터〉테이블의 [제품명], 〈판매데이터〉테이블의 [캠페인여부]필드, [총매출액]측정값
  • 도구 설명에 [총주문수]가 함께 표시되도록 추가
  • 누적 가로 막대형 차트를 '문제2-4 ①' 위치에 배치

❷ 다음 조건으로 차트의 각 요소에 대한 서식을 적용하시오. (4점)
  • 차트 제목 서식
    – 제목 텍스트: '캠페인/비캠페인 매출 비교', 글꼴 크기는 '16'
    – 가로 맞춤 '가운데'
  • 차트 서식 지정
    – Y축: 글꼴 크기 '12', 스위치 축 위치 설정, 제목은 해제
    – X축: 값과 제목 해제, 범위 반전 설정
    – 범례: 위치는 '위쪽 가운데', 글꼴 크기는 '9',
    – 데이터 레이블: 위치는 '안쪽 끝에', 넘치는 텍스트 활성화, 값의 글꼴 크기는 '12', 표시 단위는 '백만'
    – '캠페인' 계열 색: #d3a7ff, 테마 색 6, 40% 더 밝게
  • 일반 서식에서 시각적 테두리
    – 테마색1(#074650), 둥근모서리 '10', 너비 '1'

❸ 다음 조건으로 누적 가로 막대형 차트에 필터를 추가하시오. (3점)
  • 필터에서 [판매수량]이 '2'보다 크거나 같음으로 적용

문제 3   복합요소 구현 (40점)

〈시각화 완성화면〉 각 세부문제 풀이 후 '문제3' 페이지에 아래와 같이 개체를 배치하시오.

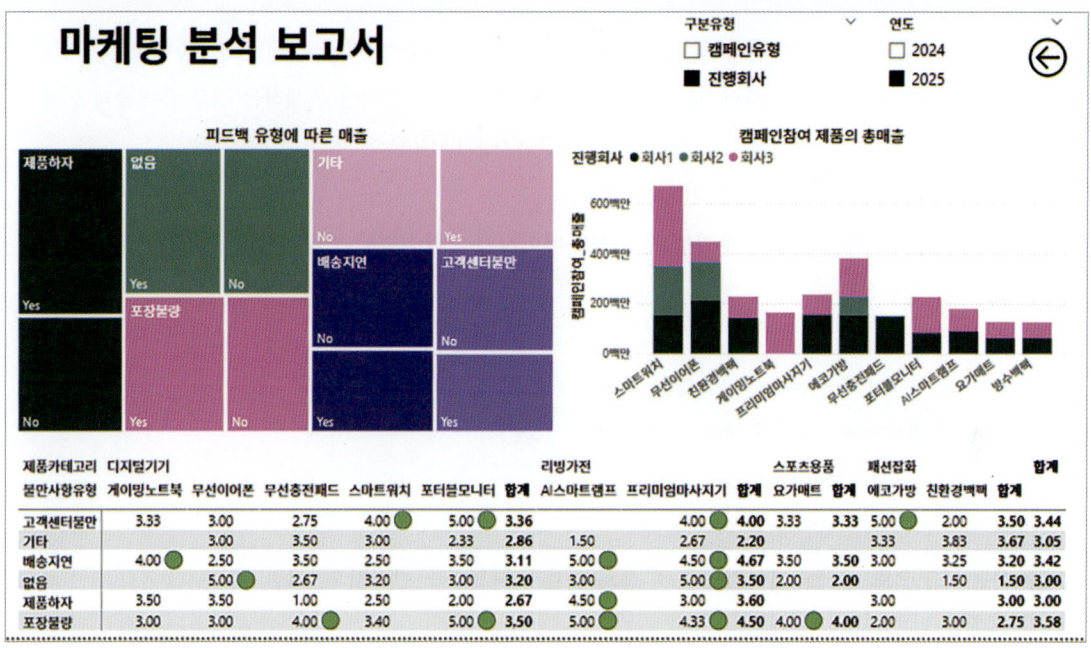

〈시각화 완성화면〉 각 세부문제 풀이 후 '문제3' 페이지에 아래와 같이 개체를 배치하시오.

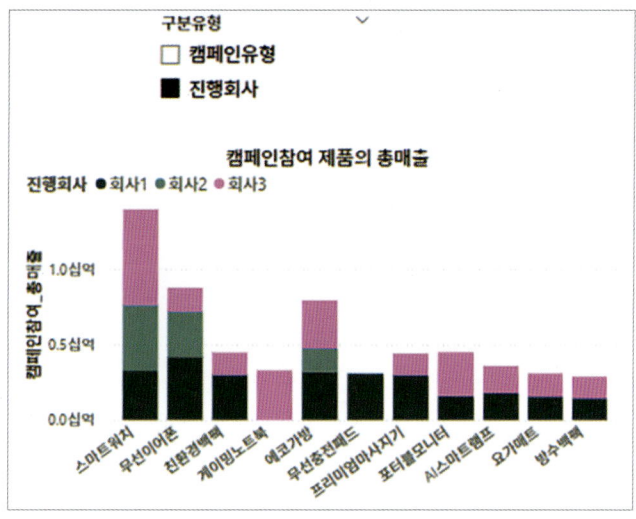

계산식 작성에 사용되는 문자열은 쌍따옴표(" ")를 사용하여 작성하시오.

1. 다음 지시사항에 따라 매개 변수를 생성하고 누적 세로 막대형 차트를 구현하시오. (10점)

❶ 다음 조건으로 〈판매데이터〉테이블에 측정값을 추가하시오. (4점)
- 측정값 이름: 캠페인참여_총매출
  - 활용 필드: 〈마케팅캠페인〉테이블, 〈제품마스터〉테이블의 [제품코드]필드, [총매출액]측정값
  - 〈마케팅캠페인〉테이블에 제품코드가 연결된 레코드가 1개 이상 존재하는 경우 총매출액을 계산
  - 사용 함수: COUNTROWS, FILTER, RELATEDTABLE, SUMX, VALUES
  - 서식: 정수, 천 단위 구분 기호(,) 적용

❷ 다음 조건으로 매개 변수를 추가하고 '문제3' 페이지에 슬라이서를 구현하시오. (3점)
- 필드 매개 변수 추가
  - 이름: 구분유형
  - 필드: 〈마케팅캠페인〉테이블의 [캠페인유형], [진행회사]필드 추가
  - 이 페이지에 슬라이서 추가 옵션 설정
- 슬라이서 값: '진행회사' 필터 적용
- 슬라이서를 '문제3-1 ②' 위치에 배치

❸ 다음 조건으로 '문제3' 페이지에 누적 세로 막대형 차트를 구현하시오. (3점)
- 활용 필드
  - 〈제품마스터〉테이블의 [제품명]필드, [캠페인참여_총매출]측정값, 〈구분유형〉테이블의 [구분유형]측정값
- 서식
  - X축: 제목 해제
  - Y축: 표시 단위는 '백만'
- 제목
  - 텍스트: 캠페인참여 제품의 총매출
  - 가로 맞춤: 가운데
- 누적 세로 막대형 차트를 '문제3-1 ③' 위치에 배치

〈시각화 완성화면〉 각 세부문제 풀이 후 '문제3' 페이지에 아래와 같이 개체를 배치하시오.

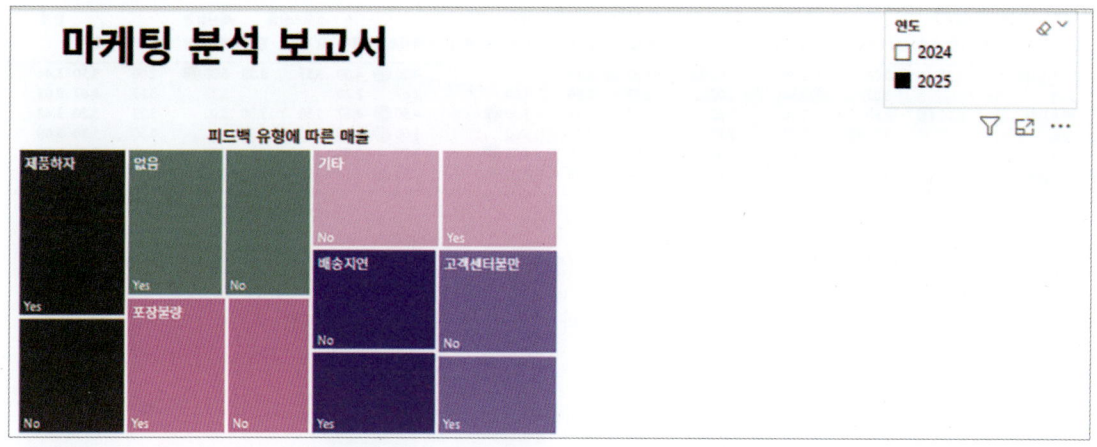

2. 다음 지시사항에 따라 슬라이서와 트리맵 차트를 구현하시오. (10점)

❶ 다음 조건으로 '문제3' 페이지에 슬라이서를 구현하시오. (3점)
- 활용 필드: 〈날짜〉테이블 [Date]필드의 '연도'
- 슬라이서 스타일: '세로 목록'
- 슬라이서 값: '2025' 필터 적용
- 슬라이서를 '문제3-2 ①'에 배치

❷ 다음 조건으로 〈판매데이터〉테이블에 측정값을 추가하시오. (4점)
- 측정값 이름: 피드백당_매출
  - 활용 필드: 〈판매데이터〉테이블의 [총매출액]측정값, 〈고객피드백〉테이블
  - 총매출액을 피드백 개수로 나누어 계산, 오류가 나면 '0'으로 계산
  - 사용 함수: CALCULATE, COUNTROWS, DIVIDE
  - 서식: '정수', 천 단위 구분 기호(,) 적용

❸ 다음 조건으로 '문제3' 페이지에 트리맵 차트를 구현하시오. (3점)
- 활용 필드
  - 〈고객피드백〉테이블의 [불만사항유형], [재구매의향]필드, 〈판매데이터〉테이블의 [피드백당_매출]측정값
- 레이아웃: 타일링 방법 '이진', 모든 노드 사이의 간격 '5'
- 제목
  - 텍스트: 피드백 유형에 따른 매출
  - 글꼴: Arial Black
  - 가로 맞춤: 가운데
- 트리맵 차트를 '문제3-2 ③' 위치에 배치

〈시각화 완성화면〉 각 세부문제 풀이 후 '문제3' 페이지에 아래와 같이 개체를 배치하시오.

제품카테고리 물만사항유형	디지털기기						리빙가전			스포츠용품		패션잡화			합계
	게이밍노트북	무선이어폰	무선충전패드	스마트워치	포터블모니터	합계	시스마트램프	프리미엄마사지기	합계	요가매트	합계	에코가방	친환경백팩	합계	
고객센터불만	3.33	3.00	2.75	4.00	5.00	3.36		4.00	4.00	3.33	3.33	5.00	2.00	3.50	3.44
기타		3.00	3.50	3.00	2.33	2.86	1.50	2.67	2.20			3.33	3.83	3.67	3.05
배송지연	4.00	2.50	3.50	2.50	3.50	3.11	5.00	4.50	4.67	3.50	3.50	3.00	3.25	3.20	3.42
없음		5.00	2.67	3.20	3.00	3.20	3.00	5.00	3.50	2.00	2.00		1.50	1.50	3.00
제품하자	3.50	3.50	1.00	2.50	2.00	2.67	4.50		3.00	3.60		3.00		3.00	3.00
포장불량	3.00	3.00	4.00	3.40	5.00	3.50	5.00	4.33	4.50	4.00	4.00	2.00	3.00	2.75	3.58

3. 다음 지시사항에 따라 행렬 차트를 구현하시오. (10점)

① 다음 조건으로 〈판매데이터〉테이블에 새 열과 측정값을 추가하시오. (4점)

- 새 열 이름: 요일구분
  - 활용 필드: 〈판매데이터〉테이블의 [판매일자]필드
  - [판매일자]의 요일을 구한 후 6 이상이면 "주말", 아니면 "주중"으로 계산
  - 사용 함수: IF, WEEKDAY
  - 변수 사용: 요일을 계산한 값은 'WD'
- 측정값 이름: [평균만족도_주말]
  - 활용 필드: 〈고객피드백〉테이블의 [만족도점수]필드, 〈판매데이터〉테이블의 [요일구분]필드
  - 요일구분이 '주말'인 경우 '만족도점수'의 평균으로 계산
  - 사용 함수: AVERAGE, CALCULATE
  - 서식: '10진수', 소수 자릿수 '2'

② 다음 조건으로 '문제3' 페이지에 행렬 차트를 구현하시오. (3점)

- 활용 필드: 〈제품마스터〉테이블의 [제품카테고리], [제품명]필드, 〈고객피드백〉테이블의 [불만사항유형]필드, 〈판매데이터〉테이블의 [평균만족도_주말]측정값
- 열 영역
  - [제품카테고리], [제품명] 순으로 표시
  - 계층 구조에서 한 수준 아래로 모두 확장
- 행렬 차트를 '문제3-3 ②' 위치에 배치

③ 다음 조건으로 행렬 차트에 조건부 서식을 구현하시오. (3점)

- [평균만족도_주말] 계열의 셀 요소에 조건부 서식 지정
  - 스타일은 '◆ ▲ ●' 적용
  - 적용 대상: 값만
  - 규칙: 숫자 4 이상 5 이하의 경우 '●'로 지정, 나머지 규칙 삭제
  - 아이콘 레이아웃은 '데이터 오른쪽'

4. 다음 지시사항에 따라 페이지와 시각적 개체 간 상호 작용 기능을 설정하시오. (10점)

   ❶ 다음 조건으로 '문제3' 페이지에 단추를 구현하시오. (4점)
   - 종류: '뒤로'
   - 도형: '사각형'
   - 스타일: 상태가 '가리킬 때', 아이콘의 선 색은 #b66dff, 테마 색6
   - 작업: 유형은 '페이지 탐색', 대상은 '문제2'
   - 도구 설명: 텍스트는 '문제2 페이지로 이동'
   - 단추를 '문제3-4 ①' 위치에 배치

   ❷ 다음과 같이 시각적 개체의 상호 작용을 설정하시오. (3점)
   - 트리맵 차트: [행렬]차트와 상호 작용 '없음'
   - 누적 세로 막대형 차트: [행렬]차트와 상호 작용 '없음'

   ❸ 다음과 같이 시각적 개체와 페이지 전체에 필터를 설정하시오. (3점)
   - 행렬 차트에서 '런닝화'와 '방수백팩'은 제외
   - 문제3 페이지 필터: 판매수량이 '2'보다 크거나 같은 경우만 데이터 표시

출제예상문제 2회 정답 및 해설

문제 1 작업준비(30점)

계산식 작성에 사용되는 문자열은 쌍따옴표(" ")를 사용하여 작성하시오.

1. 다음 지시사항에 따라 데이터 가져오기 및 파워 쿼리 편집기를 활용한 데이터 편집을 수행하시오. (10점)

① 데이터 파일을 가져온 후 데이터를 편집하시오. (3점)
- 가져올 데이터: '시군구별 비만 진료 통계.xlsx' 파일의 〈시군구별 비만 진료_2022〉, 〈시군구별 비만 진료_2021〉, 〈시군구별 비만 진료_2020〉, 〈연령대〉, 〈시군구코드〉테이블
- 테이블 이름 변경
  - 〈시군구별 비만 진료_2022〉: 〈비만_2022〉
  - 〈시군구별 비만 진료_2021〉: 〈비만_2021〉
  - 〈시군구별 비만 진료_2020〉: 〈비만_2020〉

1. 'Part4\2회 출제예상문제\소스\출제예상문제2_답안.pbix'를 실행한다. [홈] - [데이터] - [Excel 통합 문서]를 클릭한다.

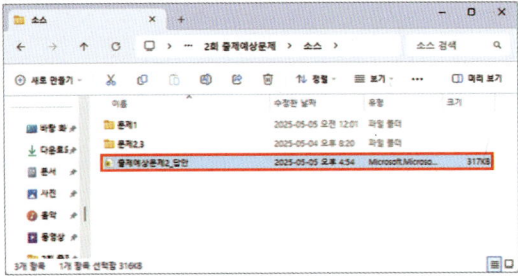

2. 'Part4\2회 출제예상문제\소스\문제1\시군구별 비만 진료 통계.xlsx' 파일을 선택한 후 [열기]를 클릭한다.

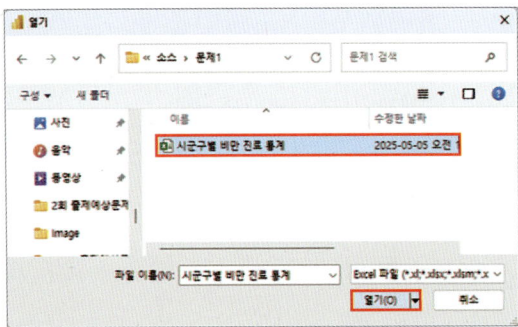

3. [탐색 창]이 표시되면 [시군구별 비만 진료_2020], [시군구별 비만 진료_2021], [시군구별 비만 진료_2022], [시군구코드], [연령대] 시트를 선택한 후 [데이터 변환]을 클릭한다.

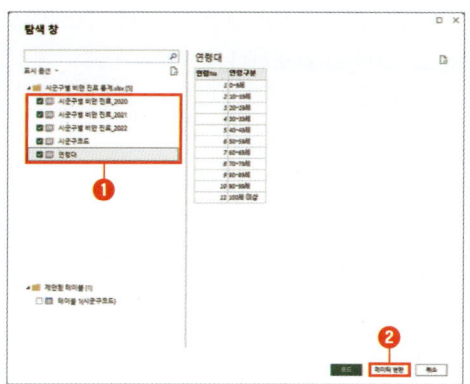

4. [쿼리]창에서 〈시군구별 비만 진료_2020〉을 선택한다. 쿼리 설정에서 '속성'의 이름을 '비만_2020'으로 변경한다. 같은 방법으로 〈시군구별 비만 진료_2021〉는 '비만_2021', 〈시군구별 비만 진료_2022〉는 '비만_2022'로 수정한다.

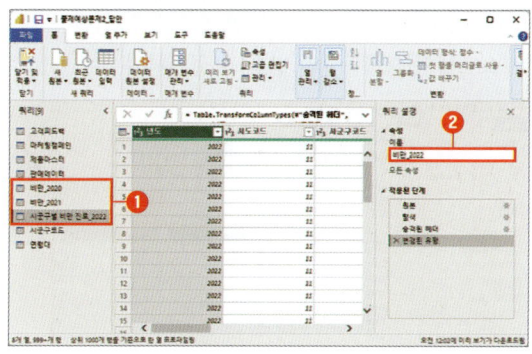

❷ 〈비만_2022〉, 〈비만_2021〉, 〈비만_2020〉테이블을 활용하여 쿼리를 결합하고 다음을 수행하시오. (4점)
- 3개의 쿼리를 새 항목으로 추가
  - 새 쿼리의 이름: 비만통계
- [연령코드]와 [환자수]필드 값이 모두 'null'인 행 삭제
  - 새 열 추가: [연령코드]와 [환자수]필드를 구분기호 '/'로 병합
  - [병합됨]필드의 값이 '비어있음' 행 삭제
  - [병합됨]필드 삭제
- [환자수]필드의 'null'을 '0'으로 변경
- [성별]의 값을 '남자', '여자'로 변경
  - [성별]필드의 데이터 형식은 '텍스트'로 변경
  - 값 바꾸기로 '1'은 "남자", '2'는 "여자"로 변경
- 〈비만_2022〉, 〈비만_2021〉, 〈비만_2020〉 쿼리는 로드를 해제

1. [쿼리]창에서 〈비만_2020〉테이블을 선택하고 [홈] 탭 - [결합]그룹 - [쿼리 추가]의 ▼를 클릭한 후 [쿼리를 새 항목으로 추가]를 선택한다.

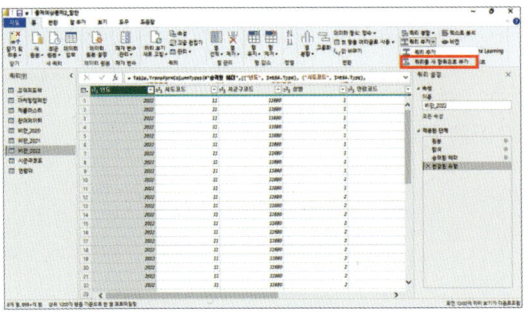

2. [추가]창이 열리면 '3개 이상의 테이블'을 선택한 후 '사용 가능한 테이블'에 있는 목록 중에 이미 추가된 테이블 외에 〈비만_2021〉, 〈비만_2022〉를 추가하고 [확인]을 클릭한다.

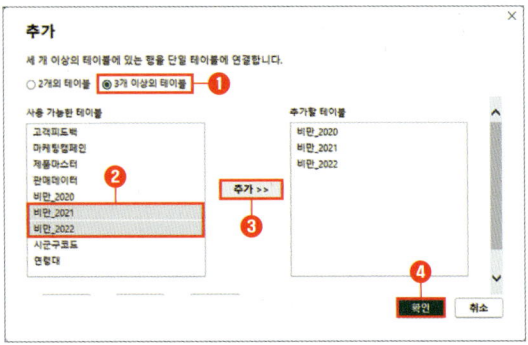

3. 결합되면 [쿼리 설정]창의 [속성]에서 쿼리 이름을 '비만통계'로 입력한 후 Enter 를 누른다.

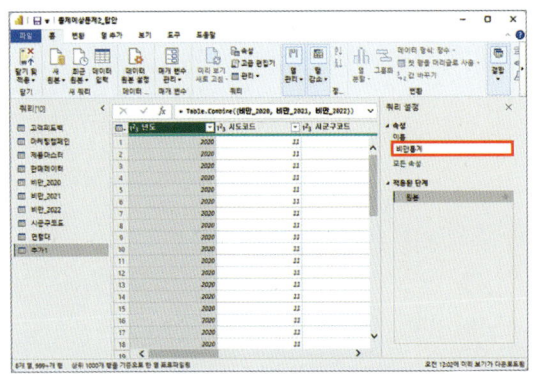

4. [연령코드]와 [환자수]필드 값이 모두 'null'인 행을 삭제하기 위해 [연령코드]필드와 [환자수]필드를 Ctrl 키를 눌러 선택한 후 [열 추가]탭 - [텍스트에서]그룹 - [열 병합]을 클릭한다.

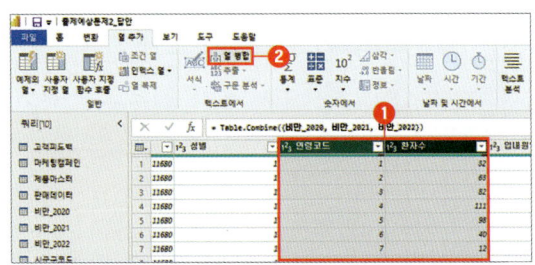

5. [열 병합]창이 열리면 '구분 기호'를 '--사용자 지정--'으로 선택하고 '/'를 입력한 다음 [확인]을 클릭한다.

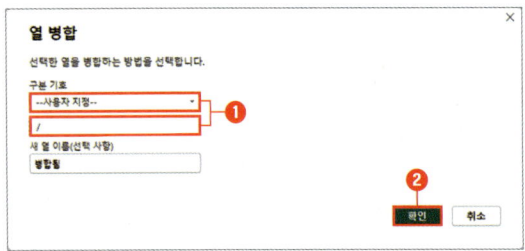

6. 〈비만통계〉테이블 오른쪽 끝에 [병합됨] 열이 추가되면 필터 단추를 클릭하여 '비어 있음'의 체크 표시를 해제한 후 [확인]을 클릭한다.

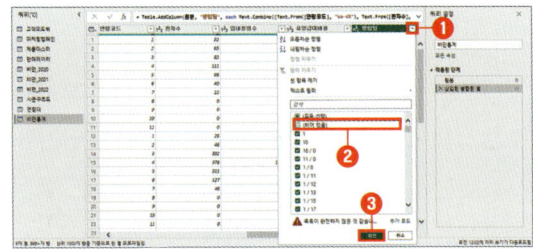

7. [병합됨]열을 Delete 하거나 머리글에서 오른쪽 마우스 클릭한 후 [제거]를 선택하여 필드를 삭제한다.

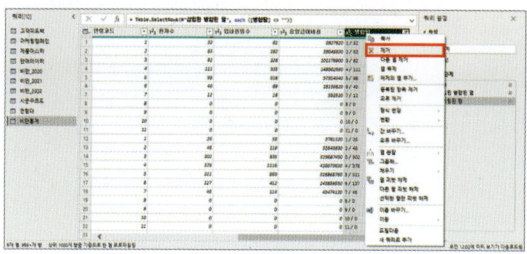

8. [환자수]필드를 선택한 후 [홈]탭 – [변환]그룹 – [값 바꾸기]를 클릭한 후 창이 열리면 '찾을 값'에 'null', '바꿀 항목'에 '0'을 입력한 후 [확인]을 클릭한다.

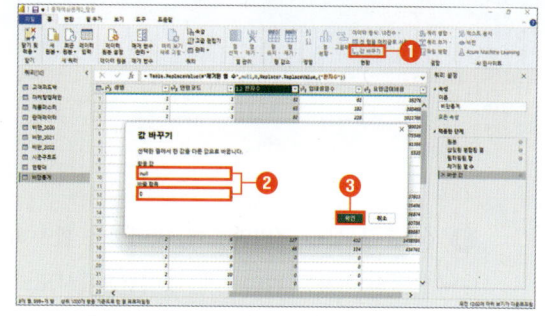

9. [성별]필드의 아이콘을 클릭하여 '텍스트'를 선택한다.

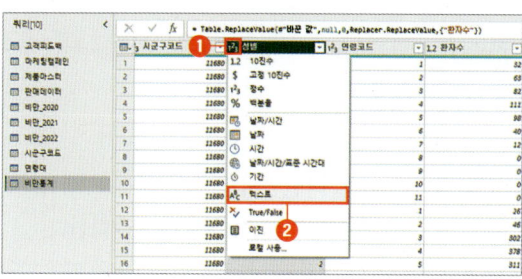

10. 텍스트로 변경되면 [홈]탭 – [변환]그룹 – [값 바꾸기]를 클릭한다. [값 바꾸기]창이 열리면 '찾을 값'에는 '1', '바꿀 항목'에는 '남자'를 입력한 후 [확인]을 클릭한다.

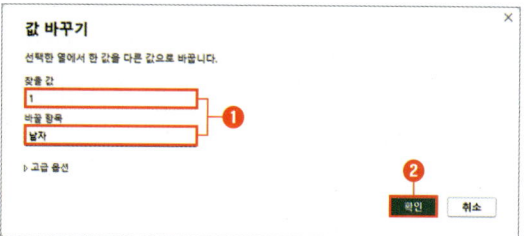

11. 같은 방법으로 '2'는 "여자"로 변경한다.

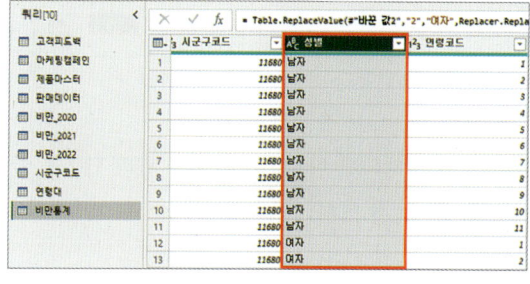

12. [쿼리]창에서 〈비만_2020〉테이블에 오른쪽 마우스 클릭한 후 [로드 사용]의 체크 박스를 해제한다.

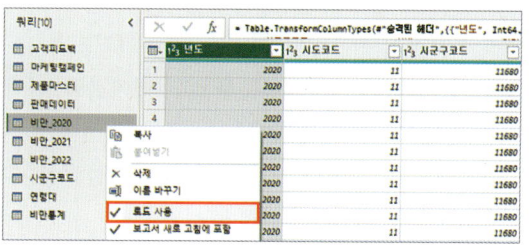

13. 같은 방법으로 〈비만_2021〉과 〈비만_2022〉도 '로드 사용'을 해제한다. 그러면 해당 쿼리의 이름이 이탤릭체로 변경된다.

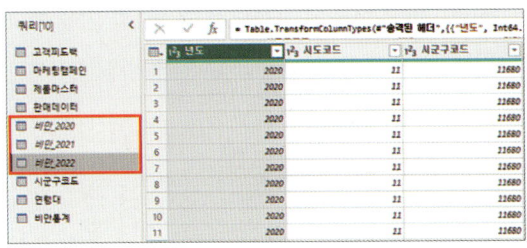

❸ 〈시군구코드〉, 〈비만통계〉테이블을 활용하여 다음을 수행하시오. (3점)
- 필터 적용: 〈비만통계〉테이블의 [시도코드]에서 30보다 작거나 같은 코드만 필터링
- 〈시군구코드〉테이블 편집
  - [Column5], [Column6]필드 삭제
  - [시도ID]에서 30보다 작거나 같은 코드만 필터링
- 필드 정렬: [시군구ID]필드를 [시군구이름]필드 앞으로 정렬

1. [쿼리]창에서 〈비만통계〉테이블을 선택하고 [시도코드]필드의 필터 단추를 클릭한 후 [숫자 필터] – [작거나 같음]을 선택한다.

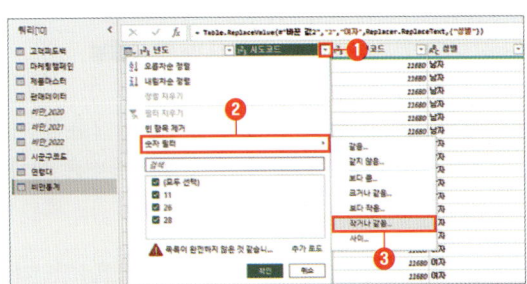

2. [행 필터]창이 열리면 "시도코드'인 경우 행 유지'의 값을 '30'으로 입력한 후 [확인]을 클릭한다.

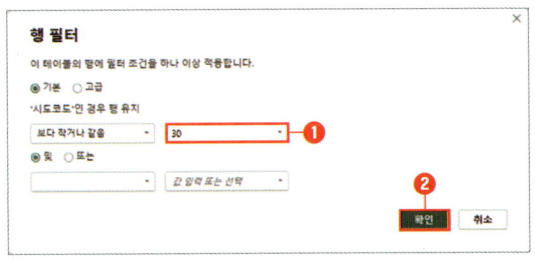

3. 다시 [쿼리]창에서 〈시군구코드〉테이블을 선택하고, [Column5]와 [Column6]필드를 선택한 후 Delete 를 누르거나 오른쪽 마우스를 클릭한 후 [열 제거]를 선택하여 삭제한다.

4. 필드가 삭제되면 다시 [시도ID]의 필터 단추를 클릭한 후 [숫자 필터] – [작거나 같음]을 선택한다.

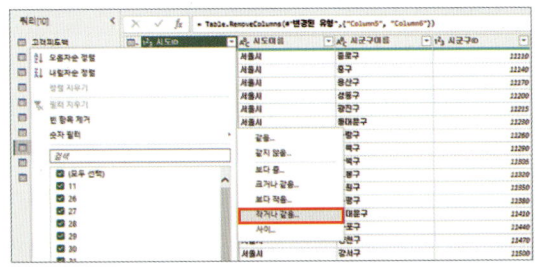

5. [행 필터]창이 열리면 "시도ID'인 경우 행 유지"의 값을 '30'으로 입력한 후 [확인]을 클릭한다.

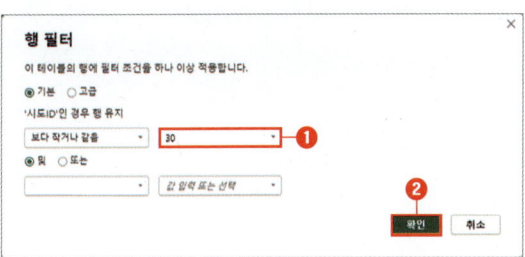

6. [시군구이름]필드를 드래그하여 [시군구ID]필드 뒤로 이동시킨다.

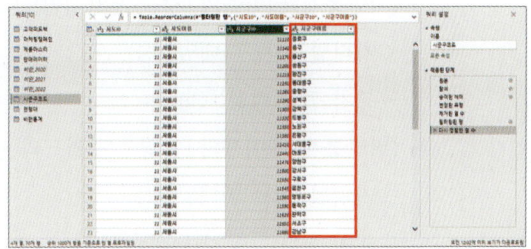

7. 모든 전처리가 끝나면 [홈]탭 – [닫기]그룹 – [닫기 및 적용]을 클릭하여 쿼리 편집기 창을 닫는다.

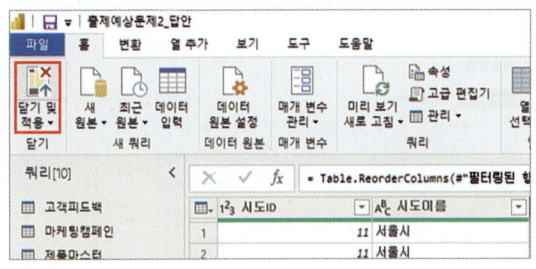

2. 다음 지시사항에 따라 계산 열을 추가하고 모델링 작업을 수행하시오. (10점)

❶ 〈연령대〉테이블에 [연령No]에 따른 연령그룹을 표시하는 계산 열을 작성하시오. (3점)
- 새 열 이름: 연령대그룹
- 활용 필드
  – 〈연령대〉테이블의 [연령No]필드
  – [연령No]가 '3' 미만이면 "청소년", '5' 미만이면 "청년", '8' 미만이면 "중장년", '8' 이상이면 "노년"
- 사용 함수: SWITCH, TRUE

1. [테이블 보기] 상태에서 [데이터]창의 〈연령대〉테 이블을 선택하고 [테이블 도구]탭 – [계산]그룹 – [새 열]을 클릭한다.

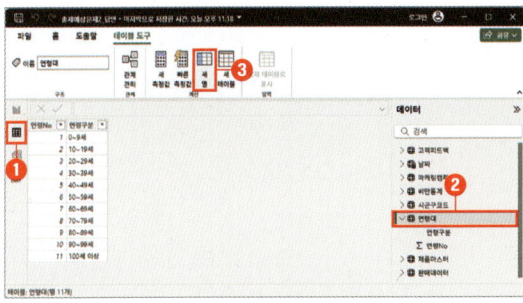

2. 수식 입력줄에 수식을 작성한 후 Enter 키를 누른다.

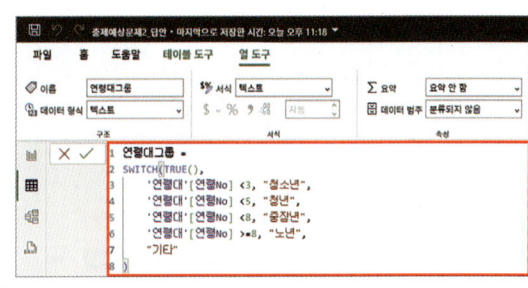

TIP 함수명을 소문자로 작성해도 무방하고, 줄 바꿈 및 들여쓰기는 동일하게 작성하지 않아도 된다.

❷ 〈비만통계〉테이블을 기준으로 〈연령대〉와 〈시군구코드〉테이블의 관계를 설정하시오. (4점)
- 〈비만통계〉테이블의 [시군구코드]필드와 〈시군구코드〉테이블의 [시군구ID]필드
  - 카디널리티: '다대일(*:1)'
  - 교차 필터 방향: 'Single'
- 〈비만통계〉테이블의 [연령코드]필드와 〈연령대〉테이블의 [연령No]필드
  - 카디널리티: '다대일(*:1)'
  - 교차 필터 방향: 'Single'

1. 관계 설정을 위해 [홈]탭 - [관계]그룹 - [관계 관리]를 클릭한다.

2. [관계 관리]창이 열리면 [새 관계]를 클릭한다.

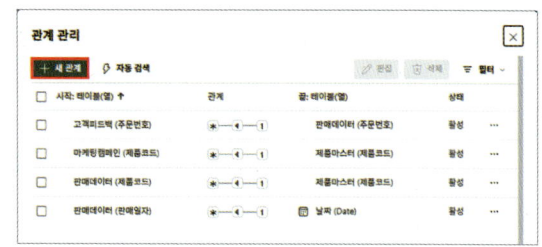

3. 첫 번째 목록에서 〈비만통계〉테이블을 선택하고 [시군구코드]필드 클릭, 두 번째 목록에서 〈시군구코드〉테이블을 선택하고 [시군구ID]필드를 클릭한 다음 [카디널리티]에 '다대일(*:1)', [교차 필터 방향]에 'Single' 옵션이 설정된 것을 확인하고 [저장]을 클릭한다.

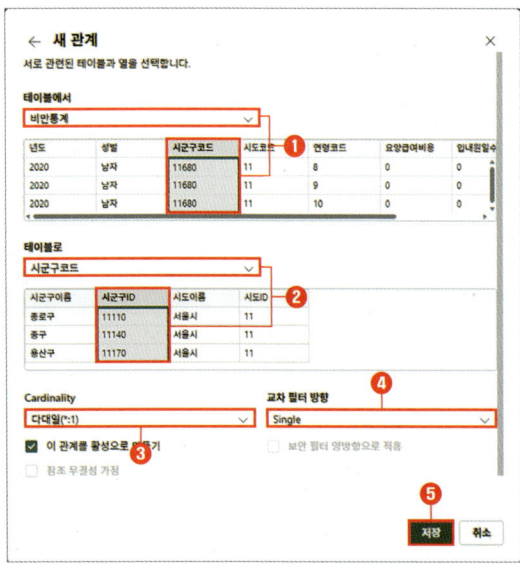

4. 추가된 관계를 확인한 후 [관계 관리]창이 표시되면 [새 관계]를 클릭한다.

5. [새 관계]창이 표시되면 첫 번째 목록에서 〈비만통계〉테이블을 선택하고 [연령코드]필드 클릭, 두 번째 목록에서 〈연령대〉테이블을 선택하고 [연령No]필드를 클릭한 다음 [카디널리티]에 '다대일(*:1)', [교차 필터 방향]에 'Single' 옵션이 설정된 것을 확인하고 [저장]을 클릭한다.

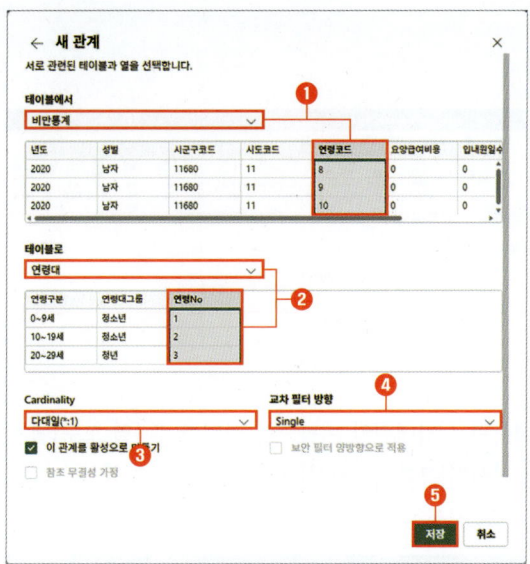

6. [관계 관리]창에서 새롭게 추가된 관계를 확인한 후 [Close]를 클릭한다.

> ❸ 〈비만통계〉테이블을 사용해 시도별로 환자 수의 합계와 입내원일 수의 평균을 요약하는 테이블을 작성하시오. (3점)
>
> - 테이블 이름: 시도별요약
> - 활용 필드
>   - 〈비만통계〉테이블의 [시도이름], [환자수], [입내원일수]
>   - 필드 이름: 시도이름, 총 환자수, 평균 입내원일수
>   - 사용 함수: AVERAGE, SUM, SUMMARIZE
>   - [총 환자수]필드 서식: '정수', 천 단위 구분 기호(,) 적용
>   - [평균 입내원일수]필드 서식: '10진수', 소수 자릿수 '1'
>
> | 시도이름 | 총 환자수 | 평균 입내원일수 |
> |---|---|---|
> | 서울시 | 24,974 | 48.1 |
> | 부산시 | 3,601 | 9.6 |
> | 대구시 | 2,373 | 12.9 |
> | 인천시 | 4,732 | 20.8 |
> | 광주시 | 1,442 | 7.6 |
> | 대전시 | 2,271 | 16.1 |
>
> 〈요약테이블〉

1. 요약 테이블을 새로 작성하기 위해 [홈]탭 – [계산]그룹 – [새 테이블]을 클릭한다.

2. 수식 입력줄에 다음과 같이 입력한 후 Enter 를 누른다.

```
시도별요약 =
SUMMARIZE(
    '비만통계',
    '시군구코드'[시도이름],
    "총 환자수", SUM('비만통계'[환자수]),
    "평균 입내원일수", AVERAGE('비만통계'[입내원일수])
)
```

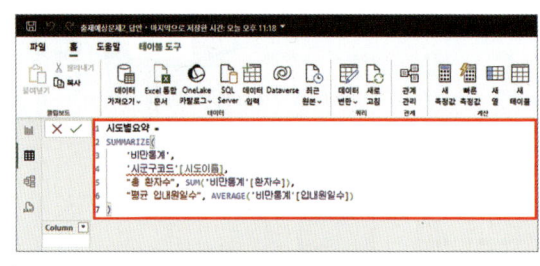

3. 작성된 〈시도별요약〉테이블의 [총 환자수]필드를 선택한 후 [열 도구]탭 – [서식]그룹 – [서식]은 '정수', 9 를 클릭한다.

4. [평균 입내원일수]필드를 선택한 후 [열 도구]탭 – [서식]그룹 – [서식]은 '10진수', 소수 자릿수를 '1' 로 지정한다.

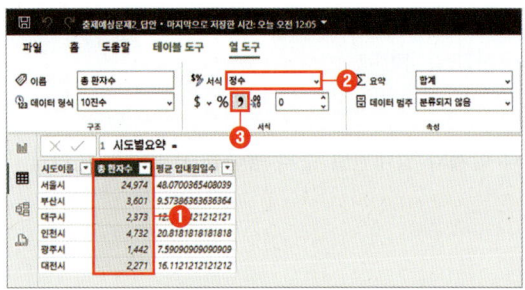

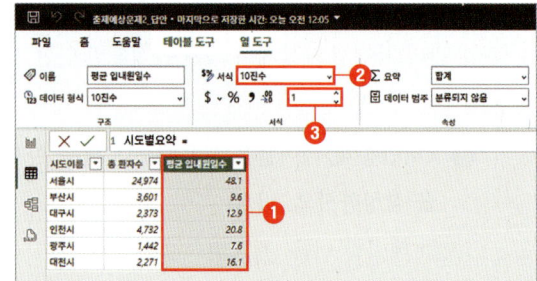

---

3. 다음 지시사항에 따라 측정값을 작성하고 새 측정값 테이블에 추가하시오. (10점)

① 〈비만통계〉테이블에 여성의 비만환자 비율을 계산하는 측정값을 작성하시오. (3점)

- 측정값 이름: 총환자수
  - 활용 필드: 〈비만통계〉테이블의 [환자수]
  - 환자수의 총합계
  - 사용 함수: SUM
  - 서식: '정수', 천 단위 구분기호(,) 사용

- 측정값 이름: 여성비만환자비율(%)
  - 활용 필드: 〈비만통계〉테이블의 [성별], [총환자수]측정값
  - [총환자수]에서 [성별]이 '여성'인 환자 수를 나누어 계산, 오류가 나면 '0'으로 처리
  - 사용 함수: CALCULATE, DIVIDE
  - 서식: '백분율', 소수 자릿수 '1'

1. [데이터]창에서 〈비만통계〉테이블을 선택한 후 [테이블 도구]탭 - [계산]그룹 - [새 측정값]을 클릭한다.

2. 수식을 다음과 같이 작성한 후 Enter 키를 누른다.

> 총환자수 = SUM('비만통계'[환자수])

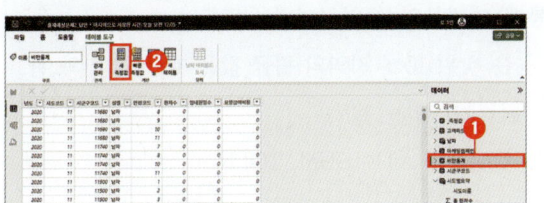
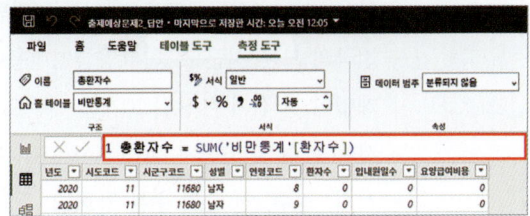

3. 또 다른 측정값을 작성하기 위해 [데이터]창에 〈비만통계〉테이블에 마우스 오른쪽 버튼을 클릭한 후 [새 측정값]을 선택한다.

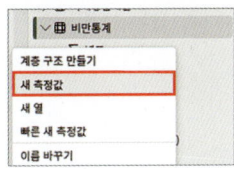

4. 수식 입력줄에 다음과 같이 입력한 후 Enter 를 누른다.

```
여성비만환자비율(%) =
DIVIDE(
    CALCULATE(
        [총환자수],
        '비만통계'[성별] = "여자"),
    [총환자수],
    0
)
```

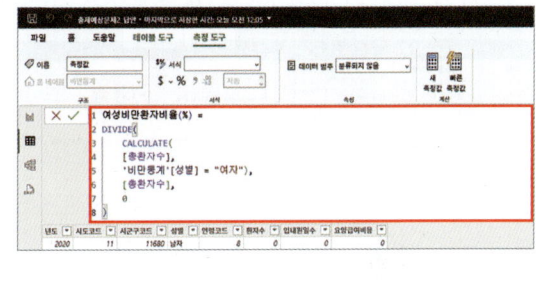

5. 작성된 [여성비만환자비율(%)]필드를 선택한 후 [측정 도구]탭 - [서식]그룹 - [서식]은 '백분율', 소수 자릿수를 '1'로 지정한다.

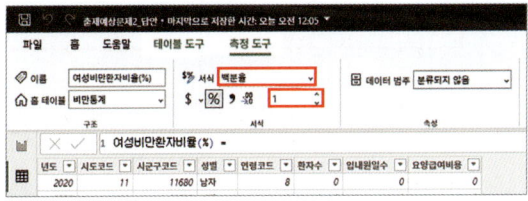

❷ 〈시군구코드〉, 〈비만통계〉테이블을 사용하여 다음의 측정값을 작성하시오. (4점)
- 측정값 이름: 상위10_평균급여비용
  - 활용 필드: 〈시군구코드〉테이블, 〈비만통계〉테이블의 [요양급여비용]필드
  - 전국의 모든 시군구 중 요양급여비용이 높은 상위 10개 지역의 평균 값을 계산, 필터와 관계없이 전국 기준 상위 10개를 기준으로 계산해야 함
  - 사용 함수 및 연산자: ALL, AVERAGEX, CALCULATE, SUM, TOPN
  - 서식: 정수, 천 단위 구분 기호(,)
- 측정값 이름: 청년_환자수순위
  - 청년 연령대의 총 환자 수를 기준으로 각 시도의 전국 순위를 계산(내림차순)
  - 활용 필드: 〈연령대〉테이블의 [청년]필드, 〈시군구코드〉테이블의 [시도이름]필드, 〈비만통계〉테이블의 [총환자수]측정값
  - 사용 함수: ALL, CALCULATE, RANKX
  - 서식: 정수

1. [측정 도구]탭 – [계산]그룹 – [새 측정값]을 선택한다.

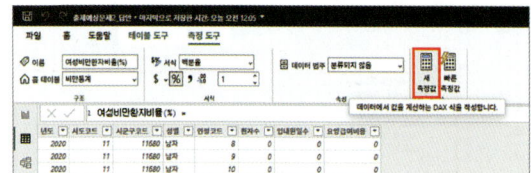

2. 다음 수식을 작성한 후 Enter 키를 누른다.

```
상위10_평균급여비용 =
AVERAGEX(
    TOPN(
        10,
        ALL('시군구코드'),
        CALCULATE(SUM('비만통계'[요양급여비용])),
        DESC
    ),
    CALCULATE(SUM('비만통계'[요양급여비용]))
)
```

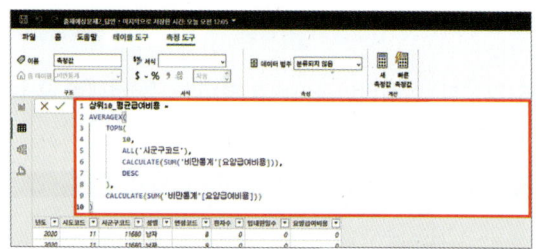

3. 작성된 [상위10_평균급여비용]필드를 선택한 후 [측정 도구]탭 – [서식]그룹 – [서식]은 '정수', 천 단위 구분 기호(,)를 클릭한다.

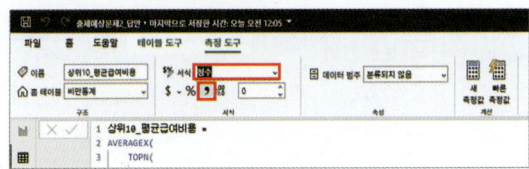

4. 다시 새로운 측정값을 작성하기 위해 [측정 도구]탭 – [계산]그룹 – [새 측정값]을 선택하고 다음과 같은 수식을 작성한 후 Enter 를 누른다.

```
청년_환자수순위 =
RANKX(
    ALL('시군구코드'[시도이름]),
    CALCULATE(
        [총환자수],
        '연령대'[연령대그룹] = "청년"
    ),
    ,
    DESC
)
```

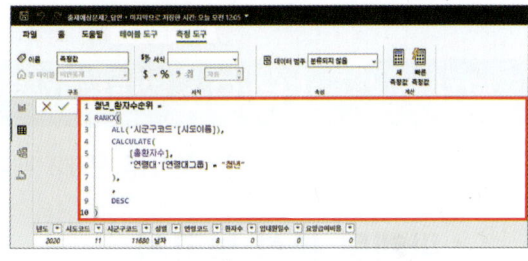

❸ 새 테이블을 작성하여 다음 측정값을 추가하시오. (3점)
- [데이터 입력] 명령을 사용하여 테이블 이름이 "_측정값"인 테이블 생성
- 테이블에 추가할 측정값: [여성비만환자비율(%)], [상위10_평균급여비용], [청년_환자수순위]

1. 측정값만을 포함할 테이블을 작성하기 위해 [홈]탭 – [데이터]그룹 – [데이터 입력]을 클릭한다.

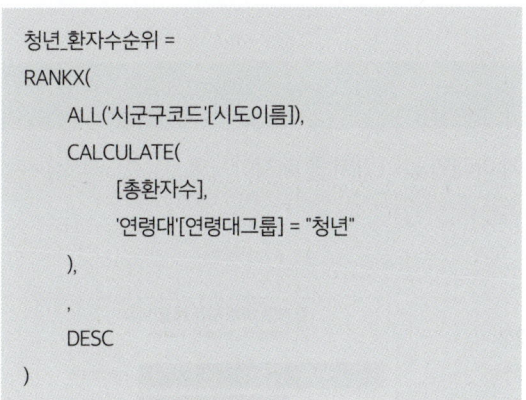

2. [테이블 만들기]창이 열리면 이름을 '_측정값'으로 입력한 후 [로드]를 클릭한다.

3. 측정값 [여성비만환자비율(%)]을 선택하고 [측정 도구]탭 - [구조]그룹 - [홈테이블]의 ▼를 클릭한 후 [_측정값]을 선택한다.

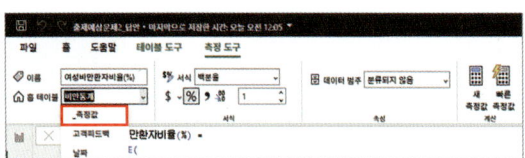

4. 같은 방법으로 [상위10_평균급여비용]과 [청년_환자수순위]측정값을 선택하고 결과를 확인한다.

문제 2   단순요소 구현[30점]

〈시각화 완성화면〉 각 세부문제 풀이 후 '문제2' 페이지에 아래와 같이 개체를 배치하시오.

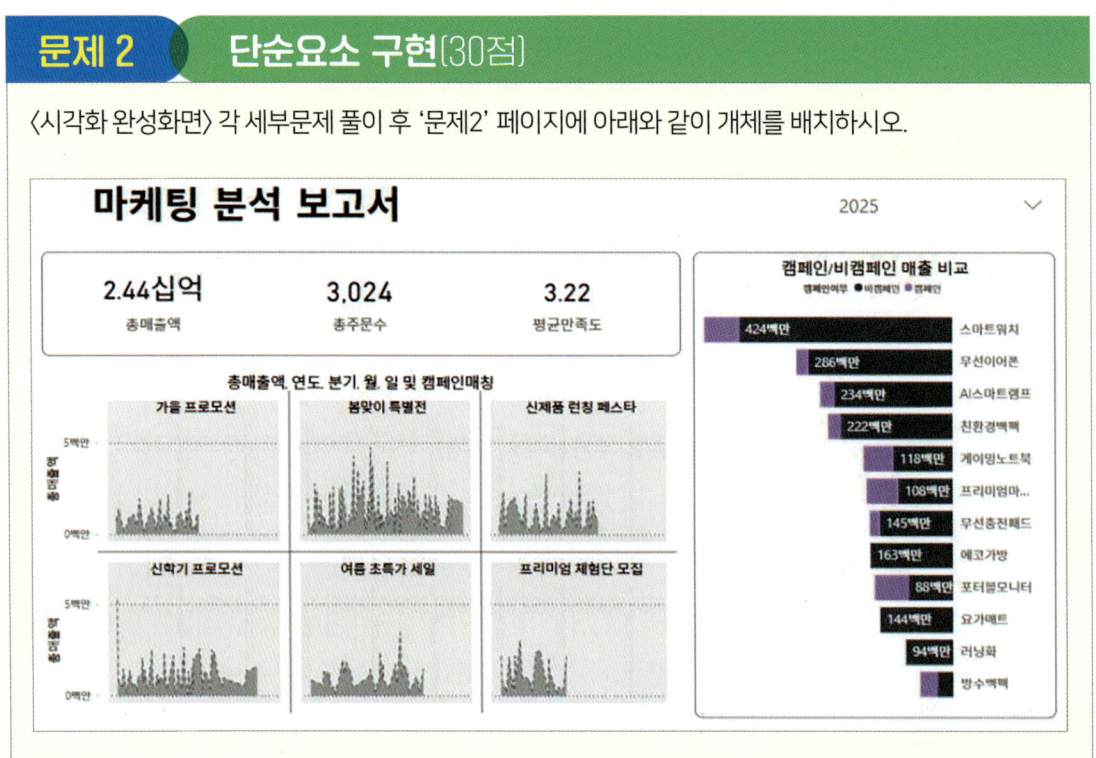

계산식 작성에 사용되는 문자열은 쌍따옴표(" ")를 사용하여 작성하시오.

1. '문제2', '문제3' 페이지의 전체 서식을 설정하시오. (5점)

   ❶ 보고서 전체의 테마를 설정하고 테마 사용자 지정과 캔버스 배경색을 지정하시오. (3점)
   - 보고서 테마: '색맹 지원(Colorblind Safe)'
   - 테마 사용자 지정(텍스트)
     - 일반: Segoe UI, 12pt
     - 제목: Segoe UI Semibold, 13pt
     - 카드 및 KPI: DIN, 27pt

1. [보고서 보기]로 이동한 후 [보기]탭 – [테마]그룹 – '자세히' ▽를 클릭하고 '색맹 지원' 테마를 선택한다.

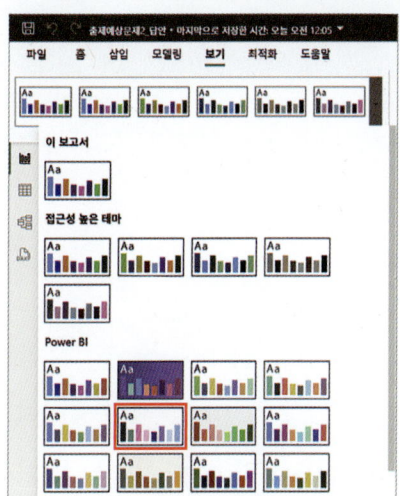

2. [보기]탭 – [테마]그룹 – ▽를 클릭하고 [현재 테마 사용자 지정]을 선택한다.

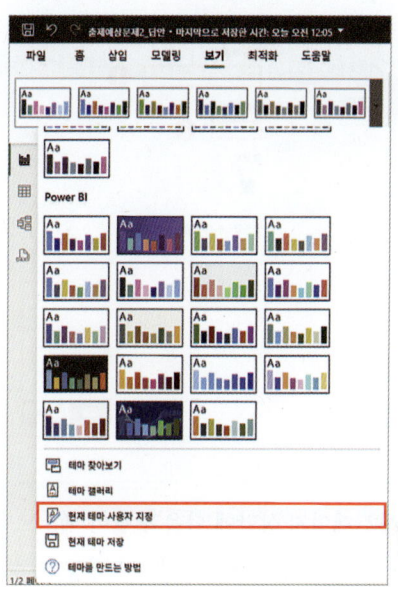

3. [텍스트]에서 [테마 업데이트]를 클릭한 후 [일반]의 [글꼴 크기]를 '12'로 지정한다.

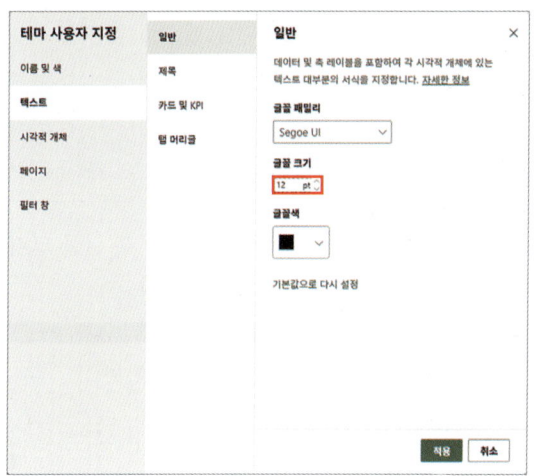

4. [제목]의 [글꼴 패밀리]는 'Segoe UI Semibold'를 선택하고, [글꼴 크기]를 '13'으로 지정한다.

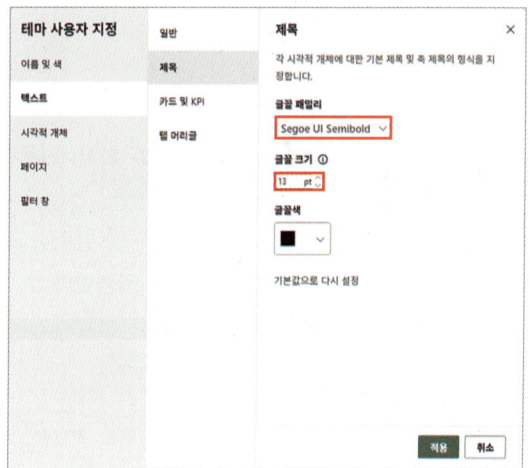

5. [카드 및 KPI]의 [글꼴 패밀리]는 'DIN'을 선택하고, [글꼴 크기]를 '27'로 지정한 뒤 적용을 클릭한다.

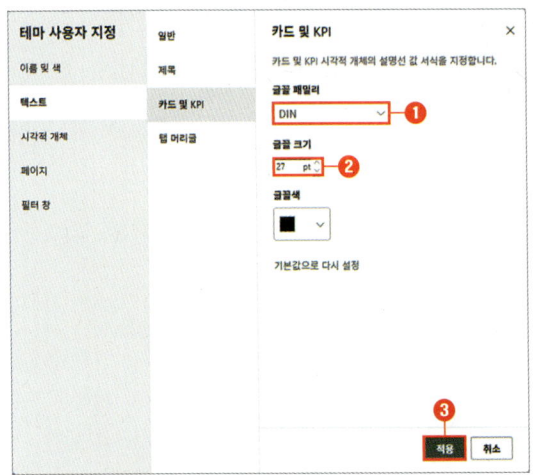

❷ '문제2' 페이지 상단에 다음과 같이 텍스트 상자를 사용해 제목을 작성하시오. (2점)
- 텍스트 상자에 내용 입력: '마케팅 분석 보고서'
  - 일반: 글꼴 크기 36pt, 굵게
  - 가운데 맞춤
- 텍스트 상자 크기
  - 높이: 89
  - 너비: 512
- 텍스트 상자를 '문제2-1 ②' 위치에 배치

1. [삽입]탭 - [요소]그룹 - [텍스트 상자]를 클릭하고 텍스트 상자에 '마케팅 분석 보고서'를 입력한다.

2. 입력한 텍스트를 드래그하여 선택한 후 글꼴 크기 '36', '굵게', '가운데' 옵션을 지정한다.

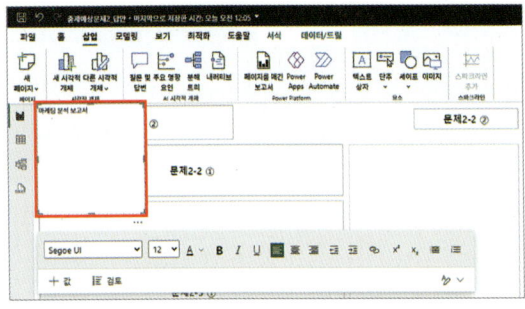
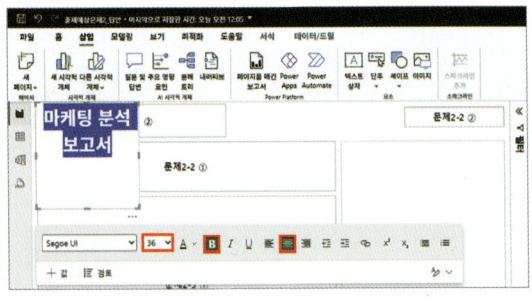

3. [텍스트 상자 서식 지정]창 – [일반] – [속성]의 높이를 '89', 너비를 '512'로 지정한다.

4. 문제 2-1 ② 위치로 드래그하여 이동한다.

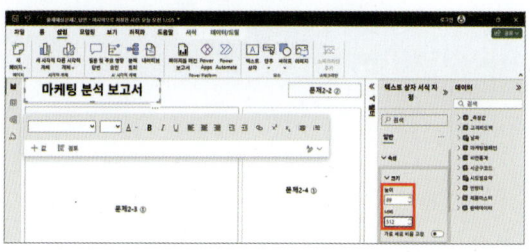

2. 다음 지시사항에 따라 카드와 슬라이서를 구현하시오. (5점)

❶ 다음 조건으로 '문제2' 페이지에 카드(신규)를 구현하시오. (3점)

- 활용 필드, 시각화 표시 텍스트와 함수 변경
  - 〈판매데이터〉테이블의 [총매출액], [총주문수]측정값, 〈고객피드백〉테이블의 [만족도점수] 필드
  - [만족도점수]필드: 표시되는 텍스트를 '평균만족도'로 변경, 함수는 '평균'
  - [총매출액], [총주문수], [평균만족도] 순서로 표시
- 시각적 개체 서식
  - 설명 값: 가로 맞춤 '가운데'
  - 카드의 테두리: 해제
  - 레이블의 위치는 '아래 값'
  - [총매출액] 계열의 소수 자릿수는 '2', [총주문수] 계열의 표시 단위는 '없음'
- 일반 서식에서 시각적 테두리
  - 테마색1(#074650), 둥근모서리 '10', 너비 '1'
- 카드(신규)를 '문제2-2 ①' 위치에 배치

1. [시각화]창 – [시각적 개체 빌드]에서 [카드(신규)]를 클릭한다.
2. [데이터]창 – 〈판매데이터〉테이블의 [총매출액], [총주문수]측정값, 〈고객피드백〉테이블의 [만족도점수]필드를 [데이터] 영역에 드래그하여 추가한다.

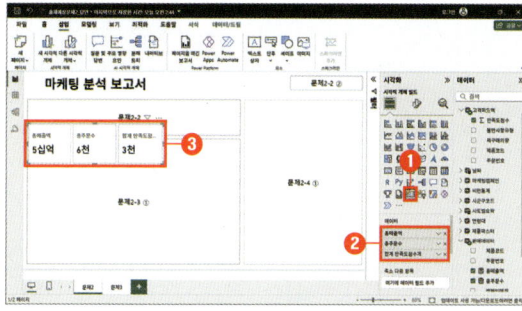

3. [시각적 개체 빌드]의 [데이터] 영역에 추가된 [합계 만족도점수개]필드의 이름을 더블 클릭한 후 '평균만족도'로 입력한다. 이어서 ☑를 클릭한 후 [평균]으로 선택한다.

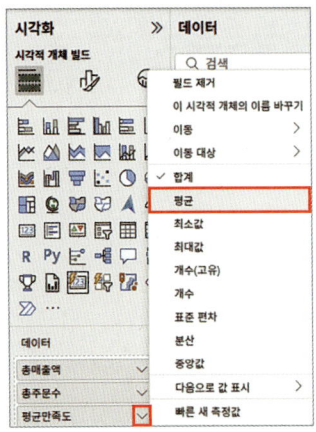

4. [시각화]창 – [시각적 개체 서식 지정] – [시각적 개체]탭 – [설명 값] – [설정 적용 대상] – [계열]이 '모두'인 상태에서 [값]을 클릭한 후 가로 맞춤 '가운데' 옵션을 설정한다.

5. [시각화]창 – [시각적 개체 서식 지정] – [시각적 개체]탭 – [레이블]에서 '위치'를 '아래 값'으로 지정한다.

6. [시각화]창 – [시각적 개체 서식 지정] – [시각적 개체]탭 – [카드] – [테두리]를 해제한다.

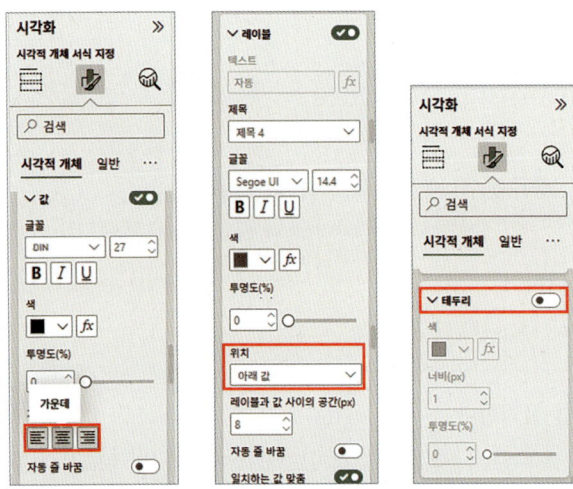

7. [설명 값]의 [총매출액] 계열을 선택하고 '값 소수 자릿수'를 '2'로 변경하고, [총주문수] 계열로 변경한 뒤 '표시 단위'를 '없음'으로 변경한다.

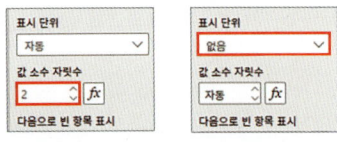

〈결과〉

8. [시각화]창 - [시각적 개체 서식 지정] - [일반]탭 - [효과] - [시각적 테두리]의 옵션을 설정하고 [색]을 클릭한 후 테마 색1(#074650)을 선택한다.

9. [둥근 모서리]의 값은 '10'으로 지정한다.

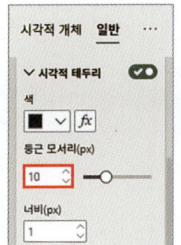

TIP 테마 색이 아닌 경우 [다른 색]을 클릭하여 직접 '#074650'을 입력하여 빠르게 색상을 지정해도 된다.

10. 카드의 크기를 적절히 조절하고 '문제2-2 ①' 위치에 배치한다.

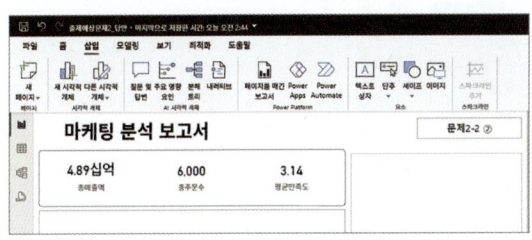

---

❷ 다음 조건으로 '문제2' 페이지에 슬라이서를 구현하시오. (2점)
- 활용 필드: 〈날짜〉테이블의 [연도]필드
- 서식
  - 슬라이서 스타일 '드롭다운', '모두 선택' 옵션 표시
  - 슬라이서 머리글 해제
  - 값 크기는 '17', '기울임꼴'
  - '2025'로 선택
- 슬라이서를 '문제2-2 ②' 위치에 배치

---

1. [시각화]창 - [시각적 개체 빌드]에서 [슬라이서]를 선택한다.
2. [데이터]창 - 〈날짜〉테이블의 [연도]필드를 [시각화]창 - [시각적 개체 빌드] - [필드] 영역에 드래그하여 추가한다.

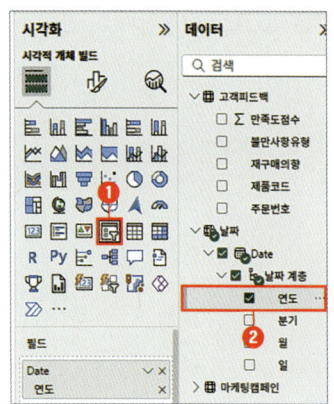 

3. [시각화]창 – [시각적 개체 서식 지정] – [시각적 개체]탭 – [슬라이서 설정] – [옵션] – [스타일]에 '드롭다운', [선택]에서 "모두 선택" 옵션 표시를 설정한다.

4. [슬라이서 머리글]은 설정 해제하고 [값] – [값]의 글꼴의 크기를 '17', '기울임꼴'로 지정한다.

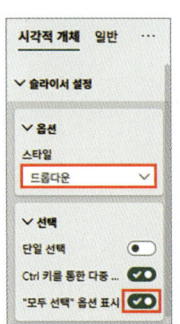 

5. 슬라이서를 클릭하여 '2025'로 선택하고 크기를 조절한 후 '문제2-2 ②'에 드래그하여 위치시킨다.

3. 다음 지시사항에 따라 영역형 차트를 구현하시오. (10점)

① 다음 조건으로 캠페인별 총매출액의 흐름을 분석할 수 있는 영역형 차트를 구현하시오. (3점)

- 활용 필드
  – 〈날짜〉테이블의 [Date]필드
  – 〈판매데이터〉테이블의 [총매출액]측정값, [캠페인매칭]필드
- 시각화 드릴 모드를 '가장 낮은 데이터 수준에서'로 선택
- 차트를 '문제2-3 ①' 위치에 배치

1. 새 개체를 추가하기 위해 페이지 빈 공간을 클릭한 후 [시각화]창 – [시각적 개체 빌드] – [영역형 차트]를 클릭한다.
2. [데이터]창의 〈날짜〉테이블의 [Date]필드를 [시각화]창 – [시각적 개체 빌드] – [X축], 〈판매데이터〉테이블의 [총매출액]측정값을 [Y축]에 드래그하여 추가한다.

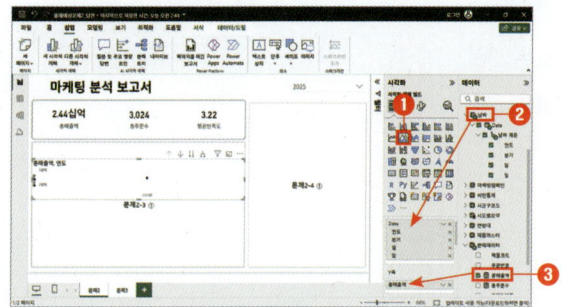

3. 〈판매데이터〉테이블의 [캠페인매칭]필드는 [축소 다중항목]으로 드래그한다.

4. 차트에서 [계층 구조에서 한 수준 아래로 모두 확장]을 3번 클릭하여 가장 낮은 데이터 수준에서 표시되도록 한다.

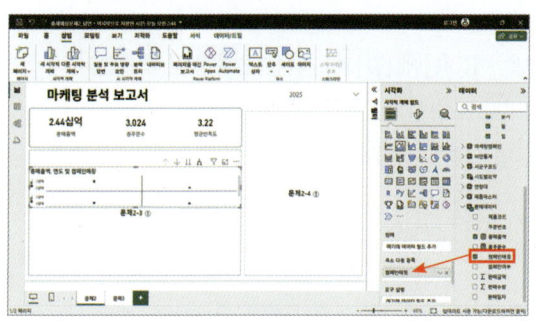

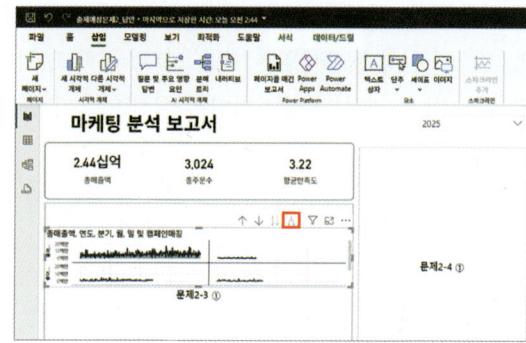

5. 영역형 차트의 크기를 적절히 조절한 후 '문제2-3 ①' 위치에 배치한다.

❷ 다음 지시사항에 따라 차트의 서식을 지정하시오. (4점)
- 서식
  - X축: 값과 제목 해제
  - 선: 스타일은 '파선', 너비 '1'
  - 눈금선: 가로, 선 스타일은 '실선', 투명도는 '30'
  - 데이터 레이블: [총거래건수] 계열에만 표시
- 축소 다중 항목
  - 축소 다중 항목: 2행 3열
  - 제목의 맞춤은 '가운데'
  - 배경: 흰색, 10% 더 어둡게
- 차트 제목: 가로 맞춤 '가운데'

❸ '캠페인매칭' 기준으로 '공백'을 제외하고 표시되도록 필터를 적용하시오. (3점)

1. [시각화]창 – [시각적 개체 서식 지정] – [시각적 개체]탭 – [X축]에 [값]과 [제목]의 설정을 해제한다.
2. [선] – [선]의 선 스타일은 '파선'으로 지정하고, 너비는 '1'로 조정한다.
3. [눈금선] – [가로]의 선 스타일은 '실선'으로 지정하고 투명도(%)는 '30'으로 변경한다.

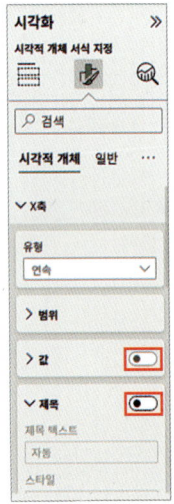  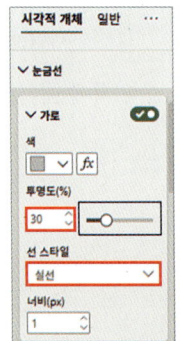

4. [축소 다중 항목] – [레이아웃]의 행은 '2', 열은 '3'으로 지정한다.
5. [축소 다중 항목] – [제목]의 맞춤은 '가운데'로 지정하고 [배경]의 색은 '흰색, 10% 더 어둡게'로 선택한다.

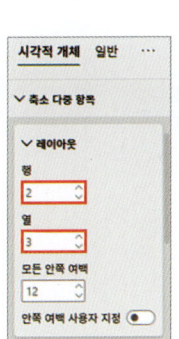  

6. [시각화]창 – [시각적 개체 서식 지정] – [일반]탭 – [제목]의 가로 맞춤을 '가운데'로 설정한다.

7. [필터]창에서 [캠페인매칭]의 필터 형식을 '기본 필터링'으로 선택하고 '모두 선택'을 체크한 후 다시 '공백'의 체크 표시를 해제한다.

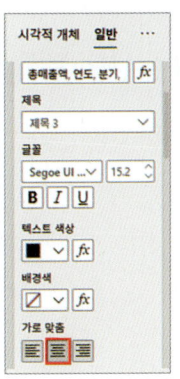 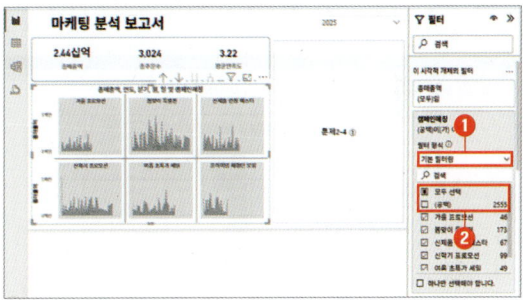

> 4. 다음 지시사항에 따라 누적 가로 막대형 차트를 구현하시오. (10점)
>
> ❶ 다음 조건으로 캠페인과 비캠페인 매출을 비교하는 누적 가로 막대형 차트를 구현하시오. (3점)
>   • 활용 필드
>   – 〈제품마스터〉테이블의 [제품명], 〈판매데이터〉테이블의 [캠페인여부]필드, [총매출액]측정값
>   • 도구 설명에 [총주문수]가 함께 표시되도록 추가
>   • 누적 가로 막대형 차트를 '문제2-4 ❶' 위치에 배치

1. 새 개체를 추가하기 위해 보고서 빈 공간을 클릭한 후 [시각화]창 – [시각적 개체 빌드] – [누적 가로 막대형 차트]를 클릭한다.

2. [데이터]창에서 〈제품마스터〉테이블의 [제품명]필드를 [시각화]창 – [시각적 개체 빌드] – [Y축] 영역, 〈판매데이터〉테이블의 [총매출액]측정값을 [X축], [캠페인여부]필드를 [범례]에 추가한다.

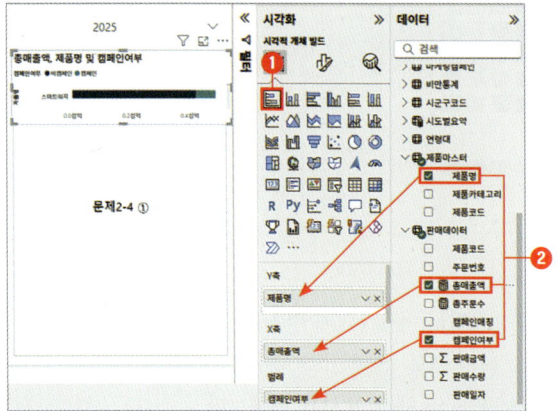

3. [총주문수]측정값을 [도구 설명]에 드래그하여 추가하고, 크기를 조절한 후 '문제2-4 ①'에 위치시킨다.

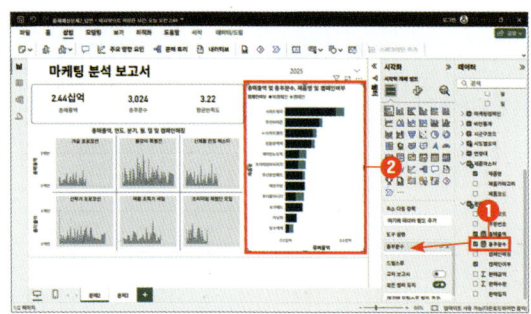

❷ 다음 조건으로 차트의 각 요소에 대한 서식을 적용하시오. (4점)
- 차트 제목 서식
  - 제목 텍스트: '캠페인/비캠페인 매출 비교', 글꼴 크기는 '16'
  - 가로 맞춤 '가운데'
- 차트 서식 지정
  - Y축: 글꼴 크기 '12', 스위치 축 위치 설정, 제목은 해제
  - X축: 값과 제목 해제, 범위 반전 설정
  - 범례: 위치는 '위쪽 가운데', 글꼴 크기는 '9',
  - 데이터 레이블: 위치는 '안쪽 끝에', 넘치는 텍스트 활성화, 값의 글꼴 크기는 '12', 표시 단위는 '백만'
  - '캠페인' 계열 색: #d3a7ff, 테마 색 6, 40% 더 밝게
- 일반 서식에서 시각적 테두리
  - 테마색1(#074650), 둥근모서리 '10', 너비 '1'

1. [시각화]창 – [시각적 개체 서식 지정] – [일반]탭 – [제목]의 텍스트를 '캠페인/비캠페인 매출 비교'로 입력하고, 글꼴 크기는 '16', 가로 맞춤은 '가운데'로 지정한다.

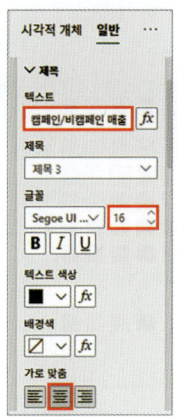

2. [시각화]창 – [시각적 개체 서식 지정] – [시각적 개체]탭 – [Y축] – [값]의 글꼴 크기를 '12', 스위치 축 위치를 설정으로 지정하고, [제목]은 설정 해제한다.
3. [시각적 개체]탭 – [X축] – [범위]에서 '범위 반전'의 옵션을 설정하고, [값]과 [제목]은 해제한다.
4. [시각적 개체]탭 – [범례] – [옵션]에서 위치는 '위쪽 가운데', 텍스트의 글꼴 크기는 '9'로 지정한다.

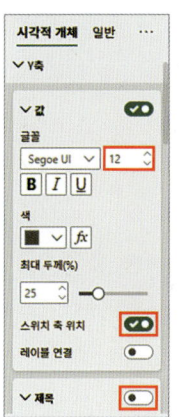 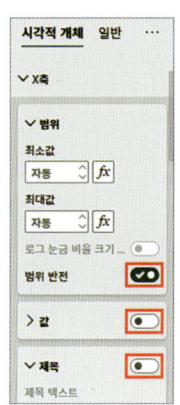 

5. [시각적 개체]탭 – [데이터 레이블] – [옵션]에서 위치는 '안쪽 끝에', 넘치는 텍스트는 옵션을 활성화시킨다.

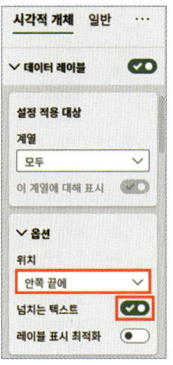

6. [시각적 개체]탭 – [데이터 레이블] – [값]에서 글꼴의 크기는 '12', 표시 단위는 '백만'으로 선택한다.

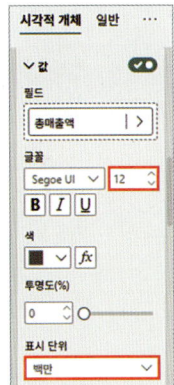

7. [시각적 개체]탭 – [막대]에서 계열을 '캠페인'으로 선택하고, [색]을 클릭한 후 '#d3a7ff, 테마 색 6, 40% 더 밝게'를 선택한다.

8. [시각화]창 – [시각적 개체 서식 지정] – [일반]탭 – [효과] – [시각적 테두리]의 옵션을 설정하고 [색]을 클릭한 후 테마 색1(#074650)을 선택한다.

9. [둥근 모서리]의 값은 '10'으로 지정한다.

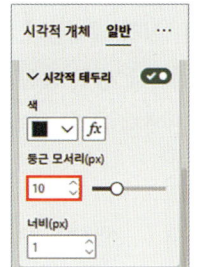

> ❸ 다음 조건으로 누적 가로 막대형 차트에 필터를 추가하시오. (3점)
> - 필터에서 [판매수량]이 '2'보다 크거나 같음으로 적용

1. [누적 가로 막대형] 차트를 선택한 후 〈〈를 눌러 [필터]창을 확장한다. [데이터]창에서 [판매수량]필드를 드래그하여 [필터]창으로 필드를 추가한다.

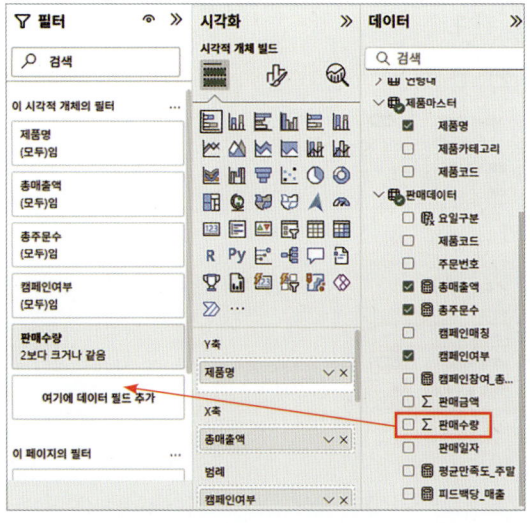

2. 추가된 [판매수량]의 필터 형식은 '고급 필터링', '보다 크거나 같음'을 선택하고 '2'를 입력한 후 [필터 적용]을 클릭한다.

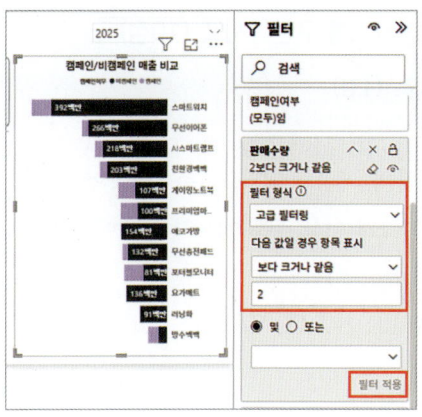

문제 3   복합요소 구현 [40점]

〈시각화 완성화면〉 각 세부문제 풀이 후 '문제3' 페이지에 아래와 같이 개체를 배치하시오.

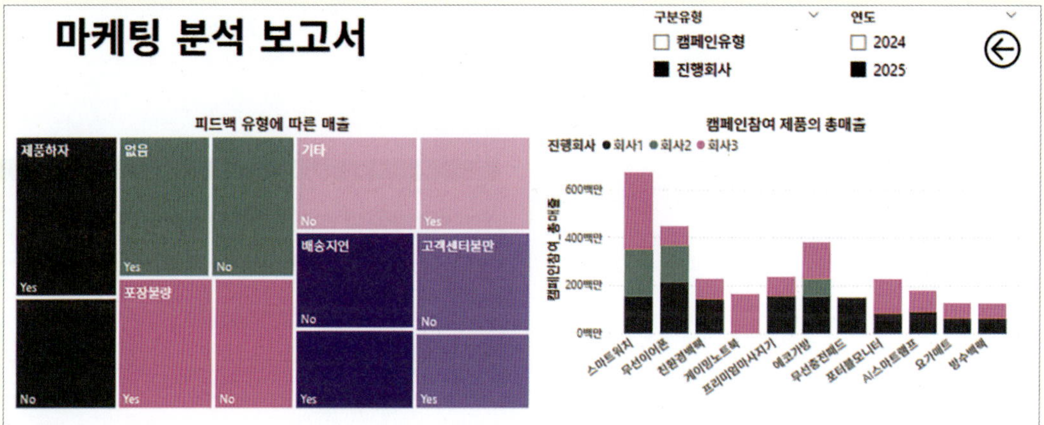

계산식 작성에 사용되는 문자열은 쌍따옴표(" ")를 사용하여 작성하시오.

1. 다음 지시사항에 따라 매개 변수를 생성하고 누적 세로 막대형 차트를 구현하시오. (10점)

❶ 다음 조건으로 〈판매데이터〉테이블에 측정값을 추가하시오. (4점)
- 측정값 이름: 캠페인참여_총매출
  - 활용 필드: 〈마케팅캠페인〉테이블, 〈제품마스터〉테이블의 [제품코드]필드, [총매출액]측정값
  - 〈마케팅캠페인〉테이블에 제품코드가 연결된 레코드가 1개 이상 존재하는 경우 총매출액을 계산
  - 사용 함수: COUNTROWS, FILTER, RELATEDTABLE, SUMX, VALUES
  - 서식: 정수, 천 단위 구분 기호(,) 적용

1. [데이터]창의 〈판매데이터〉테이블을 선택한 후 [테이블 도구]탭 – [계산]그룹 – [새 측정값]을 클릭한다.

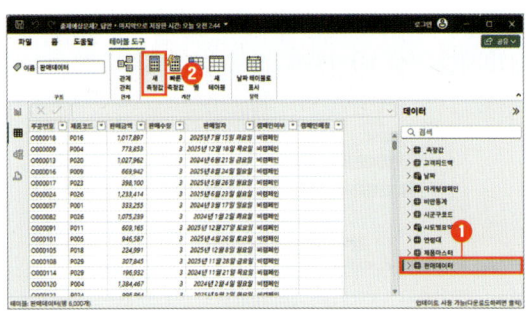

2. 다음과 같이 수식을 작성하고 Enter 키를 누른다.

```
캠페인참여_총매출 =
SUMX(
    FILTER(
        VALUES('제품마스터'[제품코드]),
        COUNTROWS(RELATEDTABLE('마케팅캠페인')) > 0),
    [총매출액]
)
```

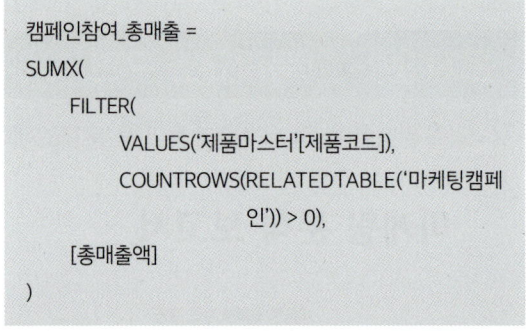

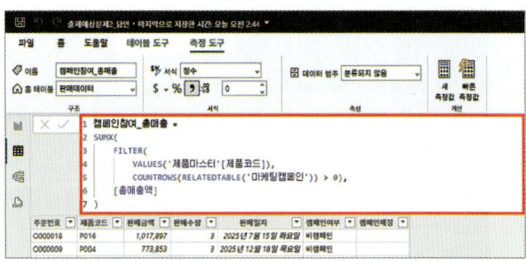

❷ 다음 조건으로 매개 변수를 추가하고 '문제3' 페이지에 슬라이서를 구현하시오. (3점)
- 필드 매개 변수 추가
  - 이름: 구분유형
  - 필드: 〈마케팅캠페인〉테이블의 [캠페인유형], [진행회사]필드 추가
  - 이 페이지에 슬라이서 추가 옵션 설정
- 슬라이서 값: '진행회사' 필터 적용
- 슬라이서를 '문제3-1 ②' 위치에 배치

1. [모델링]탭 – [매개 변수]그룹 – [새 매개 변수]를 클릭한 후 [필드]를 선택한다.

2. [매개 변수]창이 표시되면 이름을 '구분유형'으로 입력하고 [필드]창에서 〈마케팅캠페인〉테이블의 [캠페인유형]필드와 [진행회사]필드에 체크하여 [필드 추가 및 순서 변경] 영역으로 추가하고 만들기를 클릭한다.

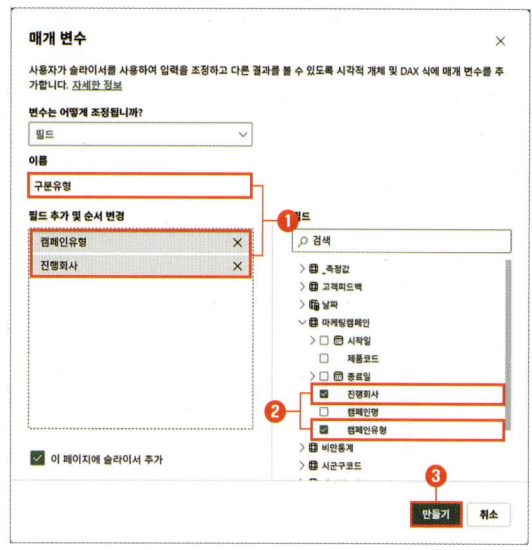

3. [슬라이서]에서 '진행회사' 조건을 선택한 후 슬라이서의 크기를 적절히 조절한 다음 '문제3-1 ②' 위치에 배치한다.

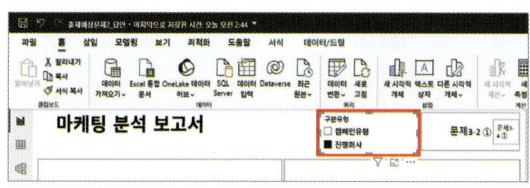

> ❸ 다음 조건으로 '문제3' 페이지에 누적 세로 막대형 차트를 구현하시오. (3점)
> - 활용 필드
>   – 〈제품마스터〉테이블의 [제품명]필드, [캠페인참여_총매출]측정값, 〈구분유형〉테이블의 [구분유형]측정값
> - 서식
>   – X축: 제목 해제
>   – Y축: 표시 단위는 '백만'
> - 제목
>   – 텍스트: 캠페인참여 제품의 총매출
>   – 가로 맞춤: 가운데
> - 누적 세로 막대형 차트를 '문제3-1 ③' 위치에 배치

1. 새 개체를 추가하기 위해 페이지 빈 공간을 클릭한 후 [시각화]창 - [시각적 개체 빌드] - [누적 세로 막대형 차트]를 클릭한다.

2. [데이터]창에서 〈제품마스터〉테이블의 [제품명]필드를 [X축], [캠페인참여_총매출]측정값을 [Y축], 〈구분유형〉테이블의 [구분유형]필드를 [범례]로 드래그하여 추가한다.

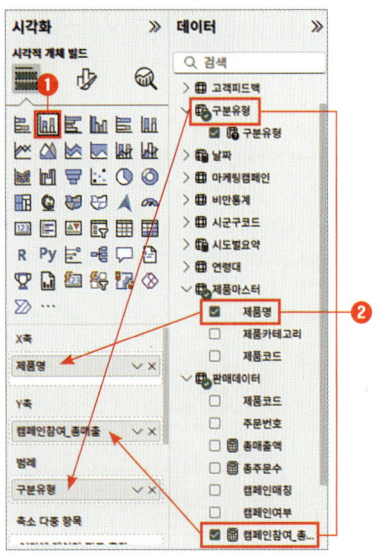

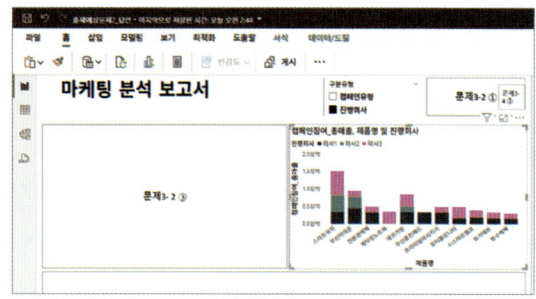

3. 누적 세로 막대형 차트의 크기를 적절히 조절한 후 '문제3-1 ③' 위치에 배치한다.

4. [시각화]창 - [시각적 개체 서식 지정] - [시각적 개체]탭 - [X축]의 제목 옵션을 해제한다.

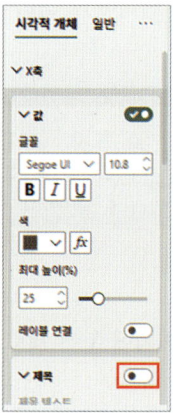

5. [시각적 개체]탭 - [Y축] - [값]의 표시 단위는 '백만'으로 지정한다.

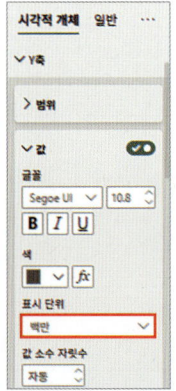

6. [일반]탭 - [제목] - [제목]의 텍스트는 '캠페인참여 제품의 총매출'로 입력하고, 가로 맞춤은 '가운데'로 선택한다.

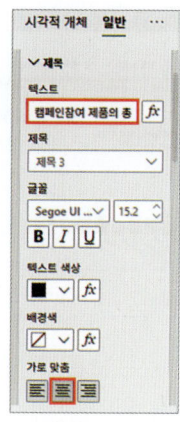 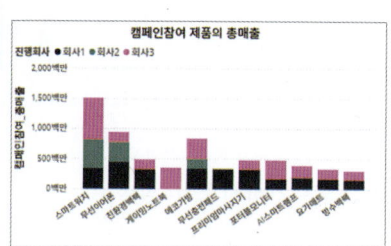

---

2. 다음 지시사항에 따라 슬라이서와 트리맵 차트를 구현하시오. (10점)

① 다음 조건으로 '문제3' 페이지에 슬라이서를 구현하시오. (3점)
  • 활용 필드: 〈날짜〉테이블 [Date]필드의 '연도'
  • 슬라이서 스타일: '세로 목록'
  • 슬라이서 값: '2025' 필터 적용
  • 슬라이서를 '문제3-2 ①'에 배치

1. 새 시각화 개체를 추가하기 위해 빈 영역을 클릭한 후 [시각화]창 - [시각적 개체 빌드]에서 [슬라이서]를 선택한다.
2. [데이터]창의 〈날짜〉테이블의 [Date] - [날짜 계층]에서 '연도'를 [시각화]창 - [시각적 개체 빌드] - [필드] 영역으로 드래그하여 추가한다.

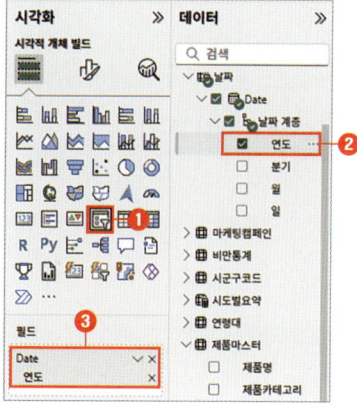

3. [시각화]창 – [시각적 개체 서식 지정] – [시각적 개체] – [슬라이서 설정] – [옵션] – [스타일]을 '세로 목록'으로 설정한다.

4. 슬라이서의 크기를 조절하여 '문제3-2 ①'에 위치시킨 후 필터는 '2025'로 선택한다.

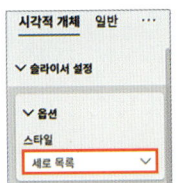

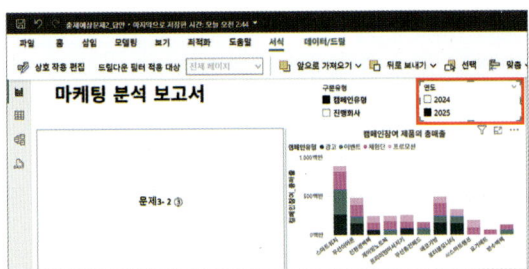

❷ 다음 조건으로 〈판매데이터〉테이블에 측정값을 추가하시오. (4점)
   • 측정값 이름: 피드백당_매출
     – 활용 필드: 〈판매데이터〉테이블의 [총매출액]측정값, 〈고객피드백〉테이블
     – 총매출액을 피드백 개수로 나누어 계산, 오류가 나면 '0'으로 계산
     – 사용 함수: CALCULATE, COUNTROWS, DIVIDE
     – 서식: '정수', 천 단위 구분 기호(,) 적용

1. 〈판매데이터〉테이블을 선택하고 [테이블 도구]탭 – [계산]그룹 – [새 측정값]을 클릭한 다음 수식을 작성하고 Enter 키를 누른다.

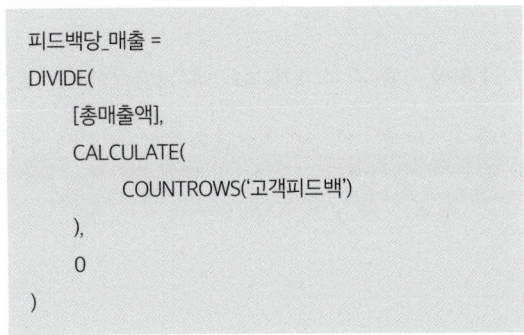

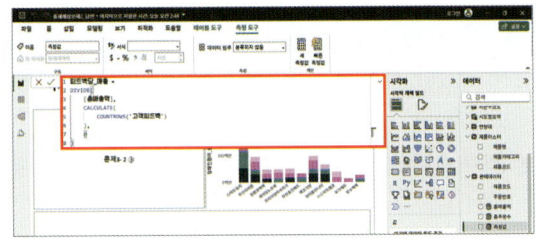

2. [측정도구]탭 – [서식]그룹에서 [서식]을 '정수'로 선택하고, 천 단위 구분 기호(,)를 클릭한다.

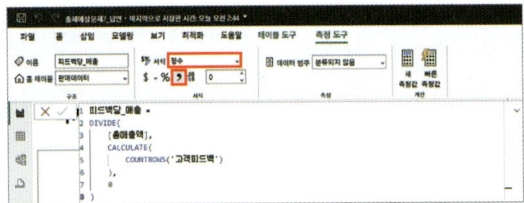

❸ 다음 조건으로 '문제3' 페이지에 트리맵 차트를 구현하시오. (3점)
- 활용 필드
  - 〈고객피드백〉테이블의 [불만사항유형], [재구매의향]필드, 〈판매데이터〉테이블의 [피드백당_매출]측정값
- 레이아웃: 타일링 방법 '이진', 모든 노드 사이의 간격 '5'
- 제목
  - 텍스트: 피드백 유형에 따른 매출
  - 글꼴: Arial Black
  - 가로 맞춤: 가운데
- 트리맵 차트를 '문제3-2 ③' 위치에 배치

1. [시각화]창 – [시각적 개체 빌드]에서 [트리맵 차트]를 클릭한다.
2. [데이터]창에서 〈고객피드백〉테이블의 [불만사항유형]필드를 [범주], [재구매의향]필드를 [자세히], 〈판매데이터〉테이블의 [피드백당_매출]측정값을 [값] 영역으로 드래그하여 추가한다.

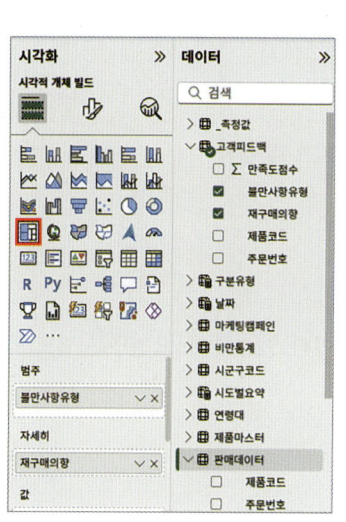
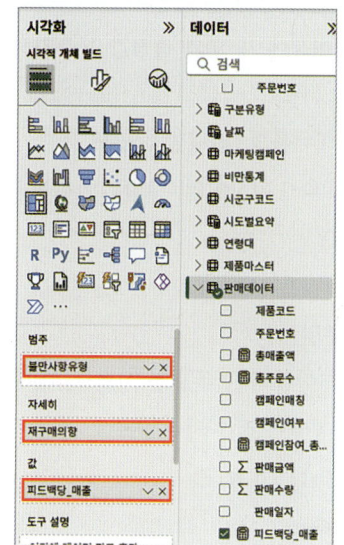

3. [시각화]창 – [시각적 개체 서식 지정] – [시각적 개체] – [레이아웃]의 '타일링 방법'을 '이진'으로 선택하고 '모든 노드 사이의 간격'은 '5'로 설정한다.

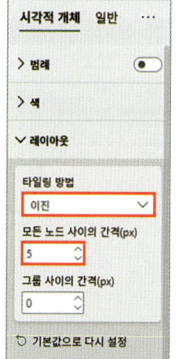

4. [일반]탭 - [제목] - [제목]의 텍스트를 '피드백 유형에 따른 매출'로 입력하고, 글꼴을 'Arial Black', 가로 맞춤은 '가운데'로 지정한다.

5. 차트의 크기를 적절히 조절하고 '문제3-2 ③' 위치에 배치한다.

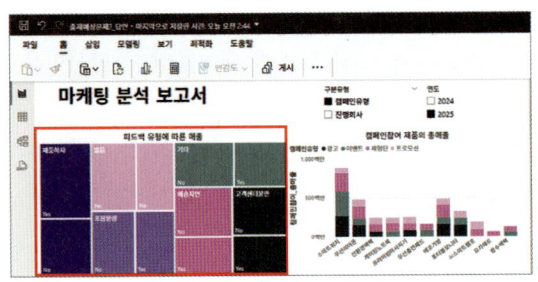

3. 다음 지시사항에 따라 행렬 차트를 구현하시오. (10점)

❶ 다음 조건으로 〈판매데이터〉테이블에 새 열과 측정값을 추가하시오. (4점)

- 새 열 이름: 요일구분
  - 활용 필드: 〈판매데이터〉테이블의 [판매일자]필드
  - [판매일자]의 요일을 구한 후 6 이상이면 "주말", 아니면 "주중"으로 계산
  - 사용 함수: IF, WEEKDAY
  - 변수 사용: 요일을 계산한 값은 'WD'

- 측정값 이름: [평균만족도_주말]
  - 활용 필드: 〈고객피드백〉테이블의 [만족도점수]필드, 〈판매데이터〉테이블의 [요일구분]필드
  - 요일구분이 '주말'인 경우 '만족도점수'의 평균으로 계산
  - 사용 함수: AVERAGE, CALCULATE
  - 서식: '10진수', 소수 자릿수 '2'

1. [데이터]창에서 〈판매데이터〉테이블을 선택하고, [테이블 도구]탭 - [계산]그룹 - [새 열]을 클릭한 후 다음과 같이 수식을 작성하고 Enter 키를 누른다.

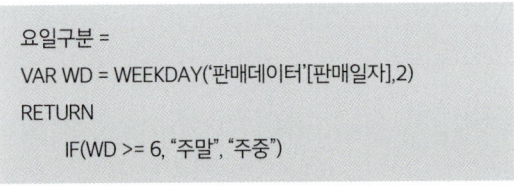

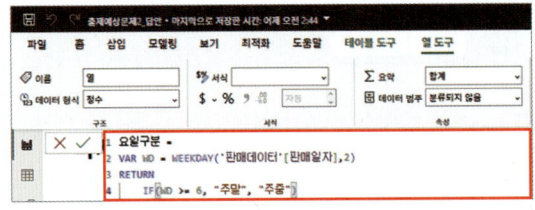

2. 새 측정값을 작성하기 위해 [테이블 도구]탭 – [계산]그룹 – [새 측정값]을 클릭한 후 다음과 같이 수식을 작성하고 Enter 키를 누른다.

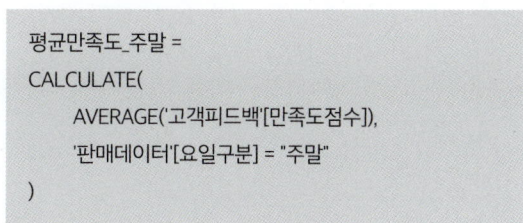
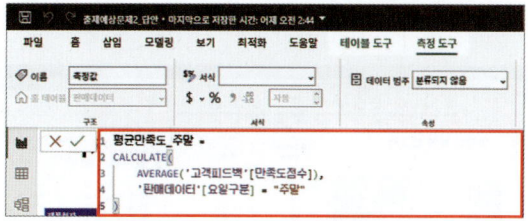

```
평균만족도_주말 =
CALCULATE(
    AVERAGE('고객피드백'[만족도점수]),
    '판매데이터'[요일구분] = "주말"
)
```

3. [측정도구]탭 – [서식]그룹에서 [서식]을 '10진수'로 선택하고, 소수 자릿수를 '2'로 지정한다.

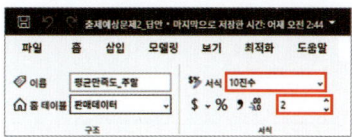

> ❷ 다음 조건으로 '문제3' 페이지에 행렬 차트를 구현하시오. (3점)
> - 활용 필드: 〈제품마스터〉테이블의 [제품카테고리], [제품명]필드, 〈고객피드백〉테이블의 [불만사항유형]필드, 〈판매데이터〉테이블의 [평균만족도_주말]측정값
> - 열 영역
>   – [제품카테고리], [제품명] 순으로 표시
>   – 계층 구조에서 한 수준 아래로 모두 확장
> - 행렬 차트를 '문제3-3 ❷' 위치에 배치

1. [시각화]창 – [시각적 개체 빌드]에서 [행렬]을 클릭한다.
2. [데이터]창에서 〈고객피드백〉테이블의 [불만사항유형]필드를 [시각화]창 – [시각적 개체 빌드] – [행] 영역으로, 〈제품마스터〉테이블의 [제품카테고리]와 [제품명]필드를 [열] 영역으로, 〈판매데이터〉테이블의 [평균만족도_주말]측정값을 [값] 영역에 드래그하여 추가한다.

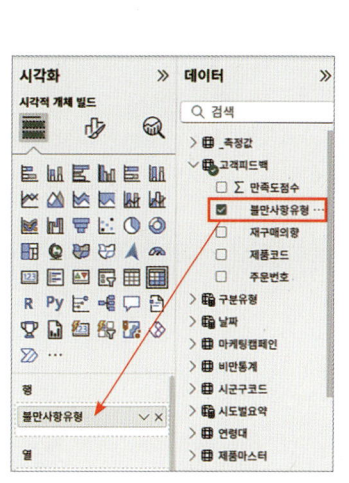
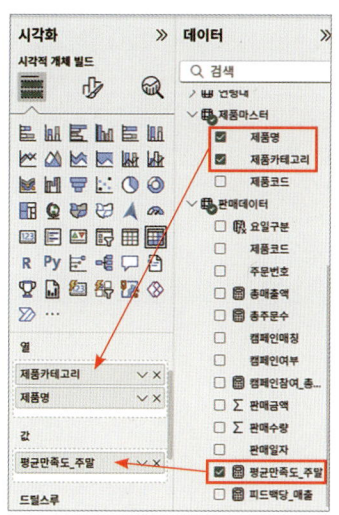

3. 차트의 크기를 적절히 조절하고 '문제3-3 ②' 위치에 배치한 후 차트 오른쪽 상단에 [🔽]을 클릭하여 [열] 영역에 [제품명]까지 표시되도록 확장한다.

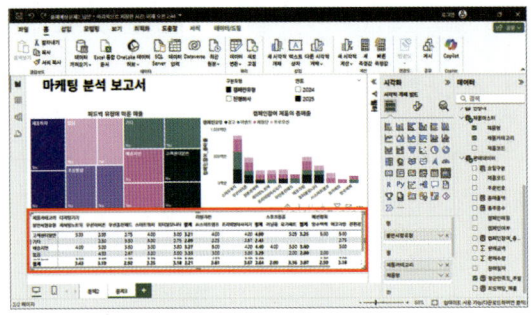

❸ 다음 조건으로 행렬 차트에 조건부 서식을 구현하시오. (3점)

- [평균만족도_주말] 계열의 셀 요소에 조건부 서식 지정
  - 스타일은 '◆ ▲ ●' 적용
  - 적용 대상: 값만
  - 규칙: 숫자 4 이상 5 이하의 경우 '●'로 지정, 나머지 규칙 삭제
  - 아이콘 레이아웃은 '데이터 오른쪽'

1. [시각화]창 – [시각적 개체 서식 지정] – [시각적 개체]탭 – [셀 요소] – [설정 적용 대상] – [계열]에서 '평균만족도_주말'을 선택한 후 [아이콘] 옵션을 설정하고 조건부 서식([fx]) 아이콘을 클릭한다.

2. 조건부 서식을 지정하는 창이 표시되면 1, 2번째 조건의 [X]를 클릭하여 삭제하고 다음과 같이 조건을 설정한다.
   - 규칙: '4', 숫자, '5', '숫자', ●(녹색 원)

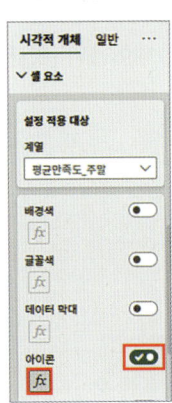

3. [적용 대상]에 '값만'으로 선택하고 [아이콘 레이아웃]은 '데이터 오른쪽'으로 지정한 후 [확인]을 클릭한다.

4. 행렬 차트에 조건부 서식이 다음과 같이 적용된다.

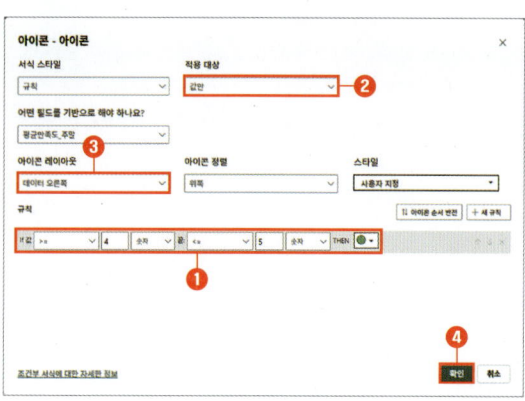

---

4. 다음 지시사항에 따라 페이지와 시각적 개체 간 상호 작용 기능을 설정하시오. (10점)

① 다음 조건으로 '문제3' 페이지에 단추를 구현하시오. (4점)

- 종류: '뒤로'
- 도형: '사각형'
- 스타일: 상태가 '가리킬 때', 아이콘의 선 색은 #b66dff, 테마 색6
- 작업: 유형은 '페이지 탐색', 대상은 '문제2'
- 도구 설명: 텍스트는 '문제2 페이지로 이동'
- 단추를 '문제3-4 ①' 위치에 배치

1. [삽입]탭 - [요소]그룹 - [단추] - [뒤로]를 선택한다.

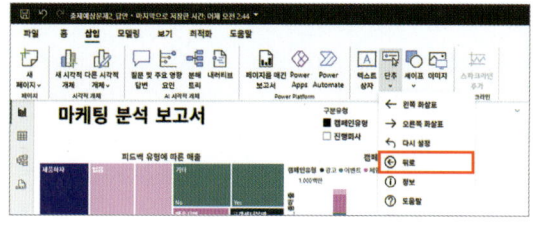

2. [서식 단추] - [Button]탭 - [도형]에서 '설정 적용 대상'의 상태를 '가리킬 때'로 지정하고, 도형은 '사각형'인 것을 확인한다.

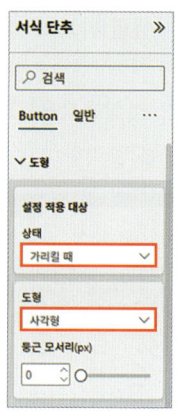

3. [Button]탭 - [스타일] - [아이콘]에서 '선 색'을 클릭한 후 '#b66dff, 테마 색6'을 선택한다.

4. [Button]탭 - [작업] - [작업]의 유형을 '페이지 탐색'으로 지정하고, 대상을 '문제2'로 선택한다. 이어서 [도구 설명]의 텍스트를 '문제2페이지로 이동'으로 입력한다.

5. 단추의 크기를 조절하고 '문제3-4 ①'위치에 배치한다.

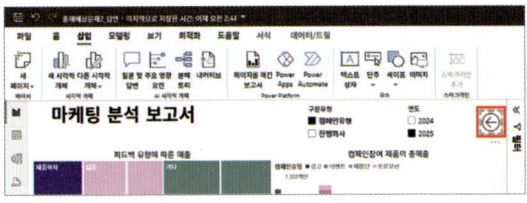

❷ 다음과 같이 시각적 개체의 상호 작용을 설정하시오. (3점)
- 트리맵 차트: [행렬]차트와 상호 작용 '없음'
- 누적 세로 막대형 차트: [행렬]차트와 상호 작용 '없음'

1. [트리맵]차트를 선택한 후 [서식]탭 - [상호작용]그룹 - [상호 작용 편집]을 클릭한다.
2. [행렬]차트의 오른쪽 상단 없음(⊘)을 클릭한다.

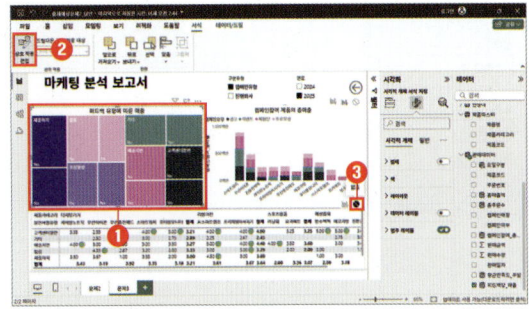

3. [누적 세로 막대형 차트]를 선택한 후 [행렬]차트의 오른쪽 상단 없음(⊘)을 클릭한다.

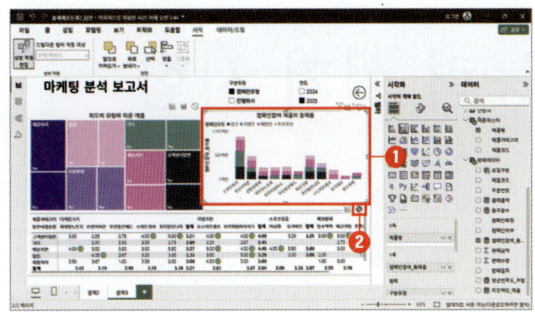

4. [서식]탭 – [상호 작용]그룹에 [상호 작용 편집]을 클릭하여 편집 기능을 해제한다.

❸ 다음과 같이 시각적 개체와 페이지 전체에 필터를 설정하시오. (3점)
- 행렬 차트에서 '런닝화'와 '방수백팩'은 제외
- 문제3 페이지 필터: 판매수량이 '2'보다 크거나 같은 경우만 데이터 표시

1. [행렬]차트를 선택하고 «를 클릭하여 필터 창을 연 후 [제품명]에 기본 필터링에서 '모두 선택'을 클릭하고, '런닝화'와 '방수백팩'을 클릭하여 필터를 해제한다.

2. 페이지 전체에 필터를 적용하기 위해 [필터]창을 스크롤하여 화면을 아래로 내려 '이 페이지의 필터'에 〈판매데이터〉테이블의 [판매수량]필드를 드래그하여 추가한다.

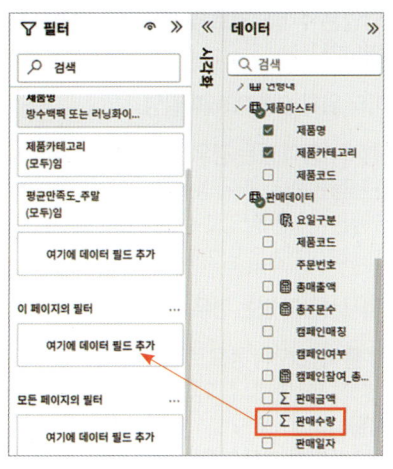

3. [필터 형식]에서 '고급 필터링'을 선택한 후 [다음 값일 경우 항목 표시]에서 '보다 크거나 같음'을 선택하고 입력란에 '2'를 입력한 다음 [필터 적용]을 클릭한다.

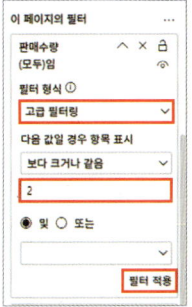

국가기술자격검정
경영정보시각화능력 실기 시험

프로그램명	제한시간
파워BI 데스크톱	70분

수험번호: _____

성   명: _____

3회 출제예상문제

< 유의사항 >

- ◆ 인적 사항 누락 및 잘못 작성으로 인한 불이익은 수험자 책임으로 합니다.
- ◆ 화면에 암호 입력창이 나타나면 아래의 암호를 입력하여야 합니다.
  - 암호: 000000
- ◆ 작성된 답안은 주어진 경로 및 파일명을 변경하지 마시고 그대로 저장해야 합니다. 이를 준수하지 않으면 실격 처리됩니다.
- ◆ 외부데이터 위치: C:₩PB₩파일명
- ◆ 별도의 지시사항이 없는 경우, 다음과 같이 처리 시 실격 및 0점 처리됩니다.
  - 파일이 저장된 경로, 파일명을 임의로 변경한 경우 [실격]
  - 데이터 원본파일을 임의로 수정하거나 삭제한 경우 [0점 처리]
  - 대시보드/페이지명을 임의로 변경한 경우 [0점 처리]
- ◆ 별도의 지시사항이 없는 경우, 개체의 속성은 기본 설정값(Default)으로 처리하십시오.
- ◆ 지시사항 불이행, 오타 등으로 인한 불이익은 수험자 책임으로 합니다.
  - 지시사항에 제시한 함수 외에 다른 함수를 사용하여 답안을 작성한 경우, 결과물이 답안과 동일하더라도 오답 처리됩니다.
  - 개체명에 오타가 있을 경우 감점 처리됩니다.
- ◆ 최종 답안 제출 시 시험 채점과 관계없는 개체(차트)는 삭제 후 제출합니다.
  - 개체명에 오타가 있을 경우 감점 처리됩니다.
- ◆ 제시된 화면은 예시이며 나타난 값은 실제와 다를 수 있습니다.
- ◆ 저장 시간은 별도로 주어지지 아니하므로 제한된 시간 내에 저장을 완료해야 합니다.
- ◆ 본 문제는 파워BI 데스크톱(Power BI Desktop) 버전 2.139.1678.0(2025년 1월)를 기준으로 작성되었습니다.

데이터 및 문제 안내

1. 최종 제출해야 할 답안파일은 1개입니다. 문제1, 문제2, 문제3의 답을 하나의 답안파일(.pbix)로 저장하십시오.
2. 문제1, 문제2, 문제3은 각각 독립적으로 구성되어 앞 문제를 풀지 않아도 다음 문제 풀이가 가능합니다.
3. 문제1은 데이터 불러오기를 통해 문제를 풀이하고, 문제2와 문제3은 답안에 이미 데이터가 포함되어 있어 다시 데이터를 불러오지 말고 바로 문제 풀이를 하십시오.
    - 데이터 파일은 문제1을 위한 데이터 파일과 문제2, 3을 위한 데이터 파일로 구성되어 있습니다.
4. 문제2와 문제3 풀이를 위해 필요한 일부 측정값, 필터가 답안파일에 미리 적용되어 있을 수 있습니다.
    - 지시사항에 제시되지 않은 것은 변경하지 마십시오.
    - 사전에 적용된 필터 등이 삭제되지 않도록 '페이지 삭제' 기능을 절대 사용하지 마십시오.
5. 문제는 문제(문제1~3) - 세부문제(1~4) - 지시사항(①~③) - 세부지시사항(▶, -) 단위로 구성됩니다.
6. 지시사항(①~③)별로 점수가 부여되며, 지시사항의 전체 세부지시사항(▶, -)을 작업하지 않을 경우 점수가 부여되지 않습니다. ※부분 점수 없음
7. 본 시험에서 사용되는 데이터 파일 수와 데이터명은 아래와 같습니다.
    - [문제1] 데이터 파일 수 : 1개 / '생산현황.xlsx'

파일명	생산현황.xlsx					
테이블	구조					
생산내역	생산일자	생산라인	생산건수	생산량	생산비용	
	2025-01-01	FAB-MN24	33	337	1,375,634	
설비가동내역	날짜		생산라인		가동시간	
	2025-01-01		FAB-MN24		16	
생산능력지수	구분	2025년1월.xlsx	2025년2월.xlsx	2025년3월.xlsx	…	2025년12월.xlsx
	반도체	150	162	132	…	95

- [문제2, 3] 데이터 파일 수 : 1개 / '보험청구내역.xlsx'

파일명	보험청구내역.xlsx					
테이블	구조					
날짜	날짜	연도	월	월No	일	
	2024-01-01	2024	1월	1	1	
보험상품	보험상품코드	보험상품명	보험상품유형	보험사명	보험료	보험사정렬
	INS131769	프리미엄 암보험	암보험	C보험사	39300	1
보험청구내역	청구번호	청구일	고객번호	연령대	보험등급	등급정렬
	100224	2024-01-01	C17807	50대	골드	1
	보험상품코드	청구건수	청구금액	접수채널	반려여부	
	INS491440	35	348110	모바일		

문제 1   작업준비 (30점)

계산식 작성에 사용되는 문자열은 쌍따옴표(" ")를 사용하여 작성하시오.

1. 다음 지시사항에 따라 데이터 가져오기 및 파워 쿼리 편집기를 활용한 데이터 편집을 수행하시오. (10점)

    ❶ 데이터 파일을 가져온 후 데이터를 편집하시오. (3점)
    - 데이터 추가: '생산현황.xlsx' 파일의 '생산내역', '생산능력지수', '설비가동내역' 시트
    - 〈생산내역〉테이블에 '열 병합'을 사용하여 새 열 추가
        - 필드 이름: Key
        - 활용 필드: [생산일자], [생산라인]
        - 구분 기호: /
        - 결과: 2025-01-01/FAB-MN24
    - 〈설비가동내역〉테이블에 '열 병합'을 사용하여 새 열 추가
        - 필드 이름: Key
        - 활용 필드: [날짜], [생산라인]
        - 구분 기호: /
        - 결과: 2025-01-01/FAB-MN24

    ❷ 〈생산내역〉, 〈설비가동내역〉테이블을 '새 항목으로 병합'을 사용하여 병합하시오. (3점)
    - 테이블 이름: 생산및설비가동내역
    - 〈생산내역〉테이블의 [Key]필드를 기준으로 〈설비가동내역〉테이블 병합
        - 조인 종류: 왼쪽 외부
        - 〈설비가동내역〉테이블에서 [가동시간]필드만 확장
        - '원래 열 이름을 접두사로 사용' 옵션 해제

    ❸ 〈생산및설비가동내역〉테이블에서 생산라인별로 생산정보와 생산등급을 나타내도록 데이터를 변환하시오. (4점)
    - '그룹화'를 사용하여 [생산라인]필드 기준으로 데이터 요약
        - 활용 필드: 〈생산및설비가동내역〉테이블의 [생산라인], [생산량], [생산비용]필드
        - 새 열 이름: 생산량 합계는 "생산량합계", 생산비용의 평균은 "생산비용평균"으로 변경
        - 계산식: [생산량]필드의 합계, [생산비용]필드의 평균
    - '조건 열'을 추가하여 생산량별로 등급을 반환하는 열 추가
        - 필드 이름: 생산등급
        - [생산량합계]필드 값이 10,000 이상이면 "우수", 5,000 이상이면 "일반", 그 외는 "개선" 반환
        - 데이터 형식: 텍스트

2. 다음 지시사항에 따라 데이터를 편집하고 모델링 작업을 수행하시오. (10점)

   ❶ 파워 쿼리 편집기에서 〈생산능력지수〉테이블을 편집하시오. (3점)
   - '행 제거'를 사용하여 1행 제거
   - 첫 행을 열 머리글로 설정
   - [2025년1월.xlsx] ~ [2025년12월.xlsx]필드를 대상으로 열 피벗 해제
     - 필드 이름 변경: [특성]은 '기준일', [값]은 '지수'로 변경
   - [기준일]필드의 구분 기호 마침표(.) 앞의 텍스트를 추출하여 데이터 변환
     (단, 하나의 작업 단계로 작성되어야 함)
   - [기준일]필드의 데이터 형식: 날짜
   - [기준일]필드를 첫 열이 되도록 이동

   ❷ 다음 조건으로 데이터 창에 새 테이블을 추가하시오. (4점)
   - 테이블 이름: DimDate
   - 필드 이름: Date, 연도, 분기, 월
   - 사용 함수: ADDCOLUMNS, CALENDAR, DATE, FORMAT, MONTH, YEAR
     - 기간: 시작일은 "2025-01-01", 종료일은 "2025-12-31"
     - [연도], [월], [분기]필드: [Date]필드 기준으로 값 표시
     - [Date]필드의 데이터 형식: 날짜
     - [Date]필드의 서식: '*2001-03-14(Short Date)'

   ❸ 다음 조건으로 테이블 간의 관계를 설정하시오. (3점)
   - 〈생산내역〉테이블의 [생산일자]필드와 〈DimDate〉테이블의 [Date]필드
     - 카디널리티: 다대일(*:1)
     - 교차 필터 방향: 단일
   - 〈설비가동내역〉테이블의 [날짜]필드와 〈DimDate〉테이블의 [Date]필드
     - 카디널리티: 다대일(*:1)
     - 교차 필터 방향: 모두

3. 다음 지시사항에 따라 계산 열과 측정값, 계산 테이블을 추가하시오. (10점)

❶ 다음 조건으로 〈생산내역〉테이블에 계산필드(새 열)을 추가하시오. (3점)
- 계산필드 이름: [생산효율등급]
- 활용 필드
  - 〈생산내역〉테이블의 [생산건수]필드
  - [생산건수]가 40 이상이면 "우수", 25 이상이면 "보통", 나머지는 "개선필요" 반환
  - 사용 함수: SWITCH, TRUE

❷ 다음 조건으로 〈_측정값〉테이블에 측정값을 작성하시오. (3점)
- 측정값 이름: [특정라인_생산량합계]
- 활용 필드
  - 〈생산내역〉테이블의 [생산라인], [생산량]필드
  - [생산라인]이 "FAB-MN24"이거나 "FAB-RT15"인 [생산량] 합계 계산
  - 사용 함수: CALCULATE, IN, SUM

❸ 다음 조건으로 데이터 창에 새 테이블을 작성하시오. (4점)
- 테이블 이름: 〈상위5_생산라인〉
- 활용 필드
  - 〈생산내역〉테이블의 [생산라인], [생산량]필드
  - 필드 이름: 생산라인, 총생산량으로 표시
  - [생산라인]필드 기준으로 [생산량]필드의 합계를 표시하는 [총생산량]필드 추가
  - [총생산량]필드 기준으로 상위 5개의 생산라인 반환
  - 사용 함수: SUM, SUMMARIZE, TOPN
  - 서식: 천 단위 구분 기호(,)

문제 2   단순요소 구현 [30점]

〈시각화 완성화면〉 각 세부문제 풀이 후 '문제2' 페이지에 아래와 같이 개체를 배치하시오.

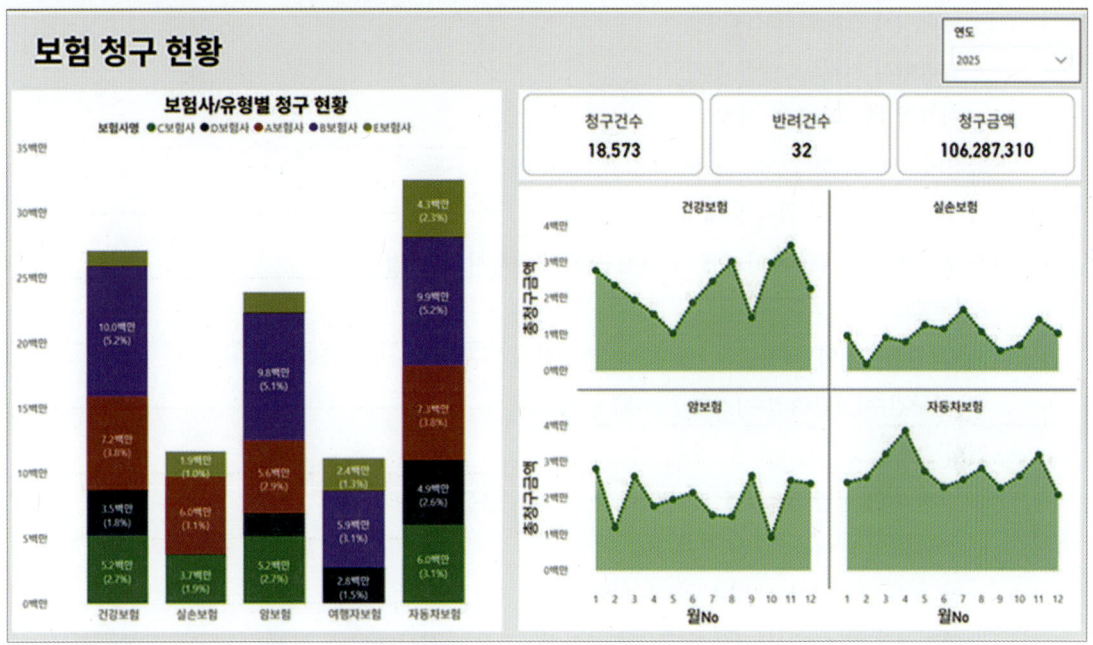

계산식 작성에 사용되는 문자열은 쌍따옴표(" ")를 사용하여 작성하시오.

1. '문제2', '문제3' 페이지의 전체 서식을 설정하시오. (5점)

   ❶ 보고서 전체의 테마를 설정하고 테마 사용자 지정 기능을 사용하여 테마 색을 변경하시오. (2점)
   - 보고서 테마: 고대비
   - 테마 색: 테마 업데이트, 색5 '#93932B'
   - 텍스트: 제목 글꼴 패밀리 'Segoe UI', 글꼴 크기 '16'
   - 페이지 배경: 색 '#EDEDED', 투명도 '0%'

   ❷ 텍스트 상자를 사용하여 보고서 제목을 작성하시오. (2점)
   - 텍스트: "보험 청구 현황"
   - 글꼴 서식: 'DIN', 글꼴 크기 '28', '굵게'
   - 배경: '#EDEDED'
   - 텍스트 상자를 '1-❷' 위치에 배치

2. 다음 지시사항에 따라 슬라이서와 카드(신규)를 구현하시오. (5점)

❶ 다음 조건으로 '문제2' 페이지에 슬라이서를 구현하시오. (2점)
- 활용 필드: 〈날짜〉테이블의 [연도]필드
- 서식
  - 슬라이서 스타일 '드롭다운'
  - 슬라이서 머리글: 글꼴 크기 '10'
  - 시각적 테두리 효과 설정
- 슬라이서에 '2025' 값으로 필터 적용
- 슬라이서를 '2-①' 위치에 배치

❷ 다음 조건으로 '문제2' 페이지에 카드(신규)를 구현하시오. (3점)
- 활용 필드
  - 〈보험청구내역〉테이블의 [반려건수]측정값, [청구건수], [청구금액]필드
  - [청구건수], [반려건수], [청구금액] 순서로 표시
- 서식
  - 전체 계열 설명 값: 글꼴 크기 '18', 가로 맞춤 '가운데'
  - 전체 계열 레이블: 글꼴 크기 '14'
  - 값 표시 단위: [청구건수], [청구금액] '없음'
  - 카드의 도형 모양 '모서리가 둥근 직사각형', 둥근 모서리(%) '10' 설정
- 카드를 '2-②' 위치에 배치

3. 다음 지시사항에 따라 누적 세로 막대형 차트를 구현하시오. (10점)

❶ 다음 조건으로 '문제2' 페이지에 누적 세로 막대형 차트를 구현하시오. (3점)
- 활용 필드
  - 〈보험상품〉테이블의 [보험상품유형]필드
  - 〈보험상품〉테이블의 [보험사명]필드
  - 〈보험청구내역〉테이블의 [총청구금액]측정값
- [보험상품유형]필드 기준으로 오름차순 정렬
- 차트를 '3-①' 위치에 배치

❷ 다음 지시사항에 따라 차트의 서식을 적용하시오. (4점)
- 차트 제목: "보험사/유형별 청구현황"
  - 제목 서식: 글꼴 '굵게', 가로 맞춤 '가운데'
- X축: 값의 글꼴 크기 '10', 제목 해제
- Y축: 제목 해제
- 범례: 위치 '위쪽 가운데', 글꼴 크기 '12'

- 데이터 레이블
  - 옵션: 넘치는 텍스트 설정
  - 세부 정보: 〈보험청구내역〉테이블의 [비율]측정값
    ▶ 표시 단위: 사용자 지정 형식 코드를 사용해 소수 자릿수 '1'까지 괄호 안에 표시
    (예) (2.3%)

❸ 차트에 추가된〈보험사명〉의 정렬 순서를 변경하시오. (3점)
  - 〈보험상품〉테이블의 [보험사정렬]필드 기준
  - 'C보험사, D보험사, A보험사, B보험사, E보험사' 순서로 정렬

4. 다음 지시사항에 따라 꺾은선형 차트를 구현하시오. (10점)

❶ 다음 조건으로 '문제2' 페이지에 축소 다중 항목 차트를 구현하시오. (3점)
  - 활용 필드
    - 〈날짜〉테이블의 [월No]필드
    - 〈보험상품〉테이블의 [보험상품유형]필드
    - 〈보험청구내역〉테이블의 [총청구금액]측정값
    - 〈보험청구내역〉테이블의 [승인건수]측정값
  - 도구 설명에 [승인건수]가 표시되도록 설정
  - 차트를 '4-①' 위치에 배치

❷ 다음 지시사항에 따라 차트의 서식을 적용하시오. (4점)
  - 차트 제목: 해제
  - X축: 유형 '범주별'
  - 선: 선 스타일 '점선', 너비 '4px'
  - 영역 음영 처리: 설정
  - 표식: 모든 범주 표시

❸ [총청구금액] 기준으로 하위 4개의 보험상품유형이 표시되도록 필터를 적용하시오. (3점)

문제 3   복합요소 구현 [40점]

〈시각화 완성화면〉 각 세부문제 풀이 후 답안 '문제3' 페이지에 아래와 같이 개체를 배치하시오.

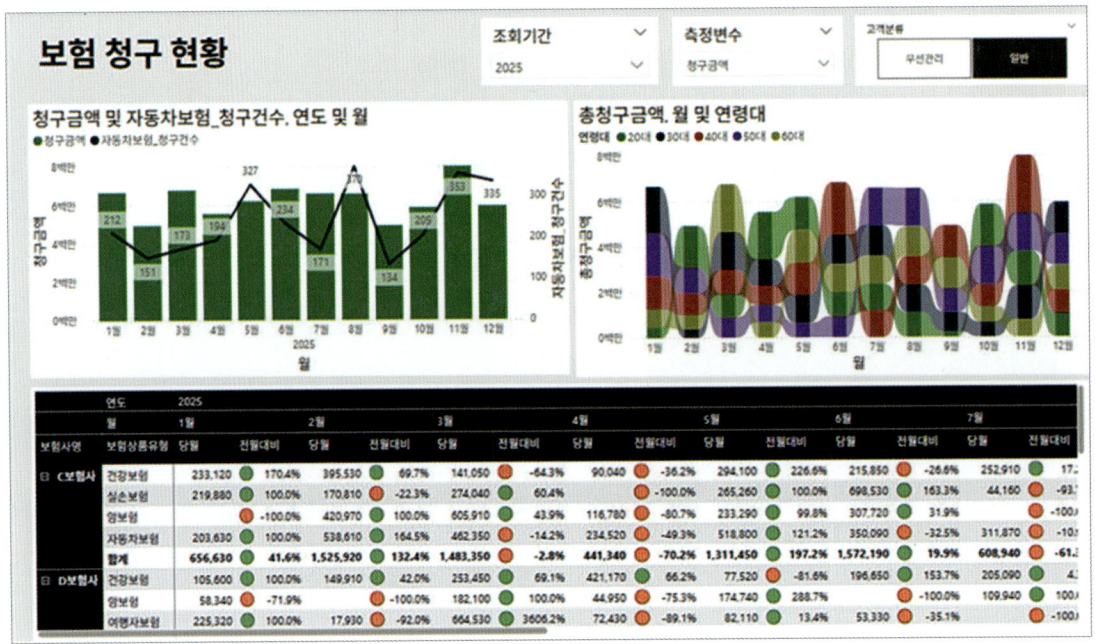

계산식 작성에 사용되는 문자열은 쌍따옴표(" ")를 사용하여 작성하시오.

1. 다음 지시사항에 따라 매개 변수를 생성하고 슬라이서와 꺾은선형 및 묶은 세로 막대형 차트로 구현하시오. (10점)

    ❶ 다음 조건으로 매개 변수를 추가하고 '문제3' 페이지에 슬라이서로 구현하시오. (4점)
    - 매개 변수 이름: 측정변수
       - 활용 필드: 〈보험청구내역〉테이블의 [총청구건수], [총청구금액]측정값
       - 측정변수 값은 총청구건수, 총청구금액 순서로 표시
       - 측정변수 값은 '총청구건수'는 '청구건수', '총청구금액'은 '청구금액'으로 필드 이름 변경
    - 슬라이서 서식
       - 슬라이서 스타일 '드롭다운', 단일 선택
    - 측정변수 슬라이서에 '청구금액' 값으로 필터 적용
    - 측정변수 슬라이서를 '1-①' 위치에 배치

❷ 다음 조건으로 〈보험청구내역〉테이블에 측정값을 추가하시오. (3점)
- 측정값 이름: 자동차보험_청구건수
  - 활용 필드
    ▶ 〈보험청구내역〉테이블의 [청구건수]필드, 〈보험상품〉테이블의 [보험상품유형]필드
    ▶ [보험상품유형]이 "자동차보험"인 경우 [청구건수] 합계 반환
    ▶ 사용 함수: CALCULATE, SUM
    ▶ 서식: 정수, 천 단위 구분 기호(,)

❸ 다음 조건으로 '문제3' 페이지에 꺾은선형 및 묶은 세로 막대형 차트를 구현하시오. (3점)
- 활용 필드
  - 〈날짜〉테이블의 [연도], [월]필드
  - 〈측정변수〉테이블의 [측정변수]필드
  - 〈보험청구내역〉테이블의 [자동차보험_청구건수]측정값
  - 분석항목 매개 변수에 따라 왼쪽 세로축이 변경되도록 구현
- 보조 Y축: 0부터 시작
- 데이터 레이블: [자동차보험_청구건수] 계열에만 표시
- 차트를 '1-③' 위치에 배치

2. 다음 지시사항에 따라 리본차트와 슬라이서를 구현하시오. (10점)

❶ 다음 조건으로 〈보험청구내역〉테이블에 계산 필드를 추가하시오. (4점)
- 계산 필드 이름: [고객분류]
- 활용 필드: 〈보험청구내역〉테이블의 [청구금액], [반려여부], [보험등급]필드
- [청구금액]이 250000(25만) 이상이고 [반려여부]가 공백이고, [보험등급]이 "골드" 또는 "실버"면 "우선관리" 아니면 "일반" 반환
- 사용 함수 및 연산자: BLANK, IF, &&, ||

❷ 다음 조건으로 '문제3' 페이지에 슬라이서를 구현하시오. (3점)
- 활용 필드: 〈보험청구내역〉테이블의 [고객분류]필드
- 서식
  - 슬라이서 스타일 '타일'
- 슬라이서에 '일반' 값으로 필터 적용
- 슬라이서를 '2-②' 위치에 배치

❸ 다음 조건으로 '문제3' 페이지에 리본 차트를 구현하시오. (3점)
- 활용 필드: 〈날짜〉테이블의 [월]필드, 〈보험청구내역〉테이블의 [연령대]필드, [총청구금액]측정값
- 리본 색의 투명도 '50'
- 차트를 '문제2-③' 위치에 배치

3. 다음 지시사항에 따라 측정값과 행렬 차트를 구현하시오. (10점)

❶ 〈보험청구내역〉테이블에 전월의 청구금액과 전월대비 변화율을 반환하는 측정값을 추가하시오. (4점)
- 측정값 이름: 전월대비성장률
  - 활용 필드: 〈보험청구내역〉테이블의 [청구금액]필드
  - 전월대비 현재 월의 청구금액 증감 비율 반환
  - 전월청구금액이 0이나 공백이면 '1' 반환
  - 계산: (당월청구금액−전월청구금액)/전월청구금액
  - 사용 함수: CALCULATE, DATEADD, DIVIDE, SUM
  - 다음과 같이 변수 이름 정의
    ▶ 청구금액의 합계는 'ClaimAmt'
    ▶ 전월청구금액의 합계는 'PrevClaimAmt'
  - 서식: 백분율(%), 소수 자릿수 '1'

❷ 제품과 날짜별로 주문실적을 나타내는 행렬 차트를 구현하시오. (3점)
- 활용 필드
  - 〈보험상품〉테이블의 [보험사명], [보험상품유형]필드
  - 〈날짜〉테이블의 [연도], [월]필드
  - 〈보험청구내역〉테이블의 [총청구금액]측정값
  - 〈보험청구내역〉테이블의 [전월대비성장률]측정값
- 값 필드 이름 바꾸기
  - [총청구금액]은 "당월", [전월대비성장률]은 "전월대비"로 변경
- 행 머리글: 계층 구조의 마지막 수준(보험상품유형)까지 확장
- 열 머리글: 계층 구조의 마지막 수준(월)까지 확장
- 서식
  - 스타일: 대체 행
  - 레이아웃: 테이블 형식
- 행렬 차트를 '3-❷' 위치에 배치

❸ 다음 조건으로 행렬 차트의 값과 합계에 조건부 서식을 적용하시오. (3점)
- 계열: 전월대비
  - 스타일: 아이콘
- 규칙
  - 숫자가 0보다 크고 최댓값보다 작거나 같은 경우, 녹색 원(🟢)
  - 숫자가 최솟값보다 크거나 같고 0보다 작은 경우, 빨간색 원(🔴)
- 적용 대상: 값 및 합계

4. 다음 지시사항에 따라 페이지와 시각적 개체간 상호 작용 기능을 설정하시오. (10점)

❶ 다음과 같이 시각적 개체의 상호 작용 설정 및 필터를 적용하시오. (4점)
- 시각적 상호 작용 설정
  - 측정변수 슬라이서에서 선택한 값이 리본 차트에 필터가 적용되지 않도록 설정
  - 리본 차트에서 선택한 값이 '꺾은선형 및 묶은 세로 막대형 차트'에 필터로 적용되도록 설정
- 현재 페이지에 접수채널이 '모바일'인 데이터만 표시되도록 필터
  - 활용 필드: 〈보험청구내역〉테이블의 [접수채널]필드
  - 필터 형식: 고급 필터링

❷ 다음 조건으로 '문제3' 페이지에 단추를 구현하시오. (3점)
- 종류: '페이지 탐색기'
- 페이지 표시: '문제2'
- 스타일: '가리키기' 상태일 때 [채우기] 색 '#5C2D91'
- 단추를 '4-❷' 위치에 배치

❸ 현재 페이지를 드릴스루 페이지로 설정하고 뒤로 단추의 서식을 설정한 후 '4-❸' 위치에 배치하시오. (3점)
- 활용 필드: 〈보험상품〉테이블의 [보험사명]필드
- 모든 필터 유지 옵션 해제
- 서식
  - 아이콘 유형: 비어 있음
  - 텍스트: 이전페이지로, 글꼴 크기 '14'
  - 채우기: 색 '#9FCB9F', 투명도 '0'

출제예상문제 3회 정답 및 해설

문제 1 작업준비(30점)

계산식 작성에 사용되는 문자열은 쌍따옴표(" ")를 사용하여 작성하시오.

1. 다음 지시사항에 따라 데이터 가져오기 및 파워 쿼리 편집기를 활용한 데이터 편집을 수행하시오. (10점)

① 데이터 파일을 가져온 후 데이터를 편집하시오. (3점)

- 데이터 추가: '생산현황.xlsx' 파일의 '생산내역', '생산능력지수', '설비가동내역' 시트
- 〈생산내역〉테이블에 '열 병합'을 사용하여 새 열 추가
  - 필드 이름: Key
  - 활용 필드: [생산일자], [생산라인]
  - 구분 기호: /
  - 결과: 2025-01-01/FAB-MN24
- 〈설비가동내역〉테이블에 '열 병합'을 사용하여 새 열 추가
  - 필드 이름: Key
  - 활용 필드: [날짜], [생산라인]
  - 구분 기호: /
  - 결과: 2025-01-01/FAB-MN24

1. 'C:\PB\Part4\3회_출제예상문제\3회_출제예상문제.pbix' 파일을 더블 클릭하여 연다.

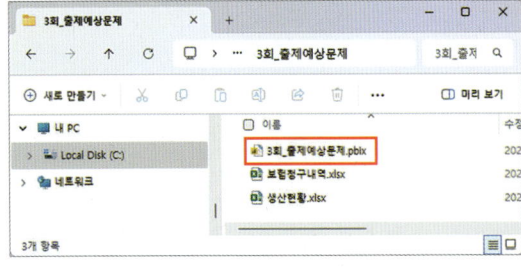

2. [홈]탭 - [데이터]그룹 - [Excel 통합 문서]를 클릭한 후 'C:\PB\Part4\3회_출제예상문제\생산현황.xlsx' 파일을 선택한 후 [열기]를 클릭한다.

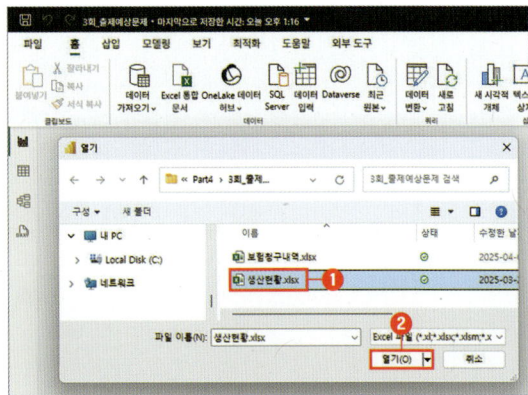

3. [탐색 창]이 표시되면 [생산내역], [생산능력지수], [설비가동내역] 시트를 선택한 후 [데이터 변환]을 클릭한다.

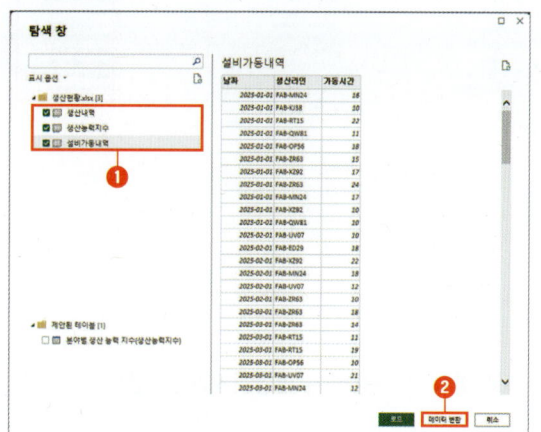

4. [쿼리]창에서 〈생산내역〉테이블을 선택한 후 [생산일자]필드를 클릭, [생산라인]필드를 Ctrl + 클릭하여 선택하고 [열 추가]탭 - [텍스트에서]그룹 - [열 병합]을 클릭한다.

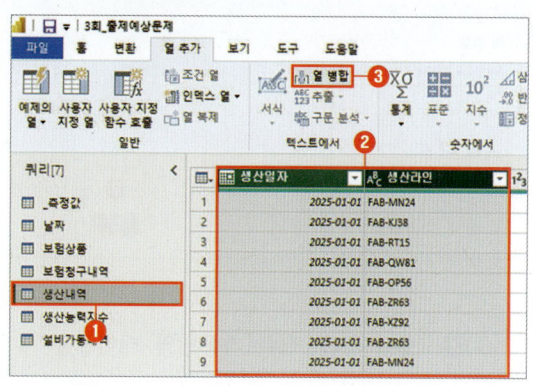

5. [열 병합]창이 표시되면 [구분 기호]에서 '--사용자 지정--'을 선택하고 '/'를 입력한 다음 [새 열 이름(선택 사항)]을 'Key'로 수정하고 [확인]을 클릭한다.

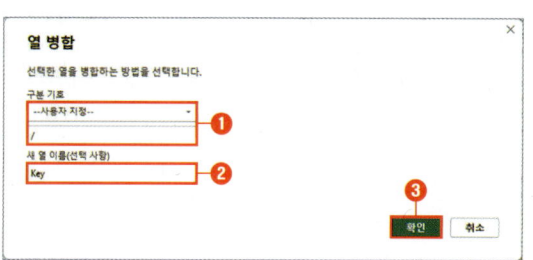

6. 〈생산내역〉테이블 오른쪽 끝에 [Key]열이 추가된 것을 확인한다.

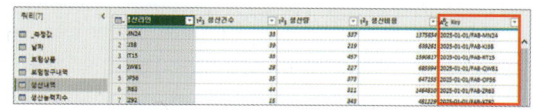

7. 같은 방법으로 〈설비가동내역〉테이블에서 [Key]필드를 추가하기 위해 〈설비가동내역〉테이블을 선택한 후 [날짜]필드를 클릭, [생산라인]필드를 Ctrl + 클릭하여 선택하고 [열 추가]탭 - [텍스트에서]그룹 - [열 병합]을 클릭한다.

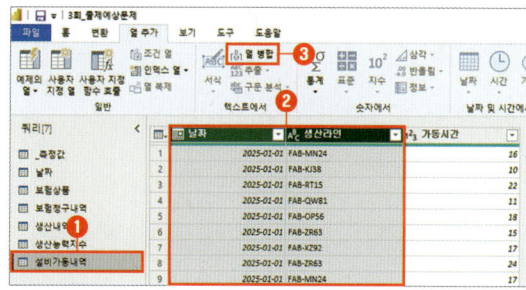

8. [열 병합]창이 표시되면 [구분 기호]에서 '--사용자 지정--'을 선택하고 '/'를 입력한 다음 [새 열 이름(선택 사항)]을 'Key'로 수정하고 [확인]을 클릭한다.

9. 〈설비가동내역〉테이블 오른쪽 끝에 [Key]열이 추가된 것을 확인한다.

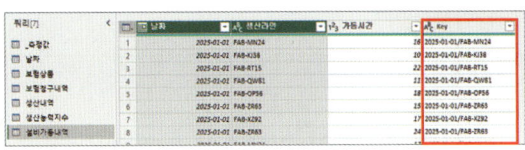

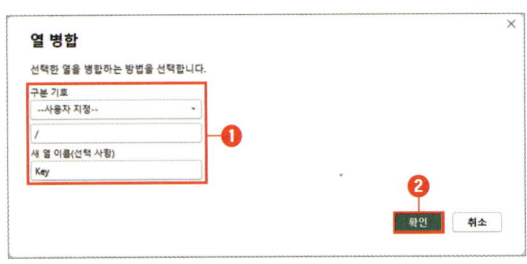

❷ 〈생산내역〉, 〈설비가동내역〉테이블을 '새 항목으로 병합'을 사용하여 병합하시오. (3점)
- 테이블 이름: 생산및설비가동내역
- 〈생산내역〉테이블의 [Key]필드를 기준으로 〈설비가동내역〉테이블 병합
  - 조인 종류: 왼쪽 외부
  - 〈설비가동내역〉테이블에서 [가동시간]필드만 확장
  - '원래 열 이름을 접두사로 사용' 옵션 해제

1. [쿼리]창에서 〈생산내역〉테이블을 선택한 후 [홈]탭 - [결합]그룹 - [쿼리 병합]의 ▼를 클릭하고 [쿼리를 새 항목으로 병합]을 선택한다.

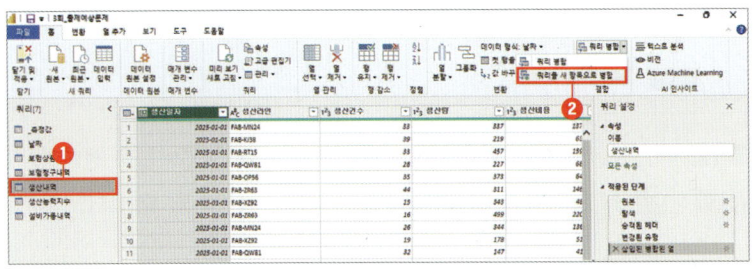

2. [병합]창이 표시되면 〈생산내역〉테이블의 [Key]필드를 클릭하고, 두 번째 테이블에 〈설비가동내역〉테이블을 선택한 다음 [Key]필드를 클릭한다.
3. [조인 종류]에 [왼쪽 외부(첫 번째의 모두, 두 번째의 일치하는 행)]을 선택하고 [확인]을 클릭한다.

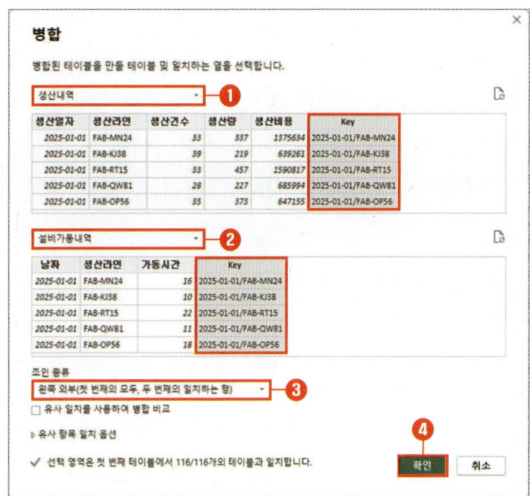

4. [쿼리 설정]창 [이름]에 '생산및설비가동내역'을 입력한 후 [설비가동내역]열의 ↔을 클릭하고 [가동시간]만 체크하고, [원래 열 이름을 접두사로 사용] 옵션을 해제한 다음 [확인]을 클릭한다.

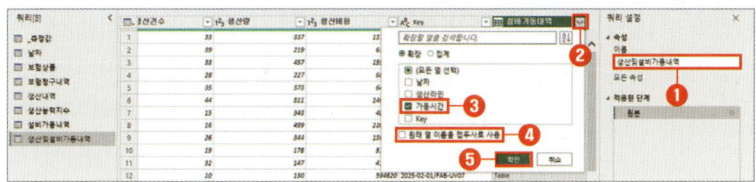

5. [가동시간]열이 추가된 것을 확인한다.

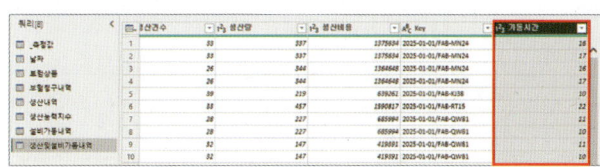

> ❸ 〈생산및설비가동내역〉테이블에서 생산라인별로 생산정보와 생산등급을 나타내도록 데이터를 변환하시오. (4점)
>
> - '그룹화'를 사용하여 [생산라인]필드 기준으로 데이터 요약
>   - 활용 필드: 〈생산및설비가동내역〉테이블의 [생산라인], [생산량], [생산비용]필드
>   - 새 열 이름: 생산량 합계는 "생산량합계", 생산비용의 평균은 "생산비용평균"으로 변경
>   - 계산식: [생산량]필드의 합계, [생산비용]필드의 평균
> - '조건 열'을 추가하여 생산량별로 등급을 반환하는 열 추가
>   - 필드 이름: 생산등급
>   - [생산량합계]필드 값이 10,000 이상이면 "우수", 5,000 이상이면 "일반", 그 외는 "개선" 반환
>   - 데이터 형식: 텍스트

1. 〈생산및설비가동내역〉테이블의 [생산라인]필드를 선택한 후 [홈]탭 – [변환]그룹 – [그룹화]를 클릭한다.

2. [그룹화]창이 표시되면 [고급] 옵션을 선택한 후 [새 열 이름]에 '생산량합계', [연산]에 '합계', [열]에 '생산량'을 지정하고 [집계 추가]를 클릭한 다음 [새 열 이름]에 '생산비용평균', [연산]에 '평균', [열]에 '생산비용'을 지정하고 [확인]을 클릭한다.

3. 조건 열을 추가하기 위해 [열 추가]탭 – [일반]그룹 – [조건 열]을 클릭한다.

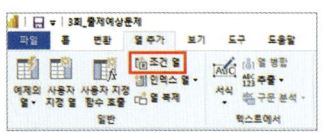

TIP [조건 열] 메뉴가 비활성화되어 있는 경우 테이블의 임의의 열을 클릭하여 여러 열이 선택된 상태를 해제한다.

4. [조건 열 추가]창이 표시되면 [새 열 이름]에 '생산등급', [열 이름]에 '생산량합계', [연산자]에 '보다 크거나 같음', [값]에 '10000', [출력]에 '우수'를 지정한 후 [절 추가]를 클릭하고, [열 이름]에 '생산량합계', [연산자]에 '보다 크거나 같음', [값]에 '5000', [출력]에 '일반', [기타]에 '개선'을 지정하고 [확인]을 클릭한다.

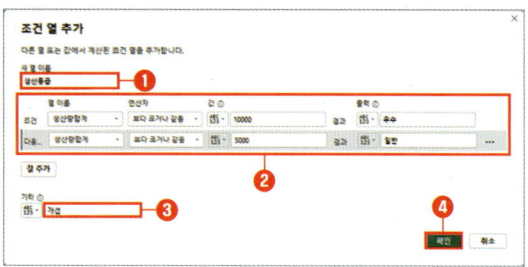

5. [생산등급]필드명 왼쪽 ABC123 을 클릭하고 [텍스트]를 선택한다.

2. 다음 지시사항에 따라 데이터를 편집하고 모델링 작업을 수행하시오. (10점)

❶ 파워 쿼리 편집기에서 〈생산능력지수〉테이블을 편집하시오. (3점)

- '행 제거'를 사용하여 1행 제거
- 첫 행을 열 머리글로 설정
- [2025년1월.xlsx] ~ [2025년12월.xlsx]필드를 대상으로 열 피벗 해제
  - 필드 이름 변경: [특성]은 '기준일', [값]은 '지수'로 변경
- [기준일]필드의 구분 기호 마침표(.) 앞의 텍스트를 추출하여 데이터 변환
  (단, 하나의 작업 단계로 작성되어야 함)
- [기준일]필드의 데이터 형식: 날짜
- [기준일]필드를 첫 열이 되도록 이동

1. [쿼리]창에서 〈생산능력지수〉테이블을 선택하고 [홈]탭 – [행 감소]그룹 – [행 제거] – [상위 행 제거]를 선택한다.

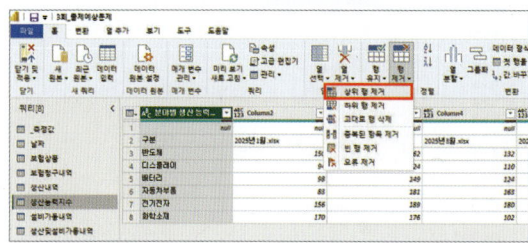

2. [행 수]에 '1'을 입력하고 [확인]을 클릭한다.

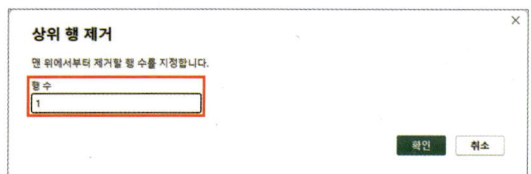

3. [홈]탭 – [변환]그룹 – [첫 행을 머리글로 사용]을 클릭한다.

4. [2025년1월.xlsx]열을 클릭하고 스크롤바를 오른쪽으로 이동하고 [2025년12월.xlsx]열을 Shift + 클릭하여 선택한 후 마우스 오른쪽 클릭, [열 피벗 해제]를 선택한다.

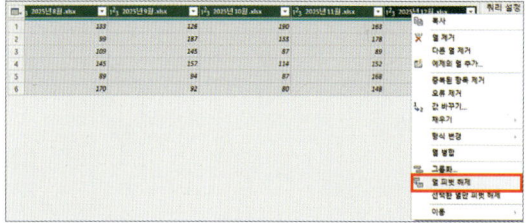

5. [특성]필드명을 더블 클릭하고 '기준일', [값]필드명을 더블 클릭하고 '지수'를 입력하여 필드명을 변경한다.

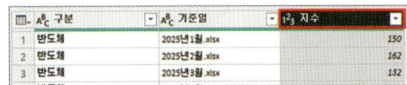

6. [기준일]필드를 선택한 후 [변환]탭 – [텍스트]그룹 – [추출]을 클릭하고 [구분 기호 앞 텍스트]를 선택한다.

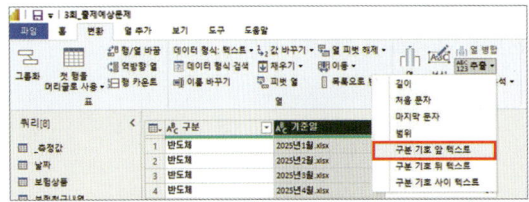

7. [구분 기호]에 '.'을 입력하고 [확인]을 클릭한다.

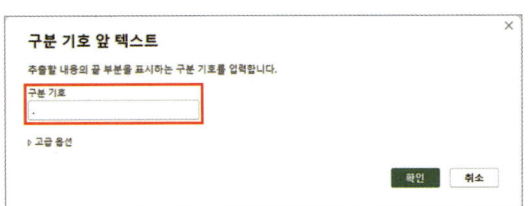

8. [기준일]필드의 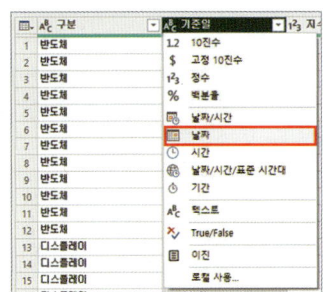 를 클릭한 후 [날짜]를 선택한다.

9. [기준일]필드명을 왼쪽으로 드래그하여 첫 열이 되도록 이동한다.

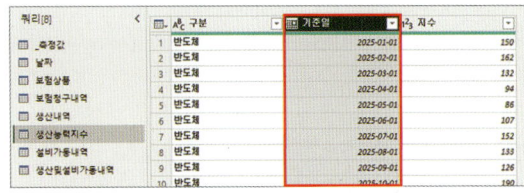

10. [홈]탭 – [닫기]그룹 – [닫기 및 적용]을 클릭하여 파워 쿼리 편집기 창을 닫는다.

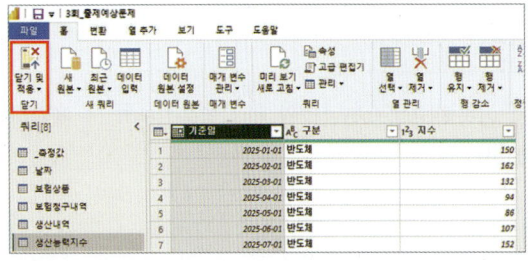

❷ 다음 조건으로 데이터 창에 새 테이블을 추가하시오. (4점)

- 테이블 이름: DimDate
- 필드 이름: Date, 연도, 분기, 월
- 사용 함수: ADDCOLUMNS, CALENDAR, DATE, FORMAT, MONTH, YEAR
  - 기간: 시작일은 "2025-01-01", 종료일은 "2025-12-31"
  - [연도], [월], [분기]필드: [Date]필드 기준으로 값 표시
  - [Date]필드의 데이터 형식: 날짜
  - [Date]필드의 서식: '*2001-03-14(Short Date)'

1. [테이블 보기]에서 [홈]탭 – [계산]그룹 – [새 테이블]을 클릭한다.

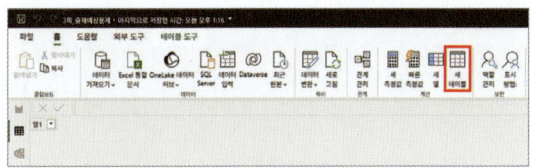

2. 수식 입력줄에 수식을 작성한 후 Enter 키를 누른다.

```
DimDate =
ADDCOLUMNS(
    CALENDAR(DATE(2025,1,1), DATE(2025,12,31)),
    "연도", YEAR([Date]),
    "분기", FORMAT([Date], "Q분기"),
    "월" MONTH([Date])
)
```

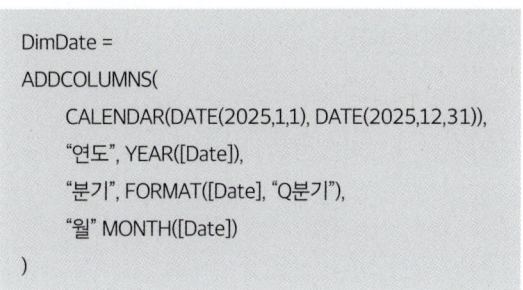

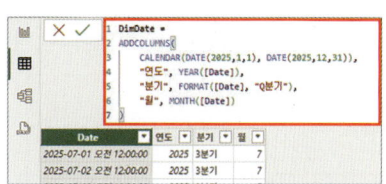 함수명을 소문자로 작성해도 무방하고, 줄 바꿈 및 들여쓰기는 동일하게 작성하지 않아도 된다.

3. [Date]열을 선택하고 [열 도구]탭 – [구조]그룹 – [데이터 형식]에 '날짜'를 선택하고, [서식]에 [*2001-03-14(Short Date)]를 선택한다.

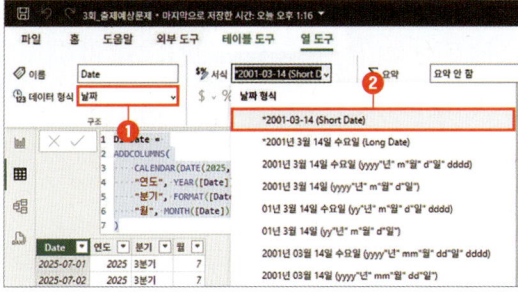

❸ 다음 조건으로 테이블 간의 관계를 설정하시오. (3점)
- 〈생산내역〉테이블의 [생산일자]필드와 〈DimDate〉테이블의 [Date]필드
  - 카디널리티: 다대일(*:1)
  - 교차 필터 방향: 단일
- 〈설비가동내역〉테이블의 [날짜]필드와 〈DimDate〉테이블의 [Date]필드
  - 카디널리티: 다대일(*:1)
  - 교차 필터 방향: 모두

1. [테이블 보기]에서 [홈]탭 - [관계]그룹 - [관계 관리]를 클릭한다.

2. [관계 관리]창이 표시되면 [새 관계]를 클릭한다.

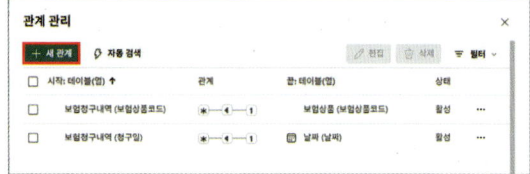

3. [새 관계]창이 표시되면 첫 번째 목록에서 〈생산내역〉테이블을 선택하고 [생산일자]필드 클릭, 두 번째 목록에서 〈DimDate〉테이블을 선택하고 [Date]필드를 클릭한 다음 [카디널리티]에 '다대일(*:1)', [교차 필터 방향]에 'Single' 옵션이 설정된 것을 확인하고 [저장]을 클릭한다.

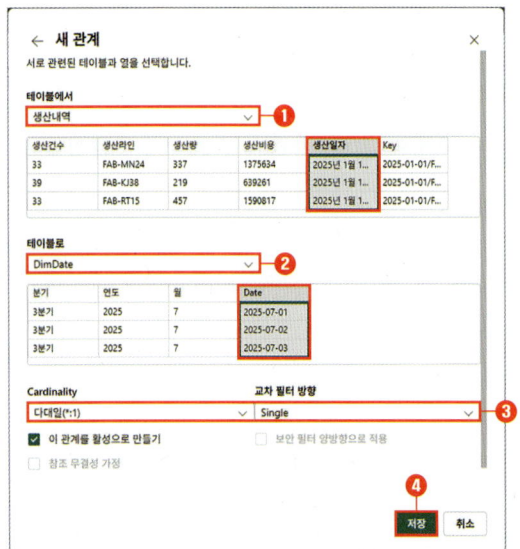

4. 추가된 관계를 확인한 후 [관계 관리]창이 표시되면 [새 관계]를 클릭한다.

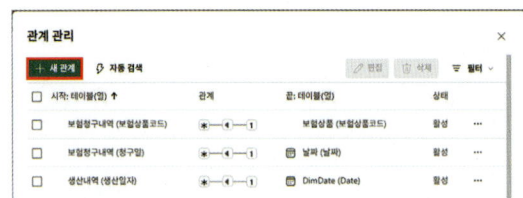

5. [새 관계]창이 표시되면 첫 번째 목록에서 〈설비가동내역〉테이블을 선택하고 [날짜]필드 클릭, 두 번째 목록에서 〈DimDate〉테이블을 선택하고 [Date]필드를 클릭한 다음 [카디널리티]에 '다대일(*:1)', [교차 필터 방향]에 '모두' 옵션이 설정된 것을 확인하고 [저장]을 클릭한다.

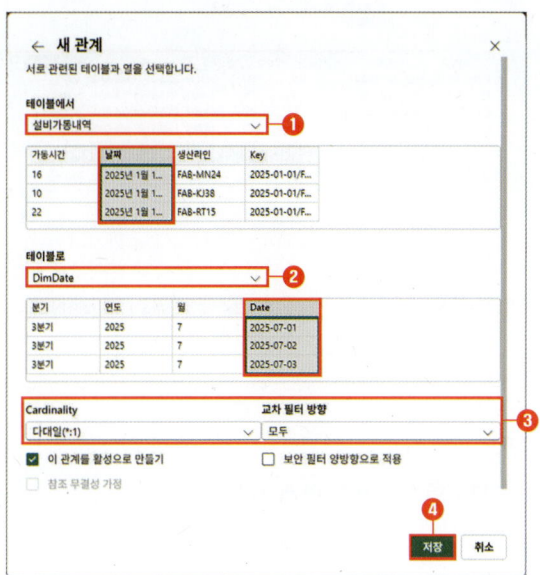

6. [관계 관리]창이 표시되면 [닫기]를 클릭한다.

> 3. 다음 지시사항에 따라 계산 열과 측정값, 계산 테이블을 추가하시오. (10점)
>
> ❶ 다음 조건으로 〈생산내역〉테이블에 계산필드(새 열)을 추가하시오. (3점)
>   - 계산필드 이름: [생산효율등급]
>   - 활용 필드
>   – 〈생산내역〉테이블의 [생산건수]필드
>   – [생산건수]가 40 이상이면 "우수", 25 이상이면 "보통", 나머지는 "개선필요" 반환
>   – 사용 함수: SWITCH, TRUE

7. [데이터]창에서 〈생산내역〉테이블을 선택한 후 [테이블 도구]탭 – [계산]그룹 – [새 열]을 클릭한다.

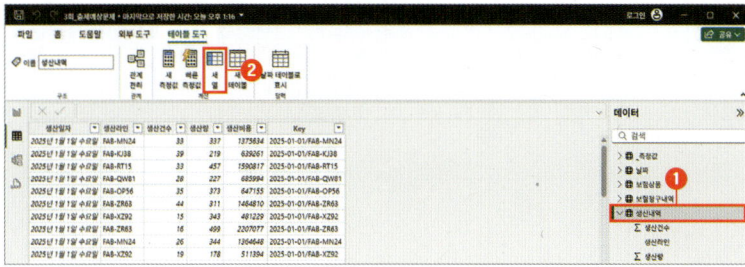

8. 수식을 작성한 후 Enter 키를 누른다.

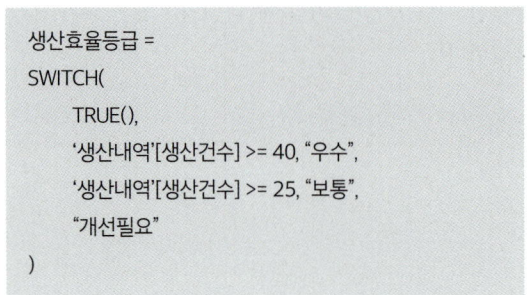

```
생산효율등급 =
SWITCH(
    TRUE(),
    '생산내역'[생산건수] >= 40, "우수",
    '생산내역'[생산건수] >= 25, "보통",
    "개선필요"
)
```

❷ 다음 조건으로 〈_측정값〉테이블에 측정값을 작성하시오. (3점)
- 측정값 이름: [특정라인_생산량합계]
- 활용 필드
  - 〈생산내역〉테이블의 [생산라인], [생산량]필드
  - [생산라인]이 "FAB-MN24"이거나 "FAB-RT15"인 [생산량] 합계 계산
- 사용 함수: CALCULATE, IN, SUM

1. [데이터]창의 〈_측정값〉테이블에서 마우스 오른쪽 버튼을 클릭한 후 [새 측정값]을 선택한다.

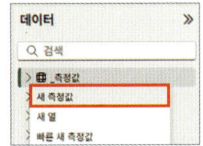

2. 수식을 작성한 후 Enter 키를 누른다.

```
특정라인_생산량합계 =
CALCULATE(
    SUM('생산내역'[생산량]),
    '생산내역'[생산라인] IN { "FAB-RT15", "FAB-MN24" }
)
```

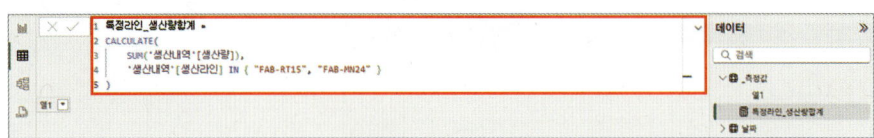

❸ 다음 조건으로 데이터 창에 새 테이블을 작성하시오. (4점)

- 테이블 이름: 〈상위5_생산라인〉
- 활용 필드
  - 〈생산내역〉테이블의 [생산라인], [생산량]필드
  - 필드 이름: 생산라인, 총생산량으로 표시
  - [생산라인]필드 기준으로 [생산량]필드의 합계를 표시하는 [총생산량]필드 추가
  - [총생산량]필드 기준으로 상위 5개의 생산라인 반환
  - 사용 함수: SUM, SUMMARIZE, TOPN
  - 서식: 천 단위 구분 기호(9)

1. [홈]탭 - [계산]그룹 - [새 테이블]을 클릭한다.

2. 수식을 작성한 후 Enter 키를 누른 다음 〈상위5_생산라인〉테이블이 생성된 것을 확인한다.

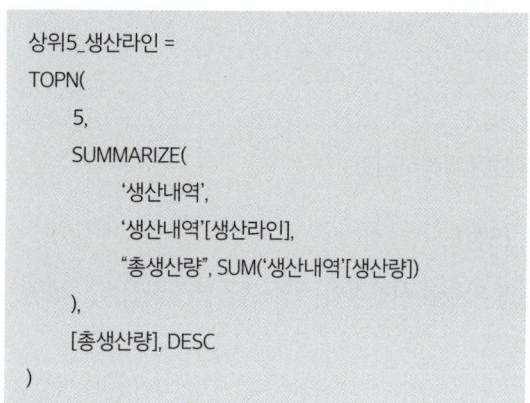

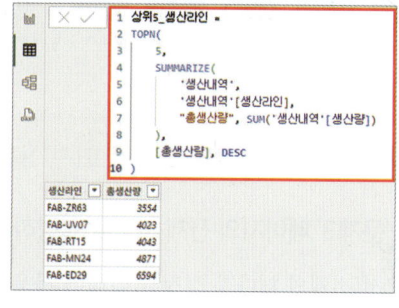

3. [총생산량]필드를 선택한 후 [열 도구]탭 - [서식]그룹 - 천 단위 구분 기호(9)를 클릭한다.

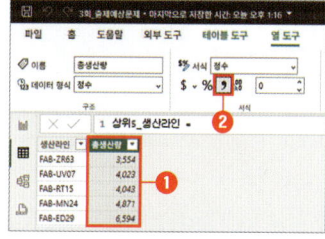

문제 2   단순요소 구현 (30점)

〈시각화 완성화면〉 각 세부문제 풀이 후 '문제2' 페이지에 아래와 같이 개체를 배치하시오.

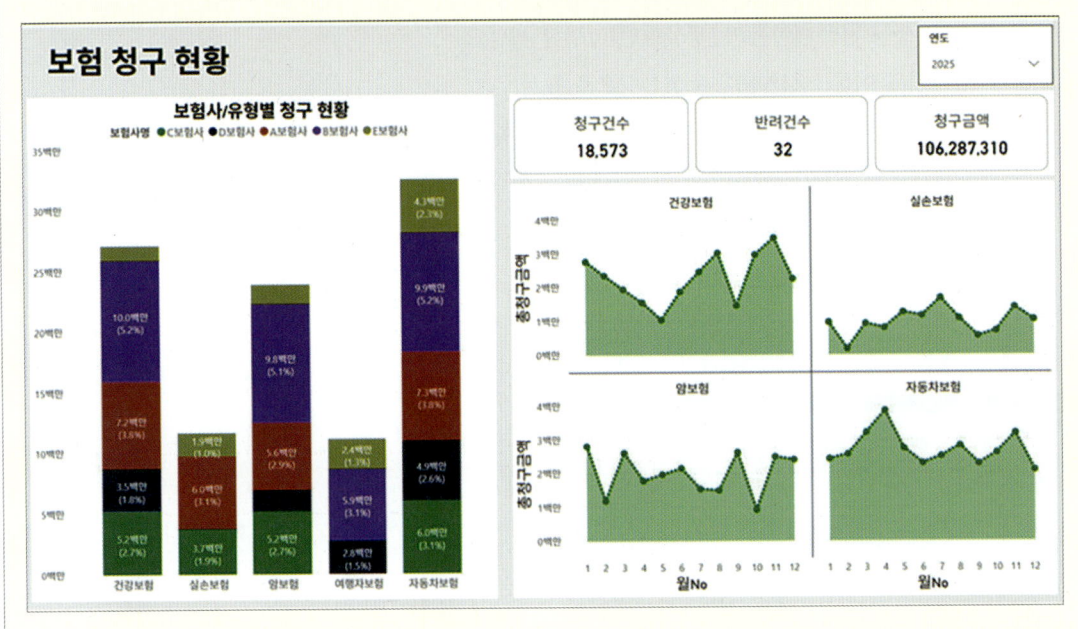

계산식 작성에 사용되는 문자열은 쌍따옴표(" ")를 사용하여 작성하시오.

1. '문제2', '문제3' 페이지의 전체 서식을 설정하시오. (5점)

   ❶ 보고서 전체의 테마를 설정하고 테마 사용자 지정 기능을 사용하여 테마 색을 변경하시오. (2점)
   - 보고서 테마: 고대비
   - 테마 색: 테마 업데이트, 색5 '#93932B'
   - 텍스트: 제목 글꼴 패밀리 'Segoe UI', 글꼴 크기 '16'
   - 페이지 배경: 색 '#EDEDED', 투명도 '0%'

1. [보고서 보기]로 이동한 후 [보기]탭 – [테마]그룹 – ⋁를 클릭하고 '고대비' 테마를 선택한다.

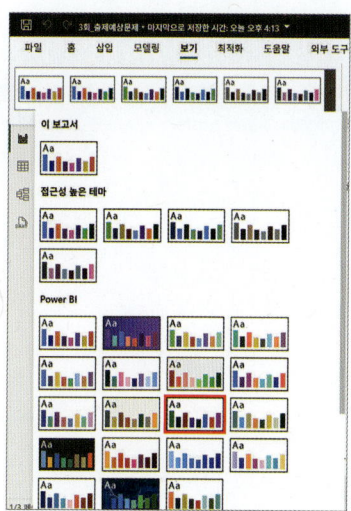

2. [보기]탭 – [테마]그룹 – ⋁를 클릭하고 [현재 테마 사용자 지정]을 선택한다.

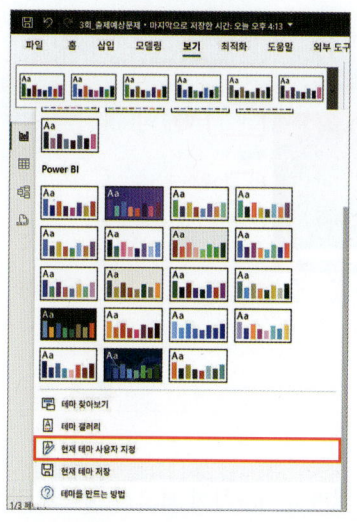

3. [이름 및 색]에서 [테마 업데이트]를 클릭한 후 [색 5]를 클릭하고 [헥스]에 '#93932B'를 입력한 다음 창의 빈 공간을 클릭한다.

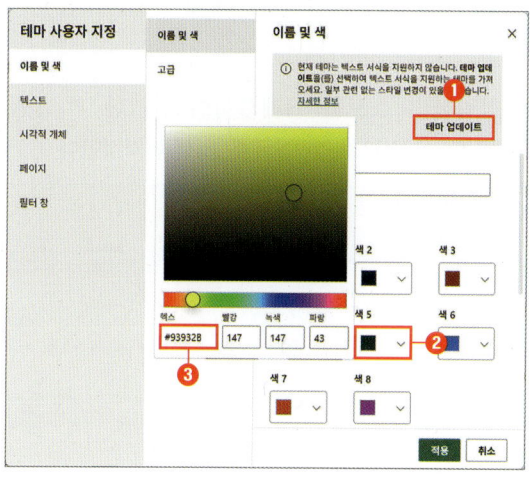

4. [텍스트] – [제목]의 [글꼴 크기]를 '16'으로 지정한다.

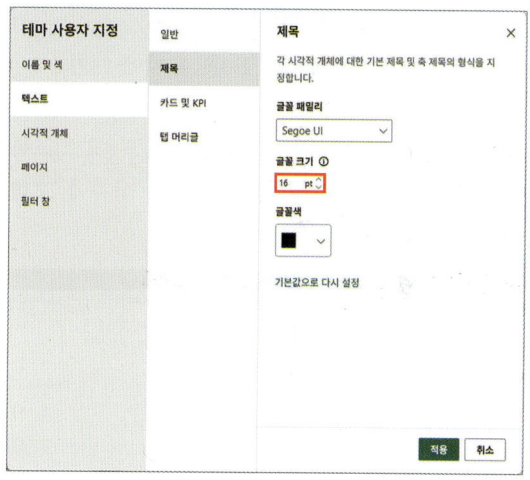

5. [페이지] – [페이지 배경] – [색]을 클릭한 후 [헥스]에 '#EDEDED'를 입력하고, [투명도]를 '0%'로 설정한 다음 [적용]을 클릭한다.

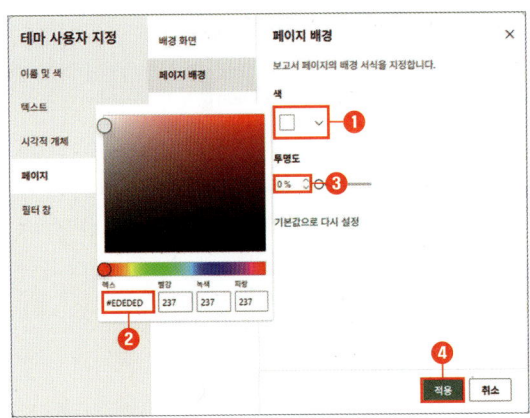

❷ 텍스트 상자를 사용하여 보고서 제목을 작성하시오. (2점)
- 텍스트: "보험 청구 현황"
- 글꼴 서식: 'DIN', 글꼴 크기 '28', '굵게'
- 배경: '#EDEDED'
- 텍스트 상자를 '1-②' 위치에 배치

1. [문제2] 페이지로 이동한 후 [삽입]탭 – [요소]그룹 – [텍스트 상자]를 클릭하고 텍스트 상자에 '보험 청구 현황'을 입력한다.

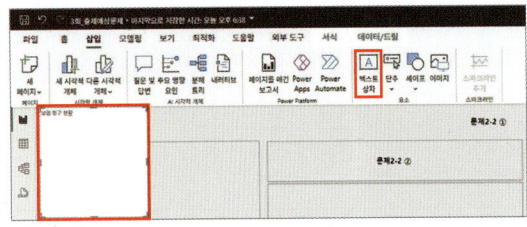

3. [텍스트 상자 서식 지정]창 – [효과] – [배경] – [색]을 클릭한 후 [다른 색…]을 클릭하고 [헥스]에 '#EDEDED'를 지정한다.

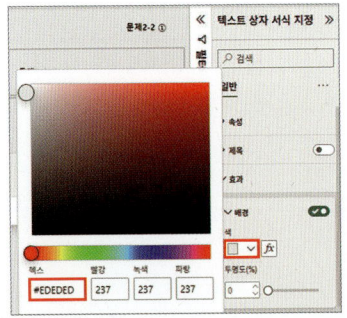

2. 입력한 텍스트를 드래그하여 선택한 후 글꼴 'DIN', 글꼴 크기 '28', '굵게' 옵션을 지정한다.

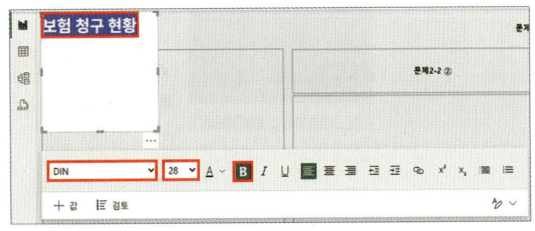

4. 텍스트 상자의 크기를 적절히 조절한 후 '1-②' 위치로 드래그하여 이동한다.

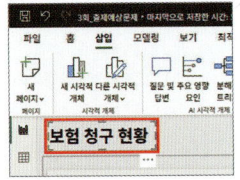

2. 다음 지시사항에 따라 슬라이서와 카드(신규)를 구현하시오. (5점)

① 다음 조건으로 '문제2' 페이지에 슬라이서를 구현하시오. (2점)
- 활용 필드: 〈날짜〉테이블의 [연도]필드
- 서식
  - 슬라이서 스타일 '드롭다운'
  - 슬라이서 머리글: 글꼴 크기 '10'
  - 시각적 테두리 효과 설정
- 슬라이서에 '2025' 값으로 필터 적용
- 슬라이서를 '2-①' 위치에 배치

1. [시각화]창 – [시각적 개체 빌드]에서 [슬라이서]를 선택한다.
2. [데이터]창 – 〈날짜〉테이블의 [연도]필드를 [시각화]창 – [시각적 개체 빌드] – [필드] 영역에 드래그하여 추가한다.

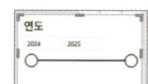

3. [시각화]창 – [시각적 개체 서식 지정] – [시각적 개체]탭 – [슬라이서 설정] – [옵션] – [스타일]에 '드롭다운', [슬라이서 머리글] – [텍스트] – [글꼴] 크기에 '10'을 설정한 후 [일반]탭 – [효과] – [시각적 테두리] 옵션을 설정한다.

4. 슬라이서의 목록을 클릭하여 연 후 '2025'를 선택한 다음 슬라이서의 크기를 조절하고 '2-①' 위치에 배치한다.

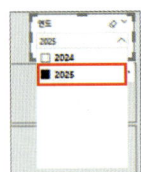

> ❷ 다음 조건으로 '문제2' 페이지에 카드(신규)를 구현하시오. (3점)
> - 활용 필드
>   - 〈보험청구내역〉테이블의 [반려건수]측정값, [청구건수], [청구금액]필드
>   - [청구건수], [반려건수], [청구금액] 순서로 표시
> - 서식
>   - 전체 계열 설명 값: 글꼴 크기 '18', 가로 맞춤 '가운데'
>   - 전체 계열 레이블: 글꼴 크기 '14'
>   - 값 표시 단위: [청구건수], [청구금액] '없음'
>   - 카드의 도형 모양 '모서리가 둥근 직사각형', 둥근 모서리(%) '10' 설정
> - 카드를 '2-②' 위치에 배치

1. [시각화]창 - [시각적 개체 빌드]에서 [카드(신규)]를 클릭한다.
2. [데이터]창 - 〈보험청구내역〉테이블의 [반려건수]측정값, [청구건수], [청구금액]필드를 [시각화]창 - [시각적 개체 빌드] - [필드] 영역에 드래그하여 추가한다.

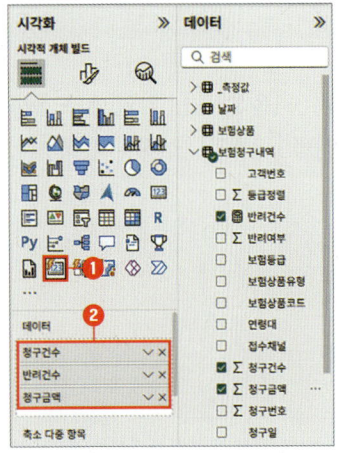

3. [시각화]창 - [시각적 개체 서식 지정] - [시각적 개체]탭 - [설명 값] - [설정 적용 대상] - [계열]이 '모두'인 상태에서 [값]을 클릭한 후 글꼴 'DIN', 글꼴 크기 '18', 가로 맞춤 '가운데' 옵션을 설정한 후 [레이블] - 글꼴 크기 '14'를 설정한다.

4. 화면을 위로 스크롤하여 [설명 값] – [설정 적용 대상] – [계열]에서 [청구건수]를 선택하고 [값]의 [표시 단위]를 '없음'으로 설정한다.

5. 같은 방법으로 [청구금액] 계열의 [값] – [표시 단위]도 '없음'으로 설정한다.

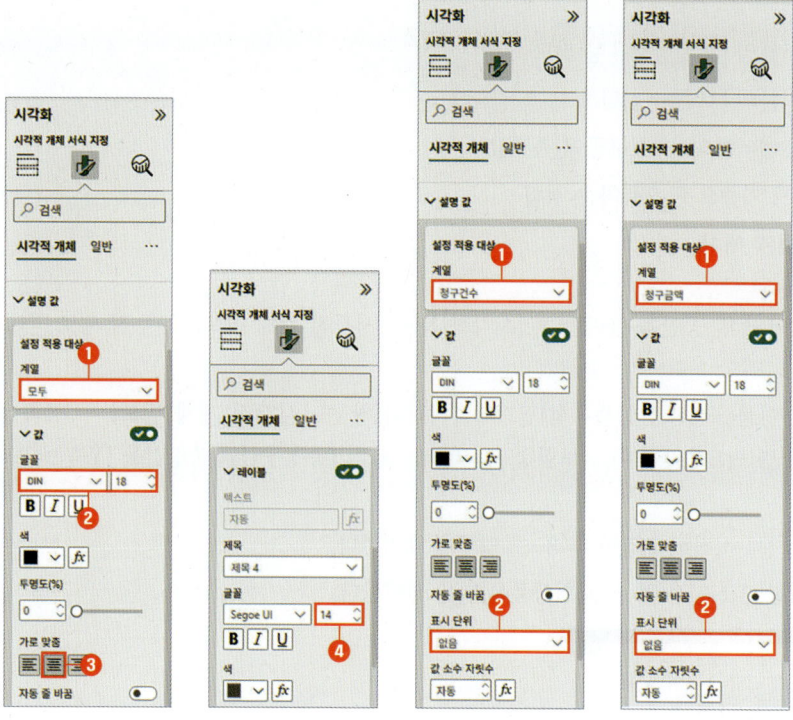

6. [카드] – [도형]에 '모서리가 둥근 직사각형'을 선택하고, [둥근 모서리]에 '10'을 지정한 후 크기를 적절히 조절하고 '2–②' 위치에 배치한다.

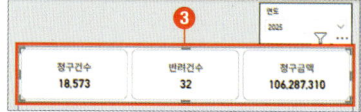

3. 다음 지시사항에 따라 누적 세로 막대형 차트를 구현하시오. (10점)

❶ 다음 조건으로 '문제2' 페이지에 누적 세로 막대형 차트를 구현하시오. (3점)

- 활용 필드
  - 〈보험상품〉테이블의 [보험상품유형]필드
  - 〈보험상품〉테이블의 [보험사명]필드
  - 〈보험청구내역〉테이블의 [총청구금액]측정값
- [보험상품유형]필드 기준으로 오름차순 정렬
- 차트를 '3-①' 위치에 배치

1. 새 개체를 추가하기 위해 페이지 빈 공간을 클릭한 후 [시각화]창 – [시각적 개체 빌드] – [누적 세로 막대형 차트]를 클릭한다.
2. [데이터]창 – 〈보험상품〉테이블 – [보험상품유형]필드를 [시각화]창 – [시각적 개체 빌드] – [X축], 〈보험상품〉테이블의 [보험사명]필드를 [범례], 〈보험청구내역〉테이블의 [총청구금액]측정값을 [Y축]에 드래그하여 추가한다.
3. 누적 세로 막대형 차트의 크기를 적절히 조절한 후 3-① 영역에 배치한다.
4. 차트 오른쪽 상단 ···을 클릭한 후 [축 정렬] – [보험상품유형]을 선택한다.

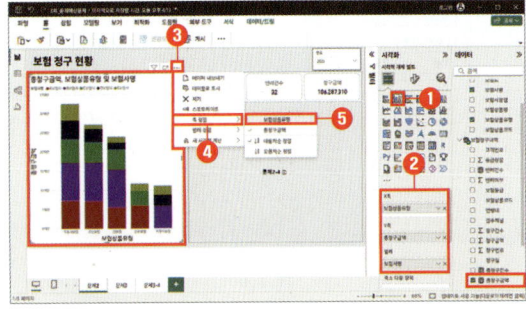

5. 다시 한번, 차트 오른쪽 상단 ···을 클릭한 후 [축 정렬] – [오름차순 정렬]을 선택한다.

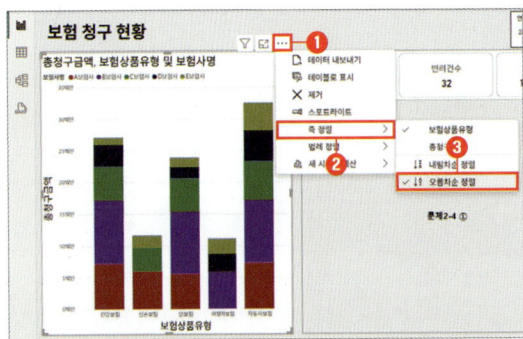

❷ 다음 지시사항에 따라 차트의 서식을 적용하시오. (4점)
- 차트 제목: "보험사/유형별 청구현황"
  - 제목 서식: 글꼴 '굵게', 가로 맞춤 '가운데'
- X축: 값의 글꼴 크기 '10', 제목 해제
- Y축: 제목 해제
- 범례: 위치 '위쪽 가운데', 글꼴 크기 '12'
- 데이터 레이블
  - 옵션: 넘치는 텍스트 설정
  - 세부 정보: 〈보험청구내역〉테이블의 [비율]측정값
    ▶ 표시 단위: 사용자 지정 형식 코드를 사용해 소수 자릿수 '1'까지 괄호 안에 표시
      (예 (2.3%))

6. [시각화]창 – [시각적 개체 서식 지정] – [일반]탭 – [제목] – [텍스트]에 '보험사/유형별 청구현황'을 입력한 후 '굵게', 가로 맞춤 '가운데' 서식을 설정한다.

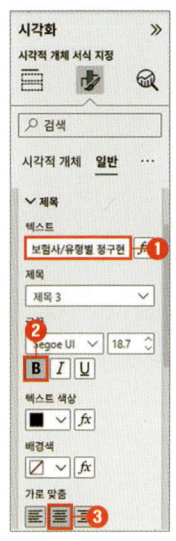

7. [시각화]창 – [시각적 개체 서식 지정] – [시각적 개체]탭 – [X축] – [제목] 옵션을 해제하고 [Y축] – [제목] 옵션도 해제한다.

8. [범례] 옵션을 클릭한 후 [위치] – [위쪽 가운데], [텍스트]의 글꼴 크기를 '12'로 지정한다.

9. [데이터 레이블] 옵션을 설정한 후 [옵션] – [넘치는 텍스트] 옵션을 설정한다.

10. [세부 정보] 옵션을 설정한 후 [세부 정보]를 클릭하여 옵션을 확장한 다음 [데이터]창 – 〈보험청구내역〉 테이블 – [비율]측정값을 [데이터] 영역으로 드래그하여 추가한다.

11. [표시 단위]에서 '사용자 지정'을 선택하고, [형식 코드]에 '(0.0%)'를 입력한다.

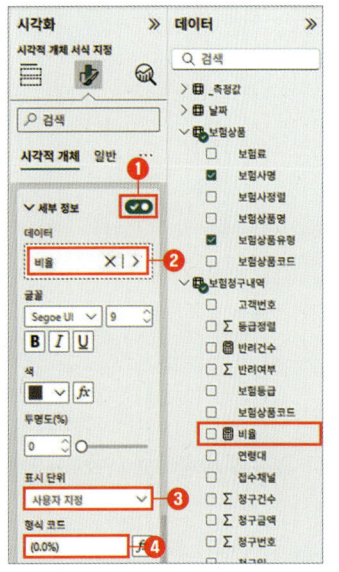
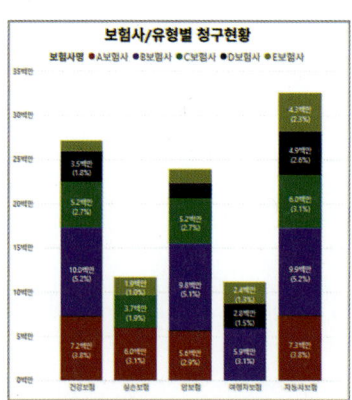

> ❸ 차트에 추가된 〈보험사명〉의 정렬 순서를 변경하시오. (3점)
> - 〈보험상품〉테이블의 [보험사정렬]필드 기준
> - 'C보험사, D보험사, A보험사, B보험사, E보험사' 순서로 정렬

1. [데이터]창에서 〈보험상품〉테이블의 [보험사명]필드를 선택한다.
2. [열 도구]탭 - [정렬]그룹 - [열 기준 정렬]을 클릭하고 [보험사정렬]을 선택한다.

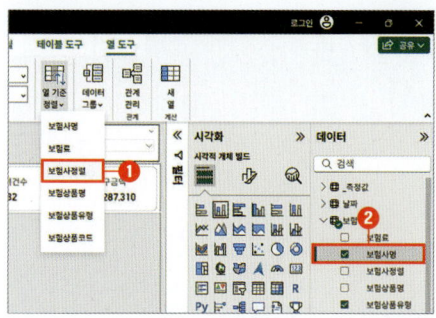

> **4. 다음 지시사항에 따라 꺾은선형 차트를 구현하시오. (10점)**
> ❶ 다음 조건으로 '문제2' 페이지에 축소 다중 항목 차트를 구현하시오. (3점)
> - 활용 필드
>   - 〈날짜〉테이블의 [월No]필드
>   - 〈보험상품〉테이블의 [보험상품유형]필드
>   - 〈보험청구내역〉테이블의 [총청구금액]측정값
>   - 〈보험청구내역〉테이블의 [승인건수]측정값
> - 도구 설명에 [승인건수]가 표시되도록 설정
> - 차트를 '4-①' 위치에 배치

1. 새 개체를 추가하기 위해 보고서 빈 공간을 클릭한 후 [시각화]창 - [시각적 개체 빌드] - [꺾은선형 차트]를 클릭한다.

2. [데이터]창 - 〈날짜〉테이블 - [월No]필드를 [시각화]창 - [시각적 개체 빌드] - [X축] 영역, 〈보험청구내역〉테이블 - [총청구금액]필드를 [Y축], 〈보험상품〉테이블의 [보험상품유형]필드를 [축소 다중 항목], 〈보험청구내역〉테이블의 [승인건수]측정값을 [도구 설명]에 추가한다.

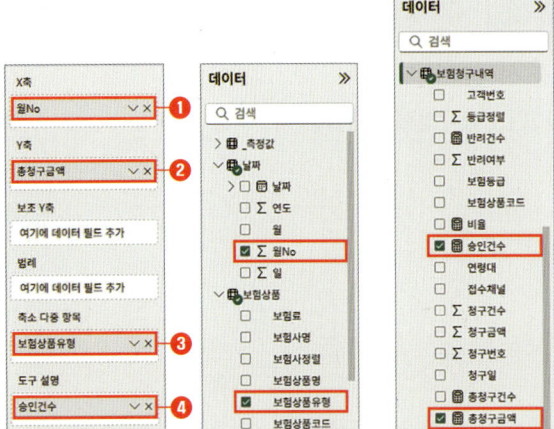

3. 꺾은선형 차트의 크기를 적절히 조절한 후 '4-①' 위치에 배치한다.

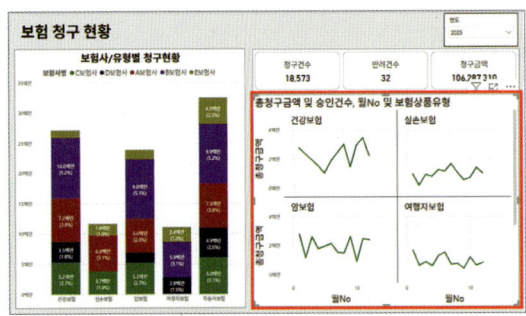

❷ 다음 지시사항에 따라 차트의 서식을 적용하시오. (4점)
- 차트 제목: 해제
- X축: 유형 '범주별'
- 선: 선 스타일 '점선', 너비 '4px'
- 영역 음영 처리: 설정
- 표식: 모든 범주 표시

1. [시각화]창 - [시각적 개체 서식 지정] - [일반]탭 - [제목] - [제목] 옵션을 해제한다.
2. [시각화]창 - [시각적 개체 서식 지정] - [시각적 개체]탭 - [X축] - [유형]을 '범주별', [선] - [선 스타일]을 '점선', [너비]를 '4', [영역 음영 처리] 옵션을 설정, [표식] - [설정 적용 대상] - [범주] - [모든 범주 표시] 옵션을 설정한다.

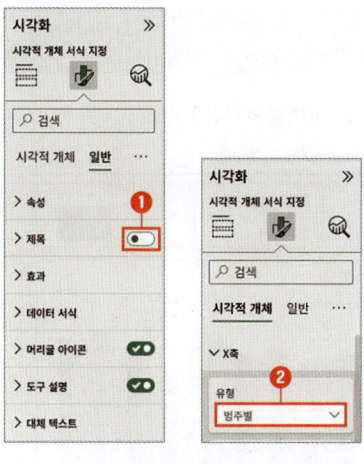

3. 서식이 지정된 차트를 확인한다.

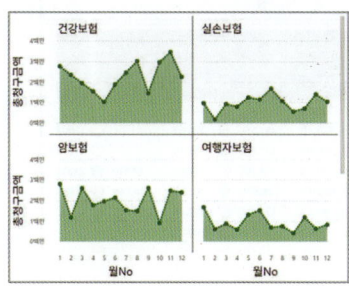

❸ [총청구금액] 기준으로 하위 4개의 보험상품유형이 표시되도록 필터를 적용하시오. (3점)

1. 필터(▽)를 클릭하여 필터 창을 연다.
2. [보험상품유형] 필터 카드를 클릭하여 연 후 [필터 형식]에서 '상위 N', [항목 표시]에서 '아래쪽'을 선택하고, 입력란에 '4'를 입력한다. [데이터]창 – 〈보험청구내역〉테이블 – [총청구금액]측정값을 필터 창 [값] 영역으로 드래그하여 추가한 다음 [필터 적용]을 클릭한다.

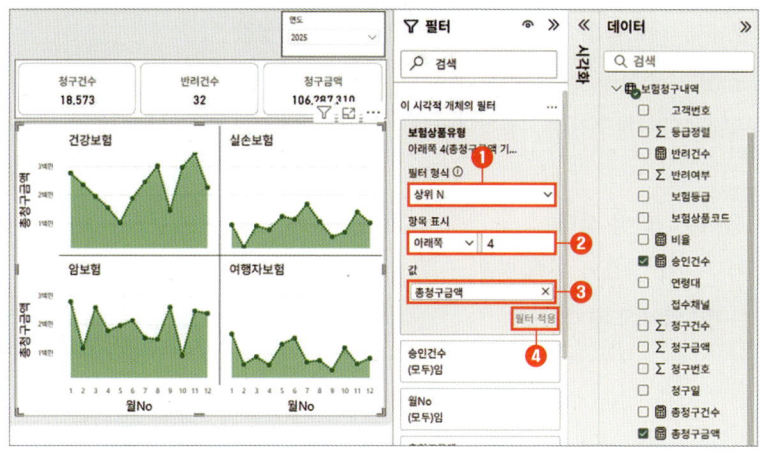

문제 3 복합요소 구현 (40점)

〈시각화 완성화면〉 각 세부문제 풀이 후 답안 '문제3' 페이지에 아래와 같이 개체를 배치하시오.

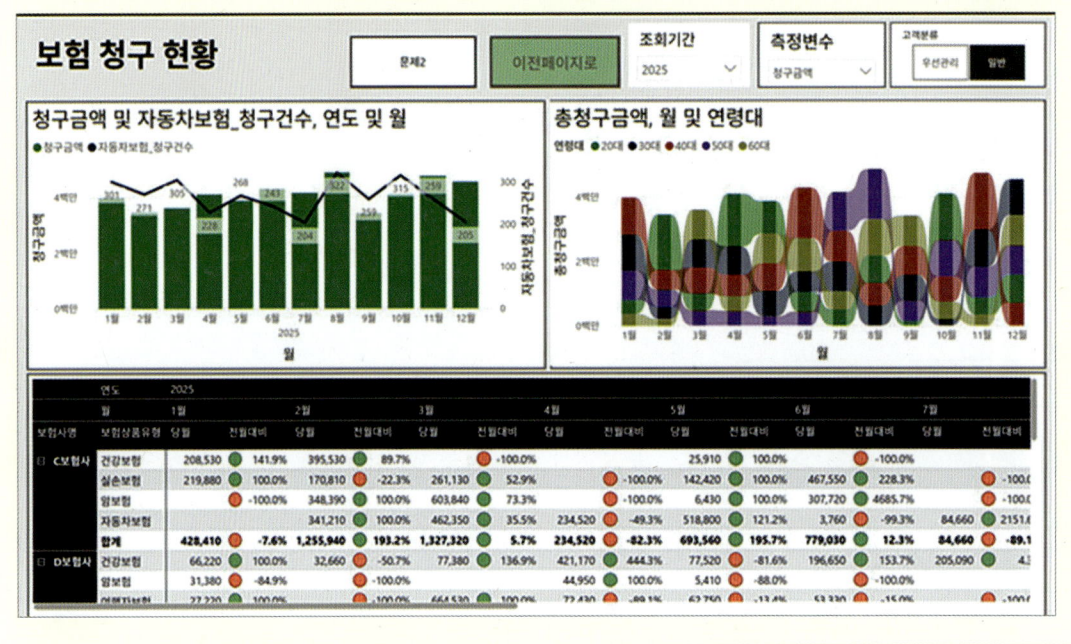

계산식 작성에 사용되는 문자열은 쌍따옴표(" ")를 사용하여 작성하시오.

1. **다음 지시사항에 따라 매개 변수를 생성하고 슬라이서와 꺾은선형 및 묶은 세로 막대형 차트로 구현하시오. (10점)**

    ① 다음 조건으로 매개 변수를 추가하고 '문제3' 페이지에 슬라이서로 구현하시오. (4점)
    - 매개 변수 이름: 측정변수
       - 활용 필드: 〈보험청구내역〉테이블의 [총청구건수], [총청구금액]측정값
       - 측정변수 값은 총청구건수, 총청구금액 순서로 표시
       - 측정변수 값은 '총청구건수'는 '청구건수', '총청구금액'은 '청구금액'으로 필드 이름 변경
    - 슬라이서 서식
       - 슬라이서 스타일 '드롭다운', 단일 선택
    - 측정변수 슬라이서에 '청구금액' 값으로 필터 적용
    - 측정변수 슬라이서를 '1-①' 위치에 배치

1. [모델링]탭 – [매개 변수]그룹 – [새 매개 변수]를 클릭한 후 [필드]를 선택한다.

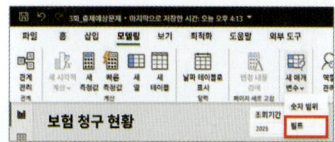

2. [매개 변수]창이 표시되면 이름은 '측정변수'로 수정하고 [필드]창에서 〈보험청구내역〉테이블의 [총청구건수]측정값과 [총청구금액]측정값에 체크하여 [필드 추가 및 순서 변경] 영역으로 추가한다.

3. [필드 추가 및 순서 변경]에 추가된 필드명을 더블 클릭하여 '총청구건수'는 '청구건수'로 '총청구금액'은 '청구금액'으로 수정한 다음 [만들기]를 클릭한다.

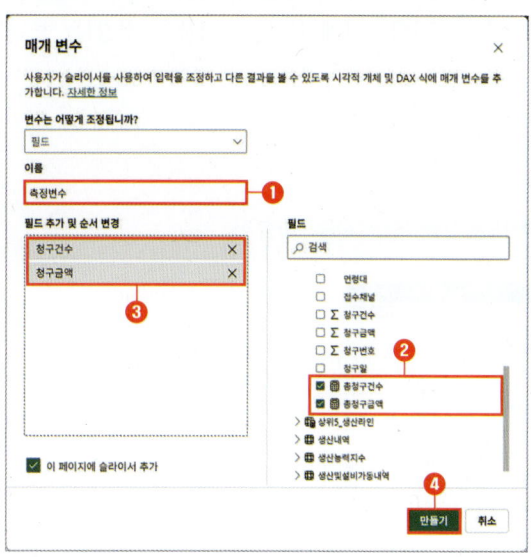

4. [시각화]창 – [시각적 개체 서식 지정] – [시각적 개체] – [슬라이서 설정] – [옵션] – [스타일]을 '드롭다운'으로 설정한다.

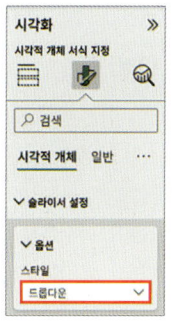

5. [슬라이서]에서 '청구금액' 조건을 선택한 후 슬라이서의 크기를 적절히 조절한 다음 '1-①' 위치에 배치한다.

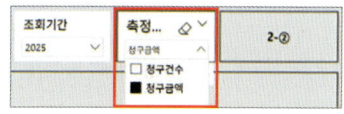

❷ 다음 조건으로 〈보험청구내역〉테이블에 측정값을 추가하시오. (3점)
- 측정값 이름: 자동차보험_청구건수
  - 활용 필드
    ▶ 〈보험청구내역〉테이블의 [청구건수]필드, 〈보험상품〉테이블의 [보험상품유형]필드
    ▶ [보험상품유형]이 "자동차보험"인 경우 [청구건수] 합계 반환
    ▶ 사용 함수: CALCULATE, SUM
    ▶ 서식: 정수, 천 단위 구분 기호(,)

1. [데이터]창의 〈보험청구내역〉테이블을 선택한 후 [테이블 도구]탭 - [계산]그룹 - [새 측정값]을 클릭한다.

2. 다음과 같이 수식을 작성하고 키를 누른다.

> 자동차보험_청구건수 =
> CALCULATE(SUM('보험청구내역'[청구건수]), '보험상품'[보험상품유형]="자동차보험")

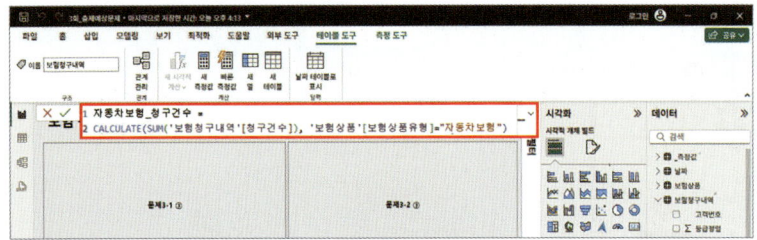

3. [측정 도구]탭 - [서식]그룹 - 천 단위 구분 기호(**9**)를 클릭한다.

❸ 다음 조건으로 '문제3' 페이지에 꺾은선형 및 묶은 세로 막대형 차트를 구현하시오. (3점)
- 활용 필드
  - 〈날짜〉테이블의 [연도], [월]필드
  - 〈측정변수〉테이블의 [측정변수]필드
  - 〈보험청구내역〉테이블의 [자동차보험_청구건수]측정값
  - 분석항목 매개 변수에 따라 왼쪽 세로축이 변경되도록 구현
- 보조 Y축: 0부터 시작
- 데이터 레이블: [자동차보험_청구건수] 계열에만 표시
- 차트를 '1-③' 위치에 배치

1. 새 개체를 추가하기 위해 페이지 빈 공간을 클릭한 후 [시각화]창 – [시각적 개체 빌드] – [꺾은선형 및 묶은 세로 막대형 차트]를 클릭한다.
2. [데이터]창 – 〈날짜〉테이블의 [연도], [월]필드를 [X축], 〈측정변수〉테이블의 [측정변수]필드를 [열 y축], 〈보험청구내역〉테이블의 [자동차보험_청구건수]측정값을 [선 y축]으로 드래그하여 추가한다.

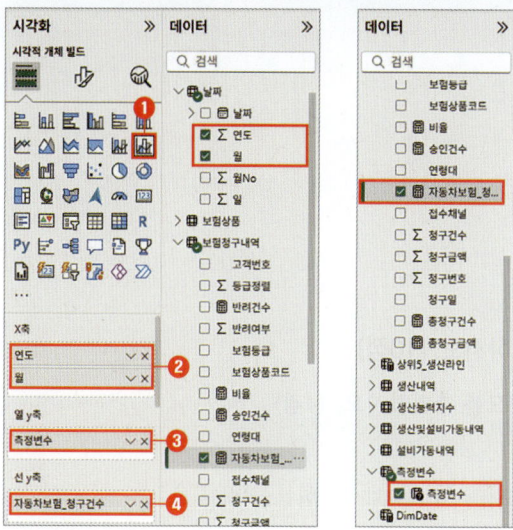

3. 꺾은선형 및 묶은 세로 막대형 차트의 크기를 적절히 조절한 후 '1-③' 위치에 배치한다.

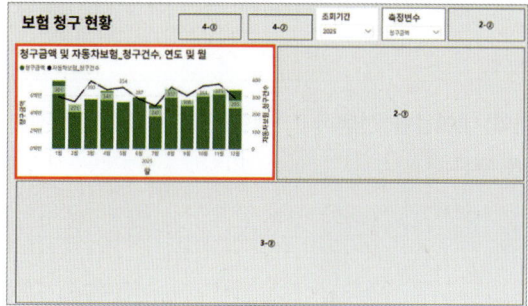

4. [시각화]창 – [시각적 개체 서식 지정] – [시각적 개체]탭 – [보조Y축] – [0 정렬] 옵션을 설정한다.

5. [데이터 레이블] 옵션을 설정한 후 [데이터 레이블] 옵션을 클릭하여 확장하고 [설정 적용 대상] – [계열]에서 '청구금액'을 선택하고 [이 계열에 대해 표시] 옵션을 해제한다.

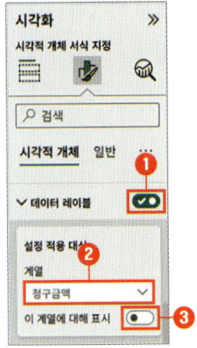
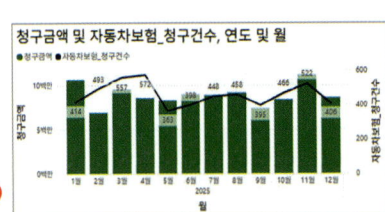

2. 다음 지시사항에 따라 리본차트와 슬라이서를 구현하시오. (10점)

❶ 다음 조건으로 〈보험청구내역〉테이블에 계산 필드를 추가하시오. (4점)
- 계산 필드 이름: [고객분류]
- 활용 필드: 〈보험청구내역〉테이블의 [청구금액], [반려여부], [보험등급]필드
- [청구금액]이 250000(25만) 이상이고 [반려여부]가 공백이고, [보험등급]이 "골드" 또는 "실버"면 "우선관리" 아니면 "일반" 반환
- 사용 함수 및 연산자: BLANK, IF, &&, ||

1. [테이블 보기]로 이동한 후 [데이터]창에서 〈보험청구내역〉테이블을 선택하고 [테이블 도구]탭 – [계산]그룹 – [새 열]을 클릭한 다음 수식을 작성하고 Enter 키를 누른다.

```
고객분류 =
IF(
    '보험청구내역'[청구금액] >= 250000 && '보험청구내역'[반려여부] = BLANK() &&
    ('보험청구내역'[보험등급] = "골드" || '보험청구내역'[보험등급] = "실버")
    ,
    "우선관리",
    "일반"
)
```

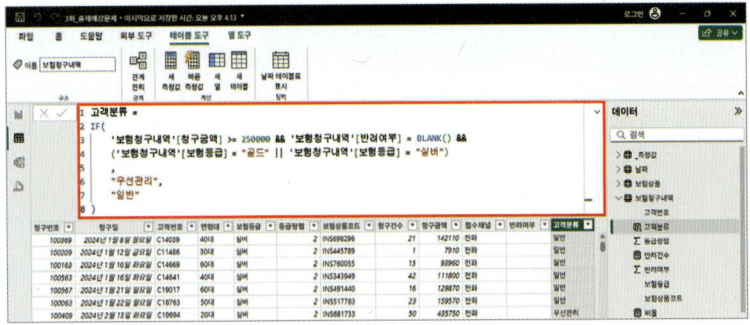

❷ 다음 조건으로 '문제3' 페이지에 슬라이서를 구현하시오. (3점)
- 활용 필드: 〈보험청구내역〉테이블의 [고객분류]필드
- 서식
  - 슬라이서 스타일 '타일'
- 슬라이서에 '일반' 값으로 필터 적용
- 슬라이서를 '2-②' 위치에 배치

1. [보고서 보기]에서 [시각화]창 – [시각적 개체 빌드]에서 [슬라이서]를 선택한다.
2. [데이터]창 – 〈보험청구내역〉테이블 – [고객분류]필드를 [시각화]창 – [시각적 개체 빌드] – [필드] 영역으로 드래그하여 추가한다.

3. [시각화]창 – [시각적 개체 서식 지정] – [시각적 개체] – [슬라이서 설정] – [옵션] – [스타일]을 '타일'로 설정한다.

4. 슬라이서의 크기를 적절히 조절하여 '2-②' 위치에 배치한 후 '일반' 조건을 클릭하여 설정한다.

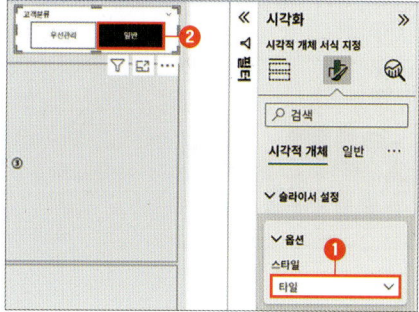

❸ 다음 조건으로 '문제3' 페이지에 리본 차트를 구현하시오. (3점)
- 활용 필드: 〈날짜〉테이블의 [월]필드, 〈보험청구내역〉테이블의 [연령대]필드, [총청구금액]측정값
- 리본 색의 투명도 '50'
- 차트를 '2-③' 위치에 배치

1. [시각화]창 – [시각적 개체 빌드]에서 [리본 차트]를 클릭한다.
2. [데이터]창 – 〈날짜〉테이블 – [월]필드를 [X축], 〈보험청구내역〉테이블의 [연령대]필드를 [범례], [총청구금액]측정값을 [Y축] 영역으로 드래그하여 추가한다.

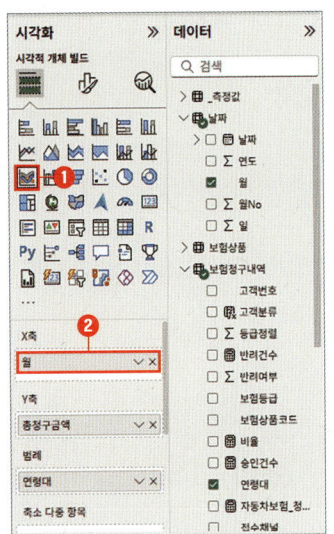 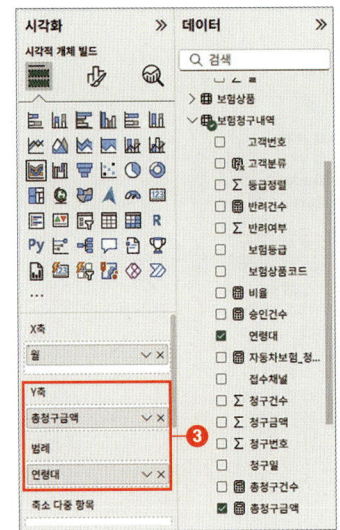

3. [시각화]창 – [시각적 개체 서식 지정] – [시각적 개체] – [리본] – [색] – [투명도]에 '50'을 설정한다.

4. 차트의 크기를 적절히 조절하고 '2-③' 위치에 배치한다.

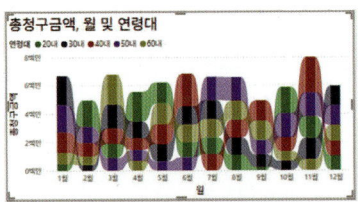

3. 다음 지시사항에 따라 측정값과 행렬 차트를 구현하시오. (10점)

❶ 〈보험청구내역〉테이블에 전월의 청구금액과 전월대비 변화율을 반환하는 측정값을 추가하시오. (4점)

- 측정값 이름: 전월대비성장률
  - 활용 필드: 〈보험청구내역〉테이블의 [청구금액]필드
  - 전월대비 현재 월의 청구금액 증감 비율 반환
  - 전월청구금액이 0이나 공백이면 '1' 반환
  - 계산: (당월청구금액−전월청구금액)/전월청구금액
  - 사용 함수: CALCULATE, DATEADD, DIVIDE, SUM
  - 다음과 같이 변수 이름 정의
    ▶ 청구금액의 합계는 'ClaimAmt'
    ▶ 전월청구금액의 합계는 'PrevClaimAmt'
  - 서식: 백분율(%), 소수 자릿수 '1'

1. [데이터]창에서 〈보험청구내역〉테이블을 선택한다.
2. [테이블 도구]탭 – [계산]그룹 – [새 측정값]을 클릭한 후 다음과 같이 수식을 작성하고 Enter 키를 누른다.

```
전월대비성장률 =
VAR ClaimAmt = SUM('보험청구내역'[청구금액])
VAR PrevClaimAmt = CALCULATE(SUM('보험청구내역'[청구금액]), DATEADD('날짜'[날짜], -1, MONTH))
RETURN
DIVIDE(ClaimAmt - PrevClaimAmt, PrevClaimAmt, 1)
```

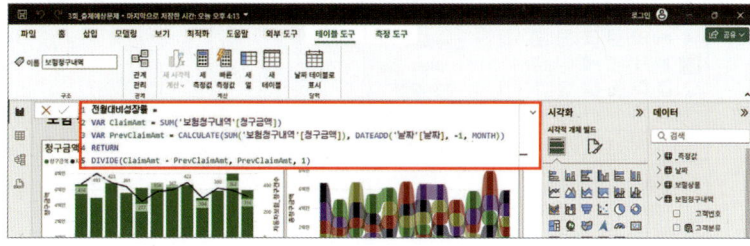

3. [측정 도구]탭 – [서식]그룹 – 백분율(%)을 클릭하고 소수 자릿수를 '1'로 설정한다.

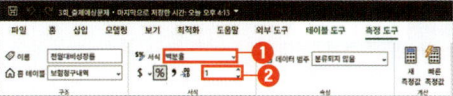

❷ 제품과 날짜별로 주문실적을 나타내는 행렬 차트를 구현하시오. (3점)
- 활용 필드
  - 〈보험상품〉테이블의 [보험사명], [보험상품유형]필드
  - 〈날짜〉테이블의 [연도], [월]필드
  - 〈보험청구내역〉테이블의 [총청구금액]측정값
  - 〈보험청구내역〉테이블의 [전월대비성장률]측정값
- 값 필드 이름 바꾸기
  - [총청구금액]은 "당월", [전월대비성장률]은 "전월대비"로 변경
- 행 머리글: 계층 구조의 마지막 수준(보험상품유형)까지 확장
- 열 머리글: 계층 구조의 마지막 수준(월)까지 확장
- 서식
  - 스타일: 대체 행
  - 레이아웃: 테이블 형식
- 행렬 차트를 '3-②' 위치에 배치

1. [시각화]창 – [시각적 개체 빌드]에서 [행렬]을 클릭한다.
2. [데이터]창 – 〈보험상품〉테이블 – [보험사명]과 [보험상품유형]필드를 [시각화]창 – [시각적 개체 빌드] – [행] 영역으로, 〈날짜〉테이블 – [연도], [월]필드를 [열] 영역으로, 〈보험청구내역〉테이블의 [총청구금액], [전월대비성장률]측정값을 [값] 영역에 드래그하여 추가한다.

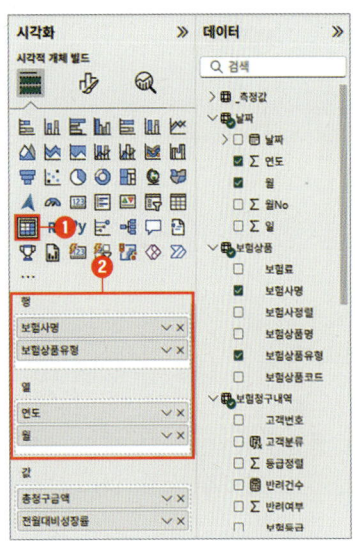 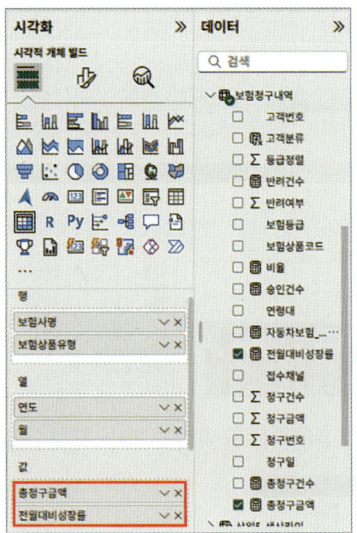

3. [값] 영역에 추가된 [총청구금액], [전월대비성장률]필드명을 더블 클릭하여 각각 '당월', '전월대비'로 수정한다.

4. 차트의 크기를 적절히 조절하고 '3-②' 위치에 배치한 후 차트 오른쪽 상단 [드릴온] 옵션이 '행'인 상태에서 ⬚을 클릭하여 [행] 영역에 [보험상품유형]까지 표시되도록 확장한다.

5. [드릴온] 옵션을 '열'로 변경한 후 ⬚을 클릭하여 [열] 영역에 [월]까지 표시되도록 확장한다.

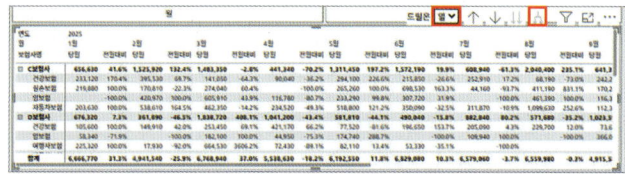

6. [시각화]창 – [시각적 개체 서식 지정] – [시각적 개체]탭 – [레이아웃 및 스타일 사전 설정] – [스타일]에 '대체 행', [레이아웃]에 '테이블 형식'을 설정한다.

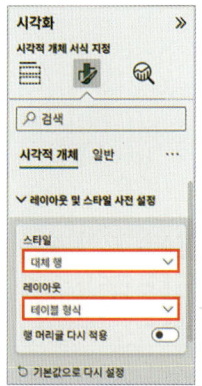
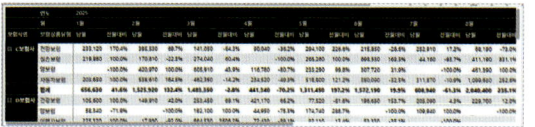

❸ 다음 조건으로 행렬 차트의 값과 합계에 조건부 서식을 적용하시오. (3점)
- 계열: 전월대비
  - 스타일: 아이콘
- 규칙
  - 숫자가 0보다 크고 최댓값보다 작거나 같은 경우, 녹색 원(🟢)
  - 숫자가 최솟값보다 크거나 같고 0보다 작은 경우, 빨간색 원(🔴)
- 적용 대상: 값 및 합계

1. [시각화]창 – [시각적 개체 서식 지정] – [시각적 개체]탭 – [셀 요소] – [설정 적용 대상] – [계열]에서 '전월대비'를 선택한 후 [아이콘] 옵션을 설정하고 조건부 서식(fx) 아이콘을 클릭한다.

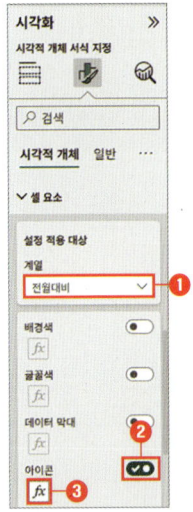

2. 조건부 서식을 지정하는 창이 표시되면 3번째 조건의 ✕를 클릭하여 삭제하고 다음과 같이 조건을 설정한다.
  - '0', 숫자, 최대값(0을 삭제하면 최대값이 자동으로 표시됨), 숫자, 🟢(녹색 원)
  - 최소값(33을 삭제하면 최소값이 자동으로 표시됨), 0, 숫자, 🔴(빨간색 원)

3. [적용 대상]에 '값 및 합계'를 선택하고 [확인]을 클릭한다.

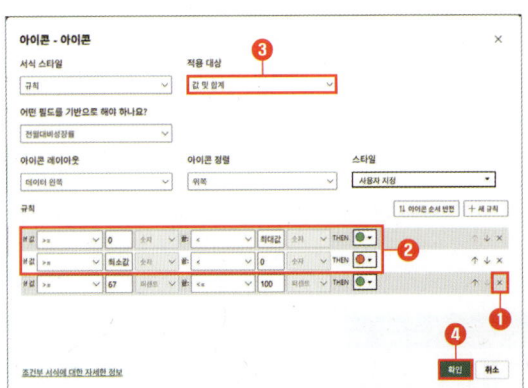

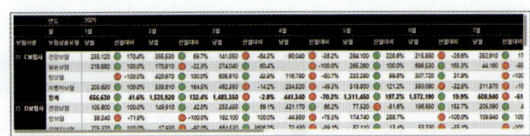

4. 다음 지시사항에 따라 페이지와 시각적 개체간 상호 작용 기능을 설정하시오. (10점)

❶ 다음과 같이 시각적 개체의 상호 작용 설정 및 필터를 적용하시오. (4점)
- 시각적 상호 작용 설정
  - 측정변수 슬라이서에서 선택한 값이 리본 차트에 필터가 적용되지 않도록 설정
  - 리본 차트에서 선택한 값이 '꺾은선형 및 묶은 세로 막대형 차트'에 필터로 적용되도록 설정
- 현재 페이지에 접수채널이 '모바일'인 데이터만 표시되도록 필터
  - 활용 필드: 〈보험청구내역〉테이블의 [접수채널]필드
  - 필터 형식: 고급 필터링

1. [측정변수] 슬라이서를 선택한 후 [서식]탭 - [상호 작용]그룹 - [상호 작용 편집]을 클릭한다.
2. [리본 차트] 오른쪽 상단 없음(⊘)을 클릭한다.

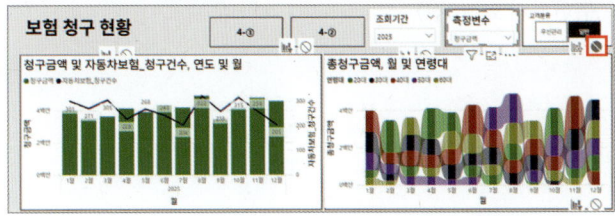

3. [꺾은선형 및 묶은 세로 막대형] 차트를 선택한 후 [리본 차트] 오른쪽 상단 '필터'(📊)를 클릭한 다음 [서식]탭 - [상호 작용]그룹 - [상호 작용 편집]을 클릭하여 편집 상태를 종료한다.

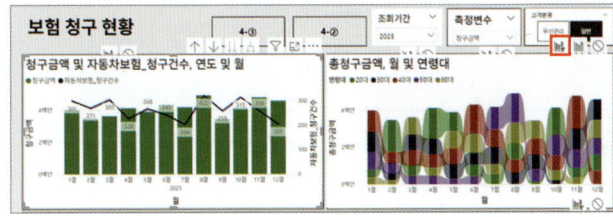

4. 필터(▽)를 클릭하여 필터 창을 연 후 [이 페이지의 필터] 영역에 [데이터]창 - 〈보험청구내역〉테이블 - [접수채널]필드를 드래그하여 추가한다.

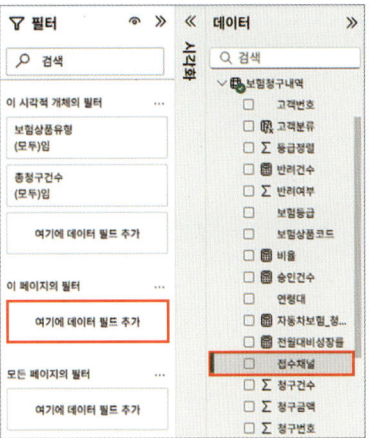

5. [필터 형식]에서 '고급 필터링'을 선택한 후 [다음 값일 경우 항목 표시]에서 '다음임'을 선택하고 입력란에 '모바일'을 입력한 다음 [필터 적용]을 클릭한다.

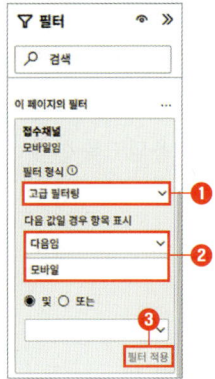

❷ 다음 조건으로 '문제3' 페이지에 단추를 구현하시오. (3점)
 • 종류: '페이지 탐색기'
 • 페이지 표시: '문제2'
 • 스타일: '가리키기' 상태일 때 [채우기] 색 '#5C2D91'
 • 단추를 '4-②' 위치에 배치

1. [삽입]탭 – [요소]그룹 – [단추] – [탐색기] – [페이지 탐색기]를 선택한다.

2. [서식 탐색기]창 – [시각적 개체] – [페이지] – [표시]에서 '문제3' 옵션을 해제한다.

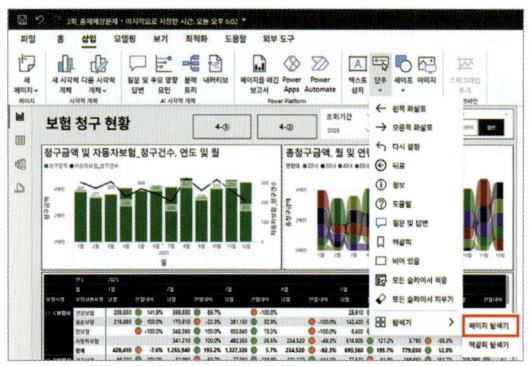

3. [스타일] – [설정 적용 대상] – [상태]에서 '가리키기'를 선택한 후 [채우기] – [색] – [다른 색] – [헥스]에 '#5C2D91'를 입력한다.

  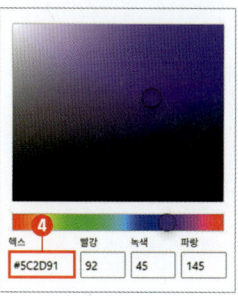

4. 페이지 탐색기의 크기를 적절히 조절한 후 '4–②' 위치에 배치하고 단추를 마우스로 가리켜 채우기 색이 변경되는 것을 확인한다.

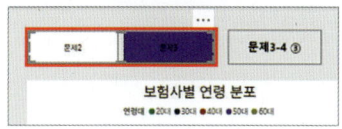

❸ 현재 페이지를 드릴스루 페이지로 설정하고 뒤로 단추의 서식을 설정한 후 '4–③' 위치에 배치하시오. (3점)

- 활용 필드: 〈보험상품〉테이블의 [보험사명]필드
- 모든 필터 유지 옵션 해제
- 서식
  – 아이콘 유형: 비어 있음
  – 텍스트: 이전페이지로, 글꼴 크기 '14'
  – 채우기: 색 '#9FCB9F', 투명도 '0'

1. [데이터]창 – 〈보험상품〉테이블 – [보험사명]필드를 [시각화]창 – [시각적 개체 빌드] – [드릴스루] 영역으로 드래그하여 추가한다.

2. [드릴스루]의 [모든 필터 유지] 옵션을 해제한다.

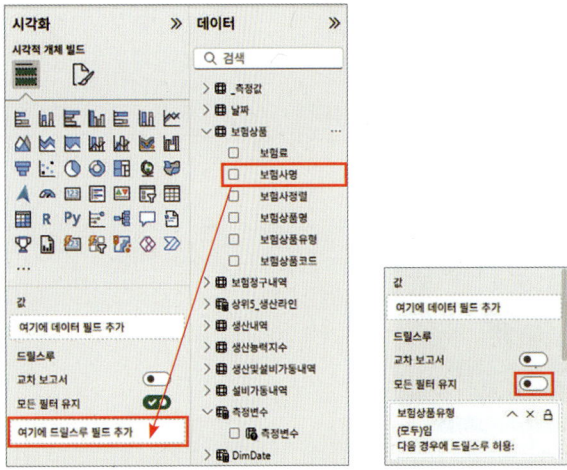

3. [서식 단추]창 – [Button] – [스타일] – [아이콘] – [아이콘 유형]에서 '비어 있음'을 선택한다.

4. [스타일] – [텍스트] 옵션을 설정한 후 [텍스트]에 '이전페이지로'를 입력하고 [글꼴] 크기를 '14'로 설정한다.

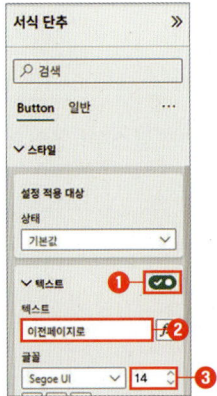

5. [스타일] – [채우기] 옵션을 설정한 후 [색] – [다른 색] – [헥스]에 '#9FCB9F'를 입력한 다음 서식 창 임의의 공간을 클릭하여 색상표를 닫고, [투명도]에 '0'을 설정한다.

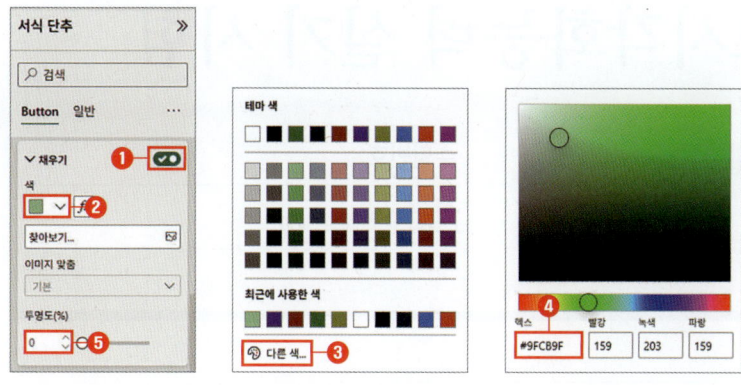

6. 완성된 뒤로 단추의 크기를 적절히 조절한 후 '4-③' 위치에 배치한다.

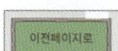

국 가 기 술 자 격 검 정
경영정보시각화능력 실기 시험

프로그램명	제한시간
파워BI 데스크톱	70분

수험번호:

성   명:

4회 출제예상문제

<유의사항>

- ♦ 인적 사항 누락 및 잘못 작성으로 인한 불이익은 수험자 책임으로 합니다.
- ♦ 화면에 암호 입력창이 나타나면 아래의 암호를 입력하여야 합니다.
  - 암호: 000000
- ♦ 작성된 답안은 주어진 경로 및 파일명을 변경하지 마시고 그대로 저장해야 합니다. 이를 준수하지 않으면 실격 처리됩니다.
- ♦ 외부데이터 위치: C:\PB\파일명
- ♦ 별도의 지시사항이 없는 경우, 다음과 같이 처리 시 실격 및 0점 처리됩니다.
  - 파일이 저장된 경로, 파일명을 임의로 변경한 경우 [실격]
  - 데이터 원본파일을 임의로 수정하거나 삭제한 경우 [0점 처리]
  - 대시보드/페이지명을 임의로 변경한 경우 [0점 처리]
- ♦ 별도의 지시사항이 없는 경우, 개체의 속성은 기본 설정값(Default)으로 처리하십시오.
- ♦ 지시사항 불이행, 오타 등으로 인한 불이익은 수험자 책임으로 합니다.
  - 지시사항에 제시한 함수 외에 다른 함수를 사용하여 답안을 작성한 경우, 결과물이 답안과 동일하더라도 오답 처리됩니다.
  - 개체명에 오타가 있을 경우 감점 처리됩니다.
- ♦ 최종 답안 제출 시 시험 채점과 관계없는 개체(차트)는 삭제 후 제출합니다.
  - 개체명에 오타가 있을 경우 감점 처리됩니다.
- ♦ 제시된 화면은 예시이며 나타난 값은 실제와 다를 수 있습니다.
- ♦ 저장 시간은 별도로 주어지지 아니하므로 제한된 시간 내에 저장을 완료해야 합니다.
- ♦ 본 문제는 파워BI 데스크톱(Power BI Desktop) 버전 2.139.1678.0(2025년 1월)를 기준으로 작성되었습니다.

데이터 및 문제 안내

1. 최종 제출해야 할 답안파일은 1개입니다. 문제1, 문제2, 문제3의 답을 하나의 답안파일(.pbix)로 저장하십시오.
2. 문제1, 문제2, 문제3은 각각 독립적으로 구성되어 앞 문제를 풀지 않아도 다음 문제 풀이가 가능합니다.
3. 문제1은 데이터 불러오기를 통해 문제를 풀이하고, 문제2와 문제3은 답안에 이미 데이터가 포함되어 있어 다시 데이터를 불러오지 말고 바로 문제 풀이를 하십시오.
    - 데이터 파일은 문제1을 위한 데이터 파일과 문제2, 3을 위한 데이터 파일로 구성되어 있습니다.
4. 문제2와 문제3 풀이를 위해 필요한 일부 측정값, 필터가 답안파일에 미리 적용되어 있을 수 있습니다.
    - 지시사항에 제시되지 않은 것은 변경하지 마십시오.
    - 사전에 적용된 필터 등이 삭제되지 않도록 '페이지 삭제' 기능을 절대 사용하지 마십시오.
5. 문제는 문제(문제1~3) - 세부문제(1~4) - 지시사항(①~③) - 세부지시사항(▶, −) 단위로 구성됩니다.
6. 지시사항(①~③)별로 점수가 부여되며, 지시사항의 전체 세부지시사항(▶, −)을 작업하지 않을 경우 점수가 부여되지 않습니다. ※부분 점수 없음
7. 본 시험에서 사용되는 데이터 파일 수와 데이터명은 아래와 같습니다.
    - [문제1] 데이터 파일 수 : 1개 / '공공행정 이용데이터.xlsx'

파일명	공공행정 이용데이터.xlsx						
테이블	구조						
행정서비스_ 이용데이터	서비스코드	지점코드	2020년_ 처리건수	2020년_ 예산소요(천원)	2021년_ 처리건수	2021년_ 예산소요(천원)	2022년_ 처리건수
	A0005	P043	15942	19938	1896	45949	8073
	2022년_ 예산소요(천원)	2023년_ 처리건수	2023년_ 예산소요(천원)	2024년_ 처리건수	2024년_ 예산소요(천원)	2025년_ 처리건수	2025년_ 예산소요(천원)
	60192	15208	19187	12589	11121	2642	62270
지점정보	지점코드		지점위치		담당자		
	P001		서울		임수빈		
행정서비스정보	행정서비스코드		행정분류		서비스명		
	A0001		환경/교통		민원 접수 처리		

- [문제2, 3] 데이터 파일 수 : 1개 / '물류배송_데이터.xlsx'

파일명	물류배송_데이터.xlsx								
테이블	구조								
날짜	날짜	연도	월	월No	일	요일	요일No		
	2024-01-01	2024	Jan	1	1	월	1		
배송사	배송사코드		배송사명		담당자				
	DLV00001		넥스트로지		김민수				
배송주문	접수번호	접수일	고객번호	배송지역	배송등급	등급정렬	배송유형	배송사코드	주문건수	배송비
	R000881	2024-07-04	CUST0103	서울특별시	이코노미	3	일반택배	DLV00005	8	29,659

문제 1   작업준비 [30점]

계산식 작성에 사용되는 문자열은 쌍따옴표(" ")를 사용하여 작성하시오.

1. 다음 지시사항에 따라 데이터 가져오기 및 파워 쿼리 편집기를 활용한 데이터 편집을 수행하시오. (10점)

① 데이터 파일을 가져온 후 데이터를 편집하시오. (3점)
- 가져올 데이터: '공공행정 이용데이터.xlsx' 파일의 '행정서비스_이용데이터', '지점정보', '행정서비스정보' 시트
- 〈행정서비스_이용데이터〉테이블의 이름을 '서비스이용내역'으로 변경

② 〈서비스이용내역〉테이블을 활용하여 쿼리를 수행하시오. (3점)
- [서비스코드], [지점코드]필드를 제외한 나머지 필드를 열 피벗 해제
- [특성]필드를 '_'를 기준으로 열 분할
- [특성.1]열의 데이터 형식을 '텍스트'로 변경, [현재 전환 바꾸기]로 적용
- [특성.2]열의 데이터 중 '(천원)'을 찾아 공백으로 바꾸기
- 필드 이름 변경:
    - [특성.1] → [연도]
    - [특성.2] → [구분]

③ 〈서비스이용내역〉, 〈지점정보〉, 〈행정서비스정보〉테이블을 활용하여 쿼리를 수행하시오. (4점)
- 〈서비스이용내역〉테이블의 [구분]열을 기준으로 [처리건수], [예산소요] 합계 열이 추가되도록 피벗 열을 수행하시오.
- 〈지점정보〉, 〈행정서비스정보〉테이블의 첫 행을 열 머리글로 설정하시오.

2. 파워 쿼리 편집기를 통해 쿼리를 결합하고 데이터 모델링 작업을 수행하시오. (10점)

① 〈서비스이용내역〉과 〈지점정보〉테이블을 사용해 새 쿼리를 생성하시오. (4점)
- 쿼리 병합
    - 새 쿼리 이름: 이용내역
    - 공통된 [지점코드]필드로 병합
    - 조인 종류: 왼쪽 왼부(첫 번째의 모두, 두 번째의 일치하는 행)
    - 〈지점정보〉테이블의 [지점위치], [담당자]필드만 추가
    - '원래 열 이름을 접두사로 사용' 옵션 해제
- 〈지점정보〉, 〈서비스이용내역〉테이블의 로드 사용 해제

② 〈이용내역〉테이블을 편집하시오. (3점)
- [지점코드]필드의 데이터 중 'P040', 'P050' 제외
- [지점코드]필드 제거

- [연도]필드의 처음 4 문자만 추출
- [연도]필드의 데이터 형식 '정수'
- [예산소요]필드의 값을 1000을 곱한 값으로 변환

❸ 다음 조건으로 테이블 간에 관계를 설정하시오. (3점)
- 〈이용내역〉테이블의 [서비스코드]필드와 〈행정서비스정보〉테이블의 [행정서비스코드]필드
  - 카디널리티: 다대일(*:1)
  - 교차 필터 방향: 단일

3. 다음 지시사항에 따라 계산 열과 측정값, 계산 테이블을 추가하시오. (10점)

❶ 다음 조건으로 〈이용내역〉테이블에 계산 필드(새 열)를 추가하시오. (3점)
- 계산 필드 이름: [건별예산]
- 활용 필드
  - 〈이용내역〉테이블의 [예산소요], [처리건수]필드
  - [예산소요] 금액을 [처리건수]로 나눈 값을 10의 자리에서 반올림
    단, 0으로 나누어 오류가 발생하는 경우 오류 대신 0 반환
  - 사용 함수: DIVIDE, ROUND
  - 서식: 천 단위 구분 기호(,)

❷ 〈이용내역〉테이블에 다음의 측정값을 작성하시오. (3점)
- 측정값 이름: [누적처리건수]
- 활용 필드
  - 〈이용내역〉테이블의 [연도], [처리건수]필드
  - 모든 연도를 기준으로 [연도]가 [연도]의 최댓값보다 작거나 같은 데이터를 필터하여 [처리건수] 합계 계산
  - 사용 함수: ALL, CALCULATE, FILTER, MAX, SUM
  - 서식: 천 단위 구분 기호(,)

❸ 다음 조건으로 데이터 창에 새 테이블을 추가하시오. (4점)
- 테이블 이름: 2024_2025_이용내역
- 활용 필드
  - 〈이용내역〉테이블의 [연도]필드
  - 〈이용내역〉테이블의 [연도]가 2024, 2025인 데이터만 필터
  - 위에서 필터된 테이블에 [구분]필드 추가
    ▶ 〈이용내역〉테이블의 [연도]가 2024면 "전년도", 2025면 "당해년도" 반환
  - 사용 함수: ADDCOLUMNS, FILTER, IN, SWITCH

문제 2   단순요소 구현 [30점]

〈시각화 완성화면〉 각 세부문제 풀이 후 '문제2' 페이지에 아래와 같이 개체를 배치하시오.

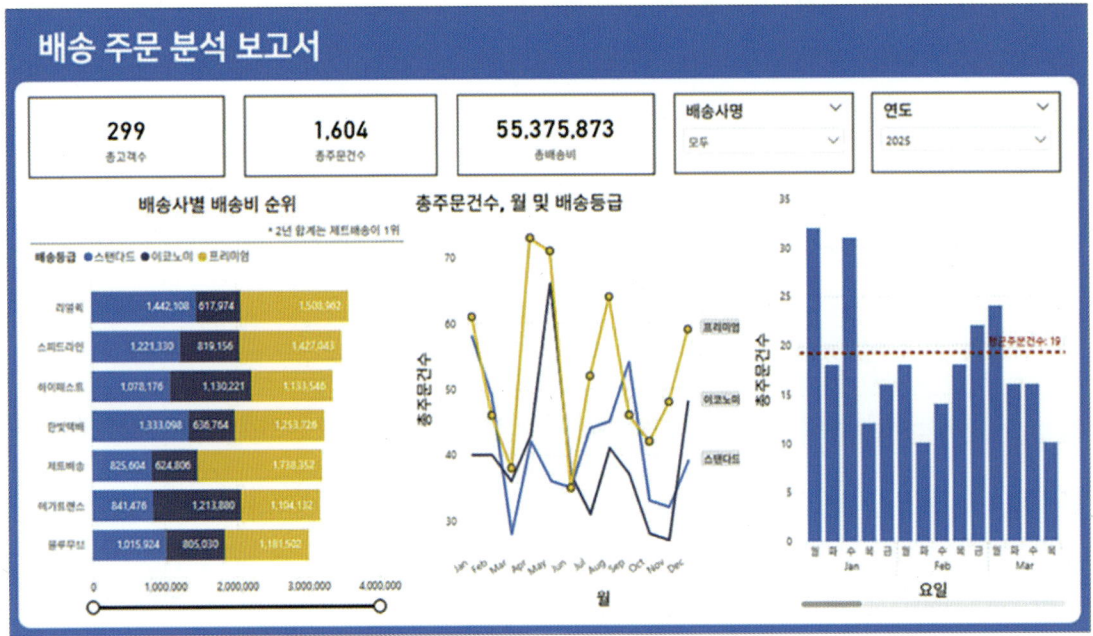

계산식 작성에 사용되는 문자열은 쌍따옴표(" ")를 사용하여 작성하시오.

1. '문제2', '문제3' 페이지의 전체 서식을 설정하시오. (5점)

    ❶ 보고서 전체의 테마를 설정하고 테마 사용자 지정 기능을 사용하여 테마 색을 변경하시오. (3점)
    - 보고서 테마: 교실(Classroom)
    - 테마 색: 테마 업데이트, 색4 '#B30909'
    - 텍스트
        - 제목: 글꼴 패밀리 'Segoe UI Bold', 글꼴 크기 '14'
        - 카드 및 KPI: 글꼴 크기 '24'
    - 필터 창: 배경색 '#F1F1F1'

    ❷ 캔버스 배경 이미지를 삽입하시오. (2점)
    - 파일명: [문제2, 3 배경] 폴더의 '문제2_배경이미지.jpg'
    - 이미지 맞춤: 맞춤
    - 투명도: 0

2. 다음 지시사항에 따라 슬라이서와 카드를 구현하시오. (5점)

   ❶ 다음 조건으로 '문제2' 페이지에 슬라이서를 구현하시오. (2점)
   - 활용 필드: 〈날짜〉테이블의 [연도]필드
   - 서식
     - 슬라이서 스타일 '드롭다운'
     - 슬라이서 머리글: 글꼴 크기 '10'
     - 시각적 테두리 효과 설정
   - 슬라이서에 '2025' 값으로 필터 적용
   - 슬라이서를 '2-①' 위치에 배치

   ❷ 다음 조건으로 '문제2' 페이지에 카드를 구현하시오. (3점)
   - 활용 필드
     - 〈배송주문〉테이블의 [총고객수], [총주문건수]측정값, [배송비]필드
     - [배송비] 합계를 표시한 카드의 시각적 개체 이름을 '총배송비'로 변경
   - 서식
     - 범주 레이블 글꼴 크기: 10
     - 값 표시 단위: [총배송비] '없음'
     - 시각적 테두리 효과 설정
   - 카드를 '2-②' 위치에 배치

3. 다음 지시사항에 따라 누적 가로 막대형 차트와 꺾은선형 차트를 구현하시오. (10점)

   ❶ 다음 조건으로 '문제2' 페이지에 누적 가로 막대형 차트를 구현하시오. (4점)
   - 활용 필드
     - 〈배송사〉테이블의 [배송사명]필드
     - 〈배송주문〉테이블의 [배송등급]필드, [총배송비]측정값
   - 차트 제목: "배송사별 배송비 순위", 글꼴 크기 '16', 가로 맞춤 '가운데'
   - 부제목: "* 2년 합계는 제트배송이 1위", 글꼴 크기 '10', 가로 맞춤 '오른쪽'
   - Y축: 제목 해제, 최소 범주 높이 '30'
   - X축: 제목 해제
   - 확대/축소 슬라이더 설정
   - 데이터 레이블: 위치 '안쪽 끝에'
   - 누적 가로 막대형 차트를 '3-①' 위치에 배치

❷ 다음과 같이 '문제2' 페이지에 꺾은선형 차트를 구현하시오. (3점)
- 활용 필드
  - 〈날짜〉테이블의 [월]필드
  - 〈배송주문〉테이블의 [배송등급]필드, [총주문건수]측정값
- 범례: 해제
- 표식: '프리미엄' 데이터 계열에만 표시, 테두리 설정
- 계열 레이블: 배경 설정
- 꺾은선형 차트를 '3-②' 위치에 배치

❸ 다음 조건으로 누적 가로 막대형 차트에 필터를 추가하시오. (3점)
- [총배송비] 기준으로 상위 7개의 [배송사명]만 표시

4. 다음 지시사항에 따라 묶은 세로 막대형 차트를 구현하시오. (10점)

❶ 다음 조건으로 '문제2' 페이지에 묶은 세로 막대형 차트를 구현하시오. (3점)
- 활용 필드
  - 〈날짜〉테이블의 [월], [요일]필드
  - 〈배송주문〉테이블의 [총주문건수], [총배송비]측정값
- 도구 설명에 [총배송비]가 표시되도록 설정
- 차트 제목: 해제
- Y축: 최댓값 '35'
- 차트를 '4-①' 위치에 배치

❷ 다음 조건으로 차트에 평균선을 추가하시오. (3점)
- 평균선 이름: '평균주문건수'
- 선: 색 '#B30909', 투명도 '0'
- 데이터 레이블: 가로 위치 '오른쪽', 색 '#B30909', 스타일 '모두'

❸ 다음 조건으로 묶은 세로 막대형 차트에 정렬 및 필터를 추가하시오. (4점)
- [요일]이 '월, 화, …, 일' 순서로 정렬되도록 [요일No]필드를 정렬 기준으로 설정
- [요일]이 '토', '일'이 아닌 요일만 표시되도록 필터 적용
  - 필터 형식: 고급 필터링

문제 3   복합요소 구현 [40점]

〈시각화 완성화면〉 각 세부문제 풀이 후 답안 '문제3' 페이지에 아래와 같이 개체를 배치하시오.

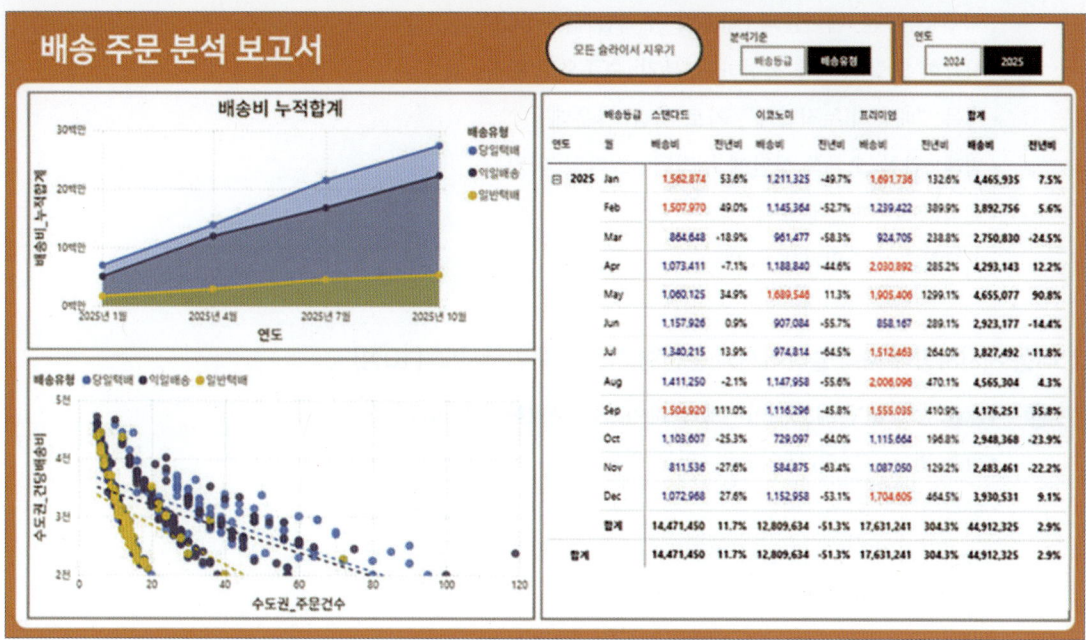

계산식 작성에 사용되는 문자열은 쌍따옴표(" ")를 사용하여 작성하시오.

1. 다음 지시사항에 따라 매개 변수를 추가하고 슬라이서와 영역형 차트로 구현하시오. (10점)

   ❶ 다음 조건으로 매개 변수를 추가하고 '문제3' 페이지에 슬라이서를 구현하시오. (3점)
   - 필드 매개 변수 추가
     - 이름: 분석기준
     - 활용 필드: 〈배송주문〉테이블의 [배송등급], [배송유형]측정값
   - 슬라이서 스타일: 타일
   - 슬라이서 값: '배송유형' 필터 적용
   - 슬라이서를 '1-①' 위치에 배치

   ❷ 다음 조건으로 〈배송주문〉테이블에 측정값을 추가하시오. (4점)
   - 측정값 이름: 배송비_누적합계
     - 활용 필드
       ▶ 〈날짜〉테이블의 [날짜]필드, 〈배송주문〉테이블의 [배송비]필드
       ▶ 선택된 날짜 범위에서 최대 날짜보다 작거나 같은 날짜까지의 [배송비] 합계 계산
       ▶ 사용 함수: ALLSELECTED, CALCULATE, FILTER, MAX, SUM
       ▶ 서식: 정수, 천 단위 구분 기호(,)

❸ 다음 조건으로 '문제3' 페이지에 영역형 차트를 작성하시오. (3점)
- 활용 필드
  - 〈날짜〉테이블의 [날짜]필드
  - 〈분석기준〉테이블의 [분석기준]필드
  - 〈배송주문〉테이블의 [배송비_누적합계]측정값
- 시각화 드릴 모드를 조정하여 '분기' 수준으로 확장
- 제목: "배송비 누적합계", 가로 맞춤 '가운데'
- 범례: 위치 '오른쪽 상단에 누적됨', 스타일 '마커'
- 표식: 모든 계열에 표시
- 차트를 '1-③' 위치에 배치

2. 다음 지시사항에 따라 슬라이서와 분산형 차트를 구현하시오. (10점)

❶ 다음 조건으로 '문제3' 페이지에 슬라이서를 구현하시오. (3점)
- 활용 필드: 〈날짜〉테이블의 [연도]필드
- 슬라이서 스타일: '타일'
- 슬라이서 값: '2025' 필터 적용
- 슬라이서를 '2-①' 위치에 배치

❷ 다음 조건으로 〈배송주문〉테이블에 측정값을 추가하시오. (4점)
- 측정값 이름: 수도권_주문건수
  - 활용 필드: 〈배송주문〉테이블의 [배송지역], [주문건수]필드
  - [배송지역]이 "서울특별시", "경기도", "인천광역시"인 경우 [주문건수] 합계 계산
  - 사용 함수 및 연산자: FILTER, SUMX, ||
  - 서식: '정수', 천 단위 구분 기호(,)
- 측정값 이름: 수도권_건당배송비
  - 활용 필드: 〈배송주문〉테이블의 [배송비], [배송지역], [주문건수]필드
  - [배송지역]이 "서울특별시", "경기도", "인천광역시"인 경우 [배송비] 합계 나누기 [주문건수] 합계 계산
  - 사용 함수 및 연산자: CALCULATE, DIVIDE, IN, SUM
  - 서식: '10진수', 천 단위 구분 기호(,), 소수 자릿수 '1'

❸ 다음 조건으로 '문제3' 페이지에 분산형 차트를 구현하시오. (3점)
- 활용 필드
  - 〈배송주문〉테이블의 [고객번호], [배송유형]필드, [수도권_건당배송비], [수도권_주문건수]측정값
- 제목: 해제
- 계열마다 표시되도록 추세선 추가
- 차트를 '2-③' 위치에 배치

3. 다음 지시사항에 따라 측정값과 행렬 차트를 구현하시오. (10점)

❶ 다음 조건으로 〈배송주문〉테이블에 측정값을 추가하시오. (3점)

- 측정값 이름: 전년비
  - 활용 필드: 〈배송주문〉테이블의 [배송비]필드
  - 전년 동기 대비 현재 월의 배송비 증감 비율 반환
  - 계산: (배송비 합계−전년 동기 배송비 합계) / 전년 동기 배송비 합계
  - 사용 함수: CALCULATE, DIVIDE, SAMEPERIODLASTYEAR, SUM
  - 변수 사용: 전년 동기 배송비 합계는 'LastYear'
  - 서식: 백분율(%), 소수 자릿수 '1'

❷ 다음 조건으로 '문제3' 페이지에 행렬 차트를 구현하시오. (3점)

- 활용 필드
  - 〈날짜〉테이블의 [연도], [월]필드
  - 〈배송주문〉테이블의 [배송등급], [배송비]필드, [전년비]측정값
- 값 필드 이름: [합계 배송비개]를 '배송비'로 변경
- 행 머리글: 계층 구조의 마지막 수준(월)까지 확장
- 서식
  - 스타일: 최솟값
  - 레이아웃: 테이블 형식
  - 행 안쪽 여백: 7
  - 전역 글꼴 크기: 9
- 행렬 차트를 '3-❷' 위치에 배치

❸ 다음 조건으로 〈배송주문〉테이블에 측정값을 추가한 후 행렬 차트의 값에 조건부 서식을 적용하시오. (4점)

- 측정값 이름: 배송비_서식조건
  - 활용 필드: 〈배송주문〉테이블의 [총배송비]측정값
  - [총배송비]가 1500000 이상이면 "Red", 아니면 "Blue" 반환
    단, 이 수식의 결과가 오류면 "Black" 반환
  - 사용 함수: IF, IFERROR
- 조건부 서식
  - 계열: 배송비
  - 스타일: 글꼴색
  - 서식 스타일: 필드 값, [배송비_서식조건]필드를 기반으로 작성

4. 다음 지시사항에 따라 페이지와 시각적 개체 간 상호 작용 기능을 구현하시오. (10점)

❶ 다음 조건으로 '문제3' 페이지에 단추를 구현하시오. (4점)
- 종류: 모든 슬라이서 지우기
- 도형: '알약'
- 스타일
  - 상태가 '기본값'일 때 채우기 색의 투명도 '0'
  - 상태가 '누를 때'일 때 채우기 색 '#F3C911'
- 작업: 도구 설명 텍스트 '슬라이서의 모든 조건 해제'
- 단추를 '4-①' 위치에 배치

❷ 다음과 같이 시각적 개체의 상호 작용을 설정하시오. (3점)
- 분석기준 슬라이서: [행렬]차트와 상호 작용 '없음'
- 행렬 차트: [영역형 차트], [분산형 차트]와 상호 작용 '없음'

❸ 다음과 같이 시각적 개체와 페이지 전체에 필터를 설정하시오. (3점)
- 행렬 차트에 [배송지역]이 "서울특별시" 이거나 "광역시"를 포함하는 데이터 표시
- 문제3 페이지 필터: [주문건수]가 5보다 크거나 같고, 100보다 작거나 같은 경우만 데이터 표시
- 필터 형식 '고급 필터링'을 사용하여 설정

출제예상문제 4회 정답 및 해설

문제 1 작업준비(30점)

계산식 작성에 사용되는 문자열은 쌍따옴표(" ")를 사용하여 작성하시오.

1. 다음 지시사항에 따라 데이터 가져오기 및 파워 쿼리 편집기를 활용한 데이터 편집을 수행하시오. (10점)

- ❶ 데이터 파일을 가져온 후 데이터를 편집하시오. (3점)
    - 가져올 데이터: '공공행정 이용데이터.xlsx' 파일의 '행정서비스_이용데이터', '지점정보', '행정서비스정보' 시트
    - 〈행정서비스_이용데이터〉테이블의 이름을 '서비스이용내역'으로 변경

1. 'C:\PB\Part4\4회 출제예상문제\소스\출제예상문제4_답안.pbix' 파일을 더블 클릭하여 연다.

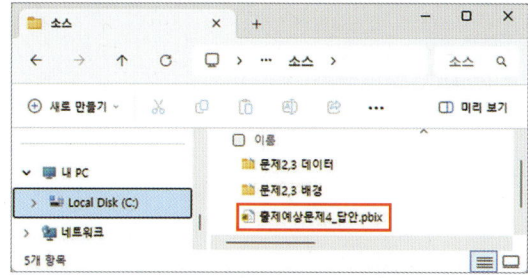

2. [홈]탭 - [데이터]그룹 - [Excel 통합 문서]를 클릭한 후 'C:\PB\Part4\4회_출제예상문제\소스\문제1 데이터\공공행정 이용데이터.xlsx' 파일을 선택한 후 [열기]를 클릭한다.

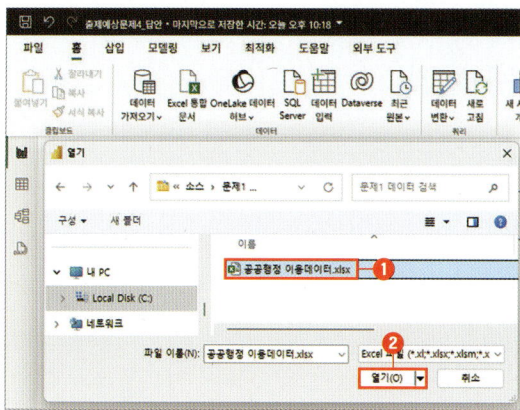

3. [탐색 창]이 표시되면 [지점정보], [행정서비스_이용데이터], [행정서비스정보] 시트를 선택한 후 [데이터 변환]을 클릭한다.

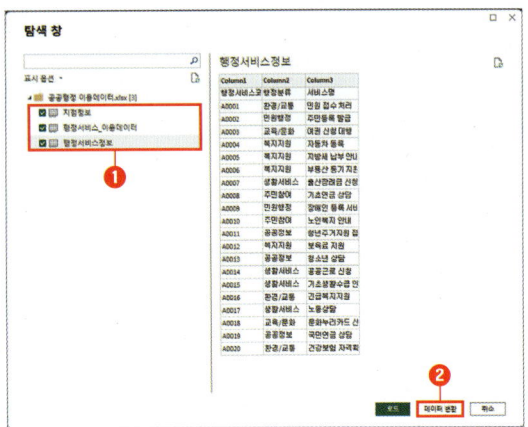

4. [쿼리]창에서 〈행정서비스_이용데이터〉테이블을 선택한 후 [쿼리 설정]창의 [이름] 속성에 '서비스이용내역'을 입력한다.

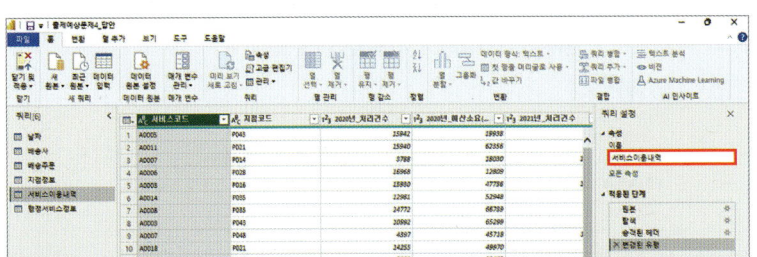

❷ 〈서비스이용내역〉테이블을 활용하여 쿼리를 수행하시오. (3점)

- [서비스코드], [지점코드]필드를 제외한 나머지 필드를 열 피벗 해제
- [특성]필드를 '_'를 기준으로 열 분할
- [특성.1]열의 데이터 형식을 '텍스트'로 변경, [현재 전환 바꾸기]로 적용
- [특성.2]열의 데이터 중 '(천원)'을 찾아 공백으로 바꾸기
- 필드 이름 변경:
  - [특성.1] → [연도]
  - [특성.2] → [구분]

1. [쿼리]창에서 〈서비스이용내역〉테이블을 선택한다.
2. [서비스코드]필드를 클릭, [지점코드]필드를 Ctrl + 클릭하여 선택한 후 선택한 필드명에서 마우스 오른쪽 버튼을 클릭하고 [다른 열 피벗 해제]를 선택한다.

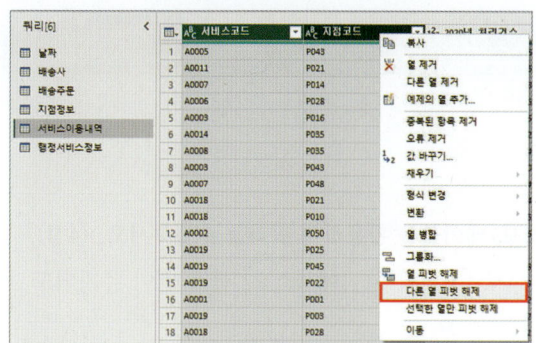

3. [특성]필드에서 마우스 오른쪽 버튼을 클릭한 후 [열 분할] – [구분 기호 기준]을 선택한다.

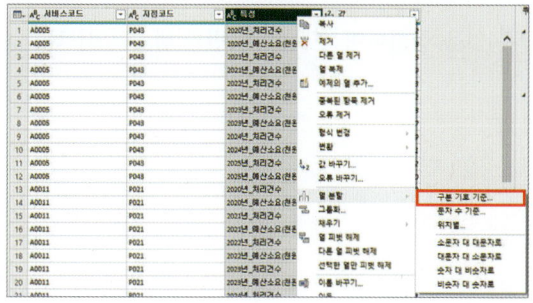

4. [구분 기호에 따라 열 분할]창이 표시되면 [확인]을 클릭한다.

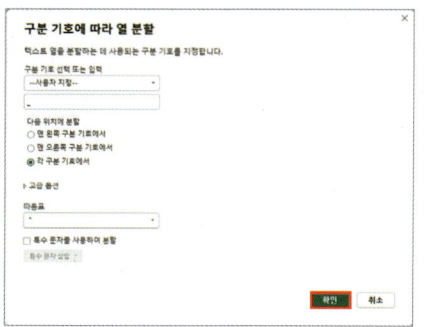

5. [특성.1]필드명 왼쪽 을 클릭한 후 [텍스트]를 선택한다.

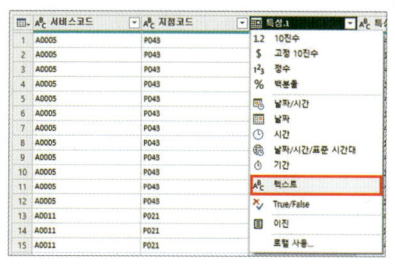

6. [열 형식 변경]창이 표시되면 [현재 전환 바꾸기]를 클릭한다.

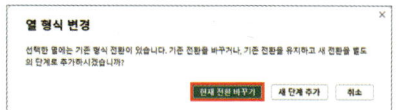

7. [특성.2]필드명에서 마우스 오른쪽 버튼을 클릭한 후 [값 바꾸기]를 선택한다.

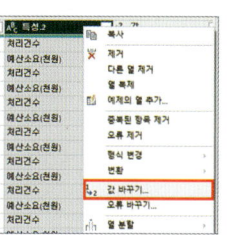

8. [찾을 값]에 '(천원)'을 입력하고 [바꿀 항목]을 비워둔 상태로 [확인]을 클릭한다.

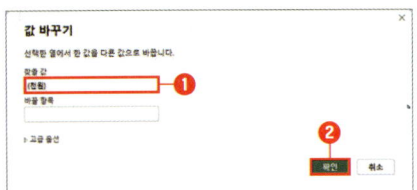

9. [특성.1]필드명을 더블 클릭하고 '연도', [특성.2]필드명을 더블 클릭하고 '구분'을 입력한 후 Enter 키를 눌러 필드명을 변경한다.

❸ 〈서비스이용내역〉, 〈지점정보〉, 〈행정서비스정보〉테이블을 활용하여 쿼리를 수행하시오. (4점)
- 〈서비스이용내역〉테이블의 [구분]열을 기준으로 [처리건수], [예산소요] 합계 열이 추가되도록 피벗 열을 수행하시오.
- 〈지점정보〉, 〈행정서비스정보〉테이블의 첫 행을 열 머리글로 설정하시오.

1. [쿼리]창에서 〈서비스이용내역〉테이블을 선택한 후 [구분]열을 클릭하여 선택하고 [변환]탭 – [열]그룹 – [피벗 열]을 클릭한다.

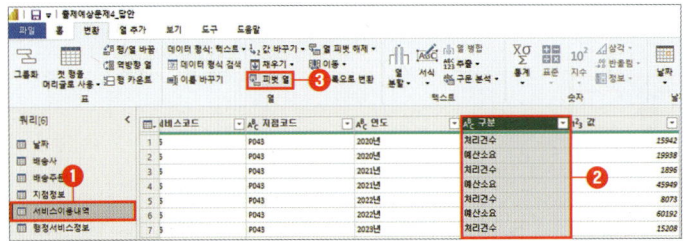

2. [피벗 열]창이 표시되면 [값 열]에 [값]필드를 선택하고 [확인]을 클릭한다.

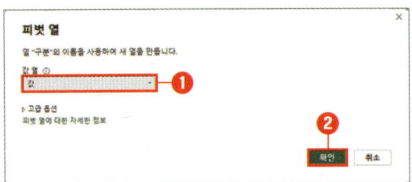

3. [처리건수], [예산소요] 합계 열이 추가된 것을 확인한다.

4. [쿼리]창에서 〈지점정보〉테이블을 선택하고 [변환]탭 - [표]그룹 - [첫 행을 머리글로 사용]을 클릭한다.

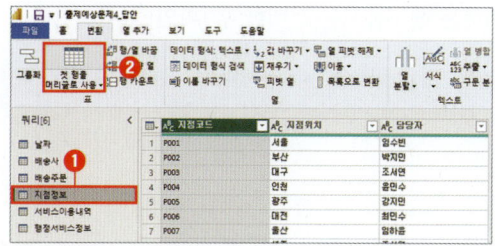

5. 같은 방법으로 〈행정서비스정보〉테이블도 첫 행을 열 머리글로 설정한다.

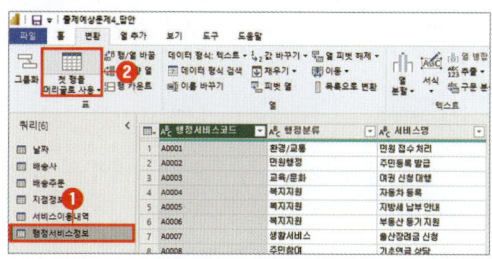

2. 파워 쿼리 편집기를 통해 쿼리를 결합하고 데이터 모델링 작업을 수행하시오. (10점)

    ① 〈서비스이용내역〉과 〈지점정보〉테이블을 사용해 새 쿼리를 생성하시오. (4점)
    - 쿼리 병합
        - 새 쿼리 이름: 이용내역
        - 공통된 [지점코드]필드로 병합
        - 조인 종류: 왼쪽 외부(첫 번째의 모두, 두 번째의 일치하는 행)
        - 〈지점정보〉테이블의 [지점위치], [담당자]필드만 추가
        - '원래 열 이름을 접두사로 사용' 옵션 해제
    - 〈지점정보〉, 〈서비스이용내역〉테이블의 로드 사용 해제

1. [쿼리]창에서 〈서비스이용내역〉테이블을 선택하고 [홈]탭 - [결합]그룹 - [쿼리 병합]의 ▼을 클릭한 후 [쿼리를 새 항목으로 병합]을 선택한다.

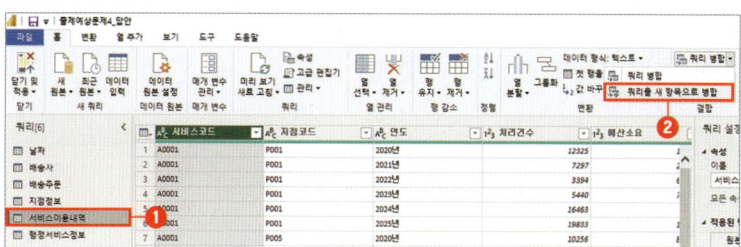

2. 〈서비스이용내역〉테이블의 [지점코드]필드를 클릭하고, 〈지점정보〉테이블을 선택한 다음 [지점코드]필드를 클릭하여 선택한다.

3. [조인 종류]에서 [왼쪽 외부(첫 번째의 모두, 두 번째의 일치하는 행)] 옵션을 선택한 후 [확인]을 클릭한다.

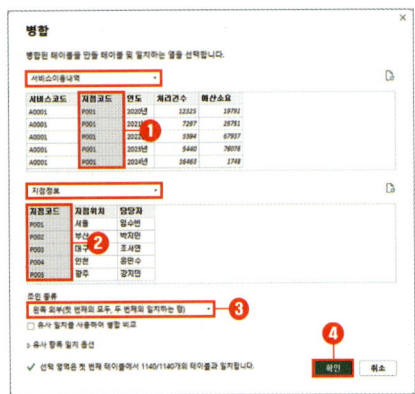

4. 화면을 오른쪽으로 스크롤하여 테이블 오른쪽 끝에 추가된 [지점정보]필드의 ⇆을 클릭하고 [지점코드], [원래 열 이름을 접두사로 사용] 옵션을 해제한 다음 [확인]을 클릭한다.

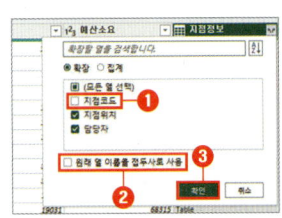

5. [쿼리 설정]창의 [이름] 속성에 '이용내역'을 입력한다.

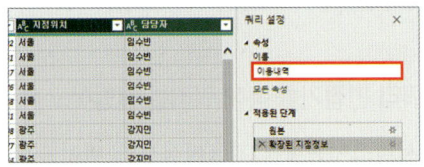

6. [쿼리]창의 〈지점정보〉테이블에서 마우스 오른쪽 버튼을 클릭한 후 [로드 사용]을 클릭하여 옵션을 해제한다.

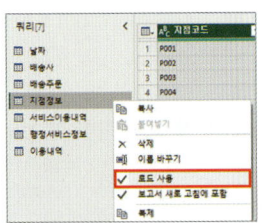

7. [가능한 데이터 손실 경고]창이 표시되면 [계속]을 클릭한다.

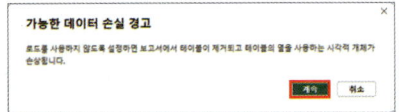

8. 같은 방법으로 〈서비스이용내역〉테이블도 로드 사용 옵션을 해제한다.

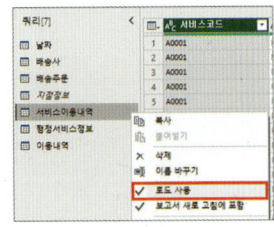 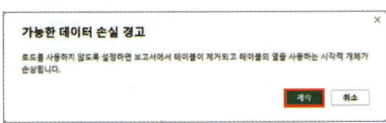

❷ 〈이용내역〉테이블을 편집하시오. (3점)
- [지점코드]필드의 데이터 중 'P040', 'P050' 제외
- [지점코드]필드 제거
- [연도]필드의 처음 4 문자만 추출
- [연도]필드의 데이터 형식 '정수'
- [예산소요]필드의 값을 1000을 곱한 값으로 변환

1. [쿼리]창에서 〈이용내역〉테이블을 선택한다.

2. [지점코드]필드의 ▼을 클릭한 후 'P040', 'P050' 조건을 해제한 다음 [확인]을 클릭한다.

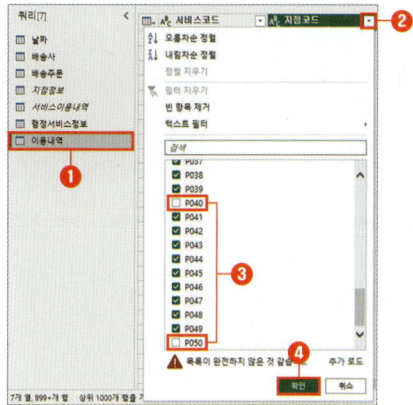

3. [지점코드]필드에서 마우스 오른쪽 버튼을 클릭한 후 [제거]를 선택한다.

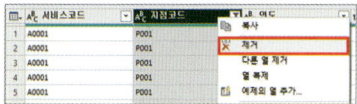

TIP 필드를 선택한 후 Delete 키를 눌러 필드를 삭제할 수도 있다.

5. [처음 문자 추출]창이 표시되면 '4'를 입력하고 [확인]을 클릭한다.

4. [연도]필드를 선택한 후 [변환]탭 – [텍스트]그룹 – [추출]을 클릭하고 [처음 문자]를 선택한다.

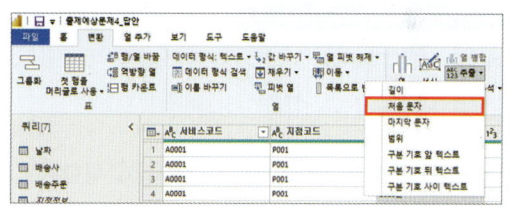

6. [연도]필드명 왼쪽 ABC를 클릭한 후 [정수]를 선택한다.

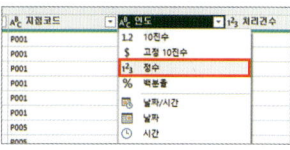

7. [예산소요]필드를 선택한 후 [변환]탭 – [숫자]그룹 – [표준]을 클릭하고 [곱하기]를 선택한다.

8. [곱하기]창이 표시되면 '1000'을 입력하고 [확인]을 클릭한다.

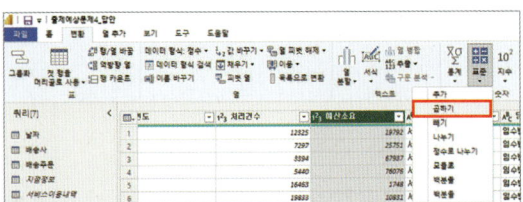

9. [예산소요]값이 업데이트된 것을 확인한 후 [홈]탭 – [닫기]그룹 – [닫기 및 적용]을 클릭하여 파워 쿼리 편집기를 종료한다.

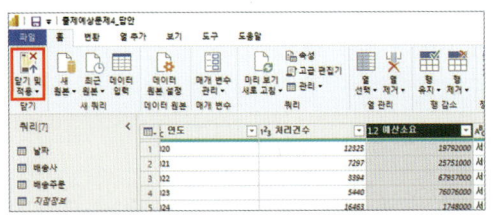

❸ 다음 조건으로 테이블 간에 관계를 설정하시오. (3점)
- 〈이용내역〉테이블의 [서비스코드]필드와 〈행정서비스정보〉테이블의 [행정서비스코드]필드
  - 카디널리티: 다대일(*:1)
  - 교차 필터 방향: 단일

1. 관계를 작성하기 위해 [모델링]탭 – [관계]그룹 – [관계 관리]를 클릭한다.

2. [관계 관리]창이 표시되면 [새 관계]를 클릭한다.

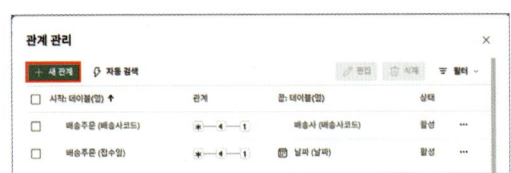

3. [새 관계]창이 표시되면 [테이블에서]에 〈이용내역〉테이블을 선택하고, [서비스코드]필드를 클릭, [테이블로]에 〈행정서비스정보〉테이블을 선택하고, [행정서비스코드]필드를 클릭하여 선택한 다음 [카디널리티]가 '다대일(*:1)', [교차 필터 방향]이 'Single'인 것을 확인하고 [저장]을 클릭한다.

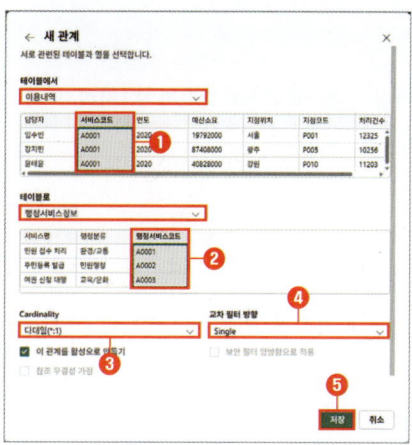

4. [관계 관리]창이 표시되면 [닫기]를 클릭한다.

3. 다음 지시사항에 따라 계산 열과 측정값, 계산 테이블을 추가하시오. (10점)

① 다음 조건으로 〈이용내역〉테이블에 계산 필드(새 열)를 추가하시오. (3점)
- 계산 필드 이름: [건별예산]
- 활용 필드
  - 〈이용내역〉테이블의 [예산소요], [처리건수]필드
  - [예산소요] 금액을 [처리건수]로 나눈 값을 10의 자리에서 반올림
    단, 0으로 나누어 오류가 발생하는 경우 오류 대신 0 반환
  - 사용 함수: DIVIDE, ROUND
  - 서식: 천 단위 구분 기호(,)

1. [데이터]창에서 〈이용내역〉테이블을 선택한 후 [테이블 도구]탭 - [계산]그룹 - [새 열]을 클릭한다.
2. 수식을 작성한 후 Enter 키를 누른다.

건별예산 = ROUND(DIVIDE([예산소요], [처리건수], 0), -1)

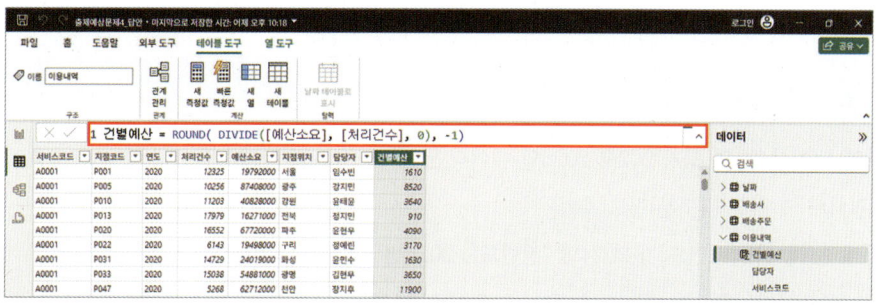

❷ 〈이용내역〉테이블에 다음의 측정값을 작성하시오. (3점)
- 측정값 이름: [누적처리건수]
- 활용 필드
  - 〈이용내역〉테이블의 [연도], [처리건수]필드
  - 모든 연도를 기준으로 [연도]가 [연도]의 최댓값보다 작거나 같은 데이터를 필터하여 [처리건수] 합계 계산
  - 사용 함수: ALL, CALCULATE, FILTER, MAX, SUM
- 서식: 천 단위 구분 기호(,)

1. [데이터]창의 〈이용내역〉테이블에서 마우스 오른쪽 버튼을 클릭한 후 [새 측정값]을 선택한다.

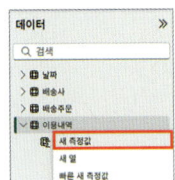

2. 수식을 작성한 후 Enter 키를 누른다.

```
누적처리건수 =
CALCULATE(
    SUM('이용내역'[처리건수]),
    FILTER(
        ALL('이용내역'[연도]),
        '이용내역'[연도] <= MAX('이용내역'[연도])
    )
)
```

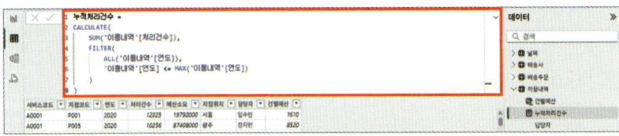

❸ 다음 조건으로 데이터 창에 새 테이블을 추가하시오. (4점)
- 테이블 이름: 2024_2025_이용내역
- 활용 필드
  - 〈이용내역〉테이블의 [연도]필드
  - 〈이용내역〉테이블의 [연도]가 2024, 2025인 데이터만 필터
  - 위에서 필터된 테이블에 [구분]필드 추가
    ▶ 〈이용내역〉테이블의 [연도]가 2024면 "전년도", 2025면 "당해년도" 반환
  - 사용 함수: ADDCOLUMNS, FILTER, IN, SWITCH

1. [홈]탭 – [계산]그룹 – [새 테이블]을 클릭한다.

2. 수식을 작성한 후 Enter 키를 누른 다음 〈2024_2025_이용내역〉 테이블이 생성된 것을 확인한다.

```
2024_2025_이용내역 =
ADDCOLUMNS(
    FILTER(
        '이용내역',
        '이용내역'[연도] IN { 2024, 2025 }
    ),
    "구분",
        SWITCH(
            '이용내역'[연도],
            2024, "전년도",
            2025, "당해년도"
        )
)
```

문제 2 단순요소 구현 (30점)

〈시각화 완성화면〉 각 세부문제 풀이 후 '문제2' 페이지에 아래와 같이 개체를 배치하시오.

계산식 작성에 사용되는 문자열은 쌍따옴표(" ")를 사용하여 작성하시오.

1. '문제2', '문제3' 페이지의 전체 서식을 설정하시오. (5점)

   ❶ 보고서 전체의 테마를 설정하고 테마 사용자 지정 기능을 사용하여 테마 색을 변경하시오. (3점)
   - 보고서 테마: 교실(Classroom)
   - 테마 색: 테마 업데이트, 색4 '#B30909'
   - 텍스트
     – 제목: 글꼴 패밀리 'Segoe UI Bold', 글꼴 크기 '14'
     – 카드 및 KPI: 글꼴 크기 '24'
   - 필터 창: 배경색 '#F1F1F1'

1. [보고서 보기]로 이동한 후 [보기]탭 – [테마]그룹 – ▼를 클릭하고 '교실' 테마를 선택한다.

2. [보고서 보기]로 이동한 후 [보기]탭 – [테마]그룹 – ▼를 클릭하고 [현재 테마 사용자 지정]을 선택한다.

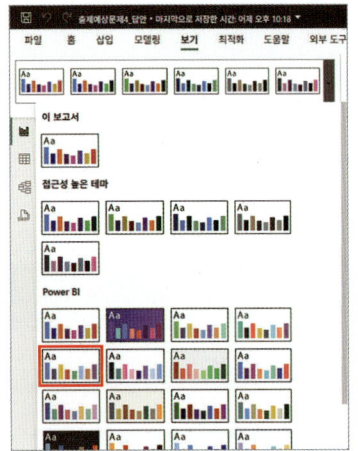

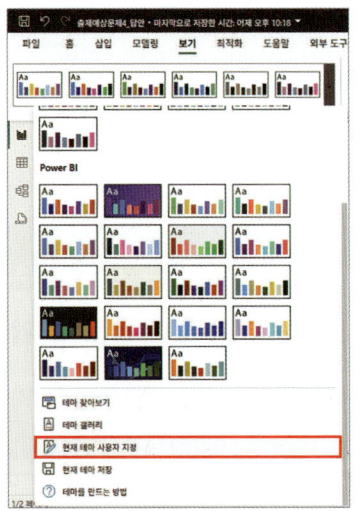

3. [이름 및 색]에서 [테마 업데이트]를 클릭한 후 [색4]를 클릭하고 [헥스]에 '#B30909'를 입력한 다음 창의 빈 공간을 클릭한다.

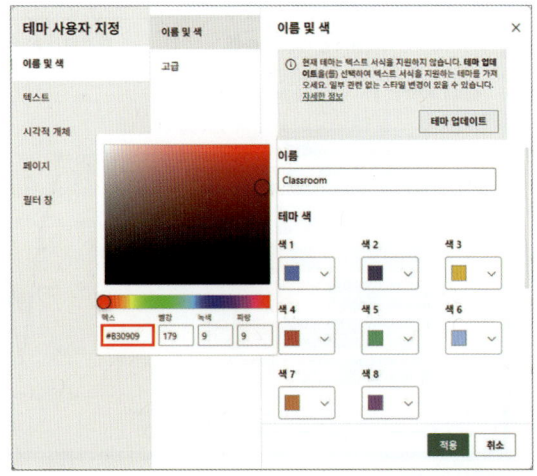

4. [텍스트] – [제목]의 글꼴 패밀리 'Segoe UI Bold', 글꼴 크기 '14'로 지정한다.

5. [텍스트] – [카드 및 KPI]의 글꼴 크기를 '24'로 지정한다.

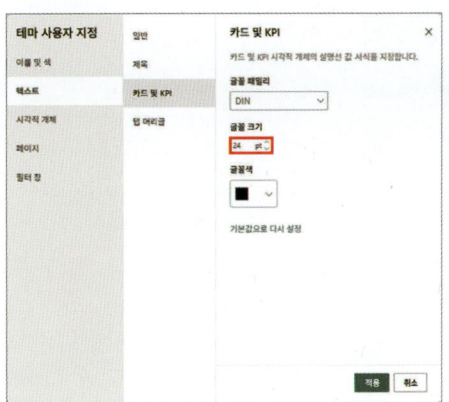

6. [필터 창] – [필터 창] – [배경색]을 클릭한 후 [헥스]에 '#F1F1F1'을 입력하고 적용을 클릭한다.

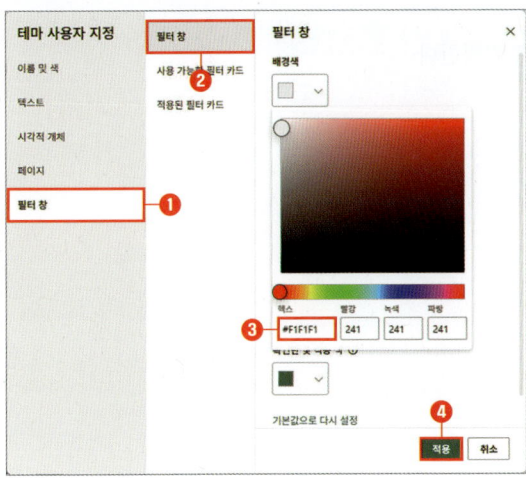

❷ 캔버스 배경 이미지를 삽입하시오. (2점)

- 파일명: [문제2, 3 배경] 폴더의 '문제2_배경이미지.jpg'
- 이미지 맞춤: 맞춤
- 투명도: 0

1. [문제2] 페이지로 이동한 후 [시각화]창 - [서식 페이지] - [캔버스 배경] - [찾아보기…]를 클릭한다.

2. 'C:\PB\Part4\4회_출제예상문제\소스\문제2, 3_배경\문제2_배경이미지.jpg' 파일을 선택한 후 [열기]를 클릭한다.

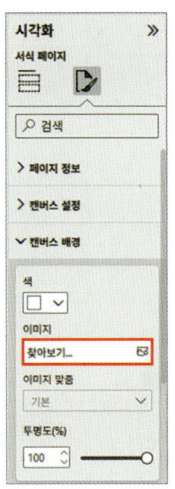

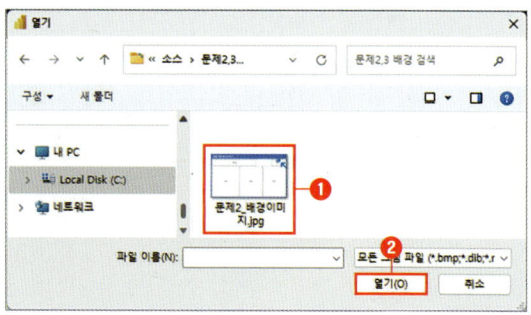

3. [캔버스 배경]의 [이미지 맞춤] '맞춤', [투명도]를 '0'으로 지정한다.

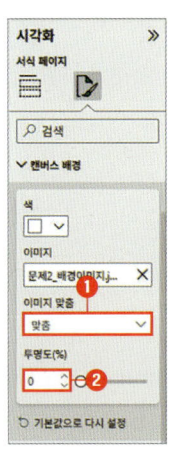

2. 다음 지시사항에 따라 슬라이서와 카드를 구현하시오. (5점)

❶ 다음 조건으로 '문제2' 페이지에 슬라이서를 구현하시오. (2점)

- 활용 필드: 〈날짜〉테이블의 [연도]필드
- 서식
  - 슬라이서 스타일 '드롭다운'
  - 슬라이서 머리글: 글꼴 크기 '10'
  - 시각적 테두리 효과 설정
- 슬라이서에 '2025' 값으로 필터 적용
- 슬라이서를 '2-①' 위치에 배치

1. [시각화]창 - [시각적 개체 빌드]에서 [슬라이서]를 선택한다.
2. [데이터]창 - 〈날짜〉테이블의 [연도]필드를 [시각화]창 - [시각적 개체 빌드] - [필드] 영역에 드래그하여 추가한다.

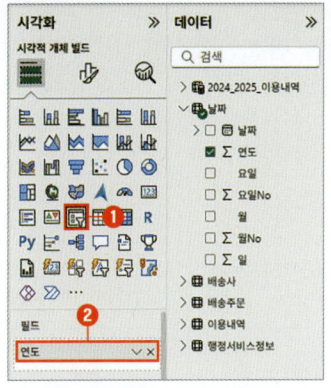

3. [시각화]창 - [시각적 개체 서식 지정] - [시각적 개체]탭 - [슬라이서 설정] - [옵션] - [스타일]에 '드롭다운', [슬라이서 머리글] - [텍스트] - [글꼴] 크기에 '10'을 설정한 후 [일반]탭 - [효과] - [시각적 테두리] 옵션을 설정한다.

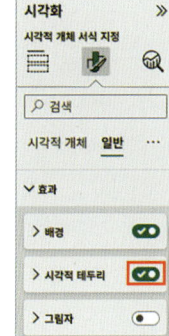

4. 슬라이서의 목록을 클릭하여 연 후 '2025'를 선택한 다음 슬라이서의 크기를 조절하고 '2-①' 위치에 배치한다.

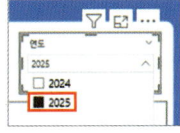

❷ 다음 조건으로 '문제2' 페이지에 카드를 구현하시오. (3점)
- 활용 필드
  - 〈배송주문〉테이블의 [총고객수], [총주문건수]측정값, [배송비]필드
  - [배송비] 합계를 표시한 카드의 시각적 개체 이름을 '총배송비'로 변경
- 서식
  - 범주 레이블 글꼴 크기: 10
  - 값 표시 단위: [총배송비] '없음'
  - 시각적 테두리 효과 설정
- 카드를 '2-②' 위치에 배치

1. [시각화]창 – [시각적 개체 빌드]에서 [카드]를 클릭한다.
2. [데이터]창 – 〈배송주문〉테이블의 [총고객수]측정값을 [시각화]창 – [시각적 개체 빌드] – [필드] 영역에 드래그하여 추가한다.

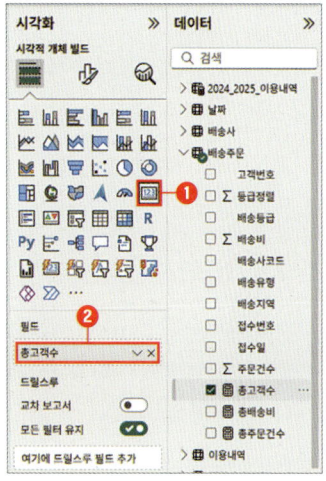

3. [시각화]창 – [시각적 개체 서식 지정] – [시각적 개체]탭 – [범주 레이블]을 클릭한 후 글꼴 크기를 '10'으로 설정한다.

4. [일반]탭 – [효과] – [시각적 테두리]를 설정한 후 카드의 크기를 적절히 조절하고 2-② 위치로 이동한다.

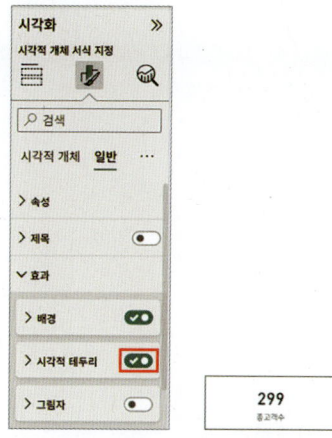

5. 카드를 Ctrl + C 키를 눌러 복사하고 Ctrl + V 키를 눌러 붙여넣기 한 다음 드래그하여 위치를 설정한 후 [데이터]창 – 〈배송주문〉테이블의 [총주문건수]측정값을 [시각화]창 – [시각적 개체 빌드] – [필드] 영역으로 드래그하여 필드를 변경한다.

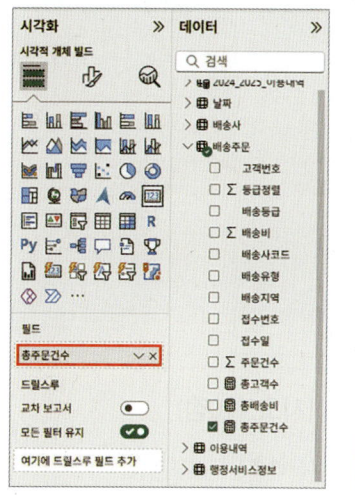

6. 다시 한번 카드를 Ctrl + C 키를 눌러 복사하고 Ctrl + V 키를 눌러 붙여넣기 한 다음 드래그하여 위치를 설정한 후 [데이터]창 – 〈배송주문〉테이블의 [배송비]필드를 [시각화]창 – [시각적 개체 빌드] – [필드] 영역으로 드래그하여 필드를 변경한 후 필드명을 더블 클릭한 뒤, 이름을 '총배송비'로 변경한다.

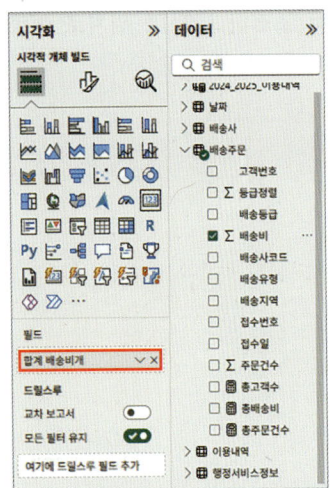

7. [시각화]창 – [시각적 개체 서식 지정] – [설명 값] – [표시 단위]에 '없음'을 설정한다.

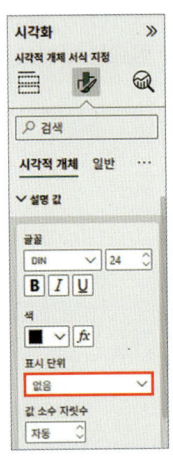

3. 다음 지시사항에 따라 누적 가로 막대형 차트와 꺾은선형 차트를 구현하시오. (10점)

❶ 다음 조건으로 '문제2' 페이지에 누적 가로 막대형 차트를 구현하시오. (4점)

- 활용 필드
  - 〈배송사〉테이블의 [배송사명]필드
  - 〈배송주문〉테이블의 [배송등급]필드, [총배송비]측정값
- 차트 제목: "배송사별 배송비 순위", 글꼴 크기 '16', 가로 맞춤 '가운데'
- 부제목: "* 2년 합계는 제트배송이 1위", 글꼴 크기 '10', 가로 맞춤 '오른쪽'
- Y축: 제목 해제, 최소 범주 높이 '30'
- X축: 제목 해제
- 확대/축소 슬라이더 설정
- 데이터 레이블: 위치 '안쪽 끝에'
- 누적 가로 막대형 차트를 '3-①' 위치에 배치

1. 새 개체를 추가하기 위해 페이지 빈 공간을 클릭한 후 [시각화]창 – [시각적 개체 빌드] – [누적 가로 막대형 차트]를 클릭한다.
2. [데이터]창 – 〈배송사〉테이블 – [배송사명]필드를 [시각화]창 – [시각적 개체 빌드] – [Y축], 〈배송주문〉테이블의 [배송등급]필드를 [범례], [총배송비]측정값을 [X축]에 드래그하여 추가한다.
3. 누적 가로 막대형 차트의 크기를 적절히 조절한 후 3-① 영역에 배치한다.

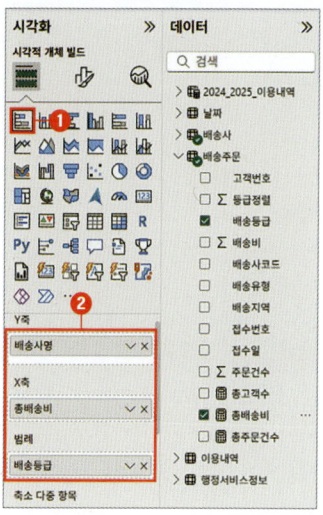

4. [시각화]창 – [시각적 개체 서식 지정] – [일반]탭 – [제목] – [텍스트]에 '배송사별 배송비 순위'를 입력하고, 글꼴 크기를 '16', 가로 맞춤을 '가운데'로 설정한다.

5. [일반]탭 – [부제목] 옵션을 설정한 후 [부제목]을 클릭하고 [텍스트]에 '※ 2년 합계는 제트배송이 1위'를 입력한 다음 [글꼴]을 '10', [가로 맞춤]을 '오른쪽'으로 설정한다.

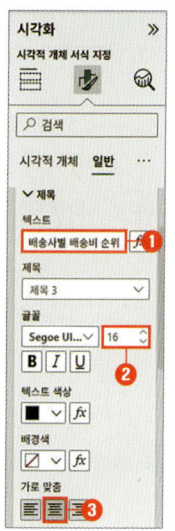
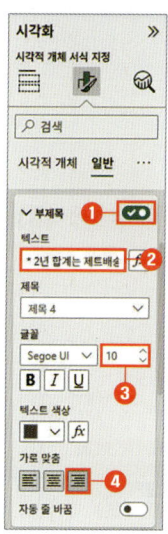

6. [시각화]창 – [시각적 개체 서식 지정] – [시각적 개체]탭 – [Y축] – [제목] 옵션을 해제한 후 [레이아웃] – [최소 범주 높이]를 '30'으로 설정한다.

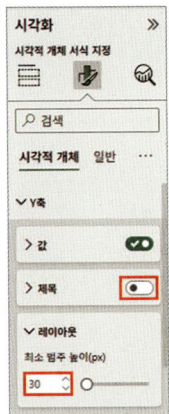

7. [X축] – [제목] 옵션을 해제하고 [확대/축소 슬라이더] 옵션을 설정한다.

8. [데이터 레이블] 옵션을 설정한 후 [데이터 레이블] 옵션을 클릭하고 [옵션] – [위치]를 '안쪽 끝에'로 설정한다.

 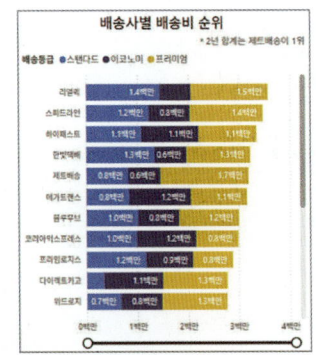

❷ 다음과 같이 '문제2' 페이지에 꺾은선형 차트를 구현하시오. (3점)
- 활용 필드
  - 〈날짜〉테이블의 [월]필드
  - 〈배송주문〉테이블의 [배송등급]필드, [총주문건수]측정값
- 범례: 해제
- 표식: '프리미엄' 데이터 계열에만 표시, 테두리 설정
- 계열 레이블: 배경 설정
- 꺾은선형 차트를 '3-②' 위치에 배치

1. 새 개체를 추가하기 위해 페이지 빈 공간을 클릭한 후 [시각화]창 – [시각적 개체 빌드] – [꺾은선형 차트]를 클릭한다.
2. [데이터]창 – 〈날짜〉테이블 – [월]필드를 [시각화]창 – [시각적 개체 빌드] – [X축], 〈배송주문〉테이블의 [배송등급]필드를 [범례], [총주문건수]측정값을 [Y축]에 드래그하여 추가한다.
3. 꺾은선형 차트의 크기를 적절히 조절한 후 3-② 영역에 배치한다.

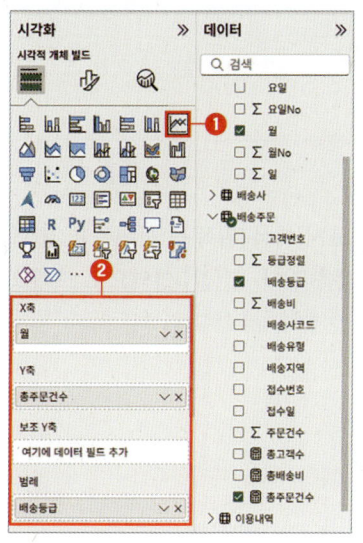 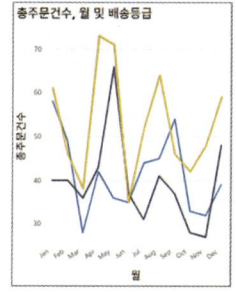

4. [시각화]창 – [시각적 개체 서식 지정] – [시각적 개체]탭 – [범례] 옵션을 해제한다.

5. [표식] – [설정 적용 대상] – [계열]에서 '프리미엄'을 선택하고 [이 계열에 대해 표시]를 설정한 다음 [테두리] 옵션을 설정한다.

6. [계열 레이블] 옵션을 설정한 후 [배경] 옵션을 설정한다.

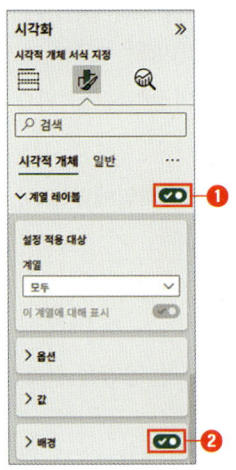

❸ 다음 조건으로 누적 가로 막대형 차트에 필터를 추가하시오. (3점)
  • [총배송비] 기준으로 상위 7개의 [배송사명]만 표시

1. 누적 가로 막대형 차트를 선택하고 필터(▽)를 클릭하여 필터 창을 연다.

2. [배송사명] 필터 카드를 클릭하여 연 후 [필터 형식]에서 '상위 N', [항목 표시]에서 '위쪽'을 선택하고, 입력란에 '7'을 입력한다. [데이터]창 – 〈배송주문〉테이블 – [총배송비]측정값을 필터 창 [값] 영역으로 드래그하여 추가한 다음 [필터 적용]을 클릭한다.

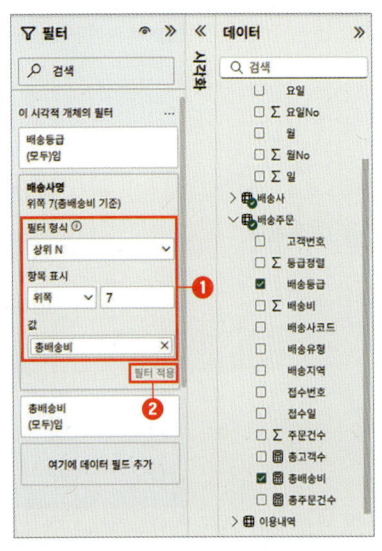
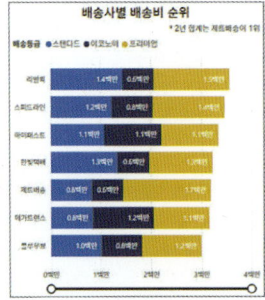

4. 다음 지시사항에 따라 묶은 세로 막대형 차트를 구현하시오. (10점)

　❶ 다음 조건으로 '문제2' 페이지에 묶은 세로 막대형 차트를 구현하시오. (3점)
　　• 활용 필드
　　　– 〈날짜〉테이블의 [월], [요일]필드
　　　– 〈배송주문〉테이블의 [총주문건수], [총배송비]측정값
　　• 도구 설명에 [총배송비]가 표시되도록 설정
　　• 차트 제목: 해제
　　• Y축: 최댓값 '35'
　　• 차트를 '4–①' 위치에 배치

1. 새 개체를 추가하기 위해 보고서 빈 공간을 클릭한 후 [시각화]창 – [시각적 개체 빌드] – [묶은 세로 막대형 차트]를 클릭한다.
2. [데이터]창 – 〈날짜〉테이블 – [월], [요일]필드를 [시각화]창 – [시각적 개체 빌드] – [X축], 〈배송주문〉테이블 – [총주문건수]필드를 [Y축], 〈배송주문〉테이블의 [총배송비]측정값을 [도구 설명]에 추가한다.

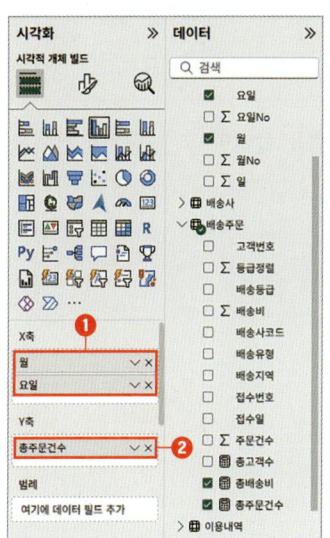 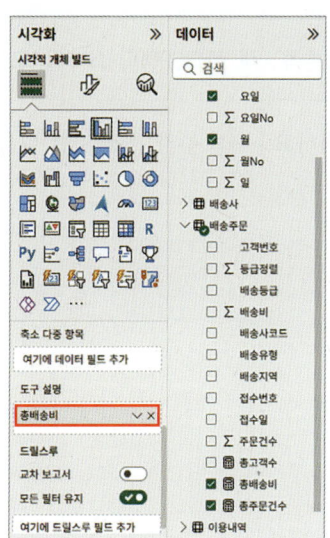

3. 묶은 세로 막대형 차트의 크기를 적절히 조절한 후 '4–①' 위치에 배치한다.

4. [시각화]창 – [시각적 개체 서식 지정] – [일반]탭 – [제목] 옵션을 해제한다.

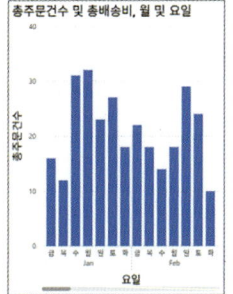 

5. [시각화]창 – [시각적 개체 서식 지정] – [시각적 개체]탭 – [Y축] – [최댓값]에 '35'를 입력한다.

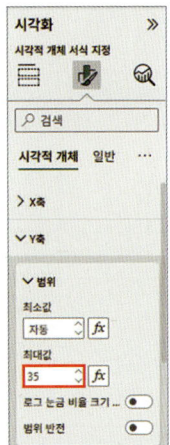

> ❷ 다음 조건으로 차트에 평균선을 추가하시오. (3점)
> • 평균선 이름: '평균주문건수'
> • 선: 색 '#B30909', 투명도 '0'
> • 데이터 레이블: 가로 위치 '오른쪽', 색 '#B30909', 스타일 '모두'

1. [시각화]창 – [분석] – [평균 선]을 클릭하고 [+ 선 추가]를 클릭한 다음 ✏️을 클릭한 후 '평균주문건수'를 입력한다.

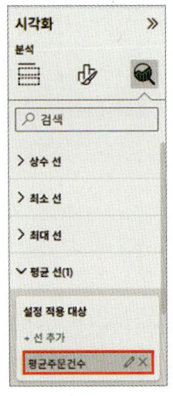

2. [선] – [색] – [다른 색] – [헥스]에 '#B30909'을 입력하고, [투명도]를 '0'으로 설정한다.

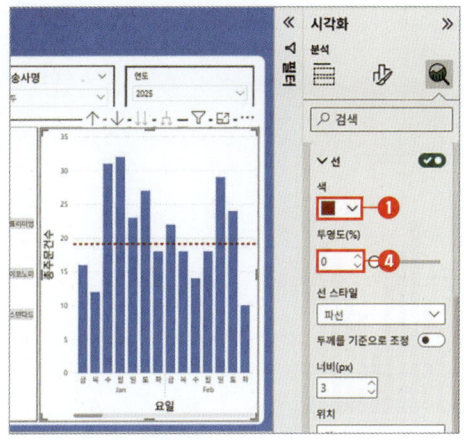  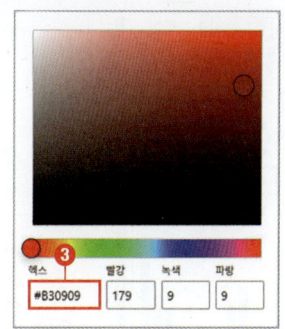

3. [데이터 레이블] 옵션을 설정한 후 [가로 위치]를 '오른쪽', [스타일] '모두', [색] – [다른 색] – [헥스]에 '#B30909'을 입력한다.

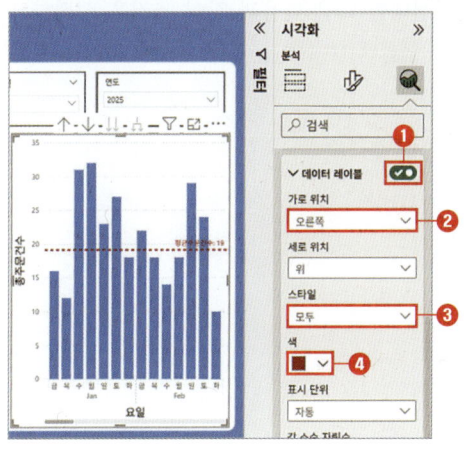  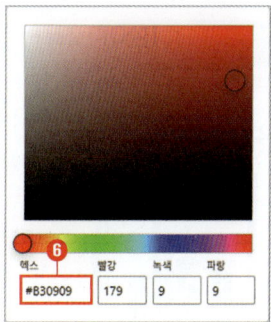

❸ 다음 조건으로 묶은 세로 막대형 차트에 정렬 및 필터를 추가하시오. (4점)
- [요일]이 '월, 화, …, 일' 순서로 정렬되도록 [요일No]필드를 정렬 기준으로 설정
- [요일]이 '토', '일'이 아닌 요일만 표시되도록 필터 적용
  - 필터 형식: 고급 필터링

1. [데이터]창 〈날짜〉테이블의 [요일]필드를 선택한 후 [열 도구]탭 – [정렬]그룹 – [열 기준 정렬]을 클릭한 다음 [요일No]를 선택한다.

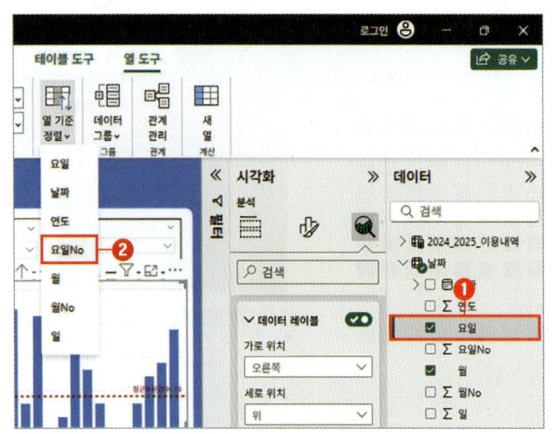
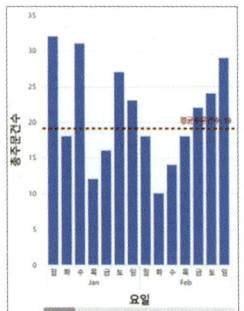

2. 묶은 세로 막대형 차트를 선택한 후 필터(▽)를 클릭하여 필터 창을 연다.
3. [요일] 필터 카드를 클릭한 후 [필터 형식]에서 '고급 필터링'을 선택한 다음 다음과 같이 조건을 설정하고 [필터 적용]을 클릭한다.

  – 다음이 아님, 토, 및, 다음이 아님, 일

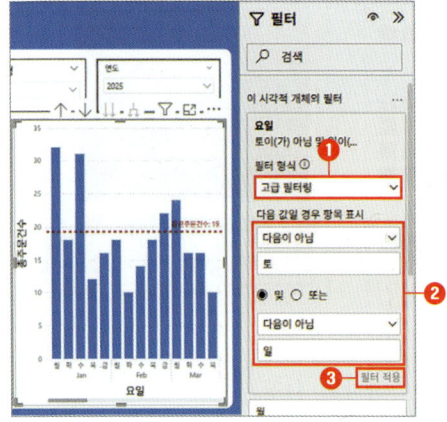

문제 3 　복합요소 구현 [40점]

〈시각화 완성화면〉 각 세부문제 풀이 후 답안 '문제3' 페이지에 아래와 같이 개체를 배치하시오.

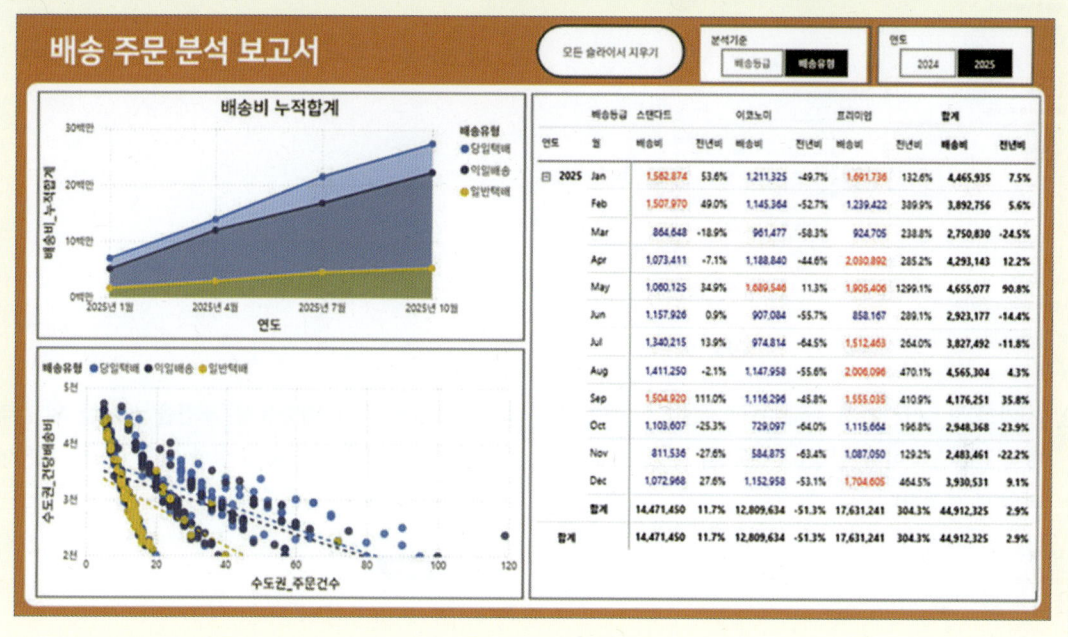

계산식 작성에 사용되는 문자열은 쌍따옴표(" ")를 사용하여 작성하시오.

1. 다음 지시사항에 따라 매개 변수를 추가하고 슬라이서와 영역형 차트로 구현하시오. (10점)

   ① 다음 조건으로 매개 변수를 추가하고 '문제3' 페이지에 슬라이서를 구현하시오. (3점)
   - 필드 매개 변수 추가
     - 이름: 분석기준
     - 활용 필드: 〈배송주문〉테이블의 [배송등급], [배송유형]측정값
   - 슬라이서 스타일: 타일
   - 슬라이서 값: '배송유형' 필터 적용
   - 슬라이서를 '1-①' 위치에 배치

1. [문제3] 페이지로 이동한 후 [모델링]탭 - [매개 변수]그룹 - [새 매개 변수]를 클릭한 후 [필드]를 선택한다.

2. [매개 변수]창이 표시되면 [이름]에 '분석기준'을 입력한 후 [필드]창에서 〈배송주문〉테이블의 [배송등급]필드와 [배송유형]필드에 체크하여 [필드 추가 및 순서 변경] 영역으로 추가한 다음 [만들기]를 클릭한다.

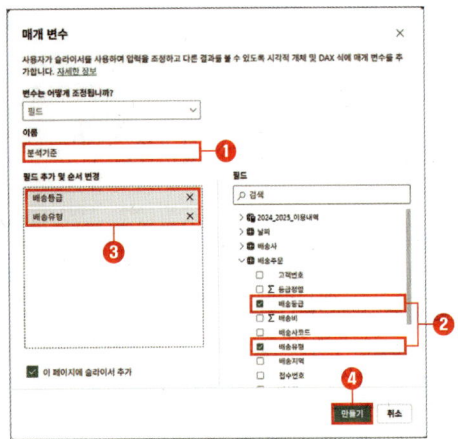

3. [시각화]창 – [시각적 개체 서식 지정] – [시각적 개체] – [슬라이서 설정] – [옵션] – [스타일]을 '타일'로 설정한다.

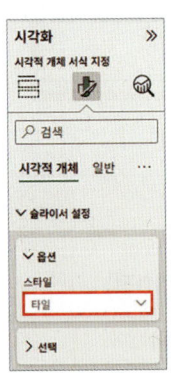

4. [슬라이서]에서 '배송유형' 조건을 선택한 후 슬라이서의 크기를 적절히 조절한 다음 '1-①' 위치에 배치한다.

❷ 다음 조건으로 〈배송주문〉테이블에 측정값을 추가하시오. (4점)

- 측정값 이름: 배송비_누적합계
- 활용 필드
  ▶ 〈날짜〉테이블의 [날짜]필드, 〈배송주문〉테이블의 [배송비]필드
  ▶ 선택된 날짜 범위에서 최대 날짜보다 작거나 같은 날짜까지의 [배송비] 합계 계산
  ▶ 사용 함수: ALLSELECTED, CALCULATE, FILTER, MAX, SUM
  ▶ 서식: 정수, 천 단위 구분 기호(,)

1. [데이터]창의 〈배송주문〉테이블을 선택한 후 [테이블 도구]탭 - [계산]그룹 - [새 측정값]을 클릭한다.
2. 다음과 같이 수식을 작성하고 Enter 키를 누른다.

```
배송비_누적합계 =
CALCULATE(
    SUM('배송주문'[배송비]),
    FILTER(
        ALLSELECTED('날짜'),
        '날짜'[날짜] <= MAX('날짜'[날짜])
    )
)
```

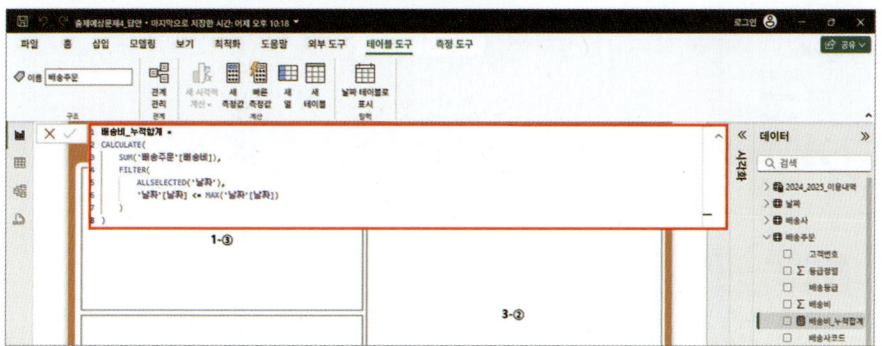

3. [측정 도구]탭 - [서식]그룹 - 천 단위 구분 기호(9)를 클릭한다.

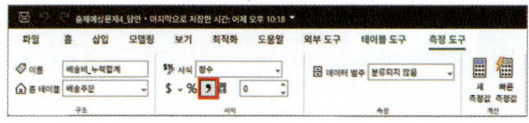

❸ 다음 조건으로 '문제3' 페이지에 영역형 차트를 작성하시오. (3점)
- 활용 필드
  - 〈날짜〉테이블의 [날짜]필드
  - 〈분석기준〉테이블의 [분석기준]필드
  - 〈배송주문〉테이블의 [배송비_누적합계]측정값
- 시각화 드릴 모드를 조정하여 '분기' 수준으로 확장
- 제목: "배송비 누적합계", 가로 맞춤 '가운데'
- 범례: 위치 '오른쪽 상단에 누적됨', 스타일 '마커'
- 표식: 모든 계열에 표시
- 차트를 '1-③' 위치에 배치

1. 새 개체를 추가하기 위해 페이지 빈 공간을 클릭한 후 [시각화]창 - [시각적 개체 빌드] - [영역형 차트]를 클릭한다.

2. [데이터]창 - 〈날짜〉테이블의 [날짜]필드를 [X축], 〈배송주문〉테이블의 [배송비_누적합계]측정값을 [Y축], 〈분석기준〉테이블의 [분석기준]필드를 [범례]로 드래그하여 추가한다.

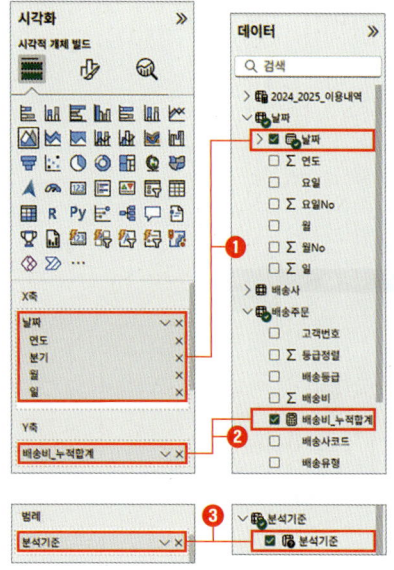

3. 영역형 차트의 크기를 적절히 조절한 후 '1-③' 위치에 배치한 후 시각적 개체 오른쪽 상단 🔽(계층 구조에서 한 수준 아래로 모두 확장)을 클릭하여 분기 수준으로 확장한다.

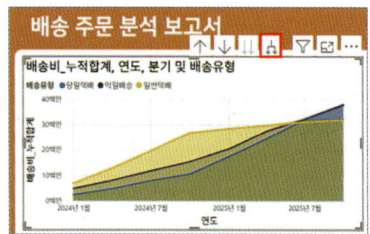

4. [시각화]창 - [시각적 개체 서식 지정] - [일반] - [제목] - [텍스트]에 '배송비 누적합계'를 입력하고 [가로 맞춤]에 '가운데'를 설정한다.

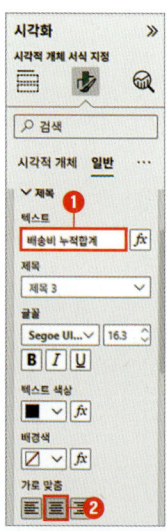

5. [시각적 개체] – [범례] – [옵션] – [위치] '오른쪽 상단에 누적됨', [스타일] '마커'를 설정한다.

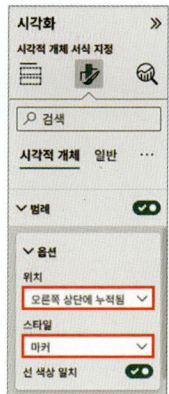

6. [표식] – [모든 계열에 대해 표시]를 설정한다.

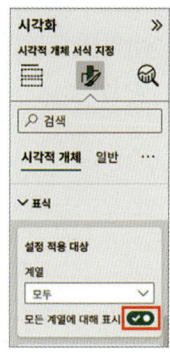
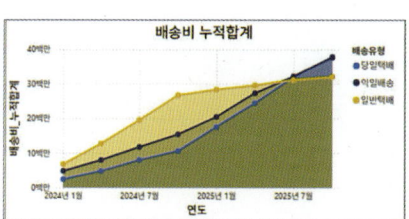

> **2. 다음 지시사항에 따라 슬라이서와 분산형 차트를 구현하시오. (10점)**
>
> ❶ 다음 조건으로 '문제3' 페이지에 슬라이서를 구현하시오. (3점)
>   - 활용 필드: 〈날짜〉테이블의 [연도]필드
>   - 슬라이서 스타일: '타일'
>   - 슬라이서 값: '2025' 필터 적용
>   - 슬라이서를 '2-①' 위치에 배치

1. [시각화]창 - [시각적 개체 빌드]에서 [슬라이서]를 선택한다.
2. [데이터]창 - 〈날짜〉테이블의 [연도]필드를 [시각화]창 - [시각적 개체 빌드] - [필드] 영역에 드래그하여 추가한다.

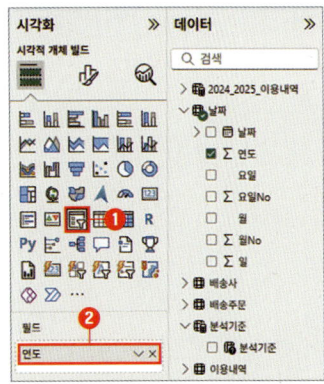

3. [시각화]창 - [시각적 개체 서식 지정] - [시각적 개체]탭 - [슬라이서 설정] - [옵션] - [스타일]을 '타일'로 설정하고 슬라이서에서 '2025'를 선택한 다음 슬라이서의 크기를 조절하고 '2-①' 위치에 배치한다.

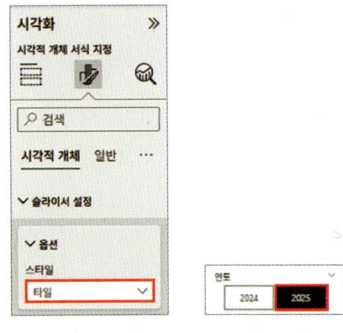

❷ 다음 조건으로 〈배송주문〉테이블에 측정값을 추가하시오. (4점)
- 측정값 이름: 수도권_주문건수
  - 활용 필드: 〈배송주문〉테이블의 [배송지역], [주문건수]필드
  - [배송지역]이 "서울특별시", "경기도", "인천광역시"인 경우 [주문건수] 합계 계산
  - 사용 함수 및 연산자: FILTER, SUMX, ||
  - 서식: '정수', 천 단위 구분 기호(,)
- 측정값 이름: 수도권_건당배송비
  - 활용 필드: 〈배송주문〉테이블의 [배송비], [배송지역], [주문건수]필드
  - [배송지역]이 "서울특별시", "경기도", "인천광역시"인 경우 [배송비] 합계 나누기 [주문건수] 합계 계산
  - 사용 함수 및 연산자: CALCULATE, DIVIDE, IN, SUM
  - 서식: '10진수', 천 단위 구분 기호(,), 소수 자릿수 '1'

1. [데이터]창에서 〈배송주문〉테이블을 선택하고 [테이블 도구]탭 – [계산]그룹 – [새 측정값]을 클릭한 다음 수식을 작성하고 Enter 키를 누른다.

```
수도권_주문건수 =
SUMX(
    FILTER(
        '배송주문',
        '배송주문'[배송지역] = "서울특별시" ||
        '배송주문'[배송지역] = "경기도" ||
        '배송주문'[배송지역] = "인천광역시"
    ),
    '배송주문'[주문건수]
)
```

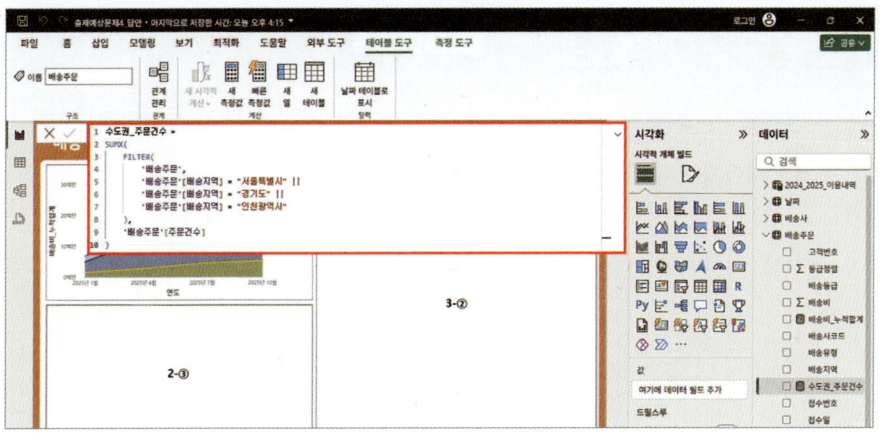

2. [측정 도구]탭 – [서식]그룹 – 천 단위 구분 기호(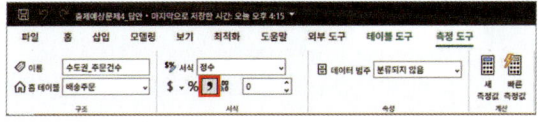)를 클릭한다.

3. [데이터]창에서 〈배송주문〉테이블을 선택하고 [테이블 도구]탭 – [계산]그룹 – [새 측정값]을 클릭한 다음 수식을 작성하고 Enter 키를 누른다.

```
수도권_건당배송비 =
CALCULATE(
    DIVIDE(
        SUM('배송주문'[배송비]),
        SUM('배송주문'[주문건수])
    ),
    '배송주문'[배송지역] IN { "서울특별시", "경기도", "인천광역시" }
)
```

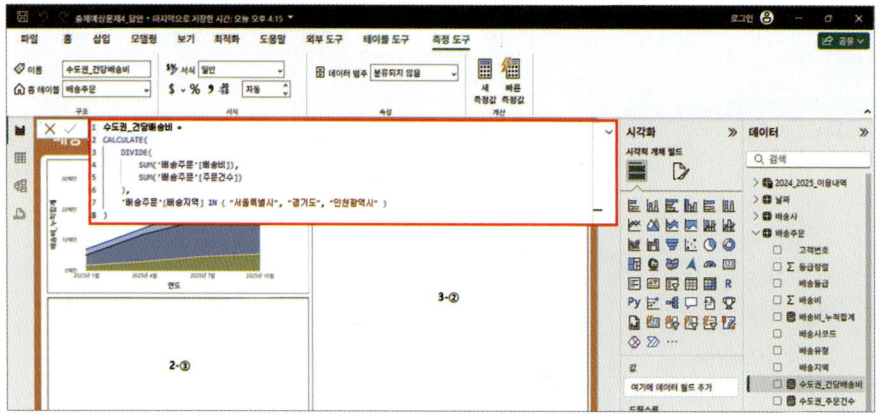

4. [측정 도구]탭 - [서식]그룹 - 천 단위 구분 기호(**9**)를 클릭한 후 소수 자릿수를 '1'로 지정한다.

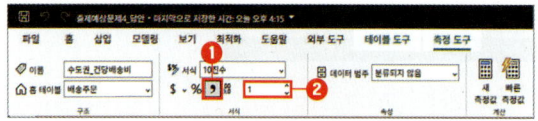

> ❸ 다음 조건으로 '문제3' 페이지에 분산형 차트를 구현하시오. (3점)
> - 활용 필드
>   - 〈배송주문〉테이블의 [고객번호], [배송유형]필드, [수도권_건당배송비], [수도권_주문건수]측정값
> - 제목: 해제
> - 계열마다 표시되도록 추세선 추가
> - 차트를 '2-③' 위치에 배치

1. [시각화]창 - [시각적 개체 빌드]에서 [분산형 차트]를 클릭한다.
2. [데이터]창 - 〈배송주문〉테이블 - [고객번호]필드를 [값], [수도권_주문건수]측정값을 [X축], [수도권_건당배송비]측정값을 [Y축], [배송유형]필드를 [범례] 영역으로 드래그하여 추가한다.

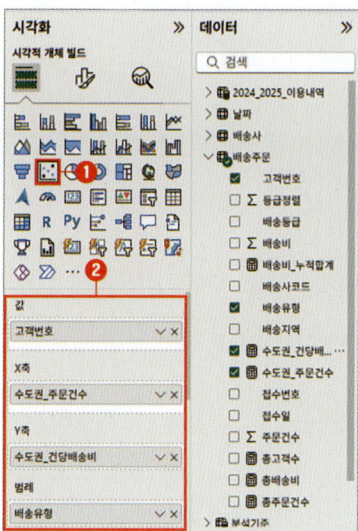

3. [시각화]창 - [시각적 개체 서식 지정] - [일반] - [제목] 옵션을 해제한다.

4. [시각화]창 - [분석] - [추세선] 옵션을 설정한 후 [계열 결합] 옵션을 해제한다.

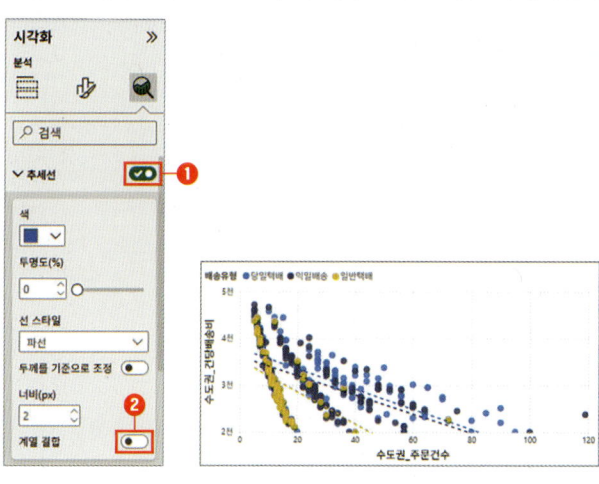

3. 다음 지시사항에 따라 측정값과 행렬 차트를 구현하시오. (10점)

❶ 다음 조건으로 〈배송주문〉테이블에 측정값을 추가하시오. (3점)

- 측정값 이름: 전년비
  - 활용 필드: 〈배송주문〉테이블의 [배송비]필드
  - 전년 동기 대비 현재 월의 배송비 증감 비율 반환
  - 계산: (배송비 합계−전년 동기 배송비 합계) / 전년 동기 배송비 합계
  - 사용 함수: CALCULATE, DIVIDE, SAMEPERIODLASTYEAR, SUM
  - 변수 사용: 전년 동기 배송비 합계는 'LastYear'
  - 서식: 백분율(%), 소수 자릿수 '1'

1. [데이터]창에서 〈배송주문〉테이블을 선택한다.
2. [테이블 도구]탭 − [계산]그룹 − [새 측정값]을 클릭한 후 다음과 같이 수식을 작성하고 Enter 키를 누른다.

```
전년비 =
VAR LastYear =
    CALCULATE(
        SUM('배송주문'[배송비]),
        SAMEPERIODLASTYEAR('날짜'[날짜])
    )
RETURN
    DIVIDE(SUM('배송주문'[배송비]) - LastYear, LastYear)
```

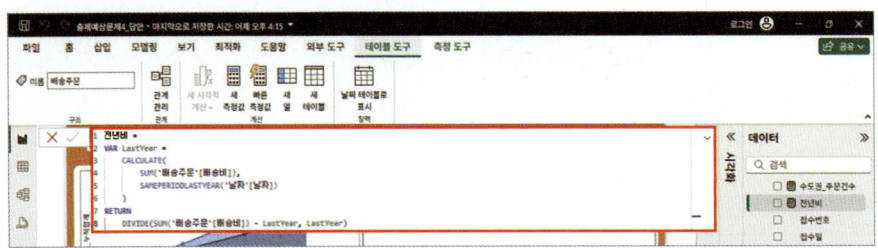

3. [측정 도구]탭 − [서식]그룹 − 백분율(%)을 클릭하고 소수 자릿수를 '1'로 설정한다.

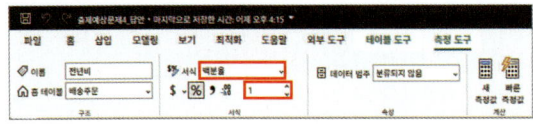

> ❷ 다음 조건으로 '문제3' 페이지에 행렬 차트를 구현하시오. (3점)
> - 활용 필드
>   - 〈날짜〉테이블의 [연도], [월]필드
>   - 〈배송주문〉테이블의 [배송등급], [배송비]필드, [전년비]측정값
> - 값 필드 이름: [합계 배송비개]를 '배송비'로 변경
> - 행 머리글: 계층 구조의 마지막 수준(월)까지 확장
> - 서식
>   - 스타일: 최솟값
>   - 레이아웃: 테이블 형식
>   - 행 안쪽 여백: 7
>   - 전역 글꼴 크기: 9
> - 행렬 차트를 '3-②' 위치에 배치

1. [시각화]창 - [시각적 개체 빌드]에서 [행렬]을 클릭한다.
2. [데이터]창 - 〈날짜〉테이블 - [연도]와 [월]필드를 [시각화]창 - [시각적 개체 빌드] - [행] 영역으로, 〈배송주문〉테이블 - [배송등급]필드를 [열] 영역으로, 〈배송주문〉테이블의 [배송비]필드, [전년비]측정값을 [값] 영역에 드래그하여 추가한다.

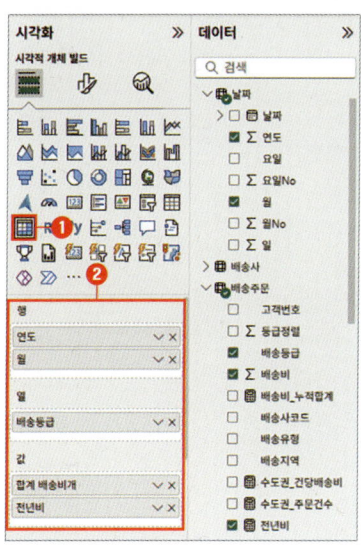

3. [값] 영역에 추가된 [합계 배송비개]를 더블 클릭한 후 '배송비'로 수정한다.

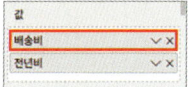

4. 차트 오른쪽 상단 을 클릭하여 [행] 영역에 [월]까지 표시되도록 확장한 후 크기를 적절히 조절한 다음 '3-②' 위치에 배치한다.

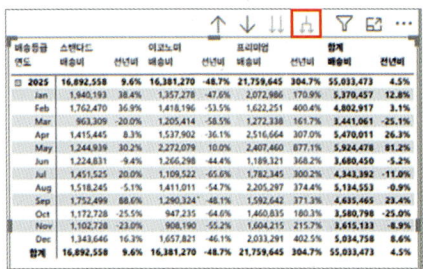

5. [시각화]창 – [시각적 개체 서식 지정] – [시각적 개체]탭 – [레이아웃 및 스타일 사전 설정] – [스타일]에 '최솟값', [레이아웃]에 '테이블 형식'을 설정한다.

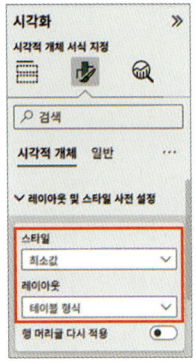

6. [눈금] – [옵션] – [행 안쪽 여백]을 '7', [전역 글꼴 크기]를 '9'로 설정한다.

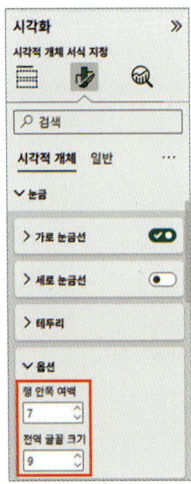

❸ 다음 조건으로 〈배송주문〉테이블에 측정값을 추가한 후 행렬 차트의 값에 조건부 서식을 적용하시오. (4점)

- 측정값 이름: 배송비_서식조건
  - 활용 필드: 〈배송주문〉테이블의 [총배송비]측정값
  - [총배송비]가 1500000 이상이면 "Red", 아니면 "Blue" 반환
    단, 이 수식의 결과가 오류면 "Black" 반환
  - 사용 함수: IF, IFERROR
- 조건부 서식
  - 계열: 배송비
  - 스타일: 글꼴색
  - 서식 스타일: 필드 값, [배송비_서식조건]필드를 기반으로 작성

1. [데이터]창에서 〈배송주문〉테이블을 선택한다.
2. [테이블 도구]탭 – [계산]그룹 – [새 측정값]을 클릭한 후 다음과 같이 수식을 작성하고 Enter 키를 누른다.

   배송비_서식조건 = IFERROR(IF([총배송비]>=1500000, "Red", "Blue"), "Black")

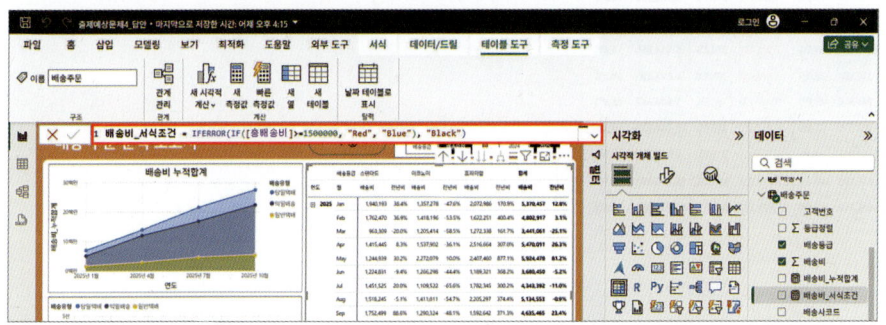

3. [시각화]창 – [시각적 개체 서식 지정] – [시각적 개체]탭 – [셀 요소] – [설정 적용 대상] – [계열]에서 '배송비'를 선택한 후 [글꼴색] 옵션을 설정하고 조건부 서식(fx) 아이콘을 클릭한다.

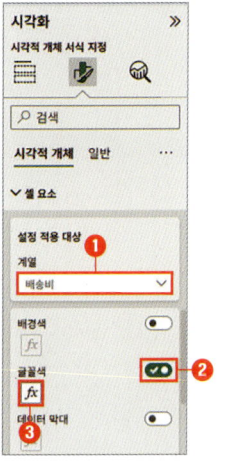

4. 조건부 서식을 지정하는 창이 표시되면 [서식 스타일]에 [필드 값], [어떤 필드를 기반으로 해야 하나요?]에 [배송비_서식조건]을 선택하고 [확인]을 클릭한다.

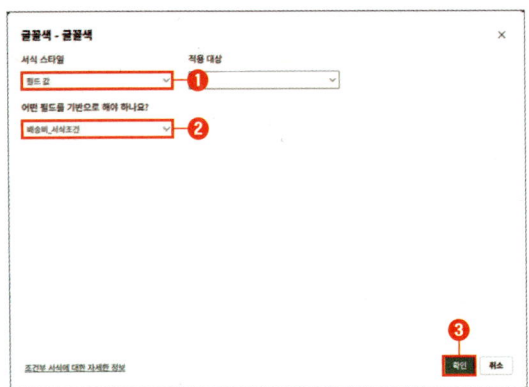

5. 완성된 테이블을 확인한다.

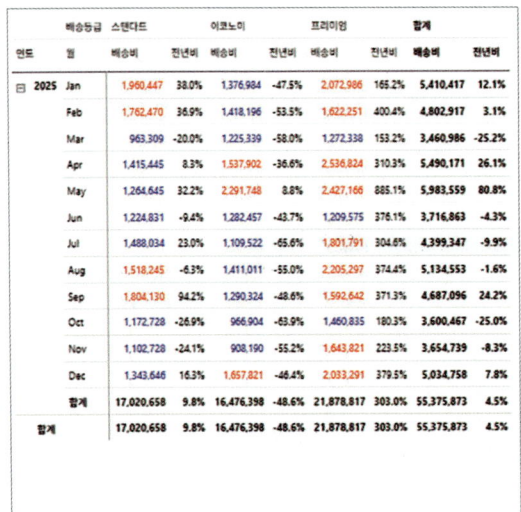

---

4. 다음 지시사항에 따라 페이지와 시각적 개체 간 상호 작용 기능을 구현하시오. (10점)

① 다음 조건으로 '문제3' 페이지에 단추를 구현하시오. (4점)
- 종류: 모든 슬라이서 지우기
- 도형: '알약'
- 스타일
  - 상태가 '기본값'일 때 채우기 색의 투명도 '0'
  - 상태가 '누를 때'일 때 채우기 색 '#F3C911'
- 작업: 도구 설명 텍스트 '슬라이서의 모든 조건 해제'
- 단추를 '4-①' 위치에 배치

1. [삽입]탭 – [요소]그룹 – [단추] – [모든 슬라이서 지우기]를 선택한다.

2. [서식 단추]창 – [Button] – [도형] – [도형]에서 '알약'을 선택한다.

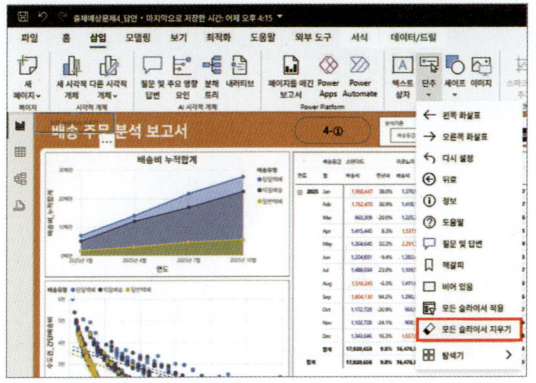
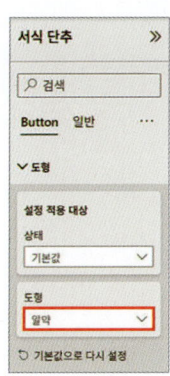

3. [스타일] – [설정 적용 대상] – [상태]가 '기본값'인 상태에서 [채우기] 옵션을 설정한 후 [투명도]를 '0'으로 설정한다.

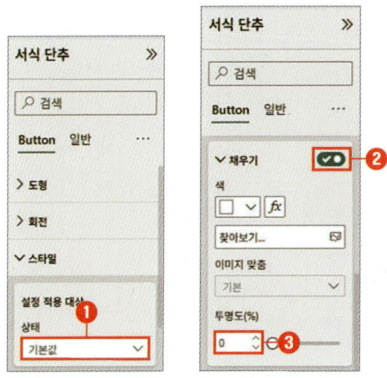

4. [스타일] – [설정 적용 대상] – [상태]에서 '누를 때'를 선택한 후 [채우기] – [색] – [다른 색] – [헥스]에 '#F3C911'를 입력한다.

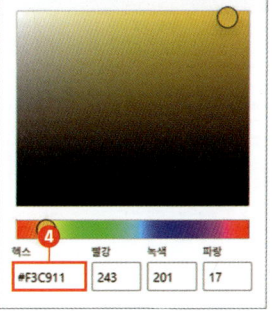

5. 단추의 크기를 적절히 조절한 후 '4-①' 위치에 배치하고 단추를 클릭하여 채우기 색이 변경되는 것을 확인한다.

6. [작업] - [도구 설명] - [텍스트]에 '슬라이서의 모든 조건 해제'를 입력한다.

> ❷ 다음과 같이 시각적 개체의 상호 작용을 설정하시오. (3점)
> • 분석기준 슬라이서: [행렬]차트와 상호 작용 '없음'
> • 행렬 차트: [영역형 차트], [분산형 차트]와 상호 작용 '없음'

1. [분석기준] 슬라이서를 선택한 후 [서식]탭 - [상호 작용]그룹 - [상호 작용 편집]을 클릭한다.
2. [행렬 차트] 오른쪽 상단 없음(⊘)을 클릭한다.

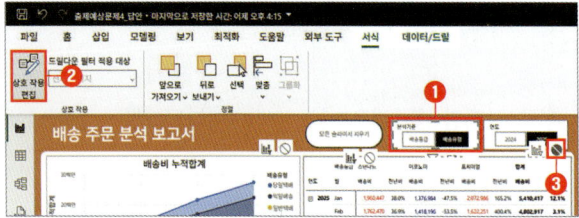

3. [행렬 차트]를 선택한 후 [영역형 차트]와 [분산형 차트]의 오른쪽 상단 없음(⊘)을 클릭한 다음 [서식]탭 - [상호 작용]그룹 - [상호 작용 편집]을 클릭하여 편집 상태를 종료한다.

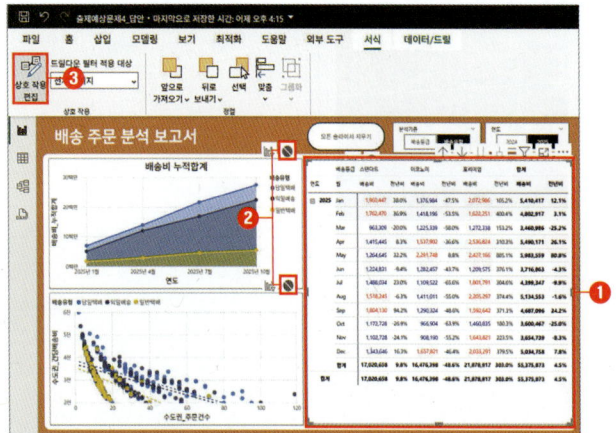

③ 다음과 같이 시각적 개체와 페이지 전체에 필터를 설정하시오. (3점)
- 행렬 차트에 [배송지역]이 "서울특별시" 이거나 "광역시"를 포함하는 데이터 표시
- 문제3 페이지 필터: [주문건수]가 5보다 크거나 같고, 100보다 작거나 같은 경우만 데이터 표시
- 필터 형식 '고급 필터링'을 사용하여 설정

1. 행렬 차트를 선택하고 필터(▼)를 클릭하여 필터 창을 연 후 [이 시각적 개체의 필터] 영역에 [데이터]창 – 〈배송주문〉테이블 – [배송지역]필드를 드래그하여 추가한다.

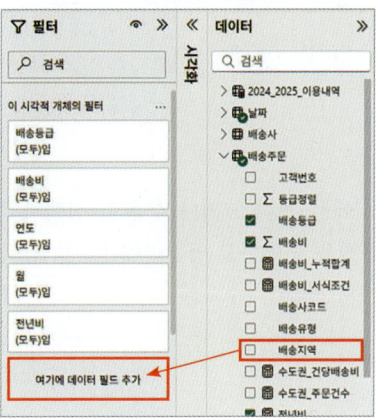

2. [필터 형식]에서 '고급 필터링'을 선택한 후 [다음 값일 경우 항목 표시]에서 '다음임'을 선택하고 입력란에 "서울특별시"를 입력한 다음 [또는] 옵션을 선택하고 '포함' 옵션을 선택하고 입력란에 "광역시"를 입력하고 [필터 적용]을 클릭한다.

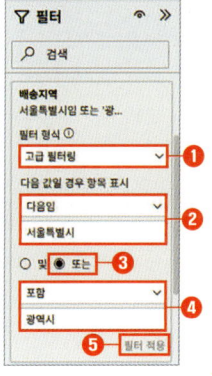

3. 보고서 빈 공간을 클릭한 후 [이 페이지의 필터] 영역에 [데이터]창 – 〈배송주문〉테이블 – [주문건수]필드를 드래그하여 추가한다.

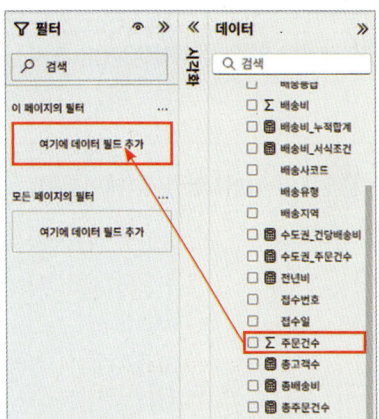

4. [필터 형식]에서 '고급 필터링'을 선택한 후 [다음 값일 경우 항목 표시]에서 '보다 크거나 같음'을 선택하고 입력란에 5를 입력한 다음 [및] 옵션을 선택하고 '보다 작거나 같음' 옵션을 선택하고 입력란에 100을 입력하고 [필터 적용]을 클릭한다.